Tanja Martin

Die Sozialität des Gottesdienstes

Kohlhammer

Praktische Theologie heute

Band 158

Tanja Martin

Die Sozialität des Gottesdienstes

Zur sozialen Kraft besonderer Gottesdienste

Verlag W. Kohlhammer

den Vorausgegangenen

Die Publikation wurde im Rahmen des Projektes „Gemeinde auf Zeit" durch die Evangelische Kirche in Deutschland und die Evangelische Kirche in Hessen und Nassau gefördert.

Evangelische Kirche in Deutschland

EVANGELISCHE KIRCHE IN HESSEN UND NASSAU

1. Auflage 2019

Reproduktionsvorlage: Andrea Töcker, Neuendettelsau
Gesamtherstellung: W. Kohlhammer GmbH, Stuttgart

Print:
ISBN 978-3-17-034966-7

E-Book-Format:
pdf: ISBN 978-3-17-034967-4

Inhalt

„Tradition ist nicht das Halten der Asche,
sondern das Weitergeben der Flamme."
(Thomas Morus)

Vorwort

Die vorliegende Untersuchung ist die weitgehend unveränderte Fassung meiner Dissertation, die im Wintersemester 2017/2018 von der Evangelisch-Theologischen Fakultät der Johannes Gutenberg-Universität angenommen wurde.

All jenen, die mich während der Arbeit an der Dissertation unterstützt und ermutigt haben, möchte ich an dieser Stelle danken.

Mein herzlicher Dank gilt meinem akademischen Lehrer und Doktorvater Professor Dr. Kristian Fechtner, Seminar für Praktische Theologie an der Johannes Gutenberg-Universität in Mainz, der den Forschungsprozess durch sein Vertrauen, seine wissenschaftlichen Anregungen und seinen erfahrenen Rat begleitet hat, ohne dabei je meine Freiheit der Entscheidung und damit die Eigenständigkeit der Arbeit einzuschränken. Ebenfalls danke ich Professor Dr. Stephan Weyer-Menkhoff, der das Zweitgutachten übernommen und mein Interesse an liturgischen Fragestellungen im Laufe meiner akademischen Ausbildung wesentlich geprägt hat.

Mein Dank gilt auch der EKD, die durch das mit der ELKB ins Leben gerufene Projekt „Gemeinde auf Zeit" die Grundlage für diese Arbeit gelegt und sie durch ein begleitendes Stipendium finanziell gefördert hat. In diesem Zusammenhang danke ich allen an diesem Projekt beteiligten Personen: Oberkirchenrat Dr. Torsten Latzel und seinem Nachfolger Oberkirchenrat Dr. Konrad Merzyn (EKD-Projektleitung), Pfarrer Jürgen Schilling (EKD), Militärbischof Dr. Sigurd Rink (EKD), Regionalbischof Professor Dr. Stefan Ark Nitsche (Nürnberg, ELKB), meiner Doktorschwester Dr. Katrin Sauer und Ihrer Doktormutter Professorin Dr. Birgit Weyel (Tübingen) sowie meinem Doktorbruder Dr. Jonathan Kühn und seinem Doktorvater Professor Dr. Peter Bubmann (Erlangen), sowie meinem Doktorvater Professor Dr. Kristian Fechtner (Mainz). Es war mir eine Freude gemeinsam mit ihnen in diesem Projekt zu arbeiten und so manchen Herausforderungen, die sich aus dem Kontext der Qualifikationsarbeiten ergeben haben, gemeinsam begegnen zu können. An dieser Stelle möchte ich ausdrücklich für all die guten und wertvollen Gespräche im Kontext des „Gemeinde auf Zeit"-Projektes danken. Ein solches Projekt lebt davon, dass alle Mitglieder bereit sind ihre Ideen, ihre Erkenntnisse und ihr Wissen zu teilen.

Darüber hinaus wurde diese Arbeit auch durch Gespräche mit ganz unterschiedlichen Menschen und durch Erfahrungen inspiriert, die ich im Laufe des ethnographischen Forschungsprozesses machen durfte. Den damit verbundenen Personen möchte ich an dieser Stelle ausdrücklich eine symbolische „Fußnote“ setzen, da ich sie nicht alle benennen kann. Besonders danke ich meiner Kollegin Dr. Sonja Beckmeyer für ihre freundschaftliche Unterstützung in unserer gemeinsamen Zeit als Promotionsstudentinnen und ihren analytischen Sachverstand in unserer Datenauswertungsgruppe. Die Aufbereitung des umfangreichen Datenmaterials wäre ohne die Hilfe von Frau Jana Blum, die alle Interviews professionell und zeitnah transkribiert hat, kaum möglich gewesen. Dieses Datenmaterial habe ich vielen Menschen zu verdanken, die sich bereit erklärt hatten, meine empirischen Untersuchungen in ganz unterschiedlicher Weise zu unterstützen. Stellvertretend hierfür danke ich den drei Pfarrern, die für die von mir untersuchten besonderen Gottesdienste verantwortlich sind: „Nachtschicht“-Pfarrer Jürgen Vogel (Stuttgart), Motorradfahrer/innenseelsorger Thorsten Heinrich (Wallau-Diedenbergen) sowie Universitätsprediger Professor Dr. Helmut Schwier (Heidelberg).

Stellvertretend für die Hessische Lutherstiftung gilt mein Dank Herrn Oberkirchenrat Dr. Holger Ludwig sowie Herrn Prof. Dr. Peter Scherle, die durch ihre konstruktiven Anregungen im Gespräch als auch die Gewährung eines Stipendiums, den erfolgreichen Abschluss der Arbeit wesentlich unterstützt haben. Bei Herausgebern und Verlag bedanke ich mich für die Aufnahme der Dissertation in die Reihe „Praktische Theologie heute“. Für das Lektorat bin ich Frau Dr. Barbara Hammerschmitt dankbar.

Zuletzt gilt mein ganz besonderer Dank meinem Mann, Dr. Helmut Martin, ohne dessen liebevolle, stets aber auch konstruktiv kritische Ermutigung und seine fast unendliche Geduld diese Arbeit womöglich nicht zu Ihrem Abschluss gekommen wäre.

Bad Kreuznach, den 18. Dezember 2017

Tanja Martin

I. Teil: Einleitung

1. Thematische Einordnung

1.1. „Jörn" – eine Fallgeschichte[1] als phänomenologischer Einstieg

> Jörn bezeichnet sich selbst als Atheist und ist mit achtzehn aus der Kirche ausgetreten. Auch heute, nach über dreißig Jahren, ist das mit dem Glauben nichts für ihn und Gottesdienste besucht er nach eigenen Angaben nie. Vor 30 Jahren hat er zufällig bei einer Motorradtour den „Bikerpfarrer" kennengelernt, als die Motorräder vor der Kirche ihn neugierig gemacht haben. Dieser lud ihn zu einer gemeinsamen Ausfahrt ein und seitdem ist er immer dabei, beim jährlichen „Anlassen", dem Motorradfahrer/innengottesdienst zum Auftakt der Saison im Frühjahr und bei der Gedenkfahrt für die verstorbenen Motorradfahrer/innen im Herbst, ob mit dem Bike oder dem Auto, bei Wind und Wetter. Er meint, es sei auf keinen Fall der Gottesdienst, der ihn dort hintreibe, dennoch finde er die Veranstaltung gut, genau so, wie sie ist. „Nur, weil ich selber nicht glaube, sage ich nicht: Es gibt alles andere nicht. Also wenn es da etwas gibt, das ist durchaus möglich, das schließe ich für mich nicht aus, nur ich glaube nicht dran. Und, ja, vielleicht werde ich irgendwann mal sehen: Ist da was oder auch nicht. Gut, aber ich sage mal, es hat nicht geschadet, dass ich bisher mit dabei bin." (B21-I-142) Daher habe er auch schon Freunde mitgenommen, die ebenfalls kirchenfern seien, und auch ihnen habe es gefallen. Es „kann ja jeder für sich entscheiden. Also gehe ich da zum Beispiel in die Kirche rein, um richtig dicht dran zu sein. Oder er hält sich draußen in der Nähe auf. Oder er bleibt einfach nur bei den geparkten Motorrädern und unterhält sich da mit Leuten. [...] Und es wird nichts, nichts aufgedrungen, [...] da kann jeder gucken doch, wie er damit klarkommt. Und wie viel er auch annehmen will." (B21-I-144) Für Jörn ist der gemeinsame Start in die Saison wichtig und das Gefühl unter Gleichgesinnten zu sein, mag er sehr. Er hält es aber auch für unverzichtbar, dass im Gottesdienst auf die Gefahren beim Motorradfahren hingewiesen wird und dass am Ende der Saison alle zum Gedenken an die Verstorbenen zusammenkommen und dass ihre Namen verlesen werden. Für ihn ist das ein Moment des Innehaltens und der Dankbarkeit, dass er gesund durch die Saison gekommen ist. Er resümiert: „So unterschiedlich wie wir auch alle sind, ob Raser, ob Nicht-Raser, ob berufstätig, ob nicht berufstätig, ob jung, ob alt, ist aber trotzdem eine Gemeinschaft." (B21-I-94)

Diese kurze Fallgeschichte ist nur ein Beispiel, dass „besondere" Gottesdienste eine wichtige Rolle dafür zu spielen scheinen, dass Menschen sich im kirchlichen Kontext auch jenseits parochialer Organisations- und Verantwortungsbereiche versammeln – auch solche, die (ansonsten) wenig oder nichts mit der Kirche zu tun haben. Im Rahmen des hier zugrunde liegenden Dissertationsprojektes wurde dies am Beispiel von drei empirischen Feldstudien untersucht: im *Motorradfahrer/innengottesdienst*

---

[1] Diese Fallgeschichte basiert auf dem mit Jörn geführten Interview, vgl. B21-I. Zum Terminus der „Fallgeschichte" vgl. PFISTER, STEFANIE 2008, 316. Unterstreichungen in Interviewzitaten markieren betonte Worte.

in Niedergründau, in der *thematischen Abendgottesdienstreihe namens „Nachtschicht" im Großraum Stuttgart* und im *universitären Frühgottesdienst in Heidelberg*. Doch wie können solche Versammlungen praktisch-theologisch gedeutet werden und welche Rolle spielt der Gottesdienst dabei? – Darf nach Matthäus 18,20 davon ausgegangen werden, dass, „wo zwei oder drei" sich im Namen Jesu versammeln, sich Gemeinde konstituiert,[2] oder bedarf es dazu weiterer Kriterien? Warum versammeln sich Menschen überhaupt im Kontext eines Gottesdienstes?

1.2. „Gemeinde" zwischen Tradition und Anachronismus

Wenn im kirchlichen Sprachgebrauch und im theologischen Diskurs von Gemeinde die Rede ist, so ist damit häufig das Bild der Parochialgemeinde verbunden.[3] Dieses Bild wurde im Laufe der Jahrhunderte einerseits durch ein Strukturmodell geprägt, für das neben dem territorialen Prinzip u. a. die Bedeutung der Ortskirche, des Ortspfarrers sowie der Pfarrzwang maßgeblich waren.[4] Anderseits haben im Laufe der Geschichte gemeindetheoretische Ansätze, wie sie z. B. Anfang des 20. Jahrhunderts Emil Sulze und Dietrich Bonhoeffer vertreten haben,[5] zu normativ geprägten Vorstellungen von Gemeinde geführt, die bis heute ihre Wirkung entfalten. Danach sollen Gemeinden durch eine persönliche, dauerhafte und verbindliche Gemeinschaft geprägt sein.[6]

Ein solches Gemeindebild weicht schon lange erheblich von der gelebten Kirchlichkeit ab. Der Pfarrzwang wurde bereits im Gefolge der Aufklärung mehr und mehr aufgehoben, wodurch ein wesentliches Bindungselement an die Ortsgemeinde

---

[2] Vgl. GEHRKE, GERD 1991, 34.

[3] Für andere Gemeindeformen werden i. d. R. Nominalkomposita verwendet, wie z. B. Studierendengemeinde, Universitätsgemeinde, „Nachtschicht"-Gemeinde etc.

[4] Die heutigen kirchenrechtlichen Bestimmungen für Ortsgemeinden können mit dem traditionellen Parochialsystem nicht gleichgesetzt werden, insofern einige konstitutive Elemente entfallen und dafür andere hinzugekommen sind. Vgl. HERMELINK, JAN 2011, 130.

[5] „Im letzten Grunde ist unser Bestreben darauf gerichtet, die kirchliche Gemeinden in Vereine umzuwandeln, deren Mitglieder sich kennen und lieben und ihre Liebe einander durch die Tat, vor allem durch ernste seelsorgerliche Arbeit beweisen." SULZE, EMIL 1891, 196. Dietrich Bonhoeffer betont in seiner frühen Schrift „Sanctorum Communio" die Gleichursprünglichkeit von Individualität und Sozialität, wodurch er sich von einem primär individualistischen Kirchenbegriff abgrenzt. Vgl. hierzu SOOSTEN, JOACHIM op. 1992, 269f. „Als Bilanz seines Nachdenkens bietet Bonhoeffer die folgende soziologische Definition von Kirche: ‚Kirche ist Gemeinschaftsgestalt sui generis, Geistgemeinschaft, Liebesgemeinschaft. In ihr sind die soziologischen Grundtypen Gesellschaft, Gemeinschaft und Herrschaftsverband zusammengezogen und überwunden. Der objektive Geist der Gemeinschaft in allen seinen Wirkungen muß als darstellend wie als zwecksetzend aufgefaßt werden. Die Beziehung der Personen untereinander ist geistgemeinschaftlich, nicht gesellschaftlich.' (SC 203f.)." LANGE, ERNST 1981, 25. Hierbei stehen u. a. die von Ferdinand Tönnies getroffenen Unterscheidungen der Sozialtypen Gemeinschaft und Gesellschaft im Hintergrund. Vgl. hierzu LANGE, ERNST 1981, 25. Zu den ekklesiologischen Entwicklungsphasen Dietrich Bonhoeffers siehe LANGE, ERNST 1981.

[6] Vgl. hierzu BUBMANN, PETER et al. 2014, insbesondere 136. Zur Übersicht der verschiedenen Ansätze vergleiche ROOSEN, RUDOLF 1997, 61–68.

entfiel.[7] Die religiöse Praxis der Mitglieder erhielt zugleich einen zunehmend selbstbestimmten und selbstgewählten Charakter, der sich auch auf ihr kirchliches Teilhabeverhalten auswirkte.[8] – In diesem Sinne kann bereits seit dem 19. Jahrhundert von einem punktuell-selektiven bzw. individualisierten kirchlichen Teilnahmeverhalten der Mitglieder gesprochen werden.[9] Dieses Verhalten wird durch kulturelle Entwicklungen, wie z. B. eine zunehmende Individualisierung,[10] Mobilität und Medialisierung[11], weiter befördert. Diese fordern immer wieder neu dazu heraus, einen adäquaten Umgang mit einer damit einhergehenden veränderten Kirchlichkeit und religiösen Praxis sowie mit neuen sozialen Formen religiöser Vergemeinschaftung zu finden.

Die praktisch-theologische kirchen- und gemeindetheoretische Diskussion wurde innerhalb der letzten zwei Jahrzehnte – sehr vereinfacht gesprochen – maßgeblich von folgenden drei Positionen bestimmt: 1. Konzeptionen, die „von einer impliziten oder auch expliziten Idealform einer dauerhaften, hochaktiven Bindung der Mitglieder an eine Ortsgemeinde ausgehen"[12] bzw. die Stärkung der traditionellen Ortsgemeinde als primäre Aufgabe und Ziel ansehen[13]. 2. Praktisch-theologische Entwürfe, die bewusst am punktuellen und unstetigen Partizipationsverhalten der Kirchenmitglieder ansetzen und Kirche z. B. als eine „Kirche bei Gelegenheit" (Michael Nüchtern)[14] oder „Karawanserei" (Karl Foitzik)[15] deuten.[16] 3. Als „Mittelweg" können gemeindetheoretische Entwürfe verstanden werden, die mit Hilfe eines modifizierten Strukturmodells den veränderten Verhältnissen Rechnung tragen möchten, ohne jedoch auf eine gewisse Stabilität und Örtlichkeit verzichten zu wollen.[17] Auch wenn Wahrnehmungen aus der Praxis Paten für alle Ansätze gestanden haben dürften, so bewegen sich auch die neueren gemeindetheoretischen Ansätze in einem sehr voraussetzungsvollen Rahmen und verbinden den Gemeindebegriff mit einem normativen Grundbestand, wovon u. a. der Kriterienkatalog für Gemeinde im Lehrbuch „Kirche" von Eberhardt Hauschildt und Uta Pohl-Patalong zeugt.[18]

---

7 Vgl. HERMELINK, JAN 2011, 129f.

8 Vgl. ROOSEN, RUDOLF 1997, 58f. Daher plädiert Roosen zum Zwecke eines besseren Verständnisses des religiösen Teilnahme- und Mitgliedschaftsverhaltens der Protestanten dafür, (bereits) im Rahmen der „historischen Rekonstruktion zwischen „religion-as-prescribed" und „religion-as-practiced" zu unterscheiden".

9 Vgl. hierzu ECKSTEIN, HANS-JOACHIM et al. 2011, IX sowie ROOSEN, RUDOLF 1997, 446–454, insbesondere 446f.

10 Zur Individualisierung siehe u. a. HAUSCHILDT, EBERHARD 1997.

11 Vgl. KUNZ, RALPH & POHL-PATALONG, UTA 2013a, 35. Das Phänomen der zunehmenden Vermittlung von Kommunikation in medialer Form kann – wie hier – als „Medialisierung" oder aber auch als „Mediatisierung" bezeichnet werden. Zur mediatisierten Kommunikation siehe z. B. KRETZSCHMAR, GERALD 2015, 215.

12 So die Analyse von BUBMANN, PETER et al. 2014, 134.

13 Vgl. LINDNER, HERBERT 2000.

14 NÜCHTERN, MICHAEL 1991 sowie NÜCHTERN, MICHAEL 2008.

15 FOITZIK, KARL & GOSSMANN, ELSBE 1995, 103–111.

16 Vgl. BUBMANN, PETER et al. 2014, 134.

17 Vgl. z. B. POHL-PATALONG, UTA 2004.

18 Vgl. HAUSCHILDT, EBERHARD & POHL-PATALONG, UTA 2013, 275–284.

Birgit Weyel geht daher der Frage nach, ob das Netzwerk-Konzept gegebenenfalls tragfähiger sein könnte, neue Formen von religiöser und kirchlicher Vergemeinschaftung abzubilden als die klassischen religiösen Sozialitätskonzepte, wie sie z. B. Gemeinde, Gemeinschaft und Parochie darstellen. Ihrer Meinung nach „[signalisieren] Wortverbindungen wie ‚Kirche bei Gelegenheit' [...] oder ‚Gemeinde auf Zeit' [...], dass die Pluralität religiöser und kirchlicher Vergemeinschaftungen durch das etablierte Set nicht angemessen abgebildet werden kann."[19]

Schwindende Mitgliederzahlen und knapper werdende finanzielle und personelle Ressourcen sind zusätzliche Herausforderungen im Diskurs über die Frage, im Rahmen welcher kirchlicher Sozialformen und Angebote die „Kommunikation des Evangeliums"[20] zeitgemäß erfolgen kann. Die Pluralisierung des gelebten Christentums und die damit verbundenen Sozialgestalten kommen hierbei – auch jenseits der Parochie – immer stärker in den Blick[21] und fordern zu praktisch-theologischer Erkundung und Deutung heraus.[22] Die qualitativ empirische Erkundung und praktisch-theologische Deutung punktuell-selektiv gelebter Kirchlichkeit außerhalb des parochialen Verantwortungsbereiches konnte bislang jedoch als Forschungsdesiderat bezeichnet werden.

1.3. „Gemeinde auf Zeit" (GaZ) – Leitbegriff und Leit(an-)frage eines Projektes der EKD/ELKB

Die wahrgenommene Diskrepanz zwischen einem normativ geprägten Gemeindebild einerseits und der gelebten Kirchlichkeit andererseits hat 2011 unter der Federführung der EKD und ELKB zur Gründung eines Projektteams mit dem Leitbegriff „Gemeinde auf Zeit" geführt.[23] Dieser Leitbegriff enthält insofern eine Spannung, als dass jede irdische Gemeinde zeitlich befristet ist und gleichzeitig durch Jesus Christus ein überzeitliches Moment enthält.[24] Er ist daher von seiner Unterscheidung zur „auf Dauer" angelegten Parochialgemeinde her zu verstehen und verweist auf „gemeindliche Gestaltungsweisen und kirchliche Praxisformen [...], die sich von der

---

[19] Weyel, Birgit 2013, 159.

[20] „Das Evangelium als kommunikatives Geschehen aufzufassen, schließt mit ein, dass es nur rezeptiv zur Geltung kommt und bestimmt werden kann, d. h., insofern sein Sinngehalt sich subjektiv zu eigen gemacht wird." Fechtner, Kristian 2010, 158.

[21] So wurden diese u. a. im 2. Leuchtfeuer des Impulspapieres des Rates der EKD beleuchtet. Vgl. Kirchenamt der ev. Kirche 2006, 53–58. Die Frage nach neuen kirchlichen Sozialformen ist nicht neu, sondern wurde schon in der Kirchenreformbewegung der 1960er- und 1970er-Jahren gestellt. Vgl. u. a. Kunz, Ralph & Pohl-Patalong, Uta 2013b, 3.

[22] Wird Gemeinde nicht ausschließlich als theologische Größe verstanden, so stellt sich durch ihre Wechselbeziehung zu gesellschaftlichen Entwicklungen die Frage nach ihrem Leitbild immer wieder neu.

[23] Der Begriff „Gemeinde auf Zeit" geht jedoch nicht auf das Projektteam zurück, sondern wird bereits seit den 1970er-Jahren im Arbeitsbereich Freizeit – Erholung – Tourismus der EKD verwendet. Vgl. u. a. Gehrke, Gerd 1991, 35 sowie Feige, Joachim 1972.

[24] Es wird daher abzuwarten sein, ob sich der GaZ-Begriff als tragfähig erweist.

territorial definierten und durch formalisierte Zugehörigkeit bestimmten Ortsgemeinde unterscheiden".[25] Ziel des EKD-Projektes ist es, diese Phänomene qualitativ empirisch zu erforschen und dabei eine explorative und induktive Forschungshaltung einzunehmen. Da eine voraussetzungslose Forschung jedoch nicht möglich ist und gerade die Beschäftigung mit dem Thema „Gemeinde" im Allgemeinen und mit „Gemeinde auf Zeit" im Speziellen sich in einem höchst voraussetzungsvollen Bedeutungsspektrum bewegt, wurden zum Zwecke der Transparenz, Orientierung und Standortbestimmung zu Beginn der Projektarbeit folgende Axiome formuliert:

> „Die Projektgruppe folgt zunächst dem Leitbegriff ‚*Gemeinde auf Zeit*', weil sie davon ausgeht, dass Gemeinde im theologischen Sinne nicht mit der örtlichen, rechtlich verfassten Kirchengemeinde in eins fällt. Der spannungsreiche Begriff der Gemeinde verknüpft vielmehr drei Dimensionen: Er bezeichnet ein geistliches Geschehen (‚Gemeinde entsteht, wo …'), eine empirische Gestalt (‚Kirche organisiert sich in Form von …') und ein kritisches Anliegen (‚Von Gemeinde im evangelischen Sinn ist zu sprechen, wenn …')."[26]

Des Weiteren

> „lassen sich [positiv] vier Merkmale anführen, die es erlauben, von einer *Gemeinde auf Zeit* zu sprechen.
> (1) Sie weist eine konkrete Örtlichkeit auf. Sie bildet einen (Er-)Lebensraum, in dem sich die Beteiligten (zeitweise, situativ-punktuell) bewegen, in dem sie agieren oder auf den sie sich beziehen.
> (2) Die Praxis ist als kirchliches Geschehen identifizierbar und beruht auf personaler Präsenz und Interaktion. Ein besonderes Augenmerk gilt dem Aspekt der Leiblichkeit religiöser Praxis. Zumindest aus forschungspragmatischen Gesichtspunkten bleibt damit das Feld der Social Media und der virtuellen Formen von ‚Gemeinde' in den Forschungsarbeiten unberücksichtigt.
> (3) Der gemeindlich-gemeinschaftliche Charakter des Geschehens wird (symbolisch) zur Darstellung gebracht und findet seinen Niederschlag auch in den Deutungen der Beteiligten.
> (4) Gemeinden auf Zeit haben ein organisiertes Setting. Sie sind im (Verantwortungs-) Bereich der Kirche situiert oder mit ihr verknüpft, sie kennen professionelle Leitungsrollen oder Verantwortlichkeiten."[27]

Das Forschungsvorhaben wurde im Rahmen von drei Qualifikationsarbeiten sowie darüber hinausgehender Projekttreffen und themenspezifischen Veranstaltungen verfolgt.[28] Die praktisch-theologischen Promotionsprojekte haben unterschiedliche

---

25 BUBMANN, PETER et al. 2014, 137.

26 BUBMANN, PETER 2013, 31.

27 BUBMANN, PETER et al. 2014, 137f.

28 Vgl. BUBMANN, PETER et al. 2014, 142ff. Neben der vorliegenden Arbeit wurden 2017 zwei weitere Qualifikationsarbeiten im GaZ-Projekt fertiggestellt: Kathrin Sauer, Tübingen: „Unterwegs mit Gott. Eine empirische Untersuchung von punktuell-selektivem Teilnahmeverhalten anhand von Radwegekirchen, Gottesdiensten im Grünen und biblischen bzw. christlichen Reisen als Gelegenheiten für ‚Gemeinde auf Zeit' und Jonathan Cornelius Kühn, Erlangen: „Populär, intensiv, nachhaltig: Singende

Aspekte des Themenfeldes aufgenommen, wobei davon ausgegangen wird, dass „Gemeinde auf Zeit“ keinem „einheitlichen Muster [folgt], sondern stets im Plural und in verschiedenen lebensweltlichen Kontexten“[29] in Erscheinung tritt.

Im Rahmen der vorliegenden Arbeit wurde der „Gemeinde auf Zeit“-Begriff in dreifacher Hinsicht fruchtbar gemacht:

1. Er diente als *heuristischer Zugang* zu Phänomenen, die sich im o. g. Bedeutungsspektrum (1)–(4) bewegen.
2. In dieser Funktion *markierte er das Feld*, aus dem die drei in dieser Arbeit untersuchten besonderen Gottesdienste ausgewählt wurden, und wurde zur näheren Bestimmung der Samplinggrundlagen herangezogen.
3. Er beförderte die Arbeit durch seinen *spannungsreichen Charakter* und nötigte die Forscherin zur laufenden Reflexion tradierter Gemeindevorstellungen. Durch seine deduktiven Bedeutungsanteile erinnerte er zugleich an das induktive Forschungsanliegen.

1.4. „Besondere“ Gottesdienste – das Forschungsfeld

Aus evangelischer Sicht ist die gottesdienstliche Feier für die Lebensgestalt von Kirche und Christentum elementar. Der Gottesdienst wird häufig als „Mitte der Gemeinde“ und Zentrum des kirchlichen Lebens angesehen.[30] In Bezug auf Gottesdienste jedoch von einer „Gemeinde auf Zeit“ zu sprechen, ist nicht nur im wissenschaftlichen Diskurs, sondern auch im alltäglichen Sprachgebrauch unüblich.[31] Dem meist in parochialer Verantwortung liegenden Gottesdienstangebot wird (systembedingt) eine gewisse Verlässlichkeit und Stetigkeit zugeschrieben. Diese Verlässlichkeit und das Bild des Gottesdienstes als Mitte der Gemeinde stehen jedoch in Spannung zur scheinbaren „Marginalisierung“ des Gottesdienstes angesichts rückläufiger Besucherzahlen.[32] Die jährlich veröffentlichte EKD-Statistik zu Besucherzahlen im Gottesdienst sowie die Kirchgangshäufigkeitsstatstik der seit 1972 durchgeführten Kirchenmitgliedschaftsuntersuchungen (KMU) lassen auf ein überwiegend punktuell-selektives Partizipationsverhalten der Kirchenmitglieder schließen.[33] Die Teilnehmer/innenzahl an den Zähltagen für die EKD-Statistik lag zuletzt zwischen 3,3 %

Massen und individuelle Entwicklungsprozesse. Eine ethnographische Untersuchung christlicher Riesenchorprojekte und der Frage, ob sie ‚Gemeinde‘ sind.“

29 BUBMANN, PETER et al. 2014, 142.

30 Vgl. FECHTNER, KRISTIAN 2017, 128. Zum Gottesdienst als „Mitte der Gemeinde“ siehe u. a. ABRAHAM, MARTIN 2007, 494. DAIBER, KARL-FRITZ 1993, JULY, FRANK 2011, V.

31 Dies ergab eine von mir 2012 durchgeführte Internetrecherche zur herkömmlichen Verwendung des „Gemeinde auf Zeit“-Begriffs. Siehe auch BUBMANN, PETER et al. 2014, 136.

32 Vgl. hierzu auch PLÜSS, DAVID 2014, 237 sowie GRETHLEIN, CHRISTIAN 2011, 26.

33 Vgl. exemplarisch Evangelische Kirche in Deutschland 2012 sowie HERMELINK, JAN et al. 2015, 93.

(Sonntag Invokavit) und 36,5 % (Heiligabend) der Kirchenmitglieder.[34] Im Rahmen der V. KMU wurde zudem eine starke Auffächerung der gottesdienstlichen Praxis bei einem gleichzeitig hohen symbolischen Stellenwert des Gottesdienstes festgestellt.[35] Die empirischen Erhebungen legen nahe, dass dem Gottesdienst nach wie vor in vielfältiger Weise eine zentrale Bedeutung im Zusammenhang mit der kirchlichen Mitgliedschaft zugeschrieben wird, auch wenn eine solche nicht zwangsläufig durch einen häufigen Gottesdienstbesuch zum Ausdruck gebracht wird. Eine Auseinandersetzung mit Gemeinde (auf Zeit) kommt daher nicht an der Rolle von Gottesdiensten vorbei, wenn nicht ein bislang prägender Aspekt christlicher Tradition und evangelischer Theologie ausklammert werden soll.[36]

Das ausdifferenzierte Partizipationsverhalten der Kirchenmitglieder in Bezug auf ihre gottesdienstliche Praxis öffnet das weite Feld der Gottesdienst-Gattungen als Forschungsfeld. Im Laufe der Zeit haben sich die gottesdienstlichen Erscheinungsformen und die damit verbundenen Programmatiken aufgrund theologischer, politischer und (sozio-)kultureller Einflüsse immer wieder gewandelt, sie haben aber auch an Vielfalt gewonnen.[37] Neben den sonntäglichen Gemeindegottesdiensten gehören Festtagsgottesdienste im Jahreskreis sowie Kasualgottesdienste zum traditionellen Bestandteil des gottesdienstlichen Kanons in Ortsgemeinden.[38] Zielgruppengottesdienste, Fernseh- und Radiogottesdienste sowie Andachten haben das Spektrum der gottesdienstlichen Landschaft zusätzlich erweitert, um nur einige mögliche Gattungen zu nennen.[39] Der wöchentliche Sonntagmorgengottesdienst in den Ortsgemeinden gilt hierbei gemeinhin als „Normalfall gottesdienstlicher Praxis",[40] der auf die Versammlung und Feier der „gesamten Gemeinde" zielt.[41] Empirische Befunde haben jedoch schon längst eine „*Spannung zwischen der normativen Zuschreibung und der faktischen Teilhabe*"[42] am Sonntagmorgengottesdienst aufgedeckt. Als Gründe hierfür können sowohl der milieu- und lebensstilspezifische Charakter dieser gottesdienstlichen Praxis, eine durch Distanz geprägte „protestantische Haltung zu Kirche und Gottesdienst" sowie sozio-kulturelle Aspekte der gegenwärtigen Lebenswelt, wie z. B. Individualisierung, ein pluralisiertes Freizeitverhalten und eine veränderte Zeitstruktur des Wochenendes, angeführt werden.[43] Das punktuell-selektive Partizipa-

---

[34] Evangelische Kirche in Deutschland 2012 auf Basis 2014. „Besondere" Gottesdienste sind von dieser Zählung nicht erfasst.

[35] HERMELINK, JAN et al. 2015, 110f.

[36] Hierauf verweist POHL-PATALONG, UTA 2008, 110–118. Zur Bedeutung des Gottesdienstes für die Frage nach neuen Konzepten der Gemeinde- und Organisationsentwicklung siehe auch SCHULZ, CLAUDIA 2007, 24.

[37] Zur Geschichte des Gottesdienstes siehe ausführlich bei MEYER-BLANCK, MICHAEL 2011, 135–183.

[38] Vgl. FECHTNER, KRISTIAN 2017, 129–131.

[39] Vgl. FECHTNER, KRISTIAN 2017, 131–133.

[40] FECHTNER, KRISTIAN 2017, 128.

[41] Vgl. POHL-PATALONG, UTA 2011, 32.

[42] FECHTNER, KRISTIAN 2017, 128; Hervorhebungen im Original.

[43] Zu den Gründen für die Entwicklung des Gottesdienstbesuches siehe POHL-PATALONG, UTA 2011, 19–26.

tionsverhalten der kirchlichen Mitglieder, wie es sich besonders im Zusammenhang mit der Kasualpraxis zeigt,[44] wird nicht selten als eine Verfallserscheinung der Kirche betrachtet.[45] Dies tritt symptomatisch in umgangssprachlichen Begrifflichkeiten wie z. B. „Kasualchristentum", „Weihnachtschristen" oder „Karteileichen" zutage. Dem kann entgegengehalten werden, dass das Partizipationsverhalten „[d]ie heutige, typisch protestantische *Pluralität der gottesdienstlichen Kultur* wider[spiegelt] und ermöglicht […], dass sich Menschen in verschiedenen zeitlichen Rhythmen am gottesdienstlichen Leben beteiligen und dass in ihm unterschiedliche Bedürfnisse und liturgische Präferenzen zur Geltung kommen."[46] Die V. KMU hat zudem gezeigt, dass „die Auffächerung des gottesdienstlichen Teilnahmeverhaltens mit der Pluralisierung des gottesdienstlichen Lebens, seinen vielfältigen Zeiten, Orten und Anlässen [korrespondiert]".[47]

Für die Pluralisierung spielen sogenannte „besondere Gottesdienste" eine wichtige Rolle, die sich seit Mitte des letzten Jahrhunderts neben den „normalen" Sonntagmorgengottesdiensten und den klassischen Kasualien etabliert haben. Im Rahmen dieser Arbeit werden unter besonderen Gottesdiensten *all jene Gottesdienste verstanden, die, hinsichtlich ihrer Gestaltung, spezifische Bedürfnisse von Personen(-gruppen) berücksichtigen, ggf. thematische Schwerpunkte setzen und nicht zu den regulären Sonntagmorgen- oder Kasualgottesdiensten einer Parochialgemeinde gezählt werden. Sie können innerhalb und außerhalb einer Ortsgemeinde oder eines Kirchengebäudes und zu unterschiedlichen Zeiten gefeiert werden.*[48]

In dieses Forschungsfeld fallen sowohl Gottesdienste, wie sie in der unmittelbaren Nachkriegszeit entstanden sind und die sich häufig durch die Wiederaufnahme traditioneller, hoch-liturgischer Elemente auszeichnen, als auch „Gottesdienste in neuer Gestalt" und „alternative Gottesdienstmodelle", die sich seit den 1960er-Jahren in *zwei Wellen* entwickelt und etabliert haben:[49]

1. Welle: In den 1960/70er-Jahren entstanden in verschiedenen Kontexten „Gottesdienste in neuer Gestalt" bzw. „Gottesdienste in anderer Gestalt".[50] Maßgebliche Impulse für die Ausbildung dieser Gottesdienstformen gaben die ökumenische Be-

---

[44] Vgl. KLIE, THOMAS 2014, 281.

[45] Vgl. zur Problematik POHL-PATALONG, UTA 2011, 13.

[46] FECHTNER, KRISTIAN 2017, 128; Hervorhebungen im Original.

[47] HERMELINK, JAN et al. 2015, 111.

[48] Diese Definition erfolgt in Anlehnung an Ziffer IV. 13 „Besondere Gottesdienste" der Lebensordnung der EKHN, gültig vom 01.09.2000 bis zum 31.07.2013. Die aktuelle Lebensordnung der EKHN hat im Abschnitt 2.2 über die Strukturen und Formen von Gottesdiensten auf die Verwendung des Begriffs „besondere Gottesdienste" verzichtet. Vgl. http://www.kirchenrecht-ekhn.de/document/18785/search/besondere Gottesdienste – s10000138 [online: 13.12.2016]. Im alltäglichen Sprachgebrauch werden Gottesdienste auch als „besonders" bezeichnet, sofern es sich z. B. um modifizierte Sonntagmorgengottesdienste oder aber Festtagsgottesdienste handelt. Vgl. hierzu die Analyse in HÄRLE, WILFRIED 2008, sowie KIS. 17.11.2015.

[49] Eine ausführliche Darstellung der gegenwärtigen Formen des Gottesdienstes im Allgemeinen und alternativer Gottesdienste im Speziellen findet sich bei POHL-PATALONG, UTA 2011, 26–34.

[50] Vgl. POHL-PATALONG, UTA 2011, 27–34.

wegung, Kirchentage und die politische Lage im Kontext der 1968er-Bewegung. Diese Gottesdienste zeichneten sich durch Abläufe „jenseits der Agende“, andere Musikstile, die Reformulierung von liturgischen Kernstücken, wie z. B. das Glaubensbekenntnis, und verschiedene Predigtformen, wie z. B. die Dialogpredigt, aus. In den 1970ern wurde im Rahmen der liturgischen Nacht auf dem Kirchentag hingegen dem Bedürfnis nach festlichen Gottesdiensten nachgekommen. In den Ortsgemeinden und darüber hinaus kam es vermehrt zum Angebot von Zielgruppengottesdiensten, wie z. B. Familien-, Jugend-, Krabbelgottesdiensten, aber auch Motorradfahrer/innengottesdiensten.[51]

2. Welle: Seit den 1990er-Jahren diversifiziert sich das gottesdienstliche Angebot durch „alternative Gottesdienste“ weiter.[52] Diese Gottesdienste richten sich programmatisch an die Zielgruppe derjenigen, die sich von agendarischen Gottesdiensten ästhetisch, inhaltlich und z. B. durch das zeitliche Format nicht angesprochen fühlen. Inwieweit die Zielgruppenadressierung gelingt, wird unterschiedlich beurteilt.[53] Für Zielgruppengottesdienste ist die Vielfalt gottesdienstlicher Kultur programmatisch, insofern sie sich nicht primär an der Feier der Gemeinde, sondern an den subjektiven Bedürfnissen spezifischer Adressaten ausrichten. Dabei kann es sich um „alters- und lebensphasenspezifische Gottesdienste“ sowie um Gottesdienste in neuer und anderer Gestalt handeln, die sich an den Bedürfnissen spezifischer Zielgruppen orientieren und der Reform des kirchlichen Lebens dienen sollen.[54] Dennoch wurde davon Abstand genommen, das Forschungsfeld über den Begriff der Zielgruppe zu definieren, da der Begriff der Zielgruppe der Angebotslogik folgt[55] und keine Aussagen darüber zulässt, wie sich die empirische Sozialgestalt des Gottesdienstes faktisch zusammensetzt.[56] Darüber hinaus werden von dieser Definition all jene Gottesdienstformen ausgeschlossen, die sich nicht an eine spezifische Zielgruppe wenden, aber ebenfalls in das Spektrum jener kirchlichen Phänomene fallen würden, die mit dem GaZ-Projekt in den Blick genommen werden sollen. Aufgrund unterschiedlicher milieu- und lebensstilspezifischer Präferenzen haben sich verschiedene Typen alternativer Gottesdienste ausgebildet, die jedoch alle versuchen, sich an spezifischen subjektiven Bedürfnissen der Gottesdienstteilnehmer zu orientieren. Hierbei kann nach Lutz Friedrichs grob zwischen kulturoffenen (expressiv-

---

51 Vgl. POHL-PATALONG, UTA 2011, 27f.

52 Vgl. POHL-PATALONG, UTA 2011, 31.

53 Vgl. POHL-PATALONG, UTA 2011, 31, und die dort in Fußnote 117 angeführte Literatur zu den unterschiedlichen Deutungen.

54 FECHTNER, KRISTIAN 2017, 131ff.

55 Der Begriff der Zielgruppe wird insbesondere im Marketingbereich verwendet und bezieht sich auf „*Adressaten [...]; [die]* Gesamtheit aller effektiven oder potenziellen Personen, die mit einer bestimmten Marketingaktivität angesprochen werden sollen. Grundlage zur Zielgruppenfindung nach jeweils relevanten Merkmalen ist die Marktsegmentierung; Hauptproblem ist die zeitliche Instabilität (Dynamik).“ https://wirtschaftslexikon.gabler.de/Archiv/13543/zielgruppe-v7.html [online: 19.11.2015].

56 Davon unabhängig kann jedem Gottesdienst aufgrund seines milieuspezifischen Charakters ein Zielgruppencharakter zugeschrieben werden. Aus dieser Perspektive wäre der Begriff aber nicht für die Beschreibung einer speziellen Gattung von Gottesdiensten tauglich.

suchend, asketisch-entdeckend, rituell-vergewissernd) und kulturnahen Modellen (diskursiv-orientierend, emotional-beschwingend, ästhetisch-bildend) unterschieden werden.[57] Allen diesen Modellen ist gemeinsam, dass sie sich durch eine Liturgie „jenseits der Agende“[58] auszeichnen und eine möglichst niedrigschwellige Partizipation durch voraussetzungslose Form, Sprache und Inhalte bewirken möchten. Sie sind häufig durch andere und neue Elemente, wie z. B. Anspiele, Tanz und verschiedenen Partizipationsformen für die Gottesdienstbesucher/innen sowie eine spezifische musikalische Gestaltung geprägt. Darüber hinaus gilt, „[dass] sie nicht auf Gemeinde, Bekenntnis und Konfession ausgerichtet [sind], sondern auf Sinnsuche, Orientierung und offenere Formen von Gemeinschaft. Sie lassen sich als liturgisches Orientierungsangebot im Zeitalter von Pluralisierung und Individualisierung verstehen.“[59] Es wird daher versucht, ein Gegenüber von Amt und Gemeinde zu vermeiden, was sich sowohl in fehlenden Wechselgesängen als auch in vermehrter Teamarbeit und Moderationen des Gottesdienstes zum Ausdruck kommt. Alternative Gottesdienste werden meist nicht als Konkurrenz zum agendarischen Gottesdienst gesehen, sondern sollen diesen ergänzen.[60] Dies manifestiert sich auch in ihrer Bezeichnung als „Zweites Programm“, die jedoch faktisch keine Bei-, sondern Unterordnung zum Ausdruck bringt und daher auch kritisch gesehen werden kann, da, empirisch gesehen, alternative Gottesdienste punktuell auch normale Sonntagsmorgengottesdienste ersetzen.[61] Alternative Gottesdienste „verstehen sich [vielmehr] als bewusste Wahloption in der individualisierten Gesellschaft, indem sie parochial übergreifend konzipiert sind und nicht an lokaler Logik („ich gehe zum Gottesdienst der Gemeinde, zu der ich gehöre“), sondern an ästhetischer Logik („ich gehe zum Gottesdienst, der mich von seiner Gestaltung her anspricht“) orientiert sind.“[62]

Die sprachliche Logik, einen Gottesdienst als „besonders“ zu bezeichnen, ergibt sich in dieser Arbeit u. a. aus dem Gegenüber zum „normalen“ Gottesdienst.[63] So schildert z. B. Miriam Pönninghaus in einem Artikel zum hoch-liturgischen Mittwochmorgen-Gottesdienst in der Peterskirche in Heidelberg:

> „Etwa drei Jahre komme ich nun regelmäßig mittwochs in die Peterskirche und es fällt schwer, die verschiedenen Eindrücke und Assoziationen zu sortieren, da sie vielfältig sind. Oder „vielstimmig“. Weil der Mittwochmorgen-Gottesdienst eben nicht einfach ein nor-

---

57 Vgl. FRIEDRICHS, LUTZ 2007b, 5–6, der dieser Typisierung noch kleine Kontrapunkte hinzufügt.

58 Vgl. Vgl. POHL-PATALONG, UTA 2011, 31–34, und dort vertiefende Literatur.

59 FRIEDRICHS, LUTZ 2007b, 9.

60 Vgl. FRIEDRICHS, LUTZ 2007b, 15.

61 So zum Beispiel im Fall der „Nachtschicht“-Gottesdienste in Obertürkheim. Vgl. VOGEL, RALF 2009 unveröffentlicht, 5.

62 POHL-PATALONG, UTA 2011, 32.

63 Vgl. MEYER-BLANCK, MICHAEL 2008, 72. Der Begriff des „besonderen Gottesdienstes“ findet sich auch im wissenschaftlichen Sprachgebrauch. Vgl. z. B. bezogen auf die Universitätsgottesdienste in DRESSLER, BERHARD et al. 2013, 4. Mit der Verwendung dieses Begriffes geht in dieser Arbeit keine qualitative Wertung der unterschiedlichen Gottesdienste einher.

maler Gottesdienst ist, sondern eine ganz bestimmte Form hat, und weil ganz selbstverständlich ein Frühstück dazugehört. Weil es so viele Menschen gibt, die ihren Beitrag dazu leisten, dass das ‚Gesamtpaket' zu dem wird, was er ist […]."[64]

Liturgiewissenschaftlich kann gefragt werden, was einen Gottesdienst zum Normalfall werden lässt.[65] Dennoch wird die Bezeichnung „besondere Gottesdienste" und das damit beschriebene gottesdienstliche Spektrum für das hier vorliegende Forschungsanliegen aus folgenden Gründen als sinnvoll angesehen:

(1) „Besondere" Gottesdienste fallen häufig in Verantwortungsbereiche, die jenseits von Parochialgemeinden liegen, wie z. B. in den Arbeitsbereich von Funktionspfarrämtern. Es stellt sich daher die Frage, welche spezifische Organisationsformen und soziale Beziehungsnetzwerke sich vor diesem Hintergrund ausbilden.

(2) Ihr Angebots- und Erscheinungsbild ist vielfältig und kann nicht auf ein einheitliches Gottesdienstverständnis und Gemeindebild festgelegt werden. „In ihrer Expressivität erscheinen alternative Gottesdienste als ‚liminoide' (Victor Turner) Rituale mit deutlich geringerer loyaler Bindung als bisher üblich (oder gefordert). Sie sind in diesem Sinn ein Plädoyer für neue Gemeinschaftsformen in der Kirche."[66] „Besondere" Gottesdienste könnten daher Rückschlüsse darüber zulassen, ob sich die Teilnehmenden tatsächlich in neuen Formen kirchlich vergesellen. In Anlehnung an entsprechende Überlegungen von Lutz Friedrichs zu alternativen Gottesdiensten „[bliebe] ein solcher Befund […] aufregend genug: Er wäre Hinweis auf Transformationsprozesse in der religiösen Praxis kirchlichen Christentums, auf die die Kirche noch zu wenig eingestellt ist".[67]

(3) „Besondere" Gottesdienste können sich an Menschen mit ganz unterschiedlichem kirchlichem Partizipationsverhalten richten. Alternative Gottesdienste richten sich programmatisch meist an kirchlich distanzierte und wenig gottesdiensterfahrene Menschen.[68] Die kirchliche Distanz wird dabei häufig in einen Zusammenhang gestellt mit einem Ausbleiben eines Besuchs bzw. einem seltenen Besuch des Gottesdienstes am Sonntagmorgen. „[E]ine solche Distanz ist aber nicht ‚Kirchendistanz', sondern nur Distanz zu einer bestimmten Ausprägung kirchlichen Christentums."[69] Das Erkundungsfeld der besonderen Gottesdienste hat darüber hinaus auch gottesdienstliche Formen im Blick, die sich an kirchlich hoch verbundene und regelmäßige Gottesdienstbesucher/innen richten. Durch dieses Spektrum wird die Erkundung der besonderen Gottesdienste

---

64 PÖNNINGHAUS, MIRIAM et al. 2013, 19.

65 Eine eingehende Beschäftigung mit der Frage findet sich in FECHTNER, KRISTIAN & FRIEDRICHS, LUTZ 2008.

66 FRIEDRICHS, LUTZ 2007b, 15.

67 FRIEDRICHS, LUTZ 2007b, 29.

68 Vgl. FRIEDRICHS, LUTZ 2007b, 28f. Ob es gelingt, durch „besondere" Gottesdienste die vermeintlich „Kirchendistanzierten" anzusprechen, wird unterschiedlich bewertet. Vgl. POHL-PATALONG, UTA 2011, 33, sowie SCHWEITZER, FRIEDRICH 2011, 293.

69 FRIEDRICHS, LUTZ 2007b, 28.

mit der Hoffnung verbunden, ein differenzierteres Bild der religiösen Praxis kirchlichen Christentums zu erhalten.
(4) Jeder Gottesdienst wird aus zeittheoretischer Perspektive punktuell angeboten. „Besondere" Gottesdienste folgen in der Regel einem anderen zeitlichen Rhythmus und/oder werden zu anderen Zeiten als der agendarische Gottesdienst am Sonntagmorgen angeboten. Sie könnten daher Rückschlüsse darüber zulassen, welche Relevanz die Regelmäßigkeit und Häufigkeit des Angebotes für den Charakter der Sozialgestalt des Gottesdienstes und seiner subjektiven Wahrnehmung haben.
(5) „Besondere" Gottesdienste finden an ganz unterschiedlichen Orten statt und sind häufig nicht an einen spezifischen Ort gebunden. Die Bedeutung des territorialen Prinzips für die Frage nach Gemeinde wurde in gemeindetheoretischen Ansätzen bereits mehrfach relativiert.[70] „Besondere" Gottesdienste können ggf. dazu beitragen, diese Theorie empirisch weiter zu erhellen.
(6) „Besondere" Gottesdienste zeichnen sich häufig durch unterschiedliche Beteiligungsmöglichkeiten und -formen aus. Dadurch werden sie als sinnvolles Erkundungsfeld für die Frage nach der sozialen Kraft der spezifischen gottesdienstlichen Inszenierung angesehen.

1.5. Forschungsfrage und Aufbau der Arbeit

Aus den bisherigen Erläuterungen folgt, dass es nicht Ziel dieser Arbeit sein konnte und durfte, zu prüfen, ob die von mir untersuchten Gottesdienste als Gemeinde bezeichnet werden können oder nicht. Vielmehr ging es darum, neue Spuren, Aspekte von Gemeindlichkeit zu entdecken, freizulegen und zu deuten. Vereinfacht ging es in diesem Forschungskontext also um die Frage, *in welchem Sinn* „besondere" Gottesdienste als Kristallisationspunkte einer „Gemeinde auf Zeit" verstanden werden können.

Daraus ergibt sich ein *qualitativ-explorativer Forschungsansatz*, auf dessen gegenstandsbezogene Ausformung das folgende Kapitel (I.2.) eingeht. Mit Erläuterungen zur *Sozialität des Gottesdienstes* findet das Einleitungskapitel seinen Abschluss (I.3.) und markiert zugleich den Übergang zu den empirischen Einsichten dieser Arbeit, insofern sich die Sozialität des Gottesdienstes im Laufe des zirkulären Forschungsprozesses als konkreter *Forschungsgegenstand* herauskristallisiert hat. Der zweite Hauptteil der Arbeit widmet sich der feldweisen Darstellung der (re-)konstruierten[71] Sozialitätsaspekte. Im dritten Teil der Arbeit wird der praktisch-theologische Ertrag

---

70 So z. B. bei HAUSCHILDT, EBERHARD & POHL-PATALONG, UTA 2013, 284.

71 In dieser Arbeit wird bewusst von (Re-)Konstruktion gesprochen, da die im hermeneutischen Zirkel der qualitativen Forschung „abduktiv gefundenen Ordnungen weder (beliebige) Konstruktionen noch (valide) Rekonstruktionen, sondern *brauchbare* (Re-)Konstruktionen" darstellen. REICHERTZ, JO 2012, 285. Abweichungen von diesem Sprachgebrauch können in dieser Arbeit aufgrund von Zitaten oder Rekursen auf Theorien Dritter auftreten wie z. B. im Zusammenhang mit Jan Kruses hermeneutischem Verfahren.

der komparativen Analyse dargestellt (III.1.) und anschließend einige praktisch-theologisch Perspektiven (III.2.–3.) aufgezeigt, bevor wesentliche Einsichten aus dieser Arbeit in einem Fazit zusammengefasst werden und einem Ausblick dienen (III.4.).

2. Methodologische Überlegungen und methodisches Vorgehen

2.1. Auf den Spuren des „Unfassbaren"

2.1.1. Ein qualitativ empirisch informierter Forschungsansatz

Das Forschungsinteresse, Gemeindlichkeit besser zu verstehen und dafür auch neue Aspekte wahrzunehmen, die jenseits traditioneller und dogmatischer Gemeindeverständnisse liegen, legt einen *empirischen Forschungsansatz* nahe. Dieser soll jedoch nicht von einer Theorieüberprüfung mit dem Ziel der Generalisierbarkeit geleitet sein,[72] sondern davon, „Neues zu entdecken und empirisch begründete Theorien zu entwickeln"[73]. Damit wäre der Weg der *qualitativen Forschung* beschritten, die *gegenstandsbezogene* Methoden wählt und dabei versucht, in *gegenstandsangemessener* Art und Weise die Komplexität der sozialen Phänomene möglichst umfassend in ihrem alltäglichen Kontext zu erforschen.[74] Hierbei gilt es sowohl die *Perspektiven der Beteiligten* im Feld einzubeziehen als auch die *Vielschichtigkeit* der Phänomene zu berücksichtigen. Dies umfasst auch die Forscher selbst, insofern sie durch den Untersuchungsprozess Teil des Feldes werden, das sie untersuchen. Während die quantitative Forschung diesen Aspekt als Störfaktor methodisch versucht auszuschließen, integriert die qualitative Forschung die Subjektivität der Beteiligten in den Forschungsprozess, indem sie methodisch kontrolliert darüber reflektiert.[75]

Die qualitative Forschung umfasst ein *breites Spektrum von Forschungsansätzen*[76]

---

[72] Zur repräsentativen Theorieüberprüfung wird meistens ein quantitativer Forschungsansatz gewählt. Vgl. FLICK, UWE 2011a, 26f. Nach langer Kontroverse zwischen der quantitativen und der qualitativen Disziplin besteht inzwischen in weiten Teilen der (soziologischen) Forschung Einigkeit darüber, dass beide Teildisziplinen ganz unterschiedliche, aber berechtigte Ziele verfolgen und sich im Rahmen methodenintegrativer Ansätze sogar sinnvoll ergänzen können. Vgl. KELLE, UDO 2007, 25–38, KRUSE, JAN 2014, 44, FLICK, UWE 2011a, 39–42. Als Beispiel für Letzteres kann die KMU der EKD genannt werden.

[73] FLICK, UWE 2011a, 27.

[74] In diesem Ansatz wird die Vorrangstellung des Gegenstandes vor methoden- und theoriegeleiteten Modellen betont. Vgl. hierzu FLICK, UWE 2011a, 26ff. sowie 53f.

[75] Vgl. FLICK, UWE 2011a, 28ff. Sowohl die quantitative als auch die qualitative empirische Forschung sind nicht in der Lage die objektive „Wirklichkeit" abzubilden, da sie sich in einem von Deduktion, Induktion und Abduktion geprägten hermeneutischen Zirkel bewegen. Vgl. KRUSE, JAN 2014, 134–148, sowie REICHERTZ, JO 2012.

[76] Diese ergeben sich z. T. aus unterschiedlichen theoretischen Positionen, wie z. B. dem Symbolischen Interaktionismus (subjektiver Sinn), der Ethnomethodologie (Herstellung sozialer Wirklichkeit) und strukturalistischen Modellen zur kulturellen Rahmung sozialer und subjektiver Wirklichkeit. Vgl. hierzu FLICK, UWE 2011a, 29f, 81–92.

und damit verbundenen Methoden.[77] Abhängig vom jeweiligen Forschungsinteresse und dem konkreten Forschungsgegenstand wird auf verschiedene Formen der Interviewführung, Gruppendiskussionen, teilnehmenden Beobachtungen, aber auch auf standardisierte Verfahren zurückgegriffen, wie z. B. Fragebögen, die jedoch nicht der Abfrage operationalisierter Theorien dienen, sondern ebenfalls explorativen Charakter haben. Diese unterschiedlichen Forschungsperspektiven verbindet 1., dass sie darauf zielen, den Forschungsgegenstand *von innen heraus zu verstehen*, sich dafür 2. an *(Einzel-)Fallrekonstruktionen* orientieren, 3. davon ausgehen, dass *Wirklichkeit konstruiert* wird[78], und 4., dass im Rahmen der empirischen Forschung Texte als empirisches Material produziert werden, die die Grundlage der Analyse darstellen.[79]

Die empirische Forschung in der Praktischen Theologie greift in den letzten Jahrzehnten verstärkt auf Methoden und Theorien der (Religions-)soziologie zurück.[80] Sie rückt damit soziale Aspekte, wie z. B. intersubjektive und interaktive Merkmale von Religion, stärker in den Fokus ihrer Betrachtungen. Dabei kann die Praktische Theologie an Einsichten von Friedrich Schleiermacher anknüpfen, der das Wesen der Religion als „notwendig gesellig" beschrieben hat.[81] Durch die Orientierung an soziologischen Methoden und Theorien ergänzt die Praktische Theologie die stärker am Erleben des Individuums interessierte psychologische Perspektive und gewinnt dadurch weitere wichtige „Sehhilfen" (Kristian Fechtner) für religiöse Phänomene.[82]

In der jüngeren Praktischen Theologie hat sich zunehmend ein empirischer Forschungszugang etabliert. Dadurch stellt sich die Frage nach dem Verhältnis von Theologie und Empirie. Da mittels empirischen Erhebungen Wirklichkeit nicht einfach abgebildet, sondern in spezifischer Weise „konstruiert" wird, ist auch ein empirisches Vorgehen normativ grundiert.[83] Dies gilt insbesondere für 1. die Gegenstandsbestimmung der Praktischen Theologie,[84] 2. die Verwendung von Referenztheorien und 3. einen damit verbundenen Deutungshorizont. Im Rahmen dieser Arbeit wird hierfür auf eine Verhältnisbestimmung von Praktischer Theologie und empirischen Einsichten von Kristian Fechtner und Christian Mulia zurückgegriffen, die sie im Rahmen kasualtheoretischer Überlegungen vorgenommen haben, die aber auch auf andere Praxisfelder übertragen werden können. Danach

---

[77] Vgl. PRZYBORSKI, AGLAJA & WOHLRAB-SAHR, MONIKA 2014, 39.

[78] „Wirklichkeit, die in qualitativer Forschung untersucht wird, ist nicht vorgegeben, sondern wird von unterschiedlichen Instanzen konstruiert. Welche Instanzen als zentral für diese Konstruktion angesehen werden, hängt wesentlich von der jeweiligen theoretischen Position ab, mit der dieser Konstruktionsprozess untersucht wird." FLICK, UWE 2011a, 96.

[79] Vgl. FLICK, UWE 2011a, 95ff.

[80] Vgl. hierzu auch FECHTNER, KRISTIAN 2012a.

[81] Vgl. SCHLEIERMACHER, FRIEDRICH & MECKENSTOCK, GÜNTER 2001, 135f [177f], 142 [193]. Die Seitenzahl in eckigen Klammern ist auf die Originalausgabe bezogen.

[82] Vgl. FECHTNER, KRISTIAN 2012a.

[83] Vgl. hierzu FECHTNER, KRISTIAN 2010, 158.

[84] Wird z. B. von einem Religionsverständnis ausgegangen, das sich auf subjektive Sinnkonstruktionen konzentriert, so hat dies zwangsläufig Auswirkungen auf den konkreten Forschungsgegenstand und die Wahl der Methoden.

> „[ist] Praktische Theologie nicht selbst empirisch, sondern sie nimmt empirische Einsichten reflektierend in sich auf, indem sie sie in einen praktisch-theologischen Zusammenhang stellt. Insofern sie sich der Kommunikation des Evangeliums verpflichtet weiß – sie ist also keineswegs voraussetzungslos –, setzt sie sich diskursiv dem aus, was für die Beteiligten ihre ‚Kasualwirklichkeit' der Taufe darstellt. In diesem Sinne ist sie eine empirisch informierte Praktische Theologie. Zugleich ist sie darauf aus, kirchliches Handeln so wahrzunehmen und zu gestalten, dass sich in ihm die >Wirklichkeit der Taufe< für alle, die an ihr teilhaben, als eine Realität erschließen kann, die sie nicht selbst hervorbringen und die sich zuerst und zuletzt als Wirklichkeit Gottes bestimmt" (Fechtner, Kristian & Mulia, Christian 2013, 182).

Der „empirisch informierte Ansatz" geht nicht mit einer Relativierung einer sorgsamen und angemessenen empirischen Wahrnehmung und Darstellung religiöser (Christentums-)Praxis einher. Das Attribut „*informiert*" verweist vielmehr auf die unüberbrückbare Leerstelle, die sich aus der produktiven Spannung zwischen Theologie und Empirie ergibt, sofern davon ausgegangen wird, dass religiöse Phänomene einen Bezugspunkt außerhalb von sich selbst haben, der nicht empirisch einholbar ist. Dennoch kann die empirische Erforschung religiöser Praxis innerhalb dieser Grenzen zu einem Wissensgewinn verhelfen, insofern sie der Wahrnehmung und Berücksichtigung der immanenten Spuren von Religion dient. Die aufgezeigten Grenzen sind methodologisch zu reflektieren und zu berücksichtigen sowie in ein angemessenes Verhältnis zur Theorie zu setzen.

Das induktive Forschungsanliegen des „Gemeinde auf Zeit"-Forschungsprojektes steht dabei in einer gewissen Spannung zum hoch voraussetzungsvollen Gemeindebegriff. Aus dem Forschungsanliegen, *neue Aspekte* von Gemeindlichkeit in den Blick zu bekommen, ergab sich der Rückgriff auf theoretische „Sehhilfen", die einen weiten und offenen Blick ermöglichen. Der Forschungsprozess ist von folgenden Voraussetzungen, Akzentuierungen und Perspektivierungen geprägt:

1. Als gemeindetheoretische Voraussetzung wird im Rahmen dieses Forschungsprojektes davon ausgegangen, dass Gemeinde als soziale Gestalt eine *geistliche Dimension* (Jan Hermelink) hat,[85] d. h. sie wird theologisch so verstanden, dass sie sich nicht eigener Aktivität verdankt. Diese Dimension ist für eine empirische Wahrnehmung unzugänglich, gehört aber zu ihrer Deutung.
2. Gemeinde verweist auf die *soziale Dimension* von Religion.[86] Unter diesem Vorzeichen werden auch die subjektiven Sinnkonstruktionen etc. im Blick auf ihre soziale Bestimmtheit thematisiert[87] und wird Gottesdienst als gemeinschaftliches Handeln verstanden,[88] das sich in pluralen Formen realisiert.

---

[85] Vgl. Hermelink, Jan 2004.

[86] Deshalb wurde auf religionstheoretische Überlegungen zurückgegriffen, die die *soziale Dimension von Religion* einbeziehen. Zuletzt und maßgeblich Koll, Julia 2016.

[87] Dies geschieht in Anlehnung an Einsichten aus der von Karl Mannheim inspirierten *Wissenssoziologie*, wonach „alles Denken, alles Wissen – aber auch alles Handeln – *seinsgebunden* ist über die *konjunktive Erfahrung in einer sozialen Gemeinschaft*". Kruse, Jan 2014, 191.

[88] Vor dem Hintergrund anthropologisch-religionswissenschaftlicher Überlegungen zum Gottesdienst als Ritual betont Wolfgang Ratzmann, dass der „[Gottesdienst] nicht nur als verbale Verkündigungs-

3. Gemeinde wird nicht primär als Organisationsform thematisiert, sondern Gemeindlichkeit als Interaktions- und Beziehungsgeschehen (relationales Netzwerk) in den Blick genommen.[89]
4. Vor diesem Hintergrund legt sich eine offene Methodologie und Methodik nahe, wie sie z. B. die *soziologische Religionsethnographie* darstellt.

2.1.2. Ethnographische Grundierung

Als zentrales Kennzeichen der qualitativen Forschung gilt – wie bereits erläutert – ihre Gegenstandsangemessenheit. Für die Beobachtung und Analyse zunehmend undurchschaubarer und ausdifferenzierter religiöser Phänomene wird die soziologische Religionsethnographie für besonders geeignet angesehen,[90] da sie sich auf die Erforschung „neu entstehender Wirklichkeiten"[91] spezialisiert hat. Dabei hat sie sich die „Beobachtung und Beschreibung der Religion in der eigenen Gesellschaft"[92] zur Aufgabe gemacht. Mit Hubert Knoblauch soll „[u]nter Ethnographie [...] ein multimethodisches Verfahren der Beschreibung und Analyse (in diesem Fall: religiöser) Lebenswelten aus der Binnenperspektive verstanden werden, die sich durch Beobachtung, Interviews, aber auch audiovisuelle Aufzeichnungen und Dokumentensammlungen auszeichnet".[93] Nachdem ethnographische Studien im Vergleich zur englischsprachigen Welt im deutschsprachigen Raum eher ein Randphänomen waren, hat die Zahl der ethnographischen Studien auch hierzulande zugenommen.[94] Sie nehmen dabei insbesondere „die Perspektiven der Teilnehmer, ihre Wissensbe-

angelegenheit missverstanden werden darf, sondern dass er eine bestimmte Form gemeinsamen Handelns darstellt, für die der Zusammenhang von Wort und Tun, die zeichenhafte Weise, mit der er über sich hinaus auf etwas höchst Bedeutsames und Transzendentes verweist, und die – wenngleich oft reduzierte – Körperlichkeit des Vollzugs wesentlich sind." RATZMANN, WOLFGANG 2007, 524. MEYER-BLANCK, MICHAEL 2011, 25 führt rezeptionsästhetische und ekklesiologische Gründe dafür an, dass „Gottesdienst [...] ein gemeinsames Handeln der Versammelten (und zusätzlich haben daran über Agenden und örtliche Traditionen auch Abwesende Anteil) ist." Vgl. zudem DAIBER, KARL 1980, 89.

[89] „Der Feldforscher begreift, dass sein Feld – welcher Beschaffenheit auch immer es ist – an andere Felder anschließt und auf vielfältige Weise mit ihnen verknüpft ist: Institutionen verweisen notwendigerweise auf andere Institutionen, werden von ihnen durchdrungen oder überlagert; soziale Bewegungen sind oft von dem gesamten Gewebe, dessen Textur sie zu verändern suchen, kaum zu unterscheiden. Aus der Perspektive eines sozialen Prozesses haben Institutionen und soziale Bewegungen keine absoluten räumlichen Grenzen, keinen absoluten Anfang und kein absolutes Ende. Ihre Parameter und Eigenschaften sind konzeptionelle Entdeckungen, und nur aus theoretischen oder arbeitspraktischen Gründen werden ihnen Grenzen zugewiesen. (Schatzman/Strauss 1973: 2; Übersetzung d. Verf.)", zitiert nach PRZYBORSKI, AGLAJA & WOHLRAB-SAHR, MONIKA 2014, 39f.

[90] Zur Geschichte der sozialwissenschaftlichen Religionsforschung und der Bedeutung der Religionsethnographie vgl. KNOBLAUCH, HUBERT 2003, 17–25.

[91] Vgl. KNOBLAUCH, HUBERT 2003, 23, sowie LÜDERS, CHRISTIAN 2012, 390.

[92] KNOBLAUCH, HUBERT 2003, 12. Hubert Knoblauch verwendet dabei selbst einen weiten Religionsbegriff (14).

[93] KNOBLAUCH, HUBERT 2003, 12f.

[94] Vgl. LÜDERS, CHRISTIAN 2012, 389.

stände und -formen, ihre Interaktion, Praktiken und Diskurse“[95] in den Blick, wobei es nicht um genuin fremde Kulturen geht, sondern um die Erforschung der Besonderheit des scheinbar Vertrauten.[96] Die konkrete Wahl der Methoden kann dabei spontan – jedoch nicht willkürlich, sondern der Situation angemessen – erfolgen,[97] denn – so Hubert Knoblauch –„häufig wissen wir ja gar nicht vorab, was da erforscht werden soll, und so ist es denn auch in diesen Fällen unangemessen, eine standardisierte Methode anzuwenden.“[98] Das dieser Arbeit zugrunde liegende Forschungsinteresse findet Anknüpfungspunkte in der Ethnographie, in dem Sinne, dass

> „im Zentrum der ethnographischen Neugierde [...] – theoretisch formuliert – die Frage [danach steht], wie die jeweiligen Wirklichkeiten praktisch <erzeugt> werden; es geht ihr also um die situativ eingesetzten Mittel zur Konstitution sozialer Phänomene aus der teilnehmenden Perspektive. Ein derartiges Erkenntnisinteresse ist nicht identisch mit dem alltäglichen Blick der Teilnehmer. Während diese üblicherweise daran interessiert sind, ihre handlungspraktischen Probleme zu lösen, konzentriert sich der ethnographische Blick auf jene Aspekte der Wirklichkeit, die diese gleichsam als selbstverständlich voraussetzen, nämlich die Praktiken zu ihrer ‚Erzeugung‘, und fragt, wie es die Teilnehmer schaffen, sich selbst und anderen gegenüber soziale Fakten zu schaffen“.[99]

Dafür gilt es nicht, das vermeintlich Vertraute nachvollziehend, sondern in einer methodisch kontrolliert eingenommenen Distanz „befremdet“ verstehen zu können.[100]

> „Vor diesem Hintergrund kann man Ethnographien im Anschluss an [Klaus] Amann und [Stefan] Hirschauer als ‚mimetische Formen empirischer Sozialforschung‘ (1997, S. 20) begreifen, deren ‚Selektivität und Methodizität [...] nicht durch externe Vorschriften und Hypothesen über das Was, Wann, Wo und Wie eines standardisierten Beobachtungsverfahrens reguliert, sondern vom erfahrbaren Gegenstand erwartet [werden]‘ (ebd.), die mit der scheinbar trivialen und unmethodischen Ausgangsfrage ‚What the hell is going on here‘ (Geertz) beginnen (ebd.).“[101]

---

95 LÜDERS, CHRISTIAN 2012, 390.

96 Vgl. KNOBLAUCH, HUBERT 2003, 17–25. Gegenstand der Ethnographie ist nicht nur das in unsere Gesellschaft eingewanderte Fremde, sondern auch das Vertraute, weshalb Knoblauch die Ethnographie in der eigenen Gesellschaft auch mit einer „Nabelschau“ vergleicht (S. 25). Lt. Christian Lüders wird die Ethnographie so zu einem „Medium der gesellschaftlichen Selbstbeobachtung“. LÜDERS, CHRISTIAN 2012, 390. Vgl. auch FLICK, UWE 2011a, 299.

97 Zu den Herausforderungen der flexiblen Forschungsstrategie siehe auch LÜDERS, CHRISTIAN 2012, 393–396.

98 KNOBLAUCH, HUBERT 2003, 13. „Denn je rascher sich die Gegenwartsreligion verändert und je vielfältiger ihre Erscheinungsformen sind, umso schwerer fällt es, sie mit Hilfe vorgefertigter standardisierter Fragen zu erfassen. [...] Gerade die besondere Sensibilität und Flexibilität der qualitativen Forschung bietet für dieses Problem eine sinnvolle Lösung.“ KNOBLAUCH, HUBERT 2003, 11.

99 LÜDERS, CHRISTIAN 2012, 390.

100 Vgl. LÜDERS, CHRISTIAN 2012, 390.

101 LÜDERS, CHRISTIAN 2012, 390f. unter Bezugnahme auf AMANN, KLAUS & HIRSCHAUER, STEFAN 1997. Zur mimetischen Form empirischer Sozialforschung siehe auch BREIDENSTEIN, GEORG et al. 2015, 39.

Als qualitativer Forschungsansatz hat die Religionsethnographie und das damit verbundene Anliegen des Verstehens religiöser Phänomene zu berücksichtigen, dass es sich bei ihrem Gegenstand dennoch immer schon um subjektive Deutungen religiöser Handlungen handelt. Dabei hat sie zum einen das Problem des hermeneutischen Zirkels zu berücksichtigen, indem sie die von dem Forschenden eingetragenen Vorverständnisse methodisch reflektiert.[102] Dazu dienten u. a. die Darlegung der dieser Arbeit zugrunde liegenden Theoreme sowie der im weiteren Verlauf dargestellte feldspezifische Zugang mit selbstreflexiven Anteilen. Zum anderen gilt das Postulat der subjektiven Interpretation (Alfred Schütz),[103] wonach die (Re-)konstruktion der subjektiven Perspektive der beobachteten Person Ziel der Forschung ist. Dabei ist zu berücksichtigen, dass nach Schütz alle Tatsachen bereits interpretierte Tatsachen sind. Vor diesem Hintergrund wird unter Rekurs auf Schütz zwischen Konstruktionen erster Ordnung, d. h. „jenen Deutungen der Wirklichkeit, die von den Handelnden selbst erzeugt werden“[104] und die zugleich Gegenstand der ethnographischen Untersuchung sind,[105] und Konstruktionen zweiter Ordnung unterschieden, die als „Konstrukte über die Konstrukte der Anderen“[106] im Rahmen des ethnographischen Verstehensprozesses gebildet werden. Ziel der Ethnographie ist es, eine Konstruktion zweiter Ordnung zu entwickeln. Hierbei kann der subjektive Sinn nie vollständig (re-)konstruiert werden, vielmehr geht es um den „typisch verstehbaren Sinn“, d. h. um die handlungsleitenden Motive der Beobachteten bzw. Befragten.[107] Um den Problemen hypothetiko-deduktiver oder induktiver Modelle entgegenzuwirken, verfolgt Hubert Knoblauch daher – wie andere qualitative Forschungsansätze – die *Methodologie der begründeten Theorie.*[108]

Entsprechend ihres schwer bestimmbaren Charakters ist die Religion schwer zu operationalisieren und als Gegenstand zu bestimmen. Auch ausdifferenzierte Kriterienkataloge (vgl. Charles Y. Glock und Frank Whaling) berücksichtigen nicht alle Aspekte von Religion, wodurch in der Folge häufig nur abgefragt wird, was bereits

---

102 „[Die] Thematisierung des eigenen Vorwissens ist besonders für die ethnographische Beobachtung in der eigenen Gesellschaft von Nutzen: Da die Beobachtenden auch Mitglieder der Kultur sind, in der sie beobachten, können sie sich selbst sozusagen auch als Ressource nutzen. Von allen Beobachtenden ist deswegen eine starke Selbstreflexivität zu erwarten: Neben der Beobachtung der anderen müssen auch die eigenen Erfahrungen beachtet, das eigene Vorwissen expliziert und die eigenen Vorerwartungen geklärt werden.“ KNOBLAUCH, HUBERT 2003, 30–31.

103 Zum Postulat der subjektiven Interpretation bei Schütz siehe ENDREß, MARTIN 2006, 59. Zur Rolle in der qualitativen Sozialforschung siehe exemplarisch HITZLER, RONALD & EBERLE, THOMAS 2012, 112–114.

104 KNOBLAUCH, HUBERT 2003, 33. Zur Theorie bei Schütz siehe ENDREß, MARTIN 2006, 102ff.

105 Für Hubert Knoblauch sind religiöse Gegenstände „sinnhafte Phänomene, die in der Deutung durch Menschen existieren, die wir beobachten.“ KNOBLAUCH, HUBERT 2003, 32

106 KNOBLAUCH, HUBERT 2003, 33.

107 Vgl. KNOBLAUCH, HUBERT 2003, 30–37.

108 Das Problem des hypothetiko-deduktiven Modells liegt darin, dass es keine wirkliche Erkenntniserweiterung mit sich bringt und dadurch die Vielfalt der empirischen Wirklichkeit nicht in den Blick kommt. Das induktive Modell hingegen birgt die Gefahr einer impliziten Deduktion von Vorannahmen in sich. Vgl. KNOBLAUCH, HUBERT 2003, 30–37.

vorab als Religion definiert wurde. Der Einsatz qualitativer Methoden hilft dagegen zu erforschen, „*in welchem Sinne*“ eine Person, eine Praxis oder Handlung religiös ist und nicht, *ob* sie religiös ist.[109] Diese Fragerichtung entspricht dem Forschungsinteresse dieser Arbeit. Religion und Gemeinde verbindet nicht nur ihr diffuser Charakter, sondern dieser potenziert sich im Gemeindebegriff insofern, als er im Sinne seiner geistlichen Dimension auch auf religiöse Deutung angewiesen ist. Die Forschung sollte daher von einer möglichst offenen Haltung geprägt sein, die nicht lediglich versucht zu finden, was bereits bekannt ist oder angenommen wird, sondern die sich auch auf unbekanntes Terrain führen und ggf. auch lieb gewonnene Traditionen und Einsichten kritisch hinterfragen lässt. Dazu und zum Zwecke der wissenschaftlichen Erforschung gilt es aus Sicht Hubert Knoblauchs einerseits einen methodologischen Agnostizismus einzunehmen,[110] andererseits aber zeitweise in Form der Teilnahme an den Handlungen der Beobachteten, die lebensweltliche Perspektive der Erforschten einzunehmen und dadurch implizites Wissen zu (re-)konstruieren.[111] Hierfür ist die Wahrnehmung der subjektiven Binnenperspektive von zentraler Bedeutung. Daher wird dieses Vorgehen auch als *lebensweltliche Ethnographie* bezeichnet (Anne Honer und Ronald Hitzler).[112]

Die dafür erforderliche „Kopräsenz“ (Erving Goffman)[113] ist mit besonderen Herausforderungen verbunden.[114] Hierzu gehört neben dem Feldzugang auch das Rollenverhältnis des Forschers/der Forscherin zum Feld. In diesem Zusammenhang wird häufig auf das Problem des „going native“ verwiesen, mit dem der „Verlust [einer] kritischen Außenperspektive und die unhinterfragte Übernahme der im beobachteten Feld geteilten Sichtweise“ bezeichnet wird.[115] Wenngleich dieser Prozess auch positiv diskutiert wird, so bedarf es – nach Uwe Flick – für einen Erkenntnisgewinn, der über das Alltagsverständnis hinausreicht, eine „Distanz des ‚profes-

---

109 Vgl. KNOBLAUCH, HUBERT 2003, 30–51.

110 Für die wissenschaftliche Forschung orientiert Hubert Knoblauch sich am Prinzip der Werturteilsfreiheit, die er als Leitorientierung verstanden wissen will, insofern Wissenschaft nie völlig „neutral“ sein kann. Daher plädiert Knoblauch für die Position eines methodologischen Agnostizismus, der zum Ziel hat, dass „Wissenschaft Aussagen über die Existenz höherer Mächte oder göttlicher Wesen weder bestätigen noch widerlegen kann, sondern einklammern muss“ (Fn. S. 41). „Im Rahmen einer Wissenschaft wird Gott deswegen immer nur in (gedachten) Anführungszeichen erscheinen, und Transzendenz erscheint als Immanenz. Religiöse Inhalte sind also nur insofern gegeben, als sie Inhalte menschlichen Bewußtseins, menschlichen Handelns und Kommunizierens sind“ (S. 41). KNOBLAUCH, HUBERT 2003, 37–44. Wenngleich in der vorliegenden Arbeit aus praktisch-theologischer Sicht nicht von einem methodologischen Agnostizismus geredet wird, so wird zur Vermeidung der vorschnellen normativen Bewertung der empirischen Wahrnehmungen Hubert Knoblauchs Ansatz als sinnvoll erachtet.

111 Vgl. KNOBLAUCH, HUBERT 2003, Kapitel 2.

112 Vgl. KNOBLAUCH, HUBERT 2003, 51–55. „[D]ie Anspielung auf das Husserl'sche Konzept der Lebenswelten in der Formulierung von Honer weist darauf hin, dass Ethnographien üblicherweise die Kultur und die darin eingelagerten Wissensbestände und -formen in das Zentrum der Aufmerksamkeit rücken.“ LÜDERS, CHRISTIAN 2012, 389f. Vertiefend siehe HONER, ANNE 2011.

113 GOFFMAN, ERVING 1971.

114 Vgl. LÜDERS, CHRISTIAN 2012, 391.

115 FLICK, UWE 2011a, 291.

sionellen Fremden' (vgl. Agar 1980)".[116] In Anlehnung an Überlegungen von Klaus-Peter Kopping verweist Uwe Flick daher auf das dialektische Selbstverhältnis des Forschers/der Forscherin zum Feld, das Distanz und Nähe zu integrieren versteht. Forschungssubjekte werden in diesem Prozess nicht zum Forschungsgegenstand erklärt, sondern sind dialogische Partner.[117] Hierfür bedarf es der „permanenten" Selbstreflexion über die eigene Rolle im Feld, die je nach Forschungsgegenstand unterschiedlich ausfallen und auch einer gewissen (gesteuerten) Dynamik unterliegen kann.[118] Wird es am Anfang vermehrt darum gehen, Nähe zum Vertrauen im Feld aufzubauen, gilt es während des Forschungsprozesses eine Balance zwischen „beobachtender Distanz und empathischer Nähe"[119] zu wahren und am Ende der Forschung zum Zwecke des Feldausstieges wieder auf eine größere Distanz zu gehen.[120] Dies gilt jedoch nicht nur für ethnographische Forschung, da in allen Formen empirischer Forschung die Forscher/innen ihre Forschung in ganz eigener Weise durch ihre Person und ihr Wissen beeinflussen, insofern sie nicht in „antiseptischer Distanz"[121] zum Feld oder gar zu sich selbst treten können. Sie werden immer eigene Wissensbestände – oder -lücken, individuelle Eigenschaften, ihre eigene Sozialisation u. v. m. bewusst oder unterbewusst in ihre Forschung eintragen.[122] Dies mindert nicht den Wert ihrer Erkenntnisse, verlangt jedoch nach einem methodischen Umgang damit. Hierzu dient zum einen die Triangulation als „Strategie, Erkenntnisse durch die Gewinnung weiterer Erkenntnisse zu begründen und abzusichern",[123] sowie die (Selbst-)Reflexion über die Rolle der Forscher/in im Rahmen des Erhebungsprozesses.

Lange Zeit wurde insbesondere im deutschsprachigen Raum die Strategie, Handlungen von Personen in ihrer Alltagspraxis zu beobachten, mit dem Begriff der ‚teilnehmenden Beobachtung' beschrieben. Durch den Einfluss der englischsprachigen Fachdebatte wird dieser Begriff auch hierzulande immer mehr durch den der ‚Ethnographie' ersetzt.[124] Es wäre unzureichend, die Ethnographie grundsätzlich mit der Methode der teilnehmenden Beobachtung gleichzusetzen, da mit dem Begriff der Ethnographie auch eine „konzeptionelle Akzentverschiebung" einhergeht,[125]

---

[116] FLICK, UWE 2011a, 291.

[117] FLICK, UWE 2011a, 291f. unter Bezug auf KOEPPING, KLAUS-PETER 1987, 28. „Denn die Kehrseite des „going native" ist das Image des arrogant-distanzierten Forschers, der sich seiner Probanden nur bedient, ohne sich für deren Perspektive zu interessieren. Man muss sich also auf das Feld und die Personen im Feld auch einlassen, andernfalls wird man weder Kontakt bekommen noch zufriedenstellende Forschungsergebnisse erzielen." PRZYBORSKI, AGLAJA & WOHLRAB-SAHR, MONIKA 2014, 49.

[118] Zur Rolle der Forscher/-innen im Erhebungsprozess siehe u. a. PRZYBORSKI, AGLAJA & WOHLRAB-SAHR, MONIKA 2014, 44 und LÜDERS, CHRISTIAN 2012, 392f.

[119] PRZYBORSKI, AGLAJA & WOHLRAB-SAHR, MONIKA 2014, 45.

[120] Zum Rückzug aus dem Feld und den damit verbundenen Herausforderungen siehe GIRTLER, ROLAND 2001, 128.

[121] PRZYBORSKI, AGLAJA & WOHLRAB-SAHR, MONIKA 2014, 44.

[122] Vgl. PRZYBORSKI, AGLAJA & WOHLRAB-SAHR, MONIKA 2014, 44.

[123] FLICK, UWE 2012b, 311.

[124] Vgl. LÜDERS, CHRISTIAN 2012, 384, sowie FLICK, UWE 2011a, 302.

[125] LÜDERS, CHRISTIAN 2012, 384.

insofern sie die teilnehmende Beobachtung als *„flexible, methodenplurale und kontextbezogene Strategie* zu verstehen [begann], die ganz unterschiedliche Verfahren beinhalten konnte".[126] Die teilnehmende Beobachtung ist zwar nach wie vor eine zentrale Methode der Ethnographie, wird aber durch andere Methoden flankiert.[127] Hierbei entscheidet der Gegenstand über etwaige Schwerpunktsetzungen und es wird auf die gesamte Bandbreite qualitativer Forschungsmethoden zurückgegriffen.[128] Hintergrund ist, dass intersubjektive Interaktionen zwar beobachtet und beschrieben werden können, ihr Sinn jedoch nur subjektiv (re-)konstruierbar ist. Zwar scheint es nahezuliegen, dass ein Mensch, der in einer Kirchenbank niederkniet, die Hände faltet und seinen Kopf senkt, betet, ob dies jedoch wirklich der Fall ist, kann nur erfragt werden und selbst dann handelt es sich um eine nicht objektivierbare Deutung des Befragten. Das Ziel eines möglichst differenzierten Verständnisses eines kulturellen Phänomens legt daher nahe, Forschungsmethoden dergestalt zu kombinieren, dass sie nicht nur zur Validierung,[129] sondern auch zur Erkenntniserweiterung und -vertiefung[130] geeignet sind. Dies kann im Rahmen der Ethnographie sowohl in Form einer impliziten also auch einer expliziten Triangulation erfolgen.[131] Die methodologische Besonderheit der Ethnographie kommt in einer spezifischen *Forschungshaltung* zum Ausdruck. Die Ethnographie legt ihren Schwerpunkt auf eine „situations- und fallangemessene Realisierung einer allgemeinen methodologischen Pragmatik"[132] und stellt den Forscher, die Forscherin als *erstes* Forschungsinstrument in den Mittelpunkt.[133] „Damit werden nicht nur alle Ansprüche im Hinblick auf eine Formalisierung, Standardisierung und Methodisierung des Verfahrens abgewehrt; zugleich wird dadurch auch berücksichtigt – was Forscher und Methodologen häufig vergessen –, dass ‚der Sozialforscher und das Forschungshandeln selbst Teile und Momente jener Lebenswelt sind, die untersucht wird' (Hammersley & Atkinson 1983, S. 234)."[134] Dies führt aber nicht zu einer Relativierung einer angemessenen methodischen Arbeitsweise.[135] „[D]urch die konkret verwendeten Methoden wird Ethnographie vor allem zu einer Strategie der Triangulation [...] verschiedener methodischer Zugänge im Rahmen der Umsetzung

---

[126] LÜDERS, CHRISTIAN 2012, 389.
[127] Vgl. FLICK, UWE 2011a, 302.
[128] Vgl. LÜDERS, CHRISTIAN 2012, 394.
[129] Vgl. SCHNELL, MARTIN et al. 2014, 44f.
[130] Vgl. FLICK, UWE 2011b, 74.
[131] Vgl. FLICK, UWE 2011b, 74.
[132] LÜDERS, CHRISTIAN 2012, 394.
[133] Vgl. LÜDERS, CHRISTIAN 2012, 395.
[134] LÜDERS, CHRISTIAN 2012, 395 zitiert HAMMERSLEY, MARTYN & ATKINSON, PAUL 1983. Laut Christian Lüders sind nach Martyn Hammersley und Paul Atkinson „Methoden doch nur Verfeinerungen oder Weiterentwicklungen jener Verfahren, die im Alltag Verwendung finden (Hammersley & Atkinson 1983, S. 15). Allein die Möglichkeiten, diesen Sachverhalt entlastet von den Entscheidungszwängen des Alltags *reflexiv* in allen Aspekten zum Thema machen zu können, unterscheidet Forschung, sieht man einmal von ihren Zwecken und Funktionen ab, vom Alltagshandeln." LÜDERS, CHRISTIAN 2012, 395 unter Bezugnahme auf HAMMERSLEY, MARTYN & ATKINSON, PAUL 1983.
[135] Vgl. hierzu FLICK, UWE 2011a, 302.

einer allgemeinen Forschungshaltung.“[136] Damit die implizite Triangulation in der Ethnographie nicht willkürlich erscheint,[137] erfordert die spontane, aber dennoch angemessene Verwendung unterschiedlicher Erhebungsmethoden und ihre Analyse einen versierten Umgang mit den unterschiedlichen Methoden und die Fähigkeit diese gegebenenfalls auch methodisch reflektiert dem Gegenstand anzupassen.[138] Die für diese Arbeit notwendige theoretische und praktische Methodenkompetenz wurde mit Hilfe von soziologischen Lehrveranstaltungen, vom Studium einschlägiger Methodenliteratur, von Forschungswerkstätten, Pre-Tests, Methoden- und Statistikworkshops, Softwareschulungen und durch den regelmäßigen interdisziplinären fachlichen Austausch im Kollegen/innenkreis vor und im Laufe des Forschungsprozesses angeeignet und fortentwickelt. Die im Laufe des Forschungsprozesses gemachten Erfahrungen konnten im zirkulär angelegten Forschungsprozess wieder eingespielt werden und ermöglichten zunehmend auch spontane Anpassungen an die Erhebungssituationen, wobei versucht wurde, diese so gering wie möglich und so weit wie nötig zu halten.

Die *ethnographische Grundierung* dieser Arbeit liegt 1. in der Übernahme der ethnographischen *Forschungshaltung*, die von einer Vorrangstellung eines Methodenpragmatismus zum Zwecke der Wahrnehmung des Forschungsgegenstandes gegenüber einer „reinen“ Methodenlehre[139] geprägt ist; 2. in der *adäquaten methodologischen und methodischen Antwort* auf den diffusen Charakter des Untersuchungsgegenstandes, insofern sie sich für explorative Forschung besonders gut eignet;[140] 3. in dem der Ethnographie zugrunde liegenden *Verstehensinteresse;*[141] 4. darin, dass der Forschungsprozess durch das *Theoretical Sampling* geleitet wird;[142] 5. und darin, dass die teilnehmende Beobachtung, die als zentrale Methode in der Ethnographie gilt,[143] auch in der dieser Arbeit zugrunde liegenden Feldforschung eine wichtige jedoch keine vorrangige Rolle spielt, weshalb u. a. nicht von einer ethnographischen Studie, sondern von einer ethnographischen Grundierung gesprochen wird. Auf die konkrete methodische Umsetzung und ihre theoretische Begründung wird nun im folgenden Kapitel eingegangen.

---

136 Flick, Uwe 2011a, 299.

137 Vgl. hierzu Flick, Uwe 2011a, 302.

138 Vgl. zur flexiblen Forschungsstrategie Lüders, Christian 2012, 393f., und zu den Herausforderungen angesichts der Methodenvielfalt Flick, Uwe 2011a, 300.

139 Zur Abgrenzung der Ethnographie von einer „reinen“ Methodenlehre siehe Lüders, Christian 2012, 394.

140 Vgl. Knoblauch, Hubert 2003, 36.

141 Vgl. Knoblauch, Hubert 2003, 30–37.

142 Vgl. Knoblauch, Hubert 2003, 101 sowie Flick, Uwe 2011a, 301.

143 Vgl. so z. B. Flick, Uwe 2011a, 298 sowie Breidenstein, Georg et al. 2015, 34.

2.2. *Empirische Untersuchung, Analyse und Darstellung der Daten*

2.2.1. Auswahl der „besonderen" Gottesdienste

Das Feld „besonderer" Gottesdienste wird innerhalb der Literatur sehr heterogen beschrieben. Es gibt keine einheitliche Typologisierung für diese Art der Gottesdienste, da eine solche von unterschiedlichen Bestimmungsmomenten abhängig ist, wie z. B. in der Unterscheidung zwischen kulturoffenen und kulturnahen Modellen ersichtlich wird.[144] Daher konnte bei der Wahl der Gottesdienste auch nicht auf eine bereits in der Forschung ausgearbeitete Typologisierung zurückgegriffen werden. Die Leitkategorien für das Sampling der Gottesdienste wurden aus dem dieser Arbeit zugrunde liegenden Forschungsinteresse und in Anlehnung an die *liturgische Gestaltungslogik*[145] von Gottesdiensten entwickelt, sodass von *einer „theoretisch begründeten Vorabfestlegung des Samples"*[146] gesprochen werden kann. Diese zielte auf eine *bewusst kontrastierende Fallauswahl* ab, die im vorliegendem Fall drei besonderen Gottesdienste umfassen sollte.[147] Hierbei

> „wird nicht gefragt, wie *oft* ein bestimmter Typus [...] in der Realität vorkommt, sondern *wie* genau sich ein Typus aus welchen Merkmalen bzw. Sinnfiguren strukturiert, wie er phänomenal erscheint. Ziel qualitativer Forschungsergebnisse ist also nicht die statistische Repräsentativität, sondern die *qualitative Repräsentation*: entweder a) auf Subjektebene oder b) auf der Ebene sozialer Sinnstrukturen, wobei wiederum beide Ebenen in einem dualistischen Gesamtzusammenhang gesehen werden müssen".[148]

Das konkrete Sampling erfolgte *innerhalb* des im Rahmen des „Gemeinde auf Zeit"-Projektes abgesteckten phänomenologischen Feldes nach dem Prinzip der maximalen Kontrastierung auf Basis folgender primärer[149] theoretischer Auswahlkriterien:

---

[144] Vgl. FRIEDRICHS, LUTZ 2007b, 5–6.

[145] Vgl. hierzu auch die liturgische Gestaltungslogik bei FECHTNER, KRISTIAN 2017, 133: „Bezogen auf ihre liturgische Gestaltungslogik sind alle Gottesdienste durch drei Aspekte bestimmt: durch ihren *sozialen bzw. institutionellen Kontext* (Ortsgemeinde, Schule, kirchliches Zentrum, Rundfunk etc.); durch ihren *Adressatinnen- und Teilhabekreis* (Familien, Biker, Zugehörige zu einer Einrichtung etc.); durch ihre *Inszenierungsweise und Atmosphäre* (traditionsbestimmt, festlich, gemeinschaftlich, ereignisbezogen etc.)."

[146] KRUSE, JAN 2014, 253. Eine weitere Samplingstrategie der bewusst kontrastierenden Fallauswahl ist das *„theoretical sampling"*, das bereits angesprochen wurde und allgemein dem ethnographischen Gesamterhebungsprozess zugrunde liegt sowie in spezifischer Weise noch im Zusammenhang mit den Einzelinterviews in diesem Forschungsprozess eine wichtige Rolle spielte. Zur qualitativen, bewusst kontrastierenden Fallauswahl siehe vertiefend auch KRUSE, JAN 2014, 244–252.

[147] Der ethnographisch grundierte Forschungsansatz legte aus forschungspragmatischen Gründen eine möglichst niedrige Fallauswahl nahe, die gleichzeitig eine trianguläre, komparative Analyse zulassen würde.

[148] KRUSE, JAN 2014, 245, bezieht sich hierbei auf PRZYBORSKI, AGLAJA & WOHLRAB-SAHR, MONIKA 2008, 335ff.

[149] Als sekundäre Auswahlkriterien wurde versucht, folgende Aspekte mit zu berücksichtigten: Milieus, Gender, Geographie, Alter und Frömmigkeitsprofil.

1. Zeitliches Angebot;
2. Zielgruppe und Teilnehmer/innenkreis (soweit bekannt);
3. Sozialer bzw. institutioneller Kontext;[150]
4. Inszenierungsweise.

Darüber hinaus spielten folgende Aspekte bei der Auswahl der Gottesdienste eine Rolle:

(1) Da der spezifische Kontext für die Frage nach der Sozialität des Gottesdienstes so weit wie möglich einbezogen werden sollte,[151] wurde aus forschungspragmatischen Gründen ein regionaler Schwerpunkt auf das Gebiet der Landeskirchen in Hessen-Nassau, Württemberg und Baden gelegt.[152]
(2) Die Untersuchungen sollten möglichst eigenständig erfolgen, weshalb Gottesdienste gewählt wurden, die bislang noch nicht im Zentrum praktisch-theologischer Forschungsarbeiten standen.
(3) Die Gottesdienste sollten für die Zeit des Forschungsvorhabens ein verlässliches Angebot darstellen, d. h. etabliert sein.[153]

Konkret wurden folgende drei Gottesdienste ausgewählt:

Feld A: Die „Nachtschicht" – ein Talkgottesdienst für gesellschaftspolitisch-kulturell Interessierte
Die „Nachtschicht" im Großraum Stuttgart ist eine thematisch ausgerichtete Gottesdienstreihe mit einem alternativen Gottesdienstprofil. Im Anschluss sind die Besucher/innen zu einem geselligen Zusammensein mit Trinken und Essen eingeladen. Dabei signieren die Gäste z. B. ihre Bücher und stehen für Gespräche zur Verfügung. Die „Nachtschicht" fand in der Zeit von 2001 bis zum Zeitpunkt der Feldforschung im Durchschnitt 4 bis 6 Mal überwiegend im ersten Drittel des Jahres sonntagabends statt. Ursprünglich von der Parochialgemeinde Obertürkheim initiiert, fällt die „Nachtschicht" inzwischen (seit 2012) in den Verantwortungsbereich einer eigenen landeskirchlichen Pfarrstelle (25 %). Die „Nachtschicht" findet überwiegend immer noch in der evangelischen Kirchengemeinde in Obertürkheim statt, ist darüber hinaus aber auch Gast an anderen kirchlichen und außerkirchlichen Standorten.

---

150 Hierbei lag der Fokus auf das Nähe- und Distanzverhältnis zu Parochialgemeinden sowie auf wechselnde Veranstaltungsorte und -rahmen. Es wird davon ausgegangen, dass trotz der Unterschiede, den besonderen Gottesdiensten gemein ist, dass sie von ihrem sozialen und institutionellen Umfeld abhängig sind. Vgl. hierzu auch LITURGISCHE KONFERENZ 2012, 31.

151 Vgl. hierzu auch die von Schweitzer geforderte Berücksichtigung der Meso- und Makroperspektiven im Rahmen empirischer Wahrnehmungs- und Zugangsweisen im Blick auf den Gottesdienst. FRIEDRICHS, LUTZ 2007a, 286–290.

152 Vgl. hierzu DOMSGEN, MICHAEL 2014, der im Zusammenhang mit wesentlichen Unterschieden zwischen Ost und West für eine Regionalisierung der Kirchentheorie plädiert.

153 Dies schloss die Einbeziehung einmaliger Gottesdienste aus.

Feld B: Das „Anlassen" – ein Szenegottesdienst für Motorradfahrer/innen
Das „Anlassen" ist ein Motorradfahrer/innengottesdienst mit anschließender gemeinsamer Korsofahrt zu einem geselligen Ausklang, der seit 1982 einmal im Jahr zum Saisonstart (meist April) im Großraum Frankfurt am Main angeboten wird. Er richtet sich programmatisch an die Zielgruppe der Motorradfahrer/innen und Interessierte. Der Gottesdienst fällt seit gut 3 Jahrzehnten in das Aufgabengebiet eines Funktionspfarramtes für die Motorradfahrer/innenseelsorge der EKKW und EKKW und ist derzeit zu Gast in der Evangelischen Bergkirchengemeinde in Niedergründau.

Feld C: Der Mittwochmorgen-Gottesdienst – ein institutionell gebundener Gottesdienst der universitären Lebenswelt
Der Mittwochmorgen-Gottesdienst ist eine hoch-liturgische lutherische Messfeier, die seit 1958 wöchentlich um 7:00 Uhr morgens in der Peterskirche, der Universitätskirche, in Heidelberg gefeiert wird. Im Anschluss wird ein gemeinsames Frühstück angeboten. Der Gottesdienst fällt in den Verantwortungsbereich des Universitätspredigers, wird jedoch von einem wechselnden liturgischen Team von 5 Personen gehalten.

Übersicht des theoretisch durchgeführten Samplings

Sampling nach dem Prinzip des maximalen Kontrastes	**Feld A** **„Nachtschicht" – Talk-Gottesdienst im Großraum Stuttgart**	**Feld B** **„Anlassen" – Motorradfahrer/innengottesdienst in Niedergründau**	**Feld C** **„Mittwochmorgen-Gottesdienst" in der Heidelberger Universitätskirche**
Zeitliche Struktur	konzentriert 4–6-mal im ersten Drittel des Jahres mit einer Tendenz zur Angebotserweiterung Sonntagabend, 19 Uhr	saisonal 1-mal jährlich im April (Gedenkfahrt im Oktober) Sonntag, 12 Uhr	wöchentlich 51–52-mal im Jahr mittwochmorgens, 7 Uhr
Zielgruppe/ Teilnehmer/ innenkreis	Zielgruppe: alle Teilnehmer/innenkreis: 400–800 Personen; gesellschaftspolitisch und kulturell Interessierte	Zielgruppe: Motorradfahrer/innen und Interessierte Teilnehmer/innenkreis: mehrere Hundert bis ca. 15 000 Personen; Motorradfahrer/innen und Interessierte	Zielgruppe: alle Teilnehmer/innenkreis: 20–50 Personen; hochkulturelle, liturgisch, theologisch Interessierte

Sozialer und institutioneller Kontext	An kirchlichen und nicht-kirchlichen Veranstaltungsorten Vom ortsgemeindlichen Angebot zum Angebot einer (25 %) landeskirchlichen Pfarrstelle (ELKWü)	Gast in einer Parochialgemeinde 50 % Funktionspfarramt (EKKW und EKHN)	Universitätskirche Universitätspredigeramt (Heidelberg)
Liturgisches Profil und gdl. Rahmen	Alternativer Gottesdienst mit Umtrunk und Snack im Anschluss	Niedrigschwelliger Predigtgottesdienst mit Anspiel und geselligem Rahmenprogramm (Essen, Trinken, Korso, geselliger Ausklang)	Hoch-liturgischer Gottesdienst nach der lutherischen Messform mit anschließendem Frühstück

2.2.2. Integrierte Methoden-Triangulation

„Die Ethnographie ist keine Methode. Das heißt, sie ist kein Regelwerk, das für einen bestimmten Datentyp Verfahrensschritte vorschreibt, deren korrekte Befolgung valide wissenschaftliche Aussagen in Aussicht stellt. Man kann sie daher als integrierten Forschungsansatz bezeichnen."[154] Dennoch kann durch die konkrete Anwendung verschiedener Methoden im Rahmen der ethnographischen Feldforschung von einer „Strategie der Triangulation [...] verschiedener methodischer Zugänge im Rahmen der Umsetzung einer allgemeinen Forschungshaltung"[155] gesprochen werden. Im Rahmen der vorliegenden Arbeit handelt es sich in mehrfacher Hinsicht um eine Methoden-Triangulation[156]. Zum einen wurden nichtreaktive und reaktive Daten kombiniert. Dieses Vorgehen wird als (Between-Method)-Triangulation[157] bezeichnet. Zum anderen wurden mittels verschiedener reaktiver Verfahren gewonnene Daten miteinander trianguliert. „[Das trianguläre] Verfahren verbindet sich mit der Hoffnung, dass sich die unterschiedlichen Zugänge – bestätigend, korrigierend und erweiternd – aufeinander beziehen lassen."[158] Die konkrete Wahl der verschiedenen Zugänge sowie die jeweils mit ihnen verbundene feldspezifische Zielsetzung verdanken sich sowohl theoretischen Überlegungen als auch praktischen Gegebenheiten.

---

154 BREIDENSTEIN, GEORG et al. 2015, 34.

155 FLICK, UWE 2011a, 302.

156 KELLE, UDO 2007, FLICK, UWE 2011b.

157 Vgl. FLICK, UWE 2012a, 313f.

158 MULIA, CHRISTIAN 2011, 24. FLICK, UWE 2012a, 318, verbindet mit der Triangulation „drei Verwendungsweisen: als Validierungsstrategie, als Ansatz der Generalisierung der gefundenen Erkenntnisse und als Weg zu zusätzlicher Erkenntnis".

Der Feldeinstieg wurde mit Hilfe von nichtreaktiven Daten[159] vorbereitet. Nach einer ersten verdeckten teilnehmenden Beobachtung wurde zum Zwecke des Feldeinstieges Kontakt zum verantwortlichen Pfarrer aufgenommen, um das Forschungsvorhaben vorzustellen und dessen Bereitschaft zu erfragen, dieses durch den Feldzugang zu unterstützen.[160] Die Feldforschung begann mit *teilnehmenden Beobachtungen*, die in Beobachtungsprotokollen festgehalten wurden. Die Beobachtungsprotokolle dienten neben der allmählichen Herausarbeitung möglicher Bedeutungsfelder auch der Vorbereitung einer *standardisierten Umfrage*, die im Rahmen der Gottesdienste mittels eines Fragebogens vorgenommen wurde (siehe Anhang). Mit Hilfe der Umfrage wurden Informationen über das soziale Profil, das Partizipationsverhalten, Teilnahmemotive, die kirchliche Sozialisation der Teilnehmenden, im Zusammenhang mit dem Gottesdienst wirksame Beziehungsnetzwerke sowie Hinweise auf eine etwaige Wirkung der Gottesdienste gewonnen. Diese Informationen konnten *mit anderen Datenquellen* abgeglichen werden und ergänzten diese.[161] Darüber hinaus wurden mit Hilfe der Fragebögen unabhängig von den „Gatekeepern"[162] Interviewpartner/innen gewonnen und theoretisch gesampelt,[163] mit denen *teilnarrative Einzelinterviews* geführt wurden. Diese wurden durch *Gruppendiskussionen* mit Personen aus den *„inner circle"* sowie *Experteninterviews* mit den Verantwortungsträgern der Gottesdienste ergänzt.

Im Folgenden sollen nun einige Eckpunkte der einzelnen Methodenschritte, die dieser Arbeit zugrunde liegen, herausgestellt werden.[164] Aufgrund des multimethodischen Ansatzes können die einzelnen Methodenschritte nicht so breit und in grundsätzlicher Art und Weise erörtert werden, wie dies z. B. bei der Verwendung *einer* Methode möglich wäre. Die folgenden Ausführungen konzentrieren sich daher insbesondere auf die Funktionen, Chancen und neuralgischen Punkte der jeweiligen Methode im spezifischen Forschungszusammenhang. Auf die theoretische Begründung gängiger Erhebungs*praktiken* und *-standards* wird aus Platzgründen verzich-

---

[159] Unter nichtreaktiven Daten werden all jene Daten verstanden, die aus nichtreaktiven Methoden gewonnen wurden. Neben Daten, die bereits zu einem anderen Zweck über das jeweilige Feld bestehen wie z. B. Presse, Werbung, Homepages, Social-Media-Einträgen, Filmberichte, gehören hierzu auch verdeckte Beobachtungen, in dem Sinne, dass das Feld in ihrem Verhalten nicht durch das Wissen um die Beobachtung beeinflusst sind. Vgl. zur nichtreaktiven verdeckten Beobachtung DIEKMANN, ANDREAS 2010, 565.

[160] Die verdeckte teilnehmende Beobachtung kann aus forschungsethischen Gründen kritisch beurteilt werden. Aufgrund des (halb-)öffentlichen Charakters von Gottesdiensten schien das Vorgehen vertretbar.

[161] Die Umfragen wurden mit Hilfe der Datenanalysesoftware SPSS ausgewertet.

[162] In den untersuchten Feldern waren dies insbesondere die für die Gottesdienste verantwortlichen Pfarrer. Zur Rolle der und den Umgang mit den „Gatekeepern" im Feld siehe BREIDENSTEIN, GEORG et al. 2015, 52f.

[163] Zum Sampling siehe PRZYBORSKI, AGLAJA & WOHLRAB-SAHR, MONIKA 2014, 177–188.

[164] Nachweise über das empirische Datenmaterial werden in Teil II und III der Arbeit erfolgen.

tet. Bei der praktischen Durchführung wurde auf Kenntnisse aus Methodenworkshops sowie auf die Anleitungshilfen in der Methodenliteratur zurückgegriffen.[165]

(a) Materialanalyse

Der empirische Forschungsprozess beginnt mit der Felderschließung.[166] Neben der Sichtung bereits vorhandener Literatur[167] eignen sich hierfür besonders feldspezifische Daten, die nicht primär für Forschungszwecke generiert wurden und öffentlich zugänglich sind.[168] Im Rahmen dieser Arbeit handelte es sich dabei neben Textmaterialien auch um visuelle Daten; insbesondere um schriftliche und visuelle Medienberichte, Werbematerial, Internetplattformen verschiedener Art, Online-Rundbriefe, aber auch um (Praxis-)Literatur und Gottesdienstmaterialien aus den jeweiligen Gottesdiensten. Neben der Aneignung impliziten Wissens über die Forschungsfelder diente das Material auch der Auswahl der Gottesdienstfelder. Dabei wurde zunächst mit Hilfe einschlägiger Internetplattformen und Fachliteratur[169] die besondere Gottesdienstlandschaft kartographiert und auf Basis der ausgearbeiteten Kriterien theoretisch gesampelt. Hierfür wurde eine grobe, gegenstandsbezogene Materialanalyse durchgeführt,[170] bei der nicht das Material selbst Gegenstand der Erforschung war,[171] sondern gegenstandsbezogene Informationen und Sichtweisen, die über das Material vermittelte wurden. Hierbei galt es zu beachten, dass der spezifische Entstehungskontext der Daten(sorten) sowie damit verbundene Intentionen, Perspektiven und die Ästhetik der ‚Erzeuger' mit berücksichtigt werden mussten, dies aber nur sehr eingeschränkt möglich war.[172] Das Datenmaterial sollte daher hinsichtlich seiner Aussagekraft nicht überschätzt oder gar gegen andere Analyseergebnisse ausgespielt werden.[173] Für das herangezogene Material gilt wie für Doku-

---

[165] Zur allgemeinen Einführung in die Qualitative (Sozial-)Forschung sowie zur Vorbereitung und Durchführung der Feldforschung wurde hierbei insbesondere auf PRZYBORSKI, AGLAJA & WOHLRAB-SAHR, MONIKA 2014, sowie ergänzend auf FLICK, UWE 2011a, und HELFFERICH, CORNELIA 2011, zurückgegriffen. Bei der Vertiefung einzelner Fragestellungen half FLICK, UWE 2012a. Für die Qualitative Interviewforschung und das in dieser Arbeit angewandte hermeneutische Verfahren war KRUSE, JAN 2014, leitend. Die Erarbeitung des Fragebogens erfolgte wesentlich in Anlehnung an RAAB-STEINER, ELISABETH & BENESCH, MICHAEL 2012. Das Thema der Triangulation wurde insbesondere mit Hilfe von FLICK, UWE 2012b, FLICK, UWE 2011b vertieft. Als gelungenes Beispiel für einen multimethodischen Forschungsansatz und seine adäquate Reflexion und Darstellung diente mir PFISTER, STEFANIE 2008 als wichtige Orientierung bei der Entwicklung meines eigenen, in der Praktischen Theologie noch nicht gängigen Forschungsansatzes.

[166] Vgl. PRZYBORSKI, AGLAJA & WOHLRAB-SAHR, MONIKA 2014, 40.

[167] Vgl. PRZYBORSKI, AGLAJA & WOHLRAB-SAHR, MONIKA 2014, 40.

[168] Vgl. FLICK, UWE 2009, 129.

[169] Hierfür war eine entsprechende Übersicht in LITURGISCHE KONFERENZ 2012, 29–38, hilfreich.

[170] Eine Einführung hierzu gab FLICK, UWE 2009, 129–132, WOLFF, STEPHAN 2012, FLICK, UWE 2011a, 304–355.

[171] Wie dies z. B. bei einer konversationsanalytischen Dokumentenanalyse der Fall sein kann. Vgl. dazu WOLFF, STEPHAN 2012, 508–511.

[172] Vgl. FLICK, UWE 2009, 132, FLICK, UWE 2011a, 324f., sowie WOLFF, STEPHAN 2012, 504f. Unabhängig von der Entstehungssituation ist z. B. im Hinblick von Bildmaterial der Frage nachzugehen, inwieweit Bilder die Wahrheit sagen. Vgl. hierzu FLICK, UWE 2011a, 310.

[173] Vgl. WOLFF, STEPHAN 2012, 511.

mente, dass sie keine faktische Realität abbilden, vielmehr „stellen sie eine spezifische Version von Realitäten dar, die für einen bestimmten Zweck konstruiert wurden.“[174] Deshalb wurde im Rahmen der Materialanalyse darüber reflektiert, welche „Informationen“ die jeweiligen Quellen im Hinblick auf das Forschungsinteresse liefern (können) und welche nicht, was an zwei Beispielen verdeutlicht werden soll. Im Hinblick auf Presseberichte war z. B. weniger der Nachrichteninhalt, sondern vielmehr die Tatsache, der Umfang sowie die Reichweite der Berichterstattung und ihre Wahrnehmung bei den Teilnehmenden relevant. Diese Aspekte sind Hinweise auf die Wirkungs- bzw. Kommunikationsräume der Gottesdienste. Das vorliegende Bildmaterial hat zum besseren Verständnis subjektiver Wahrnehmung beigetragen, da es eine spezifische Sichtweise auf das gottesdienstliche Geschehen festgehalten hat. Im Rahmen der Feldforschung in Feld A fiel z. B. eine große Diskrepanz zwischen Selbst- und Fremdwahrnehmung bezüglich der Altersstruktur der Gottesdienstteilnehmer/innen auf. Die Beobachtungen und Umfragewerte standen in einem starken Kontrast zu der Wahrnehmung der Veranstalter und Besucher/innen. Die Wahrnehmung der Teilnehmenden spiegelte sich *auch* im Bildmaterial der Medien wider, auf dem sehr häufig *junge* Erwachsene in den vorderen Kirchenbänken und als Mitwirkende im Chorraum zu sehen sind. Dabei handelt es sich aber nicht um einen „repräsentativen“ Ausschnitt der Gottesdienstteilnehmenden, sondern um eine kleine Personengruppe, die sich konzentriert im vorderen Kirchenbereich aufhält, auf den zugleich durch die spezifische Gottesdienstinszenierung die Aufmerksamkeit der Besucher/innen gerichtet ist. Die „typischen“, deutlich älteren Gottesdienstbesucher/innen stehen seltener im Zentrum des Bildmaterials. Dieses bestätigt und verweist damit nicht nur auf die geleitete Aufmerksamkeit im Gottesdienst, sondern verstärkt ggf. die entsprechende subjektive Wahrnehmung durch die mediale Berichterstattung. Die im Material gespiegelten Wahrnehmungsperspektiven sind wertvolle Hinweise auf soziale Kräfte der Gottesdienste, für die an dieser Stelle weniger die statistischen Tatsachen relevant sind, sondern z. B. die *empfundene* Altersstruktur.

Das gesammelte Material wurde im PDF- oder im Bildformat abgespeichert und mit Hilfe einer QDA-Software verwaltet und z. T. auch analysiert, worauf später noch näher eingegangen wird. Kurze Videosequenzen wurden transkribiert. Die Text- und Bildspuren wurden dabei parallel, aber in getrennten Spalten, in Textform festgehalten. Die Verschriftlichung der Bildspur erfolgte deskriptiv. Da die Transkription von Material mit einem Informationsverlust einhergehen kann, wurden Bild- und Tonspuren in der QDA-Software mit der Originaldatei verknüpft und bei der Analyse einbezogen.[175]

---

[174] FLICK, UWE 2011a, 327.
[175] Vgl. WOLFF, STEPHAN 2012, 512.

(b) Teilnehmende Beobachtung
Im Rahmen dieser Arbeit kam der teilnehmenden Beobachtung insofern eine zentrale Bedeutung zu, als sie zum einen der Gewinnung und Validierung von wichtigem Kontextwissen diente, wie z. B. bezüglich von Atmosphäre, Ästhetik, Stimmung, Gelegenheitsstrukturen, Verbindlichkeit, Initiationen, Partizipationsverhalten und -strukturen. Zum anderen half die teilnehmende Beobachtung, verbale und nonverbale Interaktions-/Kommunikations- und Identifikationsmuster wahrzunehmen sowie wichtige Erkenntnisse zur weiteren methodischen Erforschung zu gewinnen. Das Forschungsinteresse harmoniert mit den von Danny Jorgenson formulierten Kennzeichen der teilnehmenden Beobachtung, die denen der Ethnographie entsprechen.[176]

Das im Rahmen dieses Forschungsprojektes angewendete *Beobachtungsverfahren*[177] kann überwiegend im Bereich der *teilnehmenden Beobachtung* verortet werden,[178] wobei in Anlehnung an Norman Denzin hierunter eine Feldstrategie verstanden wird, „die gleichzeitig Dokumentenanalyse, Interviews mit Interviewpartnern und Informanten, direkte Teilnahme und Beobachtungen sowie Introspektion kombiniert",[179] wodurch sie sich auch gut für die Erforschung von Subkulturen eignet.[180] Im Rahmen dieser Arbeit wird unterschieden zwischen den direkt im Zusammenhang mit dem gottesdienstlichen Geschehen erhobenen Daten, z. B. durch Beobachtung, Gespräche mit Teilnehmer/innen, Sichtung von Gottesdienstmaterial, und den zeitlich und räumlich davon getrennten Interviews, Materialanalysen und Gruppendiskussionen. Nicht alle Phänomene können über Beobachtung erschlossen werden,[181] wie im Zusammenhang mit dem Beispiel der Gebetshaltung bereits verdeutlicht wurde. Die teilnehmende Beobachtung ist daher auch auf verbale Äußerungen der Beobachteten angewiesen, um die beobachteten Handlungen und Interaktionen besser verstehen zu können.[182] Darum ist die teilnehmende Beobachtung auch als ein

---

[176] Als Kennzeichen der teilnehmenden Beobachtung nennt er: „(1) ein spezielles Interesse an menschlichen Bedeutungen und Interaktionen aus der Perspektive von Personen, die ‚Insider' oder Teilnehmer in besonderen Situationen und Settings sind; (2) die Lokalisation im Hier und Jetzt von Alltagssituationen und -settings als Grundlage von Untersuchung und Methode; (3) eine Form von Theorie und Theoriebildung die Interpretation und Verstehen menschlicher Existenz hervorhebt; (4) Forschungslogik und -prozess sind offen, flexibel, opportunistisch und verlangen eine dauernde Neudefinition des Problems auf Basis von Fakten, die in konkreten Settings menschlicher Existenz erhoben wurden; (5) ein in die Tiefe gehender, qualitativer, fallorientierter Zugang und ein ebensolches Design; (6) die Ausfüllung einer oder verschiedener Teilnehmerrollen, die die Herstellung und Aufrechterhaltung von Beziehungen mit den Mitgliedern im Feld beinhalten; (7) die Verwendung von direkter Beobachtung zusammen mit anderen Methoden der Informationsgewinnung." JORGENSEN, DANNY Calif [u. a.]: Sage Publ., 1989, 13f., nach FLICK, UWE 2011a, 287.

[177] Zur Kategorisierung von Beobachtungen siehe DIEKMANN, ANDREAS 2010, 564, sowie FLICK, UWE 2011a, 282.

[178] Vgl. FLICK, UWE 2011a, 287–296.

[179] DENZIN, NORMAN 1989, 157f. nach FLICK, UWE 2011a, 287.

[180] Vgl. FLICK, UWE 2011a, 288.

[181] Vgl. FLICK, UWE 2011a, 287–296.

[182] Vgl. FLICK, UWE 2011a, 287–296.

multimethodischer Zugang – in diesem Fall innerhalb der Ethnographie – zu verstehen.

Im Prozess der Feldforschung changierte die *Beobachterrolle* der Forscherin zwischen einer Teilnahme als Beobachterin und der Beobachtung als Teilnehmerin.[183] Unter Teilnahme wird im vorliegenden Fall eine aktive Partizipation am gottesdienstlichen Geschehen verstanden. Hierbei war der spezifische Charakter des Forschungsfeldes hilfreich, insofern Gottesdienste als öffentliche Geschehen eine anonyme Teilnahme ermöglichen und sie – in unterschiedlichen Graden – verschiedene Partizipationsverhalten im Sinne einer hoch aktiven oder eher passiven Partizipation zuließen.[184] Der Schwerpunkt lag dabei auf einer leicht aktiven Partizipation am gottesdienstlichen Geschehen sowie am Rahmenprogramm.

Trotz einer aktiven Partizipation am gottesdienstlichen Geschehen, war diese überwiegend von einer *fremdbeobachtenden Haltung* geprägt.[185] Zudem diente eine punktuelle Selbstbeobachtung zum einen der Reflexion über das eigene Verhältnis zum Feld und zum anderen dem Aufbau einer professionellen Empathie, denn „[d]ie teilnehmende Beobachtung schließt die Reflexion der Rolle des Feldforschers ein. Dieser begibt sich auf eine Gratwanderung zwischen Nähe und Distanz, zu der es gehört, die Perspektiven der Untersuchungspersonen übernehmen zu können, aber gleichzeitig als ‚Zeuge' der Situation Distanz zu wahren. Ohne Nähe wird man von der Situation zu wenig verstehen, ohne Distanz wird man nicht in der Lage sein, sie sozialwissenschaftlich zu reflektieren."[186]

Es wurden primär *offene Beobachtungen* durchgeführt. Hierfür waren zum einen forschungsethische Bedenken leitend, die im Zusammenhang mit verdeckten Beobachtungen angeführt werden können,[187] zum anderen der multimethodische Forschungsprozess, der eine offene Zusammenarbeit mit den im Feld beteiligten Personen voraussetzte. Für das theoretische Sampling der Gottesdienste wurde in Feld A eine erste verdeckte und in Feld C eine halboffene[188] Beobachtung durchgeführt,

---

[183] Flick bezieht sich für die Typologie von Beobachterrollen auf das von Gold (1958) entwickelte Schema. Vgl. FLICK, UWE 2011a, 283.

[184] Für die Felder A und B konnten im Laufe des Forschungsprozesses für die Teilnehmenden selbst unterschiedliche Beteiligungsrollen festgestellt werden. Im Feld C erschwerte das stark geprägte Ritual eine zurückhaltende Partizipation.

[185] Unter Beobachtung wird in der Sozialforschung meist die Beobachtung fremder Verhaltensweisen und nicht die Selbstbeobachtung verstanden, die auf das eigene Verhalten, Erleben und die eigenen Emotionen ausgerichtet ist. Vgl. DIEKMANN, ANDREAS 2010, 568.

[186] PRZYBORSKI, AGLAJA & WOHLRAB-SAHR, MONIKA 2014, 46, vertiefend 44–46.

[187] Die Beobachtung von Menschen bringt forschungsethische Probleme mit sich, die es zu beachten gilt. Zur Wahrung der Persönlichkeitsrechte ist das Prinzip der informierten Einwilligung zu berücksichtigen, weshalb die „verdeckte" teilnehmende Beobachtung kritisch gesehen werden kann. In jedem Fall ist jedoch dem Prinzip der Nicht-Schädigung der beobachteten Personen zu folgen. Vgl. hierzu KNOBLAUCH, HUBERT 2003, 37–44 Zur forschungsethischen Problematik und gebotenen Güterabwägung bei verdeckter Beobachtung siehe z. B. DIEKMANN, ANDREAS 2010, 564f., FLICK, UWE 2011a, 283, und PRZYBORSKI, AGLAJA & WOHLRAB-SAHR, MONIKA 2014, 42f.

[188] Im Feld C war der Universitätsprediger vorab über das Forschungsanliegen in Kenntnis gesetzt worden, während die anderen Gottesdienstteilnehmer/innen erst beim Frühstück danach darüber informiert wurden. Im Feld B wurden die Teilnehmer/innen zu Beginn des Gottesdienstes über das For-

sodass diese auf Basis nichtreaktiver Verfahren erfolgen konnte.[189] Aufgrund des öffentlichen Charakters der Gottesdienste wurde diese Form forschungsethisch als vertretbar angesehen.[190] Nachdem die Entscheidung für die konkreten Forschungsfelder gefallen war, wurden – soweit noch nicht geschehen – die Schlüsselpersonen und im Gottesdienst grob über das Forschungsvorhaben informiert.

Ein Vorteil der teilnehmenden Beobachtung wird in ihrem Charakter als *offenes Verfahren* gesehen. Damit wird das Ziel verfolgt, sich vom Feld selbst und nicht von Theorien leiten zu lassen und sich dazu verschiedener Methoden zu bedienen. Im vorliegenden Fall wurden neben der teilnehmenden Beobachtungsperspektive auch ethnographische Interviews[191] geführt und Gottesdienstmaterial analysiert. Die teilnehmende Beobachtung erfolgte zunächst deskriptiv und erhielt mit der Zeit einen fokussierten und am Ende einen selektiven Charakter.[192] Hiervon ist der generell selektive Charakter einer Beobachtungssituation zu unterscheiden. „Es wäre eine Illusion zu glauben, dass per Beobachtung die Totalität eines sozialen Geschehens erfasst werden könnte. Mit der Beobachtung wird – so wie generell mit jeder Datenerhebungsmethode – immer nur ein Ausschnitt von allen potenziell möglichen Beobachtungen erhoben. Wichtig ist, dass die Selektivität der Beobachtung nicht zu Verzerrungen in Richtung auf die Bestätigung oder die Gegenrichtung der Falsifikation einer Hypothese führt."[193] Um eine Selektionsverzerrung zu vermeiden[194] und die Komplexität des gottesdienstlichen Geschehens möglichst breit wahrzunehmen, wurde ein *Beobachtungsleitfaden* erstellt und im Laufe des Prozesses fortgeschrieben.[195] Diesem Beobachtungsleitfaden lagen keine operationalisierten Gottesdiensttheorien zugrunde, sodass nicht von einer hoch strukturierten Beobachtung im engeren Sinn gesprochen werden kann.[196] Vielmehr orientierte er sich an verschiedenen Aspekten sozialer Phänomene, wie z. B. Interaktion, Handlungen, Kommunikation, (erlernte) Praxis, Orte und Räume, Zeiten, Teilnahmemotive, Partizipations- und Teilnahmeverhalten, Personenbeschreibungen (z. B. Alter, Kleidung, Sprache), Untergruppierungen, Zusammensetzung des Teilnehmer/innenkreises, Irritationen, Bedeutung von Artefakten, Vorhandensein und Ausformung von Rollen.

---

schungsprojekt informiert. Eine verdeckte Teilnahme war aufgrund des Angebotsprofils dieses Gottesdienstes (1-mal jährlich) nicht möglich.

189 Zum nichtreaktiven Charakter versteckter Beobachtung siehe DIEKMANN, ANDREAS 2010, 565.

190 In Anlehnung an verdeckte Beobachtung in öffentlichen Räumen. Vgl. FLICK, UWE 2011a, 283.

191 Diese sind „in die ‚natürliche' Alltagskommunikation der Forschenden mit den Untersuchungssubjekten eingebettet". KRUSE, JAN 2014, 160f.

192 Die allmähliche Fokussierung erfolgt nach SPRADLEY, JAMES 1980, 34, im Idealfall in drei Schritten 1. Descriptive observations, 2. Focused observations und 3. Selective observations.

193 DIEKMANN, ANDREAS 2010, 567f.

194 „Nicht Selektivität an sich ist das Problem – auch eine Zufallsstichprobe erzeugt einen selektiven Ausschnitt der Realität –, sondern die Gefahr der Selektionsverzerrung." DIEKMANN, ANDREAS 2010, 568.

195 Zum Einsatz sowie den Vor- und Nachteilen von vorstrukturierten Beobachtungsbögen bzw. -schemata siehe FLICK, UWE 2011a, 288f., sowie DIEKMANN, ANDREAS 2010, 567–575.

196 DIEKMANN, ANDREAS 2010, 567–575, insbesondere 569.

Die in den teilnehmenden Beobachtungen gemachten Wahrnehmungen wurden während oder unmittelbar nach der Beobachtung mittels Feldnotizen stichpunktartig festgehalten[197] und im Anschluss in Beobachtungsprotokollen weitestgehend chronologisch sequenziert beschrieben.[198] Hierbei wurde versucht, deskriptive, analytische, theoretische und selbstreflexive Aspekte zu trennen, wobei auch hier gilt, dass alle Wirklichkeitsbeschreibungen bereits Interpretationen und somit Konstruktionen sind.[199] Durch den zunächst deskriptiven, aber zunehmend fokussierten und selektiven Beobachtungsprozess wurde zum Zwecke der Datenkomprimierung aus forschungspragmatischen Gründen auf das Ausformulieren sich wiederholender Aspekte verzichtet.[200]

(c) Explorative Umfragen mittels standardisierter Fragebögen

Die bisher beschriebenen methodischen Zugänge legten ihren Schwerpunkt auf die Wahrnehmung durch die Forscherin. Um zu verstehen, welchen „typisch verstehbaren Sinn"[201] sie für die beobachtete Person haben, wurde entschieden, diese in dreifacher Hinsicht - in Umfragen, in Interviews und in Gruppendiskussionen - zu Wort kommen zu lassen. Eine in den Gottesdiensten durchgeführte standardisierte Umfrage mit explorativem und validierendem Charakter sollte zudem helfen, scheinbare Diskrepanzen zwischen dem vorgefundenen Material und den in den teilnehmenden Beobachtungen gewonnenen Eindrücken besser zu verstehen. Für diesen Zweck wurde auf Basis der bis dahin in z. B. der Materialanalyse und den teilnehmenden Beobachtungen gewonnenen Erkenntnisse ein standardisierter Fragebogen entwickelt (siehe Anhang).[202] Dies erfolgte entlang der von Elisabeth Raab-Steiner und Michael Bensch zusammengestellten Prinzipien der Fragebogenkonstruktion.[203] Es wurden überwiegend geschlossene Fragen[204] mit geschlossenem Antwortformat[205]

---

197 Dies wurde situativ entschieden, insofern es z. B. im Feld A aufgrund des abgedunkelten Raumes kein Problem war, laufend Feldnotizen zu machen. In Feld B wurde dies immer wieder gemacht, sofern die Situation es zuließ, und in Feld C wurde die Zeit zwischen Gottesdienst und Frühstück dafür genutzt. Zum Thema Feldnotizen siehe PRZYBORSKI, AGLAJA & WOHLRAB-SAHR, MONIKA 2014, 52f.

198 Vgl. PRZYBORSKI, AGLAJA & WOHLRAB-SAHR, MONIKA 2014, 51.

199 Zum ethnographischen Schreiben und Protokollieren siehe vertiefend LÜDERS, CHRISTIAN 2012, 396–399, sowie PRZYBORSKI, AGLAJA & WOHLRAB-SAHR, MONIKA 2014, 49–53.

200 Vgl. PRZYBORSKI, AGLAJA & WOHLRAB-SAHR, MONIKA 2014, 51.

201 KNOBLAUCH, HUBERT 2003, 33: „Es geht beim Verstehen nicht um eine vollständige Erfassung des ganzen subjektiven Sinns, sondern um den typisch verstehbaren Sinn."

202 Hierzu wurde insbesondere mit RAAB-STEINER, ELISABETH & BENESCH, MICHAEL 2012 gearbeitet.

203 Siehe RAAB-STEINER, ELISABETH & BENESCH, MICHAEL 2012, 49–61.

204 Die Fragebögen enthielten auch einige wenige Mischformen, so z. B. zu sonstigen Informationsquellen, Teilnahmemotiven oder einem zusätzlich gewünschten Angebot. Vgl. z. B. A-1.2, 1.3, 3, 4.26. „Bei **geschlossenen Fragen** werden durch Ankreuzen (oder Reihung durch Einfügen von Ziffern) vorgegebener Kategorien Antworten gegeben. [...] Unter **Mischformen** sind Fragen zu verstehen, die vorgegebene Antwortkategorien haben, aber zusätzlich eine offene Kategorie enthalten." RAAB-STEINER, ELISABETH & BENESCH, MICHAEL 2012, 51, Hervorhebungen im Original.

205 Diese wurden überwiegend auf bipolare Ratingskalen mit verbalen Skalenbezeichnungen und einer geraden Kategorienanzahl verwendet, mit der die Befragten zu einer Positionierung aufgefordert wur-

zum sozio-demographischen Profil, zum Teilnahme- und Partizipationsverhalten, zu den Teilnahmemotiven sowie zur kirchlichen Sozialisation der Teilnehmenden gestellt. Weitere Fragen bezogen sich auf das konkrete Angebot, die Gestalt und die wahrgenommene Wirkung der Gottesdienste sowie auf das kontextuell relevante Beziehungsnetzwerk der Umfrageteilnehmenden. In einem letzten Frageabschnitt wurden die Umfrageteilnehmenden gebeten mitzuteilen, ob sie bereit wären, in einem wissenschaftlichen Einzelinterview vertiefend über ihre Erfahrungen im jeweiligen Gottesdienst zu berichten. So konnten unabhängig von den Schlüsselpersonen potentielle Interviewpartner/innen gewonnen und zugleich auf Basis der Umfragedaten theoretisch und nach dem Prinzip der maximalen Kontrastierung gesampelt werden.[206] (Ein Beispiel für ein theoretisches Sampling findet sich im Anhang.) Wenngleich keine Generalisierbarkeit der Erhebungsergebnisse angestrebt wurde, sollte mittels eines theoretischen Samplings dennoch ein möglichst breites Spektrum von Gottesdienstteilnehmer/innen abgedeckt werden. Die Vermittlung von Interviewpartner/innen durch die sogenannten „Gatekeeper", d. h. in diesem Falle die verantwortlichen Pfarrer, birgt hingegen das Risiko einer selektiven Auswahl in sich, die sich noch dazu der Einschätzung der Forscherin entzieht. Dadurch kann z. B. der Eindruck einer theoretischen Sättigung[207] in einem Feld entstehen, die jedoch nur dadurch gegeben ist, dass sich die Gruppe der vermittelten Interviewpartner/innen durch große Homogenität auszeichnet, aber nur einen Bruchteil eines Feldes „repräsentiert".

Die Fragebögen unterschieden sich aufgrund der unterschiedlichen Erhebungssituationen (divergierende Gottesdienst- und Teilnehmer/innenprofile) marginal von Feld zu Feld. Es wurde jedoch versucht, feldübergreifende Items möglichst unverändert zu lassen, um so ein gewisses Maß an „Vergleichbarkeit" zum Zwecke einer komparativen Analyse zu erreichen. Die Art der Fragebogenbearbeitung durch die Umfrageteilnehmenden legt nahe, dass der überwiegende Teil der Fragen für die Beteiligten schlüssig war. Dennoch zeigten sich an einigen Items feldspezifische Verständnisschwierigkeiten, die z. T. darin begründet lagen, dass entweder seitens der Forscherin implizites Wissen vorausgesetzt wurde oder ihr implizites Wissen aus dem Feld nicht bekannt war. So wurde z. B. in der ersten Umfrage (Feld A) unter Ziffer 6.5. nach der Konfession/Religion der Befragten gefragt. Als Antwortmöglichkeit konnte ev., rk. oder Sonstiges (mit offener Konkretisierungsmöglichkeit) angekreuzt werden. Implizit war hier an die Kirchenmitgliedschaft als Kriterium für die Antwortmöglichkeit ev. und rk. gedacht worden. Es verwunderte zunächst, dass im Rahmen der Umfrageauswertung keine Hinweise auf „Konfessionslose" gegeben waren. Im Rahmen der Interviews stellte sich dann heraus, dass die Angabe der

---

den und dem Problem der „sozialen Erwünschtheit" etwas entgegengewirkt werden sollte. Zu den unterschiedlichen Antwortformaten siehe RAAB-STEINER, ELISABETH & BENESCH, MICHAEL 2012, 54–66.

[206] Zum theoretischen Sampling und dem Prinzip der maximalen Kontrastierung siehe PRZYBORSKI, AGLAJA & WOHLRAB-SAHR, MONIKA 2014, 182.

[207] Zur theoretischen Sättigung siehe PRZYBORSKI, AGLAJA & WOHLRAB-SAHR, MONIKA 2014, 181f.

Konfession auch auf Basis der familiären kirchlichen Sozialisation und Taufe der Befragten erfolgte und nicht zwangsläufig in Verbindung mit einer bestehenden oder nicht mehr bestehenden Kirchenmitgliedschaft gesehen wurde. So gab eine aus der Kirche ausgetretene Interviewpartnerin an evangelisch zu sein, eine theologisch durchaus schlüssige – und aufschlussreiche – Deutung, die dazu führte, dass die entsprechende Frage in den anderen Gottesdienstfeldern weiter differenziert wurde.

Vor dem Hintergrund milieu- und lebensstiltheoretischer Einsichten der IV. KMU wäre die Erhebung milieuspezifischer Parameter im Rahmen der Umfrage wünschenswert gewesen. Eine seriöse standardisierte Abfrage hätte jedoch den Umfang dieser Befragung deutlich überschritten, sodass darauf verzichtet wurde. Die Gesamtschau der empirischen Daten ließ jedoch einige Rückschlüsse auf das „Milieuprofil" der jeweiligen Gottesdienste zu.

Die Durchführung der Umfrage erfolgte pro Feld einmalig im Rahmen eines vorab mit dem verantwortlichen Pfarrer vereinbarten Termins. Dadurch konnte die spezifische Erhebungssituation (Grundgesamtheit, besondere Wetterbedingungen etc.) zur Einordnung und Bewertung der Daten herangezogen werden. Wenngleich die Daten nicht mit dem Ziel einer Generalisierbarkeit der Ergebnisse erhoben wurden, so kann ihnen auf Basis der Rücklaufquoten zwischen 42 und 94 % eine Aussagekraft zugebilligt werden.

Wartezeiten und Rahmenprogramme im Zusammenhang mit den Gottesdiensten ermöglichten die Durchführung der Umfrage mittels Fragebögen vor Ort. Hierfür wurden Fragebögen und Bleistifte in den Kirchenbänken und an anderen Aufenthaltsorten der Gottesdienste ausgelegt und vor Beginn der Gottesdienste über die Umfrage informiert und zur Teilnahme eingeladen. Am Ende der Veranstaltungen konnten die Fragebögen in verschlossenen Rückgabeboxen zurückgegeben werden.

Die Umfragen wurden in unmittelbarer zeitlicher Nähe zur Durchführung softwaregestützt mittels SPSS erfasst und ausgewertet,[208] da sie Grundlage für das theoretische Sampling der Interviewpartner/innen waren. Obwohl die Rücklaufquoten und die ungefähre Kenntnis über die Grundgesamtheit (Zählungen vor Ort) umfangreiche statistische Analysen zugelassen hätten und solche zu Beginn auch durchgeführt wurden, wurden in dieser Arbeit aus forschungspragmatischen Gründen im Wesentlichen die Ergebnisse der deskriptivstatistischen Datenanalyse (Häufigkeitsauswertungen und Kreuzanalysen) verwendet.[209] Die im weiteren Verlauf zu findenden Analyseergebnisse aus den Umfragen beziehen sich daher immer auf die mit „n" angegebene Grundgesamtheit der jeweiligen Gottesdienstfelder und sind nicht in einem statistisch repräsentativen Sinn zu verstehen, sondern dienen dem Zweck der qualitativen Repräsentation.

---

208 Hierzu wurde auf BÜHL, ACHIM 2012 und RAAB-STEINER, ELISABETH & BENESCH, MICHAEL 2012, 67–165 zurückgegriffen.

209 Zur Deskriptivstatistischen Datenanalyse z. B. RAAB-STEINER, ELISABETH & BENESCH, MICHAEL 2012, 85–110.

(d) Teilnarrative Einzelinterviews mit Gottesdienstteilnehmer/innen und Experten
Zur Erweiterung und Vertiefung der bis dahin gewonnenen Erkenntnisse wurden mit zwei Personengruppen *Einzelinterviews* geführt:[210] 1. Mit Personen, die sich im Rahmen der Umfrage dazu bereit erklärt haben und 2. mit Feld-„Experten", d. h. den zuständigen Pfarrern bzw. dem Universitätsprediger. Die sogenannten „Experten" wurden aufgrund ihrer Schlüsselfunktion und ihres „Sonderwissens" im und über das Feld als solche definiert.[211] Die Auswahl der Interviewpartner/innen aus der ersten Personengruppe erfolgte auf Basis der Umfrage mittels eines *„theoretical samplings"*, mit dem Ziel einer möglichst großen *kontrastiven Fallauswahl*.[212] Leitend hierfür waren z. B. Geschlecht, Alter, Familienstand, Konfession(-slosigkeit), kirchliches Partizipationsverhalten, Teilnahmeform, sozialer Teilnahmerahmen (in Begleitung oder alleine), Teilnahmeverhalten (seit wann, regelmäßig oder nicht), Anreiseform, Wirkung, Motive, Kommunikationsverhalten in Bezug auf den jeweiligen Gottesdienst und sonstige Aspekte, die für einen kontrastierenden Fall sprachen.[213]

Durch die *teilnarrative Interviewstrategie* wird „ein großes Augenmerk darauf gerichtet [...], mit der [leitfadengestützten] Strukturierung immer wieder narrative Teilerzählungen zu generieren."[214] Mit der Wahl dieser Interviewform bzw. -strategie[215] wurde versucht, einen Mittelweg zwischen Strukturiertheit und Offenheit zu gehen.[216] Damit sollten die Interviewpartner/innen über einen narrativen Impuls frei über das gottesdienstliche Phänomen ins Erzählen gebracht werden und dabei eigene Schwerpunkte setzen können. Es wird davon ausgegangen, dass „[d]as Erzählen die gesprächsförmige Plausibilisierung dessen dar[stellt], *‚wie eines zum anderen gekommen ist'* "[217] Der Leitfaden diente im Wesentlichen dazu, diese Erzählung am Laufen zu halten, Themenbereiche zu vertiefen oder zu erschließen, die bis dahin nicht von den Befragten angesprochen worden waren.[218]

---

[210] Für die Vorbereitung, Durchführung und Analyse der Interviews war im Wesentlichen Jan Kruses Ansatz zur Qualitativen Interviewforschung leitend. Vgl. KRUSE, JAN 2014.

[211] Diese Zuschreibung basiert auf einem wissenssoziologischen Expert/inn/en-Begriff. Hierzu und zu anderen Ansätzen siehe KRUSE, JAN 2014, 177.

[212] Vgl. KRUSE, JAN 2014, 253.

[213] Diese Aspekte ergaben sich aus Kontrasten innerhalb der Umfrageergebnisse, die z. T. auch in den teilnehmenden Beobachtungen festgestellt werden konnten.

[214] HELFFERICH, CORNELIA 2011, 179. Narrative Interviewformen dürfen nicht mit dem Biographischen Interview gleichgesetzt werden. KRUSE, JAN 2014, 153–155.

[215] Vgl. hierzu KRUSE, JAN 2014, 155.

[216] Kruse verweist darauf, dass in jeder Interviewform durch das Problem des Fremdverstehens eine gewisse Strukturierung erfolgt. Es kann daher nur darum gehen, das *„Kontinuum von Offenheit und Strukturierung* bewusst (!) auszugestalten". KRUSE, JAN 2014, 151, 150ff.

[217] KRUSE, JAN 2014, 155. Hervorhebungen im Original.

[218] Dabei wurde versucht, eine „Leitfadenbürokratie" im Sinne eines nicht hörerzentrierten Abarbeitens des Leitfadens zu vermeiden. Darum wurden Themenfelder, die die Befragten von selbst angesprochen haben, übersprungen, bzw. in adäquater Weise Nachfragen gestellt und auf unerwartete Themenfelder bewusst eingegangen. Dadurch kamen ganz neue Aspekte in den Blick, die besonders wertvoll sind. Der direkte Beleg aus den Interviews wird dadurch erschwert, dass im freien Erzählen viele Aspekte gemeinsam und z. T. miteinander verschränkt thematisiert werden, die jedoch in der Darstellung der empirischen Arbeiten separat betrachtet und dadurch z. T. auch aus ihrem Gesamtzusam-

Nicht selten wird in Methodenliteratur zwischen eher narrativen Interviewstrategien und Experteninterviews unterschieden, da eine narrative Strategie mit einer biographischen Perspektive verbunden und dadurch im Widerspruch zu den „objektiv-sachdienlichen Informationen“[219] in Experteninterviews gesehen wird. Dabei wird übersehen, dass sich die „Narration“ nicht auf biographische Interviews beschränken lässt, sondern „die *diachrone Darstellung eines Wandels eines Ich oder einer Sache bzw. eines Themas in der Zeit*“[220] darstellt und sich somit generell zur (Re-)Konstruktion von Entwicklungsprozessen eignet, nicht nur biographischer.[221] Daher wird das Experteninterview hier nicht als eigenständige *Methode* angesehen[222] und unter der Überschrift der teilnarrativen Einzelinterviews besprochen. In der vorliegenden Arbeit liegt der Unterschied zum teilnarrativen Einzelinterview insbesondere darin, dass sich die Experteninterviews mit dem Anliegen eines „expertiseartigen, informationsorientierten Sinnverstehens“[223] verbinden.[224] Zudem konnte bei den Experten von fachspezifischem Wissen und entsprechender Sprachfähigkeit ausgegangen werden. Während die Einzelinterviews mit den über die Umfrage gesampelten Gottesdienstteilnehmer/innen noch einen stark explorativen Charakter hatten, fand das Experteninterview in einer recht späten Phase der Feldforschung statt, wodurch auch das Ziel verfolgt wurde, bereits im Rahmen der Forschung erschlossene Aspekte noch einmal aus einer anderen Sicht und vertiefend dargestellt zu bekommen. Da bis zu diesem Zeitpunkt häufig schon Gespräche mit den Experten, z. B. zu Beginn der Feldforschung und im Rahmen der teilnehmenden Beobachtung, geführt worden waren, wurden sie zu Beginn der Interviews auf sich wiederholende Fragen hingewiesen, um etwaige Irritationen zu vermeiden. Dieses Vorgehen hat sich bewährt, da im Rahmen der Experteninterviews bestimmte Aspekte noch einmal aufgegriffen und vertieft sowie mit den z. B. im Rahmen der teilnehmenden Beobachtung gesammelten Daten abgeglichen werden konnten. Die stärker sachorientierte Ausrichtung der Fragen und die Befragung eines „Experten“ waren jedoch nicht mit der Intention verbunden, ein „objektiveres“ Bild des Untersuchungsgegenstandes zu gewinnen. Abgesehen von der nicht zu überwindenden Subjektivität (re)konstruiertem Erlebens konnte von einer hohen Identifikation der Experten mit ihren jeweiligen Gottesdiensten und entsprechend sich auch aus ihrem Amt ergebenden, interessengeleiteten Antworten ausgegangen werden. Auch hier erwies sich die Methoden-Triangulation als besonders wertvoll, insofern Fremd- und

---

menhang herausgenommen werden müssen. Der Kontext wurde jedoch in der Analyse berücksichtigt. Zu einer differenzierten Betrachtung der sogenannten „Leitfadenbürokratie“ siehe KRUSE, JAN 2014, 213–219.

219 KRUSE, JAN 2014, 171.

220 KRUSE, JAN 2014, 171. Hervorhebungen im Original.

221 KRUSE, JAN 2014, 169f.

222 Siehe hierzu auch KRUSE, JAN 2014, 188f.

223 KRUSE, JAN 2014, 169.

224 Vgl. KRUSE, JAN 2014, 168f. Eine strikte Unterscheidung ist jedoch nicht möglich, es soll daher eher von einem graduellen Unterschied gesprochen werden.

Selbstwahrnehmung miteinander verglichen werden konnten. Hierbei war in Bezug auf das Forschungsinteresse besonders wichtig, zwischen den konzeptionellen Überlegungen zu den Gottesdiensten einerseits und dem empirisch wahrnehmbaren Gepräge zu unterscheiden, denn „Darstellungen in Interviews enthalten [...] eine Mischung davon, wie etwas ist, und davon, wie es sein sollte, die erst noch entwirrt werden muss".[225] Wobei sich der trianguläre Forschungsansatz einmal mehr bewährte. Ziel der Triangulation war dabei jedoch nicht eine Verifizierung oder Falsifizierung des Berichteten, sondern das bessere Verstehen der Wahrnehmungsperspektiven und der handlungsleitenden Motive, die für die Frage nach der im weiteren Verlauf noch zu erläuternden Sozialität der Gottesdienste von zentraler Relevanz sind. Dem Experteninterview lag daher sowohl eine explorative als auch systematisierende Konzeption zugrunde, insofern es sowohl um die (Re-)Konstruktion „neuer" Aspekte ging, als auch darum, bis dahin gesammelte Erkenntnisse noch einmal „systematischer zu elaborieren"[226].[227]

Die Leitfadenentwicklung erfolgte in Anlehnung an das von Jan Kruse auf Basis des SPSS-Verfahrens[228] von Cornelia Helfferich weiterentwickelte *S^2PS^2-Verfahren.*[229] Hierbei werden in einem offenen Brainstorming möglichst viele Fragen ge*sammelt (S)* und anschließend inhaltlich nach Themenblöcken und nach Fragetypen (*„offene Erzählaufforderungen, Aufrechterhaltungsfragen und konkrete Nachfragen"*) *sortiert (S).*[230] Diese werden in einem dritten Schritt auf ihre Angemessenheit über*prüft (P)* und ggf. ge*strichen (S).* Die verbleibenden Fragen werden anschließend in den Leitfaden *subsumiert (S).* Die Fragen und offenen Stimuli wurden dabei über vier von Cornelia Helfferich entwickelte generische Fragen auf ihre Eignung geprüft:[231] 1. Handelt es sich um eine reine Faktenfrage? Dann sollte sie gestrichen werden, da sie sich weder für den Einstieg noch für eine Aufrechterhaltung des Gesprächsgangs eignet. 2. Ist die Frage auf das Forschungsinteresse abgestimmt? 3. Werden nur mir bereits bekannte Informationen abgefragt? Für einen ergebnisoffenen Gesprächsgang ist es wichtig, dass „um die Ecke gefragt" wird, d. h. dass die „Forschungsfragestellungen so übersetzt werden können, dass sie nicht direkt das abfragen, worauf sie letzten Endes vom Erkenntnisinteresse her zielen, sondern sie einen Text im Sinne eines ‚weiten Feldes' (Fontane) erzeugen, anhand dessen die Forschungsfragestellungen tatsächlich *ergebnisoffen* verfolgt werden können".[232] 4. Entsprechen die Fragen dem Relevanzsystem der Interviewten oder sind sie theoriegeleitet? Letz-

---

225 FLICK, UWE 2011a, 281 Dies bedeutet nicht, dass etwa durch Beobachtungen das tatsächliche Geschehen abgebildet werden kann. Vgl. hierzu FLICK, UWE 2011a, 281.

226 KRUSE, JAN 2014, 170.

227 Zu den unterschiedlichen Konzeptionalisierungen von Expert/inn/en-Interviews und damit verbundenen Interviewstrategien siehe KRUSE, JAN 2014, 169f.

228 Nicht zu verwechseln mit der gleichnamigen Datenanalysesoftware.

229 Siehe KRUSE, JAN 2014, 231–234, 234–240, sowie HELFFERICH, CORNELIA 2011, 182–189.

230 Der Leitfaden wurde nach der Konzeptionierung in einer Gruppe geprüft, diskutiert und modifiziert.

231 Siehe hierzu KRUSE, JAN 2014, 231–234.

232 KRUSE, JAN 2014, 233.

tes gilt es durch ergebnisoffene Fragemuster zu vermeiden. Die Entwicklung und Ausarbeitung des Leitfadens hat sich darüber hinaus als sehr produktives Instrument zur Konkretisierung der Forschungsfrage und zur Klärung der damit verbundenen Forschungsintentionen herausgestellt.[233]

Die Leitfäden wurden in Anlehnung an das von Jan Kruse vermittelte Aufbauprinzip ausgearbeitet. Dieses sieht vor, dass unter einer offenen Leitfrage/einem Stimulus oder einer Erzählaufforderung die damit verbundenen inhaltlichen Aspekte, Aufrechterhaltungsfragen und konkreten Nachfragen formuliert werden.[234] „Mit dem Aufbau folgt der Leitfaden dem *Prinzip, vom Offenen zum Strukturierenden*, um so das Kontinuum von Offenheit und Strukturierung kommunikationsdynamisch auszubalancieren, und dies zudem mehrfach von Themenblock zu Themenblock."[235] Die im Rahmen dieses Forschungsvorhabens konzipierten und entwickelten Leitfäden teilten sich grob in drei Bereiche auf: 1. den besonderen Gottesdienst, 2. das subjektive Gemeindeverständnis und 3. einen offenen Ausstieg. Diese Bereiche teilten sich wiederum in Unterthemenblöcke auf. Das Interview wurde mit einem offenen Erzählimpuls begonnen, in dem die Befragten z. B. aufgefordert wurden, von ihrem ersten Besuch in dem jeweiligen Gottesdienst zu erzählen. Je nach Feld, wurden in diesem Bereich bereits viele Details über z. B. den ersten Kontakt, den Teilnahmeimpuls, die Teilnahmemotive, das Teilnahmeverhalten etc. erzählt oder über vorbereitete Fragen thematisiert. Im weiteren Verlauf wurden insbesondere „indirekte" Fragen gestellt, wie z. B. „Wie geht es ihnen damit, wenn die „Nachtschicht" Pause macht?". Bei diesem Beispiel ging es darum, das Thema der zeitlichen Angebotsstruktur zum Erzählgegenstand zu machen. Darüber hinaus zielten einige Fragen auf Projektionen des subjektiven Sinns ab, wie z. B. durch die Frage „Inwiefern könnten Sie sich vorstellen, Menschen, die die ‚Nachtschicht' bislang nicht kennen, auf sie aufmerksam zu machen. Wenn ja, welche Eigenschaften dieser Person würde das nahelegen?" Im zweiten Themenbereich wurde ähnlich vorgegangen, wobei sich deutlich eine themenspezifische „Sperrigkeit" zeigte. Der Themenbereich „Gemeinde (auf Zeit)" resultierte aus der Anfangsphase dieser Forschungsarbeit. Über indirekte Fragen wurde versucht, eine möglichst spontane Verwendung zu initiieren. Mit der Einstiegsfrage in diesen Teil: „Welche Bedeutung hatten kirchliche Gemeinden so in den letzten Jahren in ihrem Leben?", wurde versucht, möglichst spontane Assoziationen mit dem Begriff „Gemeinde" bei den Befragten zu bewirken und darüber Aufschluss über den Bedeutungshorizont dieses Begriffes zu gewinnen. Dies gelang auch, obwohl bzw. gerade weil die Fragen in diesem Teil z. T. zu Irritationen bei den Befragten führten. In Reaktionen wie z. B. „Was meinen sie mit

---

[233] Vgl. hierzu auch KRUSE, JAN 2014, 234f.

[234] Vgl. z. B. KRUSE, JAN 2014, 217. Im Rahmen dieser Arbeit wurde das Thema als Überschrift beigefügt und auf die Aufnahme der Aufrechterhaltungsfragen verzichtet, weil sich diese wiederholten. Ein Beispiel eines im Rahmen dieser Forschungsarbeit verwendeten Leitfadens findet sich im Anhang dieser Arbeit.

[235] KRUSE, JAN 2014, 218.

Gemeinde?", zeigte sich der diffuse Charakter dieses Begriffes. Darum wurde versucht, durch unterschiedliche Frageformen verschiedene Sinnkonstruktionen bei den Befragten ab- und hervorzurufen. So wurde dieser Frageteil mit der hypothetischen Frage abgeschlossen: „Stellen Sie sich vor, Sie hätten drei Wünsche frei, wie würde Ihre Wunschgemeinde aussehen?" Der dritte Teil des Leitfadens war eine offene Ausstiegsfrage, mit der den Befragten die Möglichkeit eingeräumt wurde, Aspekte anzusprechen, auf die im Interview bis dahin nicht eingegangen worden war. Sofern es sich nicht im Laufe des Interviews ergeben hatte, wurden in diesem Teil auch noch vertiefende Fragen zu den Antworten im Fragebogen gestellt.[236]

Die Interviews wurden an Orten durchgeführt, die von den Befragten gewünscht wurden (z. B. zu Hause, an öffentlichen Plätzen, in Restaurants). Alle verbale Daten wurden nach schriftlicher Zustimmung der anwesenden Personen mittels eines in der Interviewforschung gängigen Aufnahmegeräts im MP3-Format aufgezeichnet. Nach dem Ausschalten des Aufnahmegeräts wurden noch einige formale Fragen geklärt, wie z. B. die Ergänzung sozio-demographischer Angaben zur Person sowie die Unterzeichnung der vor dem Interview erläuterten Einverständniserklärung (Datenschutz). Aus forschungspragmatischen Gründen wurden die Interviews von einer extern beauftragten Fachkraft auf Basis vorgegebener Transkriptionsregeln transkribiert und im Anschluss seitens der Forscherin Korrektur gelesen.[237] Die Transkriptionsregeln wurden maßgeblich in Anlehnung an TiQ (Talk in Qualitative Social Research) entwickelt.[238] Dabei handelt es sich um ein Transkriptionssystem zur schriftlichen Darstellung von Gesprächsinhalten für eine (re-)konstruktive Analyse.[239] Darüber hinaus wurden unmittelbar nach der Erhebung Postskripts verfasst, die zusätzliche Informationen, wie z. B. die Wohn- und Gesprächssituation, Störfaktoren, nicht aufgezeichnete Gesprächsinhalte etc., umfassten und bei der Analyse berücksichtigt wurden.[240]

(e) Gruppendiskussionen

Nach der Durchführung des theoretischen Samplings der Einzelinterviewpartner/innen im Feld A („Nachtschicht") wurde entschieden, eine Gruppendiskussion mit den jungen Teammitgliedern durchzuführen. Hierfür waren drei Gründe leitend: 1. gelang es leider nicht, Mitglieder aus diesem für den Gottesdienst zentralen Kreis für Einzelinterviews zu gewinnen. Dies stellte sich jedoch im weiteren Verlauf insofern

---

[236] Bei der Wahl der Frageformulierungen und der Fragestile sowie Stimulus-Techniken waren die Ausführungen von KRUSE, JAN 2014, 219–228, leitend.

[237] In der Methodenliteratur wird die externe Transkription unterschiedlich bewertet. Zu den Argumenten der Befürworter und Gegner siehe KRUSE, JAN 2014, 367f.

[238] Die im Rahmen dieser Arbeit verwendeten Transkriptionsregeln wurden in Anlehnung an PRZYBORSKI, AGLAJA & WOHLRAB-SAHR, MONIKA 2014, 167–170 und DITTMAR, NORBERT 2004 zusammengestellt. Eine vollständige Übersicht über die Transkriptionsregeln ist dem elektronischen Datenmaterial für das Promotionsverfahren beigefügt.

[239] Vgl. PRZYBORSKI, AGLAJA & WOHLRAB-SAHR, MONIKA 2014, 167.

[240] Zum Postskript siehe KRUSE, JAN 2014, 284ff.

als produktiv heraus, als sich 2. zeigte, dass es sich hierbei um einen gruppenhaften Kreis handelt, der sich vom Rest der Teilnehmenden wesentlich unterscheidet. 3. legten die bis dahin gewonnenen Erkenntnisse nahe, dass ein wesentlicher Grund für die Teilnahme bzw. für den Sinn der Teilnahme der Teammitglieder an der „Nachtschicht" in der Gruppe selbst liegt. Vor dem Hintergrund wissenssoziologischer Überlegungen von Karl Mannheim, wonach „Sinn eben soziogenetisch auf der Basis *konjunktiver Erfahrungen* […] konzipiert [wird], werden Gruppendiskussionen aus einer sozialwissenschaftlichen Forschungsperspektive zu einem Brennglas beim Beobachten von soziogenetischer Sinn(re-)konstruktion".[241] Hierbei unterscheidet sich nach Thomas Jung die soziogenetische Sinnproduktion von der individualgenetischen Methode darin, dass

> „der *Sinn* und seine Genese nicht ‚im individuellen Erleben', sondern ‚eher' in seinem ‚kollektiven' Zusammenhang gesucht' [wird] (Ideologie und Utopie, 1985, 25). Die eigentliche soziologische Akzentverschiebung sinngenetischer Interpretation liegt darin, dass sie nicht auf das Subjekt und dessen individuelle Lebensgeschichte eingestellt ist. Dies ist eben das originäre ‚Verdienst der Soziologie, daß sie neben der individuellen Sinngenese', die den psychologischen Motivkomplexen des Individuums auf der Spur ist, ‚auf die aus dem Zusammenhang des Gruppenlebens entspringende Genese hingewiesen hat' (ebd., 26). Es versteht sich, dass dieser Zusammenhang des Gruppenlebens kein bloß gruppenstruktureller ist, sondern ein Zusammenhang konjunktiver Erfahrungen, die zu kollektiven Sinneinheiten geronnen sind".[242]

Für die Methode sprach weiterhin, dass die ‚Gruppensituation' nicht künstlich hergestellt werden musste, sondern es sich in allen drei Feldern um *homogene, kohäsive Realgruppen* handelt,[243] die *konjunktive Erfahrungsgemeinschaften* darstellen. Die Gruppendiskussion diente in dieser Arbeit dazu, die „Erfahrungen der beteiligten Akteure als kollektive Erfahrungen [zu] aktivier[en]".[244]

Hierfür wurde in diesem Forschungsprojekt wie folgt vorgegangen: Alle Gruppendiskussionen wurden mit Mitgliedern des „inneren Zirkels" und in vertrauter Umgebung geführt. Der Kontakt wurde in Feld A und B über die verantwortlichen Pfarrer hergestellt und in Feld C über den Fragebogen. Die Gruppendiskussion in Feld A wurde bewusst ohne den Leiter des Teams, den Pfarrer, geplant, da eine Irritation durch die bestehende Rollendifferenz zwischen Leitung und Teamern befürchtet wurde. Im Feld B (Motorradfahrer/innengottesdienst) war der Pfarrer dabei, da er im Rahmen der bis dahin gemachten Beobachtungen als fester und egalitärer Bestandteil der Gruppe auszumachen und damit zu rechnen war, dass seine Abwesenheit einen höheren irritierenden Faktor dargestellt hätte als seine gewohnte Anwesenheit. Aufgrund der gruppenhaften Struktur des gesamten Gottesdienstes in Feld C (Mittwochmorgen-Gottesdienst) war es dort schwieriger, einen inneren Zirkel

241 Kruse, Jan 2014, 192.
242 Jung, Thomas 2007, 230f.
243 Vgl. zur Gruppenzusammensetzung Kruse, Jan 2014, 199f.
244 Corsten, Michael 2010, 90.

abzugrenzen, weshalb im Rahmen des Fragebogens sowohl nach der Bereitschaft an einem Einzelinterview als auch an einer Gruppendiskussion gefragt wurde. Zu einem festgesetzten Datum konnten dann Gottesdienstbesucher im Anschluss an das nach dem Gottesdienst stattfindende Frühstück spontan oder geplant an der Gruppendiskussion teilnehmen.

In der *Eröffnungsphase* hat die Forscherin sich selbst und ihr Projekt vorgestellt und dabei versucht, eine positive Gesprächsatmosphäre zu schaffen. Nach einer ersten Erläuterung zum Vorgehen sowie zur Rolle der Forscherin wurden der Datenschutz erläutert und Einverständniserklärungen ausgegeben, die nach dem Abschluss der Gruppendiskussion unterschrieben wurden. Die *Einstiegsphase* wurde in den Feldern unterschiedlich gestaltet: Im Feld A und C wurde mittels eines kreativen, visuellen und leicht strukturierenden Stimulus[245] eine selbstläufige Gruppendiskussion zu der Frage „Was bedeutet für sie [dieser Gottesdienst]?“ (vgl. z. B. A-GD-9 u. a.) initiiert, der von der etwas abseits sitzenden Forscherin beobachtet werden konnte.[246] In Feld B wurde auf den kreativen Impuls verzichtet, da sich die Gruppenmitglieder in vertrauter, gesprächiger Runde zusammenfanden und dies als ausreichender „Stimulus“ für eine Diskussion angesehen wurde. In allen drei Feldern bedurfte es kaum bis gar keiner Aufrechterhaltungsfragen. Die *Aktionsphase* war von einer weitestgehend selbständig geführten Diskussion geprägt. Die Auslaufphase begann feldabhängig nach 35 bis 60 Minuten und es wurde seitens der Forscherin noch einmal die Möglichkeit eingeräumt, noch weitere Punkte anzusprechen. Das Ende der Diskussion wurde der Gruppe überlassen.[247]

Die während der Gruppendiskussion gemachten und mittels Feldnotizen stichwortartig notierten Beobachtungen wurden unmittelbar danach in einem Postskript festgehalten und ebenfalls analysiert. Die verbalen Daten wurden analog zu den Einzelinterviews digital aufgezeichnet und transkribiert (2.2.4.a).[248]

Mit dem Gruppendiskussionsverfahren wurde in spezifischer Weise[249] an der kollektiven Dimension von Handlungs-, Verhaltungs- und Deutungsmustern sowie Einstellungen angesetzt, wobei davon ausgegangen wird, dass diese sozial eingebunden sind.[250] In Abgrenzung zum symbolischen Interaktionismus verweist Jan Kruse darauf, dass sich dabei Meinungen z. B. nicht rein situativ ergeben, sondern

> „auf kollektiven Orientierungsmustern [beruhen], die sich auf der Grundlage von konjunktiven Erfahrungsräumen bzw. seinsgebundenen Repräsentationssystemen herausbilden. Das Gruppendiskussionsverfahren ist somit eine adäquate Methode, um jene kollek-

---

245 Zum Grundreiz im Zusammenhang mit Gruppendiskussionen siehe LAMNEK, SIEGFRIED 2005, 149ff.

246 Vgl. zur Organisation von Gruppendiskussionen KRUSE, JAN 2014, 202f.

247 Zum Verlauf und der Dauer von Gruppendiskussionen siehe LAMNEK, SIEGFRIED 2005, 130–140.

248 Zur Erfassung von Gruppendiskussionen siehe Lamnek, Siegfried 2005, 169–176.

249 Dies gilt auch für die anderen Verfahren. Vergleiche z. B. zur wissenssoziologischen Orientierung bei qualitativer Interviewforschung KRUSE, JAN 2014, 191.

250 Vgl. KRUSE, JAN 2014, 196.

tive Dimension und deren soziale Genese zu beforschen. Ein erkenntnistheoretisches und methodologisches Problem bleibt jedoch weiter bestehen: ‚Individuelle Meinung' und ‚kollektives Orientierungsmuster' bilden ein abstraktes Kontinuum, dessen Pole nicht zu bestimmen sind, da jedes Subjekt Träger verschiedener kollektiver Orientierungsmuster ist; es gehört unterschiedlichen konjunktiven Erfahrungsräumen an (vgl. Bohnsack 2000, 2010; Bohnsack et al. 2006)".[251]

Diese Problematik kann nicht überwunden, sondern nur mitbedacht werden. Mit dem Gruppendiskussionsverfahren wurde der Fokus auf ein *interaktionsorientiertes Sinnverstehen* gelenkt, dem die Annahme zugrunde liegt, dass „soziale Positionierungen Ausdruck eines spezifischen konjunktiven Wissensgefüges [sind]",[252] worauf sich die Analyse der Gruppendiskussionen konzentrierte,[253] sofern sie für die Frage nach der Sozialität des Gottesdienstes relevant erschien. D. h., es ging dabei nicht um die vertiefte Analyse der Gruppe selbst, sondern um in ihr zum Ausdruck kommende Aspekte der Sozialität des Gottesdienstes, wie z. B. die Bedeutung der Gruppe im Gottesdienstnetzwerk, aber auch die Bedeutung der Gruppenhaftigkeit, der Selbstwirksamkeit und Akzeptanz innerhalb der Gruppe für die Teilnahme am Gottesdienst. Für das Feld C stellte sich dieses Verfahren darüber hinaus als bedeutsam heraus, als der im Rahmen der Einzelinterviews verzeichnete hohe theologische Abstraktionsgrad hier nicht bestimmend war und dadurch als unerwartetes „Nebenprodukt" auch subjektive Sinnkonstruktionen stärken in den Fokus der Analyse traten.

2.2.3. Feldspezifischer Zugang, Selbstreflexion und Erhebungssituation

(a) Die „Nachtschicht" im Großraum Stuttgart

Im Rahmen der von mir betriebenen „Marktforschung" zu besonderen Gottesdiensten wurde ich auf der Internetplattform „Geistreich" auf die „Nachtschicht" aufmerksam, die mir bis dahin nicht bekannt war.[254] Durch ihr Profil kam sie in die engere Auswahl möglicher Gottesdienste. Der Großraum Stuttgart schien mir darüber hinaus aufgrund meiner Vertrautheit mit der landeskirchlichen Kultur der Württembergischen Kirche und dem Großraum Stuttgart sowie aus forschungspragmatischen Gesichtspunkten (u. a. Erreichbarkeit) geeignet. Nach einer ersten intensiveren Materialanalyse des auf der Homepage der „Nachtschicht" zur Verfügung gestellten Materials wurde dieser Gottesdienst in die engere Wahl gezogen. Ausschlag gab jedoch die Information, dass die bislang in der Verantwortung des Gemeindepfarramtes liegende „Nachtschicht" 2012 in die Zuständigkeit einer eigens

---

[251] KRUSE, JAN 2014, 196.
[252] KRUSE, JAN 2014, 197.
[253] Vgl. KRUSE, JAN 2014, 197.
[254] Vgl. http://www.geistreich.de/experience_reports/79 [online u. a.: 07.06.2016].

dafür geschaffenen landeskirchlichen Stelle übergehen sollte, was vor dem Hintergrund der Frage nach dem Verhältnis von Gottesdienst und Gemeinde interessant zu sein schien. Eine endgültige Entscheidung, diesen Gottesdienst zu untersuchen, erfolgte nach einer ersten, verdeckt vorgenommenen teilnehmenden Beobachtung. Danach wurde schriftlich Kontakt mit dem verantwortlichen Pfarrer Ralf Vogel aufgenommen, der das Forschungsvorhaben positiv aufnahm.

Die empirische Erforschung der „Nachtschicht" „im Feld" erstreckte sich über zwei „Nachtschicht"-Zyklen von Januar 2013 bis Mai 2014. In dieser Zeit wurden acht „Nachtschichten" teilnehmend beobachtet und protokolliert, eine standardisierte Umfrage durchgeführt sowie sechs Interviews mit Besucher/innen und ehrenamtlichen Mitwirkenden, ein Experteninterview mit dem „Nachtschicht"-Pfarrer Ralf Vogel und eine Gruppendiskussion mit dem „Nachtschicht"-Team geführt. Da es sich um den ersten der von mir untersuchten drei Gottesdienste handelte und sich dadurch zwangsläufig ein gewisser Abstand zur Veröffentlichung der Daten ergab, wurde die weitere Entwicklung punktuell bis zum Abschluss des Gesamtanalyseprozesses der Daten im Mai 2016 online weiter verfolgt. Die sich daraus ergebenden Fragen wurden schriftlich mit dem „Nachtschicht"-Pfarrer geklärt und in die Materialdatenbank aufgenommen.

Auf Basis der Ergebnisse der Materialanalyse und der ersten zwei teilnehmenden Beobachtungen wurde ein standardisierter Fragebogen für eine Umfrage unter den Teilnehmenden entwickelt und am Rande der „Nachtschicht" am 17.03.2013 durchgeführt. Bei einer Teilnehmer/innenzahl von ca. 450 Personen war der Rücklauf von n=287 Fragebögen sehr zufriedenstellend. Die Rückmeldungen von ca. 63,78 % der Gottesdienstteilnehmenden stellt eine aussagekräftige Datenquelle für die Analyse und daraus folgenden Einsichten dar. Mit ca. 450 Personen lag diese „Nachtschicht" auch im durchschnittlichen Bereich der 2012 und 2013 wahrgenommenen Besucher/innenzahl.

Auf Basis der Umfrageergebnisse wurden potentielle Interviewteilnehmer/innen gesampelt. Im Vergleich zum Motorradfahrer/innengottesdienst fiel die Bereitschaft zur Teilnahme an einem Einzelinterview mit 9,8 % (n=287) verhältnismäßig gering aus. Da nach erfolgter Anfrage einige der gesampelten Interviewpartner/innen von einem Gespräch Abstand nahmen, wurde nach einem ersten Interviewdurchgang noch einmal nachgesampelt. Aus dem Kreis der männlichen Besucher, die nicht angaben, Mitarbeiter zu sein, konnte leider kein Interviewpartner gewonnen werden. Da jedoch deutlich mehr Frauen als Männer an der „Nachtschicht" teilnehmen, wurde auf eine dritte Nacherhebung verzichtet. Der narrative Anfangsimpuls der Einzelinterviews funktionierte in diesem Gottesdienstfeld sehr gut. Die Redeanteile der interviewten Personen waren z. T. sehr lang und deckten viele der vorbereiteten Fragen aus dem Leitfaden ab, sodass auf ein dezidiertes Nachfragen verzichtet werden konnte. Das Experteninterview wurde gegen Ende der Erhebungsphase mit dem „Nachtschicht"-Pfarrer Ralf Vogel geführt und diente wesentlich dazu, die Entwicklungsgeschichte sowie strukturelle und organisatorische Aspekte der „Nachtschicht" zu erheben und mit den bis dahin gewonnenen Erkenntnissen abzugleichen und zu ergänzen.

Unter den jungen Teilnehmer/innen bestand zwar keine nachhaltige Bereitschaft an einem Einzelinterview teilzunehmen, es konnten aber „Nachtschicht“-Teamer/innen für eine Gruppendiskussion gewonnen werden, die sich aufgrund des ohnehin bestehenden Gruppencharakters des „Nachtschicht“-Teams anbot. Als Impuls wurden 60 sehr unterschiedliche, d. h. gegenständliche und abstrakte Kunstpostkarten ausgelegt, die dabei helfen sollten, über die Frage „Was bedeutet die ‚Nachtschicht‘ für Sie?“ ins Gespräch zu kommen. Es wurde ausdrücklich darum gebeten, auch auf die Karten der anderen Diskussionsteilnehmenden einzugehen und ggf. darauf hinzuweisen, was im Gesamtbild „fehlt“. Auf dieser Basis diskutierten die Teilnehmenden ca. 50 Minuten eigenständig.

(b) Das „Anlassen“ in Niedergründau

Ich habe keinen Motorradführerschein und bin in meinem Leben bislang nur selten als Sozia mitgefahren. War ich zunächst skeptisch, ob mir als „Outsiderin“ der Feldzugang gelingen würde, so hat sich gerade dieser „Fremdheitsaspekt“ als besonders produktiv erwiesen.[255] Er hat zum einen der latenten Gefahr entgegengewirkt, Gewohntes zu „übersehen“, zum anderen wurde Insiderwissen seitens der Feldteilnehmer nicht von mir erwartet und daher expliziert. Aus forschungspragmatischen Gründen wählte ich einen Motorradfahrer/innengottesdienst in der Nähe meines Wohnortes, der jedoch zugleich überregionale Bedeutung hat. Da ich bis zu dieser Forschungsarbeit keinerlei Berührungspunkte mit Motorradfahrer/innengottesdiensten oder Kontakte zu Teilnehmenden hatte, kontaktierte ich den hauptamtlichen Motorradfahrer/innenseelsorger der EKHN und EKKW, Pfarrer Thorsten Heinrich, durch den mir der Feldzugang ermöglicht wurde. Die Feldforschung wurde durch die offene und freundliche, aber nicht vereinnahmende Art erleichtert, mit der mir im Kontext des Motorradfahrer/innengottesdienstes begegnet wurde. Meine Rolle als Forscherin wurde dabei nicht in Frage gestellt.

Die empirische Untersuchung des Motorradfahrer/innengottesdienstes erstreckte sich von April 2014 bis April 2015, wobei sich die Haupterhebung auf das „Anlassen“ im April 2014 bezog. Da dieser Gottesdienst nur einmal jährlich stattfindet, wurden zur teilnehmenden Beobachtungen weitere Personen hinzugezogen[256] und

[255] Wodurch sich an dieser Stelle bestätigt hat, dass die Feldbeobachtung oftmals von der Fremdheit des Beobachters profitiert. Vgl. hierzu DIEKMANN, ANDREAS 2010, 564.

[256] Es handelte sich um drei Personen unterschiedlichen Alters, Geschlechts und aus unterschiedlichen Disziplinen. Sie haben jedoch alle gemeinsam, dass sie selbst keine aktiven Motorradfahrer/innen sind. Da die drei Personen über unterschiedlich viel Erfahrung im Bereich der empirischen Forschung verfügten, wurde ihnen im Vorfeld ein kleiner Leitfaden zur teilnehmenden Beobachtung übermittelt und Hinweise zur Erstellung eines Beobachtungsprotokolls gegeben. Die Aufgaben- bzw. Beobachtungsbereiche teilten sich wie folgt auf: Birte, 23 Jahre alt, Hintergrund: Theater- und Medienwissenschaften, Beobachtungsbereich außerhalb der Kirche. Paula, 32 Jahre alt, Doktorandin in der Praktischen Theologie, Beobachtungsbereich innerhalb der Kirche. Lothar, 51 Jahre alt, Jurist, Teilnehmerperspektive in der Kirche.

der im für das Feld A erarbeitete Fragebogen wurde auf Basis einer intensiven Materialanalyse (Programmhefte, Videoberichte, Presseberichte) an dieses Feld angepasst und notwendige Zusatzinformationen im Rahmen eines Telefongespräches mit dem zuständigen Pfarrer eingeholt und protokolliert.[257] Ursprünglich war nicht geplant, die alljährlich im Herbst stattfindende Gedenkfahrt in Frankfurt am Main mit in die Untersuchung einzubeziehen. Da sie sich jedoch für das Thema als äußerst relevant erwiesen hat, wurde nach der Teilnahme ein Erinnerungsprotokoll verfasst und in dieser Form im Rahmen der Datenanalyse berücksichtigt. Aufgrund der ungewöhnlich widrigen Wetterbedingungen 2014 wurde entschieden, das Setting bei besserem Wetter 2015 ergänzend zu erkunden und die Ergebnisse mit in die Analyse einzubeziehen.

Im Rahmen des „Anlassens" im Frühjahr 2014 wurde mittels Fragebögen eine explorativ motivierte, standardisierte Umfrage durchgeführt.[258] Ziel war es nicht, repräsentative Werte im statistischen Sinne zu erhalten, sondern Tendenzen hinsichtlich der Teilnehmer/innen und des Partizipationsprofils festzustellen, parallel gemachte Beobachtungen zu überprüfen und zu ergänzen sowie Interviewpartner/innen zu gewinnen. Der Fragebogenrücklauf von n=274 befindet sich jedoch bei einer geschätzten Teilnehmer/innenzahl[259] von ca. 650[260] mit ca. 42 % Personen prozentual in einem aussagefähigen Bereich für diesen einen Gottesdienst.

Das Experteninterview wurde nach der Auswertung der Beobachtungsprotokolle und der Umfrage mit dem seit 2012 für den Motorradfahrer/innengottesdienst zuständigen Motorradfahrer/innenseelsorger Pfarrer Thorsten Heinrich geführt, um u. a. im Rahmen der bis dahin erfolgten Datenanalyse Rückfragen stellen zu können.

Mit den Mitgliedern des inneren Zirkels des Motorradfahrer/innengottesdienstes wurde im ähnlichen Zeitraum eine Gruppendiskussion geführt. Als Ort wurde das Lokal gewählt, in dem sich alle zwei Wochen der Stammtisch des VCMs trifft. Durch den Erhebungskontext wurde bereits vorab entschieden, auf einen kreativen Impuls zu verzichten und auf die gewohnte Gruppenatmosphäre und -dynamik vor Ort zu vertrauen, um das Gespräch in Gang zu bringen, was auch gelang. Nach einer ersten Vorstellungsrunde zur Zuordnung der Stimmen folgte auf die Frage danach, was den Gruppenmitgliedern wichtig am Motorradfahrer/innengottesdienst ist, ein 38-minütiges Gruppengespräch. – Die Anredeform „Euch" wurde gewählt, da das „Duzen" in Motorradkreisen üblich ist.

Es konnte mit 7 der 8[261] auf Basis der Umfrage theoretisch gesampelten[262] Teilnehmer/innen ein Einzelinterview geführt werden. Bis auf ein Interview wurden auf

---

257 Das geplante Experteninterview war erst zu einem späteren Zeitpunkt möglich.

258 Die Fragebögen waren vorab in den Gottesdienstprogrammheften ausgelegt worden und konnten im Anschluss in entsprechenden Boxen an den Eingängen und am Infostand eingeworfen werden.

259 Dies bezieht sich lediglich auf die Gottesdienstteilnehmer innerhalb der Kirche und in Reichweite der Tonübertragung außerhalb der Kirche.

260 Auf Basis von groben Zählungen vor Ort und anhand von Fotomaterial.

261 Ein geplantes Interview mit einer Teilnehmerin aus der jüngeren Alterskohorte hat sich leider zerschlagen.

Wunsch der Interviewpartner/innen alle Gespräche an einem öffentlichen Ort durchgeführt und dauerten zwischen 25 und 68 Minuten.

(c) Der Mittwochmorgen-Gottesdienst in der Heidelberger Universitätskirche

Aufgrund ihres häufig nicht parochialen, sondern spezifisch institutionell geprägten Charakters waren die Universitätsgottesdienste schon früh in die engere Wahl der potentiellen Untersuchungsfelder gerückt. Im Rahmen eines Universitätsgottesdienstsymposions konnte ich nicht nur einen guten Überblick über die Universitätsgottesdienstlandschaft in Deutschland gewinnen, sondern es wurde auch klar, dass es *den* Universitätsgottesdienst nicht gibt.[263] Dies war insofern hilfreich, als sich aufgrund meiner eigenen Universitätsgottesdienstpraxis in Mainz die Frage danach stellte, ob die nötige Distanz zu dem Feld gegeben wäre. Der Mittwochmorgen-Gottesdienst in der Universitätskirche in Heidelberg ergänzte die anderen zwei Forschungsfelder im Sinne des maximalen Kontrastes und unterschied sich zudem von der mir bekannten Universitätsgottesdienstform wesentlich. Der Feldzugang wurde seitens des Universitätspredigers Professor Helmut Schwier unterstützt.

Der Erhebungszeitraum erstreckte sich von Juni bis Oktober 2014. Der Mittwochmorgen-Gottesdienst wurde vier Mal während der Vorlesungszeit und ein Mal in der vorlesungsfreien Zeit teilnehmend beobachtet und protokolliert. Die Beobachtungssituation wurde durch zwei Aspekte erschwert. Zum einen ist mir diese Form des hoch-liturgischen Gottesdienstes aus meiner eigenen Lebenswelt vertraut und die angestrebte Verfremdung fiel dadurch schwerer als in den anderen Feldern. Das Bestreben der Verfremdung wurde dadurch weiter erschwert, dass der Teilnahmegrad am Gottesdienst deutlich höher war als in den anderen Feldern, da die stark ritualisierte Form des Gottesdienstes eine hoch aktive Partizipation verlangte, um das gottesdienstliche Geschehen nicht zu irritieren. So konnten z. B. auch Feldnotizen nur zwischen Gottesdienst und Frühstück angefertigt werden. Umso wichtiger war in diesem Feld die Methodentriangulation.

Die in Bezug auf die gottesdienstspezifischen Aspekte leicht modifizierte standardisierte Umfrage wurde während des Semesters zwischen dem Mittwochmorgen-Gottesdienst und dem anschließenden Frühstück durchgeführt. Der Rücklauf von n=47 Fragebögen bei ca. 50 anwesenden Personen stellt bei einem im Erhebungszeitraum während der vorlesungsfreien Zeit recht konstanten Teilnehmer/innenkreis

---

[262] Das theoretische Sampling für dieses Feld erfolgte auf Basis folgender Aspekte: Geschlecht, Alter, Familienstand, Konfession, Partizipationsverhalten in Bezug auf den spezifischen Gottesdienst sowie in Bezug auf andere kirchliche Veranstaltungen, Teilnahmeform, Teilnahmekreis, Anreiseform, Wirkung des Motorradfahrer/innengottesdienstes hinsichtlich Bild, Zugehörigkeitsgefühl und Kontakt zu Kirche bzw. Ortsgemeinde, Kommunikationsverhalten über den Motorradfahrer/innengottesdienst, entstandene Kontakte sowie auffällige Einzelaspekte. Darüber hinaus wurden aus forschungspragmatischen Gründen Personen interviewt, die in einem Umkreis von ca. 1 Stunde zum Veranstaltungsort wohnten. Der Beruf der Personen war beim Sampling nicht bekannt.

[263] Vgl. MARTIN, TANJA 2013, 28.

nahezu eine Vollerhebung dar und die Ergebnisse können für diesen Gottesdienst im Erhebungszeitraum als charakteristisch angesehen werden.

Auf Basis der Umfrage wurden die Einzelinterviewteilnehmer/innen theoretisch nach dem Prinzip des maximalen Kontrastes gesampelt. Z. B. wurde eine Person bewusst aufgrund ihrer nur einmaligen Teilnahme am Mittwochmorgen-Gottesdienst ausgewählt.[264] Trotz eines nahezu unveränderten Leitfadens verliefen die Interviews in diesem Feld wieder sehr verschieden, wie auch schon im Vergleich von Feld A und B festgestellt. Die 9 geführten Einzelinterviews waren deutlich kürzer, stark von einer Frage- und Antworterwartung geprägt und zeichneten sich durch eine hohe informelle Dichte und einen hohen Abstraktionsgrad sowie religiöse Sprachfähigkeit aus. Da im Verlauf der Interviews festgestellt wurde, dass die bis dahin verwendeten Fragen zu stark theoretisch reflektierten und objektivierten Antworten führten, wurde zunehmend nachdrücklicher nach der subjektiven Erlebnis- und Wahrnehmungsebene gefragt und daher wurden auch mehr Interviews geführt als in den anderen Forschungsfeldern. Die Gruppendiskussion kam mit nur 3 Teilnehmer/innen zwar nur knapp zustande, erwies sich jedoch als sehr bereichernd, da die von den Einzelinterviews verschiedene Kommunikationssituation *zwischen* den Gottesdienstteilnehmenden auch verstärkt subjektive Erlebnis- und Wahrnehmungsperspektiven zum Vorschein brachte.

2.2.4. Verwaltung, Analyse und Darstellung der Daten

Zu den Herausforderungen der Ethnographie wird u. a. die Frage nach der Vergleichbarkeit der unterschiedlichen Textsorten (z. B. Interviewtranskripte, Beobachtungsprotokolle etc.) gezählt.[265] Diese Problematik kann jedoch für jeden triangulären Ansatz ins Feld geführt werden. Vor dem Hintergrund des bereits mehrfach genannten Konstruktionscharakters aller Daten und der Singularität jeder Erhebungssituation wird in dieser Arbeit daher davon ausgegangen, dass kein Datenmaterial mit einem anderen vergleichbar, aber als gleichwertig anzusehen ist. Einflussfaktoren sind z. B. das zwischenmenschliche Verhältnis, persönliche Befindlichkeiten, Abstraktions- und Reflexionsgrad der Beteiligten, ihre Mitteilungsbereitschaft, eine funktionierende Kommunikation und implizite Erwartungshaltungen, ohne dass diese vollumfänglich bei der Analyse berücksichtigt werden könnten. So hat sich im Rahmen dieses Forschungsprojektes gezeigt, dass der narrative Einstiegsimpuls im Feld A sehr gut funktionierte, sodass nur wenige Nachfragen im Laufe des Interviews gestellt werden mussten. Im Feld B war der Nachfrageanteil deutlich höher und im Feld C am höchsten. Außerdem konnten innerhalb der jeweiligen Felder und zwischen ihnen starke Unterschiede im Hinblick auf die Abstraktions-

---

264 Vera C2-I-9 war das erste Mal beim Mittwochmorgen-Gottesdienst.

265 Siehe hierzu LÜDERS, CHRISTIAN 2012, 399ff.

grade und die Ausdrucksformen der Befragten verzeichnet werden. Eine Vergleichbarkeit der Daten zu postulieren, weil diese auf ein und dieselbe Methode zurückgehen, wäre somit nicht schlüssig. Der „dialektische Zusammenhang von Theorie und Empirie, also von Induktion und Deduktion und von gesellschaftstheoretischer Verankerung und methodischer Verortung“[266] kann nicht überwunden werden. Darum wird hier Christian Lüders Ratschlag gefolgt:

> „Man kann sich bei diesen Fragen – vor allem, wenn man sie erkenntnistheoretisch, wissenschaftstheoretisch und methodologisch verbindlich lösen will – leicht verlaufen. Bevor man jedoch absehbar vergeblich auf verbindliche Lösungen wartet oder dazu neigt, mit gewichtigen grundsätzlichen Argumenten das Kind mit dem Bade auszuschütten [...], spricht viel dafür, Forschung zu betreiben und gründlich zu reflektieren.“[267]

Ein methodischer Versuch diesem Umstand zu begegnen ist 1. die *Triangulation*, 2. das Bestreben, die empirischen Einsichten durch den Verweis auf die zugrunde liegenden empirischen Daten *für den Leser nachvollziehbar* zu machen,[268] 3. die *Reflexion* der Forschung und 4. die Auswertung der Daten mittels eines dem Primat der Offenheit verpflichteten *integrativen Basisverfahrens*, auf das in diesem Kapitel näher eingegangen wird. Das hier gewählte Vorgehen verbindet sich mit der Hoffnung, dass verschiedene subjektive Perspektiven auf eine Sache helfen, den Forschungsgegenstand besser zu verstehen.[269]

(a) Verwaltung der Daten

Eine weitere Herausforderung der Ethnographie liegt darin, die enormen Datenmengen zu bewältigen. Hierfür wurde auf eine sogenannte QDA-Software (Qualitative Data Analysis Software) zurückgegriffen. Diese wurde jedoch nicht als primäres Analysemedium, sondern selektiv und in Abstimmung mit dem im folgenden Kapitel ausgeführten hermeneutischen Ansatz genutzt. Sie diente insbesondere der zentralen Datenorganisation sowie als Arbeitsfläche, die eine gute Verwaltung der Daten und des Erkenntnisprozesses (Kodierungen, Kategorienbildungen, Memos) ermöglichte.[270] Sie ersetzte jedoch nicht die Analyse auf dem Papier und bildet diese auch nicht vollumfänglich ab.[271]

---

266 KRUSE, JAN 2014, 369, in Rekurs auf KALTHOFF, HERBERT 2008.

267 LÜDERS, CHRISTIAN 2012, 401.

268 Vgl. hierzu LÜDERS, CHRISTIAN 2012, 400f. In dieser Arbeit wird daher im Rahmen der Darstellung der empirischen Einsichten – sofern vorhanden – auf mehrere Datensorten verwiesen und daraus zitiert.

269 REICHERTZ, JO 1989, 102. Nicht etwa zum Zwecke einer vollständigen Validierung der Daten. Vergleiche hierzu LÜDERS, CHRISTIAN 2012, 400.

270 Vgl. KRUSE, JAN 2014, 593.

271 Es wurde daher auch darauf verzichtet, die QDA-Dateien für die Bewertung der Arbeit als digitale Anlage beizufügen, da sie nur einen Teil der Analysearbeit darstellen.

(b) Rekonstruktiv-hermeneutische Analyse: ein integratives Basisverfahren

Mit dem „rekonstruktiv-hermeneutischen Programm“ nach Jan Kruse wurde ein integratives Basisverfahren gewählt,[272] „dessen Anspruch es ist, über die *Integration* verschiedener *methodischer Prozessebenen* sowie *analytischer Perspektiven* einen *integrativen Grundansatz* zu liefern“,[273] der versucht, dem methodologischen Primat der Offenheit weitestgehend Rechnung zu tragen.[274] Das Verfahren bietet dafür einen Gestaltungsrahmen für einen möglichst datenadäquaten Analyseansatz und unterstützt diesen durch ein sensibilisierendes und strukturierendes Basisverfahren.[275] Darum spricht Kruse auch von einer „schielenden Hermeneutik“, in dem Sinne, dass „mit dem einem Auge so offen wie möglich geschaut [...], mit dem anderen Auge zugleich aber stets theoretisch versiert beobachtet werden muss.“[276] Dabei orientiert sich dieses Verfahren an der Wissenssoziologie von Karl Mannheim und der Methode der dokumentarischen Interpretation sowie an der ‚*ethnomethodologischen Konversationsanalyse von Harold Garfinkel*‘ “.[277]

„Die Ausgangsfrage in der rekonstruktiven Analyse, insbesondere von qualitativen Interviews [aber auch z. B. Gruppendiskussionen], ist damit, wie durch die An- bzw. Verwendung sprachlicher Mittel (Zeichen, Symbole) sozialer Sinn konstruiert wird bzw. wie er sich darin in dokumentarischer Weise ausdrückt.“[278] Dabei geht es nicht darum, Sprache zu analysieren, sondern „darüber, sozialen Sinn zu rekonstruieren“.[279] Während in der Forschung hierfür einerseits auf singuläre Methoden zurückgegriffen werden kann,[280] „[ist d]ie Grundidee und der Anspruch des *integrativen Basisverfahrens* [...], dass man nicht mit einer singulären Analysemethode an einen Text herangeht, sondern umgekehrt: *Im Verlauf* einer offenen, (mikro-) sprachlich-deskriptiven Analyse eines Texts kommt man zur integrativen Anwendung von spezifischen forschungsgegenständlichen und methodischen Analyseheuristiken, um so die zentralen Sinnstrukturen in einem Prozess der fortschreitenden Abstrahierung herauszuarbeiten.“[281] Dieses Verfahren liefert eine Art „Schlüsselbund“ für die Datenanalyse.[282] Zentrum des Verfahrens bildet die „offene,

---

[272] Zur umfassenden Herleitung, Begründung, Verortung und Darstellung dieses Ansatzes siehe KRUSE, JAN 2014, 369–583.

[273] KRUSE, JAN 2014, 371. Hervorhebungen im Original.

[274] Im Bewusstsein, dass das Problem epistemologisch-methodologischer, gesellschaftstheoretischer und verfahrenspraktischer Positionierungen nicht gänzlich umschifft werden kann. Vgl. KRUSE, JAN 2014, 370.

[275] Vgl. KRUSE, JAN 2014, 371.

[276] KRUSE, JAN 2014, 371.

[277] KRUSE, JAN 2014, 371 sowie 545, Hervorhebungen im Original.

[278] KRUSE, JAN 2014, 472.

[279] KRUSE, JAN 2014, 472.

[280] Vgl. KRUSE, JAN 2014, 473.

[281] KRUSE, JAN 2014, 473, Hervorhebungen im Original.

[282] KRUSE, JAN 2014, 475.

(mikro-)sprachlich, deskriptive Analyse auf drei *sprachlich-kommunikativen Aufmerksamkeitsebenen*: *Pragmatik* bzw. *Interaktion*, *Syntaktik* und *(Wort-)Semantik*".[283]

Der *Aufmerksamkeitsebene der Pragmatik* liegt die Überzeugung zugrunde, dass „sich in den sprachpragmatisch konstruierten Beziehungsdimensionen symbolische Sinnfiguren ausdrücken [...]. Kurz gesprochen: Sprachlich-kommunikativer Sinn ist stets sozialer, in irgendeiner Weise beziehungsförmiger oder auf Beziehungen verweisender Sinn".[284] Diese Analyseebene war z. B. im Hinblick auf die soziale Positionierung der Befragten im Feld interessant, also z. B. in welchem Verhältnis sie sich zur Kirche und zum besuchten Gottesdienst, aber auch zur Interviewerin darstellten. Auch fiel auf, dass ein überwiegender Teil der Befragten, die Aufforderung von ihrem ersten Besuch zu erzählen, damit begannen, wie es überhaupt dazu kam und welche Personen dabei eine Rolle spielten. Neben Agentivierungen (‚man'), waren z. B. parasprachliche Hinweise (verlegenes Lachen etc.) sowie das Frage-Antwortverhalten auf dieser Analyseebene von Belang.

Die *syntaktische Aufmerksamkeitsebene* knüpft an Einsichten aus der kognitiven Linguistik an und möchte den hinter sprachlich-grammatikalischen Besonderheiten liegenden „symbolisch vorstrukturierte Sinnfiguren"[285] auf die Spur kommen, sozusagen den „syntaktischen ‚Ordnungen der Dinge in den Köpfen der Menschen' (Goodenough 1957)".[286] Im Rahmen dieser Arbeit wurden hierbei z. B. hervorhebende Betonungen, Wiederholungen sowie Hinweise auf Grenzen der sprachlichen Beschreibbarkeit („das kann ich irgendwie gar nicht so richtig in Worte fassen") und lange Redepausen in den Blick genommen.

Auf der *Aufmerksamkeitsebene der (Wort-)Semantik* ist die Wortverwendung (*Lexik*) ein zentraler Analyseaspekt. Werden z. B. Metaphern oder Idiome verwendet und in welcher Weise werden Begriffe verwendet und wie entwickeln sich diese im Laufe der Erhebungssituation? Dies geschieht auf Basis der Annahme, dass darüber wichtige kognitive Repräsentationen und soziale Deutungsmuster erschlossen werden können.[287] Diese Analyseebene war für die Wahrnehmung von „Resonanzerfahrungen" (Hartmut Rosa) hilfreich.[288] Sie half ebenfalls bei der Analyse der sozialen Deutungsmuster im Zusammenhang mit der Sozialgestalt der Gottesdienste

---

283 KRUSE, JAN 2014, 476. Hervorhebungen im Original. Analog dem *offenen Kodieren* in der *Grounded Theory* bei Anselm Strauss und Juliet Corbin. So KRUSE, JAN 2014, 476, in Rekurs auf STRAUSS, ANSELM & CORBIN, JULIET 1996.

284 KRUSE, JAN 2014, 482.

285 KRUSE, JAN 2014, 482.

286 KRUSE, JAN 2014, 482f.

287 KRUSE, JAN 2014, 483.

288 „Resonanzerfahrungen sind [nach Hartmut Rosa] identitätskonstituierende Erfahrungen des Berührt- oder Ergriffenseins. Als solche haben sie eine emotionale Qualität. Sie sind aber nicht einfach Emotionen: Menschen zeigen sich von sehr traurigen Filmen oft tiefer ‚berührt' als von anderen, sie geben an, diese hätten ihnen überaus ‚viel gegeben', ihnen ‚gefallen' – und das interpretieren sie trotz ihrer Tränen als positive Erfahrung. Die Differenz zwischen Gefühl und Resonanz lässt sich sogar physisch als Differenz zwischen der Veränderung des Hautwiderstandes (Resonanz) und der Herz-und Atemfrequenz (Gefühl) rekonstruieren." ROSA, HARTMUT 14./15.6.2012.

(wurde z. B. intuitiv auf den Begriff der Gemeinde zurückgegriffen und wie veränderte sich die Bedeutungszuschreibung, wenn direkt nach diesem Begriff gefragt wurde). Darüber hinaus wurden unterschiedliche (feld-)spezifische Versprachlichungsmodi[289] festgestellt, die im Laufe des Analyseprozesses in einen Zusammenhang mit der Sozialität der jeweiligen Gottesdienste gestellt werden konnten (Stichwort: milieu- und szenengerechte Sprache).

Mit der Orientierung an diesen drei Aufmerksamkeitsebenen ist ein Paradigmenwechsel vom „WAS" zum „WIE" verbunden.[290] Dabei gilt es nicht, die Ebenen nacheinander abzuarbeiten, da sie in einem reziproken Verhältnis zueinanderstehen. Darüber hinaus entscheiden sowohl die Daten als auch forschungspragmatische Gründe und letztlich das Forschungsinteresse selbst über konkrete Schwerpunktsetzungen im Analyseprozess.[291] Der erste Analysedurchgang ist dabei sequenzanalytisch ausgerichtet, da von der „*Vollzugswirklichkeit*"[292] sprachlich-kommunikativen Sinns ausgegangen wird, d. h. dass er sich „*emergent,* also sukzessiv aus sich selbst heraus im zeitlichen Fortgang (Emergenz-Prinzip) [entwickelt]".[293] Hierbei ist darauf zu achten, dass kein Wissen aus späteren Textstellen bereits vorausgesetzt wird.[294]

Der induktiv angelegte Analyseprozess ist deduktiv durch die *forschungsgegenständliche Analyseheuristik*[295] grundiert.[296] Im vorliegenden Fall war dies das durch den Forschungsprozess zunehmende Interesse an der Sozialität der Gottesdienste. Ein weiterer deduktiver Anteil des Analyseverfahrens liegt in der Anwendung spezifischer Analyseinstrumente, die auch als *methodische Analyseheuristiken* verstanden werden können.[297] Die rekonstruktive Analyse hat zum Ziel, in iterativ-zyklischer Dynamik zunächst (in einem ersten Analysedurchgang) textabschnittsbezogene Lesarten zu entwickeln, die sich dann langsam (in einem zweiten Analysedurchgang) zu konsistenten Sinnstrukturen verdichten.[298] Mit Hilfe des integrativen Basisverfahrens werden so Muster davon (re-)konstruiert, wie (und) was versprachlicht wird, um die „spezifische performative Strukturierung eines sozialen Phänomens verste-

---

[289] Fach-, Alltags- und Hoch- und szenenspezifische Sprache.

[290] KRUSE, JAN 2014, 483. Die Aufmerksamkeitsebenen haben folgende Aspekte im Blick: Pragmatik/Interaktion: „Interview-Dynamik, (inszenierte) Rollenverteilung, Gestaltung der sozialen Beziehungen im Interview; Positionierung von narrativen Personen." Syntaktik: „Sprachlich-grammatikalische Besonderheiten, genommen als Ausdruck kognitiver Strukturen", (Wort-)Semantik: „Besonderheiten der Wortwahl, der Metaphorik, berührt oder ausgelassener semantischer Felder." KRUSE, JAN 2014, 481.

[291] Vgl. hierzu KRUSE, JAN 2014, 484.

[292] KRUSE, JAN 2014, 486.

[293] KRUSE, JAN 2014, 486. Zur mikrosprachlichen Feinanalyse im prozessualen Überblick siehe 485–489.

[294] KRUSE, JAN 2014, 486.

[295] KRUSE, JAN 2014, 477.

[296] Siehe hierzu vertiefend KRUSE, JAN 2014, 489–500.

[297] Vgl. KRUSE, JAN 2014, 477. Hierzu zählt Kruse z. B. die *Agencyanalyse,* die *Positioninganalyse,* die *Argumentationsanalyse,* die *Metaphernanalyse* sowie die *Diskursanalyse*. Vgl. KRUSE, JAN 2014, 501–544.

[298] KRUSE, JAN 2014, 478 sowie 485–489.

hend nachvollziehbar zu machen".[299] Dieser Prozess soll in einem abstrahierenden und bündelnden Prozess ‚homologe' Muster (Karl Mannheim) zum Vorschein bringen[300] und geht mit einer zunehmend „heuristischen Fokussierung" einher, bei der „bestimmte *forschungsgegenständliche Analyseheuristiken* klarer verfolgt [werden] als bisher, es werden neue Heuristiken aus der offenen Analysephase generiert, bisherige differenziert, modifiziert oder auch nicht mehr berücksichtigt".[301] „Die Ergebnisse aus diesem Prozess können auch als zentrale Muster (ZM) und zentrale Thematisierungsregeln (ZTR) bezeichnet werden."[302] Im Rahmen dieser Arbeit haben sich so verschiedene Sozialitätsaspekte herauskristallisiert, wohingegen z. B. das Interesse am „Gemeinde*begriff*" eher zu einem – wenn auch nicht gänzlich unbedeutenden – „Nebenschauplatz" geworden ist. Zudem wurden auch fallspezifische Schwerpunkte bei der methodischen Analyseheuristik gesetzt. Darüber hinaus wurde verstärkt an verdichteten Kernpassagen gearbeitet. Hierfür haben sich vor allem die Anfangs- und Schlussteile der Interviews geeignet, insofern sie es den Befragten ermöglichten, selbst Schwerpunkte zu setzen. Dadurch erwiesen sie sich als besonders produktiv und waren für die Datenanalyse von großer Bedeutung.[303]

Der Forschungsansatz dieser Arbeit sah einen zirkulär angelegten Forschungsprozess vor,[304] in welchem sich theoretische, empirische und analytische Arbeitsphasen wiederholen und dabei Zwischenergebnisse in die darauf folgende Erhebungsphase einfließen. Damit wurde bezweckt, dass zunächst an einem (religiösen) Phänomen angesetzt wird und sich die Konkretisierung des Forschungsgegenstandes und der damit verbundenen theoretischen Fokussierung primär aus dem Feld ergeben sollten. Die Verschriftlichung der Zwischenergebnisse erfolgte während dieses Prozesses zunächst in Form von „Memos", während die Darstellung der empirischen Einsichten erst nach Verlassen der empirischen Forschungsfelder schriftlich ausgearbeitet wurde.

(c) Darstellung und Schutz der Daten

Vor dem Hintergrund der Triangulation sollen die Datensorten auch für die Lesenden klar erkennbar und zuordenbar sein. Zu diesem Zweck werden die im Rahmen der Darstellung gewählten Datensorten und -quellen wie folgt angegeben:

- *SPSS-Umfrageauswertung für das gesamte Feld:* Feld-Frageziffer; z. B. A-1.4. Obwohl in allen drei durchgeführten Umfragen die Zahl der Fragebogenrückläufer ein charakteristisches Bild der jeweiligen Gottesdienste erkennen lassen, be-

[299] KRUSE, JAN 2014, 545.
[300] Vgl. KRUSE, JAN 2014, 478.
[301] KRUSE, JAN 2014, 478. Kruse vergleicht diesen Prozess mit dem *axialen Kodieren* bei Strauss/Corbin.
[302] KRUSE, JAN 2014, 478.
[303] Vgl. KRUSE, JAN 2014, 574–583: „[D]ie Einstiegspassagen von Interviews [stellen] immer wieder sinnvolle Textabschnitte dar [...]. Sie stellen verdichtete Kernpassagen dar, im Sinne von vorab zusammenfassenden bzw. komprimierten Abstrahierungen der relevantesten zentralen Motive." (575).
[304] In Anlehnung an „The Ethnographic Research Cycle", SPRADLEY, JAMES 1980, 34.

ziehen sich die im weiteren Verlauf zur Darstellung der Gottesdienste herangezogenen Ergebnisse der Umfrage nicht auf eine für repräsentative Zwecke zu erhebende Stichprobe,[305] sondern auf die jeweils mit „n" angegebene Summe der gegebenen gültigen Antworten.[306]

- *Umfrageergebnis eines einzelnen Teilnehmers:* FeldLaufende Nummer des Teilnehmenden-ggf. Frageziffer; z. B. B244-1.4.
- *Beobachtungsprotokoll*: Feld-Protokollart-ggf. Name des Protokollers-/der Protokollerin-Absatznummer[307]; z. B. B-TB1-Lothar-7.
- *Experteninterview:* Feld-Exp-Absatznummer;[308] z. B. C-Exp-20.
- *Einzelinterview:* Pseudonym FeldLaufende Nummer des Fragebogens-I-Absatznummer; z. B. Peter A141-I-67f. Der Angabe der Fragebogennummer erfolgt, da die Umfragedaten z. T. als Ergänzung der Interviewdaten herangezogen wurden.[309]
- *Gruppendiskussion:* Pseudonym Feld-GD-Absatznummer, z. B. Ruth C-GD-101.
- *Material:* Feld-Material laufende Nummer-Kurzbezeichnung und ggf. Absatznummer, z. B. A-M5-Videotranskript 2013, 1.

Im Zusammenhang mit der Darstellung der subjektiven Sinnkonstruktionen und Resonanzerfahrungen wurden unter Angabe der Fallnummerierung auf Basis der Umfrage- und Interviewdaten knappe subjektbezogene Falldarstellungen formuliert. Hierbei wurde darauf verzichtet, auf einzelne Items aus den Fragebögen zu verweisen. Zum Zwecke der besseren Lesbarkeit können einzelne Zitate in unterschiedlichen sachlichen Zusammenhängen wiederholt angeführt werden. Hinweise auf subjektive Resonanzerfahrungen wurden in Zitaten fett gedruckt.

Mit Ausnahme der Experteninterviews wurden Namen, Orte und z. T. soziale Bezüge anonymisiert. Aus Platzgründen wurden die Vor- und Nachnamen der Interview- und Gruppendiskussionsteilnehmenden durch pseudonyme Vornamen ersetzt.[310] Aufgrund des Einzelfallcharakters der untersuchten Gottesdienste und aufgrund von spezifischen Erzählzusammenhängen kann trotz größter Bemühung um Anonymität eine mögliche Wiedererkennung von einzelnen Personen nicht gänzlich ausgeschlossen werden. Vor diesem Hintergrund wird an alle Leser/innen appelliert, auf etwaige Deutungen zu verzichten und bei vermuteter Identifikation einzelner Personen vertraulich mit den Vermutungen umzugehen, da die empirische

---

305 Vgl. hierzu RAAB-STEINER, ELISABETH & BENESCH, MICHAEL 2012, 21f.

306 Im Rahmen von Kreuzanalysen können die berücksichtigten Fälle der Items von den absoluten Zahlen abweichen, wenn eines der Items seitens der Befragten nicht beantwortet wurde.

307 Die Absatznummern entsprechen der von MaxQDA zugewiesenen Absatznummerierung. Die Orientierung anhand der Absätze erfolgte aufgrund der geringeren Probleme bei unterschiedlichen Formaten.

308 Da im Rahmen der Interviewanalyse versucht wurde, Aussagen in ihrem kontextuellen Zusammenhang wahrzunehmen, erfolgt auch der Verweis absatz- und nicht zeilenweise.

309 Das entsprechende Einverständnis der Interviewpartner/innen wurde schriftlich eingeholt.

310 Dies ist nicht als mangelnder Respekt zu verstehen, sondern ist ausschließlich pragmatischen Überlegungen zur Darstellung geschuldet.

Forschung auf das Vertrauen in einen vertraulichen Umgang mit den Daten angewiesen ist.

Zum Zwecke der besseren Lesbarkeit wurde entschieden, Zitate aus dem empirischen Material in der schriftlichen Darstellung zu glätten, indem die transkribierten Pausen und parasprachlichen Ausdrücke sowie Dopplungen entfernt wurden. Die Grammatik der Interviewbeiträge wurde nur korrigiert, wenn es aufgrund des Sinnzusammenhangs zwingend notwendig erschien. Die in den Zitaten belassenen Unterstreichungen markieren betont gesprochene Worte.

Empirische Forschung basiert zumeist auf Daten, die in den Bereich der Persönlichkeitsrechte fallen. Hierbei gilt der Grundsatz des vorrangigen Schutzes der in die Forschung involvierten Personen. Das Forschungsinteresse ist hierzu im Spiegel rechtlicher und forschungsethischer Aspekte sorgsam zu prüfen[311] und im Forschungsprozess zu berücksichtigen. Darüber hinaus ist es ratsam, Rücksicht auf die persönlichen Bedürfnisse der Interviewten zu nehmen und ein für die Erhebung notwendiges Vertrauensverhältnis zu schaffen. Vor diesem Hintergrund wurde die teilnehmende Beobachtung offen durchgeführt[312] und für die verbalen Verfahren (Interviews und Gruppendiskussionen) schriftliche Datenschutzvereinbarungen mit den Teilnehmer/innen getroffen. Da die Kopplung von Interviewdaten und Umfragedaten der Zustimmung der Betroffenen bedarf,[313] wurde dies explizit in der Datenschutzvereinbarung berücksichtigt.

Es wurde bewusst darauf verzichtet, die erhobenen Daten in ihrer Gesamtheit dieser Arbeit als Anlage beizufügen. Dafür waren zwei Gründe leitend: Zum einen wäre die Bereitstellung der Datenmenge, die im Rahmen einer ethnographischen Studie erhoben wird, aufgrund des großen Datenvolumens lediglich in elektronischer Form sinnvoll. Zum anderen wurde aufgrund forschungsethischer und datenschutzrelevanter Überlegungen den involvierten Personen garantiert, dass die vollständigen Datensätze lediglich für den hier vorliegenden Forschungszusammenhang und die Prüfung des Promotionsverfahrens verwendet werden. Angesichts der Sensibilität für den Datenschutz im Zeitalter einer immer größer werdenden und nicht mehr zu kontrollierenden Datenflut wurde nach reiflicher Abwägung zu Gunsten des Datenschutzes eine verzichtende Haltung eingenommen. Über etwaige Einsicht in die Daten wird die Verfasserin nach Rücksprache mit den betroffenen Personen im Einzelfall entscheiden. Entsprechende Anfragen können schriftlich und unter Angabe des Grundes bei der Verfasserin eingereicht werden.

---

311 Siehe hierzu u. a. KNOBLAUCH, HUBERT 2003, 42ff.

312 Mit Ausnahme einer ersten unverbindlichen Gottesdienstteilnahme zum Zwecke der Auswahl der Untersuchungsfelder.

313 So der von Jan Kruse geäußerte Hinweis im Rahmen eines Methodenworkshops der Bochumer Summerschool im Jahr 2013.

2.3. *Zusammenfassung*

Das methodologische und methodische Vorgehen dieses Forschungsprojektes war durch den Wunsch bestimmt, einerseits *etwaige neue Aspekte von Gemeindlichkeit* wahrzunehmen und andererseits mit dem dadurch schwer bestimmbaren Gegenstand adäquat umzugehen. Hieraus ergab sich ein *qualitativer Forschungsansatz mit explorativem Charakter.* Die *ethnographische Grundierung* der Arbeit wird als adäquates Mittel für den Umgang mit dem diffusen Forschungsgegenstand angesehen, insofern die Forschungshaltung der Ethnographie die gegenstandsbezogene Wahrnehmung über methodische Formalisierungen stellt und im Sinne eines produktiven Pragmatismus zu verstehen hilft, in welchem Sinne die Forschungsfelder als eine „Gemeinde auf Zeit" verstanden werden können. Diese ethnographische Grundierung wurde mit einer *Methodentriangulation im Feld* verbunden. Im Rahmen des qualitativen Samplings wurde eine Doppelstrategie verfolgt, die zum einen auf Basis theoretisch begründeter Vorabfestlegung eine möglichst *kontrastierende Feldauswahl* der besonderen Gottesdienste zum Ziel hatte. Zum anderen wurden innerhalb der jeweiligen Felder u. a. auf Basis der Umfragedaten eine möglichst große Variation an Fällen theoretisch gesampelt und mit diesen „Fällen" Einzelinterviews (und Gruppendiskussionen) geführt. Dadurch sollten kontrastive und komparative Analysen angestellt und Einsichten zur *qualitativen Repräsentation* ermöglicht werden.[314]

3. Sozialität des Gottesdienstes

3.1. *Zum Verhältnis von Gottesdienst und Gemeinde*

Innerhalb der Praktischen Theologie war die (qualitative) empirische Forschung im Zusammenhang mit Gottesdiensten bislang maßgeblich auf das subjektive (religiöse) Erleben des Gottesdienstes fokussiert.[315] In der von Uta Pohl-Patalong durchgeführten empirischen Gottesdienststudie hat sich aber gezeigt, dass das gottesdienstliche Erleben auch von äußeren (sozialen) Faktoren, wie „Gemeinschaft" beeinflusst wird.[316] Durch die Frage nach der Verbindung von Gottesdienst und Gemeinde(-bildung) rückt in dieser Arbeit die *soziale* Dimension in das Zentrum der Aufmerk-

[314] Durch die Kombination dieser beiden Samplingstrategien sollten zudem ihre jeweiligen Schwächen ausgeglichen werden. Vgl. hierzu auch das Forschungsbeispiel bei KRUSE, JAN 2014, 254.

[315] Exemplarisch sei auf die Arbeiten von POHL-PATALONG, UTA 2011; KNECHT, ACHIM 2011; KAISER, JOCHEN 2012 verwiesen. Seit Anfang dieses Jahrtausends wurden zudem insbesondere Kasualien empirisch untersucht. Durch die lebensgeschichtliche Konnotation von Kasualien steht ebenfalls das Interesse an der subjektiven Rezeption, dem subjektiven Erleben und den subjektiven Sinnzuschreibungen im Fokus der Forschung. Exemplarisch sei hier zur Trauung auf MERZYN, KONRAD 2010, zur Kindertaufe auf SOMMER, REGINA 2009, zur Taufe auf MÜLLER, CHRISTOPH 2010 verwiesen werden.

[316] Vgl. POHL-PATALONG, UTA 2011, 183–188.

samkeit. Eine praktisch-theologische Analyse der *Beziehung von Gottesdiensten und Gemeinde(-bildung)* auf Basis qualitativ empirischer Forschung – jenseits evangelikal-missionarischer Gemeindeaufbauprogramme[317] – kann als Desiderat bezeichnet werden.[318] Kirchen- und gemeindetheoretische Ansätze berücksichtigen zwar die Veränderungen der Lebenswelt, sind aber wesentlich normativ bestimmt.[319] Unter normativen Vorzeichen hat Karl-Fritz Daiber drei bis heute anzutreffende Zuordnungen typologisiert, die insbesondere auf das Verständnis von Gemeinde zielen:[320]

1. Im Gottesdienst konstituiert sich die christliche Gemeinde.
2. Der Gottesdienst ist ein wichtiges Element im Gemeindeleben, aber die Gemeinde konstituiert sich im Gesamtzusammenhang ihrer Lebensvollzüge.
3. Der Gottesdienst dient der Sammlung und Sendung der christlichen Gemeinde, die sich (z. B.) durch ihr Dasein für andere konstituiert.

Wirkungsgeschichtlich waren und sind bis heute eine Vielzahl von normativen Aspekten für die Verhältnisbestimmung von Gottesdienst und Gemeinde prägend. Einige für die Perspektive „Gemeinde auf Zeit“ als besonders relevant erachtete werden im Folgenden genannt, können dabei jedoch nicht vertiefend diskutiert werden.

1. Mit CA VII wird Gemeinde/Kirche[321] als ein Geschehen verstanden, das aus dem Gottesdienst erwächst.[322] Wenn Gemeinde als eine dauerhafte Größe verstanden werden soll, dann hat dies den „Rückkopplungseffekt“, dass auch für den Gottesdienst (über die je actuose Evangeliumsverkündigung hinaus) ekklesiologische Mindestanforderungen formuliert werden (wie z. B. *Dauerhaftigkeit und Regelmäßigkeit*).[323] Vor diesem Hintergrund geraten punktuelle und besondere gottesdienstliche Angebote im Hinblick ihres gemeindlichen Charakters unter Rechtfertigungsdruck.

---

[317] Die Rolle „besonderer“ Gottesdienste im Zusammenhang (häufig evangelikal-missionarisch) angelegter *Gemeindeaufbauprogramme* wird im Rahmen dieser Arbeit nicht vertieft werden, da es sich hierbei um eine programmatische Angebotslogik handelt, die meist mit einem traditionalistischen Gemeindeverständnis verbunden ist.

[318] Zum Forschungsdesiderat vgl. auch POHL-PATALONG, UTA 2008, 110–118. In der Ausgabe der Praktischen Theologie zu „Neuen Formen von Gemeinde“ wurde auch die Bedeutung „besonderer“ Gottesdienste für dieses Forschungsfeld an Praxisbeispielen verdeutlicht. Uta Pohl-Patalong verwies zugleich auf die Notwendigkeit von Feldstudien zur dichten Beschreibung des Gemeindelebens in Analogie zu den „*congregational studies*“ in den USA und dem UK: KUNZ, RALPH & POHL-PATALONG, UTA 2013a, 35. Vgl. auch die forschungsgeschichtliche Analyse der religions- und kirchensoziologischen Studien von Ingrid Lukatis, nach der „neuere“ religions- und kirchensoziologische Studien fehlen würden, die den Gottesdienst in seiner sozialen Dimension untersuchen: LUKATIS, INGRID 2003, 256.

[319] Hier sei aktuell auf HERMELINK, JAN 2011, 168–174, HAUSCHILDT, EBERHARD & POHL-PATALONG, UTA 2013, 271–283, und BUBMANN, PETER 2012b, insbesondere 31–105 verwiesen.

[320] Vgl. DAIBER, KARL 1980, 75–78.

[321] Christian Grethlein kommt unter Bezugnahme auf CA VII zu der Aussage, dass „Gottesdienst und christliche Gemeinde [...] nicht voneinander zu trennen [seien].“ GRETHLEIN, CHRISTIAN 2011, 265.

[322] Vgl. DINGEL, IRENE 2014, BSLK, 65–225, sowie LUTHER, MARTIN 1900, WA 11, 408, 8–10.

[323] Vgl. exemplarisch HAUSCHILDT, EBERHARD & POHL-PATALONG, UTA 2013, 271–283, REUTER, HANS-RICHARD 2009, 93, oder MUNSONIUS, HENDRIK 2008, 67: „Die Feier der Sakramente findet nicht notwendigerweise beständig statt. Eine Gemeinde ist aber darauf angelegt, daß die Feier der Sakramente

2. Dieser Umstand wird dadurch verstärkt, dass der Gemeindebegriff *rechtlich und organisatorisch* eingefasst wird[324] und dies auch Konsequenzen für die Gottesdienstpraxis hat. Denn

> „aus dem engen Zusammenhang zwischen Ekklesiologie und Gottesdienst [ergibt sich] ein gleichsam organisches Verhältnis in Bezug auf Kirchen- und Gemeindeentwicklung. Wenn Kirchen sich entwickeln und verändern, betrifft dies auch den Gottesdienst, und zwar in erster Linie. Aber auch das andere gilt: Wenn Gottesdienste sich verändern, hat dies ekklesiologisch gewichtige Folgen. Zugleich entspricht das Spannungsverhältnis zwischen der ‚Kirche als Organisation' und dem ‚Jenseits des Glaubens' [Jan Hermelink], welches die Ekklesiologie in grundlegender und produktiver Weise bestimmt und dynamisiert, dem Spannungsverhältnis zwischen liturgischem Vollzug und anamnetisch-eschatologischem Deutungshorizont, zwischen Ritual und Sakrament sowie zwischen feiernder Gemeinde und Leib Christi. Diese Spannungsverhältnisse sind der Motor jeder Kirchen- und Gemeindeentwicklung. Insofern ist die ‚Entwicklung' von Kirche und Gemeinde nicht abhängig von Struktur-Programmen und äußeren Faktoren, andern zuerst und vor allem Realisierung ihres geistlichen Leitbildes, welches sich im Gottesdienst in symbolisch und rituell verdichteter Weise artikuliert".[325]

3. Soziale Regelmäßigkeit und dauerhafter Bestand gottesdienstlicher Praxis werde liturgiewissenschaftlich meist unter dem Wort des *Rituals* thematisiert und festgehalten. Vor dem Hintergrund eines traditionellen Ritualverständnisses hat Karl-Fritz Daiber allerdings kritisch gefragt, ob Gottesdienste im Sinne eines festgefügten Rituals tatsächlich Sinn und Gemeinschaftlichkeit für die Beteiligten hervorbringen.[326] Ritualtheorien, wie sie von dem Soziologen Erving Goffman und dem Kulturanthropologen Victor Turner entwickelt wurden, betonen hingegen genau diese beiden Aspekte, insofern sie dem rituellen Handeln eine konstituierende und erlebnisrelevante Bedeutung von Gemeinschaftlichkeit zuschreiben, ohne dabei jedoch eine Gemeinschaft im engeren Sinne voraussetzen oder diese zum Ziel haben.[327] David Plüss geht davon aus, dass „[i]n Gottesdiensten [...] der Glaube in rituell und

---

immer wieder stattfindet. Ist dies nicht möglich oder nicht vorgesehen, kann eine Gemeinschaft nicht als Gemeinde verstanden werden."

324 Vgl. MUNSONIUS, HENDRIK 2008, MUNSONIUS, HENDRIK 2011, MUNSONIUS, HENDRIK 2013. Für Hendrik Munsonius sind die unterschiedlichen rechtlichen Gemeindestrukturen Voraussetzung dafür, die vielfältig gestalteten Lebensvollzüge der Kirche zu ermöglichen. Er verweist aber darauf, dass „[d]ie Kirche [nicht] von ihren Strukturen [lebt], sondern in ihren Strukturen." (107) Die Bedeutung der Verstetigung des Gemeindelebens ergibt sich für Munsonius daraus, dass sich eine Gemeinde „nicht selbst genug sein [darf]", sondern „danach trachten [muss], die Grenzen ihrer Partikularität zu überschreiten. In zeitlicher Hinsicht kann sie dies durch eine Verstetigung ihres Gemeindelebens tun, in räumlicher Hinsicht muss sie danach trachten, sich mit anderen partikularen Erscheinungsformen der Kirche in Beziehung zu setzen." MUNSONIUS, HENDRIK 2011, 101f. JACOBS, UWE 2012, geht im Zusammenhang mit Anstaltsgemeinden auf temporäre Gemeinschaftsformen im Sinne von „Gemeinden auf Zeit" und „Lebensabschnittsgemeinden" ein.

325 PLÜSS, DAVID 2014, 238f.

326 Vgl. DAIBER, KARL 1980, 83f.

327 TURNER, VICTOR 1989, 94–111. Turner zieht das Wort „Communitas" dem der „Gemeinschaft" vor, vgl. hierzu TURNER, VICTOR 2003, 252f. Zu den ritualtheoretischen Ansätzen von Erving Goffman und Victor Turner im Überblick siehe FECHTNER, KRISTIAN 2008, 1032f.

symbolisch verdichteter Weise zum Ausdruck gebracht [wird und] nach wie vor das symbolische Zentrum der Gemeinde dar[stellt], unabhängig davon, wie die Gemeinde organisiert ist, wie groß sie ist, wie viele der Mitglieder sich am Gottesdienst beteiligen und wie oft er gefeiert wird. Er stellt auch die symbolische Mitte dar, wenn eine Mehrzahl nur gelegentlich teilnimmt. [...] Gefeierte Liturgie ist spirituelle Gemeindebildung in einem qualifizierten Sinn".[328]

4. Ein wesentlicher Auseinandersetzungspunkt ist der Aspekt der *Gemeinschaft*. In der Liturgiewissenschaft ist der soziale Charakter des gottesdienstlichen Geschehens immer noch stark durch den Leitbegriff der *Gemeinschaft* im Sinne des Soziologen Ferdinand Tönnies geprägt.[329] Nach Tönnies sind unter einer Gemeinschaft – in Abgrenzung zum Begriff der Gesellschaft – alle „dauerhaften, naturwüchsigen, echten, gefühlsmäßigen, traditionalen, authentischen, warmen, selbstzweckhaften, organischen und lebendigen Verbindungen von Menschen"[330] zu verstehen. Ein solches Verständnis klingt auch in der IV. und V. KMU an, in denen es im Zusammenhang mit Fragen bezüglich der Erwartungen an den Sonntagsgottesdienst die Antwortmöglichkeit gab: „soll mir ein Gefühl der Gemeinschaft mit anderen geben".[331] Eine religiöse Praxis, die sich durch einen punktuellen oder gar unverbindlichen Charakter auszeichnet und in welchem die Gemeinschaft mit anderen ambivalent erlebt wird, erscheint vor diesem Hintergrund leicht als Verfallsform. Die empirische Wahrnehmung eines davon abweichenden Teilnahmeverhaltens und Empfindens sowie sozialwissenschaftliche Erkenntnisse zur posttraditionalen Vergemeinschaftung sind jedoch nicht länger hinreichend mit traditionalistischen Gemeinschaftsbildern zu erklären. Einsichten aus der relationalen Soziologie können helfen, fluide und informelle Formen von Vergemeinschaftung und Vergesellung positiv wahrzunehmen. Netzwerktheoretische Ansätze (u. a. von Roger Häußling und Boris Holzer)[332] können z. B. zur Wahrnehmung und Deutung des sozialen Beziehungsgefüges im Verhältnis zum gottesdienstlichen Geschehen herangezogen werden. Das Netz-

---

328 PLÜSS, DAVID 2014, 240.

329 Zur Wirkungsgeschichte von Tönnies „Gemeinschaft und Gesellschaft" im Zusammenhang mit der christlichen Gemeinde siehe FECHTNER, KRISTIAN 1997, 212–218.

330 GERTENBACH, LARS 2010, 40f.

331 Siehe hierzu Frage 22 im Anhang von BEDFORD-STROHM, HEINRICH 2015, 420, sowie Frage 17 im Anhang von HUBER, WOLFGANG 2006, 454. Der dabei gesetzte Filter der Auswertung auf Personen, die u. a. „mindestens mehrmals im Jahr in den Gottesdienst gehen, bzw. gerne häufiger gehen würden" lässt darauf schließen, dass dieser ein traditionalistisches „Gemeinschafts"-Verständnis zu Grunde liegt. POHL-PATALONG, UTA 2011, 183–188, 218, hat in ihrer Gottesdienststudie eine differenzierte Auswertung zur „Gemeinschaft" als äußerer Faktor gottesdienstlichen Erlebens durchgeführt. Sie kommt zu dem Ergebnis, dass es sich um ein zentrales Aspekt für das gottesdienstliche Erlebnis handeln kann, aber das „Gemeinschaftsgefühl" subjektiv von sehr unterschiedlichen Faktoren abhängig ist: eine kleine oder große Zahl von Gottesdienstbesucher/innen, einer aktiven Mitwirkung oder interaktive Partizipationsmöglichkeiten. Sie plädiert daher dafür, dass „mit dem häufig genannten Gemeinschaftsbegriff in Theologie und Kirche vorsichtig und differenziert umgegangen werden sollte, weil deutlich ist: das Bedürfnis nach Gemeinschaft (mit bekannten Menschen und mit nicht persönlich bekannten) ist sehr unterschiedlich ausgeprägt und wird zudem in sehr unterschiedlichen Konstellationen erlebt." (218)

332 Vgl. HÄUSSLING, ROGER 2010; HOLZER, BORIS 2009.

werk-Konzept wird hierfür als besonders geeignet angesehen, weil Netzwerke „unabhängig" von systembedingten Verhältnisbestimmungen sind,[333] wie z. B. die formale Mitgliedschaft oder die Unterscheidung zwischen parochialen- und nichtparochialen Beziehungsräumen, und sich durch ein hohes Maß an Fluidität, Offenheit, Partikularität und Punktualität auszeichnen. Das Netzwerk verfügt über keine objektive Struktur sozialer Beziehungen, sondern bedarf einer Bedeutungszuschreibung im Rahmen narrativer Konstruktionen.[334] „Die durch *stories* definierten Bindungen konstituieren als einen Beziehungsrahmen jenseits individueller Absichten und Motive eine soziale Realität sui generis."[335]

5. Damit relativieren sich allerdings diejenigen beiden institutionellen Bestimmungen, die für den Begriff der Gemeinde als einer rechtlich verfassten Form prägend waren und sind:[336] *Territorialprinzip*[337] und *Kirchenmitgliedschaft*[338]. Im Rahmen dieser Arbeit wurden diese zwei Aspekte im Sinne der Frage nach der Örtlichkeit und dem Zugehörigkeitsempfinden aufgenommen.

Im Rahmen der praktisch-theologischen Perspektivierung der in dieser Arbeit gewonnenen empirischen Einsichten wird der Frage nachzugehen sein, ob und in welcher Weise Dauerhaftigkeit und Regelmäßigkeit, rechtliche und organisatorische Rahmenbedingungen, die rituelle Praxis, relationale Beziehungsgefüge sowie die Örtlichkeit und das Zugehörigkeitsempfinden in der Zuordnung von Gottesdienst und Gemeinde(-bildung) eine Rolle spielen.

3.2. Zur Sozialität des Gottesdienstes

Die Sozialität besonderer Gottesdienste wird in dieser Arbeit als soziale Kraft verstanden, die im Kontext des gemeinschaftlichen gottesdienstlichen Handelns sozial wirksam wird und sich anhand ihrer Wirkungsindizien wahrnehmen lässt.

Die in dieser Weise verstandene Sozialität wird auch als „Vergesellungskraft" (Kristian Fechtner) bezeichnet, worunter, sehr vereinfacht gesprochen, das Bindemittel zwischen z. B. Individuen, Gruppierungen und Institutionen verstanden wird. Im Blick auf den Gottesdienst wird Sozialität in einem doppelten Sinne verstanden: Der Gottesdienst wird als gemeinschaftliches Handeln arrangiert und hervorgebracht und bildet zugleich soziale Bindungen aus, d. h. er ist Subjekt und Objekt der

[333] Netzwerktheoretische Analysen können jedoch auch helfen u. a. systembedingte Einflüsse zu lokalisieren, insofern Clusterbrücken auf Handlungsvorteile hinweisen oder strukturelle Löcher ersichtlich werden. Auch können starke und schwache Bindungen und Gatekeeper hinsichtlich ihrer gemeindetheoretischen Bedeutung befragt werden.

[334] So Kristian Fechtner in einem im Rahmen der Liturgischen Konferenz gehaltenen Impulsreferat zum Thema „Gesellungskraft von Gottesdienst und Ritual".

[335] Holzer, Boris 2009, 267.

[336] Zum Recht als Wirkmechanismus und seiner Koordinationsleistung vgl. Munsonius, Hendrik 2011, 101.

[337] Munsonius, Hendrik 2011, 106f.

[338] Munsonius, Hendrik 2011, 106ff.

Sozialität. Die Semantik des Terminus der Sozialität verweist auf diese Reziprozität, insofern damit die „Gesellschaftlichkeit des Menschen und seines Lebens in sozialen Bezügen“[339] bezeichnet wird.

Insofern der Mensch als soziales Wesen aufgefasst wird, bildet Sozialität eine anthropologische Grundkategorie; sie ist als *conditio humana* unterschiedlich bestimmt worden.[340] So verstand sie z. B. Georg Herbert Mead als ein „allen Arten der gesellschaftlichen Interaktion zugrunde liegendes Bedürfnis“,[341] während Helmut Plessner damit eine „Realisation des Geistes“[342] bezeichnet. Im Rahmen des Forschungsprozesses wurde wichtig, dass sich aus soziologischer Perspektive die Sozialität auch mit der Frage nach der *sozialen Qualität,* einem *sozialen Zustand* oder ihrem *produkthaften Charakter* verbindet. In posttraditionalen Verhältnissen erscheint die Sozialität nicht als einlinig gemeinschaftsverdichtender Zug, sondern *ambivalent,* insofern sie sich unter den Bedingungen der Freiheit des Individuums als Nähe und Distanz realisiert.[343]

Am Anfang dieser Arbeit stand keine Sozialtheorie, sondern primär ein Anliegen, verbunden mit einer Perspektive, von der sich aus begründet, was in dieser Arbeit untersucht wurde. Im Laufe des Forschungsprozesses rückten dabei die Vergesellungskräfte der besonderen Gottesdienste in den Blick, die nach Abschluss der Analyse unter dem Begriff der Sozialität gefasst wurden und sich dabei in vier unterschiedlichen, aber in Wechselbeziehung zueinanderstehenden sozialen Zusammenhängen realisieren.

---

339 POFERL, ANGELIKA 2010, 143.

340 Zur Sozialität als Conditio Humana siehe auch KLEIN, REBEKKA 2010.

341 MEAD, GEORGE 1978, 273ff. zitiert nach MEISE, BIANCA 2015, 20.

342 Für Plessner ist „[d]ie Sozialität eine Realisation des ‚Geistes‘. Indem der Mensch imstande sei, ‚wir‘ zu sagen und so die raumzeitliche Verschiedenheit der einzelnen Individuen aufzuheben, könne er sich als Körper unter Körpern, die die ‚Außenwelt‘ bilden, und zugleich als lebendiger Leib mit einer ‚Innenwelt‘ sehen.“ SCHMID NOERR, GUNZELIN. Zur Sozialität (Mitwelt) bei Plessner siehe PLESSNER, HELMUTH 1965, 300–304.

343 Nach Birgit Weyel ist die „Sozialität für das moderne Individuum immer eine ambivalente Angelegenheit“. Sie übt eine „paradoxale Anziehung bzw. Abstoßung [...] auf das moderne Individuum als ‚Grauen und Sehnsucht‘ gleichermaßen aus“. WEYEL, BIRGIT 2013, 163. Birgit Weyel bezieht sich hierbei auf Manfred Prischings Ausführungen zu den Paradoxien der Vergemeinschaftung: „Keiner will sich binden, verpflichten, in eine Kontinuität hineinmanövrieren; jeder will unabhängig und spontan sein können. Aber die Luft ist dünn bei einer solchen Lebensweise und auf dem Gipfel der Entscheidungsfreiheit ist man so allein wie die reisenden Manager in den Bars der Luxushotels, die ihre Verlorenheit mit teurem Whisky wegspülen. In dieser unbehaglichen Situation sucht das freigesetzte Individuum nach Einbettungen. Es will dazugehören. Es will geborgen sein. Es braucht Verlässlichkeit.“ PRISCHING, MANFRED 2009, 39. Der Soziologe Matthias Jung spricht im Zusammenhang mit posttraditionalen Gemeinschaften von der „Tragödie der Identifikation und Sozialität“. In diesem Zusammenhang „[ist] Sozialität [...] nichts anderes als das beständige Produzieren instabiler, für kurze Zeit ‚aufflammender‘ scheinbarer Bande zwischen Individuen“. JUNGE, MATTHIAS 2009, 192.

3.3. *Vier Aspekte der Sozialität besonderer Gottesdienste*

Jeder besondere Gottesdienst kann für sich genommen als eigene (kleine soziale) Lebenswelt (Anne Honer) verstanden werden,[344] weshalb sie in einem ersten Schritt separat wahrgenommen und analysiert wurden. In diesem Kapitel werden die im Rahmen der empirischen Feldforschung gewonnenen Einsichten daher zunächst *feldweise* dargestellt (II.1–3),[345] bevor die Einsichten aus der komparativen Analyse in praktisch-theologischer Perspektive mit Teil III diese Arbeit abschließen. Die Darstellung der empirischen Einsichten erfolgt nicht in Form einer „dichten Beschreibung“ (Clifford Geertz)[346] der Gottesdienste, da nicht diese selbst, sondern die in ihnen wirksamen Gesellungskräfte im Fokus dieser Arbeit stehen. Die empirischen Einsichten werden thesenhaft dargestellt und erläutert, womit aber eine nähere Beschreibung der Forschungsfelder einhergeht.

Im Rahmen des empirischen Forschungs- und Erkenntnisprozesses haben sich im Hinblick auf die Frage nach der sozialen Kraft der hier untersuchten besonderen Gottesdienste *vier Aspekte* als signifikant erwiesen:

1. Ihre *Entstehung, Etablierung und Entwicklung.*
2. Ihr Charakter als *kollektives Phänomen.*
3. Die in ihrem Kontext wirksamen *Beziehungsstrukturen.*
4. Die mit ihnen in Verbindung gebrachten *subjektiven Sinnkonstruktionen* und *Resonanzerfahrungen.*

Die Unterscheidung der vier Aspekte erfolgt idealtypisch im Bewusstsein ihrer Reziprozität. Durch die zwischen diesen einzelnen Gesichtspunkten bestehende Wechselwirkung mussten im Rahmen der schriftlichen Darstellung z. T. auch Entscheidungen über die Zuordnung getroffen werden. Diese sind daher immer in ihrem Gesamtzusammenhang der Darstellung zu verstehen.[347]

---

[344] „Eine kleine soziale Lebenswelt […] ist ein in sich strukturiertes Fragment der Lebenswelt, innerhalb dessen Erfahrungen in Relation zu einem speziellen, verbindlich bereitgestellten intersubjektiven Wissensvorrat statthaben. Eine kleine soziale Lebenswelt ist das Korrelat des subjektiven Erlebens der Wirklichkeit einer Teil- bzw. Teilzeit-Kultur. ‚Klein‘ ist eine solche Lebens-Welt also nicht etwa deshalb, weil sie grundsätzlich nur kleine Räume beträfe oder nur aus wenigen Mitgliedern bestünde. Als ‚klein‘ bezeichnet wird eine kleine soziale Lebenswelt vielmehr deshalb, weil in ihr die Komplexität *möglicher* Relevanzen reduziert ist auf ein *bestimmtes* Relevanzsystem. ‚Sozial‘ wird eine kleine soziale Lebenswelt deshalb genannt, weil dieses Relevanzsystem intersubjektiv verbindlich ist für gelingende Partizipationen.“ HITZLER, RONALD & EBERLE, THOMAS 2012, 116, sowie nahezu identisch HONER, ANNE 2011, 22; Hervorhebungen in den Originalen.

[345] Dies ergibt sich ebenfalls aus dem dieser Studie zugrunde liegenden ethnographischen Methodologie.

[346] GEERTZ, CLIFFORD 1983, 7–24.

[347] Wird aufgrund der unterschiedlichen Sozialitätsaspekte mehrfach auf sachliche Zusammenhänge aus dem empirischen Datenmaterial verwiesen, findet sich die Quellenangabe bei der ersten Verwendung.

Ad 1. Zur Entstehung, Entwicklung und Etablierung
Die Entstehung, Entwicklung und Etablierung der Gottesdienste hat wesentlich dazu beigetragen, wie sie heute gefeiert und wahrgenommen werden. Ihre Entwicklungsgeschichte wird darüber hinaus als implizites Wissen im Feld vorausgesetzt, weshalb sie zum einen für die empirische Erkundung und Wahrnehmung der Gottesdienste wesentlich war. Zum anderen ist sie z. T. für die Identifikation der Teilnehmenden mit den Gottesdiensten wichtig. Da die untersuchten Gottesdienste bislang nur am Rande Gegenstände wissenschaftlicher Reflexionen waren, wurde auf Basis von Sekundärliteratur, Materialanalysen[348] (anhand der gesammelten Programmhefte, Zeitungsberichte, Videos u. a.) sowie der Experteninterviews die Entstehung und Etablierung der Gottesdienste in ihren Grundlinien (re-)konstruiert.[349] Umgang mit und Analyse des historischen Materials erfolgte dabei „problemgeschichtlich“[350] und hatte zum Ziel, die praktisch-theologische Bearbeitung der Forschungsfrage zu unterstützen.[351] Eine ausführliche Erforschung und Darstellung der Geschichte der jeweiligen Gottesdienste war nicht intendiert.

Ad 2. und 4: Zum Charakter des kollektiven Phänomens sowie der subjektiven Sinnkonstruktionen und Resonanzerfahrungen
Im Rahmen der Erhebung hat sich gezeigt, dass ein „Zusammenhang zwischen Selbstinterpretation von Akteuren und sozialen Strukturen besteht, innerhalb derer sich Akteure bewegen, sprechen und handeln“.[352] Der Gottesdienst stellt 1. ein gemeinschaftliches Handeln und eine kollektive Praxis dar und ist somit ein soziales Geschehen, das der Einzelne/die Einzelne nicht allein hervorbringen und gestalten kann. Diese Dimension eines besonderen Gottesdienstes wird im Rahmen dieser Arbeit als „kollektives Phänomen“ bezeichnet. Er ist als solcher potentieller 2. subjektiver Erlebnis- und Resonanzraum,[353] der von den Interviewten Gottesdienst-

---

[348] Aufgrund des nicht-reaktiven Charakters des gesichteten Materials, kommt diesem in der Triangulation eine wichtige Funktion zu.

[349] Diese Aussage bezieht sich auf publizierte Arbeiten.

[350] GRETHLEIN, CHRISTIAN 2012, 15. Was Christian Grethlein für die Disziplingeschichte postuliert, soll hier auch für die Gegenstände praktisch-theologischer Forschung gelten.

[351] Es ist angedacht, das verwendete historische Material digital zu archivieren. Es kann bei Interesse bei der Verfasserin angefragt und bei Freigabe durch die beteiligten Personen ggf. zu weiteren Forschungszwecken verwendet werden.

[352] SCHNELL, MARTIN et al. 2014, 10. „[A]le Konkretionen lebensweltlicher Strukturen sind auch intersubjektiv geprägt. [Absatz] Gemeinsame Überzeugungen erst ermöglichen und bestimmen unser Alltagsleben, das immer ein *Zusammenleben* ist. In gewisser Weise ‚teilt‘ das Subjekt seine je konkrete Lebenswelt mit anderen. Genauer gesagt: Die Korrelate seines Erlebens entsprechen den Korrelaten des Erlebens anderer in typisierbarer Weise. Damit können sich von verschiedenen Subjekten geteilte und das heißt intersubjektiv gültige Deutungsschemata herausbilden, die mit den je individuellen, biographisch bedingten Sinnstrukturen mehr oder weniger stark korrelieren. Anders ausgedrückt: Menschliche Sozial-Praxis ist – unumgänglich – eine *interpretative*, eine Zeichen und Symbole deutende, wesentlich *kommunikative* Praxis.“ HITZLER, RONALD & EBERLE, THOMAS 2012, 115, Hervorhebungen im Original.

[353] Vgl. POHL-PATALONG, UTA 2011 und ROSA, HARTMUT 2016, 443f.

teilnehmer/innen mit subjektiven Sinnkonstruktionen[354] und Resonanzerfahrungen verbunden wurde. Die subjektiven Sinnkonstruktionen und Resonanzerfahrungen sind auf die (re-)konstruierten zentralen Muster (ZM)[355] der Interviewpartner/innen zurückzuführen. Kollektives Phänomen einerseits und subjektive Sinnkonstruktionen sowie Resonanzerfahrungen andererseits stellen unter Berücksichtigung der Reziprozität zwei separat zu betrachtende Dimensionen der Sozialität besonderer Gottesdienste dar.

Ad 3. Die im gottesdienstlichen Kontext wirksamen Beziehungsstrukturen
Gottesdienst als gemeinschaftliches Handeln ist relationales Handeln und damit ein auf Interaktion und Kommunikation beruhendes Beziehungsgeschehen. Es sind soziale Situationen,[356] aus denen Beziehungen entstehen können. Beziehungen können als Grundstruktur von Netzwerken angesehen werden, sodass hier von Beziehungsnetzwerken gesprochen werden soll. Es hat sich gezeigt, dass sich die im Zusammenhang mit dem gottesdienstlichen Geschehen relevanten Beziehungen weit über das eigentliche gottesdienstliche Handeln hinaus erstrecken und nicht vollständig darin aufgehen. Sie stellen daher eine eigene Dimension der Gottesdienste dar, die auf drei unterschiedlichen Aggregationsebenen ihre Wirksamkeit, d. h. Gesellungskraft, entfaltet und analysiert werden kann: 1. Der *Mikroebene*, auf welcher die Beziehungen der Individuen zum Tragen kommen. 2. Der *Mesoebene*, d. h. das Beziehungsverhältnis von Gruppen, Organisationen, Institutionen und Subsystemen, die im Kontext des Gottesdienstes wirksam sind und (re-)konstruiert werden konnten, sowie 3. der *Makroebene*, auf der die Beziehungen zwischen verschiedenen kirchlichen und gesellschaftlichen Organisationen und Institutionen bedeutsam sind. Die separate Betrachtung dieser drei Ebenen erfolgt u. a. mittels netzwerk-

[354] Da mit Hubert Knoblauch unter Rekurs auf Alfred Schütz davon ausgegangen wird, dass „jene Deutungen der Wirklichkeit, die von den Handelnden selbst erzeugt werden", eine Konstruktion (der ersten Ordnung) darstellen (KNOBLAUCH, HUBERT 2003, 33), wird hier auch in Bezug auf die subjektiven Sinndeutungen der Gottesdienstbesucher/innen von „Sinnkonstruktionen" gesprochen.

[355] KRUSE, JAN 2014, 478.

[356] „Mit ‚Situation' ist die Stelle bezeichnet, in denen Beziehungen aufscheinen – sie werden dort ausgehandelt. [...] Man könnte sagen, dass soziale Situationen die unterste Ebene des Sozialen darstellen. Eine soziale Situation ist durch Anwesenheit und Kommunikation definiert – hierzu sind mindestens zwei Personen nötig. Die Situationen sind auf verschiedenerlei Weise limitiert (z. B. kognitiv, thematisch, zeitlich, vgl. Luhmann 1975 – durch die Bedingungen der Anwesenheit). Situationen stehen in einem Zusammenhang durch Übertragung, Nachahmung und Geschichten, die über vergangene ähnliche Situationen erzählt werden. In den Situationen werden die tragenden Positionen festgelegt – dies geschieht durch Aushandlung. Man kann nun unterscheiden zwischen Situationen unter Anwesenheit, die selbst schon als Netzwerk aufgefasst werden können (etwa Rauchs 1984 – Großgruppen 1984) und solchen, die auf einer Zusammenfassung von Situationen beruhen. [...] Eine weitere sehr häufig anzutreffende Netzwerkkonstruktion folgt Interpretationen von Situationen. Etwa solche Netzwerke, die aus subjektiven Einschätzungen konstruiert werden, etwa der Frage nach Freundschaften oder Unterstützungen – die meist von Situationen abstrahieren und oft auf der Konstruktionsebene viel mehr Subjektivität und Normativität zulassen." STEGBAUER, CHRISTIAN 2010/11, 1.

theoretischer Überlegungen,[357] mit Hilfe derer das Beziehungsnetzwerk, das für die Gesellungskraft des Gottesdienstes relevant ist, besser verstanden werden soll. Die Unterscheidung zwischen den drei Ebenen soll nicht darüber hinwegtäuschen, dass Verbindungen und z. T. Wechselwirkungen zwischen den einzelnen Beziehungsebenen bestehen. Da die unterschiedlichen Charaktere von sozialen Situationen untereinander zusammenhängen, wurde in der folgenden Darstellung sowohl auf Schilderungen in Einzelinterviews als auch auf teilnehmende Beobachtungen und Umfragedaten zurückgegriffen.

[357] In bewusster Abgrenzung zu einer Netzwerkanalyse im engeren Sinne, die den Rahmen dieser Arbeit methodisch sprengen würde.

II. Teil: Empirische Einsichten

1. Die „Nachtschicht" – „Kirche im Gespräch" – ein alternativer Gottesdienst mit dialogisch-diskursivem Charakter

1.1. Die soziale Kraft der Entstehung, Etablierung und Entwicklung „neuer" diskursiver Gottesdienstformen seit Anfang der 1990er-Jahre

Nachdem es seit den späten 1960er-Jahren mit der Etablierung von Gottesdiensten in „anderer Gestalt"[1] zu einer Pluralisierung des gottesdienstlichen Lebens gekommen ist, entstanden in den 1990er-Jahren – in einer „zweiten Welle" – vielfältige „alternative Gottesdienste". Diese zeichnen sich insbesondere dadurch aus, dass sie konzeptionell häufig dialogisch-diskursiv gestaltet werden.[2] Beispielsweise wird im *„Gottesdienst mit Lebens-ExpertInnen"* in Hamburg angestrebt, die Beiträge der Gäste als offenes Kunstwerk zu inszenieren und so zu einem inneren Gespräch bei den Zuhörenden werden zu lassen, wobei diesen die Deutung obliegt.[3] Im Rahmen des *„GoSpecial"* in Niederhöchststatt muss hingegen der oder die Predigende im Rahmen des sogenannten „Kreuzverhörs" den Besucher/innen im Gottesdienst „Rede und Antwort stehen, ihre Thesen verteidigen, Unklarheiten beseitigen, persönliche Erfahrungen ergänzen oder in konkreten Fällen weiterführende Vorschläge machen".[4] Die diskursive thematische Auseinandersetzung wird durch das Interview mit einem direkt Betroffenen ergänzt.[5] Im Rahmen der *„Nachtschicht"* im Großraum Stuttgart wird hingegen ein Thema in einer Gottesdienstreihe aus mehreren Perspektiven beleuchtet, indem ein ausgewählter Gast in einem Gespräch mit dem „Nachtschicht"-Pfarrer zu einem „Unterthema" interviewt und das Thema mittels künstlerischer Elemente vorbereitet und beleuchtet wird. Anschließend besteht die Möglichkeit, dieses bei einem geselligen Nachklang zum Gottesdienst zu vertiefen.[6] In allen drei Gottesdiensten haben die diskursiven Elemente Verkündigungscharakter, auch wenn sie nicht (immer) als Predigt bezeichnet werden.[7] Den Gottesdiensten

---

1 POHL-PATALONG, UTA 2011, 27.

2 Vgl. FRIEDRICHS, LUTZ 2007b, 9–33, und VOGT, FABIAN 2007, 82–96, sowie LITURGISCHE KONFERENZ 2012, 96–101.

3 Vgl. LITURGISCHE KONFERENZ 2012, 96–101.

4 VOGT, FABIAN 2007, 88.

5 Vgl. VOGT, FABIAN 2007, 88.

6 Vgl. VOGEL, RALF 2009 unveröffentlicht, 6–9, sowie VOGEL, RALF 2016.

7 Im Gottesdienst mit Lebens-Expert/innen bekommen die „Gedanken und Einsichten [der Gäste] in diesem Gottesdienst ausnahmsweise ‚Predigtrang'". Vgl. LITURGISCHE KONFERENZ 2012, 100, wohingegen das Kreuzverhör im „GoSpecial" die vorangegangene Predigt ergänzend fortführt. Vgl. VOGT, FABIAN 2007, 88. Im Rahmen der „Nachtschicht"-Konzeption wird der Dialog zwischen Pfarrer und Gast mal als „Predigt als Gespräch" mal als „Dialog statt Predigt" gedeutet. Vgl. VOGEL, RALF 2009 unveröffentlicht, 3 und 6.

ist zudem gemeinsam, dass sie sich durch ein alternatives Gottesdienstprofil[8] auszeichnen und die Menschen dezidiert über eine zeitgemäße Verkündigung und lebensweltliche Orientierung (Themen, Musik, Ästhetik, Sprache, Gäste, z. T. Orte) erreichen wollen.[9] Die soziale Kraft eines solchen Gottesdienstes wird im weiteren Verlauf am Beispiel der „Nachtschicht“ erörtert werden. Zum Zwecke einer besseren Einordnung der „Nachtschicht“ in das Feld der „alternativen Gottesdienste“ wird in diesem Kapitel punktuell auch kontrastierend Bezug auf den „GoSpecial“ in Niederhöchststatt genommen.[10]

1.1.1. Parochie-übergreifendes Angebot einer Ortsgemeinde

Sowohl die „Nachtschicht“ als auch der „GoSpecial“ sind Gottesdienste, die *aus Ortsgemeinden heraus* entstanden sind.[11] Sie unterscheiden sich jedoch hinsichtlich ihrer Impulse und Ziele sowie den damit verbundenen Gemeindeverständnissen wesentlich voneinander:[12]

Vor dem Hintergrund, dass durch den „normalen Sonntagsgottesdienst“ in der Ortsgemeinde immer weniger Menschen erreicht werden, wurde in der Andreaskirchengemeinde in Niederhöchststatt ein „Traum von Kirche“ entwickelt, zu dessen Umsetzung ein niedrigschwelliger Gottesdienst mit dem Ziel konzipiert wurde, kirchenferne Menschen wieder in Kontakt mit der Kirche zu bringen. Dieser spezielle Gottesdienst („GoSpecial“) wird nicht als Ersatz für den Gemeindegottesdienst am Sonntagmorgen verstanden. Ihm wird vielmehr eine Brückenfunktion zugeschrieben, die möglichst vielen Menschen den Weg in den klassischen Gemeindegottesdienst erleichtern soll. Er ist missionarisch ausgerichtet und hat dabei den Gemeindeaufbau der Parochialgemeinde zum Ziel,[13] wodurch ein traditionelles Gemeindebild zum Ausdruck kommt.[14]

---

8 Vgl. hierzu die von Lutz Friedrichs herausgearbeiteten Merkmale „alternativer Gottesdienste“: I. Aspekte des anderen (andere Zeiten, Räume, Zielgruppen, Musik, Rollen und Formen), II. Schwellensensibilität, III. Neuinszenierungen des Predigtgottesdienstes, IV. Gottesdienste der Lebensmitte: authentisch, expressiv, offen, V. Gottesdienst verständlich. FRIEDRICHS, LUTZ 2007b, 9–32. Die Bezeichnung der o. g. Gottesdienstformen als „alternative Gottesdienste“ bedeutet jedoch nicht, dass alle Aspekte im Rahmen dieser Studie gleichermaßen (re-)konstruiert werden konnten.

9 Vgl. VOGT, FABIAN 2007, 82, VOGEL, RALF 2009 unveröffentlicht, 6ff.

10 Während der „GoSpecial“ bereits Gegenstand zahlreicher wissenschaftlicher Publikationen ist, handelt es sich bei der „Nachtschicht“ um ein Forschungsdesiderat. Die Entstehungs-, Etablierungs- und Entwicklungsgeschichte der „Nachtschicht“ bislang wurde daher im Wesentlichen auf Basis des bis April 2016 öffentlich zugänglichen Materials (Werbung, Medienberichte, Homepage), eines Experteninterviews mit dem verantwortlichen Pfarrer 2014 sowie eines von diesem im Jahr 2008 verfassten Berichts über die „Nachtschicht“ studiert und im Hinblick auf die darin liegenden Gesellungskräfte analysiert.

11 Vgl. hierzu VOGT, FABIAN 2007, 84f., sowie VOGEL, RALF 2009 unveröffentlicht, 5.

12 Der Vergleich von „GoSpecial“ und „Nachtschicht“ ergibt, dass „alternative Gottesdienste“ „nicht auf einen missionarisch-evangelistischen Typ festzulegen“ sind. Vgl. zur Einordnung „alternativer Gottesdienste“ auch FRIEDRICHS, LUTZ 2007b, 10 und in Abgrenzung dazu HERBST, MICHAEL 2000, 155–176.

13 VOGT, FABIAN 2007.

14 Vgl. FRIEDRICHS, LUTZ 2007b, 23.

Die „Nachtschicht“ hat sich hingegen aus zwei besonderen Gottesdiensten entwickelt, die um die Jahrtausendwende in Obertürkheim gefeiert wurden. Es handelte sich zum einen um einen „Gedenkgottesdienst zum 100. Geburtstag Heinemanns“, im Rahmen dessen der damalige Ortsgemeindepfarrer Ralf Vogel anstelle einer Predigt ein Gespräch mit dem „Heinemannkenner“ Helmut Simon geführt hat. Zum anderen wurde ein Abendgottesdienst zum Thema Engel gefeiert, der sich u. a. durch eine Medieninstallation zum Thema Friedhofsengel und eine besondere musikalische Gestaltung auszeichnete.[15] Im Unterschied zu „GoSpecial“ ist die „Nachtschicht“ jedoch nicht als „Brücke“ zu den traditionellen Gemeindegottesdiensten konzipiert. Vielmehr ist sie seitens der Veranstalter als ein Angebot gedacht, das sich 1. nicht dezidiert an „Kirchenferne“, sondern an „alle“ richtet.[16] 2. Die „Nachtschicht“ ist kein „zweites Programm“ der Ortsgemeinde, sondern 3. „das erste und einzige ‚Programm‘ am jeweiligen Sonntag“[17] und bietet damit „keine ‚exklusive‘ Heimat (Abgrenzung), sondern ‚inklusive Heimat‘ (Zuhause der Verschiedenen)“ und dies 4. „bewusst als ‚Gemeinde auf Zeit‘ ([der] jetzt und hier von Gott Angesprochenen) geschieht. [...] Durch die „Nachtschicht“ ist Obertürkheim ein Beispiel einer Profilgemeinde, die Menschen anderer Gemeinden ein zusätzliches Angebot macht, ohne sie ‚abwerben‘ zu wollen.“[18] Lt. Umfrage wollen jedoch lediglich 23,3 % (n=287, Mehrfachantworten möglich) den Gottesdienst in der bzw. ihrer Gemeinde mit der „Nachtschicht“ *ergänzen*.[19] Wohingegen 47 % (n=287, Mehrfachantworten möglich) angeben, an der „Nachtschicht“ teilzunehmen, da sie einen Gottesdienst besuchen möchten und dieser sie mehr ansprechen würde als der reguläre Gottesdienst in der Gemeinde.[20] An dieser Stelle zeigt sich exemplarisch, dass die konzeptionellen Überlegungen zum gottesdienstlichen Angebot vom Partizipationsverhalten der Gottesdienstbesucher zu unterschieden sind.

1.1.2. Persönlichkeit der „Zentralfiguren“

Die Geschichte beider Gottesdienste ist u. a. *„vom Charisma ihrer ‚Zentralfiguren‘ bestimmt“*.[21] Auch hier „drängt sich die [von Lutz Friedrichs geäußerte] Vermutung auf, dass solche Formen immer auch Projektionsflächen der Spiritualität ihrer

---

15 Vgl. VOGEL, RALF 2009 unveröffentlicht, 5, sowie A-Exp-16.

16 Vgl. A-Exp-39, 31.

17 VOGEL, RALF 2009 unveröffentlicht, 5.

18 VOGEL, RALF 2009 unveröffentlicht, 22.

19 Vgl. A-1.3. Die Kreuzanalyse von A-1.3 mit 2.1 ergibt, dass dies im Verhältnis gesehen insbesondere für diejenigen gilt, die 1–2 x im Monat oder bzw. jede oder fast jede Woche andere Gottesdienste (als die „Nachtschicht“) besuchen.

20 Vgl. A-1.3. Die Kreuzanalyse von A-1.3 mit 2.1 ergibt, dass dies für die überwiegende Zahl derjenigen gilt, die 1 x im Jahr oder seltener bzw. mehrmals im Jahr andere Gottesdienste (als die „Nachtschicht“) besuchen.

21 FRIEDRICHS, LUTZ 2007b, 12. Zur „Nachtschicht“ vgl. exemplarisch ROTHFUß, FRANK 16.01.2009.

‚Gründungsväter' (‚Gründungsmütter' gibt es auffallend selten) sind"[22]. Die vom „Nachtschicht"-Pfarrer Ralf Vogel im Rahmen eines Kontaktsemesters an der Heidelberger Universität schriftlich ausgearbeitete „theologische und soziologische Reflexion und Zielorientierung"[23] der „Nachtschicht" orientiert sich u. a. an religionstheoretischen Überlegungen von Wilhelm Gräb und Thomas Luckmann[24] und unterscheidet sich damit vom missionarisch-„evangelikal" geprägten Ansatz von „GoSpecial"[25].

Eng mit dem Charisma der „Zentralfiguren" ist der *„gabenorientierte"* Charakter der Gottesdienste verbunden, insofern die diskursiven und performativen Elemente den spezifischen Begabungen und Neigungen der Verantwortlichen und Mitwirkenden entsprechen und durch diese besonders zur Geltung kommen. Der Gottesdienst als ein Inszenierungs- und Kommunikationsgeschehen setzt zwar immer gottesdienstliche Kompetenzen voraus, die „alternativen" gottesdienstlichen Elemente von „GoSpecial" und „Nachtschicht" gewinnen ihre Strahlkraft jedoch auch durch spezifische Gaben und Qualifikationen der Hauptverantwortlichen. „Nachtschicht"-Pfarrer Ralf Vogel verfügt über eine Ausbildung als Spiel- und Theaterpädagoge,[26] die in der Ausarbeitung der spezifischen Gesamtinszenierung des Gottesdienstes und der pädagogischen Arbeit mit dem „Nachtschicht"-Team fruchtbar gemacht wird. Darüber hinaus wird ihm eine besondere kommunikative Kompetenz zugeschrieben, wie sie z. B. in der Überschrift „Ein Pfarrer mit Talent zum Talkmeister"[27] eines Artikels der Stuttgarter Zeitung zum Ausdruck kommt. Auch Fabian Vogt kann als Musiker und Kabarettist besondere Gaben in das „GoSpecial"-Format einbringen. Darin liegt in zweifacher Weise eine soziale Kraft: Zum einen sprechen die besonderen Gaben die Besucher/innen an, zum anderen entsprechen sie den Handelnden, wodurch diese selbst motiviert werden. Entspricht die Form des Gottesdienstes der *Persönlichkeit* des Pfarrers/der Pfarrerin, kann sie ihre soziale Kraft in mehrere Richtungen entfalten. Pastoraltheologisch entspricht dieses Ergebnis einer Umfrage unter Pfarrern der EKHN, nach der „[n]icht die Professionalisierung an erster Stelle zu stehen [scheint], sondern die Profilierung der eigenen Person als Pfarrer und Pfarrerin mit professionellen Kompetenzen und Methoden".[28]

---

22 FRIEDRICHS, LUTZ 2007b, 12.

23 VOGEL, RALF 2009 unveröffentlicht.

24 Vgl. z. B. VOGEL, RALF 2009 unveröffentlicht, 4, 14. Vogel bezieht sich u. a. auf LUCKMANN, THOMAS 1991 sowie auf GRÄB, WILHELM 2001. Vgl. VOGEL, RALF 2009 unveröffentlicht, 42.

25 Vgl. VOGT, FABIAN 2003, 103f.

26 VOGEL, RALF 2009 unveröffentlicht, 5, und A-Exp-16.

27 KECK, CHRISTINE 13.02.2009.

28 BECKER, DIETER 2007, 237.

1.1.3. Engagement der hauptamtlichen und ehrenamtlichen Mitarbeiter/innen

Beide „alternativen Gottesdienste" entstanden und etablierten sich u. a. durch das Doppelmoment eines großen Engagements von pastoralen Hauptamtlichen und der Unterstützung vieler ehrenamtlicher Mitarbeiter/innen.[29]

> „[...] Die Teilnahme hat eigentlich schon lang vor der ersten Nachtschicht begonnen. Die hat mit dem ersten Gedanken von Ralf Vogel begonnen, einen Interview-Gottesdienst zu machen anlässlich des hundertsten Geburtstages von Gustav Heinemann. [...] Und ja, da wir immer sehr eng zusammen waren, ich war damals schon [ehrenamtlicher Mitarbeiter in der Ortsgemeinde], kam schon der Gedanke im gegenseitigen Gespräch auf. Und dann aus dem ersten so Mut machenden Gottesdienst heraus, der das erste Element der heutigen Nachtschicht einfach schon hatte, kam dann irgendwann der Gedanke, ja, wir könnten das ja weiterentwickeln. [...]" Simon A278-I-10

Gemeinsames Gespräch, Handeln und positives Erleben sind wesentliche soziale Kräfte, aus der die notwendige Dynamik entsteht, die für die Etablierung eines besonderen Gottesdienstes notwendig ist. Dadurch wird Identifikation mit dem Gottesdienst geschaffen und das soziale Netzwerk begründet, das für das Gottesdienstangebot notwendig ist.

1.1.4. Parochie-übergreifendes Interaktions- und Kommunikationsgeschehen

Die Etablierung von „GoSpecial" und der „Nachtschicht" vollzieht sich durch ein *Kommunikations- und Interaktionsgeschehen, das über den Gottesdienst und die Ortsgemeinde hinausreicht.*[30] In der „Nachtschicht"-Umfrage geben 64,29 % von n=280 Befragten an, dass sie durch persönliche Kontakte von der „Nachtschicht" erfahren haben. Die soziale Kraft der Öffentlichkeitsarbeit (Presse, Radio, Internet, Printwerbung) ist mit 57,5 % von n=280 aber nur unwesentlich geringer.[31] Professionelle und unkonventionelle Werbung[32] sowie umfangreiche mediale Berichterstattung waren und sind für die Wahrnehmung der „Nachtschicht" im Großraum Stuttgart und damit für ihre Etablierung und Nachhaltigkeit in zweifacher Hinsicht wichtig. Zum einen dient die Werbung als Kommunikationsmittel für das Angebot der „Nachtschicht" und wird mit der Hoffnung einer möglichst großen Besucher/innenzahl verbunden.[33] Sie hat sich dabei auf dem „Markt der Möglichkeiten" zu behaup-

---

[29] Vgl. hierzu VOGT, FABIAN 2007, 84f., sowie VOGEL, RALF 2009 unveröffentlicht, 5.

[30] Zum „GoSpecial" siehe VOGT, FABIAN 2007, 84.

[31] Vgl. A-1.2. Mehrfachantworten möglich.

[32] Vgl. hierzu die auf der „Nachtschicht"-Homepage archivierten Werbekonzepte: http://nachtschicht-online.de/index.php?location=5 [online: 20.04.2016].

[33] „Eine Voraussetzung für den Erfolg der Gottesdienstreihe im Großraum Stuttgart ist die intensive Werbetätigkeit, die wir von Beginn an mit der Unterstützung von Werbeagenturen und dem Sponsoring weniger großer und vieler kleiner, lokaler Betriebe durchführen. Die Mischung zwischen hochkarätiger, kreativer Werbung und bescheidener Umsetzung, die erkennbar nicht aus Kirchen-

ten, weshalb sie mit Hilfe von professionellen Werbeagenturen konkret der Frage nachgeht: „Warum sollte jemand in einen Gottesdienst gehen, der der Überzeugung ist, dass er auch alleine mit Gott sprechen und an ihn glauben kann?“[34] Das Werbekonzept der „Nachtschicht“ verfolgt das Ziel, Menschen in ihrer Sprache, humorvoll, prägnant, herausfordernd, professionell und thematisch anzusprechen, wodurch eine hohe Erwartungshaltung geschaffen wird, die es zu erfüllen gilt.[35] Zum anderen kommt der Öffentlichkeitsarbeit – sowohl in Form der Werbung, als auch der Medienberichterstattung – ein Eigenwert zu, insofern sie dadurch ihrem Motto folgend „Kirche im Gespräch“ der Öffentlichkeit ist und als solche ihre soziale Kraft entfalten kann, indem sie Menschen miteinander ins Gespräch bringt:

> „Und dann habe ich diesen einen Termin [im Programm] gesehen da. Ich dachte: schade, dass du nicht zwei mitgenommen hast. Ich habe eine Freundin, die immer von einer Entschleunigung spricht. […] Und die will ich dann da auf jeden Fall mit einladen zum nächsten Mal.“ Marie A13-I-20

Die Kombination aus Öffentlichkeitsarbeit und persönliche Empfehlung entwickelt eine besondere Geltungs- und Anziehungskraft:

> „Also es waren zweierlei. Einmal habe ich eine sehr gute Freundin, [..u]nd die hat immer gesagt: Gut ist der [Pfarrer]. […] Die ist eigentlich auch sehr kirchenfern und hat da richtig Verbindung gefunden zur Kirche durch ihn. Und dann habe ich gedacht, erstens Mal hatte ich das noch im Ohr. Und dann hatte ich aber auch irgendwo Plakate gesehen oder Flyer. Und die waren einfach sehr gut aufgemacht. Sehr interessant. […] Also die zwei Sachen zusammen. […]“ Beate A24-I-20

Ein weiteres Kommunikationsmittel über die „Nachtschicht“-Gottesdienste ist ein E-Mail-Newsletter, für den sich Interessierte online registrieren können. Er dient dabei nicht nur als Informationsmedium über laufende Entwicklungen, Feedbacks seitens der Gäste und der Medien sowie über anstehende Programme der „Nachtschicht“, sondern ruft diese bei den Empfängern auch immer wieder in Erinnerung und zur Mitwirkung in themenspezifischen Umfragen auf. Der Newsletter entfaltet seine soziale Kraft durch die informelle „Mitgliedschaft“ in dieser online vernetzten „Nachtschicht“-Community, die über die spezifische Adressierung an die „Nachtschicht“-Interessierten[36] und das Teilen von Informationen zum Ausdruck kommt. Das Medium ermöglicht einen selbstbestimmten Umgang mit diesen Informationen, entsprechend den subjektiven Nähe- und Distanzbedürfnissen der Mitglieder.

---

steuermitteln erstellt wurde, hat eine charmante Strahlkraft und erzählt schon für sich etwas über die Qualität der Gottesdienste.“ VOGEL, RALF 2009 unveröffentlicht, 5.

[34] VOGEL, RALF 2009 unveröffentlicht, 6f.

[35] Vgl. VOGEL, RALF 2009 unveröffentlicht, 6.

[36] A-M8-Newsletter vom 26.10.2015..

Die Bedeutung von sozialen Netzwerken für die „Nachtschicht“ wird in der Selbstwahrnehmung der Verantwortlichen nicht besonders hoch eingeschätzt.[37] Bei einer durchschnittlichen Gottesdienst-Besucher/innenzahl von 400 bis 600 Gästen, deren größte Alterskohorte Teilnehmende im Alter von 60+ sind,[38] legen die 437 per 13.03.2014 auf Facebook registrierten „Gefällt mir“,[39] mit der beliebtesten Altersklasse 18–24,[40] zumindest die Vermutung nahe, dass die Veranstaltung auch von jüngeren Menschen wahrgenommen wird, die die Veranstaltung selbst nicht (mehr) persönlich besuchen. Facebook ermöglicht eine von virtueller Interaktion und Kommunikation geprägte Mitgliedschaft in der „Nachtschicht“-Community – auch aus der Ferne. Hierbei ist z. B. an die Vielzahl der jungen Teammitglieder gedacht, die im Laufe der Jahre in ihrer Ausbildungsphase den Großraum Stuttgart verlassen haben.[41]

1.1.5. Entwicklungsdynamik

Die Geschichte des „GoSpecials“ wie auch der „Nachtschicht“ zeichnet sich durch eine starke *Entwicklungsdynamik* aus, die mit einer „Entgrenzung“[42] verschiedener Bereiche einhergegangen ist und noch immer geht. Dies gilt nicht nur für die wachsenden Besucher/innenzahlen, sondern auch für strukturelle Aspekte.[43]

(a) Entgrenzung des Veranstaltungs-Raumes und der Veranstaltungs-Zeit(en)
Während der „GoSpecial“ in seinen Anfangsjahren zunächst in der Kirche (1995–1998) und dann einige Jahre in einem Bürgerzentrum (1998–2004) stattfand, wurde er im Anschluss in eines der größten Kinos der Rhein-Main-Region verlegt. Dieser Standort wird als niedrigschwelliger betrachtet und bietet mehr Platz für Besucher/innen, ging jedoch auch mit einer Verschiebung der Gottesdienstzeiten vom Nachmittag und Abend auf den späten Vormittag einher. Durch beide Ortswechsel kamen zwar mehr Personen, die „sonst ‚nie‘ oder ‚nur selten‘ einen Gottesdienst besuchen“,[44] die Gottesdienstzeit bedeutet jedoch für bestimmte Personengruppen, wie z. B. Familien, eine Einschränkung.[45]

---

37 Vgl. A-Exp-16.
38 Diese umfassen lt. A-6.2. 55 % (n=282) der gesamten Umfrageteilnehmer/innen.
39 Die Anzahl der „Gefällt mir“ ist seit diesem Erhebungszeitpunkt im Jahr 2014 zum 20.04.2016 auf 585 gestiegen. Vgl. https://www.facebook.com/Nachtschicht.Stuttgart/ [online: 20.04.2016].
40 Eine wahrheitsgetreue Angabe des Alters vorausgesetzt. Vgl. A-M6-Facebook Bildschirmfoto 2014-03-13 um 15.52.26.
41 Vgl. A-Exp-52.
42 Im Sinne einer Überschreitung der zu Beginn bestehenden Grenzen.
43 „Waren zu Beginn durchschnittlich 180 Gottesdienstbesucher anwesend, so wächst die Anzahl seitdem kontinuierlich. Inzwischen (2009) sind es im Schnitt 500 Besucher/innen, die die Kirche, oft auch die Nebenräume, bis zum letzten Platz füllen.“ VOGEL, RALF 2009 unveröffentlicht, 10. „Der „GoSpecial“ wurde im Jahr 2007 von etwa 500–700 Personen besucht. Vgl. VOGT, FABIAN 2007, 82.
44 Vgl. VOGT, FABIAN 2007, 82.
45 Vgl. VOGT, FABIAN 2007, 82.

Veranstaltungs-Zeit(en) der Nachtschicht
Die „Nachtschicht" wurde – was bereits die Namensgebung nahelegt – als Sonntagabendgottesdienst konzipiert. 85,2 % (n=237) der Umfrageteilnehmenden gaben an, dass ihnen diese Gottesdienstzeit gefalle.[46] Das abendliche Gottesdienstangebot entspricht dem biographischen Lebensrhythmus der Besucher/innen aus unterschiedlichen Gründen und z. T. besser als ein Gottesdienst am Sonntagmorgen.[47]

> „[D]urch die Nachtschicht-Gottesdienste [...] denke ich: ja, okay. [J]etzt gehst du mal wieder in den Gottesdienst und das ist auch eine andere Zeit, weil du die, so morgens, da möchte ich einfach, gerade sonntags, irgendwie meinen eigenen Rhythmus haben. Weil ich den sonst eben nie habe. Und abends ist das eher mal, klar [...]." Rahel A3-I-34

Die besondere Gottesdienstzeit der „Nachtschicht" unterstützt das Erleben des Sonntags als besonderen Wochentag, da ein Gottesdienstbesuch nicht zwingend bedeutet, analog der Arbeitswoche früh aufstehen zu müssen. Hat der Gottesdienst als ein wesentlicher Aspekt der Sonntagsruhe früher den Alltag strukturiert,[48] so strukturiert der Alltag heute den Gottesdienst. Trotz veränderter Zeitstrukturen in der Spätmoderne entspricht die „Nachtschicht" dem traditionellen Wochenrhythmus,[49] insofern sie am Sonntag stattfindet. Dadurch fügt sie sich noch immer in den Lebensrhythmus der überwiegenden Bevölkerung ein und stellt zugleich ein besonderes Angebot an der Schwelle zur neuen Arbeitswoche dar:

> „[...] Also es ist eigentlich sowieso eine Zeit, wo man das Wochenende ausklingen lässt. Wo man eigentlich, also zumindest bei uns ist es so, eigentlich nichts anderes tut, als vor dem Fernseher zu sitzen, Füße hochzulegen und drauf warten, dass man ins Bett geht, dass Montagmorgen ist. Und so ist es eigentlich dann immer noch [...] so ein runder Abschluss einer Woche." Ilse A8-I-89.[50]

Die Schilderungen der Teilnehmenden entsprechen den Ausführungen von Harald Schroeter-Wittke, nach dem „der Abend und die Nacht die bevorzugten Zeiten für Erleichterung, Erholung und Reaktion [sind] – Phänomene, um die es auch im Gottesdienst geht, die aber am Sonntagmorgen sehr viel schwieriger zur Geltung zu bringen sind".[51]

Neben dem konkreten Zeitpunkt, spielt der Charakter der Zeit als „knappes Gut" eine Rolle dafür, ob es zu einer Teilnahme an der „Nachtschicht" kommt oder nicht. Die Teilnahme erfolgt, „wenn es die Zeit zulässt".[52] Diesem Prinzip kommt das kon-

[46] A-4.13.
[47] Vgl. hierzu auch FRIEDRICHS, LUTZ 2007b, 10, sowie SCHROETER-WITTKE, HARALD 2003, 252–255.
[48] Vgl. SCHROETER-WITTKE, HARALD 2003, 242.
[49] Vgl. hierzu auch SCHROETER-WITTKE, HARALD 2003, 258.
[50] Die erste „Nachtschicht"-Reihe Homo Ecco hat dieses Phänomen aufgegriffen und mit dem Satz „Gott statt Glotze" geworben. Vgl. A-M9/10 „Nachtschicht"-Plakat und -Programm Homo Ecco 2000/01.
[51] SCHROETER-WITTKE, HARALD 2003, 258.
[52] Ilse A8-I-16. Für Beate-A24-I-101f. „muss zeitlich passen".

zentrierte Angebot der „Nachtschicht"-Gottesdienste entgegen.[53] Der Umfang der „Nachtschicht"-Zyklen von 4 bis 6 „Nachtschichten" im Jahr wird von 87,3 % (n=275) der Umfrageteilnehmenden als ausreichend angesehen.[54] Das primär auf das erste Drittel[55] des Jahres konzentrierte, fast „projekthafte" Angebotsprofil wird seitens der Interviewpartner positiv bewertet.

> „Es ist so ein bisschen wie Spargelzeit oder Erdbeerzeit. […] Klar, man kann, man könnte da natürlich theoretisch immer Spargel essen. Oder auch immer irgendwie Erdbeeren. Aber dadurch, dass man weiß, jetzt Anfang des Jahres ist wieder Nachtschicht-Zeit, hat es was Besonderes. Und ich bin kein Freund von diesen Dingen, die immer verfügbar sind. […] Und deswegen finde ich das eigentlich ganz gut, dass diese Nachtschicht-Gottesdienste, sagen wir mal fünf, maximal sechs Mal sind." Rahel A3-I-42ff.

Die „Nachtschicht" nutzt im positiven Sinn die *Verknappungslogik*. Durch das zeitlich komprimierte Veranstaltungsangebot wird die „Nachtschicht" als knappes „Gut" angesehen, das – in Abgrenzung zu den regulären Sonntagmorgen-Gottesdiensten – nicht immer zur Verfügung steht und in der Wahrnehmung der Besucher/innen „verpasst" werden kann. Das hat zur Folge, dass die Veranstaltungstermine dieses Gottesdienstes bei der Zeitplanung frühzeitig berücksichtigt werden.

> „Also durch diese Komprimierung auf die ersten vier, fünf Monate im Jahr hat es dann für die restlichen Monate im Jahr irgendwas Besonderes, wo man sich wieder drauf freuen kann. Das ist vielleicht auch das, wo ich eben auch den Unterschied zu den regulären Sonntagsgottesdiensten mache. <u>Die</u> sind jeden Sonntag. Da könnte ich theoretisch jeden Sonntag hin, wenn ich Lust hätte. Aber zu den Nachtschichten, man muss sich die Zeit nehmen. Man muss, wenn man diesen einen Gast haben will oder dieses eine Thema abgehandelt haben möchte, muss man sich seelisch, geistig, körperlich, terminlich drauf vorbereiten. Und wenn ich das jetzt öfters im Jahr hätte, ich glaube, dann wäre es mir irgendwann egal. Dann würde ich das tatsächlich irgendwann aufgeben." Ilse A8-I-93ff.

---

53 Die ersten zwei „Nachtschicht"-Zyklen erstreckten sich über die Jahreswende hinaus und bestanden aus 3 bzw. 4 „Nachtschichten", die in 3 bis 6 Wochenabständen, sonntagabends um jeweils 19 Uhr als Gemeindegottesdienst der Evangelischen Andreaskirche in Obertürkheim gefeiert wurden. Vgl. Programme der „Nachtschicht"-Reihen „Ecce Homo" (2000–2001) und „Humor" (2001–2002). Vgl. A-M1-Themenreihen und Programme 2000–2015. Ab 2003 wurde die „Nachtschicht"-Reihe auf ein kompaktes Format von meist 4 „Nachtschichten" nach Weihnachten bis i. d. R. März/April verlegt. Vgl. die „Nachtschicht"-Reihen der Jahre 2003–2012. Die Konzentration des „Nachtschicht"-Angebotes wurde für besser kommunizierbar gehalten. Vgl. A-Exp-16. Ort, Wochentag, Uhrzeit und Konzept des Gottesdienstes blieben – mit Ausnahme eines „Gastspiels" in einem Großkonzern in Stuttgart 2008 – bis 2013 im Wesentlichen bestehen. Vgl. VOGEL, RALF 2009 unveröffentlicht, 37, sowie Programmanalyse der „Nachtschicht"-Reihen 2000–2011 auf Basis von A-M1-Themenreihen und Programme 2000–2015.

54 Im Rahmen der Interviews präferierte lediglich eine Person ein Angebot der „Nachtschicht" alle 4 bis 6 Wochen. Vgl. Marie A13-I-130.

55 Zur Gesellungskraft der zeitlichen Angebotsstruktur der „Nachtschicht" gehört auch, dass sie primär in der dunklen Jahreszeit stattfindet, in der es weniger Konkurrenzveranstaltungen gibt als im Sommer. Vgl. Ilse A8-I-93. In der früh einbrechenden Dunkelheit ziehen zudem die erleuchteten Kirchenfenster der Andreaskirche ihren Blick auf sich und durchbrechen die Dunkelheit der Winter- und Frühjahrsmonate: „Ja und das Licht leuchtet raus. Das finde ich so schön da dran, dass es so dunkel ist und es leuchtet auch aus den Mauern raus. […]" Rieke A-GD-156ff.

Die Abwechslung von verdichtetem Angebot und Verknappung erzeugt über das Jahr einen *Spannungsbogen*, bietet Raum für *Vorfreude* und Zeit für die *Verarbeitung* des Erlebten:

> „Also wenn die Nachtschicht in ihre Pause geht, dann freue ich mich, schon auf den nächsten Zyklus und bin gespannt, was der Pfarrer Vogel für ein Thema sich ausgedacht hat. […]" Ilse A8-I-91ff.
> „[E]s kommt ja so viel Neues und Besonderes, dass ich denke, das kann auch mal ruhig eine Zeit haben, wo sich das setzen sollte. […]" Hannelore A15-I-235.

Seitens der Mitarbeiter/innen wird die Pause zwischen den einzelnen Zyklen auch als wichtige *Erholungsphase* angesehen, die Zeit für den ortsgemeindlichen „Alltag" lässt:

> „[…] Nachtschicht ist einfach auch Arbeit, ja! […] Das ist der eine Aspekt. Der, wo ich denke, das ist gut, dass es eine große Pause gibt. […] Ich […] weiß nicht, ob es für eine Gemeinde, also eine Ortsgemeinde jetzt wie hier, die ja doch recht klein und überschaubar ist, eine Überforderung wäre, wenn dieses Konzept jetzt jeden Monat über das Jahr verteilt wäre. Also das, glaube ich, das würde der Nachtschicht und ihrer Anziehungskraft sicherlich schaden." Simon A278-I-75

Es hat sich gezeigt, dass Tages- und Jahreszeit, Komprimierung und Verknappung wichtige Faktoren für die Gesellungskraft der „Nachtschicht" sind. Es stellt sich daher die Frage, inwieweit sich die ab 2012 beginnende und ab 2014 deutlich erkennbare Ausweitung und Verlagerung des Angebotsspektrums der „Nachtschicht" im Hinblick auf ihre Gesellungskraft langfristig auswirken wird. Waren es in den Jahren 2012 bis 2014 noch 5 „Nachtschichten" pro Zyklus, hat sich das Angebot seit 2015 auf 7 (bzw. evtl. 8) „Nachtschichten" erhöht und damit seit Beginn im Jahr 2000 mehr als verdoppelt. Diese graduelle Ausdehnung folgt laut Veranstalter keinen grundsätzlichen konzeptionellen Überlegungen, sondern ergibt sich aus den sich bietenden Gelegenheiten und Ideen.[56]

Veranstaltungorte und -räume der Nachtschicht

Neben der Ausdehnung des Angebotszeitraumes von Januar bis inzwischen September, kam es auch zu einer deutlich höheren Anzahl an „Nachtschichten", die an

[56] A-Exp-Ergänzung vom 14. Mai 2016, Ziffer 4. Dies gilt auch für die *Ausdifferenzierung der Veranstaltungstage und -zeiten* der „Nachtschicht". 2012 wurde das zeitliche Profil der „Nachtschicht" durch das „Konzept" des „Feierabendgottesdienstes" ergänzt, das fortan all jene „Nachtschichten" betitelt, die unter der Woche, z. T. auch am früheren Abend und überwiegend außerhalb der Andreaskirche an z. B. einem der o. g. Veranstaltungsorte stattfinden (z. B. Feierabendgottesdienste/-veranstaltungen der „Nachtschicht" 2012 um 19 Uhr und 2014 um 18 Uhr an einem Freitagabend in einem Großkonzern in Stuttgart. 2015 um 19 Uhr an einem Donnerstagabend im Weltcafé in Stuttgart). Diese Form der „Nachtschicht" als „Afterworkgottesdienst" ergibt sich i. d. R. dadurch, dass kein anderer Termin mit einem vorgesehenen Gast gefunden werden kann. Er folgt dabei einer anderen zeitlichen Logik und hat laut Veranstalter ein anderes Gepräge und Publikum. Vgl. A-Exp-Ergänzung vom 14. Mai 2016, Ziffer 5.

anderen Orten als der Andreaskirche in Obertürkheim stattfinden. Seit 2012 wird die „Nachtschicht" einmal pro Zyklus im Rahmen des Jugendkirchenfestivals in Stuttgart gefeiert. Hinzu kamen Veranstaltungsorte im Großraum Stuttgart, wie z. B. die Räumlichkeiten eines großen Industrieunternehmens, in einem Krankenhaus, im Theaterhaus in Stuttgart sowie „Nachtschichten" auf diversen Kirchentagen.[57] Diese zunehmende Standortverlagerung korreliert mit einer 2013 festgestellten relativ hohen Mobilitätsbereitschaft der Umfrageteilnehmenden, von denen 54,3 % (n=278) angeben, dass sie für die „Nachtschicht" auch an einen anderen Ort im Großraum Stuttgart fahren würden. 10,1 % verneinen dies und 35,6 % sind diesbezüglich unsicher.[58] Die Kreuzanalyse mit den im Fragebogen angegebenen Postleitzahlen weist eine geringere Mobilitätsbereitschaft der im PLZ-Bezirk Obertürkheim wohnenden Besucher/innen aus als derjenigen, die aus anderen PLZ-Gebieten zur „Nachtschicht" kommen. Im Zeitraum der Datenerhebung konnte jedoch keine ausgesprochen hohe Bindung der Besucher/innen an den Veranstaltungsort Andreaskirche (re-)konstruiert werden.[59] Im Rahmen der Interviews wurde in diesem Zusammenhang vielmehr die begrenzte *Kapazität* an Sitzplätzen als Problem dieser Örtlichkeit thematisiert,[60] durch den eine frühzeitige Ankunft und entsprechende Wartezeiten hinzunehmen seien. Die hohe Bereitschaft der Gottesdienstbesucher/innen, bis zu einer Stunde früher zu kommen, um einen (guten) Platz zu erhalten, kann nicht nur als Zeichen der Gesellungskraft dieses Gottesdienstes gewertet werden, sondern hat einen sozialen Eigenwert, insofern sich diese „Wartezeit" im Unterschied zum gottesdienstlichen Geschehen durch teils rege Interaktionen und Kommunikationen zwischen den Gottesdienstteilnehmern auszeichnet.[61] Wird eine entsprechende Wartezeit seitens der Besucher/innen noch hingenommen, wird der Umstand, dass gelegentlich aufgrund eines hohen Besucher/innenandrangs Personen wieder nach Hause geschickt werden mussten, als äußerst bedenklich eingeschätzt und kann eine nachhaltige Gesellungsverhinderung darstellen:

> „[...] Mein Sohn [...] ist auch gern gekommen. [...] [N]achdem der mal gekommen ist und nicht mehr rein kam, ist er irgendwie, da hat er gesagt: Da gehe ich nicht nochmal hin. Ich tu mir den Abend freihalten und schaue, dass ich pünktlich da bin. Und dann ist

57 Vgl. Programm der „Nachtschicht"-Reihen der Jahre 2012–2016.

58 Vgl. A-1.6.

59 Im Rahmen der Umfrage geben 29,9 % an, dass ihnen an der „Nachtschicht" der Kirchenraum nicht/eher nicht gefällt. Dies lässt jedoch nicht zwangsläufig auf den spezifischen Kirchenraum der Andreaskirche schließen. In den Umfragen zu den anderen zwei Gottesdienstfeldern wurde diese Frage daher modifiziert.

60 Dabei handelt es sich um einen der wenigen Hinweise von Besucher/innen auf eine im Zusammenhang mit der „Nachtschicht" wahrgenommene gesellungsverhindernde Kraft. Dies bedeutet nicht, dass es darüber hinaus keine geben würde, sondern die Konzentration auf die Gesellungskräfte liegt in dem Umstand begründet, dass diejenigen Personen, die nicht mehr vorhatten zur „Nachtschicht" zu kommen, zu keinem Interview bereit waren. Vgl. Kreuzanalyse von A-5.9 mit A-7.

61 Es fiel auf, dass sich viele Personen sehr herzlich begrüßen und bekannt und vertraut miteinander umgingen. Vgl. A-TB1-19; A-TB2-15,19; A-TB5-22, 30, 34; A-TB6-17. Auf die Interaktion und Kommunikation der Teilnehmenden während des Gottesdienstes wird im nächsten Kapitel eingegangen.

die Tür zu und es heißt: Es ist überfüllt. Nö, das brauche ich nicht jetzt. […]" Marie A13-I-56

Die Möglichkeit bei einer öffentlichen Veranstaltung, für die es keine Eintrittskarten gibt, aufgrund von Überfüllung abgewiesen zu werden, dürfte sich grundsätzlich mit unserem kulturellen Erfahrungshorizont decken. Dies gilt auch in Bezug auf überfüllte Gottesdienste an hohen Feiertagen. Die Schilderungen über die Zurückweisung von Maries Sohn führen jedoch zu dem Verdacht, dass die Zurückweisung an der Kirchentüre, bei allen objektiv ersichtlichen und nachvollziehbaren Gründen, mit einer besonderen „Kränkung" einhergeht über deren Potential hier nur spekuliert werden kann. Auch diejenigen, deren Aufgabe es ist, Personen aufgrund von Überfüllung des Kirchraumes abzuweisen, beschreiben dies als belastend:[62]

> „Ich bin, ja, ich sage mal so, zu den eigentlich negativsten Erfahrungen für mich gehören die Nachtschichten, wo ich einfach dann als Verantwortlicher sagen musste hinten an der Tür: Auch wenn Ihr noch vierzig, fünfzig Leute seid oder auch schon achtzig, neunzig Leute, ich kann euch nicht mehr rein lassen. Es geht nicht. Das ist bitter." Simon A278-I-110

Im Unterschied zum „GoSpecial" werden die „externen" Veranstaltungsorte der „Nachtschicht" jedoch nicht mit der Platzfrage der Andreaskirche in Obertürkheim begründet,[63] sondern ergeben sich i. d. R. aus externen Angeboten und ihren darin liegenden Möglichkeiten.[64] Das Feiern der „Nachtschicht" im Werk eines großen Industriekonzerns auf Einladung eines Vorstandmitgliedes im Jahr 2008 wurde von Ralf Vogel als Chance und Herausforderung dargestellt. Diese Form der *lebensweltlichen Orientierung* „war die logische Konsequenz des stetigen Bemühens, den Weg zu den Orten im Alltag der Menschen zu gehen. […] Damit ist aber auch eine gefährliche Gratwanderung verbunden, da der Gastgeber ein Industriebetrieb ist, der seine eigenen Interessen wahren möchte".[65] Die Erschließung weiterer externer, häufig säkularer Gottesdienstorte für die „Nachtschicht" legt nahe, dass in der Wahrnehmung der Verantwortlichen die positiven Aspekte die Risiken der *Verzweckung und* den *höheren Ressourcenbedarf* (Arbeitskraft, Organisationsaufwand, finanzielle Mittel) für eine externe „Nachtschicht" bislang überwogen haben.[66] Es wird davon

---

62 Rahel A3-I-54: „Und die Leute haben uns jetzt da die Türen und alles eingerannt. Man musste ja dann auch viele wieder wegschicken. Leider. War ein bisschen blöd."

63 Die Deckung des zusätzlichen Platzbedarfes ist dabei ein willkommener Nebenaspekt. Vgl. A-Exp-Ergänzung vom 14. Mai 2016, Ziffer 2 (a).

64 Vgl. A-Exp-Ergänzung vom 14. Mai 2016, Ziffer 2.

65 „Am Deutlichsten wurde dies bei der Abfassung der Fürbitten [durch externe Beteiligte]. Den Fürbitten war anzuhören, dass nicht nur Gott der Adressat war, sondern auch die Werks- und Konzernleitung. Neben den theologischen Bedenken im Blick auf diese Gebete ist es auch ein Balanceakt, einem Konzern kritisch gegenüberzutreten, der im selben Augenblick weit über 10 000 Euro ausgibt, um einen schönen, professionell vorbereiteten Gottesdienst zu feiern." VOGEL, RALF 2009 unveröffentlicht, 11.

66 Vgl. A-Exp-94, 128.

ausgegangen, dass die lebensweltliche Erfahrung Auswirkung auf das Selbstverständnis der Gemeinde hat:

> „[…] In einer Gottesdienstgemeinde, die miteinander zwischen Motorblöcken gefeiert hat, wird auch in den Kirchenmauern ein anderer Wind wehen. Man fühlt sich als Gottesdienstbesucher weniger heilig und mehr eingebunden in das weltliche Geschehen. Manche Menschen konnten so für die ‚Nachtschicht' interessiert werden, die nun den Kontakt halten. Auch für die Ortsgemeinde hat dieser Gottesdienst das Klima verändert. 170 Gemeindeglieder aus Uhlbach und Obertürkheim sind mit drei Bussen ins Werksgelände gefahren. Die Stimmung dabei war blendend. Eine Mitfahrerin meinte: ‚Das ist wie Kirchentag!' Eine solche Aussage macht große Lust, weiterhin neue Gottesdienstorte anzusteuern." (VOGEL, RALF Ostern 2009, 11).

Darüber hinaus werden besondere Gottesdienstorte im säkularen Raum als *niedrigschwellig* angesehen. Vergleichbar mit dem „GoSpecial" werden dort in der Wahrnehmung der Veranstalter „viele Menschen [erreicht], die den Schritt in die Kirche erst mal nicht ‚wagen'" würden.[67] Im Rahmen der 2014 durchgeführten teilnehmenden Beobachtung wurden jedoch sowohl im Katharinenhospital in Stuttgart als auch auf dem Jugendkirchenfestival in Stuttgart Nord auffallend viele bekannte Gesichter und Kleingruppen aus den „Nachtschichten" in Obertürkheim entdeckt. Viele dieser Besucher/innen begrüßten sich und sprachen miteinander, was einen gewissen Bekanntheitsgrad untereinander nahelegt.[68] Im Zusammenhang mit der „Nachtschicht" in der Jugendkirche fiel zudem auf, dass der spezielle Kontext des Jugendkirchenfestivals sich nicht im Altersprofil der Gottesdienstbesucher/innen widerspiegelte.[69] Es waren einige zusätzliche ehrenamtliche Mitarbeiter/innen im jungen Erwachsenenalter auszumachen, die sich um die Technik, Beleuchtung und Bewirtung kümmerten. Die Gesellungskraft der Ausdehnung der „Nachtschicht"-Standorte erscheint auf Basis der 2013 und 2014 gewonnenen empirischen Eindrücke insbesondere in ihrem *eventhaften*[70] und *öffentlichkeitswirksamen Charakter* zu liegen:

> „[…] Also es wäre mir vollkommen egal, ob jetzt der Nachtschicht-Gottesdienst in einer Höhle stattfinden würde, auf einem freien Feld, auf dem Bahnhof, im Zug. Im Flugzeug. [..N]atürlich ist es für mich angenehm aufgrund der räumlichen Nähe, dass es in meiner Gemeindekirche stattfindet. Aber es ist genauso spannend mal zu sehen. [..W]ie im [Industriebetrieb], wo ich ja selber noch nie drin war, wenn gearbeitet wird. Aber man sich vorstellen kann, weil man die ganzen Gitterboxen an der Seite sieht. Da tobt normalerweise das Leben. Wie das umgewandelt wird. Das ist einfach spannend zu sehen. Aber jetzt tatsächlich für den Gottesdienst […] ist mir das vollkommen wurscht. Freue ich mich einfach nur auf das Gesamtkonstrukt an sich. Und da wäre es wirklich egal, wo ich,

67 A-Exp-Ergänzung vom 14. Mai 2016, Ziffer 2.
68 Vgl. A-TB5- und A-TB8-20.
69 Vgl. A-TB8-59: „In der Begrüßung wird auf das für ein Jugendkirchenfestival doch ungewöhnlich hohe Alter hingewiesen." Vgl. zum Altersspektrum auch A-TB8-63.
70 Hierauf wird im Folgekapitel näher eingegangen werden.

> wo man mich hinschickt. Oder hin bittet. Da würde ich fast, wenn es irgendwie möglich ist, fast überall hinkommen. […] Weil, die Stimmung in dem Raum ist eigentlich die gleiche. […]" Ilse A8-I-123-127

Kirche in der *Mitte der Gesellschaft* zu sein, ist ein Anspruch, der nicht immer mit dem subjektiven Erleben in Einklang gebracht werden kann. Je nach Veranstaltungsort kann ein solcher zunächst ein *Fremdheitsgefühl* bzw. ein *Befremdungsgefühl* hervorrufen. Ein Gast der „Nachtschicht" im Theaterhaus 2016 führte es insbesondere auf die ungewohnte „Location" zurück, dass sich bei ihm/oder ihr kein gottesdienstliches Erleben einstellt.[71]

> „Ich glaube, das lag hauptsächlich an der Location, mit der ich eben vieles andere verbinde als Gottesdienst. Ich war selbst überrascht, dass ich das so erlebt habe, denn ‚eigentlich' finde ich die Idee super, Gottesdienste aus den sakralen Tempeln herauszuholen und damit ‚nach draußen' zu gehen! Vielleicht muss ich mich auch erst an dieses Format gewöhnen?" Zitat eines Gottesdienstbesuchers aus A-Exp-Ergänzung vom 14. Mai 2016, Ziffer 2 (b)

Der Fremdheitscharakter beeinflusst das Wohlfühlgefühl nicht zwangsläufig negativ, verweist aber auf die Frage nach der Bedeutung des Kirchenraumes für das gottesdienstliche Erleben. Nach Fulbert Steffensky braucht es die Kirche als heiligen und fremden Raum, da „[ich mich] nur in der Fremde erkennen [kann]. Der Raum erbaut mich, insofern er anders ist als die Räume in denen ich wohne, arbeite und esse."[72] – Und hier könnte hinzugefügt werden: „in denen ich mir ein Theaterstück anschaue". Hier wirkt nicht die Fremdheit des Raumes, sondern es entsteht „Befremdung" dadurch, dass Ort und Gottesdienst für den Besucher nicht zusammenpassen, auch wenn die Idee prinzipiell positiv bewertet wird.

> „[A]lso wenn ich jetzt halt in die Kirche einkehre, da weiß ich, was wo ist. Und [an einem anderen Veranstaltungsort] muss man halt schon ein bisschen gucken." Marie A13-I-200ff.

Neben der kirchlichen Sozialisierung der Besucher/innen sind lebensweltliche Anknüpfungspunkte Faktoren, die einen Einfluss auf die Ausstrahlungskraft eines gottesdienstlichen Ortes haben können.

> „Ja es war, also zuerst mal ein bisschen sehr fremd. Weil, ich kenne mich ja nicht aus bei [diesem Industriekonzern], wenn da, es waren auch Bekannte da, wo er [diesem Industriekonzern] gearbeitet hat. Für ihn war das ja ein Heimkommen. Der war ja, ist inzwischen Rentner und ja. Aber sie haben das so hingekriegt, dass man sich da auch wohl gefühlt hat. […]" Marie A13-I-88-190

---

71 Das entsprechende Zitat findet sich im Kapitel zur „Nachtschicht".
72 STEFFENSKY, FULBERT 2006, 23.

Im Falle des ehemaligen Werk-Mitarbeiters werden zwei sonst separate Lebens- und Sinnwelten miteinander verbunden. Der Gottesdienst-Ort wird dadurch punktuell in einen *biographischen Sinnzusammenhang* gestellt.

„Nachtschichten“ an außerkirchlichen Veranstaltungsorten werden als Chancen, aber auch Herausforderungen gesehen, insofern sie neben technischen und räumlichen Möglichkeiten zur Niedrigschwelligkeit des Gottesdienstes beitragen können, Neugier und Spannung wecken und die lebensweltliche Rückbindung der Themen in Szene setzen. Eine Herausforderung ist es, dabei einer Verzweckung durch die Gastgeber entgegenzuwirken und das irritierende Potential eines außerkirchlichen Gottesdienstraumes zu reflektieren und konstruktiv in die gottesdienstliche Gestaltung mit einzubeziehen.

(b) Entgrenzung des Angebotsspektrums

Um einer Eventisierung des „GoSpecials“ entgegenzuwirken, nahm im Laufe der Jahre die Bedeutung von Folgeangeboten zu, Gäste bei ihrer Glaubensvertiefung und auf ihrem Weg in die reguläre Gemeinde zu unterstützen und zu begleiten.[73] Da es sich aufgrund der kulturellen Unterschiede der unterschiedlichen Gottesdienstformen als schwierig herausstellte, „GoSpecial“-Gäste für den klassischen Gemeindegottesdienst zu gewinnen, wurde das Gottesdienstprogramm der Andreasgemeinde in Niederhöchstadt ausdifferenziert, um verschiedene Zielgruppen ansprechen zu können.[74] Dies entspricht einem inklusiven Gottesdienstangebot, das versucht, milieuspezifische Bedürfnisse im Rahmen des gottesdienstlichen Angebots in der Gemeinde zu berücksichtigen.

Im Rahmen der „Nachtschicht“-Zyklen werden ebenfalls *Zusatzangebote* gemacht, jedoch sehr punktuell. Damit wird kein grundsätzliches Programm verfolgt, sondern die Zusatzangebote ergaben sich im Laufe der Zeit „organisch“ aus der „Nachtschicht“-Arbeit.

> „Na, also das Schöne ist ja, dass wenn man merkt, die Themen der Nachtschicht sind nicht abgevespert, sondern, die finden hinterher auch noch Ausdruck. [..N]ach dieser Nachtschicht zum Thema Körper und Geist [..h]aben wir gesagt: Jetzt müssen wir aber auch mit dem Körper was erleben sozusagen und in die Natur gehen, meditieren in der Schweiz und so, um das Ganzheitliche zu befördern. Und dass so was seinen Ausdruck fand und die Menschen mitgekommen sind, gleich vom ersten Mal auch in großer Anzahl mitgekommen sind, war schon was Besonderes. Und jetzt hat das so ein Eigenleben entwickelt. Es ist jetzt wie so was noch mal wie ein extra-, […] ein eigener Förderkreis noch mal der Nachtschicht. Das sind Menschen, die sich dadurch, dass sie mit der Nachtschicht on Tour gehen, besonders emotional damit verbunden sind. Und als wir jetzt die Nacht-

[73] VOGT, FABIAN 2007, 91f.
[74] VOGT, FABIAN 2007, 85.

schicht im Katharinenhospital gemacht haben. Ohne die wäre es schwierig geworden. […]" A-Exp-106

Die Gesellungskraft der Zusatzangebote manifestiert sich auch in der Identifikation und dem Engagement für die „Nachtschicht", woraus sich ihrerseits Gesellungskräfte entwickeln. Mit dem Zusatzprogramm wird das Ziel verfolgt, Erlebensräume zu erschließen, die über das gottesdienstliche Geschehen hinausgehen, wie z. B. die Natur oder die Jugendkultur, die aber über die „Nachtschicht"-Plattform in einen gottesdienstlichen Bezug gestellt werden sollen:

„[..D]ie Nachtschicht sollte sich wirklich nicht auf das reine gottesdienstliche Geschehen festlegen, wenn sie den Anspruch hat, etwas zu sein, so was das ganze Leben einholt, ja. Dann ist das einfach schön, wenn man das sieht. Das sind auch Bereiche, das betrifft auch Bereiche außerhalb eines Gottesdienstes, die man nicht im Gottesdienst wiederholen kann, wie zum Beispiel eine Silent-Disko, wo man tanzt. […] Aber schon immer wissend: Das ist Nachtschicht. Und für alle, die da beteiligt sind, ist es klar: Das ist kein, nicht wie in einem Verein, sondern das handelt sich hier um einen direkten Bezug zum gottesdienstlichen Geschehen." A-Exp-106

Mit dem Zusatzangebot sollen gezielt Bedürfnisse einzelner, kleinerer Gruppierungen innerhalb der „Nachtschicht"-Besucher angesprochen werden, ohne das Profil der „Nachtschicht"-Gottesdienste zu irritierten. Dies korreliert mit dem Angebotsbedürfnis, das auf Basis der Umfrage (re-)konstruiert werden konnte, und nach dem lediglich ein Viertel der Befragten angab, sich ein ergänzendes Programm zu wünschen.[75]

(c) Entgrenzung des Verantwortungs- und Einzugsbereiches
„Ein profiliertes Projekt lässt sich nicht auf Gemeindegrenzen festlegen."[76] So eine in Bezug auf den „GoSpecial" getroffene Aussage. Dies scheint auch für die „Nachtschicht" zu gelten. Beide Gottesdienste finden in Ballungszentren statt, in denen „Menschen sehr mobil [sind] und gern in eine etwas entfernt liegende Gemeinde [fahren], wenn sie sich dort mit ihrer Kultur angenommen fühlen".[77]

„[…] Ich habe meine Monatskarte. Überall, wo was Interessantes [stattfindet], fahr ich einfach hin. Das macht mir nichts aus. Und ich muss zwar einmal umsteigen und das heißt, dass man abends halt unter Umständen länger warten muss. Aber wenn ich irgendwas gerne will, dann mache ich das ((lächelt)). […]." Marie A13-I-60

Nahezu alle Teilnehmenden der im Rahmen der „Nachtschicht" 2013 durchgeführten Umfrage geben an, aus der Region Stuttgart zu kommen.[78] Davon stammen

[75] 25,6 % (n=176) der Umfrageteilnehmer/innen wünschen sich ein Zusatzprogramm. Vgl. A-3.
[76] VOGT, FABIAN 2007, 91.
[77] VOGT, FABIAN 2007, 91.
[78] PLZ-Gebiet 70: 62,2 %, 71: 5,7 %, 72: 1,5 %; 73: 25,4 %; 74: 0,8 %; 22: 0,4 % (n=262).

jedoch 26,7 % (n=262) aus dem PLZ-Bereich von Obertürkheim.[79] Die „Nachtschicht" ist durch ihre Entstehungsgeschichte sowohl im Hinblick auf die dort gewachsenen Beziehungsstrukturen als auch aufgrund des Veranstaltungsraumes stark mit Obertürkheim verwoben. Aus Sicht des „Nachtschicht"-Pfarrers Ralf Vogel hat der Umstand, dass er die „Nachtschicht" als Ortsgemeindepfarrer in Obertürkheim mit der Unterstützung des Kirchengemeinderates initiiert hat, wesentlich zur Erfolgsgeschichte dieses Gottesdienstes beigetragen. Die Andreaskirche in Obertürkheim dient dabei nicht nur als bewährter Veranstaltungsraum, sondern auch als stabilisierender „Anker" und vertrautes „Basislager" für die „Nachtschicht"-Arbeit, das zur Schonung der Ressourcen wichtig ist und durch das die „Auswärtsspiele" der „Nachtschicht" erst möglich sind.[80] Die über Jahre gewachsene strukturelle Vernetzung der „Nachtschicht" innerhalb der Ortsgemeinde Obertürkheim wird auch seitens der ehrenamtlichen Mitarbeitenden betont.[81] Was jedoch als besonderer Ortsgemeindegottesdienst begann, hat sich im Laufe der Jahre zu einem *über-parochialen Gottesdienstangebot* entwickelt. Diese Entwicklung korreliert mit der Einrichtung einer im Herbst 2012 geschaffenen *landeskirchlichen Pfarrstelle*[82] (50 %) für die „Nachtschicht"-Arbeit.[83] Unabhängig der konkreten Umstände, die zur Schaffung dieser landeskirchlichen Stelle geführt haben, korreliert diese strukturelle Änderung mit der 2013 erhobenen überregionalen Teilnehmer/innenstruktur der „Nachtschicht". Mit der Übertragung der „Nachtschicht" in den Verantwortungsbereich einer landeskirchlichen Pfarrstelle wurden strukturelle Weichenstellungen vollzogen. Die Verantwortung des Gottesdienstes lag nun nicht mehr bei der Ortsgemeinde, sondern beim „Nachtschicht"-Pfarramt", das dem Bad Cannstatter Dekanat zugeordnet wurde.[84] Dies geht faktisch mit einer *Macht-Konzentration* einher, insofern eine landeskirchliche Stelle institutionell-rechtlich nicht unmittelbar an einen Kirchengemeinderat gebunden ist. Dadurch ist an dieser Stelle ein *strukturelles Vakuum* entstanden. Der im Laufe der Jahre im Rahmen der „Nachtschicht"-Arbeit installierte *„Nachtschicht-Beirat"* – ein informelles Gremium, das sich aus Förderern/Förderinnen und Mitarbeiter/innen der „Nachtschicht" aus ganz unterschiedlichen Lebensbereichen zusammensetzt – hat dadurch noch einmal an Bedeutung gewonnen, insofern dieser nicht nur als „Think-Tank", sondern auch als kritischer Begleiter operiert.[85] Das Verhältnis der „Nachtschicht" zur Kirchengemeinde in Obertürkheim wurde aufgrund der landeskirchlichen Stelle neu bestimmt. Als bera-

---

79 Vgl. A-6.3.

80 Vgl. A-Exp-94. Diese Einschätzung bestätigte „Nachtschicht"-Pfarrer Ralf Vogel auch nochmals vor dem Hintergrund der Erfahrung mit einer gestiegenen Anzahl an „Auswärtsspielen". Vgl. A-Exp-Ergänzung vom 14. Mai 2016, Ziffer 2 (a).

81 Vgl. Rahel A3-I-124.

82 Vgl. A-Exp-86.

83 Vgl. A-M3-Einladung „Nachtschicht"-Pfarramt vom 29.09.2012.

84 Vgl. zum Profil der landeskirchlichen Pfarrstelle A-Exp-80-92. Zur Verantwortlichkeit für die „Nachtschicht" siehe auch A-Exp-45.

85 Vgl. A-Exp-82/84. Der Frage nach der Bedeutung neuer Organisationsformen jenseits des Kirchenvorstandes wird im Rahmen der komparativen Einsichten nachgegangen werden.

tendes Mitglied im Kirchengemeinderat von Obertürkheim[86] nimmt der „Nachtschicht"-Pfarrer fortan eine „Scharnierfunktion" zwischen Ortsgemeinde und „Nachtschicht" ein. Durch die Anbindung der „Nachtschicht" an eine landeskirchliche Pfarrstelle wurde sie „über Nacht" zum ***Gast*** im „ehemaligen Zuhause". Dadurch wurde die Beziehung zwischen Ortsgemeinde und „Nachtschicht" neu definiert:

> „Ich bin nun kein Gemeindepfarrer in Obertürkheim mehr. Die ‚Nachtschichten' finden aber in bewährter Gastfreundschaft auch zukünftig in der Andreaskirche statt und die Obertürkheimer Konfirmanden/innen sowie das ‚Nachtschicht'-Team werden auch in Zukunft engagiert mitwirken. So bleibt die Nachtschicht ein Stück Heimat im Neckartal [...]."[87]

Die Ausgliederung der Verantwortung für die „Nachtschicht" in eine landeskirchliche Pfarrstelle hatte auch Einfluss auf die Wahrnehmung innerhalb der Ortsgemeinde in Obertürkheim:

> „Ich denke mir, am Anfang wurde vielleicht noch etwas stärker akzeptiert, dass die Nachtschicht insgesamt so ein bisschen Gemeindethema dann war. [...] Ich denke, da ist vielleicht jetzt gerade so ein biss:::chen, meiner Empfindung nach, ein bisschen auch Sättigung eingetreten. Das hängt vielleicht auch damit zusammen, dass ja die Situation ist jetzt anders einfach. Ralf Vogel ist eben nicht mehr der Gemeindepfarrer, der auch gemeinsam mit seiner Frau war. Sondern hat halt doch nur noch ein Dienstauftrag hier, zwar einen wichtigen, einen oder gewichtigen. Aber es ist klar, er ist, er ist nicht mehr in allen Feldern der Gemeindearbeit so präsent, wie er es einmal war." Simon A278-I-53

Es wird abzuwarten sein, wie sich das Verhältnis von Ortsgemeinde und „Nachtschicht"-Gemeinde aufgrund der geschilderten Veränderungen entwickeln wird.[88] Als ein Ziel der „Nachtschicht" wird formuliert, dass „[Menschen, die sich der Kirche fern fühlen], durch eine verständliche Liturgie und verlässliche Strukturen ein Angebot gemacht werden [soll], sich schnell ‚heimisch' zu fühlen. Dann wird sich ihr gleichgültiges Verhältnis zu Gottesdiensten mit Gottes Hilfe irgendwann ändern".[89] Es stellt sich die Frage, wo hinein eine Beheimatung konkret erfolgt?

> Zum Zeitpunkt der in der „Nachtschicht" durchgeführten Umfrage 2013 geben 72,9 % (n = 246) an, die „Nachtschicht" als Gemeinde zu empfinden.[90] 52,7 % (n=233) geben an, dass sich ihr *Kontakt* zur Kirche und 23,5 % (n=225) ihr *Kontakt* zu ihrer Ortsgemeinde

---

86 Vgl. A-Exp-80-92.

87 Absender: „NACHTSCHICHT-Pfarramt im ev. Kirchenkreis Stuttgart." A-M3-Einladung „Nachtschicht"-Pfarramt vom 29.09.2012.

88 Im Fall des „GoSpecial" wurde durch den vorgenommenen Standortwechsel inzwischen die Zusammenarbeit mit anderen Gemeinden begonnen, da der Gottesdienst nicht mehr auf dem Gemeindegebiet von Niederhöchstadt stattfindet. Vgl. VOGT, FABIAN 2007, 90.

89 VOGEL, RALF 2009 unveröffentlicht, 12.

90 Die Kreuzanalyse von A-5.1 mit dem sonstigen Gottesdienstbesuch-Besuch A-2.1 hat keine signifikanten Unterschiede innerhalb der Kohorten aus A-2.1 ergeben.

verstärkt hat.[91] 51,9 % (143 Personen, bei n=239) geben an, dass sich ihr *Zugehörigkeitsgefühl* zur Kirche verstärkt hat.[92] Davon besuchen 22 Personen 1 x pro Jahr oder seltener außer der „Nachtschicht“ Gottesdienste.[93] 30,1 % (68 Personen von n=226) geben an, dass sich durch die „Nachtschicht“ ihr *Zugehörigkeitsgefühl* zu ihrer Gemeinde verstärkt hat.[94] Die Kreuzanalyse ergibt, dass davon 11 Personen 1 x pro Jahr oder seltener außer der „Nachtschicht“ Gottesdienste besuchen.

Dieser Befund indiziert eine positive Beeinflussung der Beziehung zur jeweiligen Ortsgemeinde und Kirche durch die „Nachtschicht“. Abwanderungen von Gottesdienstbesuchern/innen aus ihren ortsgemeindlichen Gottesdiensten in die „Nachtschicht“ können damit aber nicht ausgeschlossen werden, da dies nicht Gegenstand der Befragung war. Vor dem Hintergrund der räumlichen, zeitlichen und quantitativen Ausdehnung der „Nachtschicht“ wäre eine gesonderte Erhebung einer Beziehungsverlagerung – insbesondere im Hinblick auf das Verhältnis zur eigenen Ortsgemeinde – spannend, da die Zahl der inzwischen angebotenen „Nachtschichten“ ungefähr dem darüber hinausgehenden Gottesdienstpartizipationsprofil von mehr als 50 % der befragten „Nachtschicht“-Besucher/innen entspricht.[95] Eine Entgrenzung des Verantwortungs- und Einzugsbereiches kann damit einhergehen, dass die „Nachtschicht“ von einem besonderen gottesdienstlichen Angebot mit zeitlich konzentriertem „Workshopcharakter“ zum primären gottesdienstlichen Erlebensraum der „Nachtschicht“-Besucher/innen wird und dadurch auch vom Gottesdienst einer Ortsgemeinde immer mehr zu einer „Parochie-unabhängigen Gottesdienstgemeinde auf Zeit“ mit ausschließlich thematischer Struktur, hinter der ein am Kirchenjahr orientiertes Erleben zurücktritt:

> „[I]ch [bin] <u>sehr</u> kritisch gegenüber einer zu großen Ausweitung. [...] Und ich denke, so ist klar das Thema Natur jetzt zum Beispiel als Schlagwort, das kann ich jetzt zwei, drei Monate lang ganz bewusst auch wahrnehmen. In die ‚Nachtschicht‘-Gottesdienste gehen, in die ich gehen möchte. Und dann hat es aber auch ein gutes Ende wieder. Und man kann sich wieder Neuem öffnen. Und ich denke, ja auch schon so ein Kirchenjahr hat ja auch so ein bisschen seine Höhepunkte. Und Gemeinde, so ein Kirchenjahr in der Gemeinde auch.“ Simon A278-I-75

(d) Entgrenzung des konfessionellen und institutionellen Profils

Im Selbstverständnis wird die „Nachtschicht als ein Ort gemeinsamer Suche der Unentschiedenen“[96] wahrgenommen. In Abgrenzung zu der Position eines stärker

---

91 A-5.3 und 5.4.

92 A-5.5.

93 A-5.5 in einer Kreuzanalyse mit A-2.1.

94 A-5.6 in einer Kreuzanalyse mit A-6.3

95 Laut Umfrage gehen 17,1 % 1 x oder seltener; 52,1 % mehrmals im Jahr; 14,6 % 1–2 x im Monat; 16,1 % jede oder fast jede Woche in andere Gottesdienste als die „Nachtschicht“. Im Erhebungsjahr 2013 wurden 5 „Nachtschichten“ in einem Zeitraum von Januar bis Mai angeboten. Vgl. A-2.1 (n=279).

96 VOGEL, RALF 2009 unveröffentlicht, 35.

erkennbaren evangelischen Profils, wird postuliert, dass das „Markenzeichen ‚Nachtschicht' gerade deshalb erfolgreich für ‚typisch evangelisch' in der Großstadt [stehe], weil es für *Pluralität, Vielfalt und Offenheit* [stehe] und die Menschen in ihrer Entscheidungskompetenz ernst [nehmen würde]".[97] Das Konzept von „*Pluralität, Vielfalt und Offenheit*" des Gottesdienstes realisiert sich noch an anderer Stelle. Nahezu alle Befragten in der Umfrage geben an, dass sich „Menschen in der ‚Nachtschicht' willkommen fühlen können, so wie sie sind".[98] Die konfessionelle/religiöse Teilnehmerstruktur indiziert zudem eine *überkonfessionelle Gesellungskraft* der „Nachtschicht". 77,4 % (n = 279) der Umfrageteilnehmenden ordnen sich der evangelischen Konfession, 17,9 % der römisch-katholischen und 4,7 % einer sonstigen Religion/Konfession zu. Dies lässt jedoch keine Rückschlüsse über eine Kirchenmitgliedschaft zu, insofern ein Abgleich der erhobenen Angaben zur Person (A-6.5) mit den im Rahmen der Einzelinterviews gewonnenen Informationen ergeben hat, dass sich die angegebene Konfession z. T. auf die Taufe und nicht auf eine bestehende oder nicht bestehende Kirchenmitgliedschaft bezogen hat.[99] Der „Nachtschicht"-Pfarrer Ralf Vogel postuliert, dass „ein Drittel der Nachtschichtbesucher selten oder nie in einen Gottesdienst [gehen]".[100] Diese Wahrnehmung entspricht jedoch nicht den 2013 für diese Studie erhobenen Daten.[101]

> 16,1 % (n=279) der Umfrageteilnehmenden geben an, jede oder fast jede Woche, 14,6 % 1–2 x im Monat, 52,1 % mehrmals im Jahr einen Gottesdienst (ausgenommen der „Nachtschicht") zu besuchen und lediglich 17,1 % 1 x im Jahr oder seltener. Es werden meistens Gottesdienste an kirchlichen Feiertagen (79,8 %, n=282), nur unwesentlich weniger Kasualien (78 %), aber ebenfalls zu 52,5 % normale Sonntagmorgengottesdienste besucht. (25,9 % Gottesdienste am Urlaubsort und 24,6 % andere besondere Gottesdienste). 59 % (n=287) der Befragten nehmen entweder in Obertürkheim oder aber in anderen Kirchengemeinden an anderen Gemeindeangeboten teil.[102]

Die Umfrageergebnisse legen eine deutlich höhere *kirchliche Sozialisation* nahe, als sie z. B. im Rahmen des Motorradfahrer/innengottesdienstes (re-)konstruiert wer-

---

[97] VOGEL, RALF 2009 unveröffentlicht, 35; im Original z. T. hervorgehoben. Dies geschieht in Abgrenzung zur These von GUNDLACH, THIES 2008, dass „[j]ede Marke [...] ein konturiertes Gesicht [braucht]. Markenprofilierung ist die notwendige Reaktion auf den Verlust von Marktanteilen. [...] Kirche kann von Unternehmensmarken lernen, dass Pluralität, Vielfalt und Offenheit als ‚Marke evangelisch' nicht funktioniert. Es ist dies gleichsam die markentheoretische Begründung der Profilkonzeption".

[98] A-5.2: 99,6 % von n=261.

[99] Ein entsprechender Konkretisierungsbedarf hatte sich im Rahmen des durchgeführten Pretests leider nicht gezeigt. Die Umfragebögen der anderen Gottesdienstfelder wurden entsprechend angepasst.

[100] VOGEL, RALF 2009 unveröffentlicht, 36.

[101] Um punktuelle Schwankungen auszuschließen, müssten regelmäßige standardisierte und vergleichbare Erhebungen über einen längeren Zeitraum erfolgen. Da es bei der hier erfolgten Datenerhebung nur um Tendenzen und nicht um statistische Repräsentativität ging, wurde aus forschungspragmatischen Gründen von einer Mehrfacherhebung abgesehen.

[102] A-2.4.: 9 Personen gaben an sowohl in Obertürkheim als auch in anderen Kirchengemeinden an anderen Gemeindeangeboten teilzunehmen, weshalb die absolute Personenzahl entsprechend reduziert und die prozentuale Angabe neu berechnet wurde.

den konnte. Die Realisierung einer Gesellungskraft der „Nachtschicht“ für kirchendistanzierte Personen wird durch die 2013 durchgeführte Umfrage zwar quantitativ nicht bestätigt, relativiert aber ihre Bedeutung für den Einzelfall nicht. Das Partizipations- und Bindungsprofil der „Nachtschicht“ legt nahe, dass „sich die spannungsreiche Mischung aus mehrheitlich ‚engagierten Kirchenmenschen‘ und solchen ‚mit geringer oder fast keiner kirchlichen Bindung‘ (Schützler 43) stabilisierend aus[wirkt]“[103]. Die Erfahrungshorizonte von „Nachtschicht“ und „GoSpecial“ scheinen insofern gewisse Parallelen aufzuweisen, als dass abweichend von den konzeptionellen Zielen ein Großteil der Besucher als „kirchliche Insider“ bezeichnet werden können, über diese jedoch wieder neue Besucher gewonnen werden können.[104] Die Bedeutung von Familie/Freunden und Bekannten als Informationsquelle über und Teilnahmeimpuls zur „Nachtschicht“ wurde bereits an anderer Stelle ausgeführt. Auch geben 15,8 % (n=287, Mehrfachantworten möglich) an, zur „Nachtschicht“ gegangen zu sein, weil Menschen aus ihrem Umfeld sie eingeladen haben.[105]

Eine niedrigschwellige Informationsquelle über die „Nachtschicht“ stellt das Internet dar. Dort können sich Interessierte „anonym“ über das Profil der „Nachtschicht“, die „Nachtschicht“-Homepage oder aber auch auf dem Bildungsportal-Kirche.de der Landeskirche Württemberg informieren[106] und sich mittels der dort eingestellten Beiträge und Fotografien ein erstes Bild von der Veranstaltung machen. In der Analyse der Werbekampagnen zur „Nachtschicht“ fällt nun auf, dass der institutionelle Kontext zunehmend hinter der *„Marke*“ „Nachtschicht“ zurücktritt. Auf Werbeplakaten für einzelne „Nachtschichten“ an säkularen Veranstaltungsorten fehlt mitunter ein klar erkennbarer Bezug zu ihrem kirchlichen Hintergrund und dem gottesdienstlichen Charakter der Veranstaltung.[107] Eine etwaige Gesellungskraft geht dabei primär von der Botschaft eines *kulturellen Bildungsprogramms* und nicht einem gottesdienstlichen Angebot aus. Es besteht somit die Möglichkeit, dass Menschen, die bislang noch nichts von der „Nachtschicht“ gehört haben, sich unter anderen Voraussetzungen auf den Weg zu ihr machen und erst nach übertreten der „Schwelle“ über den gottesdienstlichen Charakter der Veranstaltung Kenntnis erlangen. Auch wenn sich Hinweise auf den gottesdienstlichen Charakter und den kirchlichen Charakter finden lassen, so treten diese hinter dem thematischen Werbekonzept stark zurück, sodass sie leicht übersehen werden können, was jedoch nicht zwangsläufig zu einer negativen Reaktion der Betroffenen führen muss:

---

[103] FRIEDRICHS, LUTZ 2007b, 22. Diese Vermutung äußert Friedrichs im Rahmen der von ihm zu alternativen Gottesdiensten durchgeführten Analyse.

[104] Vgl. VOGT, FABIAN 2007, 91.

[105] A-1.3.

[106] Vgl. http://www.bildungsportal-kirche.de/bildungsanbieter/nachtschicht.html [online: 21.04.2016] sowie http://nachtschicht-online.de/index.php?location=1 [online: 21.04.2016].

[107] Vgl. z. B. A-M12-„Nachtschicht“-Plakat zum 8. Mai 2016. Laut Veranstalter „fiel das Wort Gottesdienst mehr unbewusst als bewusst“ dem Abstimmungsprozess mit der Werbeagentur „zum Opfer“. „Ich befürchte auch, dass wir uns alle nicht wehren können, im Unterbewusstsein zu glauben, irgendwann wüssten viele Menschen WAS die ‚Nachtschicht‘ ist (nämlich ein GD!).“ Vgl. A-Exp-Ergänzung vom 14. Mai 2016.

> „Und es sind ja auch, ist ja auch eine interessante Begegnung oder Erfahrung. Dass ich immer wieder stehe im Regelfall oder sitze ganz hinten am, am Ausgang. Oder am Eingang. Und, dass dann oft Menschen kommen und fragen: Ist da das Gespräch. Oder ist da der Vortrag von dem und dem. Oder: Ist da das Konzert von dieser oder jener Gruppe oder jenem Sänger. Und das erstaunt mich immer wieder, dass die dann reinkommen, sich einladen lassen. Obwohl ich ihnen immer sage: jawohl. Hier ist ein Gottesdienst. Da wirkt der und der mit. Und in fast allen Fällen bleiben die nahezu die ganzen zwei Stunden dann da. Und feiern Gottesdienst mit. Und ich denke, das ist einfach auch eine ganze große Chance, wo wir mit ‚Nachtschicht' einfach haben." Simon A278-I-69[108]

An außerkirchlichen Veranstaltungsorten der „Nachtschicht" kann eine konfessionelle und landeskirchliche Zuordnung durch die Abwesenheit von konfessionellen Identitätsmarkern, wie z. B. das Tragen eines Talars des verantwortlichen Liturgen, landeskirchlichen Gesangbüchern, Gemeindebriefen etc., insbesondere für kirchlich nicht sozialisierte Besucher/innen auch nach der „Schwelle" nicht klar erkennbar sein. Zwar finden sich aus Sicht einer liturgisch geschulten Person die liturgischen Grundelemente eines evangelischen Gottesdienstes in der „Nachtschicht" wieder[109] und anhand der Liedblätter ist schnell erkennbar, dass es sich um einen Gottesdienst handelt,[110] aber für liturgisch „ungeschulte" Personen könnte die landeskirchliche und konfessionelle Zuordnung Schwierigkeiten bereiten. Die Niedrigschwelligkeit bedarf zugleich einer „Schwellensensibilität",[111] um einen ungewollten Konflikt mit der selbstbestimmten religiösen Praxis der potentiellen Besucher/innen zu vermeiden.

Im Hinblick auf die dargestellten „Entgrenzungen" gleicht die „Nachtschicht" anderen alternativen Gottesdiensten, in deren Zusammenhang „immer wieder davon gesprochen wird, dass Grenzen überschritten werden: spirituelle, konfessionelle, aber auch klassische Gemeindegrenzen".[112] Ferner wären bezogen auf die „Nachtschicht" noch die raum-zeitlichen und institutionellen Grenzen hinzuzufügen. Dabei ist sie „nicht auf Gemeinde, Bekenntnis und Konfession ausgerichtet, sondern auf Sinnsuche, Orientierung und offene Formen der Gemeinschaft"[113].

---

[108] Vgl. A-TB5-33: 18:40 Uhr im Katharinenhospital in Stuttgart: „Eine Frau fragt, ob ich eine Karte gekauft habe. Ich sage ihr, dass man keine Karte braucht. Sie kommentiert das in positiver Weise mit ‚Aha' und ich sehe sie später nach dem Gottesdienst mit einem Arm voller Werbeplakate für die nächsten ‚Nachtschichten' und ganz emsig im Nachgespräch mit anderen Teilnehmenden."

[109] Votum, „Nachtschicht"-Psalm, „Nachtschicht"-Gloria (a Dios), Eingangsgebet (gesprochen – gesungen), Stilles Gebet, Fürbitten mit „Nachtschicht"-Kyrie, Vaterunser, „Nachtschicht"-Segensbitte.

[110] Vgl. A-Anlage zum TB1.

[111] Vgl. FRIEDRICHS, LUTZ 2007b, 13f.

[112] FRIEDRICHS, LUTZ 2007b, 22.

[113] FRIEDRICHS, LUTZ 2007b, 9.

1.1.6. Zwischenfazit

Die Entstehungs-, Etablierungs- und dynamische Entwicklungsgeschichte der hier exemplarisch diskutierten diskursiven besonderen Gottesdienstformen indiziert, dass von ihnen eine besondere Gesellungskraft ausgeht. Dabei fällt auf, dass diese nicht alleine in der Gottesdienstform begründet liegt. Diese liegt vielmehr im Zusammenspiel von theologischen Konzeptionen, ortsgemeindlichen Bezügen, charismatischen Zentralfiguren, das Doppelmoment eines hohen Engagements von Haupt- und Ehrenamtlichen, ein Parochie-übergreifendes Kommunikations- und Interaktionsgeschehen sowie eine von Entgrenzung in verschiedenen Bereichen geprägte Entwicklungsdynamik. Im Laufe der Entwicklungsgeschichte von „GoSpecial" und der „Nachtschicht" können unterschiedliche Tendenzen in Bezug auf die ortsgemeindliche Rückbindung erkannt werden. Während beide Gottesdienste als Angebot einer Parochialgemeinde starteten und eine regional-überparochiale Anziehungskraft entwickelten, hat sich im Zusammenhang mit einer Standortverlagerung der „GoSpecial" als ein eigener „*kirchlicher (Gottesdienst-)Ort*"[114] etabliert, der von mehreren Ortsgemeinden mit dem Ziel eines Gemeindeaufbaus getragen wird. Im Fall der „Nachtschicht" fällt auf, dass seit der personellen Entkopplung des Pfarramts für die „Nachtschicht" von der Ortsgemeinde eine Tendenz zur „Verselbständigung" der „Nachtschicht" hin zu einer *urbanen Personalgemeinde in der Region* unter dem Label der „Nachtschicht" besteht. Diese hat einen konstanten Bezugspunkt in der Person des „Nachtschicht"-Pfarrers Ralf Vogel,[115] während eine konkrete ortsgemeindliche Rückbindung zu Gunsten der Erweiterung des Veranstaltungsraumes auf den Großraum Stuttgart in den Hintergrund rückt, was besonders eindrücklich in Ilses Beschreibung zum Ausdruck kommt:

> „[…] Egal, ob das jetzt kirchliche Räumlichkeiten sind oder Firmen, Krankenhaus, was auch immer. […] Aber es breitet sich immer irgendwie so ein, so ein warmer Mantel über die ganze Gemeinschaft und ja, es wird eben zur Gemeinschaft. Auch wenn da Hunderte fremde Menschen, die sich noch nie gesehen haben, in einem Raum sitzen. Egal, wie groß er ist. Aber irgendwie schafft es der Herrn Vogel tatsächlich da so ein, ja so ein Nest draus zu bauen. Wo man sich einfach fallen lassen kann. Wo man es genießen kann, wo man mitmachen kann." Ilse A8-I-125ff.

Die Auswertung der Umfragedaten hinsichtlich der Bindungskraft der „Nachtschicht" zeigt zwar, dass die Bindungskraft dieses Gottesdienstes bezogen auf die

---

114 In Anlehnung an POHL-PATALONG, UTA 2004.

115 Im rechtlichen Sinne könnte auch von einer Paragemeinde gesprochen werden, insofern die „Nachtschicht" eine innere Struktur zur Organisation ihres Gemeindelebens ausgebildet hat und an eine „Sonderpfarrstelle" gebunden ist, dessen Inhaber die Anknüpfungsstelle an die Dachorganisation ist. Vgl. hierzu MUNSONIUS, HENDRIK 2011, 104f. Die in diesem Falle gewählte Bestimmung als Personalgemeinde ist nicht im rechtlichen Sinn zu verstehen, sondern liegt in der empirischen Perspektive begründet, aus der sich eine zentrale Stellung des und auch Fokussierung der „Nachtschicht-Community" auf den „Nachtschicht"-Pfarrer ergibt.

Einzelpersonen über die Jahre tendenziell abnimmt, er aber immer neue Besucher anzieht.[116] 27,7 % (n=188) geben an, im Jahr der Umfrage das erste Mal an einer „Nachtschicht“ teilgenommen zu haben und 89 % der Befragten (n=264) wollen wiederkommen.[117] Die nun folgenden Einsichten aus der Analyse des kollektiven Phänomens der „Nachtschicht“ helfen, die Gesellungskräfte dieses Gottesdienstes anhand weiterer Indikatoren besser zu verstehen.

1.2. Die soziale Kraft des kollektiven Phänomens „Nachtschicht“

> „Ich war total angetan. Ich glaube ja, dass Kirche sich in der Gesellschaft einbringen muss wieder, es gibt keine Automatik, dass die Menschen einfach in die Kirche kommen. Und so ein Gesprächsforum zu haben und das zu umrahmen mit einem Gottesdienst. Das hat mir persönlich sehr gefallen.“ Andreas Cichowicz, A-M-4-Videotranskript 2012, 12.

In diesem, beim geselligen Nachklang zur „Nachtschicht“ vom Kirchenfernsehen der Evangelischen Landeskirche in Württemberg in 2012, eingefangenen O-Ton[118] von Andreas Cichowicz, NDR-Chefredakteur und Gesprächsgast in der „Nachtschicht“-Reihe 2012, kommen drei wesentliche Punkte zum Ausdruck, die für das Konzept und das Ziel der „Nachtschicht“ stehen: 1. Kirche soll eine Stimme im gesellschaftlichen Diskurs sein und dafür 2. im Kontext bzw. „Rahmen“ eines Gottesdienstes, 3. ein Gesprächsforum bieten. Nachdem im vorangegangenen Kapitel diejenigen sozialen Kräfte der „Nachtschicht“ erörtert wurden, die entlang ihres Entstehungs- und Entwicklungsprozess wirksam geworden sind, wird nun im folgenden Abschnitt der Gottesdienst als *kollektives Phänomen* in das Zentrum der Darstellung gerückt. Dabei steht nicht primär die Beschreibung des „alternativen Gottesdienstes“ im Mittelpunkt, sondern die Darstellung und Erörterung des (re-)konstruierten Wirkspektrums der Gesellungskraft des gemeinsamen Handelns im Kontext der „Nachtschicht“. Die jeweiligen Indikatoren sind nicht ausschließend zu verstehen, sondern werden nach dem (re-)konstruierten Maß ihrer Bedeutung den folgenden Gesellungskräften zugeordnet. Im Rahmen der Datenanalyse konnten drei zentrale Faktoren für die soziale Kraft der „Nachtschicht“ als kollektives Phänomen kondensiert werden. 1. Ihre alternativen Gottesdienstelemente, 2. ihr theatraler Charakter und 3. ihr hybrideventhafter Charakter. Diese drei Faktoren werden im Folgenden auf Basis der empirischen Daten erörtert werden:

---

[116] Vgl. A-1.1: Von n=188 Personen haben das erste Mal im Jahr 2013: 52; 2012: 24; 2011: 26; 2010: 21; 2009: 14; 2008: 13; 2007: 9; 2006: 3; 2005 und 2004: je 4, 2003: 3; 2002: 1; 2001: 2 und 2000 12 Personen teilgenommen.

[117] Vgl. A-5.8: 9,5 % vielleicht und 1,5 % nicht mehr.

[118] REDAKTION KIRCHENFERNSEHEN.DE. https://kirchenfernsehen.de/video/nachtschicht-trailer-2012/ [veröffentlicht am 10. Februar 2012].

1.2.1. Die alternativen Gottesdienstelemente

Die Analyse der „Nachtschicht“-Liturgie ergab einen für „alternative Gottesdienste“ typischen Aufbau mit wechselnden Akteuren. Zur besseren Orientierung wird dafür zunächst die liturgische Grundstruktur der „Nachtschicht“ tabellarisch dargestellt:[119]

Alternative Gottesdienststruktur	*(Alternative)* liturgische Elemente	(Zentrale) Akteure
I. Ankommen	Vorspiel Votum Begrüßung Vorstellung Lied „Nachtschicht“-Psalm „*Nachtschicht*“-Gloria (a-Dios) Eingangsgebet (gesungen) Stilles Gebet	Liturg im Wechsel oder gemeinsam mit den Gottesdienstteilnehmer/innen
II. A. Vorbereitung	Musikalisches Zwischenspiel Inszenierung I „Nachtschicht“-Kanon Musikalisches Zwischenspiel Inszenierung II „Nachtschicht“-Lied	Musiker „Nachtschicht“-Team Liturg gemeinsam mit den Gottesdienstteilnehmer/innen
II. B. Dialog „statt“ Predigt	Beitrag des thematischen Gastes (evtl. musikalisches Zwischenspiel) Gespräch mit Gast/Gästen	Liturg – Gesprächsgast
II. C. Verarbeitung	Musikalisches Zwischenspiel	Musiker
III. Sendung und Segen	Fürbitten mit „*Nachtschicht*“-Kyrie Vaterunser Abkündigungen „Nachtschicht“-Segensbitte Musikalisches Nachspiel	Liturg im Wechsel oder gemeinsam mit den Gottesdienstteilnehmer/innen Musiker

Die Grundstruktur dieses alternativen Gottesdienstes folgt damit im Wesentlichen einem agendarischen evangelischen Predigtgottesdienst.[120]

[119] Auf Basis der „Nachtschicht“ zum Thema „Über das lustvolle Spiel mit Worten“ mit Martin Luding und Robeat am 20.01.2013. Vgl. A-TB1-Anlage.

[120] Vgl. z. B. EVANGELISCHES GESANGBUCH 1996, 684ff.

(a) Thematische Orientierung: Relevanz & Interesse[121]

Jeder „Nachtschicht“-Zyklus ist thematisch entlang eines Leidthemas konzipiert, wobei in jedem Gottesdienst eine Facette bzw. eine Perspektive (z. B. ethisch, politisch, theologisch etc.) zum Thema gemacht wird. Der am häufigsten in der Umfrage angegebene Grund für die Teilnahme an der „Nachtschicht“ ist das Interesse am Thema und den Gästen (87,1 %, n=287).[122] In der Frage danach, was den Befragten an der „Nachtschicht“ gefällt, nehmen die Themen (noch vor dem Aspekt „Gäste“) mit 98,2 % (n=241) den „ersten“ Platz ein.[123] Dies korreliert mit der Konzeption der „Nachtschicht“.[124] 89,9 % (n=237) geben an, dass die Themen etwas mit ihrem Leben zu tun haben.[125] Sie bieten Anknüpfungspunkte für eine subjektive Identifikation bzw. einen Vergleich mit dem eigenen Leben oder einen Transfer in das eigene Leben.

> „[...] Letztes Jahr zum Beispiel ging es um, glaube ich, unser täglich Brot war das Thema. [...] Und da hat mich [in der ‚Nachtschicht‘] sehr beeindruckt dieser Film ‚We feed the world‘. Und den habe ich dann auch ausgeliehen und zu Hause den Kindern gezeigt. Weil mir das ein echtes Bedürfnis war. Weil, ich finde, also ich selber bin da schon ein bisschen sensibler wie manche so. Wenn ich es jetzt [...] vergleiche [mit Personen in meinem Arbeitsbereich], die leichtfertig Essen wegwerfen, weil wir ja fast jeden Tag das übrige Essen entsorgen müssen. [...] Und ich habe das dann auch weitergetragen an Menschen, mit denen ich dadrüber reden konnte. Oder immer mal wieder einfließen lassen in Gespräche. Von daher muss ich sagen, es hat mir schon was gebracht. Auch für mein tägliches Leben. Und so gibt es viele andere Themen auch. [...]“ Hannelore A15-I-202-216

Das Interesse an einem Thema setzt jedoch nicht zwangsläufig persönliche Anknüpfungspunkte voraus. Die Kreuzanalyse der Umfragedaten zur Beurteilung der Themen und dazu, ob diese etwas mit dem Leben der Befragten zu tun haben, hat gezeigt, dass diese beiden Aspekte zwar überwiegend, aber nicht ausschließlich in eins fallen.[126] Für 90,9 % (210 Personen von n=231) trifft (eher) zu, dass ihnen die Themen gefallen und diese etwas mit ihrem Leben zu tun haben. 9,1 % (21 Personen) beurteilen die Themen positiv, sehen aber keine Verbindung zu ihrem Leben gegeben.[127] In diesen Fällen kann das ***Interesse*** z. B. auch in der Fremdheit der thema-

---

121 Hieran zeigt sich exemplarisch das reziproke Verhältnis von kollektivem Phänomen und subjektiver Perspektive.

122 A-1.3.

123 A-4.1. Zur Einordnung: In A-4.1-26 wurde bezogen auf 25 „Nachtschicht“-Elemente/-Aspekte danach gefragt, ob diese gefallen oder nicht. Am Ende gab es die Möglichkeit, noch offen sonstige Aspekte anzumerken. Die Antworten weisen ein differenziertes Meinungsbild auf, in dem Sinne, dass zwar die meisten Aspekte von mehr als der Hälfte der Umfrageteilnehmenden positiv bewertet wurden, einige Punkte aber überwiegend keine Zustimmung fanden. Hierzu gehören u. a. der Kirchenraum, der Austausch mit anderen, meine Freunde und Bekannte [in der „Nachtschicht“] treffen und das Klatschen.

124 Vgl. Ralf Vogel, A-M5-Videotranskript 2013, 8.

125 A-4.25.

126 A-4.1/4.25.

127 Dabei handelt es sich nahezu ausschließlich um Personen im Alter ab vierzig. Vgl. Kreuzanalyse der positiv beantworteten A-4.1 Fälle mit den Altersklassen aus A-6.2.

tisierten Lebenswelt liegen.[128] Die „Nachtschicht“-Themen fließen auch in Gespräche mit Dritten ein, wie z. B. Kollegen oder Freunden, wodurch deren Interesse an der „Nachtschicht“ geweckt wird:[129]

> „Also ich mache das ja teilweise [an meiner Arbeitsstelle], wenn ich dann mit den Kollegen darüber spreche. [...] Also es sind dann oft einfach Leute, die ich jetzt nicht als unbedingt super religiös einschätze, sondern die halt sich interessieren für Themen, allgemeine Themen, politische Themen, gesellschaftliche Themen. Und die auf die Art und Weise dann sagen: Ach, das klingt aber interessant. Da will ich aber auch mal hinkommen.“ Rahel A3-I-126

Der thematische Zuschnitt der „Nachtschicht“ wird – in Abgrenzung zu „normalen Gottesdiensten“ – als Voraussetzung dafür angesehen, sich entsprechend der eigenen Bedürfnisse auf die Veranstaltung „einstellen“ und darauf „vorbereiten“ zu können.

> „Also was mich besonders freut, sind diese zusammenhängenden Themenbereiche. Ich finde, da kann man sich so ein bisschen darauf einstellen. Wenn ich sonntags in die Kirche gehe und die Predigt höre, weiß ich vorher überhaupt nicht, was mich erwartet.“ Hannelore A15-I-98-112

Im Subtext dieses Aspektes schwingt das Thema der als selbstbestimmt empfundenen religiösen Praxis mit. Der damit verbundene Freiheitsaspekt eröffnet Raum für eine selbstverantwortete Auseinandersetzung mit den Themen – auch im Sinne eines selektiven Teilnahmeverhaltens.

> „Es kommt im Internet schon so ein bisschen was über die Inhalte. [...] Könnte vielleicht sogar sagen: ja. Das Thema interessiert mich jetzt weniger. Da gehe ich jetzt halt mal nicht hin. Oder nicht sooft oder so.“ Hannelore A15-I-98-112
> „Ja, also wir haben tatsächlich einen, einen Zyklus ausgelassen, weil uns das Thema nicht interessiert hat.“ Ilse A8-I-16

Durch die verschiedenen „Facetten“ des Jahresthemas wird ein thematischer „Gesellungsbogen“ über den „Nachtschicht“-Zyklus gespannt, der eine Schwerpunktsetzung seitens des Veranstalters und der Besucher/innen ermöglicht:

> „Mit sicherlich prägend waren immer wieder auch die jeweiligen theologischen Nachtschichten mit einem deutlich theologischen Schwerpunkt. Das finde ich einfach auch spannend, dann so diesen Spagat das Thema vierfach zu entfalten und dann aber wirklich in einer Nachtschicht ganz bewusst immer den theologischen Hintergrund noch näher zu beleuchten.“ Simon A278-I-20[130]

---

[128] Vgl. z. B. Marie A13-I-110-116.
[129] Vgl. hierzu auch Simon A278-I-65, oder Beate A24-I-40.
[130] Simon zeichnet sich durch eine „starke“ kirchliche Sozialisation aus.

An diesen Beispielen zeigt sich zunächst, dass für die Teilnahme nicht ein grundsätzliches Interesse, einen Gottesdienst zu besuchen, sondern das Interesse an einem spezifischen Thema im Vordergrund steht. Der Gottesdienst wird in diesem Zusammenhang primär als thematische Veranstaltung wahrgenommen. Für die Frage nach der Sozialität scheint hier der Aspekt der *kommunizierten Relevanz* wichtig zu sein, wobei die große Bedeutung der Themen nicht zwangsläufig mit einer Marginalisierung des gottesdienstlichen Kontextes einhergehen muss. Vielmehr ist die Frage, warum es nicht gelingt, den themenspezifischen Charakter „normaler" Gottesdienste und seine Relevanz so zu kommunizieren, dass er auch seitens der zu Wort gekommenen „Nachtschicht"-Besucher/innen wahrgenommen wird?[131]

(b) Gäste: Personalisierung und Prominentisierung

Die strukturelle „Mitte" der „Nachtschicht" stellt das thematisch ausgerichtete Interview mit wechselnden Gesprächsgästen durch den „Nachtschicht"-Pfarrer dar. Diese werden vom Thema her aufgrund eines fachlichen, beruflichen oder persönlichen Erlebnis- und Wissenshorizontes als Gesprächspartner/innen ausgewählt:

> „Es müssen glaubwürdige Menschen zu Wort kommen. Und deswegen lade ich in der „Nachtschicht" Menschen ein, die von sich reden können. Von ihrem Versuch, das Leben zu meistern. Wenn da dann glaubwürdige Worte fallen, dann hat jeder auch Lust, selber auch wieder ernst zu machen mit den Worten." Ralf Vogel, A-M-5-Videotranskript 2013, 8.

Den Gästen wird im Rahmen der Umfrage eine hohe Gesellungskraft zugeschrieben. Sie stellen mit 97,2 % (n=250) auch eines der beliebtesten „Elemente" des Gottesdienstes dar.[132] Im Rahmen der Interviews führten die Besucher/innen mehrere Gründe dafür an, die zum einen unter dem Stichwort der ***Personalisierung der Themen*** gefasst werden können. Mit diesem wird u. a. die *Authentizität* der Gäste verbunden:

> „Und dieser eine Gottesdienst mit der Türkin. Namen weiß ich nicht. Die hat ein Buch geschrieben [...], sie wacht türkisch auf und geht deutsch schlafen. Oder so. [...] Also die hat es mir ganz besonders angetan gehabt. [...] /I: Was fanden Sie da besonders spannend dran?/ So wie sie dieses erzählt hat, da war so viel Gefühl dabei. Das kam so ganz von innen. Und auch das Buch hat sie so geschrieben, wie sie es erzählt hat da im Gottesdienst. Und nicht irgendwie so ein bisschen mit Abstand, bisschen steifer wie halt viele Bücher geschrieben sind. Also so ganz natürlich. Als rede ich mit ihr. Ja und wie sie versucht hat, ihren beiden Welten gerecht zu werden. Und wir haben ja hier viele Türken in Stuttgart. Und einfach, um das ein bisschen besser zu verstehen, was diese Leute meistern müssen sozusagen in ihrem Leben hier." Marie A13-I-110-116

Der Erlebnisbericht des Gastes öffnet für die Besucherin ein „Fenster" in eine andere Lebenswelt. Dadurch wird sie für die Herausforderungen anderer Lebenszusammen-

[131] Zur „‚Relevanz' als Herausforderung für die Kirche(ntheorie)" siehe HAUSCHILDT, EBERHARD & POHL-PATALONG, UTA 2013, 110–115

[132] Vgl. A-4.2.

hänge *sensibilisiert* und kann zugleich Verbindungslinien zu ihrem eigenen Leben ziehen:

> „[...] Da war zum Beispiel auch ein türkischer Bub bei meinem jüngeren Sohn. Der kam in die Schule. Der war ein paar Wochen vorher von Istanbul hergeholt worden. Der Vater hat schon länger beim [einem Großkonzern] gearbeitet und hatte seine Familie hergeholt. Und jetzt wurde der Bub in eine deutsche Schule reingesetzt. Der hat bloß immer geguckt, was die anderen machen. Und dann hat er geguckt, das gleiche zu machen. Na ja und mit der Lehrerin gesprochen, wie es so geht. Mein Mann war Elternsprecher. Und dann hat sie gesagt: Sie möchte für den [Abbas] jemand haben, wo der nachmittags hin kann, damit er erst mal ein bisschen Deutsch lernt. Und das habe ich dann gemacht und das so eingerichtet, dass ich an diesem Abend, Nachmittagen, wo er kam, dass wir nicht bloß die Hausaufgaben gemacht haben, sondern immer noch was anderes. Zum Beispiel Kuchen gebacken. Oder, dass ich gebügelt habe. Oder, dass wir spazieren gegangen sind. Und, dass er da einfach immer wieder neue Worte und der war sehr intelligent. Der hat schnell gelernt. [...]" Marie A13-I-317ff.

Die Beiträge der Gäste werden auch unabhängig eigener Berührungspunkte als *Inspiration* für die eigene Lebenswelt wahrgenommen, insofern sie die eigenen Lebenszusammenhänge durch die Augen des Gastes anders betrachten und Aspekte für ein „gelingendes Leben" vor Augen geführt bekommen:

> „[...] Aber was mir auch gut gefallen hat, es ist mal eine Clownin aufgetreten. Im Gottesdienst. Und das war für mich auch mal, wo ich gedacht habe: ja. Genau das ist es, weil es in meiner Arbeit auch wichtig ist. Und, was oft in den Schulen dann auch ganz anders gesehen wird oder auch in den Elternhäusern. Wie sollen denn die Kinder was lernen oder wie sollen wir Menschen überhaupt was lernen, wenn wir es ohne Freude tun? [...]" Hannelore A15-I-216-233

Durch die Gesprächsgäste wird eine *außeralltägliche* Situation geschaffen, insofern sie die Besucher/innen mit „ganz anderen" Menschen und Themen in Berührung bringt als in ihrem Alltag. Dadurch wird ein Interesse geweckt und ethische Fragestellungen für das eigene Leben aufgeworfen, die auch jenseits der „Nachtschicht" wirksam werden. Hierfür ist wichtig, dass die Gäste als „besonders" wahrgenommen werden:

> „[..M]an lernt einfach viele, viele Menschen kennen, mit denen man so im Alltag eigentlich sonst nie eine Berührung hätte. Weil man sie gar nicht kennt. Also gerade jetzt, wie das im letzten ‚Nachtschicht', diese Frau, die mit den Wölf-, oder die, die Wölfe erforscht hat. Ich fand dieses Thema furchtbar spannend. [...] So wie sie erzählt hat, wie sie mit der Natur umgeht. Wie sie mit den Tieren umgeht. Da habe ich dann wieder ein paar Parallelen gezogen so auch, wie ich dann mit der Natur umgehen möchte, mit den Tieren umgehen würde. Das sind eigentlich dann immer so Sachen, wo ich dann denke: super. Ich freue mich auch schon riesig. Ich habe das Buch auch da. Wenn ich endlich mir mal die Zeit nehmen kann, dieses Buch zu lesen. [...] Das war sehr beeindruckend. [...]" Ilse A8-I-44-50

Die Gottesdienst-Teilnehmer/innen werden durch die Gäste nicht nur kognitiv angesprochen, sondern durch deren persönlichen Erzählungen auch *emotional berührt.*

> „[D]ie Geschichten, die da erzählt werden, berühren oft sehr stark. Das ist etwas, wo man nicht irgendwie sagt: okay. Ich gehe jetzt nur im Kopf da dran und sage: ja okay, du musst jetzt vielleicht das und das mehr machen oder weniger machen oder achten darauf, dass du, wenn du Fleisch isst, dass es dann von glücklichen Tieren stammt oder wie auch immer. Nee, es sind ja oftmals so Lebensgeschichten. Und, also jetzt bei der Gudrun war es ja auch so, dass als ich dieses das zum ersten Mal gesehen hatte [...]. Und du siehst dann das Mädel da auf dieser Lichtung liegen und dann kommen diese Wölfe da dran und die schnuppern und jeder denkt: uh. Wolf und hin und her. Und dann hinterher kriegst du mit, dass dann die da diesen Tumor hat. Und wie sie dann aus dieser Begegnung mit diesen Wölfen irgendeine Kraft zieht, um mit dieser doch wahnsinnigen Bedrohung fertig zu werden. Das lässt einen nicht kalt, ne! Und selbst auch, als ich jetzt diese Filmsequenz wieder gesehen habe. Ich habe die jetzt bestimmt sieben, acht, neun Mal gesehen. Sie berührt einen immer wieder, ne! [...] Nee, es ist schon so, dass jedes Mal denkst du: ohh:: (erschrocken). Irre. Es berührt." Rahel A3-I-100

Während einige Gäste durch ihre Unterschiedlichkeit eine besondere Anziehungskraft ausstrahlen, ermöglichen andere eine konkrete *Identifizierung* mit ihnen, in dem Sinne einer persönlichen Verbundenheit:

> „[..D]a war dieser Pater Wallner unter anderem auch da. Und das hat mich wiederum insofern angesprochen, weil der kommt aus dem Kloster Heiligenkreuz. [...] Und dieses Heiligenkreuz ist ganz in der Nähe von dem Ort, aus dem mein Vater stammt. [...] Und insofern war ich natürlich, Heiligenkreuz kenne ich. Da war ich als Kind auch. Und insofern war ich da auch wiederum wach und dachte mir: Ach, was ist das denn jetzt?! Und bin dann hingegangen und habe mir das eben auch angeschaut. Und was er da so erzählt hat. [...] So." Rahel A3-I-10

Zum anderen ist die *Prominentisierung* der „Nachtschicht" durch ihre Gäste ein wichtiger Gesellungsfaktor. Durch die *Prominenz* der Gäste wird das Erleben der „Nachtschicht" einerseits als besonders *spannend, interessant und intensiv* wahrgenommen:

> „Da war gerade der und der da. Manche Leute kennt man nicht. Oder kannte ich auch bis dahin nicht. Und manche Leute kennt man. Also als natürlich ein Gauck oder ein Ströbele oder wie auch der Sohn vom Geißler, klar, da wusste man, dass das jetzt ein Promi ist, der da jetzt kommt. [...] [U]nd das erzählen wir eben beim nächsten Tag beim Mittagessen so: ja. Stell Dir vor, dass da habe ich erlebt. Oder der war da. Und der ist ja blöd oder der ist nicht blöd ((lächelt)). Oder, das war hoch spannend, was der gesagt hat. Und ich muss darüber noch lange nachdenken. Oder, also das ist schon interessant. Was ich auch interessant finde ist, gerade bei diesen Prominenten, ist es ja oft so, dass man eine Erwartungshaltung hat. Man kennt sie ja scheinbar. Und dann erlebt man sie. Und dann erlebt man sie auch im Zusammenhang mit dem Pfarrer. Und auch das ist sehr spannend [...]." Rahel A3-I-54

Andererseits kann von der Prominenz der Gäste nicht zwangsläufig auf eine besondere Qualität des Erlebens geschlossen werden:

> „Vielleicht einfach die persönliche Einschätzung von mir, dass, aber das ist jetzt wirklich, also das ist meine ganz persönliche, mein persönliches Erleben. Dass ich, ja, von manchen Gesprächspartnern, die ja sicherlich als große Namen zunächst da stehen, eher vielleicht ein bisschen enttäuscht bin. Dass es da auch manchmal schwierig ist, einen Dialog zu erspüren oder für Ralf Vogel ein Dialog dann auch wirklich in Gang zu setzen. [...] Und auf der anderen Seite einfach die Begeisterung wie dann manche Menschen, die man so in der Öffentlichkeit gar nicht so kennt, wo man eigentlich gar keine so Erwartung hat, wie das plötzlich zu Höhepunkten im Gespräch werden. [...] Und mich freut es dann immer, wenn gerade bei solchen Menschen eine unheimliche Stille und Konzentration da ist, während das Gespräch läuft. [...]“ Simon A278-I-110

Die Gesellungskraft der Prominenz vieler Gäste wird unterschiedlich gewertet,[133] in dem Sinne, dass sie einerseits die Frage nach den Beweggründen für die Teilnahme der Besucher/innen aufwirft, andererseits aber eine *Neugier* weckt, von der eine Gesellungskraft ausgeht.

> „Allerdings mein Mann ist schon vor allem ein bisschen kritisch. Der hat gemeint: Na ja, die haben natürlich auch einen großen Zulauf durch diese Prominenz, die da zur Sprache kommt. [...] Und mit Sicherheit kommen viele Leute einfach nur wegen diesem Namen. Also einmal war zum Beispiel der Dr. Hirschhausen da. Da ist halt so, das ist aus allen Nähten geplatzt. Weil, dann kam jeder natürlich deswegen. Ich war auch total neugierig, wie wird das in Verbindung gebracht miteinander, fand, das war auch sehr gelungen und schön. Und auch viele andere bekannte Namen, ja, wecken einfach eine gewisse Neugierde dran.“ Hannelore A15-I-70-76

(c) Dialog: interrogative Hermeneutik, Qualifikation, Professionalität, Verhältnis der Gesprächspartner & Atmosphäre

Ein weiterer vergesellender Faktor der „Nachtschicht“ ist ihr *dialogisch-diskursiver Charakter.* Dieser ergibt sich insbesondere durch die Interviews, mittels der die Gäste in das gottesdienstliche Geschehen (im Teil II.B) eingebunden werden. Ziel ist es, das spezifische Potential der Gäste durch entsprechende Fragen für die „Nachtschicht“-Besucher/innen fruchtbar zu machen.

> „Aber das finde ich eigentlich die größte Leistung, die ich vollbringen muss. Mit Menschen zu sehen, was bringt der mit. Also ihn nicht Sachen zu fragen, wo, ja, er, klar dadrüber kann man immer auch reden, aber auch mit jedem anderen. Man muss ja wirklich wissen, was sprechen sie genau mit ihm. Was ich mit jemand anders nicht sprechen brauche, ja. Und worüber er wirklich aufläuft und wo er auch zu strahlen beginnt.“ Ralf Vogel A-Exp 45

---

[133] Der „Hang zur Prominenz“ wird konzeptionell reflektiert und u. a. dadurch begründet, dass diese leichter zu entdecken wären als Menschen, die weniger bekannt sind. Vgl. VOGEL, RALF 2009 unveröffentlicht, 12.

Dieser Prozess kann als *interrogative Hermeneutik* bezeichnet werden, die auf einen gelingenden Kommunikationsprozess abzielt. Neben den mitwirkenden Gästen, ist die *persönliche Begabung* des Interviewers dafür besonders wichtig, wie exemplarisch im Zusammenhang mit Maries Schilderungen von dem „Nachtschicht"-Interview mit Nilgün Tasman deutlich wird:

> „Und diese feinen Klänge, das weiß der Herr Vogel rauszukitzeln. Also ich meine, es hängt viel mit ihm zusammen. Weil er da ein ganz besonderes Gespür hat. Und er kommt ja auch so ganz natürlich, nicht so als Pfarrer [rüber]. Obwohl er ja die Liturgie hat." Marie A13-I-118

Die Gesellungskraft dieser homiletischen Form hängt darüber hinaus elementar von der *professionellen Vorbereitung* des Interviews ab. Clemens Bratzler (SWR) berichtet, nachdem er selbst Gast in der „Nachtschicht" war:

> „Die Teilnahme am ‚Nachtschicht'-Gottesdienst war für mich ein ganz besonderes Erlebnis! Wie gut durchdacht und liebevoll gestaltet alles war! Schon bei unseren Vorbereitungsgesprächen haben Sie mich überzeugt – mit Ihren Ideen, aber auch weil Sie mir für meinen kleinen Beitrag alle Freiheiten gegeben haben. Danke für diese Offenheit, für den schönen Abend und die vielen Anstöße und interessanten Gespräche mit Ihnen und den Gottesdienstbesuchern! Ich wünsche der Nachtschicht noch eine lange erfolgreiche Zeit! Sie ist eine Bereicherung für Glauben und Kirche. Zu Gast in der Nachtschicht am 15.01.2012." Clemens Bratzler (SWR), A-M-2-Gästebuch

Die Durchbrechung geprägter Verkündigungsformen durch den Interviewstil zeigt sich auch darin, dass diese Form nicht unbedingt als professionsspezifisch angesehen wird, sondern der Pfarrer in ungewohnter Weise dem Gast gegenübertritt. Die professionelle Durchführung des Interwievs wird in einen Zusammenhang mit einer weltoffenen *Aufgeschlossenheit* des Interviewers gegenüber den Sichtweisen der Gäste gestellt:

> „[...] Sie hatten die Gesprächsteile sehr überzeugend vorbereitet – ich war positiv überrascht, wie sie als Laie eine fast journalistische Grundhaltung und Zugewandtheit einnahmen. Da war nichts Verkniffenes, Manieriertes, Gekünsteltes oder Pietistisches. [...]" Andreas Cichowicz (Chefredakteur NDR), A-M-2-Gästebuch

Dennoch ist der Kommunikationsprozess auch vom zwischenmenschlichen *Verhältnis der Gesprächsteilnehmer* abhängig und kann davon gefördert oder irritiert werden:

> „Und auch das ist sehr spannend. Zu sehen, wie der Pfarrer mit diesen Menschen umgeht. [..A]ls der Ralf Vogel mir erzählt hat, er hat den [Gast X] eingeladen. Ich so [...] das ist ja toll. Und man hatte gerade gemerkt, also so toll findet er ihn jetzt <u>nicht</u>. [..D]a kamen schon zwei Ideologien aufeinander. Oder zwei Weltbilder. [...] Und es war jetzt nicht so, dass man bemerkte es floss. Also zum Beispiel [...] letztes Mal floss es zwischen den beiden [Gesprächspartnern]. [...] Da waren die beiden ja sprühend und haben sich da die Bälle zugespielt [...]." Rahel A3-I-56

Von einem Gelingen des Kommunikationsgeschehens im Gottesdienst, kann jedoch nicht ohne die dritte „Partei“, die der Zuhörenden, gesprochen werden.[134] Hierfür müssen z. B. die bereits angesprochenen und auch im weiteren Verlauf immer wieder thematisierten *lebensweltlichen Anknüpfungspunkte*, ein *allgemeines Interesse*, der *Unterhaltungswert*, das *Inspirationspotential* etc. hinzutreten. Aus praktisch-theologischer Sicht stellt sich zudem die Frage nach dem liturgischen bzw. homiletischen Charakter des Dialogs. Ist seitens des Veranstalters einerseits vom „Dialog statt [der] Predigt“[135] zu lesen, findet sich gleichzeitig auch die Vorstellung der „Predigt als Gespräch“.[136] In den Berichten der Besucher/innen wird der *Dialog überwiegend anstelle einer Predigt* gesehen und als Kommunikationsform angesehen, durch die viele Menschen angesprochen werden können:

> „[I]ch denke, die zwei wichtigsten Aspekte sind einfach der Versuch in unserer evangelischen Kirche auf eine gute Art und Weise Gottesdienst ohne Predigt zu machen. So sehr ich einen ganz normalen Predigt-Gottesdienst oder einen guten Predigt-Gottesdienst schätze, ja. Das, ich will da auch gar nicht wegkommen davon als Dauerrevision oder so. Aber ich denke, es ist einfach ein Zugang, wo ich auch angesprochen bin, aber auch viele Menschen außer mir.“ Simon A278-I-30

Die 95,2 % der Befragten bewerten das Interview anstelle einer (klassischen) Predigt positiv.[137] Aus homiletischer und liturgischer Sicht kann das Interview aber in der hier vorliegenden Form als „neue“ Predigtgattung bezeichnet werden, da sich das Thema und damit verbundene Fragestellungen aus dem im Vorbereitungsteil thematisierten biblischen Text ergibt und dieser in spezifischer Form eine lebensweltliche Auslegung erfährt.[138] Die Rolle des Verkündigers/der Verkündigerin kann dabei jedoch nicht mehr konkret einer Person zugeschrieben werden, sondern changiert zwischen den Dialogpartnern, wodurch die Verkündigung selbst ein offener Prozess ist.

(d) (Darstellungs-)Form: Übersetzung, Aufführung, Unterhaltung (Abwechslung), Beteiligung

Das Interview kann sowohl strukturell als auch konzeptionell und von seiner empirisch wahrnehmbaren Bedeutung her als (liturgisches) „Zentrum“ der „Nachtschicht“ bezeichnet werden. Es wird als solches aber erst durch die Gesamtinszenierung des Gottesdienstes charakterisiert. Inhaltlich wird das Interview mittels verschiedener künstlerischer Formen vorbereitet und in einen thematischen (Be-)deu-

[134] Vgl. hierzu auch die rezeptionsästhetische Perspektive der Predigt als „offenes Kunstwerk“: GARHAMMER, ERICH & SCHÖTTLER, HEINZ-GÜNTHER 1998 sowie MARTIN, GERHARD 1984.

[135] Z. B. VOGEL, RALF 2009 unveröffentlicht, 3.

[136] VOGEL, RALF 2009 unveröffentlicht, 6.

[137] Vgl. A-4.10.

[138] Zur „Predigt im Zusammenhang der liturgischen Struktur von Verkündigung und Bekenntnis“ siehe MEYER-BLANCK, MICHAEL 2011, 421–426.

tungszusammenhang gestellt.[139] Mit Hilfe eines breiten Spektrums von *Inszenierungsformen*, wie z. B. szenisches Spiel, szenische Lesung, Filmausschnitte, Medien- und Kunstinstallationen, Sprech-Motetten, Tanz und Musik, werden so verschiedene (Gemeinde-)Stimmen miteinander ins Gespräch oder nebeneinander zum Gehör gebracht.[140] Hierzu gehören biblische Texte, Gedanken von Gästen, aber auch von „Nachtschicht"-Besucher/innen, die sich an den Umfragen beteiligt haben, die z. T. im Vorfeld der „Nachtschicht" über das Internet durchgeführt werden.[141]

> „[D]as ist einfach für mich so das zweite Kernstück. Weil da einfach dann auch aktive Gemeinde sichtbar wird. Das im Gegensatz zum Gesprächspartner, der in aller Regel ja von außen irgendwoher kommt. Sind es da eben ja unsere normalen Gemeindeglieder, vor allem die jungen Gemeindeglieder oder die jüngeren Gemeindeglieder, und ich muss sagen, das ist, wenn da die Konfirmanden beteiligt sind oder junge Erwachsene, und mit einer Ernsthaftigkeit, auch mit einer Fröhlichkeit dann Evangelium inszenieren, dann sehe ich da also deutlich für mich persönlich auch ein ganz wichtiges Moment in Gottesdiensten."
> Simon A278-I-30

Die Inszenierungsformen sind in thematisch ausgewählte[142] und in qualitativ hochwertige musikalische Darbietungen eingebettet, die von (semi-)professionellen Musiker/innen aus unterschiedlichen Stilrichtungen dargeboten werden. Dabei werden positive Resonanzen bei den Hörenden erzeugt und generationenübergreifende Brücken geschlagen.

> „Das ist ganz unterschiedliche Musiken gibt, die da gespielt werden. Und dadurch, dass ich selber ja auch Musik mache und mich mit Gesang auskenne und in einem Vokalensemble singe, wenn das so eine Gruppe wie [Die] Fünf auftritt, das ist großartig. Das finde ich einfach ganz wunderbar. Aber eben auch toll, wenn dann so eine Klezmermusik plötzlich da ist. Oder wenn, wenn irgendwie, da war doch mal dieser junge Mann [Robeat]. Irre. Also ich bin ja jetzt mittlerweile auch nicht mehr irgendwie zwanzig. Also so was geht mir einfach durch die Lappen. Wenn ich jetzt aber dann sowas sehe, in der Kirche da, das finde ich großartig. Also das finde ich irgendwie bemerkenswert, was es da für Entwicklungen gibt. Und auch da ist irgendwie, da denke ich mir, Mensch. Ich muss mir um vieles auch keine Sorgen machen. Das geht dann irgendwie, es gibt tolle junge Menschen, die tolle Sachen machen. Und die sich mit wirklich großartigen Dingen beschäftigen und insofern ist das, also sehr, sehr beglückend und bereichernd. Und eben sowohl über das Ohr als auch über das Auge ist das wirklich was, was so ganzheitlich bedient. Also mir gefällt das wirklich sehr gut." Rahel A3-I-102

Durch das Zusammenspiel von musikalischer Darbietung und Inszenierungselementen mit Lichteffekten werden unterschiedliche Sinne angesprochen und eine

---

139 Vgl. Simon A278-I-30.

140 Vgl. VOGEL, RALF 2009 unveröffentlicht, 7f, A-M4/5-Videotranskripte 2012 und 2013 sowie z. B. A-TB1-30-38.

141 Vgl. A-Exp-43.

142 Vgl. A-M5-Videotranskript 2013, 8.

Stimmung erzeugt sowie Eindrücke hinterlassen, die über die eigentliche Veranstaltung hinaus wirksam sind:

> „[...] Und einmal bei einer anderen Nachtschicht. Das war in einer Kirche und das war auch mit Licht und, also es bleiben so Stimmungsmomente hängen. So Stimmungsmomente. Ja, weil es mit Licht zu tun hat und mit Musik. Das ist für mich wichtig. Also Musik und Licht das spricht eben mehrere Sinne an. Ja:. Und auch, schon auch was hängen blieb. [...]“ Beate A24-I-140

Die Eindrücke aus den Inszenierungsteilen können in den musikalischen Abschnitten „nachklingen“ oder werden von diesen begleitet. Mit Ausnahme der musikalischen Gäste sind in diesem II. Gottesdienstabschnitt primär die „Nachtschicht“-Mitarbeiter/innen die *„Hauptakteure“*. Es ist signifikant, dass im Unterschied zu den Themen und Gästen der „Nachtschicht“, dieser „vorbereitende“ Teil (vgl. II. A der liturgischen Grundstruktur) im Rahmen der Einzelinterviews wenig Erwähnung gefunden hat, aber die entsprechenden Elemente in der Umfrage nach den bereits genannten Themen und Gästen die höchsten positiven Bewertungen erhalten haben:

> 95,7 % der Befragten gefällt die musikalische Gestaltung, 88,3 % (n=230) gefallen die szenischen und 74,8 % (n=206) die tänzerischen Darbietungen der „Nachtschicht“.[143]

Die künstlerische Entfaltung der Themen wird im Unterschied zu den personalisierten Themen nicht als zu erinnernder Aspekt der jeweiligen Gottesdienste wahrgenommen. Eine mögliche Erklärung dafür könnte im unmittelbaren und auf den wesenhaft flüchtigen Erlebnischarakter dieser Elemente liegen. Das Erlebnisspektrum des vorbereitenden Abschnitts ist zwar „weiter“ gefasst als die des Interviews, aber schwerer zu kommunizieren und weniger „exklusiv“ als Gäste oder Themen. Im ersten werden viele Sinne gleichzeitig angesprochen und durch den Überraschungs- und Spannungseffekt wird ihr Unterhaltungswert erhöht. Den Inszenierungsformen in II.B kommt in der dramaturgischen Logik des Gottesdienstes ein impulsgebender Charakter für das „Zentrum“ des Gottesdienstes, dem Interview zu, in welchem die verschiedenen Bedeutungszusammenhänge kulminieren.[144]

(e) Liturgischer „Rahmen“: Vertrautheit, Gemeinschaftserlebnis & besonderer Charakter der Veranstaltung

Das Eingangszitat von Andreas Cichowicz ist nur ein Beispiel dafür, dass in der empirischen Wahrnehmung der „Nachtschicht“ zwischen einem liturgischen, gottesdienstlichen „Rahmen“ und dem im Zentrum stehenden Interview seitens der Teilnehmer/innen unterschieden wird.[145] Ankommen (I.) sowie Sendung und Seg-

---

143 A-4.20/4.21/4.3.

144 Trotz abweichender Form liegt der Schwerpunkt der „Nachtschicht“ damit ebenfalls auf der „Predigt“.

145 Die Rede von einem liturgischen „Rahmen“ erfolgt hier auf Basis der subjektiven Wahrnehmungsperspektive der Teilnehmenden. Aus liturgiewissenschaftlicher Sicht ist sie problematisch.

nung (III.) bilden in diesem Sinn eine Art *„liturgische Klammer“* um den Verkündigungsteil (II.). Die entsprechenden Elemente werden in den Interviews kaum bis gar nicht erwähnt. In der Umfrage wurden diese Elemente jedoch sehr positiv beurteilt, wobei kaum zwischen der Liturgie insgesamt und einzelnen Elementen unterschieden wird.

> 82,1 % (n=218) gefällt es, einen Gottesdienst zu feiern. 82,1 % (n=234) bewerten die Liturgie positiv („Nachtschicht“-Psalm, -Segenslied, -Gloria etc.). 81,4 % (n=242) gefällt das gemeinsame Singen und 82 % (n=234) finden die Möglichkeit für Dank und Bitte (Gebete) gut. Der Segen erzielt mit 86,7 % (n=232) Zustimmung den höchsten Wert in dem hier aufgeführten Fragenkomplex.

Der gottesdienstliche „Rahmen“ unterstützt den *Erlebniswert* der Gesamtveranstaltung. Auf die Frage, ob es ihr persönlich wichtig ist, dass die „Nachtschicht“ ein Gottesdienst sei, antwortet Ilse:

> „[...] Ich finde, es passt in diesen Rahmen rein. Also wenn diese Elemente nicht wären, wäre es für mich auch wieder langweilig. Also ich würde jetzt nicht so einem zu einer Gesprächsrunde hingehen, weil ich jetzt gerade das Buch da oben stehen sehe von Nilgün Tasman. Oder von, ja oder irgendeinem anderem Gast. Da würde mir dann schon irgendwas fehlen. Also das wäre mir zu langweilig. Ich bin aber auch kein Sonntagsgottesdienst-Gänger. Bis vor den Nachtschicht-Gottesdiensten habe ich mich eigentlich immer als U-Boot-Christ bezeichnet.“ Ilse A8-i-24

Die „Nachtschicht“ wird von Ilse auch als Gottesdienst wahrgenommen und hat ihre Selbstwahrnehmung als Christin und ihr gottesdienstliches Teilnahmeverhalten verändert. Der gottesdienstliche Charakter der „Nachtschicht“ kann als ein *qualitatives Unterscheidungsmerkmal* zu anderen dialogisch-diskursiven Veranstaltungen gewertet werden, von dem eine eigene sozialer Kraft ausgeht:

> „[...] Aber, dass das im Gottesdienst eingebettet ist, das finde ich schon ganz gut. Ja so als normale Talkshow. Ich glaube, das wäre dann eine, also das wäre dann halt eine Talkshow irgendwo unter den siebentausendfünfhunderteinundachtzig, die es eh schon gibt, kommt dann halt noch mal eine dazu. Ja, nee ich finde das schon ganz gut.“ Rahel A3-I-98

Die Beurteilung der liturgischen Elemente ist jedoch von der subjektiven Kirchlichkeit der Besucher/innen abhängig, wie sich im Fall von Beate zeigt, die sich selbst als „kirchenfern“ bezeichnet, aus der Evangelischen Kirche ausgetreten ist und nach eigenen Angaben „nie“ Gottesdienste (außer der „Nachtschicht“) besucht.[146]

> „[..W]as mich natürlich, also in Anführungszeichen, stört, aber ich meine es ist ein Gottesdienst. Das sind natürlich die Lieder, die gesungen werden. Das ist nicht meins. Da kann man jetzt nicht sagen, die stören mich, sondern ich bin in der Kirche und das ist ein

[146] Vgl. Beate A24-I-20, 64 sowie die im Rahmen des Interviews erhobenen soziodemographischen Daten.

Gottesdienst. Also gibt es das. Und deswegen gehe ich ja in keinen normalen Gottesdienst. Weil, da gibt es ja nur das." Beate A24-I-34

Während der Mittelteil der „Nachtschicht" die Aufmerksamkeit der Besucher/innen stark auf das Geschehen auf der „liturgischen Bühne" zieht und dadurch die anderen Besucher/innen aus dem „Blickfeld" gerückt werden,[147] wird das gemeinsame Singen als gemeinsame Handlung reflektiert und als etwas beschrieben, das die Besucher/innen untereinander verbindet.[148]

„Dadurch, dass man dann auch gemeinsam singt, und nicht bloß zuhört, das verbindet ja dann auch." Marie A13-I-208

Die *Vertrautheit* mit den Liedern unterstützt das Gemeinschaftserleben beim gemeinsamen Singen und wird durch das Üben der Lieder vor Beginn des Gottesdienstes unterstützt:

„Die Vorfreude auf die Gemeinschaft. Also bei mir eben Hauptsache um das gemeinsame Singen. Weil ich im Vorfeld die meisten Lieder ja kenne und auch für die, die neu dazukommen, werden die Lieder ja immer vorher noch mal angesungen und noch mal geübt, damit auch wirklich jeder mitsingen kann. […]" Ilse A8-I-121

Für Ilse ist das gemeinsame Singen ein wesentlicher Aspekt für eine Stimmung, in der sie sich geborgen fühlen kann.[149]

(f) Atmosphäre: Geborgenheit & Wohlfühlen

Das kollektive Phänomen der „Nachtschicht" schafft eine Atmosphäre, die das subjektive Erleben prägt. 95 % (n=243) der Befragten gefällt die Atmosphäre des Gottesdiensts.[150] Einzelne Aspekte verweisen auf die soziale Wirkung der Atmosphäre. So wird die Stimmung als wichtiges Moment für das Gefühl der *Geborgenheit* beschrieben, das mit einem subjektiven Gemeinschaftsgefühl einhergeht:

„Ich bin ein sehr, ja, würde ich mal sagen, ein sehr emphatischer Mensch. Das heißt, ich gehe sehr viel auf […] Schwingungen im Raum. Also ich muss, wenn ich wo hinkomme, muss ich mich wohl fühlen, muss ich mich geborgen fühlen, dann komme ich da gerne auch wieder hin. Es wäre jetzt tatsächlich wahrscheinlich weniger abhängig von den

---

147 Dieser Aspekt wird im Kapitel zur Theatralität der „Nachtschicht" vertieft.

148 Vgl. hierzu auch die musiktheoretischen Einsichten von BUBMANN, PETER 2003, 130: „Musik stiftet in besonderer Weise Gemeinschaft (-> I.2.1.3.), schließt Menschen beim Singen, Musikzieren oder Hören zusammen – und dies über die Zeiten hinweg und über die aktuell versammelte Gemeinde hinaus. Durch ihr Singen und Musizieren partizipieren alle Gottesdienstteilnehmenden am Gottesdienst. So vollzieht sich in besonderer Weise das ‚Priestertum aller Gläubigen'."

149 Diese Kausalität schließt an musiktheoretische Überlegungen Peter Bubmanns an, nach denen „[i]m gemeinsamen Singen archaische Abhängigkeits- wie Geborgenheitsgefühle aktiviert [werden], Einstimmung in übergeordnete bergende Kollektive und Sinnzusammenhänge [geschieht]", BUBMANN, PETER 2003, 128.

150 A-4.5.

> Angeboten. Natürlich ist es, wenn der eine mehr dem Gebet verschrieben ist, dass er dann so eine Gebetsrunde oder eine Bibelstunde oder so was bevorzugen würde. Der andere singt lieber im Kirchenchor mit, weil er musikalisch engagiert ist oder so. Das selbstverständlich auch. Aber ich wüsste jetzt nicht, was meine Gemeinde machen müsste, um mich aktiver am Gemeindeleben zu beteiligen. Also da würde mir jetzt so [...] nichts einfallen." Ilse A8-I-117

Eine entsprechende Stimmung nimmt Ilse in der „Nachtschicht" wahr, wenn sie – wie bereits an anderer Stelle zitiert – davon spricht, dass sich ein „warmer Mantel über die ganze Gemeinschaft [ausbreitet]" und „Herrn Vogel tatsächlich da so ein Nest draus [baut]. Wo man sich einfach fallen lassen kann. Wo man es genießen kann, wo man mitmachen kann".[151] Die Gestaltung und das Moment der Menge sind weitere Anhaltspunkte einer subjektiv empfundenen *„Wohlfühl-Atmosphäre"*:

> „Ich habe nach längerer Zeit wieder einen Gottesdienst besucht. Dabei hat mich berührt, wie engagiert dieser gestaltet war, auch von vielen jungen Leuten. Rappelvoll war es. Es herrschte eine sehr warmherzige Atmosphäre, das fiel auf. [...] Ich habe mich den ganzen Abend über sehr wohl gefühlt und mich gefreut, dass es ihnen gelingt, mit der Nachtschicht ein ganz treues, neugieriges Publikum in die Kirche zu holen. Zu Gast in der Nachtschicht am 15.01.2012" Gästebucheintrag des Journalisten Andreas Cichowicz, A-M2.

Neben dem zwischenmenschlichen Aspekt sind die Rahmenbedingungen, wie z. B. die Raumtemperatur und die Lichtverhältnisse für die eigene Wahrnehmung der Atmosphäre und das eigene Wohlfühlgefühl wichtig:

> „Es ist extrem wichtig, ob es da warm genug ist, ob es kalt ist, wie das Licht ist, ist für mich persönlich extrem wichtig." Beate A24-I-158

Geborgenheit und Wohlfühlgefühl sind wichtige Gesellungskräfte, die eng mit dem komplexen Phänomen der Atmosphäre verbunden und dabei – je nach den subjektiven Bedürfnissen – ganz unterschiedlich wahrgenommen und beurteilt werden.

(g) Soziale Gestalt: vermittelte Vergesellung & „Mit-Ichs"[152]

Im Rahmen der Umfrage erzielten die auf *unmittelbare* soziale Interaktion und Kommunikation *unter* den Besucher/innen beruhenden Aspekte der „Nachtschicht" geringere Zustimmung als die liturgischen und inhaltlichen Elemente.

> In Bezug auf die gottesdienstlichen Elemente geben 74 % (n=215) der Befragten an, dass ihnen das gesellige Beisammensein im Anschluss gefällt, 60,6 % (n=221) bewerten den Austausch und 58,9 % die Gemeinschaft mit anderen positiv, 43 % (n=216) gefällt es, ihre Freunde und Bekannte zu treffen. Vgl. A-4.6, 12, 15, 16. Trotz scheinbar hoher Zustim-

[151] Ilse A8-I-127.
[152] WEYEL, BIRGIT 2013, 164.

mung bewegen sich diese Ergebnisse im „Ranking" der 25 unter dem 4. Item abgefragten Aspekte im letzten Viertel.

Im Unterschied zum Motorradfahrer/innengottesdienst ist die Begegnung mit „Gleichgesinnten" kein zentrales Teilnahmemotiv für die „Nachtschicht"-Besucher/innen. Lediglich 28,6 % (n=287) der Befragten geben an, dass sie Menschen begegnen möchten, mit denen sie etwas verbindet.[153] Es zeigt sich, dass die Vergesellung bei der „Nachtschicht" insbesondere in liturgisch *vermittelter Weise* erfolgt. Der subjektive Fokus ist auf das kollektive Geschehen als Resonanzraum (Hartmut Rosa) für das eigene Erleben ausgerichtet, wie es sich aus dem Gesamtbild der empirischen Ergebnisse ergibt. Die soziale Gestalt zeichnet sich somit weniger durch eine Gemeinschaft im traditionellen Sinne nach Ferdinand Tönnies aus, sondern überwiegend durch einen neotribalistischen Charakter:

> „Die neotribalistische Gemeinschaft unterscheidet sich von der traditionalen Gemeinschaft, der Gesellschaft, aber auch von der Gruppe oder der Szene durch das Affektive. In ihr gibt es, zugespitzt gesagt, kein Wir, sondern eher die Mit-Ichs als Resonanzraum des Ich." (WEYEL, BIRGIT 2013, 164).[154]

Der Teilnahmefokus liegt nicht auf dem Gemeinschaftserlebnis im Sinne eines „Wir", sondern auf einer „vermittelten Vergesellung von Mit-Ichs". Ein „Wir" im Sinne einer gruppenhaften Identität konnte lediglich im Zusammenhang mit den Teamer/innen (re-)konstruiert werden,[155] von der jedoch nicht auf die soziale Gestalt des gesamten kollektiven Phänomens geschlossen werden kann.[156]

(h) Menge: Getragen- und Verborgensein & Bestätigung

Das Moment der Menge trägt zur „Wohlfühl-Atmosphäre" der „Nachtschicht" bei, geht jedoch nicht völlig darin auf. Der Menge werden subjektiv unterschiedliche Funktionen zugeschrieben. Sie kann tragen und trägt dazu bei, sich *getragen* zu fühlen:

> „Eine volle Kirche. Etwas heute Seltenes. Und die Menschen, die diese Kirche füllen, sind aktiv: mit ihrer Neugier, mit ihrem Singen und Beten, mit ihrem Lachen und Klatschen. Ich fühlte mich als Gast getragen, willkommen geheißen." Theologe Peter Wild, A-M2-Gästebucheintrag

Sie kann aber auch im Sinne eines Schutzes *verbergen* und dadurch Partizipation erst ermöglichen:

---

153 A-1.3.

154 Unter Bezugnahme auf TÖNNIES, FERDINAND 2005.

155 Anneke GD-241, 270–279. Auf den Aspekt der Gruppenhaftigkeit wird im Zusammenhang mit dem Mittwochmorgen-Gottesdienst noch näher eingegangen werden.

156 Daher wird darauf verzichtet, die Gesellungskraft des gruppenhaften Charakters des „Nachtschicht"-Teams separat zu betrachten. Die Bedeutung dieses Teams wird im Zusammenhang mit der sozialen Kraft der Generationen weiter vertieft werden.

„[...] Und ich glaube, dass bei der Nachtschicht, dadurch, dass ja, dass es irgendwie ungewohnt ist, dass da in so ein Gebäude so viele Menschen reingehen. Dadurch ist aber auch die Hemmschwelle geringer für Leute, die jetzt nicht sonst vielleicht auch gar nicht trauen würden. [...]" Emil A-GD-140
„[...] Weil, wenn man in der Nachtschicht drin hockt, merkt keiner jetzt, ob Du mitbetest, ob Du das Vaterunser auswendig kannst oder so Sachen. Wenn Du einfach in der Masse untergehen kannst, wie wenn Du jetzt [...] in einem normalen Sonntagmorgen-Gottesdienst gehst, wo da die zehn Leute nur zirka drin hocken. [...] Merkt man halt sofort: Der kann es nicht. Und der hat da einen Stotterer drin. Und ist halt angenehmer, wenn man es nicht kann." Justina A-GD-143ff.

Das Abtauchen und Eintauchen in der Menge ermöglicht Distanz in der räumlichen Nähe. Der abgedunkelte Raum, durch den wie in einem Theater, einem Kino oder bei einem Konzert die sinnliche Wahrnehmung auf die erleuchtete „Bühne" gerichtet wird, verstärkt diesen Effekt.

Darüber hinaus ist die Menge der Teilnehmer/innen eine wichtige Gesellungskraft für die Hauptverantwortlichen. Eine hohe Teilnehmer/innenzahl wird als Bestätigung der eigenen Arbeit wahrgenommen und dient als Kraftquelle für das anhaltende Engagement.

„[...] Oder wenn, wenn wenig Leute kommen würden. Das würde mich auch sehr durcheinander bringen. Also es war noch nie so, dass eine ganz heiße Situation jetzt im Katharinenhospital und zu einer gewissen Urzeit noch längst nicht so viel Leute da waren, wie ich erwartet habe. Und wie ich sofort gemerkt habe, so, das tut mir jetzt nicht gut. Das tut mir jetzt nicht gut. Mein Gott so dann hinten noch mal in diesem Backstage-Bereich [...]. Und als dann wieder vorkam, da habe ich gemeint: oh ja. Jetzt zieht es noch mal richtig an. Und dann war es ja krachend voll. Und dann geht es mir wieder gut, ja. [...] Und dann wiederum zehre ich davon ziemlich lange." A-Exp-43-45

(i) Generationen – ein Gottesdienst von „jungen Menschen" für „Junggebliebene": Lebensgefühl & Beachtung

Die „Nachtschicht" zeichnet sich durch eine ungewöhnliche Altersstruktur aus, insofern sie einerseits maßgeblich von einem Team junger Erwachsener mitgestaltet wird, der Gottesdienst aber andererseits überwiegend von Menschen jenseits der Lebensmitte besucht wird.

Die Umfrageergebnisse ergaben, dass 54 % (n=282) der Teilnehmenden zum Zeitpunkt der Befragung 60 Jahre oder älter, 36,2 % zwischen 40 und 59 Jahre und 8 % bis 39 Jahre alt waren.[157] Diese Tendenz konnte auch in den über einen Zeitraum von zwei „Nachtschicht"-Zyklen durchgeführten teilnehmenden Beobachtungen wahrgenommen werden.[158] Bei einer weiteren Ausdifferenzierung der jüngsten Alterskohorte fällt auf, dass über die Hälfte der unter 30-Jährigen nicht als Besucher/innen, sondern Mitarbeitende an der „Nachtschicht" teilgenommen hatten. Eine weitere Differenzierung des Altersspektrums zwischen 13 und 19 ergab in Zusammenschau mit sonstigen aus den Umfrage-

[157] A-6.2 über Alterskohorten ausgewertet.
[158] A-TB1-8.

bögen gewonnenen Daten, dass die Personen zwischen 13 und 15 Jahren Konfirmand/inn/en waren und ihre Teilnahme als „Zwang“ deklariert haben.[159] Hier wäre praktisch-theologisch die Frage nach den Folgen einer Gesellungsnötigung zu stellen.

Der Hinweis der Konfirmand/inn/en auf eine obligatorische Teilnahme an der „Nachtschicht“ unterstützt die Vermutung, dass es ein Gottesdienst von jungen Menschen für „ältere Menschen“ und eben nicht ein jugendkulturell gestalteter Gottesdienst ist.[160]

Selbstbild und Wahrnehmung der „Nachtschicht“ seitens der Teilnehmer/innen und Veranstalter zeichnen ein davon abweichendes Bild, wonach die „Nachtschicht“ von „Menschen aus allen Altersgruppen [besucht werde]. Die Zusammensetzung der Gottesdienstbesucher/innen [sei] jeweils proportional gedrittelt: Dies [gelte] für das ***Alter***: bis 40 – bis 60 – ab 60“.[161] Durch die Ausrichtung der Aufmerksamkeit auf die Gottesdienstinszenierung scheinen die jungen Erwachsenen des „Nachtschicht“-Teams besonders stark wahrgenommen zu werden, was in einem O-Ton von Clemens Bratzler im Nachgang zur „Nachtschicht“ deutlich zum Ausdruck kommt:

> „Und ich finde es fantastisch, eine volle Kirche am Sonntagabend, vor allem so viele junge Leute, das kennt man gar nicht, die mit so viel Engagement da mitmachen. Also ich finde es eine ganz tolle Sache Kirche zu öffnen, auch eine andere Form von Gottesdienst zu gestalten, es hat mir sehr viel Spaß gemacht.“ A-M-4-Videotranskript 2012, 13

Das Bildmaterial in dieser Sequenz kontrastiert das Gesagte, insofern überwiegend Personen der ältesten Alterskohorte (60+) in dieser Kameraeinstellung zu sehen sind. Die Wahrnehmung des Altersspektrums wird aber in der Regel durch die mediale Berichterstattung der „Nachtschicht“ dergestalt beeinflusst, dass meistens überwiegend Fotos und Kameraeinstellungen von der gottesdienstlichen Inszenierung und den ersten Sitzbänken in der Kirche im Internet oder im Kirchenfernsehen zu sehen sind, in denen hauptsächlich Team-Mitglieder und Konfirmand/inn/en sitzen.[162]

Die Tatsache, dass „junge Menschen“ einen Gottesdienst für „ältere Menschen“ gestalten, wird im Rahmen der Interviews mehrfach positiv erwähnt.

> „[...] Ja, aber ich war da neugierig und bin dann doch immer wieder hingegangen. [...] und was mich von Anfang an so begeistert hat, dass die jungen Leute mitgemacht haben.“ Marie A13-I-32ff.

Marie ist zum Zeitpunkt der Erhebung 70 Jahre alt, strahlt aber eine fast „jugendlich“ zu nennende Begeisterung, Neugier und Lebensfreude aus. Beate, die 20 Jahre

---

159 Vgl. A-57, 138, 219, 237, 259.

160 Dies lässt sich insbesondere anhand der Musikstile im Gottesdienst belegen, die nur punktuell der Jugendkultur entsprechen dürften.

161 VOGEL, RALF 2009 unveröffentlicht, 22.

162 Vgl. z. B. A-M4-Videotranskript 2012, 13.

jünger ist als Marie, ist ebenfalls begeistert vom Engagement der jüngeren Generation:

> „[D]ass die Jugendlichen das einfach mitgestalten und so Szenen spielen, fand ich auch ganz toll. Das bleibt so hängen. Das Engagement, dass sich junge Leute also wie gesagt [das Kind] von meiner Freundin ist dabei. Ich hätte im Leben nicht gedacht, dass [das] so was macht. Also es ist wirklich faszinierend. Ja, dass die Lust haben auf so was. Das bleibt hängen. Das ist irgendwie, beeindruckt mich. Dass man [sie] dafür begeistern kann, dass sie freiwillig mitmachen. […]" Beate A24-I-140

In der „Nachtschicht" verkehrt sich das Generationenverhältnis, in dem Sinne, dass den jungen Menschen eine „Bühne" vor einem Auditorium geboten wird, das überwiegend aus ihrer Eltern- und Großelterngeneration besteht und vor dem sie ihren Anliegen und sich selbst Ausdruck verleihen können.

> „Das ist richtig große Chance auch für uns, einfach mal was zu sagen. Vor einem Publikum zu sprechen. Es macht so viel Spaß, ich kann es jedem immer nur empfehlen mitzumachen." A-M-5-Videotranskript 2013, 14[163]

Über das junge „Nachtschicht"-Team wird der älteren Generation etwas von ihrem jungen Lebensgefühl zugänglich gemacht, was einen Resonanzraum für die „Junggebliebenen" darstellt.

(j) Geselliger Nachklang: „exklusiver" Begegnungs- und Kommunikationsraum

Im Nachgang zur „Nachtschicht" findet i. d. R. und je nach Örtlichkeit ein geselliger Nachklang bei Getränken und Snacks statt. 54 % (n=278) der Umfrageteilnehmenden geben an, daran teilzunehmen, 18,5 % haben dies nicht vor und 24,4 % waren sich noch unsicher. Dieses Element der „Nachtschicht" gefällt 73,6 % (n=215) der Befragten.[164] Im Rahmen der Teilnehmenden Beobachtung wurde wahrgenommen, dass Personen, die offensichtlich alleine und das erste Mal bei der „Nachtschicht" waren, dabei schwer in Kontakt mit anderen Personen kamen.[165] Im Unterschied zu besonderen Gottesdiensten mit dezidiert missionarischem Anliegen hat der gesellige Nachklang hier eher den Charakter eines *Empfangs*.[166] Die Umfrage verweist auf eine Tendenz, dass der gesellige Nachklang auf diejenigen, die bereits mit der „Nachtschicht" vertraut sind, eine größere Gesellungskraft ausübt, als auf diejenigen, die das erste Mal teilnehmen.[167] Die soziale Kraft des geselligen Nachklangs wird in

---

[163] „Im oben beschriebenen Nebenraum wird […] eine junge Frau ca. 18 Jahre alt interviewt, die sehr enthusiastisch von ihren Erfahrungen mit der ‚Nachtschicht' berichtet. Im Hintergrund sind Leute zu erkennen, die sich im Stehen angeregt unterhalten. Es handelt sich primär um Personen ab ca. 55+." A-M5-Videotranskript 2013, 14.

[164] A-4.6.

[165] A-TB2-55.

[166] Für diesen Vergleich danke ich Kristian Fechtner.

[167] Laut der Kreuzanalyse von A-1.1 mit A1.5 beantworten von 51 Befragten, die das erste Mal bei der „Nachtschicht" waren, die Frage nach der Teilnahme am geselligen Nachklang 11 Personen mit

seinem Charakter als *exklusiver Begegnungs- und Kommunikationsraum* gesehen. Dieser bietet die Möglichkeit eines *thematischen Nachgesprächs* und schafft die besondere Situation, dabei auch mit den geladenen, häufig prominenten Gästen in Kontakt und in ein Gespräch kommen zu können. Dadurch herrscht *keine „Backstage"-Situation*, durch die das Gegenüber, wie z. B. in einem Theater oder bei einem Konzert, aufrechterhalten wird, sondern *die lebensweltliche Trennung zwischen den Gästen und den Besucher/innen wird punktuell transzendiert* und erhält so gleichzeitig einen *exklusiven Charakter*, von dem eine starke Gesellungskraft auszugehen scheint:

> „[...] Ich finde der Abschluss gehört dazu. Auch sind die Referenten dann da. Wenn man noch was fragen will. Und die Musiker. /I: Und warum ist das gerade für Sie wichtig, dass das dazugehört? Würde da was fehlen, wenn das nicht da wär?/ Dann wäre es irgendwie wie im Theater. Vorhang fällt. Die sind da hinten für sich. Und die anderen gehen oder reden noch unter sich. Aber so ist man miteinander. Und ich finde diese Verbindung, die ergibt was Besonderes. Nicht diese Trennung. Wir haben jetzt unsere Arbeit getan. Wir gehen nach Hause. Also jetzt von den Künstlern her. Und von den Prominenten." Marie A13-I-120-124

Die Begegnung der Besucher/innen mit den geladenen Gästen erfolgt dabei häufig beim Signieren der Bücher, die die Autor/inn/en mitbringen und die beim geselligen Beisammensein käuflich erworben werden können, und erinnert dabei an eine Lesung und damit wieder an das bildungsbürgerliche, kulturelle Profil der „Nachtschicht".

Während es vor dem Gottesdienst insbesondere bei der gegenseitigen Begrüßung (siehe oben) auch zu Gesprächen zwischen Gottesdienstteilnehmern kommt, diese dann aber meist zügig einen Sitzplatz suchen, kann der gesellige Nachklang zur „Nachtschicht" als der *Kontaktraum* der „Nachtschicht" angesehen werden, in dem Kontakte gepflegt, wieder aufgenommen und geschlossen werden können. Im Rahmen der teilnehmenden Beobachtung fiel auf, dass die meisten der Anwesenden in bereits bestehenden Gruppen kommunizieren und interagieren und Einzelpersonen nicht gezielt angesprochen werden.

1.2.2. Das „Gesamtkunstwerk" & die „Theatralität" des Gottesdienstes

In unterschiedlichen Zusammenhängen klang bereits an, dass die „Nachtschicht" von theaterkulturellen Einflüssen geprägt ist, so z. B. durch die spiel- und theaterpädagogische Ausbildung des „Nachtschicht"-Pfarrers, ein Theater als punktuellem

„nein", 7 Personen mit „ja" und 33 Personen mit „vielleicht". Davon gaben 7 Personen an, alleine an der „Nachtschicht" teilgenommen zu haben: 1 Person hatte vor, zum geselligen Nachklang zu bleiben, 1 Person nicht und 5 waren sich unschlüssig. Von denjenigen, die schon häufiger bei einer „Nachtschicht" waren, nahmen von n=186 Personen 100 am geselligen Nachklang teil, 49 Personen waren sich unsicher und 37 hatten es nicht vor.

Veranstaltungsort sowie das liturgische Element der „Inszenierung“ in II.A. der Gottesdienststruktur. Im Rahmen der empirischen Studie konnten Indikatoren für eine soziale Kraft des Gesamtkunstwerkes (re-)konstruiert werden, die quer zu den im v. g. Kapitel behandelten Aspekte der sozialen Kraft des alternativen Gottesdienstprofils verlaufen und unter die Überschrift der Theatralität gefasst werden können. Im Sinne einer besseren Verständlichkeit der unter diesem Stichwort verhandelten empirischen Phänomene, wie z. B. die soziale Kraft der Inszenierung, werden sie in ein „Gespräch“ mit der von Ursula Roth als gottesdiensttheoretische Kategorie entfalteten *Theatralität* gebracht und entlang der Theatralitätsaspekte: (a) *Inszenierung*, (b) *Korporalität*, (c) *Wahrnehmung* und (d) *Performativität* dargelegt.[168] Da Ursula Roths Theorie der Theatralität des Gottesdienstes für die empirische Wahrnehmung im Feld *nicht* leitend war, sind Abweichungen evident.[169]

(a) (Liturgische) Inszenierung

Im Rahmen der empirischen Wahrnehmung wurde deutlich, dass in der „Inszenierungshaftigkeit“[170] der „Nachtschicht“ eine soziale Kraft liegt, die sich weit über den eigentlichen Gottesdienst hinaus in folgenden Zusammenhängen realisiert:[171]

1. In einem umfangreichen, von Kommunikation und Interaktion geprägten konzeptionellen *Planungs- und Umsetzungsprozess* der „Nachtschicht“-Reihen. Die Inszenierung der jeweiligen „Nachtschicht“ wird durch den „Nachtschicht“-Pfarrer mit Hilfe und in Auseinandersetzung mit Vertretern verschiedener Personenkreisen, wie z. B. einem über Jahre gewachsenen Berater-Netzwerk, den geladenen Gästen, der Werbeagentur sowie der Presse, ausgearbeitet. Die Besucher/innen haben die Möglichkeit, sich in diesen Prozess durch Beteiligung an den im Vorfeld zur „Nachtschicht“ mittels Internet durchgeführten thematischen Umfragen einzubringen. „Die in Befragungen und Schreibmeditationen gewonnene Aktualisierung des Themas und die dazu passenden biblischen Texte werden in direkten Bezug gesetzt. Dabei wird die Zeichenhaftigkeit der Worte durch entsprechende Inszenierungen betont.“[172] Vor diesem Hintergrund kann die Inszenierung auch als „Produkt“ eines sozialen Prozesses verstanden werden.
2. Im *vorgängigen Charakter* der Inszenierung, insofern sie nicht spontan verläuft, sondern zur Aufführung gebracht wird. Dies setzt spezifische Kenntnisse und Wissen über die Inszenierung bei allen Beteiligten voraus, die durch Absprachen

[168] Siehe hierzu ROTH, URSULA 2006, 23–70, und ROTH, URSULA 2010.

[169] Vgl. ROTH, URSULA 2006.

[170] Der Inszenierungscharakter eines Gottesdienstes mag inzwischen als Konsens gelten. Da dieser kulturwissenschaftliche Begriff praktisch-theologisch jedoch sehr unterschiedlich verwendet wird und es hier nicht um eine normative Bestimmung der „Nachtschicht“ als Inszenierung geht, wird der Begriff der Inszenierung in diesem Zusammenhang im Sinne einer Inszenierungshaftigkeit der „Nachtschicht“ verwendet. Zum Inszenierungsbegriff siehe ROTH, URSULA 2010, 90–97.

[171] Vgl. hierzu maßgeblich die Schilderungen im Experteninterview A-Exp-43.

[172] VOGEL, RALF 2009 unveröffentlicht, 33.

und Proben im Vorfeld erreicht werden sollen. Durch den besonderen Charakter der „Nachtschicht" kann hier nicht von bestehendem Wissen ausgegangen werden, das *in actu* abgerufen werden kann, wie z. B. geprägte Formen tradierter Liturgie. Die aufwendig komponierte und von Abwechslung lebende „Nachtschicht"-Inszenierung kann nicht spontan zur Aufführung gebracht werden, sondern wird vorab auf Basis eines schriftlichen Skripts minutiös ausgearbeitet. Es werden Rollen geschrieben, Mitwirkende gewonnen und mit allen Beteiligten geprobt bzw. die Durchführung besprochen.[173] Die unterschiedlichen Rollen differieren hinsichtlich ihres Vorbereitungsaufwandes, wodurch Personen mit ganz unterschiedlichen Vorstellungen über das Maß ihrer Beteiligung in den Gottesdienst als gemeinsame Handlung integriert werden können.

3. In der *freien Kapazität*, die durch eine gute Vorbereitung der Inszenierung, für soziale Kommunikation und Interaktion mit Besucher/innen und Gästen im unmittelbaren Vorfeld des Gottesdienstes geschaffen wird.
4. An den *Grenzen der Inszenierung*, d. h. von spontanen, unverfügbaren Aspekten der Interaktion und Kommunikation, wie sie *in actu* z. B. durch Blickkontakte und zwischenmenschlichen Sympathien und Antipathien und der Gesprächsdynamik entstehen können.
5. In der *sozialen Einbettung* der Inszenierung, insofern die „Nachtschicht" in einem spezifischen räumlichen, konzeptionellen und institutionellen Kontext zur Aufführung gebracht wird. Hierfür braucht es viele Personen zur Vor- und Nachbereitung und im Backstage-Bereich, die z. B. den geselligen Nachklang vorbereiten.

> „[...] Ich erlebe die unmittelbare Vorbereitung immer <u>recht</u> <u>intensiv</u>. Intensiv insofern, dass es, also meistens die zwei Tage vorher, ja, wenn ich so was wie Stress mal sagen darf, sicherlich gibt für viele Menschen. Weil, die Nachtschicht natürlich, die lässt sich nicht fünf Monate vorher ganz exakt planen. Es gibt immer wieder Überraschungen. Und man muss dieses und jenes noch bedenken. Und dann da gibt es noch eine Änderung. Also das erlebe ich immer auch als ziemlichen Aufwand. [..S]amstags spätestens oder am Sonntag im Laufe des Tages, wenn man in die Kirche rüberkommt, da ist dann Leben im Gebäude. Da wird vorbereitet [...], die Technik aufgebaut. [...] [A]uch in der Woche vor der Nachtschicht steht das sehr stark auch im Mittelpunkt. Während so die inhaltliche Arbeit schon relativ weit vorher geschieht." Simon A278-I-88

Mit dem Begriff der „Inszenierung" werden diese Sozialitätsaspekte der „Nachtschicht" gut erfasst, da dieser 1. „den Blick auf die Kunst des Regisseurs [lenkt]. Dessen Aufgabe darin [besteht], einen dramatischen Text in Szene zu setzen, indem er ihn für die szenische Darstellung aufbereitet, entsprechende Kulissen, Kostüme und Requisiten auswählt oder entwirft, und den Text durch das Schauspielerensem-

---

[173] Vgl. hierzu auch Simon A278-I-88: „Es müssen ja auch, also gerade die Inszenierungen und die Texte, das muss zum Teil dann auch geprobt werden."

ble auf der Bühne lebendig werden lässt".[174] 2. Auf eine an der Rezeption interessierten Mitteilungsweise abzielt[175] und 3. in Bezug auf ein religiöses Drama darauf verweist, dass „[...] in dessen Plot jede und jeder eingebunden ist".[176]

(b) (Liturgische) Korporalität

Der Aspekt der Verkörperung hilft, die Gesellungskraft des liturgischen Hauptakteurs noch einmal differenzierter zu erörtern. „[Die Korporalität] zielt auf den Darstellungsmodus des Schauspielers ab, auf das Verhältnis seines Körpers zu der ihm vorgegebenen Rolle."[177] Ursula Roth zufolge wird hier schauspieltheoretisch und praktisch zwischen zwei Linien unterschieden. Während in Anlehnung an Konstantin Stanislawski die „Verschmelzung" des Schauspielers mit der Rolle für Authentizität steht, wird in der Tradition von Bertolt Brecht gerade die Rollendistanz als Voraussetzung für eine eigenständige Rezeption durch die Zuschauer angesehen.[178] In der liturgischen Ausbildung fand Stanislawskis Linie Eingang im Ansatz der „liturgischen Präsenz" (Thomas Kabel), wohingegen Brechts Theorie bislang unterbestimmt blieb. Die soziale Kraft der Authentizität wurde bereits in den vorangegangenen Kapiteln thematisiert, sowohl im Hinblick auf die Gäste, als auch auf den „Nachtschicht"-Pfarrer Ralf Vogel. Es stellt sich jedoch die Frage nach der Verhältnisbestimmung von Rolle und Person des liturgischen Hauptakteurs. Zielt die „liturgische Präsenz" auf die Identifikation der Person mit der pastoralen Rolle, so scheint im Rahmen der „Nachtschicht" die Pfarrerrolle hingegen überwiegend auf die Person bzw. die Persönlichkeit des Pfarrers „zugeschnitten" zu sein und in dieser aufzugehen. Diese Wahrnehmung ergibt sich aus der Art und Weise, wie der „Nachtschicht"-Pfarrer in Erscheinung tritt: als Liturg, als Moderator, als Talkmaster in ziviler Kleidung. „Nachtschicht"-Pfarrer Vogel sieht darin ein „Rollenwechsel" mit Potential:

> „[Ein] Pfarrer als moderierender Liturg, der die Verkündigung bewusst aus der Hand gibt, damit sich das Wort ‚ereignet' – kann zum Korrektiv der Verdinglichung der Pfarrerrolle werden. Der Pfarrer verfügt nicht über die Wahrheit, die er nur noch eloquent weitergeben muss. Er ist selber ein Suchender. Diese Wahrnehmung hat Auswirkung auf die Haltung der Zuhörer. Man bemerkt seine Suchbewegungen und wird so gespannter und kritischer zukünftig seinen Gedanken folgen. So bietet sich die Chance, dass auch der Predigtmonolog in einen kommunikativen Prozess mit dem Zuhörer führt, dem sich Wahrheit und Gott ereignet. Dadurch wird auch die Pfarrerrolle humanisiert." (VOGEL, RALF Ostern 2009, 33f.)

---

[174] ROTH, URSULA 2010, 90.

[175] Vgl. hierzu z. B. MEYER-BLANCK, MICHAEL 1997, 8f., sowie Roth zu Michael Meyer-Blancks Verständnis von der „Inszenierung des Evangeliums": ROTH, URSULA 2010, 93.

[176] ROTH, URSULA 2010, 95.

[177] ROTH, URSULA 2006, 290.

[178] Vgl. ROTH, URSULA 2006, 290.

Dabei greift im Rahmen der Inszenierung die Distanzierung zur „Pfarrerrolle“ so weit, dass im Rahmen der Interviews kaum noch zwischen Gast und Pfarrer unterschieden werden kann, sondern der Gast in einem korporalen Zusammenspiel punktuell auch die Rolle des „Pfarrers“ als Verkündiger übernimmt. Wird in Erwägung gezogen, dass es sich um spätmoderne liturgische und homiletische Spielformen handelt, und ist die Inszenierung (des Evangeliums) nicht normativ im Sinne einer „Reinszenierung“ gesetzt, sondern folgt rezeptionsästhetischen Überlegungen, so ist die Rollendefinition und die daraus folgende Differenzierung zwischen Person und Rolle unschärfer, als dies im Rahmen eines agendarischen Gottesdienstes der Fall zu sein scheint, der von stärkeren ästhetischen Kontrasten und normativen pastoraltheoretischen und liturgischen Vorverständnissen geprägt ist. Wenngleich im Sinne der „liturgischen Präsenz“ eine Identität des liturgischen Hauptakteurs mit seiner pastoralen Rolle angestrebt wird, so lebt dieses Konzept auch von einer wahrnehmbaren Differenz, einem Fremdheitscharakter, den es zu überwinden gilt. Dies wird am Beispiel des Talars deutlich. So ist die Frage, ob die Person durch z. B. das Tragen des Talars hinter der pastoralen Rolle zurücktritt und die „Verschmelzung“ des liturgischen Akteurs mit der Rolle und damit die Authentizität dadurch gefördert wird,[179] oder ob es gerade der Talar ist, der in Rekurs auf Bertolt Brechts Theorie nach Ursula Roth „weniger eine Hilfe zur (restlosen) Identifikation mit der Rolle, als vielmehr das für alle sichtbare Zeichen für die Differenz zwischen Person und Rolle [wäre]“[180]. Im Hinblick auf die soziale Kraft scheint dabei entscheidend, dass die Kleidung die Rolle in der Inszenierung unterstützt. Darum ist es schlüssig, dass in der „Nachtschicht“ keine liturgischen Gewänder getragen werden. Der Kleidungsstil des liturgischen Hauptakteurs ist locker („*casual wear*“) und entspricht damit dem der meisten Gäste und Besucher/innen sowie der „Talkshow“-Kultur. Durch die Art der „Nachtschicht“-Inszenierung wird die „liturgische Authentiziät“ nicht durch eine „Verschmelzung“ *mit* der Pfarrerrolle, sondern durch eine spezifische *Rollendistanz* zu einem traditionellen Pfarrerbild erreicht. Dies entspricht insofern dem Brecht'schen Sinn, als in der „Nachtschicht“ eine Verkörperung der Pfarrerrolle und nicht eine Verschmelzung mit dieser erfolgt. „Die Person bleibt dabei ‚ge-

[179] Laut einer explorativen Studie aus der Deutschschweiz „wollen die Pfarrerinnen den Abstand zur Gemeinde wahren, [indem die Kleidung möglichst dezent gewählt wird]. Pfarrerin Trüeb* meint zum Talar, den sie für sich als liturgisches Gewand gewählt hat: ‚Er sieht ideal aus und man wird als Pfarrperson wahrgenommen‘“. GROSSMANN, MANUELA et al. 2013, 250.

[180] ROTH, URSULA 2010, 100. Vgl. hierzu auch KUNZ, RALPH & SCHLAG, THOMAS 2009, 227: „Immerhin stellt, pastoralästhetisch gesprochen, der Talar die ‚einzig gängige, etablierte und sichtbare Maskierung in der konventionellen liturgischen Praxis' [Marcus A. Friedrich, Liturgische Körper. Der Beitrag von Schauspieltheorien und -techniken für die Pastoralästhetik, Stuttgart/Berlin/Köln 2001, 166.] dar, durch die die theologisch bedeutsame Unterscheidung zwischen der liturgisch handelnden Person und dem Geschehen selbst markiert werden kann: ‚Wenn der Pfarrer weiß, daß er eine Maske trägt, in der er selbst und das, was ‚Gemeinde‘ ist, nicht bruchlos aufgeht, kommt die ihn jeweils bestimmende Realität immer auch als eine distanzierte in den Blick' [Albrecht Grözinger, Praktische Theologie und Ästhetik. Ein Beitrag zur Grundlegung der Praktischen Theologie, München 1987, 269].“

wahrt als eine gewöhnliche von anderen unterschiedene Person mit eigenen Zügen, eine Person, die dadurch allen andern gleicht, die ihr zusehen.'"[181]

(c) (Liturgische) Wahrnehmung

Sowohl in der Fremd- als auch in der Selbstwahrnehmung ist im Kontext der „Nachtschicht" – ohne negative Konnotation – von einem „*Publikum*" die Rede. Im „Nachtschicht"-Beitrag des Kirchenfernsehens aus dem Jahr 2012 spricht der kommentierende Journalist vom „Publikum", auf das sich auch die Gäste Klara Butting und Andreas Cichowicz in ihren Gästebucheinträgen beziehen. Auch ist es die Chance, vor einem großen „Publikum" zu sprechen, das eine junge Teamerin zur Mitwirkung bei der „Nachtschicht" motiviert, und es ist ein möglichst breites „Publikum", das Pfarrer Vogel mit der „Nachtschicht" ansprechen möchte.[182] Es sprechen aber auch „Nachtschicht"-Besucher/innen in ihren Interviews von einem „Publikum", zu dem sie selbst gehören und/oder das sie beobachten.[183] Dieser empirische Befund steht in Kontrast zum (traditionalistischen) evangelischen Gottesdienstverständnis, nach dem sowohl die liturgischen Akteure und Akteurinnen als auch die Gottesdienstgemeinde „das handelnde Ensemble [bilden], das zum Gelingen der liturgischen Aufführung beiträgt".[184] Er entspricht jedoch der Wiederentdeckung des „Publikums" in der Theaterkultur im 20. Jahrhundert, in der „[n]icht mehr nur der aktiv in die Bühnenhandlung eingebundene Zuschauer, sondern der in seiner – keineswegs passiven – Publikumshaltung akzeptierte Zuschauer, in dessen selbständigem Rezeptionsakt die Bühnenaktion an ihr Ziel gelangt, zunehmend der Maßstab für die theatrale Inszenierung [ist]".[185] In der von Lutz Friedrichs getroffenen Unterscheidung zwischen „GoSpecial"-*Publikum* und Nachteulen-*Gemeinde* spiegelt sich dagegen eine normative Verhältnisbestimmung von gottesdienstlichem Geschehen und Gemeindeverständnis, das sich am „Ensemblespiel"[186] der Gemeinde orientiert. Sie erfolgt u. a. auf Basis der konzeptionellen Ziele der Veranstalter („GoSpecial": Gemeindeaufbau) sowie aktiver Beteiligungsformen der Besucher/innen (Nachteulen-Gottesdienst) und bestätigt Ursula Roths Analyse, dass „im gottesdiensttheoretischen Diskurs die Rehabilitierung des Gottesdienstpublikums [noch aussteht]"[187]. Die im Rahmen dieser Studie zur sozialen Kraft besonderer Gottesdienste gewonnenen Erkenntnisse sprechen jedoch dafür, dass „das Selbstverständnis und das Rollenverhalten der Gottesdienstbesucher/innen nach wie vor – oder auch: mehr denn je – in vielerlei Hinsicht dem theatralen Rollenmuster des Publikums [ent-

---

181 Brecht, Bertolt & Hauptman, Elisabeth 1967, 389–436; 407, zitiert nach Roth, Ursula 2010, 100.

182 Vgl. A-M5-Videotranskript 2013, 8; A-M2-Gästebuch, A-M4 Videotranskript 2012, 14; A-Exp-29.

183 Vgl. Rahel A3-I-56; Hannelore A15-I-476.

184 Roth, Ursula 2006, 291.

185 Roth, Ursula 2006, 291.

186 Roth, Ursula 2006, 291.

187 Roth, Ursula 2006, 291.

spricht]“.[188] Die sich aus der „diachronen Logik des liturgischen Ablaufs für die Gemeinde [ergebenden Rollenmuster]“[189] verlaufen nicht entlang eines Gegenübers von Ensemble und „Publikum“, sondern oszillieren zwischen diesen:

> „Aber ansonsten ist es eigentlich eine interessante Mischung von selber aktiv werden durch das Singen und aber auch dann eben diese, ja salopp gesagt Vortragsszenerie, in dem dann eben Sachen vorgespielt werden, vorgetragen werden oder dann eben tatsächlich auch diese Gesprächsrunde, die da Herr Vogel dann immer mit dem Gast macht. Wo man dann einfach nur so dasitzen kann und zuhören kann.“ Ilse A8-I-22

Die spezifische Inszenierung der „Nachtschicht“ führt zur Intensivierung des Wahrnehmens des Geschehens, weil unterschiedliche Reize gesetzt werden:

> „Ist perfekt, dass da immer noch ab und zu so was zwischen reinkommt, wo man irgendwie kurz dann eben dieses Denken abschalten kann, einfach nur zuhören. Und dann geht es wieder weiter. Und dann ist man irgendwie wieder viel mehr dabei.“ Merle A-GD-133

Merles Beitrag verweist darauf, dass eine qualitative Unterscheidung zwischen „aktiven“ und vermeintlich „passiven“ Beteiligungsformen nicht angebracht ist,[190] sondern das Maß der Aufmerksamkeit und Beteiligung insgesamt steigern kann. Für Justina ergeben sich so Phasen der Entspannung, die zur lockeren Atmosphäre und dem Wohlbefinden beitragen:

> „Was ich halt auch immer wieder angenehm finde, es gibt halt gerade zu den kurzen Umbauphasen, und wenn nur die halbe Mannschaft irgendwie rausrennt oder so was, da gibt es immer wieder kurze Zeit, wo man mal nicht denken muss. Nicht sich konzentrieren muss, sondern einfach nur kurz, von mir aus auch mit seinem Nachbarn einen blöden Kommentar abgeben kann. Und es stört einfach nicht wie in einem normalen Gottesdienst. Wo man halt einfach besser ruhig ist, dass man was mitkriegt. […]“ Justina A-GD-130

Die liturgische Struktur ermöglicht verschiedene Partizipationsarten, die ihre je eigene Qualität für die Beteiligten haben. Dies zeigt sich u. a. im Beitrag des Teamers Emil, der die „Nachtschicht“ einerseits in II.A „aktiv“ mitgestaltet, aber zugleich ein großes Interesse an den Gästen mitbringt, die ihm in der „Nachtschicht“ „präsentiert“ werden:

---

[188] Roth, Ursula 2006, 222.

[189] Roth, Ursula 2006, 252.

[190] Vgl. dazu auch Roth, Ursula 2010, 103: „Für die liturgietheoretische Reserviertheit gegenüber dem Publikum gibt es verschiedene Motive. Zum einen gründet sie in der Sorge, dass die Gottesdienstgemeinde durch die distanzierte, passive Haltung ausgeschlossen und ihr die ‚eigentliche‘, aktive Teilnahme am Gottesdienstgeschehen dadurch versagt sei. Zum anderen gründet die publikumsseptische Haltung in der Annahme, dass die objektivierenden Blicke des Publikums das authentische, echte Handeln der aktiv am liturgischen Geschehen Beteiligten gefährden. Die aktiv beteiligte Gottesdienstgemeinde erträgt so gesehen den distanzierten Blick des Zuschauers nicht, bedarf des Schutzes vor diesen Blicken und verlangt nach der Beteiligung aller.“

> „[...] Dass für mich [in der ‚Nachtschicht'] die Menschen mit am wichtigsten sind, weil ich auch sehr gern und viel über andere Menschen erfahre. Das ist ja nicht so leicht. Und irgendwie kommt man nicht so an Menschen, die ganz anders sind oder deren Geschichten, und da wird es halt einem so präsentiert [...]." Emil A-GD-41

Die subjektiven Beteiligungsmuster folgen jedoch nicht immer der liturgischen Beteiligungslogik. Im Rahmen einer teilnehmenden Beobachtung einer „Nachtschicht" in der Jugendkirche in Stuttgart-Nord fiel ein Mann auf, der mit Ausnahme der Beiträge seitens der Gäste durch sein Verhalten und seine Körpersprache eine deutliche Distanz zum gottesdienstlichen Geschehen einnahm.[191] Er sang und sprach nicht mit, schaute auch nicht in das Liedblatt, das er in der Hand hatte, er klatschte nicht mit, verschränkte nahezu „demonstrativ" die Arme, seine Körperspannung nahm deutlich zu, er bekam einen kritischen Gesichtsausdruck und sein Blick war nicht auf das Geschehen im Raum gerichtet. Diese Haltung änderte sich mit dem „Auftritt" der Gäste schlagartig. Er lachte, seine Körperspannung ließ nach, die Arme waren nicht mehr verschränkt, sein Blick war aufmerksam auf das Geschehen auf der Bühne ausgerichtet.[192] An diesem Beispiel wird deutlich, dass, „[j]e nach Sequenz im Ablauf des Gottesdienstes, je nach Vertrautheit mit dem ‚Stück' und mit den anderen Mitgliedern des Ensembles, je nach dem eigenen Bedürfnis nach Nähe oder Distanz, sich die Anwesenden in jeder Sequenz neu für eine der Rollenoptionen [entscheiden]"[193] oder gar zu Beobachtern des „Publikums" und des Ensembles werden, ohne sich dabei aber in Distanz zum Geschehen, sondern vielmehr in einen sinnerschließenden Zusammenhang zu setzen, insofern sie durch die Reaktionen der Menschen um sie herum „berührt" werden:

> „[..S]olche Dinge, wie das Publikum reagiert. Wenn die dann teilweise da sitzen und die Augen schließen und dann sich da von irgendwelchen Gedanken, die jetzt da ausgesprochen wurden, noch mal anfixen lassen und treiben lassen. Das ist sehr berührend oft, ne! [...], also ich finde das immer sehr gewinnbringend, sowohl für mich als Mensch als auch als Gemeindemitglied, als Frau, als, ja, also ich finde, das ist immer sehr nährend." Rahel A3-I-56

Beide Fälle belegen, dass „zusätzlich zu den verschiedenen Rollenmustern, die sich aus der diachronen Logik des liturgischen Ablaufs für die Gemeinde ergeben, deren Rolle auch durch das synchron bestehende Nebeneinander von Ensemblerolle und Publikumsrolle geprägt [ist]".[194] An die soziale Kraft der liturgischen Rollen- und Beteiligungsmuster, wie sie im Rahmen der „Nachtschicht" wahrgenommen werden konnte, schließen die theoretischen Ausführungen von Ursula Roth an, wonach:

---

191 Vgl. A-TB8.
192 Vgl. A-TB8-59
193 Roth, Ursula 2006, 252.
194 Roth, Ursula 2006, 252.

> „[d]ie verschiedenen Möglichkeiten des ‚Mitmachens' und ‚Zuschauens' nicht einander ausschließende, sondern einander in der Regel abwechselnde, ergänzende und überlagernde Formen der liturgischen Teilnahme (3.5) [sind], derer sich die Gottesdienstbesucherinnen und Gottesdienstbesucher in individuell unterschiedlicher Gewichtung bedienen und die im Gottesdienst ein spezifisches Netz kommunikativer Muster entstehen lassen. Indem Gottesdienstbesucher ihre Wahrnehmung nicht nur auf das Handeln des liturgischen Hauptakteurs, sondern ebenso auf die (gerade) in der Ensemblerolle tätigen Gemeindeglieder richten, sie einander beim (liturgischen) Handeln (und beim Zusehen) zusehen, initiieren sie in einem komplexeren Sinne jene ‚Zirkulation' des religiösen Bewusstseins, die bereits das Kommunikationsverhältnis zwischen der Pfarrerin und der Gemeinde insgesamt kennzeichnet (3.6.1). Die Vielfalt an Beteiligungsformen schafft innerhalb der Gottesdienstgemeinde eine Kommunikationsstruktur, die derjenigen ähnelt, die der antike Chor in seiner zwischen Bühne und Publikum vermittelnden Rolle grundgelegt hatte (3.6.2). [...]".[195]

Durch die lichttechnische Unterteilung des liturgischen Raumes in eine „Bühnenfläche" und einen „Zuschauerraum" werden in der „Nachtschicht" spezifische Beteiligungsrollen gefördert.[196] Trotz unterschiedlicher Veranstaltungsorte fiel auf, dass die „Nachtschicht" über das Mittel der Beleuchtung einen betont theatralen Raum schafft, indem die (liturgische) Bühne durch entsprechende Beleuchtung in einen hellen Kontrast zu dem recht dunklen „Zuschauerraum" gesetzt wird.[197] Der Blick wird dadurch automatisch auf das, was „zu sehen" ist, d. h. auf die liturgische Bühne gelenkt. Alles was im „Dunkeln" liegt, wird in der Wahrnehmung „ausgeblendet". Dies entspricht den meisten Theaterformen, für die nach Patrick Primavesi konstitutiv ist, dass „die (Blick-)Position des Zuschauers gegenüber den Schauspielern *und* neben anderen Zuschauern [ist] – sehend gesehen zu werden, zugleich ausgeschlossen zu sein und teilzunehmen".[198] Dies zeige sich Primavesi zufolge auch am „Applaus, einer direkten an die Akteure gerichteten Reaktion – die nicht nur eine symbolische Beteiligung aller Zuschauer artikuliert, sondern zumindest der Möglichkeit nach auch ihrer Beurteilung des Dargebotenen".[199] Die „Nachtschicht" ist von einer großen Applausdichte gekennzeichnet.[200] In einem Fernsehbeitrag des Württembergischen Kirchenfernsehens aus dem Jahr 2013 wird der medial eingefangene Beifall kommentiert mit: „Richtig gut, findet das Publikum."[201] Konzeptionell wird der Beifall als Beteiligungsform im Sinne einer Würdigung und einer Bestätigung gesehen, das einem „Amen" gleichkommt:

---

[195] ROTH, URSULA 2006, 292.

[196] Nach ROTH, URSULA 2006, 222, kann eine solche Einteilung zwar für fast jeden liturgischen Raum postuliert werden. Im Fall der „Nachtschicht" kann sie aber besonders hervorgehoben werden.

[197] Vgl. z. B. A-TB1-34; A-TB8-16 und 59 sowie A-M4-Videotranskript 2012, 7.

[198] PRIMAVESI, PATRICK 2010, 115f.

[199] PRIMAVESI, PATRICK 2010, 116.

[200] Die Zählungen ergaben 20–35 x Klatschen pro „Nachtschicht". Zwischen den traditionellen liturgischen Elementen in I. wurde nicht geklatscht, was ein Indiz für den Hybrid-Eventcharakter der „Nachtschicht" darstellt, der im weiteren Verlauf erläutert werden wird. Vgl. z. B. A-TB3-27, A-TB4.

[201] A-M5-Videotranskript 2013, 8.

„Was wir nicht sagen, ist das Amen hinterher. Da ist der Beifall sozusagen eine Möglichkeit, die das genauso tut. Also ich verabschiede jeden Menschen sehr schätzend. Das ist mir ganz wichtig. Also das sind sozusagen zwei Punkte: Dass ich da eine gute Ausleitung des Gespräches gefunden habe, dann bin ich auch noch mal sehr erleichtert. Wenn die mir selber gefällt und die mir selber Freude macht. Und ich lade damit die Menschen ein, durch ihre positive und bejahende Haltung mit dem Beifall zu sagen: Ja, das war schön, was du uns erzählt hast. Daran wollen wir weiterdenken. Es ist eine Form des Amens. Und wie ich finde, eine sehr gute, weil wir haben ja auch schon drüber gesprochen, die Menschen über dieses Klatschen auf jeden Fall das zeigen, dass sie das Bedürfnis haben, zu reagieren. Und nicht nur passiv drin zu sitzen, ja. Ist in jedem Gottesdienst anders. Mal wird mehr geklatscht, mal wird weniger geklatscht. Ich lade natürlich de facto an mindestens zwei, drei Stellen des Gottesdienstes ein, zu klatschen. Aber es wird ja niemand gezwungen. Und gerade der sehr, sehr anhaltende Beifall jetzt auch bei Herrn Hagenkord hat doch einfach gezeigt, dass die Menschen da ein Amen gesprochen haben, ja. Also selbst das ist auf eine Weise da." A-Exp-122

Die Inkulturation des Applauses in die gottesdienstliche Kultur scheint trotz des alternativen Charakters des Gottesdienstes nicht spannungsfrei zu sein. Den Umfragewerten zufolge gefällt 63,10 % (n=206) der Befragten das Klatschen (eher) nicht und ist das am schlechtesten beurteilte Gottesdienst-‚Element'.[202] Dieses Ergebnis steht in einem starken Kontrast zu der Tatsache, dass im Rahmen der teilnehmenden Beobachtung nur wenige Personen wahrgenommen werden konnten, die nicht klatschten. Patrick Primavesi zufolge

„[ist] Theater im Unterschied zu religiösen Ritualen nicht unbedingt auf die Stiftung von ‚Einmütigkeit' angelegt – dem einzelnen Zuschauer ist sein Urteil weitestgehend überantwortet bis hin zu Entscheidung, den Schauplatz demonstrativ zu verlassen, die Veranstaltung zu stören, dazwischenzurufen oder wenigstens zu husten, vielleicht auch nur den Blick abzuwenden und schweifen zu lassen".[203]

Es wäre interessant, die genauen Umstände für die negative Beurteilung des Klatschens in der „Nachtschicht" näher zu untersuchen. Es liegt jedoch die Vermutung nahe, dass diese weniger in einem vermeintlichen Bestreben von ‚Einmütigkeit' liegt, sondern vielmehr in einem Unbehagen, entgegen einer andersartigen, langen Tradition in einem Gottesdienst zu klatschen. Die kulturelle und religiöse Sozialisation stehen hier in einem Spannungsverhältnis, in welchem das kollektive Klatschen eher durch etablierte soziale Verhaltensformen (Höflichkeit) und einen gewissen „Gruppendruck"[204] plausibilisiert werden kann. Das sich aus der Umfrage und den teilneh-

---

202 A-4.17 erzielte im Fragenkomplex 4 die geringste positive Zustimmung.

203 PRIMAVESI, PATRICK 2010, 116.

204 Im Rahmen einer Studie der Universität Uppsala wurde Beifall aus Gruppendruck in einem etwas anders gelagerten Kontext festgestellt. Die Untersuchung konzentrierte sich dabei auf die Beifallslänge von Studentengruppen in Vorträgen und befand den Gruppendruck für Gruppen bis zu 20 Personen bestätigt. Vgl. „Soziologie: Beifall als Gruppendruck". Die Zeit vom 20.06.2013, Nr. 26. S. 38–38, online dauerhaft über: https://www.genios.de:443/document/ZEIT__PMG9285387-ZEI20130620-ZEI-2013-26-Meldungen-26%7 CZEIA__PMG9285387-ZEI20130.

menden Beobachtungen bezüglich des Klatschens ergebende ambivalente Bild ist ein Hinweis darauf, dass das Klatschen als soziale Interaktion einer sehr differenzierten Betrachtung bedarf und nicht zwangsläufig als selbstbestimmte Handlung und positive Geste beurteilt werden sollte. Dies zeigt sich insbesondere im Vergleich mit den Ergebnissen des Motorradfahrer/innengottesdienstes. In diesem Zusammenhang geben 73,7 % (n=251) der Befragten an, dass ihnen das Klatschen (eher) gefalle.[205] Dabei gilt es zu beachten, dass der gottesdienstliche Charakter des „Anlassens“ deutlich traditioneller geprägt ist, als der der „Nachtschicht“ und, oder evtl. gerade wegen, einer geringeren kirchlichen Sozialisation der Teilnehmenden. Das Klatschverhalten unterscheidet sich darüber hinaus von dem der „Nachtschicht“, insofern der Beifall restriktiver und das Klatschen darüber hinaus zur spontanen musikalischen Begleitung eingesetzt wird.[206]

(d) (Liturgische) Performativität

Die Performativität der „Nachtschicht“ zeigt sich in ihrem „synchrone[n] Zusammenspiel von Akteuren, Akteurinnen und Zuschauern, Zuschauerinnen“,[207] wie es sich in der Gesamtschau der v. g. Aspekten zeigt.

> „Ich finde, man merkt halt einfach, jetzt mal unabhängig, um welches Thema, es gibt das, es bildet sich so eine ganz eigene Dynamik in diesem ganzen Kirchenraum. /Lea: Ja./ Wenn es um Essen geht, wie dann plötzlich alle denken: boah. Ja. Das habe ich ja auch schon gemacht. Oder ja, wenn da irgendein, im Interview irgendein Kommentar kommt, wo dann plötzlich der Beifall in der Kirche ausbricht, wo es irgendwie nur drei Worte sind, das entwickelt sich so zu einem richtigen gruppendynamischen Gebilde einfach. Wenn es plötzlich losgeht. Und alle dann irgendwie einer Meinung sind oder dann plötzlich allen klar wird: Mist, das mache ich mein ganzes Leben schon falsch.“ Justina A-GD-115
>
> „Ja da gebe ich Dir auch Recht. Und das hat, glaube ich, auch, ja, für mich Bedeutung an der ‚Nachtschicht‘, dass es eben voll ist. Also das klingt vielleicht dumm, aber das geht halt auch nur dadurch, dass man das Gefühl hat: Man ist ganz viele. Also, in dieser Kirche. Und da fühlt man sich dann schon wohl. Als wenn man dann da sitzt. Und da kann man auch, ist mit dem Gedanken nicht irgendwie außerhalb, sondern das trägt schon dazu bei, dass man eben ganz da ist und dann eben daraus so reagiert und auch merkt, wie die anderen reagieren. Oder wie Du sagst: die anderen dann anguckt dabei, wie sie reagieren und so. Ja.“ Emil A-GD-116

Die Performativität verweist auf den zeitlichen und sozialen Charakter der „Nachtschicht“. „Wie die Theateraufführung, so ist auch der Gottesdienst ein gemeinsam und gleichzeitig hervorgebrachtes Ereignis, das grundsätzlich transitorisch ist, also rein im Vollzug seiner selbst besteht, ohne etwas anderes als die Erfahrung aller Beteiligten zu hinterlassen (3.7.1).“[208] Vor diesem Hintergrund kann nicht nur dem

---

[205] B-4.17.

[206] Vgl. B-TB2-Paula, insbesondere 109.

[207] ROTH, URSULA 2006, 292f.

[208] ROTH, URSULA 2006, 293.

Gottesdienst als Ergebnis, sondern auch der ihn hervorbringenden sozialen Gestalt ein transitorischer Charakter zugeschrieben werden und könnte so im Sinne eines „performativen Gemeindeverständnisses“ wichtige Aspekte für das Verständnis einer „Gemeinde auf Zeit“ beitragen. „Wie die Theateraufführung, so ist auch der Gottesdienst eine ‚transformative Performanz‘, insofern auch er sein Ziel darin hat, allen Anwesenden einen Erfahrungsraum zu erschließen, in dem – mindestens für die Dauer des Geschehens selbst – Wirklichkeit anders zur Ansicht kommt und sich das Welt- und Selbstverhältnis der Einzelnen neu justieren kann.“[209] Hanneleres Schilderungen von der Wirkung der „Nachtschicht“ zum Thema Brot auf ihre eigene Sicht im Umgang mit Lebensmitteln (A15-I-202-216) und der von Marie (A13-I-110-116) berichtete „Perspektivwechsel“ auf die Lebenswelt von Mitbürger/innen mit Migrationshintergrund sind nur zwei Beispiele für den transformativen Charakter der Performanz der „Nachtschicht“.

> „Indem der Gottesdienst nicht nur auf die Ursprungsszenen des Christentums zurückverweist, sondern gerade in der Beschränkung auf das darstellende Handeln, also das dem ‚Fest‘-Charakter des Gottesdienstes entsprechende Handeln, einen Zustand symbolisch vorwegnimmt, in dem alles wirksame Handeln als vollendet gedacht ist, wird der liturgisch aufgespannte Erfahrungsraum in mehrfacher Weise durch vergangene und als noch ausstehend geglaubte Szenen überblendet (3.7.3). Wie im Theater, so macht auch der Gottesdienst durch diese Überblendungen im Modus des zeitlichen Als-ob Wirklichkeit neu erfahrbar und kann auf diese Weise – wie das Theater – Wirklichkeitsperspektiven auch über die Dauer des Ereignisses hinaus verändern.“[210]

Die Transformativität erstreckt sich dabei nicht nur auf die kognitive Wahrnehmung der Wirklichkeit, sondern auch auf die emotionale:

> „Weil, bei uns einfach, ja, ich weiß nicht, es fasziniert uns irgendwo. Es ist einfach, ja es ist Sonntagabend. Man geht freiwillig aus dem Haus und man kommt irgendwie so, ja, so, so wohlig warm wieder nach Hause. Es ist so ein ganz komisches Gefühl, das bei mir zumindest da aufkommt, ja, irgendwie aufgetankt. Anders kann ich das eigentlich gar nicht beschreiben.“ Ilse A8-I-42.

Es hat sich gezeigt, dass eine wesentliche Gesellungskraft der „Nachtschicht“ in ihrer Theatralität liegt. Aber „[d]er Gottesdienst ist keine Theateraufführung. Nicht nur der institutionelle Rahmen, der das Produktions- und Rezeptionsverhalten aller Beteiligten steuert, auch der je spezifische Inhalt der Darstellung unterscheidet die beiden performativen Ereignisse“.[211] Die Verhältnisbestimmung von Rezeption und Botschaft, Spiel und offener Interpretation, der Erkenntnisgewinn durch Distanzierung von sich selbst sowie die Sensibilisierung für Rollenwechsel und Beteiligungsformen helfen, die Gesellungskraft der „Nachtschicht“ besser zu verstehen,

---

[209] Roth, Ursula 2006, 293.
[210] Roth, Ursula 2006, 293.
[211] Roth, Ursula 2006, 293.

und können als Anfrage an ein Gemeindebild verstanden werden, das normativ von einem großen Maß an verbindlicher, enger, aktiver und regelmäßiger Gemeinschaft und Gottesdienstpartizipation ausgeht.

1.2.3. Die Verschränkung von traditionell religiösen und eventhaften modernen Elementen – ein hybrideventhafter Charakter

Die konzeptionelle Kombination von *traditionellen und modernen* Elementen[212] kann als dritte maßgebliche Gesellungskraft des kollektiven Phänomens „Nachtschicht“ angesehen werden:

> „Und, dass der so vielfältig war. Spannend war: Die haben die normale Liturgie, die man von den Sonntagsgottesdiensten kennt, die haben die zu diesem modernen anderen neuen Gottesdienst ganz normal mit einfließen lassen. Oder die gibt das Skelett. Und dann haben sie eben neue Möglichkeiten ausgeschöpft. Zum Beispiel anstatt Predigt das Interview. Mit, also interessanten Leuten, spannenden Leuten, die man eben so kennt. [...] Aber dann die Möglichkeit auch mit der Musik. Da sind ja auch immer Spitzenleute da. Und jedes Mal wieder anders. Und trotzdem die gute alte Orgel wird auch eingesetzt, ne! Und auch alte Kirchenlieder. Und dann wieder ganz moderne und diese Mischung finde ich sagenhaft. Wenn mir das jetzt jemand erzählt hätte, ja, die normale Gottesdienst-Liturgie und dann eben ein paar moderne Stilelemente dabei, wo ich dachte: Geht das? [...] Aber so ist, ist es eine runde Sache. Ist kein Bruch irgendwie. [...]“ Marie A13-I-34-38

Es fällt weiterhin auf, dass zwischen gottesdienstlichen und anderen Elementen unterschieden und diese Kombination sehr unterschiedlich bewertet wird. Die Bewertung reicht von einer gelungenen, zweckdienlichen Symbiose:[213]

> „Ein Gesprächsgottesdienst ist eine Show – und Sie [Ralf Vogel] haben das Talent eines Showmasters, eines Moderators! –, doch zu keinem Zeitpunkt des Gottesdienstes standen die Showelemente auf ungute Art im Vordergrund. Sie dienten der Kommunikation, der Verkündigung, der Freude, miteinander zu feiern.“ A-M2-Gästebucheintrag von dem Schweizer Theologen Peter Wild

– bis hin zu einer irritierenden Mischung, die ein gottesdienstliches Erleben behindert:

> „[...] Ganz ehrlich gesagt, muss ich jedoch gestehen, dass ich mich ein bisschen schwergetan habe mit dem Format: die Vermischung von Gottesdienst (Gebet, gemeinsames Singen, Andacht, Predigt) einerseits und andererseits ‚Show‘ (Talk, Konzert, Kino, Applaus, Theatersaal, -bestuhlung, -licht) hat mich irritiert und somit davon abgehalten, mich wie in einem Gottesdienst zu fühlen und Gottes Nähe zu erleben.“ Zitat in A-Exp-Ergänzung vom 14. Mai 2016, Ziffer 2 (b)

---

212 Vgl. A-Exp-122.

213 Vgl. hierzu auch das Zitat eines Journalisten der StZ und StN in A-Exp-Ergänzung zu 2.

Diese Mischung entspricht den sich wiederholenden liturgischen und den variierenden unbekannten Elementen der „Nachtschicht“. Während das Bekannte eine Vorfreude und das Mitfeiern ermöglicht, ist es das Unbekannte, das entweder irritierend wirkt oder Neugier weckt.[214] Die Kombination aus Neugier und Vorfreude sind Indikatoren für die Gesellungskraft, die in der Mischung aus unbekannten und bekannten Elementen der „Nachtschicht“ liegen kann.

> „Ja da kommt einfach tatsächlich wieder diese strukturierte Erwartungshaltung. Und die man einfach haben kann. Ich gehe dahin, ich weiß, wer kommt. Ich weiß ungefähr, was auf mich zukommt, weil ich zum einen den Ablauf her kenne oder vielleicht auch, wenn schon Gottesdienste in dem Zyklus waren, ich kenne die Lieder. Ich weiß ungefähr, was da kommt. Das macht die Sache dann schon auch besonders. Natürlich habe ich diese Besonderheit in Anführungszeichen natürlich auch jeden Sonntag. Ich weiß auch: Ich komme hin. Ich singe Lieder. Ich höre eine Predigt. Ich bete. Ich gehe nach Hause. Aber da fehlt dann irgendwo so die Neugierde. Das weiß man, ja es wird irgendein Teil [...] aus der Bibel genommen und da wird [...] irgendwas drum herum gestrickt, damit man den Leuten halt irgendwas sagt. Aber ja, für mich ist es einfach wirklich der große Unterschied, dass es sich bei, bei den Nachtschichten um ein Thema handelt, mit dem man sich dann auch auseinandersetzen kann und das eben nicht nur einen Sonntag lang, sondern eben aus verschiedenen Richtungen gesehen mehrere Sonntage lang. Das macht es eigentlich dann so das Besondere da dran.“ Ilse A8-I-129

Die Neugierde ergibt sich zum einen aus dem thematischen Spannungsbogen, der über einen „Nachtschicht“-Zyklus gespannt wird. Zum anderen ruft das Wissen um die variierenden und immer neuen Inszenierungsformen, Installationen und Performances Spannung hervor. Damit wird einem Gewöhnungseffekt und Desinteresse vorgebeugt, wie es z. T. mit dem normalen Sonntaggottesdienst assoziiert wird.

> „Also ich weiß ja inzwischen nach den vielen Jahren, wie das so abläuft. [...] Aber es ist noch viel Neues, so viel Spannung dabei, was es gibt. Während im normalen Gottesdienst, da gibt es selten mal irgendwas, was plötzlich aufhorchen lässt. Und nicht bloß, was jetzt in dem Interview rauskommt und was musikalisch geboten ist, sondern auch dieses Drumherum. Gerade das, was die ehemaligen Konfirmanden bringen. Manchmal haben sie auch eine Video-Wand aufgebaut. [...] Sind oft so die Kleinigkeiten, die das noch reizvoll machen. Einmal hat [...] jeder, der mitmacht, eine Rose gekriegt. Dieser große Rosenstrauß war Blumenschmuck auf dem Altar. [...]“ Marie A13-I-40

Tendieren „alternative Gottesdienste“ laut Lutz Friedrichs Analyse „unter dem Blickwinkel der ‚liturgischen Erfahrungstypen‘ (Hauschildt 1996), zum Expressiven“,[215] finden sich in der „Nachtschicht“ insbesondere im „liturgischen Rahmen“ die Möglichkeit, Stabilität zu erfahren.[216] Die expressiven Elemente werden „stellver-

---

[214] „Und das ist eigentlich so wirklich die Mischung aus der Neugier auf das Unbekannte und die Vorfreude auf das Bekannte.“ Ilse A8-I-121.

[215] FRIEDRICHS, LUTZ 2007b, 20.

[216] „Die liturgische Erfahrung der *Stabilität* schätzt das Beständige, das Geordnete, das klar Strukturierte. Liturgie begegnet hier als Ritual. Die liturgische Erfahrung der *Expressivität* hingegen verwirklicht sich

tretend" von den jungen Mitwirkenden ausgeführt und ermöglichen eine Partizipation aus der Zuschauerperspektive. Dadurch kommt einerseits „die Stärke des Expressiven [...], das Emotionale, das Spielerische, das Stimmungsvolle" und damit das Lebensgefühl der Lebensmitte zur Geltung.[217] Andererseits geht der Gottesdienst durch die stabilen liturgischen sowie die kognitiven Elemente (Dialog) nicht vollständig darin auf, sondern ermöglicht auch eine kritische Auseinandersetzung.[218] Für die Teamerinnen ist die Mischung aus eventhaften und traditionellen Elementen ein wichtiger Aspekt der Attraktivität der „Nachtschicht", der die Qualität gottesdienstlichen Erlebens und die subjektive Teilhabe befördert. Sie betonen dabei aber auch, dass es der gottesdienstliche Charakter sei, der das „Event" in einen tiefergehenden Bedeutungszusammenhang stelle.[219] Der Charakter des kollektiven Phänomens, der sich in den subjektiven Wahrnehmungen spiegelt, kann aus sozialwissenschaftlicher Sicht in den Deutungshorizont eines *Hybridevents* gerückt werden. Dieses zeichnet sich durch eine „postmodernistische Verbindung bzw. Verschränkung von Elementen traditionalistischer (z. B. religiöser) Feierformen mit Elementen modernistischer (z. B. jugendkultureller) Eventformen (vgl. Gebhardt/Hitzler/Pfadenhauer 2000) [aus]. Das besondere [...] ist die Amalgamierung von Elementen religiöser Feierrituale (Liturgie, Prozession, Wallfahrt, Kreuzweg etc.) mit Elementen (Partys, mehrtägige Massenspektakel mit Happeningcharakter), die etwa von Szene-Events bekannt sind (vgl. Pfadenhauer 2000)".[220]

Betonen die traditionellen Elemente der „Nachtschicht" den Feiercharakter des gottesdienstlichen Geschehens, sind es ihre eventhaften Aspekte, die an den festlichen und kasualen Charakter von Gottesdiensten anknüpfen.[221] Der Festcharakter der „Nachtschicht" manifestiert sich u. a. in der „Einmaligkeit" und „Exklusivität" jeder einzelnen „Nachtschicht", ihrem spannenden und unterhaltsamen sowie außeralltäglichen Erlebnischarakter. Die Möglichkeit, einen besonderen Gast in der „Nachtschicht" zu erleben und diesem dort im Rahmen des geselligen Beisammenseins auch persönlich zu begegnen, wird als knappes Gut bzw. „exklusive Chance" empfunden:

> „[...] Wenn es nicht passt, dann passt es halt nicht. [..W]enn das natürlich ein besonders <u>bekannter</u> Gesprächsgast ist, wie jetzt zum Beispiel was ja auch schon da war, Eckhart von Hirschhausen. Da hätte es mich schon <u>wahnsinnig</u> geärgert, wenn es nicht geklappt hätte. [...]" Ilse A8-I-89

in den Vollzügen von Beteiligten und schließt die gesamte Körperlichkeit mit ein." HAUSCHILD, EBERHARD 1996, 337. Hervorhebungen im Original.

[217] Vgl. HAUSCHILD, EBERHARD 1996, 21.

[218] Vgl. hierzu HAUSCHILD, EBERHARD 1996, 21, der die Schwäche der expressiven Gottesdienste darin sieht, dass sie tendenziell nicht kritisch sein können.

[219] Vgl. A-GD-48-68.

[220] PFADENHAUER, MICHAELA 2010, 62.

[221] Vgl. NEIJENHUIS, JÖRG 2012, 11–16.

Die exklusive Situation wird durch die bereits erörterte (räumlich bedingte) begrenzte Teilnehmerzahl unterstrichen. Die „Nachtschicht“ entspricht damit der Logik des Events, welches eine „Intensivierung und Extensivierung des Erlebnisangebotes“[222] zum Ziel hat und dadurch auch dem Dilemma einer Steigerungslogik unterliegt,[223] wie es sich bereits in der Entwicklungsgeschichte gezeigt hat. Wie ein Event hat sich auch die „Nachtschicht“ auf dem „Markt der Möglichkeiten“ zu behaupten.[224] Mit z. B. dem Motto

> „‚Gott statt Glotze!‘ […] wird anerkannt, dass sich der Adressat entscheiden muss: zwischen dem Tatort, dem Familienabend, kulturellen Angeboten, frühem Zubettgehen … Diese Wahl wird ernst genommen und eine gute Entscheidung empfohlen: mehrmals im Jahr nicht die Glotze, sondern Gott.“ (VOGEL, RALF Ostern 2009, 36f).

Der „Nachtschicht“ wird mit 79,5 % (n=215) Zustimmung der Befragten ein gewisser Unterhaltungswert bescheinigt. Auch die Aussagen über den spannenden Charakter der Veranstaltung legen nahe, dass die „Nachtschicht“ als „Erlebniszeit“ (Harald Schroeter-Wittke)[225] wahrgenommen wird, insofern sie unterhaltend ist, „indem sie die Atmosphäre des partnerschaftlichen Gesprächs als Unterhaltung liturgisch zur Geltung [bringt …], uns Unterhaltung [gewährt] und uns so geistlich [ernährt, und uns] als spannende mehrfach codierte Inszenierung Spaß [macht]“.[226] Der Eigenwert des eventhaften, unterhaltsamen Charakters der „Nachtschicht“ liegt dabei u. a. in der positiv erlebten Auszeit vom alltäglichen Geschehen (vgl. auch 1.4). Dennoch geben lediglich 25,4 % (n=287) der Befragten als (einen) Grund für die Teilnahme an, eine schöne Zeit erleben zu wollen, wodurch die These gestützt wird, dass die Gesellungskraft der „Nachtschicht“ nicht in ihren festlichen, erlebnisreichen, eventhaften Aspekten aufgeht, sondern die lebensweltliche Relevanz gleichzeitig darüber hinausreicht. Die dritte wesentliche Gesellungskraft des kollektiven Phänomens liegt damit im hybrideventhaften Charakter der „Nachtschicht“,[227] insofern sie sich durch ein Neben- und Ineinander von feierlichen und festlichen Elementen auszeichnet.

1.2.4. Zwischenfazit

„In der ‚Spannung‘ liegt die Kraft“ – könnte das Fazit zur Gesellungskraft des kollektiven Phänomens liegen. Diese in einem maßvollen Sinne verstandene Spannung

[222] HITZLER, RONALD 2011, 17ff.
[223] Vgl. HITZLER, RONALD 2011, 17ff.
[224] Vgl. hierzu u. a. Ilse A8-I-16.
[225] SCHROETER-WITTKE, HARALD 2003, 258f.
[226] SCHROETER-WITTKE, HARALD 2003, 258.
[227] Der hybrideventhafte Charakter der „Nachtschicht“ erschließt sich erst in einer Gesamtschau aller vier Aspekte der sozialen Kraft vollständig, da die Sinnkonstruktion und Beziehungsstrukturen dafür mit einbezogen werden müssen.

ergibt sich durch eine lebensweltliche Hermeneutik und Darstellung religiöser Sinngehalte mittels geprägter, traditioneller und alternativer, moderner Elemente. Die soziale Kraft des kollektiven Phänomens „Nachtschicht" liegt in seinem alternativen Gottesdienstprofil, das sich durch traditionelle, theatrale und eventhafte Aspekte auszeichnet. Von den alternativen Elementen im Sinne neuer Kommunikationsformen fühlt sich der überwiegende Teil der „Nachtschicht"-Besucher/innen angesprochen. In der Theatralität manifestiert sich die soziale Kraft des Gesamtkunstwerkes „Nachtschicht", insofern allen Anwesenden tragende Rollen zukommen, auch dem „Publikum". Vor diesem Hintergrund sind Gemeindeverständnisse, die zwischen einem passiven Gottesdienst-„Publikum" und einer aktiven Gottesdienstgemeinde unterscheiden,[228] kritisch zu reflektieren. Der hybrideventhafte Charakter der „Nachtschicht" befördert die Vergesellung der Teilnehmenden sowie ihr gottesdienstliches Erleben. Angesichts dieser Ergebnisse liegt nahe, eventhafte Züge von gottesdienstlichen Formen nicht in einem kritischen Kontrast zur religiösen Praxis zu sehen und einer Eventisierung grundsätzlich entgegenwirken zu wollen.[229] Vielmehr legen die Ergebnisse nahe, dass die Hybrideventtheorie auch im Zusammenhang mit kleineren Veranstaltungen ein gewinnbringender Deutungshorizont für den liturgiewissenschaftlichen und gemeindetheoretischen Diskurs darstellen kann, da sie den Eigenwert situativer und punktueller Vergesellung erhellt.

1.3. Die soziale Kraft der Beziehungsnetzwerke der „Nachtschicht"

Die soziale Dimension der „Nachtschicht" wird besonders vor und nach dem Gottesdienst ansichtig: Wartende Besucher/innen kommen miteinander ins Gespräch, Einzelpersonen und kleinere Gruppen, die sich kennen, finden zueinander und unterhalten sich, letzte Absprachen der Mitwirkenden finden statt, Gäste werden begrüßt und einander vorgestellt etc.[230] Die sich im Rahmen der gottesdienstlichen Vergesellung darstellenden Beziehungen sind ‚nur' ein Teil der im Zusammenhang mit der „Nachtschicht" relevanten Beziehungen.

1.3.1. Die interdependenten Beziehungsnetzwerke der „Nachtschicht"

(a) Das individuelle Beziehungsnetzwerk (Mikroebene)
Wie im Zusammenhang mit dem „Anlassen" wahrgenommen werden konnte, „lebt" auch die „Nachtschicht" von persönlichen Beziehungen und schafft solche zugleich, auch wenn die zwischenmenschliche Begegnung und Interaktion nicht zu den primären Gesellungskräften der „Nachtschicht" gezählt werden kann. Es sind insbeson-

[228] Vgl. FRIEDRICHS, LUTZ 2007b, 23.
[229] Wie dies im Rahmen von „GoSpecial" versucht wird. Vgl. VOGT, FABIAN 2007, 91f.
[230] Vgl. A-TB3-8 und A-TB6-17.

dere jene privaten Beziehungen, die sich durch eine starke Bindung auszeichnen,[231] die für die Teilnahme an der „Nachtschicht" eine wichtige Rolle spielen:

> 48,4 % (n=285; Mehrfachantworten möglich) geben an, mit Freunden, 47,7 % mit Ehe-/Lebenspartnern,[232] 22 % alleine, 12,54 % mit Familie und/oder Verwandten, 7,0 % mit jemandem aus der Kirchengemeinde, 4,9 % mit Nachbarn und 1 % mit „sonstigen Personen" an dieser Veranstaltung teilzunehmen.[233]

Dennoch haben laut Umfrage 22 % der Befragten (n=246) im Rahmen der „Nachtschicht" neue Bekanntschaften geschlossen. 57,4 % davon haben auch außerhalb der „Nachtschicht" zu diesen Personen Kontakt. Es konnte beobachtet werden, dass sich viele der Teilnehmenden vor dem Gottesdienst herzlich begrüßen, was auf ein gewisses Maß an persönlicher Verbindung schließen lässt.[234] Dennoch fällt auf, dass das persönliche Erleben der „Nachtschicht" im Unterschied zum Motorradfahrer/innengottesdienst nicht so sehr an persönliche Beziehungen gebunden ist. Wurde die Frage nach dem Erleben des ersten Besuchs des jeweils besonderen Gottesdienstes im Zusammenhang mit dem „Anlassen" in den allermeisten Fällen an erster Stelle in einen Zusammenhang mit den persönlichen Beziehungen gestellt, wird in den Interviews zur „Nachtschicht" überwiegend auf die besondere Form, die Themen und das individuelle Erleben rekurriert.[235]

Die soziale Kraft dieser Beziehungen realisiert sich in einer anderen Art und Weise, wie am Beispiel von Marie dargestellt werden soll. Sie nimmt zwar überwiegend alleine an der „Nachtschicht" teil, lädt aber immer wieder gezielt Freunde dazu ein und stößt auch im Familien- und Freundeskreis auf Interesse an der „Nachtschicht":

> „Ich habe eine Freundin, die immer von einer Entschleunigung spricht. […] Und die will ich dann da auf jeden Fall mit einladen zum nächsten Mal." Marie A13-I-20-22[236]

Ganz grundsätzlich hat sie dabei Menschen im Blick,

> „[d]ie bewusst leben. Die sich Gedanken machen. Und nicht einfach bloß so dahinleben. Und ja sich ziehen lassen von Werbung und Fernsehen. Und denen bloß wichtig ist das Haben. Sondern, die über ihr Leben nachdenken und sinnvoll leben wollen. Und auch Leute, die die Welt sozusagen erhalten wollen, nicht einfach bloß drauf hinleben und mit Plastik umgehen, als wäre es nicht schädlich. Und ja einfach Leute, die bewusst ihr Leben

[231] Diese Zuschreibung erfolgt vor dem Hintergrund des Beziehungscharakters der Personengruppen.

[232] Neben der zentralen Bedeutung der Freunde für den Besuch der „Nachtschicht", erfährt der Gottesdienst in seiner Bedeutung als „Freizeitangebot" für Ehepaare (und Familie/Angehörige) eine spezifische Profilierung, der hier leider nicht weiter nachgegangen werden kann.

[233] A-1.4.

[234] Vgl. z. B. A-TB1-19f.

[235] Vergleiche hierzu die besonders bedeutsamen Anfangssequenzen der zur „Nachtschicht" und zum „Anlassen" geführten Einzelinterviews.

[236] Gast der besagten „Nachtschicht" war der Soziologe Hartmut Rosa. Vgl. zu diesem Sachverhalt auch Beate A24-I-40.

> gestalten. Und die auch bereit sind, was zu ändern, wenn sie merken, es ist an der Zeit. So kann es nicht weitergehen. [...]" Marie A13-I-102-108

Die „Nachtschicht" wirkt über die Veranstaltungen hinaus, indem sie der Beziehungspflege dient und Anlass für Gespräche und zum Austausch gibt:[237]

> „Also wenn mein Sohn auch nicht mehr kommt. Aber da erzählen wir was. Meine Schwiegertochter ist fast noch mehr interessiert, obwohl sie aus der Kirche ausgetreten ist. Aber die war in der Katholischen. Und ja, ich habe so von meinen Freundinnen im Umfeld, die sich für solche Themen auf jeden Fall interessieren, und die eine, der ich das dann gebe, die war gestern auch fast gekommen. Bloß war zeitlich nicht drin. [...]" Marie A13-I-96

Das Material, das im Rahmen der „Nachtschicht" erworben werden kann, dient dabei auch als Gesprächsgrundlage im persönlichen Beziehungsnetzwerk.[238] Marie stellt dabei kein Einzelfall dar, sondern führt aus, was für nahezu alle Befragten gilt:

> 94,5 % (n=258) der Umfrageteilnehmenden reden mit anderen Menschen über die „Nachtschicht": 15,1 % mit Menschen, die dabei waren, 42,2 % die nicht dabei waren und 37,2 % mit beiden Kohorten, d. h. 79,4 % reden mit Menschen, die nicht dabei waren. Damit ist noch nicht gesagt, mit wie vielen Personen dabei geredet wird. Ausgehend von mindestens einer Person wird mit 205 Personen über die „Nachtschicht" gesprochen, die diese selbst nicht besucht haben.

Obwohl Marie häufig alleine zur „Nachtschicht" kommt, stellen die anderen Besucher/innen keine „unbekannte" Menge für sie dar. Sie kennt inzwischen viele vom Sehen und trifft sporadisch auf entfernte und alte Bekannte:

> „Und ich weiß so in etwa, wer alles kommt. Zum Beispiel einige Leute aus [meinem alten Wohnort], die ich von früher noch kenne. Und da freuen wir uns einfach, wenn wir uns da mal kurz begrüßen und ein paar Sätze reden. Und das Tolle gestern war, also ich habe nicht bloß die paar [aus meinem alten Wohnort] getroffen. Zwei haben allerdings diesmal gefehlt, die ich sonst auch sehe ((lächelt)). Aber ich habe eine Frau getroffen, die ich kennengelernt habe, als mein erstes Kind Baby war. [...] Und dann habe ich noch eine andere Frau getroffen, auch mit Kinderwagen. [...] Und wir waren damals dann so ein richtig nettes Team. Die Kinder waren bloß ein paar Monate auseinander. Und, und jetzt habe ich die eine von diesen Damen getroffen." Marie A13-I-76-86

Der Bekanntheitsgrad ist für Maries positive Wahrnehmung der Begegnungen von untergeordneter Bedeutung. In einer persönlichen Notiz auf ihrem Umfragebogen gibt Marie zudem an, dass sie die Menschen in der „Nachtschicht" als „Nachtschicht"-Gemeinde empfindet.[239] Sie ist außerdem der Meinung, dass sich Menschen

[237] Vgl. hierzu auch Ilse A8-I-44.
[238] „Und da habe ich auch das Buch gelesen. Und das will ich auch weitergeben." Marie A13-I-112
[239] A13-5.1.

dort willkommen fühlen können, so wie sie sind.[240] Diese Erfahrung setzt sich in einen Kontrast zu Erfahrungen, die sie in „normalen Gottesdiensten" gesammelt hat:

> „Ganz so, in normalen Gottesdienst, da hat man so das Gefühl: Das ist so ein Grüppchen für sich. Also ich bin zum Beispiel hier auch, seit ich hier wohne, noch nicht reingekommen in diese Kirche. Also in diese Gemeinschaft. [..W]enn ich jetzt mich gemeldet hätte, dass ich da und da mitarbeiten will, dann wäre es ganz anders gewesen. Aber wenn ich jetzt so als Kirchenbesucher da hingehe, ich fühle mich da einsam und alleine. Ich gehe da nicht gerne hin. Obwohl die Kirche wunderschön ist. […] Und jetzt bin ich bei der Kirche, die ich so hübsch finde. Aber ich gehe nicht hin. Ich fühle mich da nicht wohl. Und das sind keine fünf Minuten. Ich fahre lieber nach Obertürkheim." Marie A13-I-170ff.

Zum Beziehungsnetzwerk der „Nachtschicht" werden aus Sicht von Marie auch die (prominenten) Gäste gezählt, die sich nach dem Gottesdienst beim Ausklang zu den Besucher/innen gesellen und sich so Möglichkeiten der Begegnung und des Gesprächs mit Menschen auf Augenhöhe ergeben, die sich sonst jenseits ihrer eigenen Lebenswelt bewegen.

> „[…] Ich finde der Abschluss gehört dazu. Auch sind die Referenten dann da. Wenn man noch was fragen will. Und die Musiker. /I: Und warum ist das gerade für Sie wichtig, dass das dazu gehört? Würde da was fehlen, wenn das nicht da wär?/ Dann wäre es irgendwie wie im Theater. Vorhang fällt. Die sind da hinten für sich. Und die anderen gehen oder reden noch unter sich. Aber so ist man <u>miteinander</u>. Und ich finde diese Verbindung, die ergibt was Besonderes. Nicht diese Trennung. Wir haben jetzt unsere Arbeit getan. Wir gehen nach Hause. Also jetzt von den Künstlern her. Und von den Prominenten." Marie A13-I-120-124

In ihrer eigenen Lebenswelt wirbt Marie auch über ihre näheren Beziehungen hinaus für die „Nachtschicht", indem sie in Ladengeschäften Plakate aushängt und mit den Inhabern, z. B. Bäckern und Apothekerinnen, über den Gottesdienst ins Gespräch kommt.

> „In der Apotheke […], Marktplatz, die Frau auch kirchlich sehr interessiert. Da habe ich das [Plakat] immer anhängen können. Dann in der Bäckerei hat sie mir gesagt: Da muss ich erst den Chef fragen. Ne, ich bin extra in die Bäckerei, weil das Thema Brot war. Und dann hat sie mir den Hörer gegeben: Der [Bäcker] ist am Telefon und will mit Ihnen sprechen. Sie sollen genau sagen, was da draufsteht. Und nachdem ich ihm das erklärt habe, dass das über Brot geht, wenn Gottesdienst ist, und so weiter. Er hatte gesagt: ausnahmsweise. Er ist nicht für viel Werbung in seinem Laden. Aber Dinge, die er unterstützen kann, die ihm wichtig sind, das macht er. Also das dürfte ich." Marie A13-I-142-144

Maries Identifizierung mit der „Nachtschicht" erfolgt dabei nicht immer unmittelbar über ihr eigenes Interesse oder die Anschlussfähigkeit an ihr eigenes Leben, sondern z. T. auch über die thematische oder örtliche Relevanz für andere Menschen in ihrem Beziehungsnetzwerk. Das holzschnittartig nachgezeichnete „Nachtschicht"-Beziehungsnetzwerk von Marie zeigt, dass im Hinblick auf die Bedeutung des indivi-

[240] A13-5.2.

duellen Beziehungsnetzwerkes ganz unterschiedliche Aspekte relevant sind. Dienen die „starken“ Bindungen insbesondere dem Austausch über die „Nachtschicht“, so sind es gerade die „schwachen“ Beziehungen,[241] die Raum für ein *selbstbestimmtes* und *inklusives* Nähe- und Distanzverhältnis zum gottesdienstlichen Geschehen schaffen.

(b) Das kollektive Beziehungsnetzwerk (Mesoebene)

Auf der mittleren Aggregationsebene der „Nachtschicht“ sind verschiedene „Cluster“[242] im Beziehungsnetzwerk der „Nachtschicht“ (re-)konstruierbar: Das größte Cluster ist das der *Besucher/innen* der „Nachtschicht“. In seiner Struktur zeichnet es sich überwiegend durch starke und mittelstarke Bindungen innerhalb einzelner kleiner Besucher/innengruppen und Paaren ab,[243] die untereinander schwach oder gar nicht verbunden scheinen.[244] Innerhalb dieses Clusters sind wiederum drei „Gruppierungen“ auszumachen: *private Besucher/innen* und *offizielle Besucher/innen* (z. B. Presse, Dekan etc.), die z. T. in der Begrüßung erwähnt werden und wesentlich über den „Nachtschicht“-Pfarrer miteinander vernetzt sind, sowie die *Konfirmand/inn/en*, die ihre Teilnahme als obligatorisch verstehen. Ein weiteres Cluster ist das der im Gottesdienst mitwirkenden *Teamer/innen*. Wie die Konfirmand/inn/en stellen auch sie aufgrund ihrer Altersgruppe (junge Erwachsene), ihrer Sitzposition im vorderen Teil der Kirche und aber auch durch ihre maßgebliche Mitwirkung am Gottesdienst eine markant abgrenzbare Sozialform dar. Dieses Cluster zeichnet sich durch einen *gruppenhaften Charakter* mit vergleichsweise starken Bindungen unter den Mitgliedern aus. Das Team trifft sich immer wieder projektbezogen zu Proben, aber auch zu davon unabhängigen Workshops (z. B. Lachyoga) und im privaten Kontext (z. B. Geburtstagsfeiern)[245]. Im Rahmen der Gruppendiskussion fielen jedoch auch hier unterschiedliche Bindungsstärken auf, insofern die ‚älteren‘ Team-

---

241 „In vereinfachter Weise kann man starke und schwache Beziehungen folgendermaßen unterscheiden: Starke Beziehungen verbinden Freunde, schwache Beziehungen vernetzen Bekannte.“ AVENARIUS, CHRISTINE 2010, 100. Eine differenziertere Darstellung der Bindungsqualität unter Freunden findet sich in STEGBAUER, CHRISTIAN 2010.

242 „Über einzelne Beziehungen hinausgehend, fragt die Netzwerkforschung nach den Relationen zwischen den verschiedenen Beziehungen in einem Netzwerk (z. B. Cluster- und Cliquenbildungen) und danach, welche Bedeutung Strukturmerkmale des Netzwerks und soziale Beziehungen für die soziale Integration haben. Beispielsweise sind dichte Netzwerke, in denen sich viele Personen kennen, durch schnelleren Informationsfluss und effektivere Normdurchsetzung gekennzeichnet als weniger dichte Netzwerke (was für die Individuen einerseits höheren sozialen Rückhalt, andererseits größere soziale Kontrolle bedeutet). Ein anderes bekanntes Strukturmerkmal von Netzwerken sind sogenannte strukturelle Löcher (Burt 1992): Besetzt man solche strukturellen Löcher zwischen verschiedenen Netzwerken, sichert dies privilegierten Zugang zu (karrierestrategisch wichtigen) Informationen und Macht und Einfluss.“ HOLLSTEIN, BETINA 2010, 91.

243 Nur 22 % der Befragten kommen alleine zur „Nachtschicht“ (A-1.4). Im Rahmen der Teilnehmenden Beobachtung konnte jedoch festgestellt werden, dass auch diese im Laufe der Veranstaltung ins Gespräch mit anderen kamen oder sich konkret zu einer Gruppe gesellten. Vgl. z. B. A-TB5-24, A-TB6-18, 21 und 87.

244 Vgl. z. B. A-TB1-19f., sowie A-TB2-55.

245 Vgl. A-Exp-43.

mitglieder deutlich vertrauter miteinander wirkten als die ‚jüngeren'. Der im Rahmen der Gruppendiskussion gezogene Vergleich der Gruppe mit dem Bild dreier Schildkröten, in dem eine große Schildkröte eine mittlere und diese eine kleine Schildkröte trägt, werden die unterschiedlichen Rollen der „Gruppenmitglieder" deutlich, die unterschiedlich starke Bindungen innerhalb der Gruppe nahelegen und von der auch eine soziale Kraft auszugehen scheint.[246] In diesem gruppenhaften Beziehungsnetzwerk ist davon noch einmal die Rolle des „Nachtschicht"-Pfarrers zu unterscheiden, insofern sich diese Beziehung zwar stark von der konkreten Person her bestimmt, aber auch von dessen Funktion als Gruppenleiter. Der über Jahre von Ralf Vogel aufgebaute und etablierte „Nachtschicht"-*Beirat* stellt als beratendes, informelles Gremiums ein weiteres Cluster auf der Mesoebene der „Nachtschicht" dar. Hier kann zwar auch von einer Gruppe gesprochen werden, die sich in größeren Abständen trifft, Themen diskutiert, „Nachtschichten" reflektiert und via E-Mail-Verteiler über aktuelle Entwicklungen informiert und um Stellungnahmen gebeten wird, sie verfügt aber über eine andere Clusterstruktur als das gruppenhafte Cluster der Teamer/innen. Die Netzwerkkanten (Beziehungslinien) zwischen den einzelnen Beiratsmitgliedern verlaufen wesentlich mittelbar und über den „Knotenpunkt"[247] Ralf Vogel, dem dadurch eine zentrale „Brokerfunktion"[248] zukommt. Evtl. bestehende individuelle Bindungen unter den Mitgliedern scheinen für diese Clusterbildung von untergeordneter Relevanz zu sein.[249]

Dies gilt auch für die zahlreichen *Mitarbeiter/innen* bei der „Nachtschicht", die mehr oder weniger im Hintergrund aktiv sind, wie z. B. Personen, die für die Verpflegung beim geselligen Nachklang sorgen, die die „Nachtschicht" fotographisch dokumentieren, den Büchertisch verwalten, die (Ton-)technik verantworten, das Werbematerial verwalten und auslegen, die Internetpräsenz der „Nachtschicht" pflegen sowie für den Küsterdienst zuständig sind. Dieses Netzwerk aus verschiedenen Einzelpersonen ist hauptsächlich über die Person Ralf Vogels vernetzt und in ganz unterschiedlicher Art und Weise mit der „Nachtschicht" verbunden, wie z. B. die Eltern der Konfirmand/inn/en:

> „[...] Dann gibt es die Personengruppe, die diesen Nachklang durchführt. Da sind viele, sehr viele Konfirmanden-Eltern dabei. Das war so eine, die am kritischsten gesehen wurden: ja. Dann schmieren die ja da für die ‚Nachtschicht' Brote, dann machen die bestimmt nichts anderes. Wir haben extra, um das zu widerlegen, eine Umfrage gemacht bei diesen Leuten. Haben gesehen, wie selbständig die entscheiden können, für was sie sich engagieren und für was nicht. Dann gibt es die einen, die sagen: Ja, als Konfirmanden-Eltern ma-

[246] Vgl. A-GD-255.

[247] „In der gesamten Breite der sozialwissenschaftlichen Netzwerkforschung bilden hauptsächlich Akteure die Knotenpunkte des Netzwerks." ALBRECHT, STEFFEN 2010, 127. „Beziehungen zwischen den Akteuren werden als Kanten oder Ties bezeichnet." SCHEIDEGGER, NICOLINE 2010b, 503.

[248] Beziehungs-Broker überbrücken z. B. strukturelle Löcher zwischen verschiedenen Clustern. Sie verfügen dadurch über Informations- und Kontrollvorteile. Vgl. hierzu die Studie von SCHEIDEGGER, NICOLINE 2010a, 146.

[249] Vgl. hierzu A-Exp-84 sowie die im Rahmen der Feldforschung gewonnenen Eindrücke.

chen wir das, aber anschließend nicht mehr. Dann sind wir bereit, einen Garten-Aktionstag mitzumachen. Und andere sagen: Ich bin nur bereit, dafür das zu machen und auch hinterher, aber sonst nichts, ja gut." A-Exp-52

In einem weiteren Sinne können die geladenen und mitwirkenden *Gäste* als ein über die Person Ralf Vogel und das Gästebuch verbundenes Cluster angesehen werden. Zwischen ihnen kommt es zwar nur vereinzelt im Rahmen der „Nachtschicht" zu persönlichen Kontakten, aber insbesondere durch ihre Einträge im Gästebuch der „Nachtschicht"-Homepage im Internet erscheinen sie nach außen hin als besondere Gruppe der „Nachtschicht".[250] Als solche liegt in ihnen eine Gesellungskraft ganz eigener Art, da sie den „exklusiven" Charakter der „Nachtschicht" unterstreichen und mit ihnen auch bei anderen prominenten Gästen geworben werden kann. Ein weiteres Cluster tritt im Zusammenhang mit der Werbung in Erscheinung. Dieses setzt sich aus *externen Unterstützern* zusammen: eine ehrenamtlich tätige Werbeagentur, Sponsoren und die Werbeunterstützer. Eine persönliche Teilnahme dieser Personen(-kreise) an der „Nachtschicht" ist nicht zwangsläufig gegeben oder erfolgt erst nach längerer Zeit, aufgrund der entsprechenden Verbindung. Auf die Frage nach dem Kontakt mit diesem Netzwerk berichtet Ralf Vogel:

„Eigentlich nur über meinen Mitarbeiter [...]. Der mit denen natürlich telefoniert, telefonischen Kontakt hat. Das ist auch ganz unterschiedlich, wenn das Bäckereien sind, die ja unsere Plakate aufhängen, dann fährt er die natürlich häufig an. Da gibt es zum Beispiel schon erste Bäckerei-Besitzer, die regelmäßig zur Nachtschicht kommen, nachdem sie jahrelang nicht gekommen sind. Irgendwann sagen sie dann doch mal: Ah, Mensch, jetzt gehe ich mal. Und dann merken sie mal, was das Tolles ist. Und dann kommen sie unbedingt wieder. Das muss man natürlich erst mal erlebt haben sozusagen, um das dann auch wirklich ernst zu nehmen. Und das ist natürlich bei vielen nicht, bei den allermeisten nicht möglich. Da ist es zweimalig im Jahr ein Briefverkehr eigentlich, mit flankierenden Telefonaten noch. Und das war es im Großen und Ganzen, ja. Aber es sind ja sehr viele lokale Sponsoren, die man auch dann in anderen Zusammenhängen kennt. Oder in anderen Zusammenhängen begegnet und so was. Aber also häufig ist das so, dass sie das wirklich respektieren und eine tolle Arbeit finden und gerne wieder für Geld geben. Aber so einen Lebenswandel haben, dass sie dafür sich eher weniger Zeit nehmen. Das kann man schon so sagen. [...]" A-Exp-62

Dieser Umstand entspricht zum einen der These, dass die (volks-)kirchliche Verbundenheit sich nicht in der aktiven Teilnahme an kirchlichen Angeboten erschöpft, sondern sich durch ein selbstbestimmtes und flexibles Nähe- und Distanzverhältnis auszeichnet.[251] Dies trifft aber nicht nur auf Kirchenmitglieder zu, sondern auch auf Menschen, die keine Kirchenmitglieder mehr sind oder auch nie waren und sich selbst in unterschiedlicher Art und Weise als nicht religiöse Menschen bezeichnen. Ein Interviewpartner unterstützt die „Nachtschicht" durch eine

---

[250] Vgl. A-M2-Gästebuch, Stand 10.03.2014.

[251] Vgl. hierzu KRETZSCHMAR, GERALD 2015, sowie HERMELINK, JAN & WEYEL, BIRGIT 2015, insbesondere 30ff.

kostenfreie, externe Dienstleistung, obwohl er selbst nicht kirchlich sozialisiert ist und erst nach längerer Zeit einmal an einer „Nachtschicht“ persönlich teilgenommen hat.[252] Das Beziehungsnetzwerk dieses Clusters zeichnet sich durch themenspezifische Verbindungen zwischen „externen“ Förderern und einigen wenigen Mitarbeiter/innen der „Nachtschicht“ aus, wie z. B. zu einigen Mitgliedern des Beirates sowie dem „Nachtschicht“-Pfarrer. Wird nach dem Bindungsgrad dieses Clusters innerhalb des Gesamtnetzwerkes gefragt, so kann auf Basis der wahrgenommenen Interaktions- und Kommunikationsdichte und -intensität von einem *„weak tie“* gesprochen werden.[253] Die Stärke von *„weak ties“* liegt u. a. darin, dass sie „dem Einzelnen kurzzeitig und kurzfristig aus seinen von Verpflichtungen geprägten, eng geknüpften sozialen Kreisen auszubrechen und zusätzliche Strategien zu erkunden [erlauben].“[254] Dies unterscheidet dieses Cluster überwiegend „Nicht-Anwesender“ von einem weiteren Cluster *„Nicht-Anwesender“*, die jedoch über die Öffentlichkeitsarbeit, insbesondere die Medien, die sozialen Netzwerke, den Newsletter und die zahlreichen persönlichen Gespräche über die „Nachtschicht“ mit Besucher/innen in Form schwacher Bindungen zu dem weiteren Beziehungsnetzwerk der „Nachtschicht“ gehören.[255] Hierzu können auch diverse „Zaungäste“ gezählt werden, die sich insbesondere bei „Nachtschichten“ im öffentlichen Raum hin und wieder einfinden.[256] Auch wenn es individuelle Beziehungen zwischen einzelnen Personen unterschiedlicher Cluster gibt, so erfolgt die Verbindung der Cluster untereinander maßgeblich über einen Beziehungs-Broker, den „Nachtschicht“-Pfarrer Ralf Vogel.

(c) Das gesellschaftlich-institutionelle Beziehungsnetzwerk (Makroebene)

Am Beispiel des Clusters der externen Förderer zeigt sich, dass keine klare Trennung zwischen den Aggregationsebenen der Meso- und Metaebene möglich ist. Über dieses Cluster findet ein Crossover zwischen Kirche und anderen gesellschaftlichen Institutionen, wie der Stadt, der Wirtschaft, der Kultur, dem Gesundheitswesen, den Medien, statt. Die Verbindung zwischen dem Netzwerk „Nachtschicht“ wird besonders im Zusammenhang mit säkularen Veranstaltungsorten, wie z. B. dem Theaterhaus, dem Katharinenhospital oder Räumlichkeiten eines internationalen Automobilkonzerns deutlich. Die „Nachtschichten“ an diesen Orten folgen i. d. R. Einladungen durch bestehende Kontakte in diese Institutionen. Es bestehen weder reziproke Abhängigkeitsverhältnisse noch wirtschaftlich relevante Konkurrenzsitua-

---

252 Das Verhältnis des Gesprächspartners zur Kirche wurde von ihm entlang einiger biographischer Punkte erläutert. Er gibt an, nicht konfessionell gebunden und nicht getauft zu sein. Trotz seines „indifferenten“ Verhältnisses zur Kirche hält er das Konzept der „Nachtschicht“ für unterstützungswürdig. Dabei sind es insbesondere die lebensweltlichen und weniger religiös geprägten Elemente, die ihm gefallen. Vgl. A-M15-Erinnerungsnotiz vom 13.05.2014. Auf weitere Angaben wird zum Schutz der Anonymität verzichtet.

253 Zum Problem der Operationalisierung der Stärke von Bindungen siehe AVENARIUS, CHRISTINE 2010, 100–104.

254 AVENARIUS, CHRISTINE 2010, 104.

255 Vergleiche hierzu 4.2.1.

256 Vgl. A-TB-5-Nachtschicht im Katharinenhospital.

tionen zwischen der „Nachtschicht" und den jeweiligen Institutionen, wodurch die Bestimmung des Beziehungsverhältnisses als *„weak tie"* weiter unterstützt wird. Die Stärke dieser „schwachen Bindung" liegt dabei in einer punktuellen Nutzung der Kompetenz und des Potentials der jeweils anderen Institution. Die Chancen und Herausforderungen dieses Crossovers haben sich bereits entlang des dynamischen Entwicklungsprozesses der „Nachtschicht" gezeigt. Durch die Medien wird die „Nachtschicht" *pars pro toto* auf der gesellschaftlichen Ebene zur „Kirche im Gespräch", woran sich volkskirchliche Überlegungen anschließen lassen (Teil III). Die „Nachtschicht" stellt aber auch ein Netzwerk innerhalb des kirchlichen Gesamtnetzwerkes dar. So lassen sich trotz organisationsspezifischer Entkopplung der „Nachtschicht" von der Ortsgemeinde Obertürkheim Verbindungslinien zu dieser ziehen. Mitglieder der Ortsgemeinde und des Ortsgemeinderates sind als beratende Mitglieder im Beirat, als Mitarbeiter/innen in der Nachtschicht tätig oder gehören zu den „Nachtschicht"-Besucher/innen und die Pfarrerin der Ortsgemeinde unterstützt durch punktuelle Mitwirkung und Zusammenarbeit die „Nachtschicht". Die „Nachtschicht" stellt damit eine für sich wahrgenommene soziale Größe innerhalb der Kirche neben anderen dar. Das Verhältnis ist dabei nicht immer spannungsfrei. Im Unterschied zu den externen Förderern besteht hier aufgrund sich überschneidender Verantwortungs- und Einzugsbereiche ein höheres Konfliktpotential. Die netzwerktheoretische Betrachtung kann dabei helfen, die hierbei leitende Differenzierung von parochialen und nicht-parochialen Denkmustern zu überwinden, indem sie zeigt, dass diese Unterscheidung unzureichend ist.

Durch den zweiten Aufgabenbereich von Ralf Vogel,[257] das Konfirmanden-Laboratorium in Stuttgart, überschneidet sich die Gruppe der Konfirmandinnen und Konfirmanden und deren Eltern mit dem Netzwerk der „Nachtschicht" der Ortsgemeinde und darüber hinaus. Diese Verbindung ist sowohl im Hinblick auf die Gruppe der Teamer/innen von großer Bedeutung, zeigt jedoch auch, wie weit sich das Beziehungsnetzwerk der „Nachtschicht" auch in andere Bereiche kirchlicher Arbeit hinein erstreckt:

> „Die andere [Personengruppe] ist natürlich dieses gewachsene Team aus Leuten, die zum größten Teil alle mal Konfirmanden waren. Manche auch nicht, weil wir auch katholische Mitwirkende haben und welche von außerhalb. Und so zumindest, dass die dann bei uns keine Konfirmanden waren. Das also permanent weiterwächst und auch nötig ist, weil nach oben natürlicher Schwund in der Stadt hier wie Stuttgart, wo die Leute zum Studieren im Normalfall eher <u>nicht</u> bleiben, ja gegeben ist. Da findet zum Beispiel jetzt nicht so die wahnsinnige Verbindung statt, aber zum Beispiel habe ich jetzt eine Kirchengemeinderätin, die ist mit achtzehn eine der jüngsten oder die jüngste Kirchen-

---

[257] Pfarrer Ralf Vogel ist zuständig für das Konfirmanden-Laboratorium Stuttgart. Dieses „ist ein Experimentierfeld für Konfirmandenarbeit in Verknüpfung mit der Jugendarbeit. Es findet unter der Leitung von Pfarrer Vogel mit Beteiligung einer Jugendreferentin bzw. eines Jugendreferenten und ehrenamtlichen Mitarbeiter/innen statt. Dazu können sich Konfirmandengruppen für ein Blockwochenende anmelden und sich ein Themenmodul wählen". A-TB2-Anlage Flyer zum Konfirmanden-Laboratorium Stuttgart.

gemeinderätin Stuttgarts, die ist ‚Nachtschicht'-Mitarbeiterin. Und Konfi-Mitarbeiterin, ja. Also daran kann man schon so einfach erkennen, dass die ‚Nachtschicht' der Gemeinde nichts wegnimmt, sondern was gibt. Nämlich das Engagement von jungen Menschen, ja. Und die sonst in anderen Gemeinden so nicht aktiv sind. Wir fahren jetzt zum Konfi-Camp nach Venedig. Und haben von obertürkerheimerseits, und das darf ich fast gar nicht sagen, aber dreizehn Mitarbeiter dabei. Das macht vom gesamten Konfi-Camp im Augenblick über ein Drittel der Mitarbeiter aus, als eine mini kleine Gemeinde, ja. Also wir haben hier, die sind ja bereit sich in ganz vielen Sachen zu engagieren." A-Exp-52

(d) Die Interdependenz der Beziehungsnetzwerke

In der Gesamtbetrachtung wird deutlich, dass die Person Ralf Vogel als *„Broker"* eine maßgebliche Rolle im „Nachtschicht"-Netzwerk innehat. Er ist innerhalb und zwischen den einzelnen Aggregationsebenen der zentrale Knotenpunkt. Dieser Umstand kam besonders im Rahmen der Gruppendiskussion zum Ausdruck, die bewusst ohne den „Nachtschicht"-Pfarrer durchgeführt wurde.

> „Was mir [im Gruppengespräch] fehlt, [...] so die Person Ralf. Weil, ich finde, mit ihm steht und fällt alles. Und er hält uns zusammen. Er ist eigentlich der Mensch, also der hat die Kontakte. Er hat die Ideen. Er macht so, also für, also denn er kreiert ja alles in seinem gigantischen Kopf. Was zwar klein aussieht, aber ich glaube, er hat einen, also was der da drin alles produziert, das ist der Wahnsinn. Und das finde ich, ich finde, was er halt da bringt und was er auch sagt, er macht es. Und er fragt nicht: Bringt was. Reicht das. Also was, manche würden da sofort bah Handtuch an den Na- oder wie sagt man? Auf jeden Fall würden sie es nicht machen. Würden diesen Einsatz nicht bringen. Und er motiviert Leute. Klar ist es mit viel Arbeit verbunden, aber ich finde, der Effekt ist halt riesig. Und also ich kenne niemanden und ich schätze schon was, dass er das macht. Also natürlich sind wir auch wichtig. Ihr seid alle wichtig. Ei, wirklich Ihr [das Team] seid alle wichtig. Aber er ist natürlich die Führung-, also er motiviert uns. Also wenn er nicht die Ideen hätte, dann und die Kontakte halt. Das ist der Wahnsinn mit wem er da, alles auch ranbringt." Rebekka A-GD-325-329

In dieser Struktur wirken die Bindungen zwischen den Clustern im positiven Sinne als *weak ties*, wodurch ein Nebeneinander von mal mehr und mal weniger „engen" Gruppen entsteht. Die unterschiedlichen Nähe- und Distanzverhältnisse innerhalb der jeweiligen Cluster bieten dadurch Anknüpfungspunkte für unterschiedliche Beziehungsbedürfnisse und sind im Ganzen gesehen weniger exklusiv als in solchen sozialen Netzwerken, die überwiegend auf *strong ties* beruhen.[258]

[258] „Auch auf der makrostrukturellen Ebene wirken soziale Kreuzungen eher positiv. Soziale Kreise, die auf engen sozialen Kontakten (strong ties) beruhen, sind in der Regel zwar für die Mitglieder dieser Kreise vorteilhaft, da sie notfalls auf Solidaritätsleistungen der anderen Personen zählen können und häufig in den Genuss von Leistungen gelangen, die auf sozialen Schließungsprozessen beruhen (Parkin 1983; Mackert 2004). Für die ausgeschlossenen Akteure sind solche sozialen Kreise dagegen häufig mit kulturellen, sozialen und ökonomischen Benachteiligungen verbunden (Elias und Scotson 1993). [...]. Diese Ambivalenz wird vor allem auch in der Tendenz von ethnisch homogenen Gemeinschaften erkennbar, deren interne Solidarität andere Ethnien als diskriminierend empfinden (Portes und Sensenbrenner 1993)." NOLLERT, MICHAEL 2010, 160.

1.3.2. Der Parochie-übergreifende Personalgemeindecharakter der „Nachtschicht“

Eingangs wurde gezeigt, dass sich die „Nachtschicht“ von einem ortsgemeindlichen zu einem Parochie-übergreifenden Angebot entwickelt hat. Dieser Verlauf gewann durch die Entkopplung der „Nachtschicht“ von der ortsgemeindlichen Zuständigkeit an Dynamik und ging mit einer zusätzlichen Fokussierung der Person Ralf Vogels einher, insofern die Verantwortung des Gottesdienstes nun auch strukturell auf seine Person verdichtet wurde, sodass vor dem Hintergrund gemeindetheoretischer Deutungshorizonte inzwischen von einer *Parochie-übergreifenden Personalgemeinde* gesprochen werden kann.[259] Die Darstellung des Beziehungsnetzwerkes unterstützt diese Einordnung, die auch in der medialen Berichterstattung und der Selbstdarstellung in den Programmheften ihren Ausdruck findet, insofern dort in Bezug auf die „Nachtschicht“ das Amt immer stärker hinter die Person zurücktritt.[260] Aus netzwerktheoretischer Perspektive kommt dem „Nachtschicht“-Pfarrer Ralf Vogel eine besondere und quer zu allen Aggregationsebenen verlaufende Schlüsselrolle zu, die als sogenannter *Broker*, insbesondere auf der Meso- und Makroebene, strukturelle Löcher zwischen verschiedenen *Clustern* (hier: Gruppen, Institutionen etc.) überbrückt, dadurch aber auch einen klaren Steuerungs- und Informationsvorteil gegenüber anderen Personen(-kreisen) im Netzwerk hat.[261] Hieran lassen sich diverse handlungsleitende Fragen anschließen: Wie kann hier sowohl organisatorisch als auch praktisch der presbyterial-synodale Grundsatz gewährleistet werden? Welche Chancen, aber auch Herausforderungen bieten sich durch strukturelle Löcher und Broker, die diese überbrücken? Wäre eine territorial unabhängige, z. B. projektbezogene Kirchenmitgliedschaft denkbar?

1.4. Die soziale Kraft subjektiver Resonanzerfahrung und Sinnkonstruktionen

Wie das kollektive Phänomen sind auch die im Rahmen der Interviewanalyse (re-)konstruierten subjektiven Sinnkonstruktionen von einem hybridhaften Charak-

[259] Diese Charakterisierung ist nicht im Sinne eines kirchenrechtlichen Status zu verstehen, wie er z. B. bei JACOBS, UWE 2012, 225–228 erläutert wird. Zu Personalkirchengemeinden aus kirchenrechtlicher Sicht siehe auch MUNSONIUS, HENDRIK 2008, 66. Die Beschreibung der „Nachtschicht“ als „Parochie-übergreifende Personalgemeinde“ resultiert aus dem zentralen Bezugspunkt „Nachtschicht-Pfarramt“, das maßgeblich durch die Person von Pfarrer Ralf Vogel geprägt und über den die „Nachtschicht-Community“ maßgeblich vernetzt ist. Ferner gilt für die „Nachtschicht-Gemeindeglieder“, dass sie „primär an ihre zuständigen Geistlichen (Pfarrzwang, Parochialrecht) [gewiesen sind]. Wollen sie Amtshandlungen von auswärtigen Geistlichen in Anspruch nehmen, bedürfen sie eines Dimissoriale, das heute großzügig erteilt wird“. TILLING, PETER 2000, Sp. 617.

[260] Dies zeigt sich z. B. dadurch, dass auf die Amtsbezeichnung Pfarrer in den Einleitungen zu den Jahresprogrammen verzichtet wird. Vgl. A-M13/14-„Nachtschicht“-Jahresprogramme 2013 und 2014.

[261] Vergleiche hierzu SCHEIDEGGER, NICOLINE 2010a.

ter geprägt, insofern in nahezu allen Interviews – zwar in unterschiedlicher Intensität – sowohl die „Außeralltäglichkeit" als auch „das gelingende Leben" zentrale Motive darstellen. Beide kulminieren subjektiv in einer Perspektiverweiterung, pädagogischer Inspiration, einem Diskurs, der (religiösen) Orientierung, der Identitätsarbeit und der Selbstwirksamkeit.[262]

1.4.1. Perspektiverweiterung durch die „Begegnung mit dem Un-Bekannten" – am Fallbeispiel von Marie

Marie (A13) ist Anfang siebzig, evangelisch, Mutter von zwei Söhnen, geschieden, war in ihrem Leben viel ehrenamtlich tätig und ist inzwischen Rentnerin. Nach einer Lehre im Gesundheitswesen ging sie verschiedenen Tätigkeiten im Handel und im kaufmännischen Bereich nach. Hierbei war ihr der Kontakt zu anderen Menschen immer sehr wichtig. Sie lebt mit ihrem Lebensgefährten in einer größeren Siedlungsbauwohnanlage in einer kleinbürgerlich geprägten Gegend in einem Vorort von Stuttgart. Von dort aus ist sie gerne im Großraum Stuttgart mit ihrer Monatskarte unterwegs und genießt es, dadurch auch Veranstaltungen in anderen Stadtteilen, wie die „Nachtschicht" in Obertürkheim, besuchen zu können. Insgesamt scheint Marie sehr an gesellschaftspolitisch relevanten Themen interessiert zu sein und wirkt dabei sehr offen für andere Perspektiven (Ambiguitätstoleranz). Marie kommt u. a. zur „Nachtschicht", weil sie einen Gottesdienst besuchen möchte und die „Nachtschicht" sie mehr anspricht als der reguläre Gottesdienst in der Gemeinde und sie außerdem an den Themen und den Gästen interessiert ist. In der „Nachtschicht" findet sie etwas, was ihr sonst fehlt: „Moderne Elemente bei der ‚Nachtschicht' gut gemischt mit normaler GD-Ordnung."[263] Darüber hinaus gefällt ihr „die Kreativität des Vorbereitungs-Teams". Sie fügt hinzu, dass sie in ihrer Jugend selbst bei Kino-Gottesdiensten mitgearbeitet habe. An der „Nachtschicht" nimmt sie fast seit Beginn regelmäßig und häufig alleine als Besucherin teil, weil es ihren Bekannten zu voll ist.[264] Neben der „Nachtschicht" besucht sie mehrfach im Jahr Gottesdienste anlässlich hoher kirchlicher Feiertage und Kasualien. Darüber hinaus hilft sie, den Welt-Gebetstag der Frauen vorzubereiten. Sie hat bereits in früheren Zeiten einen Abendgottesdienst kennengelernt und bei diesem mitgearbeitet. Bis auf das Klatschen und der Kirchenraum gefällt ihr die „Nachtschicht". Sie fügt hinzu, dass ihr auch „die volle Kirche" gefalle.[265] Marie empfindet die Menschen in der „Nachtschicht" als „Nachtschicht-Gemeinde".[266] Ihrer Meinung nach können sich die

---

[262] Die Angaben zu den einzelnen Fallbeispielen beziehen auf die Fragenbögen, Interviews der einzelnen Personen sowie der im Rahmen der Interviews erstellten Postskripts.

[263] Offene Antwort auf die Frage nach der Teilnahmemotivation A13-1.3.

[264] Vgl. Notiz auf dem Fragebogen A13-1.4.

[265] A13-4.26.

[266] A13-5.1.

Menschen dort willkommen fühlen, so wie sie sind, dafür fährt sie auch gerne in einen anderen Stadtteil von Stuttgart. Ihr Kontakt und Zugehörigkeitsgefühl zu ihrer Gemeinde bzw. zur Kirche hat sich durch die „Nachtschicht“ nicht verändert. Sie hat dort auch keine neuen Bekanntschaften geschlossen, spricht aber sowohl mit anderen Besucher/innen als auch mit Menschen, die nicht in der „Nachtschicht“ waren über den Gottesdienst und lädt diese auch zur „Nachtschicht“ ein.[267] Durch die Andersartigkeit der Gäste, Orte, Performanzen und Mitwirkenden in der „Nachtschicht“ ist es Marie möglich, sich punktuell andere subjektive Perspektiven auf gesellschaftsrelevante Fragen zu erschließen und dadurch ihr eigenes Leben immer wieder neu in Beziehung zu stellen und zu erleben, wie sich exemplarisch an ihren Schilderung zum Besuch von Nilgün Tasman in der „Nachtschicht“ zeigt.[268] Darüber hinaus ist für Marie der gesellige Ausklang nach dem Gottesdienst sehr wichtig, da die Trennung zwischen „Publikum“ und Künstlern für eine gewisse Zeit transzendiert wird und alle „miteinander“ sind. An dieser Stelle werden in der „Nachtschicht“ gesellschaftliche Unterschiede und lebensweltliche Grenzen letztlich punktuell überwunden, indem sie ganz konkret einen Raum für persönliche Begegnungen, Gespräche und Gemeinschaft eröffnet, den es sonst nicht geben würde. An diesem Punkt wird deutlich, dass sich die Frage nach der Gesellungskraft des gottesdienstlichen Handels nicht aus der Theorie erklären lässt, sondern immer wieder neu, an einzelnen Aspekten auf unterschiedliche Sehhilfen zurückgreifen muss. Im Zusammenhang mit dem geselligen Nachklang ist es gerade die Abgrenzung zum theatralen Geschehen, in der das soziale Potential gesehen wird, insofern ein „exklusiver“ Begegnungsraum geschaffen wird. Es ist jedoch die Gesamtheit, die die „Nachtschicht“ für Marie zu einem Resonanzraum für ihre subjektiven Resonanzerfahrungen[269] werden lässt, wie sich an einigen Indikatoren zeigen lässt: „Diese Mischung finde ich **sagenhaft**.“ (36). „Aber das ist einfach eine lockere Sache und **irgendwie tut das gut**.“ (120) „Also das war alles **sagenhaft und schön**.“ (180) „War wirklich **klasse.**“ (198) Marie A13-I.

1.4.2. Inspirationen für ein gelingendes Leben – am Fallbeispiel von Hannelore

Hannelore (A15) ist Mitte fünfzig, evangelisch, lebt in einer konfessionell gemischten Ehe, hat erwachsene Kinder und ist als Pädagogin tätig. Sie lebt in einem gut bürgerlichen Wohnviertel in einem Stadtteil von Stuttgart. Hannelore ist kirchlich sozialisiert, besucht mehrmals im Jahr eine große Bandbreite von Gottesdiensten: am Sonntagmorgen, anlässlich kirchlicher Feiertage und Kasualien, in Urlauben am Urlaubsort und andere „besondere“ Gottesdienste und nimmt auch an sonstigen

[267] Das Kurzprofil basiert auf den Daten aus dem Umfragebogen A13, den ergänzenden Hinweisen im Einzelinterview (Marie A13-I) sowie dem Interview-Postskript (A13-P).

[268] Marie A13-I-110-116.

[269] Resonanzerfahrungen werden im weiteren Verlauf fett hervorgehoben.

kirchlichen Angeboten teil, für die sie gerne auch etwas Weg in Kauf nimmt. Dennoch spricht die „Nachtschicht“ sie mehr an als der reguläre Gottesdienst in ihrer Gemeinde. Ihr Kontakt zur Kirche oder Gemeinde hat sich durch die „Nachtschicht“ nicht verstärkt, aber dafür ihr Zugehörigkeitsgefühl zur Kirche. Von der „Nachtschicht“, an der sie seit 2002 regelmäßig mit ihrem Ehemann teilnimmt, hat sie aus der Zeitung erfahren. Sie nimmt am geselligen Beisammensein im Anschluss teil, eine Erweiterung des „Nachtschicht“-Angebotes wünscht sie sich nicht, sondern betont, dass sie den zeitlichen Zuschnitt der „Nachtschicht“ sehr gut findet und dieser Gottesdienst nicht immer verfügbar ist. Besonders gefällt ihr, dass sie in der „Nachtschicht“ „Denkanstöße für das tägliche Leben“ erhält, über die sie sich auch mit anderen Menschen unterhält, sowohl mit anderen Besucher/innen als auch mit Menschen, die nicht im Gottesdienst waren, wie z. B. ihren Kindern und Kolleginnen und Kollegen.

> „Als ich die Zahlen gelesen habe, die der Autor [von ‚We feed the world‘] recherchiert hat, da war ich echt <u>total</u> schockiert. Das fand ich ganz furchtbar. Und ich habe das dann auch weitergetragen an Menschen, mit denen ich da drüber reden konnte. Oder immer mal wieder einfließen lassen in Gespräche. Von daher muss ich sagen, es hat mir schon was gebracht. Auch für mein <u>tägliches</u> Leben. Und so gibt es viele andere Themen auch. [...]“ Hannelore A15-I-214-216

Um etwas für das tägliche Leben lernen zu können, ist es für Hannelore zentral, dass sie Freude dabei hat. Es ist für sie einer der wichtigen Punkte, eine schöne Zeit in der „Nachtschicht“ zu verbringen. Dass dies gelingt, setzt sie in einen direkten Zusammenhang mit der Art und Weise der Vermittlung:

> „[..D]as hat mich auch so sehr beeindruckt, dass diese Clownin in der <u>Kirche</u> auftreten sollte oder <u>durfte</u>. **Das fand ich einfach total <u>schön</u>**. Dass da auch drauf eingegangen wird in der Form, dass eben wirklich Menschen, dass wir alle diesen Humor und diese Freude brauchen. Diese Lebensfreude auch brauchen, um unser Leben gestalten zu können und <u>gelingen</u> zu lassen.“ Hannelore A15-I-228

Hannelores Resonanzerfahrung steht in einem engen Zusammenhang mit der von ihr erlebten thematischen Relevanz und den Anknüpfungspunkten an ihre Lebenswelt.

1.4.3. Energie und Weisheit für den Alltag – am Fallbeispiel von Ilse

Ilse (A8) ist Anfang vierzig, evangelisch, verheiratet und geht einerseits einer Teilzeitbeschäftigung im Dienstleistungssektor nach und leitet darüber hinaus verschiedene musische und kreative Kurse für Kinder. Sie macht einen sehr eloquenten und interessierten Eindruck. Seit 2008 besucht sie regelmäßig mit ihrem Ehemann und gelegentlich mit weiteren Familienmitgliedern die „Nachtschicht“, die sie mehr anspricht als reguläre Gottesdienste in der Gemeinde. Sie ist besonders an den Themen und den Gästen interessiert und nimmt auch am geselligen Ausklang der „Nachtschicht“ teil. Darüber hinaus könnte sie sich ein ergänzendes Rahmenprogramm zur „Nachtschicht“ wie z. B. Wochenendausflüge und Tagesangebote vorstellen. Ilse bezeichnet sich selbst als „U-Boot-Christin“[270] und besucht neben der „Nachtschicht“ hauptsächlich Gottesdienste anlässlich hoher kirchlicher Feiertage. Ihr Kontakt zur Kirche hat sich durch die Nachsicht verstärkt, ihr Zugehörigkeitsgefühl jedoch eher nicht.[271] Sie empfindet die Menschen in der „Nachtschicht“ als Gemeinde und denkt, dass sich dort Menschen willkommen fühlen können, so wie sie sind. Durch die „Nachtschicht“ hat Ilse neue Bekanntschaften geschlossen, zu denen sie außerhalb jedoch keinen Kontakt hat. Sie redet aber sowohl mit anderen Besucher/innen über die „Nachtschicht“ als auch mit Menschen, die nicht im Gottesdienst waren und wirbt auch für diesen in ihrem Freundes- und Bekanntenkreis.[272]

Wie bereits im Zusammenhang mit der sozialen Kraft der Gäste ausgeführt, ist es auch für Ilse zentral, sich im Rahmen der „Nachtschicht“ mit Menschen und Themen auseinanderzusetzen, mit denen sie sich sonst nicht alltäglich konfrontiert sieht bzw. die sie interessant findet:

> „[...] Es sind immer wieder, wo ich dann eben aufgrund der Gesprächsgäste sage: Der war furchtbar interessant. Und da hat es sich wirklich gelohnt hinzugehen. Oder dieser Mensch hat ähnliche Ansichten wie ich. Der hat so genau mein Zentrum getroffen. Oder mit dem kann ich konform gehen. [...]“ Ilse A8-I-133.

Ihr Bericht zur „Nachtschicht“ mit Gudrun Pflüger hat auch gezeigt, dass sie sich selbstbewusst, konstruktiv und selbstkritisch mit den Erzählungen und Erfahrungen der Gäste auseinandersetzt und überlegt, welche ethische Konsequenzen der entsprechende Sachverhalt für ihr Leben haben könnte oder welche Aspekte für sie geringere Relevanz haben.[273] Die im Rahmen ihres Interviews (re-)konstruierten Resonanzindikatoren verweisen jedoch auf einen darüber hinausgehenden subjektiven Sinnhorizont:

> „Weil, bei uns einfach, ja, ich weiß nicht, es, **es fasziniert uns irgendwo**. Es ist einfach, ja, es ist Sonntagabend. Man geht freiwillig aus dem Haus und man kommt irgendwie so, ja, so, so **wohlig warm** wieder nach Hause. Es, es ist so **ein ganz komisches Gefühl** das, also das bei mir zumindest da aufkommt, ja, irgendwie **aufgetankt**. Hm, anders kann ich das eigentlich gar nicht beschreiben.“ Ilse A8-I-42

Dieses Gefühl wird von Ilses immer wieder in einen erzählerischen Bedeutungszusammenhang mit dem Gemeinschaftserleben gestellt wie z. B. dem gemeinsamen

---

270 Ilse A8-I-24.
271 Kontakt und Zugehörigkeitsgefühl *zur Gemeinde* haben sich auch eher nicht verstärkt. Vgl. A8-5.
272 Ilse A8-I-40.
273 Vgl. Ilses Schilderungen zur Nachtschicht mit Frau Pflüger A8-I-44-50.

Singen oder dem „warmen Mantel“, durch den eine Gemeinschaft mit oft fremden Menschen geschaffen wird und in der sie sich wohlfühlen, „fallen lassen“ und mitmachen kann.[274] Ilses Resonanzerfahrungen können daher nicht allein auf inhaltliche Anknüpfungspunkte zurückgeführt werden, sondern werden affektiv im kollektiven Resonanzraum „Nachtschicht“ hervorgerufen und unmittelbar erlebt und wirken in Form der „Wärme“ nach. Auch hier kommen wieder feierliche und festliche Aspekte der „Nachtschicht“ zum Tragen, insofern sie durch ihr Zusammenspiel die Resonanzerfahrung ermöglichen.

1.4.4. Selbstwirksamkeit – am Fallbeispiel von Rahel

Rahel (A3) ist ca. 50 Jahre alt, evangelisch, in einer Art öffentlichem Dienst tätig und unterstützt die „Nachtschicht“ durch vielfältige Mitarbeit. 2008 hat sie zum ersten Mal eine „Nachtschicht“ besucht, auf die sie über persönliche Empfehlung und Printwerbung aufmerksam geworden ist. Die „Nachtschicht“ spricht sie mehr an als reguläre Gottesdienste. Die „Nachtschicht“ als Abendgottesdienst passt besser zu ihrem persönlichen Rhythmus als ein Gottesdienst am Morgen. Auch für sie geht eine besondere Gesellungskraft von den Themen und Gästen in diesem Gottesdienst aus. Sie schätzt aber auch den zwischenmenschlichen Charakter der „Nachtschicht“, der sich für sie durch große Offenheit und Gleichgesinnung auszeichnet. Darüber hinaus bewegt sie ihr ehrenamtliches Engagement dazu, an der „Nachtschicht“ und am geselligen Nachklang teilzunehmen, die sie meist alleine besucht.[275] Sie hat durch die „Nachtschicht“ aber neue Bekanntschaften geschlossen, zu denen sie auch außerhalb Kontakt hat. Darüber hinaus redet sie mit anderen Menschen über diesen Gottesdienst, unabhängig davon, ob diese selbst zum Besucherkreis gehören oder nicht. Neben der „Nachtschicht“ nimmt sie mehrmals im Jahr an normalen Gottesdiensten sowie an Gottesdiensten anlässlich kirchlicher Feiertage bzw. familiärer Anlässe teil. Sowohl Rahels Kontakt als auch Zugehörigkeitsgefühl zur Kirche und ihrer Gemeinde haben sich durch die „Nachtschicht“ verstärkt.

Für die persönliche Beziehung Rahels zur „Nachtschicht“ spielt das Thema gegenseitiger „Unterstützung“ eine wesentliche Rolle, insofern sie die seelsorgerliche Arbeit des Pfarrers in der Gemeinde so überzeugt hat, dass sie dadurch zur Mitarbeit bewegt wurde.[276] Ihr ehrenamtliches Engagement ist für sie **„ganz spannend“** und sie findet es dabei sehr **„berührend“, „gewinnbringend“** und **„nährend“,** die Reaktionen der Menschen in dem gottesdienstlichen Geschehen aus einem ganz anderen Blickwinkel wahrnehmen zu können.[277] Sie identifiziert sich stark mit der „Nachtschicht“ und trägt durch ihr Engagement zu ihrem Gelingen bei. Der Aspekt

274 Vgl. Ilse A8-I-125ff.
275 Vgl. Rahel A3-I-26.
276 Rahel A3-I-10
277 Vgl. Rahel A3-I-54-56.

der Selbstwirksamkeit schwingt auch stark auf der latenten Sinngehaltsebene mit, insofern das Thema des Engagements wie ein Grundton mitschwingt und den Deutungskontext für das persönliche Erleben darstellt.[278]

1.4.5. Religiöse Vergesellung – am Fallbeispiel von Simon

Simon (A278) ist Mitte fünfzig, evangelisch, verheiratet, hat erwachsene Kinder und besucht (fast) jede Woche Gottesdiente. Er engagiert sich in vielen Bereichen der evangelischen Kirche und besucht (mit Ausnahme von Gottesdiensten am Urlaubsort) eine große Bandbreite von Gottesdiensten, meistens in seiner Gemeinde. Er ist von Anfang an bei der „Nachtschicht“ mit dabei und er möchte den Gottesdienstbesuch in der Gemeinde damit ergänzen. Neben den Themen und Gästen, von denen eine gewisse Gesellungskraft für ihn ausgeht, möchte er Menschen begegnen, mit denen ihn etwas verbindet. Aus seiner Sicht können sich Menschen dort willkommen fühlen, wie sie sind. Er besucht die „Nachtschicht“ mit seiner Ehefrau, Freunden, Nachbarn und auch mit anderen Personen aus der Kirchengemeinde. Simon unterhält sich mit Menschen über die „Nachtschicht“, unabhängig davon, ob sie diese besuchen oder nicht. Daraus sind z. T. auch schon Bekanntschaften entstanden, zu denen allerdings außerhalb der „Nachtschicht“ kein Kontakt besteht. Das Angebot der „Nachtschicht“ ist für ihn ausreichend und mit Ausnahme des Unterhaltungswertes und des Klatschens gefallen ihm alle „Nachtschicht“-Elemente. Seine Teilnahme an der „Nachtschicht“ hat in seiner Wahrnehmung keine Auswirkung auf seinen Kontakt und sein Zugehörigkeitsgefühl zur Kirche. Für Simon sind es insbesondere die theologischen Themen, die ihm persönlich Bilder mit in den Alltag geben und ihn begleiten.

> „Ich nehme manche Texte mit. Ich nehme immer, wenn das Bild, wie einfach dann der biblische Bezug wie der ja inszeniert wird. Das beschäftigt mich eigentlich ja, sehr stark. Oft ist das auch ein Thema von oder war, so muss ich sagen, in den letzten Jahren Thema hier zu Hause. Weil meine eigenen Kinder alle drei irgendwann über Jahre hinweg mit beteiligt waren. Jetzt etwas weniger, weil sie einfach durch das Studium zwischen [Nord und Süd] verteilt sind. […]“ Simon A278-I-69

Anders als bei den anderen Gesprächspartnern ist die „Nachtschicht“ für Simon jedoch ein kirchliches Angebot unter anderen, das nicht als Ersatz oder Alternative, sondern als punktuelle und besondere Ergänzung seinen Wert für ihn hat. Dabei scheint ein wesentlicher Punkt, dass die „Nachtschicht“ eine bunte Vielfalt an Menschen anspricht und in Kontakt mit der Kirche bringt. In Simons Fall steht weniger sein eigenes religiöses Bedürfnis als zentrales Motiv im Raum, sondern mehr der –

[278] Auf eine ausführliche Darstellung des ehrenamtlichen Engagements wird hier zum Schutz der Anonymisierung verzichtet.

ebenfalls religiös grundierte – Wunsch, möglichst viele Menschen zu erreichen, anzusprechen und gemeinsam mit diesen einen Gottesdienst zu feiern.

> „Das ist, finde ich ganz das Tolle, dass man, dass es ein Gottesdienst ist, der wirklich jetzt nicht nur ganz speziell irgendeine Zielgruppe hat. Sondern, dass Junge sich ansprechen lassen. Aber auch ganz Alte. [...] Dann gibt es Menschen, die einfach auch [...] vom beruflichen Umfeld her sicherlich vielleicht von einfacheren, wenn ich das so sagen darf, Berufen kommen. Und auf der anderen Seite weiß ich von vielen Menschen, die, ja ich sage jetzt mal Akademiker sind oder waren, ja sind, die sind es, geht ja nicht <u>verloren</u> im Alter. Also das und dann gibt es Menschen, die einfach, ja, eine <u>tiefe</u> Frömmigkeit mitbringen. Also Menschen, die, auf Schwäbisch würde man sagen, sicherlich auch einem Pietismus sehr nahestehen. Auch aus der eigenen Gemeinde. Und es gibt aber auch Menschen, die einfach von Glauben, von Kirche fast nahezu keine Berührungen haben oder gehabt haben bisher. Und deswegen kann ich auch allen Menschen freudig sagen: Kommt doch mal. [...] Die vielleicht nur einmal oder zweimal kommen. Aber die da Begegnungen haben mit Kirche, die Begegnungen haben mit Fragen des Glaubens. [...]“ Simon A278-I-69

Bereits der Vorläufer der „Nachtschicht“ war für ihn eine „Mut machende“ Resonanzerfahrung.

> „Und ja, ich weiß auf jeden Fall nur noch, dass es sehr **Mut machend** war. Dass wir schon beim allerersten Mal dann eine recht gut gefüllte Kirche in Obertürkheim hatten. Und dass aus dieser diesem ersten wirklichen Nachtschicht-Gottesdienst dann ein sehr, ja auf jeden Fall der **Mut gestärkt** wurde, weiterzumachen. [..A]lso es war auf jeden Fall **sehr <u>positiv</u>** alles. Ja. Und **schön war** das auch beim ersten Mal, schon Menschen einfach zusammenkamen aus der eigenen Kirchengemeinde und eben aus den umliegenden Gemeinden.“ Simon A278-I-16

Das für ihn (re-)konstruierte zentrale Motiv der „religiösen Vergesellung“ kann daher auch gut mit dem Begriff der Mission überschrieben werden, ohne dabei jedoch im Vergleich zum „GoSpecial“ das Ziel zu verfolgen, die Menschen in die Ortsgemeinde einzubinden. Für Simon stellt die „Nachtschicht“ eine große Chance und Bereicherung im Kanon der kirchlichen Angebote dar, durch die Menschen mit dem Evangelium in Kontakt kommen können.

1.4.6. Gemeinsam auf der Suche – am Fallbeispiel von Beate

Beate (A24) ist Anfang fünfzig, verheiratet, Mutter einer Tochter und freiberuflich in verschiedenen Bereichen tätig, u. a. im diakonischen Sektor. Sie ist evangelisch getauft und konfirmiert und inzwischen aus der Kirche ausgetreten. Nach eigenen Angaben besucht sie „nie“ Gottesdienste, mit Ausnahme von Beerdigungen. Von der „Nachtschicht“ hat sie über Werbematerial und Freunde erfahren und hat sie 2012 das erste Mal besucht. Ihre Teilnahme macht sie sehr von den jeweiligen Themen und Gästen abhängig und besucht sie entweder alleine oder mit Freunden bzw. dem Ehepartner. An der „Nachtschicht“ gefallen ihr alle Elemente, die sie nicht in einen direkt religiösen Kontext stellt.[279] Trotz ihrer kritischen Haltung gegenüber allen religiösen Elementen hat sie vor, wieder zur „Nachtschicht“ zu kommen. Das gesellige Beisammensein ist für sie besonders wichtig. Beate redet mit anderen Menschen über die „Nachtschicht“, egal ob sie dabei waren oder nicht. Neue Bekanntschaften hat sie dort bislang nicht geschlossen. Dennoch gibt sie an, dass sich Menschen in der „Nachtschicht“ willkommen fühlen können, wie sie sind. Beate unterscheidet im Hinblick auf die „Nachtschicht“ stark zwischen den religiösen und den sonstigen Elementen. Beate stellt insofern eine „Ausnahme“ dar, als für sie das Gefühl der Gemeinschaft eine wesentliche Resonanzerfahrung ist. Dieses Gefühl ergibt sich bei ihr durch die Offenheit der Menschen und das mit diesen geteilte Interesse:

> „Ja, ich rede da drüber. Ich habe gesagt, dass ich in so einem Gottesdienst war. Also wo ich denke, die Menschen interessiert das. Die könnte das auch interessieren, dass es was Besonderes ist. Also ich mache da quasi schön Werbung dafür auch. Ich nehme schon mit über das Konkrete, so das **Gefühl der Gemeinschaft** schon. [...] Also ich habe schon das Gefühl, dass da viele interessierte Leute sind, die eben genauso wie ich neugierig sind, was anderes suchen, was anderes finden. Und so das **Gefühl der Gemeinschaft**, weil die Kirche ja auch immer total voll ist. Da ist so eine **aufgeschlossene Stimmung**, habe ich das Gefühl. Also das **Gefühl der Gemeinschaft**. Und, dass das ein gemeinsames Erlebnis ist, das nehme ich schon mit.“ Beate A24-I-40ff.

Die gemeinsame Suche lässt sich in den Deutungshorizont der Identität rücken und lässt praktisch-theologisch die Frage nach der diesbezüglich produktiven Abgrenzungsfunktion von Religion stellen.

1.4.7. Exkurs: Subjektive Sinnkonstruktionen in der Gruppe der Teamer/innen

Die besondere Rolle und das junge Alter des Teams wirft die Frage danach auf, ob sich die subjektiven Sinnkonstruktionen der Mitglieder wesentlich von denen der Besucher/innen bzw. älteren Ehrenamtlichen unterscheiden. Es fällt auf, dass die Themen Perspektiverweiterungen, Außeralltäglichkeit, (religiöse) Orientierung, Selbstwirksamkeit und Gemeinschaft auch zentrale Themenkomplexe im Rahmen der Gruppendiskussion darstellen.[280]

---

[279] Folgende Elemente gefallen Beate *nicht*: einen Gottesdienst zu feiern, die Beschäftigung mit Glaubensthemen/-fragen, das gemeinsame Singen, die Möglichkeit für Dank und Bitte (Gebete), der Kirchenraum, die Liturgie, der Segen. Vgl. A24-4.

[280] Vgl. A-GD. Zur Perspektiverweiterung vgl. Lea und Emil, Außeralltäglichkeit vgl. Merle und Emil, religiöse Orientierung vgl. Rebekka, Gemeinschaft vgl. Anneke, Selbstwirksamkeit vgl. Rieke.

1.5. *Fazit zur sozialen Kraft der „Nachtschicht"*

Das reziproke Verhältnis der vier Perspektiven der Sozialität der „Nachtschicht" verweist auf das Doppelmoment der lebensweltlichen Hermeneutik religiöser Sinngehalte und ihre Beziehungshaftigkeit als zentrale Gesellungskräfte der „Nachtschicht". Die Entstehungs- und Entwicklungsgeschichte der „Nachtschicht" aus einem ortsgemeindlichen Angebot mit wachsender Parochie-übergreifender Anziehungskraft ist von einer Entwicklungsdynamik geprägt, die mit einer Entgrenzung tradierter Strukturen einhergeht. Wichtige „Motoren" für diese Entwicklung sind die Persönlichkeit der Zentralfigur und das Engagement einer Vielzahl von ehrenamtlichen Helfer/innen. Die soziale Kraft des kollektiven Phänomens der „Nachtschicht" liegt insbesondere in ihrem alternativen Gottesdienstzuschnitt, ihren theatralen und ihrem hybrideventhaften Charakter. Durch die alternativen Elemente fühlen sich die Gottesdienstbesucher angesprochen. Der theatrale Charakter der „Nachtschicht" verdeutlicht, dass auch das „Publikum" eine tragende Rolle in der „Aufführung" des Gottesdienstes als gemeinschaftliches, soziales Handeln spielt. Der hybrideventhafte Charakter der „Nachtschicht" wirkt einem Desinteresse und einer Gewöhnung durch die Mischung von tradierten und modernen Elementen entgegen, weckt Neugier und erzeugt Spannung. Die spezifische Struktur des interdependenten Beziehungsnetzwerkes der „Nachtschicht", das sich durch eine zentrale Schlüsselfunktion des „Nachtschicht"-Pfarrers auszeichnet, über den mehrere Cluster mit unterschiedlich engen Beziehungsverhältnissen miteinander verbunden sind, ermöglicht Menschen mit ganz unterschiedlichem Nähe- und Distanzbedürfnis die Partizipation an der „Nachtschicht". Durch die zentrale Stellung des „Nachtschicht"-Pfarrers mit einer zunehmenden Entgrenzung des Teilnehmer/innenkreises und der Veranstaltungsorte und einer Entkopplung dieses Gottesdienstes vom ortsgemeindlichen Pfarramt erhält die Sozialgestalt der „Nachtschicht" zunehmend den Charakter einer Parochie-übergreifenden Personalgemeinde. Die Analyse zeigt, dass die Gesellungskraft des kollektiven Phänomens und die damit verbundenen Beziehungen einen Resonanzraum für unterschiedliche subjektive Resonanzerfahrungen bietet und nicht von einem spezifischen alternativen Gottesdienstprofil auf spezifische Sinnkonstruktionen geschlossen werden kann.

2. Das „Anlassen“ – ein Motorradfahrer/innengottesdienst

2.1. *Entstehung, Etablierung und Entwicklung von Motorradfahrer-/innengottesdiensten seit Beginn der 1960er-Jahre*

„Fahre nie schneller als dein Schutzengel fliegen kann“[281] – dieses Motto bringt ein zentrales Anliegen der Motorradfahrer/innengottesdienste zum Ausdruck, die in den 60er-Jahren des letzten Jahrhunderts initiiert und in den 80er-Jahren institutionalisiert wurden.[282] Inzwischen finden sie sich in ganz Deutschland und darüber hinaus und werden, im „großen“ wie im „kleinen“ Kreis, in Kirchen oder unter freiem Himmel, auf den Motorrädern oder in Kirchenbänken, evangelisch, römisch-katholisch oder auch ökumenisch gefeiert. Sie finden auf Initiative von Einzelpersonen oder Motorradclubs und -vereinen statt, häufig zu Motorradsaisonbeginn und zum -abschluss, aber auch während der Saison.[283] Trotz seiner schon über fünfzig Jahre langen Erfolgsgeschichte handelt es sich bei diesem Gottesdienst um ein Forschungsdesiderat.[284] Motorradfahrer/innengottesdienste waren bislang hauptsächlich Gegenstand von Praxisliteratur,[285] die überwiegend aus pastoralen und ehrenamtlichen Erfahrungsberichten und Textsammlungen besteht.

> Der inzwischen verstorbene und als „Rockerpfarrer“ bezeichnete Hans-Jürgen Hamann berichtet in seinem 1980 veröffentlichten Buch „Im frischen Fahrtwind will ich Dich loben“ von seinen Erfahrungen als „Rockerpfarrer“ in der damals jungen „Rockerszene“ in Berlin.[286] Im Mittelpunkt steht hierbei die Geschichte seiner zeitweise als ambivalent erlebten Arbeit.[287] Unabhängig von dem speziellen Kontext ist sein Erfahrungsbericht eine

---

[281] Vgl. FAEHLING, ERICH & FISCHER, MICHAEL 2008, 16f.

[282] Vgl. FAEHLING, ERICH & FISCHER, MICHAEL 2008, 14f.

[283] Exemplarisch sei auf den großen Hamburger MOGO verwiesen, der jährlich z. T. 35 000 Besucher/innen in und um St. Michaelis anzieht, MOGO Hamburg – in der Nordkirche e. V., sowie auf den Freiluft-Gottesdienst auf dem Feldberg im Taunus, vcm-ffm, und den ökumenischen Motorradgottesdienst des MC Winzenheim-Heddesheim: STURM, HEIDI 22. April 2015.

[284] Diese Aussage bezieht sich auf publizierte Literatur.

[285] Mit der Ausnahme eines kurzen Erkundungsberichtes über den Motoradfahrergottesdienst „aufmachen …“ in Hamburg in: Liturgische Konferenz 2012, 49–54.

[286] Die Bezeichnung „Rockerpfarrer“ ergibt sich aus Hamanns spezifischem Wirkungsfeld, der Rocker, die er wie folgt typisiert: „[I]n allen Großstädten der freien Welt finden sich in der Szene der Motorradfahrer/innen Motorradclubs, die sich als Rocker verstehen. Sie uniformieren sich nach internationalen Vorbildern. Über ihrer Lederjacke tragen sie das sogenannte ‚Cut off‘ – oder wie die Berliner sagen, die „Kutte“, das ist eine Jeansjacke, der sie die Ärmel abgetrennt haben. Auf dem Rücken der Jacke ist das Clubemblem. […] In dieser äußerlichen Uniform folgen sie einem Ideal des unbürgerlichen, freien, das Bürgertum verachtenden kriegerischen Wilden, dem Ideal des Rockers.“ Hierbei handelt es sich nicht um eine „Freizeitidentität“, sondern einen Lebensentwurf. „Die Rockerclubs vertragen sich nicht mit den sportlichen Motorradclubs. Die Rockerclubs werden zu sehr stabilen familienähnlichen Gemeinschaften. Sie leben in Feindschaft zu ihrer Umwelt und verursachen Konflikte.“ HAMANN, BERND-JÜRGEN 1980, 15–18.

[287] Hamann versuchte, „gruppensolidarisch unter den Rockern zu arbeiten“. Er verweist diesbezüglich auf Paulus, der nach „1. Kor. 9,20 den Juden ein Jude und den Griechen ein Grieche wurde“ und fragt, „warum nicht den Rockern ein Rocker?“ Fügt aber an „Nicht aber den Kriminellen ein Krimineller!

wichtige Quelle, um die Entstehung der Motorradfahrer/innengottesdienste zu verstehen. Ruprecht Müller-Schiemann, der bereits 1982 gemeinsam mit Hamann das erste „Anlassen" im Rhein-Maingebiet gefeiert und dieses später als Motorradfahrer/innenseelsorger dreißig Jahre lang wesentlich mit geprägt und gestaltet hat, veröffentlichte 1989 unter dem Titel: „Anlassen oder in der Kirche riecht's nach Leder. Motorradfahrer suchen nach Menschlichkeit" eine Sammlung von Texten, die dieser Arbeit entstammen und Einblicke in die damit verbundene (Er-)Lebens- und Glaubenswelt bietet.[288] „Himmel über'm Asphalt" ist eine Darstellung des Hamburger Motorradfahrer/innengottesdienstes aus Sicht der Veranstalter, die einen Einblick u. a. in die Geschichte, die Organisation, das inhaltliche und ästhetische Profil, die Durchführung sowie den Veranstaltungsrahmen des Hamburger MOGO bietet und darüber hinaus Stimmen von Ehrenamtlichen und weiteren Teilnehmenden eingefangen hat.[289]

Anhand der Praxisliteratur und der exemplarisch an einem Motorradfahrer/innengottesdienst durchgeführten Materialanalyse[290] werden für deren Entstehung und Etablierung drei wesentliche Aspekte ersichtlich:

2.1.1. Motorradfahrende Pfarrer

Viele der Motorradfahrer/innengottesdienste wurden zunächst von einzelnen motorradfahrenden Pfarrern initiiert und erst im Laufe der Zeit durch die Einrichtung von Funktionspfarrstellen institutionalisiert. Pfarrer Manfred Dörr soll am 8. Januar 1962 um 10 Uhr mit der Feier eines Motorradfahrer/innengottesdienstes beim „Elefantentreffen" auf dem Nürburgring den Beginn der Motorradfahrer/innengottesdienste in Deutschland eingeläutet haben.[291] Damit steht er an erster Stelle einer langen Kette von einzelnen Pfarrern, die zusammen mit Motorradfahrer/innen in Eigeninitiative die Tradition der Motorradfahrer/innengottesdienste begründet haben. 1974 war Hans-Jürgen Hamann einer Anfrage von Mitgliedern aus der Rockerszene gefolgt und „begleitete einen Korso von 300 Motorrädern von der Berliner Spinnerbrücke zur Kaiser-Wilhelm-Gedächtniskirche, um dort einen Trauergottesdienst für einen verunglückten Motorradfahrer zu halten".[292] Im Jahr 1979 feierte Hamann gemeinsam mit Pfarrer Manfred Dörr auf dem Deutschen Evangelischen Kirchentag in Nürnberg einen „Drive-In-Gottesdienst", der auf große Resonanz stieß.[293] 1982 lud Pastor Hamann in seiner neu übernommenen Funktion

---

Aus dieser Gegenüberstellung wird der ganze Konflikt dieses Ansatzes deutlich. Die Gratwanderung sollte sich als ein schwer vollziehbares Kunststück erweisen." HAMANN, BERND-JÜRGEN 1980, 8.

288 Vgl. MÜLLER-SCHIEMANN, RUPRECHT 1989.

289 Vgl. FAEHLING, ERICH & FISCHER, MICHAEL 2008.

290 In Ermangelung entsprechender Sekundärliteratur wurde die Entstehung und Etablierung des „Anlassens" in Grundzügen auf Basis von Primärquellen, wie z. B. Programmheften und Pressestimmen, sowie einem Experteninterview mit dem aktuell zuständigen Motorradfahrerseelsorger (re-)konstruiert.

291 Vgl. FAEHLING, ERICH & FISCHER, MICHAEL 2008, 14f.

292 FAEHLING, ERICH & FISCHER, MICHAEL 2008, 14/15, vgl. auch HAMANN, BERND-JÜRGEN 1980, 128–136.

293 Vgl. HAMANN, BERND-JÜRGEN 1980, 136–139, sowie FAEHLING, ERICH & FISCHER, MICHAEL 2008, 14f.

als Stadtjugendpfarrer in Frankfurt am Main zum ersten „Anlassen" im Rhein-Maingebiet ein, das zu Beginn noch als Christopherus-Gottesdienst[294] bezeichnet wurde. Einer der Mitwirkenden war Pfarrer Ruprecht Müller-Schiemann, genannt „Rupi"[295], der im Folgejahr die Leitung dieses Gottesdienstes übernahm und seit 1985 zum Motorradfahrer/innenseelsorger der EKKW – und später auch der EKHN berufen wurde.[296] Ruprecht Müller-Schiemann prägte das „Anlassen" von da an 30 Jahre maßgeblich durch seine Person und spezifische Gottesdienstgestaltung.[297] 2012 wurde mit der Verabschiedung von Pfarrer Müller-Schiemann und der Beauftragung von Pfarrer Thorsten Heinrich zum Motorradfahrer/innenseelsorger der EKKW und EKHN ein „Fahrerwechsel"[298] vollzogen. Mit Heinrich wurde ein mit dem „Anlassen" Vertrauter als Motorradfahrer/innenseelsorger gewonnen; er hat bereits 1987 ehrenamtlich bei diesem Gottesdienst mitgewirkt.[299] Der inzwischen als größter Motorradfahrer/innengottesdienst Europas geltende Hamburger MOGO in St. Michaelis wurde erstmals 1984 auf Initiative des Hamburger Polizeipastors, Reinhold Hintze, gefeiert.[300] Diese Liste müsste um die Vielzahl von Pfarrern ergänzt werden, die aufgrund ihrer persönlichen Nähe zur Motorradfahrer/innenszene in ihren Ortsgemeinden und Dekanaten Motorradfahrer/innengottesdienste anbieten. Die Entwicklung der sozialen Kraft von Motorradfahrer/innengottesdienste geht wesentlich von ihnen als Schlüsselpersonen aus. Die Traditionsgeschichte zeigt aber auch, dass ein solches Angebot nicht ohne einen großen Kreis an Helfern und Helferinnen möglich wäre.

2.1.2. Ehrenamtliches Engagement der Motorradfahrer/innen

Die Motorradfahrer/innengottesdienste wurden bereits früh von einem breiten Netz von Mitwirkenden unterstützt und mit getragen.[301] Dies prägte den Charakter der Gottesdienste als gemeinschaftliche Veranstaltung. Die ehrenamtlichen Helfer organisierten sich z. T. in regionalen und überregionalen Vereinigungen, wie z. B. der

294 „Christopherus soll das Christuskind sicher durch einen reißenden Fluß getragen haben. Deshalb gilt er als der Schutzheilige im Straßenverkehr." Programmheft des Christopherus-Gottesdienstes in der Evangelischen Stadtkirche Büdingen vom 04.04.1982 in B-M4-Programmhefte.

295 So wird bis heute der Motoradfahrerseelsorger (i. R.) Ruprecht Müller-Schiemann von den Besucher/innen des „Anlassens" in Niedergründau bezeichnet. Vgl. z. B. Sven B274-I-10 sowie B-M4-Programmhefte.

296 Laut Gottesdienst-Programmheft aus dem Jahre 1985 wurde Müller-Schiemann am 14. April 1985 im Christopherus-Gottesdienst in der Evangelischen Stadtkirche zu Friedberg von Propst Friedrich Seitz in dieses Amt eingeführt. Siehe B-M4-Programmhefte.

297 So fuhr der Pfarrer z. B. mit dem Motorrad durch den Mittelgang in die Kirche ein und hielt seine Predigt auf dem Motorrad. Auch wurde im Laufe der Zeit gänzlich auf die Lesung aus der Bibel verzichtet. Vgl. B-Exp-92 sowie B-M3-Videotranskript Hessenschau 2012, 4.

298 Vgl. das Programmheft aus dem Jahr 2012 in B-M4-Programmhefte.

299 Vgl. das Programmheft aus dem Jahr 1987 in B-M4-Programmhefte.

300 Vgl. Faehling, Erich & Fischer, Michael 2008, 14f.

301 Vgl. die Programmhefte seit 1982 in B-M4-Programmhefte.

ursprünglich 1979 im Zusammenhang mit dem o. g. „Drive-in-Gottesdienst" auf dem Kirchentag in Nürnberg gegründete ACM Berlin (Arbeitskreis Christlicher Motorradfahrer/innen).[302] Viele der im Laufe der Jahrzehnte entstandenen regionalen Gruppierungen schlossen sich in der Gemeinschaft christlicher Motorradgruppen (GCM) zusammen oder organisierten sich nach je eigener Zielsetzung und (religiösem) Profil in überregionalen Gruppen neu, wie z. B. der 1998 gegründete VCM (Verband Christlicher Motorradfahrer/innen).[303] Über ihre Mitwirkung bei den Motorradfahrer/innengottesdiensten hinaus dienen sie zum einen als wichtige Schnittstelle zwischen diesen besonderen Gottesdiensten und der Motorradfahrer/innenszene und zugleich als Kommunikations- und Informationsplattform.[304] Zum anderen bieten sie ein breites Zusatzprogramm an, wie z. B. Freizeiten, regelmäßige Treffen, Trauerbegleitung, Seelsorge etc. Damit haben sie über viele Jahrzehnte ein Netzwerk gebildet, wie z. B. ein sich verantwortlich fühlendes Gremium, das die Verwaltung, Betreuung und Koordinierung der Mitglieder und der ehrenamtlichen Helfer sowie die Terminplanung übernommen hat und sowohl Zusatzangebote als auch Informationen bereitstellt (wie z. B. Gemeindehomepages, Gemeindebriefe etc.). Dadurch werden die institutionell nicht vorgehaltenen Organisationsstrukturen z. T. kompensiert.[305] Der eigenständige Charakter dieser Verbände bietet dabei ein hohes Maß an Flexibilität für Veränderungen und ist auch für „Kirchendistanzierte" niedrigschwellig und unverbindlich nutzbar. Die mit der Fluidität solcher Netzwerke einhergehenden positiven Aspekte können je nach Entwicklung auch Nachteile mit sich bringen, da sie von einzelnen Personen und ihrem Engagement abhängig sind. Bei Zuständigkeitswechsel können schnell über lange Zeit aufgebaute Kontaktdaten verloren gehen[306] oder auch Informationsplattformen, wie z. B. Homepages, nicht nachhaltig gepflegt werden.

2.1.3. Kombination aus (Funktions-)pfarramt und ehrenamtlichem Engagement

Ein exemplarischer Blick in die Traditionsgeschichte des Motorradfahrer/innengottesdienstes „Anlassen" in Niedergründau vermittelt jedoch aufgrund der über die Jahrzehnte angestiegenen Besucher/innenzahlen den Eindruck, dass gerade das *doppelte Moment von (Funktionspfarr-)Amt und einem breiten Netz von Mitwirkenden* eine gewisse Stabilität mit sich bringt, sodass auch wechselnde Amtspersonen

---

302 Vgl. z. B. http://www.bikershelpline.de; http://vcm-ffm.de/pages/veranstaltungen.php [online: 24.08.2015].

303 Vgl. http://vcm-ffm.de/pages/ueber-uns.php [online: 24.08.2015].

304 So arbeitet der VCM z. B. mit dem „Koordinierungsgremium der Motorrad-Interessensverbände in Deutschland" zusammen. Siehe http://mid.bplaced.net und vgl. http://vcm-ffm.de/pages/ueber-uns.php [online: 24.08.2015].

305 Vgl. z. B. VCM Frankfurt am Main Verband Christlicher Motorradfahrer und den MOGO Hamburg – in der Nordkirche e. V. MOGO Hamburg – in der Nordkirche e.V.

306 Vgl. B-Exp-50.

und Veränderungen in den ehrenamtlichen Gruppierungen das Gottesdienstangebot und die -nachfrage nicht dauerhaft beeinflusst haben. Wichtig scheint hierfür zum einen zu sein, dass sich Personen und Gruppen finden, die längerfristig Verantwortung für diesen Gottesdienst übernehmen. Stabilisierende Elemente dürften dabei auch verlässliche Organisationsstrukturen sein, durch die bei personellen Veränderungen gewährleistet wird, dass es zu keiner Verantwortungs-„Leerstelle“ kommt. Hierzu haben die im Laufe der Zeit eingerichteten hauptamtlichen Motorradfahrer/innenseelsorgestellen und professionell geführten Verbände und Vereine beigetragen. Zum anderen ist der Motorradfahrerseelsorger in dieser Sozialstruktur zwar eine exponierte Person im Gegenüber zu der „Biker-Gemeinde“, die aber der Ausbildung einer „Wir“-Identität[307] von Amtsperson und Mitwirkenden und Helfern nicht entgegensteht. Vielmehr steht diese Wir-Identität im Zusammenhang mit dem „Anlassen“ in einer gewissen Spannung zur Organisation und Institution der Kirche. Dies zeigt sich in einem Aufruf im „Anlassen“-Programmheft 2007, der sich gegen den Ausstieg der Evangelischen Kirche Hessen und Nassau aus der Finanzierung der von ihr und der EKKW getragenen Motorradfahrer/innenseelsorge richtete. Die Gottesdienstmitglieder wurden vom Veranstalter in Zusammenarbeit mit dem VCM zu einer Teilnahme an einer Unterschriftenaktion im Rahmen des Anlassens und an einer Protestaktion im Rahmen der Frühjahrssynode in Frankfurt aufgerufen. Unabhängig von einer Beurteilung der Vorgehensweise lässt das, „*[w]ir engagieren uns gemeinsam für den Erhalt der Motorradfahrerseelsorge in Hessen*“[308], auf eine Gruppenidentität schließen, die sich einerseits in einem Spannungsverhältnis zur Kirche befindet, aber andererseits als Teil dieser Kirche im Rahmen des Eröffnungsgottesdienstes bei der Synode auf ihre Anliegen aufmerksam machen möchte. Dies entspricht dem in den 80er-Jahren entstandenen „neuen“ Kirchen- und Gemeindeverständnis als Gruppe, die sich innerhalb und zugleich gegenüber der Kirche verortet.[309]

2.2. *Die soziale Kraft des kollektiven Phänomens „Anlassen“*

Im Rhein-Main-Gebiet findet seit 1982 jedes Frühjahr das „Anlassen“ statt, ein Gottesdienst für Motorradfahrer/innen und Interessierte zum Saisonauftakt mit an-

307 Anhand der Programmhefte lässt sich im Laufe dieser Jahre eine starke Entwicklungsdynamik und zunehmende Professionalisierung dieses Gottesdienstes erkennen. Dabei hat sich eine Art „Corporate Design“ und eine „Corporate Identity“ herausgebildet. Die Identifizierung mit diesem Gottesdienst ist dabei auch von den im Laufe der Jahre entwickelten Traditionen und dem gemeinsamen Wissens- und Erfahrungsspeicher verbunden. „Ich als jemand, der schon ewig dabei ist, der weiß schon, was viel und was wenig [Teilnehmer sind].“ Jörn B21-I-64. Veränderungen, wie sie sich z. B. durch den Pfarrerwechsel ergeben haben, irritieren z. T. die Identifikation mit dem „Anlassen“ erheblich. Vgl. Jörn B21-I-24.

308 Vgl. B-M4-Programmhefte, 2007.

309 Zur Bedeutung der Gruppe in Konzepten zum Gemeindeaufbau und zur Gemeindepädagogik siehe KOLL, JULIA 2016, 287.

schließender Motorrad-Korsofahrt zu einem geselligen Ausklang auf einem Festgelände in einer einige Kilometer entfernten Kleinstadt.

2.2.1. Szenenhafter Charakter

Milieu- und lebensstiltheoretische Analysen und Typologien haben seit Ende des letzten Jahrtausends in der Praktischen Theologie sehr zu einem differenzierten Verständnis des kirchlichen Teilnahme- und Teilhabeverhaltens der Kirchenmitglieder beigetragen.[310] Vor diesem Hintergrund kann inzwischen auch von einem „milieuspezifischen Charakter" des Gottesdienstes gesprochen werden, insofern sich Milieus – idealtypisch verstanden – z. B. hinsichtlich ihres ästhetischen, musikalischen, sprachlichen, sozialen, interessens- und bildungsspezifischen Profils unterscheiden und gottesdienstliche Angebote nicht für alle Milieus anschlussfähig sind.[311] Die im Rahmen von Milieutheorien analytisch bestimmten Milieugrenzen[312] liefern jedoch keine ausreichende Erklärung für (fluide) Vergemeinschaftungsformen, die sich über Milieugrenzen hinweg ausbilden.[313] In der von Eberhard Hauschildt auf den Gottesdienst übertragenen Milieutheorie Gerhard Schulzes wurde das Aufgabenfeld der Motorradpfarrer unter dem neuen Unterhaltungsmilieu der Kirche eingeordnet, das insbesondere von jüngeren Personen mit geringerer Bildung geprägt sei.[314] Die auf Basis der sechs Lebensstiltypen der IV. KMU[315] erfolgte Zuordnung des Motorradfahrer/innengottesdienstes zum Milieu der „geselligen und die freundliche Kirche" scheint angesichts der empirischen Wahrnehmungen auch kein ausreichendes Beschreibungsmodell.[316] Das Teilnehmer/innenprofil des „Anlassens" verweist vielmehr auf einen szenenhaften Charakter seiner Sozialgestalt, wie er im Folgenden dargestellt werden soll.[317] Unter einer *Szene*[318] wird dabei

> „[e]ine Form von lockerem Netzwerk [verstanden]; einem Netzwerk, in dem sich unbestimmt viele beteiligte Personen und Personengruppen vergemeinschaften. In eine Szene wird man nicht hineingeboren oder hineinsozialisiert, sondern man sucht sie sich auf-

[310] Zur Rezeption milieu- und lebensstiltheoretischer Konzepte für gemeinde- und kirchentheoretische Überlegungen siehe exemplarisch KRETZSCHMAR, GERALD 2007, 77–100.

[311] „Es gibt keinen Gottesdienst für Menschen aller Milieus." SCHULZ, CLAUDIA 2007, 24. Zur Rezeption der Milieutheorie in Bezug auf die Gottesdienstteilnahme siehe auch MEYER-BLANCK, MICHAEL 2011, 245–256.

[312] Exemplarisch kann hier auf die Milieutheorien von Gerhard Schulze „Erlebnisgesellschaft" und Michael Vesters „Mentalitätsgesellschaft" sowie auf die Lebensstilanalyse der IV. KMU verwiesen werden. Vgl. hierzu die Zusammenschau bei KRETZSCHMAR, GERALD 2007, 81–85.

[313] Vgl. HITZLER, RONALD & NIEDERBACHER, ARNE 2008, 14.

[314] Vgl. hierzu MEYER-BLANCK, MICHAEL 2011, 249, sowie HAUSCHILDT, EBERHARD 1998, 401.

[315] Zu den Lebensstiltypen vgl. BENTHAUS-APEL, FRIEDERIKE 2006.

[316] Vgl. hierzu MEYER-BLANCK, MICHAEL 2011, 253. Darstellung von SCHULZ, CLAUDIA et al. 2008.

[317] Hierfür werden in Anlehnung an einige szenentheoretische Kategorien von Ronald Hitzler und Arne Niederbacher szenenspezifische Merkmale des „Anlassens" entfaltet. Vgl. hierzu HITZLER, RONALD & NIEDERBACHER, ARNE 2008, 15–26.

[318] Ausführlich zum Szenebegriff HITZLER, RONALD & NIEDERBACHER, ARNE 2008, 15–26.

grund irgendwelcher Interessen selber aus und fühlt sich in ihr eine Zeit lang mehr oder weniger ‚zu Hause‘. […]“.[319]

(a) Gottesdienst eines thematisch definierten soziales Netzwerks

Das „Anlassen“ wird überwiegend von Motorradfahrer/innen[320] sowie ihren Freund/inn/en und Angehörigen besucht.

Im Jahr 2014 gaben 66,4 % (n=254) an, mit dem Motorrad angereist zu sein. 22,6 % sind mit dem Pkw zum „Anlassen“ gekommen, von denen einige darauf hinwiesen, normalerweise mit dem Motorrad anzureisen.

Damit entspricht das Teilnehmer/innenprofil der Angebotslogik des „Anlassens“, das sich bereits durch seine Bezeichnung als „Motorradfahrer/innengottesdienst“ dezidiert an die Szene der Motorradfahrer/innen richtet und sich durch das zentrale „*issue*“ Motorrad(-fahren) auszeichnet.[321] Hierzu gehört zum einen die inhaltliche Gestaltung des Gottesdienstes, wie sie sich u. a. anhand des jährlich wechselnden Mottos zeigt, das aus der Lebenswelt der Motorradfahrenden stammt und mit dem zugleich ein Raum für eine religiöse Perspektivierung eröffnet wird.[322] Zum anderen wird versucht, auf die habituelle, affektuelle und ästhetische Gesinnung[323] der Szene einzugehen. Die Anwesenheit von Kleinkindern oder Familienmitgliedern, die nicht Motorrad fahren,[324] ist jedoch auch ein Indiz dafür, dass das „Anlassen“ Raum für *unterschiedliche Beziehungsgefüge* bietet, Menschen in verschiedenen Lebenssituationen und Lebensformen anspricht und dadurch auch Lebenswelten jenseits des Motorradfahrens berührt.

---

[319] Hitzler, Ronald & Niederbacher, Arne 2008, 15f. „Eine Szene weist typischerweise lokale Einfärbungen und Besonderheiten auf, ist jedoch nicht lokal begrenzt, sondern, zumindest im Prinzip, ein weltumspannendes, globales – und ohne intensive Internet-Nutzung der daran Beteiligten zwischenzeitlich kaum noch überhaupt vorstellbares – Gesellungsgebilde bzw. eine ‚globale Mikrokultur‘. Und natürlich gibt es in einer Szene keine förmlichen Mitgliedschaften. Weil Szenen, anders als formalisierte Organisationen und anders auch als manche anderen jugendkulturellen Gesellungsformen, also – auch in einem metaphorischen Sinne – keine Türen haben, weder hinein noch hinaus, bewegt man sich in einer Szene eher wie in einer Wolke oder in einer Nebelbank: Man weiß oft nicht, ob man tatsächlich drin ist, ob man am Rande mitläuft oder ob man schon am Zentrum steht. Gleichwohl realisiert man irgendwann, ‚irgendwie‘, dass man ‚irgendwie‘ dazugehört. Und da die Ränder der Szene ohnehin verschwimmen, hat man in der Regel einen problemlosen Zugang zu ihr und kann sie ebenso problemlos auch wieder verlassen. [Absatz] Infolge dieser Struktureigenschaften begreifen wir Szenen als prototypische Gesellungsformen der individualisierten und v. a. der juvenilen Menschen in Gesellschaften im Übergang zu einer ‚anderen‘ Moderne.“ (15f.)

[320] Vgl. B-8.7.

[321] Hitzler, Ronald & Niederbacher, Arne 2008, 16f., spricht von einem „thematisch fokussierten sozialen Netzwerk“.

[322] Wie z. B. Straßenfest, Menschen erfahren, Visier öffnen, heute hier – morgen dort, Zeitmaschine – Maschinenzeit, Geist-Reich auf zwei Rädern, sicher ist sicher, RutschFest, quer denken – gerade lenken, wohin geht die Reise, Fahrerwechsel – weiter geht's, allein oder gemeinsam, neue Blickwinkel. Vgl. Programmhefte der Jahre 1989, 1993, 1995, 1999, 2001–2004, 2008, 2011–2014.

[323] Vgl. zur Gesinnungsgenossenschaft in neueren Gemeinschaftsformen Hitzler, Ronald & Niederbacher, Arne 2008, 14.

[324] Vgl. die Taufgesellschaft im Fall von Lara B244-I-208-220.

> 55,5 % (n=274) der Befragten nehmen zusammen mit Mitgliedern der Familie, der Verwandtschaft und/oder mit Lebenspartnern am „Anlassen“ teil. 46,4 % der Fälle geben an, mit Freunden gekommen zu sein. Bei beiden Gruppen gibt es eine Schnittmenge von ca. 20 %. 19 % besuchen diesen Gottesdienst alleine. Der Personenkreis der mit Nachbarn, jemandem aus der Kirchengemeinde, Kollegen oder einem Verein/einer Gruppe gekommen ist, ist mit insgesamt 5,9 % deutlich geringer (1,1 % mit Nachbarn, 2,6 % mit jemandem aus der Kirchengemeinde, 1,1 mit Kollegen, 1,1 % mit Verein oder Gruppe).[325]

In dieser „integrativen“ Leistung des Motorradfahrer/innengottesdienstes liegt eine eigene Vergesellungskraft, die durch die diffusen Ränder der Szene ermöglicht werden. Hierbei stellt das Szene-Thema „Motorradfahren“ zwar den wesentlichen Rahmen dar, aber um diesen lagern sich auch andere Themenfelder an bzw. werden von ihm berührt,[326] wie z. B. gesellschaftliche Toleranz und Verantwortung.

(b) Gemeinschaft mit Gleichgesinnten[327]

Im Rahmen der Einzelinterviews wird die Gemeinschaft mit Gleichgesinnten immer wieder – sowohl direkt als auch indirekt – als wichtiges Motiv für die Teilnahme am „Anlassen“ thematisiert.

> „Klar, mit so vielen Gleichgesinnten zusammen zu sein, ist schon was Besonderes. […] Wenn man unter Gleichgesinnten ist, ist es einfach eine schöne Sache.“ Jörn B21-I-92

Die Gleichgesinnung bezieht sich dabei nicht uneingeschränkt auf die gesamte Szene der Motorradfahrer/innen, sondern umfasst all jene, die eine ähnliche Haltung zum Motorradfahren haben. Hierbei kann es sich um das Bedürfnis nach einer spezifischen Gemeinschaft, ein besonderes Lebensgefühl oder eine bestimmte Verkehrsethik handeln.[328] Szenentheoretisch werden Gesinnungsgemeinschaften als Ersatz für traditionale Gemeinschaftsformen, wie z. B. Kirchengemeinden, Jugendverbände oder Sportvereine, angesehen, da diese nicht mehr in der Lage seien, das Bedürfnis nach Gemeinschaft mit Gesinnungsfreunden zu stillen.[329] Das „Anlassen“ verbindet als dezidiert christlich-religiöse Veranstaltung hingegen die Szene der Motorradfahrer/innen mit der traditionalen Gemeinschaftsform „Gottesdienstgemeinde“. Dadurch, dass sich das Angebot dezidiert an eine zunächst einmal von der Kirche unabhängige Gesinnungsgemeinschaft wendet, wird anstelle einer identitätsbedingten Abgrenzung zur Kirche eine mittelbare, partielle Identifikation ermöglicht.

---

325 B-1.6.

326 Vgl. HITZLER, RONALD & NIEDERBACHER, ARNE 2008, 17.

327 Zur szenentheoretischen Bedeutung der Gleichgesinnung siehe HITZLER, RONALD & NIEDERBACHER, ARNE 2008, 16.

328 Vgl. hierzu auch Kay B36-I-32.

329 Vgl. HITZLER, RONALD & NIEDERBACHER, ARNE 2008, 16.

(c) Motorradspezifische Kultur

Die soziale Gestalt des „Anlassens“ zeichnet sich durch eine spezifische Kultur[330] aus, die insbesondere in der Art und Weise der Bekleidung der Teilnehmenden, ihren Interaktions- und Kommunikationsstrukturen zum Ausdruck kommt:

Kleidung als Kommunikationsinstrument[331]

Der thematische Bezug zum Motorrad(-fahren) ist bei dieser Veranstaltung allgegenwärtig und wird durch das äußerliche Erscheinungsbild der versammelten Gottesdienstbesucher/innen unterstrichen. Auffallendster Identitätsmarker ist jedoch nicht etwa das Motorrad selbst, sondern die *Motorradkleidung*. Selbst Besucher/innen, die mit dem Pkw angereist sind, tragen z. T. über ihrer normalen Freizeitkleidung eine Motorradjacke.[332] Unterschiedliche Kleidungsstile[333] und Formen der Körperkunst (Tätowierungen, Bärte, Piercings) prägen das Erscheinungsbild,[334] können aber nicht automatisch spezifischen Milieus zugeordnet werden.[335] Die Bedeutung der Motorradkleidung changiert zwischen funktionaler Schutzkleidung und Mittel der Selbstinszenierung und -identifikation,[336] indem sie als „*Be*-kleidung“ dient, die einen Bezug zum Alltag erkennen lässt oder diesen als „*Ver*-kleidung“ transzendiert.

> „[...] Sind jemand mal ganz anderes. Weil sie sagen: Na ja gut, jetzt haben wir Kutte an, wir haben jetzt die Maske an. – Nicht wie mein Nachbar da drüben, der immer im Anzug oder im Schlips dann einfach kommt. – Ja, wir gehören einfach dazu.“ Sven B274-I-90

Habitus als Kommunikations- und Interaktionsstil

Der Umgang mit- und untereinander wird von den Teilnehmenden positiv thematisiert. Hierbei spielt die *Begegnung auf „Augenhöhe“* eine wichtige Rolle in den Schilderungen über das Erleben des Gottesdienstes. Dies wird insbesondere in Bezug auf die Begegnung von Personen unterschiedlicher Personenkreise und Berufsgruppen deutlich:

> „Ja da ist irgendwie alles auf einer Augenhöhe. Also egal, also auch vom Berufsstand her alle unterschiedlich, aber wir sind im Prinzip alle da auf einer Ebene. Man ist sofort per Du, auch mit den Polizisten. [...]“ Lara B244-I-54

Ein Mitglied der Polizeigradstaffel thematisiert dies in ähnlicher Weise, indem er ausführt:

---

330 HITZLER, RONALD & NIEDERBACHER, ARNE 2008, 18f.
331 Vgl. HITZLER, RONALD & NIEDERBACHER, ARNE 2008, 29.
332 Vgl. B-TB2-Paula-102; B-TB3-Birte-7; B-TB6-Tanja-9.
333 Vgl. B-TB3-Birte-7, B-M2-Videotranskript EKHN Kirchenfernsehen 2013.
334 Vgl. B-TB3-Birte-9; B-TB2-Paula-94.
335 Vgl. B-M2-Videotranskript EKHN Kirchenfernsehen 2013.
336 Vgl. B-TB3-Birte-7.

„[D]as ist jetzt bei dem Motorradgottesdienst natürlich im Speziellen so, aber auch bei anderen polizeilichen Einsätzen, ich sage jetzt mal Augenhöhe. Augenhöhe, Verbundenheit, und zwar einfach mit dem Einsatzmittel oder mit dem Hobbygut Motorrad." Lutz B88-I-26

In den Schilderungen der Befragten ist immer wieder die Rede von einem von gegenseitigem Respekt und von Akzeptanz geprägtem Umgang miteinander. Dies bezieht sich nicht nur auf den Umgang der Besucher/innen untereinander, sondern auch auf die gefühlte Akzeptanz bei der Veranstaltung. 98,7 % der Befragten (n=238) fühlen sich beim „Anlassen" willkommen wie sie sind, wie später noch vertieft dargestellt werden wird. Es ist zu beobachten, dass sich die Teilnehmenden freundlich per Handschlag, Umarmung oder durch ein gegenseitiges Schulterklopfen begrüßen.[337] Fremde begegnen sich mit einem offenen, freundlichen Blick und nicken sich teilweise zu, ganz gleich, ob sie aufgrund ihrer Kleidung als Biker/in erkennbar sind oder auch nicht. „Das gegenseitige Begrüßen scheint eine Form von Respektsbekundung zu sein. Einander ignorieren ist offenbar nicht verbreitet. Eine jüngere Frau sagte interessanterweise zu einem älteren Herrn über ihren Freund, ‚Er hat gerade schon gesagt, er fühlt sich respektiert, weil er gegrüßt wird!'"[338] Auch innerhalb der Kirche wird in gegenseitiger Rücksichtnahme darauf geachtet, dass möglichst viele einen Platz bekommen und das Kommen und Gehen während des Gottesdienstes wird nicht negativ kommentiert. Der szenenspezifische Habitus, der sich seitens der Befragten u. a. durch Rücksichtnahme[339] und Hilfsbereitschaft[340] auszeichnet, entfaltet so auch im Zusammenhang mit dem „Anlassen" seine Vergesellungskraft.

„Ich sag ja Hilfsbereitschaft untereinander. [..U]nter den Motorradfahrern ist das einfach so, wenn irgendwo was passiert, da hältst du an und [...] guckst da auch nach dem Rechten. Und ich mein das ist auch das, was so die Gemeinschaft [...] zusammenschweißt. Auch so ein Gottesdienst." Jan B244-I-408/411

Die Art und Weise des Umgangs miteinander schafft eine vergesellende Willkommensatmosphäre. Selbst bei schlechtem Wetter war die Stimmung fröhlich, friedlich und gelassen,[341] was auch seitens der diensthabenden Polizei positiv erlebt wurde:

„[...] Und, aber auch als sehr <u>friedliche</u>, <u>harmonische</u> Veranstaltung, die ja ein stückweit auch, ja, Spaß gemacht hat." Lutz B88-I-12

(Verbale) Kommunikation (Form, Stil und Inhalte)

Bereits auf dem Parkplatz begrüßen sich „alte Bekannte"[342], es werden aber auch erste Kontakte und Gespräche zwischen Teilnehmenden beobachtet, die nicht zu-

337 Vgl. u. a. B-TB3-Birte-9ff.
338 B-TB3-Birte-9.
339 Vgl. B244-I-609.
340 Vgl. B244-I-405.
341 B-TB4-Tanja-18.
342 Vgl. B-TB1-Lothar-10.

sammen angereist sind. Es kommt auffallend oft zu spontanen Gesprächen zwischen Personen, die sich zufällig an einem (Essens-)Stand, in der Kirche oder an einem Motorrad begegnen.[343] Das in Motorradfahrer/innenkreisen übliche „Du“ erleichtert die *Kommunikation* der Teilnehmer untereinander und erzeugt eine Atmosphäre der Vertrautheit.[344] Dabei werden Themen ganz unterschiedlicher Art angesprochen, die jedoch meist am gemeinsamen Erfahrungshorizont „Motorradfahren“ anknüpfen. Hierzu gehörte 2014 das schlechte Wetter, und dass dies kein Hinderungsgrund für die Teilnahme sein dürfe, sondern, „wenn man sich so etwas vornimmt, dann macht man das auch“[345]. Weitere Themen sind verkehrsethischer Natur (wie z. B. verantwortungsvolles Fahren), Abgrenzung zu gewaltbereiten Motorradfahrer/innen, Motorradstrecken und -ziele, der Motorradfahrer/innengottesdienst selbst und die eigene Positionierung zu diesem bis hin zu Gesprächen über Krankheit, Tod und das Jenseits.[346]

Kleidung, Habitus und Kommunikation lassen auf einen szenenhaften Charakter des „Anlassens“ schließen, insofern sich eine Szene „in kommunikativen und interaktiven Handlungen konstituiert und sich die Kultur einer Szene im sozial approbierten Wissen von den ‚richtigen‘ Verhaltensweisen“, Attribuierungen, Codes, Signalen, Emblemen, Zeremonien, Attitüden, Wissensbeständen, Relevanzen, Fertigkeiten usw. manifestiert“,[347] wobei die Anwesenheit von Nicht-Motorradfahrer/innen zeigt, dass es sich hierbei nicht um grundsätzlich ausschließende Aspekte handelt.[348]

---

343 Vgl. B-TB1-Lothar-17.

344 „*Du* ist auch die Anrede für [...] den vertraulich-familiären Bereich und für ‚Solidargemeinschaften‘ aller Art. Da ist das Arbeiter-*Du,* das *Du* der Genossen in bestimmten Parteien, das *Du* der Jugendverbände und religiöser Gemeinschaften.“ BESCH, WERNER 1996, 8. „Gruppen, die sich durch entscheidende Gemeinsamkeiten verbunden fühlen, haben schon immer das Du gewählt. [...] Das galt und gilt aber auch für Vereine, Sportgruppen, Verbindungsstudenten, Bergsteiger, Soldaten – kurz für vielerlei Gruppierungen, die über eine gewisse Zeit oder generell enger zusammengehören.“ BESCH, WERNER 1996, 8.

345 Vgl. Zitat eines Teilnehmers in B-TB1-Lothar-10.

346 Vgl. B-TB3-Birte-12.

347 HITZLER, RONALD & NIEDERBACHER, ARNE 2008, 18.

348 Für den „‚Eintritt‘ in die Szene [reicht] üblicherweise zunächst auch das entsprechende Interesse aus“. HITZLER, RONALD & NIEDERBACHER, ARNE 2008, 18. Die „[v]olle Teilhabe lässt sich allerdings erst durch Aneignung und kompetente Anwendung szenetypischen Kultur-‚Know-hows‘ (sowie durch eine bedingt ‚originelle‘ Stilisierung des eigenen Handelns im Rahmen szenekonsensueller Verhaltensmuster) erreichen. [Absatz] Das ‚Normalmitglied‘ einer Szene spielt dementsprechend teilhaberelevante Eigenschaften, Verhaltensvorschriften und Wissensbestände typischerweise nicht nur vor, sondern rekurriert in Interaktion mit anderen Szenegängern auf Kompetenzen, die es sich bisweilen durchaus mehr oder weniger ‚einsam‘ angeeignet hat. Oder anders formuliert: Das Leben in einer Szene besteht nicht nur im (Zusammen-)Treffen mit Gleichgesinnten, sondern auch darin, persönliche und keineswegs nur sozial abgeleitete Erfahrungen zu machen, Wissen zu sammeln bzw. Fertigkeiten zu erlernen. [...] Allerdings konstituiert sich die Szene natürlich nicht im individuellen Erleben, sondern eben in der Kommunikation darüber bzw. in der darauf basierenden Interaktion.“ HITZLER, RONALD & NIEDERBACHER, ARNE 2008, 18f.

(d) Aktualisierung des Wir-Gefühls

Wie im weiteren Verlauf noch gezeigt werden wird, spielt die formelle Mitgliedschaft in der Kirche für die Teilnahme am „Anlassen“ eine untergeordnete Rolle.[349] Darüber hinaus ist es für viele der Umfrageteilnehmenden die einzige oder eine der wenigen Anlässe für einen Gottesdienstbesuch.[350] Hierbei scheint es fast so, als würde sich der szenenspezifische Aspekt der freiwilligen, jederzeit auflösbaren Selbstbindung[351] auf den Motorradfahrer/innengottesdienst übertragen. Der szenetheoretisch als „labil“ bezeichnete Charakter der Szene prägt auch die gottesdienstliche Sozialgestalt beim „Anlassen“. Im Rahmen der Feldstudie hat sich gezeigt, dass die „Verwendung von szenetypischen Zeichen, Symbolen und Emblemen, durch Rituale und Verhaltensweisen, also letztlich durch die wechselseitige Inszenierung von Zugehörigkeit durch die Szenengänger“[352] für die Aktualisierung des Wir-Gefühls beim „Anlassen“ eine wichtige Rolle spielt. Dabei konstituiert sich das „‚Wir‘(-Bewusstsein) […] eben nicht aufgrund vorgängiger gemeinsamer Standes- und Lebenslagen-Interessen, sondern aufgrund des Glaubens an eine gemeinsame Idee bzw. aufgrund der (vermeintlichen) Bestätigung der tatsächlichen Existenz dieser gemeinsamen Idee durch bestimmte Kommunikationsformen und/oder kollektive Verhaltensweisen“.[353] Da der Szenealltag für die meisten Teilnehmer/innen nicht mit den alltäglichen Lebensbereichen übereinstimmt, handelt es sich um ein „Teilzeit-Engagement“, das in anderen Lebensbereichen, wie z. B. der Familien, dem Beruf, der Ausbildung oder anderer Interessen, nur latent von Bedeutung ist.[354] Daraus folgt, dass sich das „szenetypische Wir-Bewusstsein, sozusagen notwendig […] in eine Abfolge von Latenzen und Aktualitäten sequentialisiert“.[355] Der vermeintlich latente Charakter der Szene scheint dabei erst die Voraussetzung für die Ausbildung des Wir-Gefühls und die Transzendenz der im Alltag bestehenden sozialen Unterschiede etc. darzustellen und dadurch auch die Grundlage zu schaffen für ein über diese Grenzen hinweg auch im Rahmen der gottesdienstlichen Feier erlebtes Wir-Gefühl, das – zurück im Alltag – nur latent vorhanden sein mag. Dadurch wird der außeralltägliche Charakter des Gottesdienstes betont.

(e) Traditioneller Treffpunkt

Motorradfahrer/innengottesdienste wie das „Anlassen“ sind bekannte Treffpunkte für Motorradfahrende, unabhängig davon, ob die Gottesdienste eher „am Rande“, im Zentrum einer Veranstaltung oder des individuellen Partizipationsverhaltens liegen.

---

349 Vgl. B-8.5.

350 Vgl. hierzu B-2.1.

351 HITZLER, RONALD & NIEDERBACHER, ARNE 2008, 19.

352 HITZLER, RONALD & NIEDERBACHER, ARNE 2008, 19.

353 HITZLER, RONALD & NIEDERBACHER, ARNE 2008, 19.

354 HITZLER, RONALD & NIEDERBACHER, ARNE 2008, 19.

355 HITZLER, RONALD & NIEDERBACHER, ARNE 2008, 19.

„Also man ist da, man trifft eigentlich immer irgendwelche Leute, die man kennt. Wir haben jetzt auch welche getroffen, die wir schon lange nicht mehr gesehen haben. Und den [Hubert], und seine Familie, mit Freundin und Bruder und Vater und wen der da nicht alles mitgeschleppt hat. Und das ist irgendwie, ja man fühlt sich da irgendwie gut aufgehoben. Also es ist irgendwie so die Gemeinschaft, in die das auch passt. [...] man kommt irgendwie auch mit den Leuten leichter ins Gespräch, weil man weiß halt, wir haben alle das gleiche Hobby. Wir haben ja alle die, also wir haben ähnliche Ansichten und dann hat man auch direkt dann ein Gesprächsthema." Lara B244-I-37

Durch den konkreten Ort dient das „Anlassen" der Aktualisierung des Wir-Bewusstseins und des Zugehörigkeitsgefühls der Szenemitglieder im Allgemeinen und der Teilnehmer/innen am Motorradfahrer/innengottesdienst im Speziellen.[356] Der motorradspezifische Charakter des „Anlassens" verbindet sich nicht nur konkret mit der Hoffnung, „alte Bekannte" wiederzusehen, sondern bietet auch für Personen, die zwar Motorrad fahren, aber keine direkten Kontakte zur Szene haben, die Möglichkeit, an ihr zu partizipieren, ohne notwendigerweise individuelle Beziehungen knüpfen zu müssen. In dieser Hinsicht bietet die Szene nicht nur indirekten Zugang und Kontakt zum gottesdienstlichen Angebot, sondern auch durch das gottesdienstliche Angebot Kontakt zur Szene.[357]

Das Teilnahmeverhalten am „Anlassen" zeichnet sich durch Regelmäßigkeit und Nachhaltigkeit aus:

Aus 33 „Anlassen"-Jahrgängen sind Teilnehmer/innen aus 28 anwesend.[358] Von denjenigen, die bereits Motorradfahrer/innengottesdienste vor 2013 besucht haben, geben 87,9 % (n=141) an, „recht regelmäßig" daran teilzunehmen, 12,1 % immer mal wieder.[359] Fast alle Befragten haben vor, wieder zum „Anlassen" zu kommen (93,2 % von n=250, 6,8 % sind unsicher). Obwohl 31,1 % (n=241) das erste Mal bei diesem Gottesdienst waren, gibt niemand an, nicht mehr kommen zu wollen.

Die hohe Verbundenheit lässt sich im Rahmen der Umfrage[360] als auch in den Einzelinterviews für ein breites Spektrum an Teilnehmer/innen (re-)konstruieren. So auch für diejenigen, die im Rahmen ihres Dienstauftrages am „Anlassen" teilneh-

---

[356] „[..F]ür alle Szenen gilt [...], dass man (die) Treffpunkte kennt, an denen man zumindest eine gute Chance hat, auf andere Szenegänger zu stoßen, um an (wie auch immer gearteten) Interaktionen partizipieren zu können und infolgedessen Wir-Gefühle zu entwickeln, zu aktualisieren oder zu restaurieren." HITZLER, RONALD & NIEDERBACHER, ARNE 2008, 18ff.

[357] Vergleiche hierzu Peter B141-I-22.

[358] Ausgenommen der Jahre 1983/84/86/89 und 93. Vgl. B-1.2. Der Anteil der Gottesdienst-Jahrgänge nimmt in 10 Jahreschritten betrachtet zwar leicht ab, was jedoch nicht zwingend eine Aussage über die Verbundenheit der Personen zu diesem Gottesdienst bedeuten muss, sondern in Anbetracht der Jahre aus den zeitlich bedingten veränderten Lebensumständen sowie dem demographischen Wandel resultieren kann. Hinzu kommt, dass eine retrospektive Betrachtung keine Aussage darüber zulässt, wie lange die Befragten weiterhin den Gottesdienst besuchen werden.

[359] Davon unberücksichtigt sind diejenigen, die angeben, das zweite Mal da zu sein (n=25), vgl. B-1.2.

[360] Vgl. hierzu B-1.2.

men[361] oder zu den sogenannten „Konfessionslosen" zählen.[362] Insgesamt kann von einer *punktuell-regelmäßigen Gottesdienstpraxis* der Teilnehmer/innen gesprochen werden. Die *Bindungskraft des „Anlassens" findet ihre Resonanz in einer geplanten und verbindlichen Teilnahme.* Sie wird nicht dem Zufall überlassen. Nur 0,7 % der Umfrageteilnehmer/innen (n=274) geben an, dass sie zufällig vorbeigekommen und spontan geblieben sind. Vielmehr wird die Teilnahme am „Anlassen" im Voraus terminiert, geplant und organisiert.[363] Angesichts voller Terminkalender, zahlreicher (Freizeit-)Angebote und alltäglichen Herausforderungen der individuellen Lebenswelten zeigt sich der Stellenwert des „Anlassens" u. a. daran, dass sich der/die Einzelne Zeit für die Teilnahme einräumt.

> „Bei diesem VCM, da gibt es ja den Termin. Da gucke ich dann ganz oft nach, bis der Termin endlich drin ist, und übertrag ich den und das mache ich mit der Gedenkfahrt genauso. Ich muss die Termine alle eintragen, weil, sonst geht das bei mir komplett unter. [...] Dann werde ich verplant zu Hause. Dann können Sie gar nicht so schnell gucken, wie die Termine zufliegen." Peter B141-E-104ff.

(f) Gelegenheit der sozialen Verortung in doppeltem Sinn

Die Gesellungskraft von thematischer Fokussierung, Gleichgesinnung und spezifischer Kultur lebt zugleich von der „Exklusivität", die im Rahmen des „Anlassens" mit dem Gottesdienst und dem anschließenden Korso zur „Aufführung" gebracht wird und dabei auch der sozialen Verortung[364] der Szene dient.

> „[...] Gut, es ist ja auch Ausdruck zu verleihen, es gibt uns wieder. Wir starten wieder in die Saison. Nehmt Rücksicht auf uns. Oder auch wir, dass wir auf dieser Tour so fahren, um aufzuzeigen: Wir sind vernünftig. Ich meine, es gibt immer mal Idioten dabei, aber die werden eigentlich von der Masse schon ein bisschen ausgegrenzt. [...] Was mich auch noch so anspricht ist, dass die <u>Bevölkerung</u> uns, uns annimmt [...]." Jörn-B21-I-92
> „[...] Ja und wir <u>durften</u> da [in der Innenstadt in Ffm.] schön <u>durch</u> in der <u>Karawane</u> und so. Und die Leute dann am Straßenrand, die haben dann so geguckt [...]. Wir waren dann schon im Mittelpunkt. Das hat mich ein bisschen gefreut. Nicht ich so alleine im Mittelpunkt, sondern so mit anderen <u>zusammen</u>. [...]" Elke (zur Gedenkfahrt in Frankfurt am Main) B267-I-14

---

[361] Ein Mitglied der Polizeikradstaffel berichtet: „[..A]lso bei uns die Einsätze laufen auf freiwilliger Basis. Das heißt, man fragt vorher ab, wer Zeit und Lust hat. [...] Und da stelle ich über die letzten 10 Jahre fest, das sind auch immer wieder dieselben. [...]" Lutz B88-I-76.

[362] Vgl. Kreuzanalyse von B-8.5 mit B-1.2. Hierzu auch Jörn B21-I-18: „Ja. Und <u>seitdem</u> [Mitte der 80er] bin ich eigentlich mehr oder weniger kontinuierlich dabei. Mit einzelnen Jahren, wo es mal nicht ging. Ja." Jörn B21-I-18.

[363] Vgl. u. a. Sven (B274-I-16): „[...] Und wir hatten auch geguckt, wann das wieder ist." Vgl. hierzu auch NEIJENHUIS, JÖRG 2012, 35: „Die Gottesdienst Feiernden beginnen mit der Gottesdienstvorbereitung, indem sie sich von zu Hause auf den Weg machen, indem sie ihre Gedanken auf den zu feiernden Gottesdienst lenken. Sie bringen also schon Bedeutung mit, die der Liturg gar nicht beeinflussen kann. Schon hier sind einige Bedeutungen gesetzt, die sich im weiteren Verlauf mit anderen Bedeutungen verbinden, die sich gegenseitig, wie Wörter und Sätze, vertexten zu Sinngebilden, die den sinnhaften Bedeutungs-Raum für den Gottesdienst bereiten."

[364] Zur sozialen Verortungsfunktion von Szenen siehe HITZLER, RONALD & NIEDERBACHER, ARNE 2008, 18.

An Jörns Schilderungen zeigt sich, dass das „Anlassen“ Gelegenheit für die Inszenierung der Szene gibt, insofern es dieser eine Bühne mit „Publikum“ bietet.[365] Dies geschieht aber in einem ganz spezifischen Kontext, der sich über die Bergkirche als Ort, den gottesdienstlichen Kontext sowie durch das Kreuz, das den Korso „anführt“[366], zum Ausdruck kommt und dadurch eine soziale *Verortung in doppeltem Sinn*, d. h. als Motorradszene in christlichem Rahmen, erfolgt.

(g) Milieu-, generationen-, gender- und konfessionsübergreifende Sozialgestalt
Das Teilnehmer-/innenprofil des „Anlassens“ weicht an mehreren Punkten von den Gesellungsformen ab, die im Zusammenhang mit Gottesdiensten vielfach vorfindlich sind.

Auch wenn aus forschungspragmatischen und forschungsethischen Gründen auf die umfangreiche Erhebung milieuspezifischer Aspekte in Bezug auf die Befragten verzichtet wurde,[367] sprechen die im Rahmen dieser Feldstudie gesammelten Daten zu Beruf, Bildung, Lebensgestaltung, Wohnsituation, Kleidungs- und Musikstil, Interessen und kirchlichem Partizipationsverhalten der Teilnehmenden dafür, dass es sich beim „Anlassen“ um einen *„milieuübergreifenden“ Gottesdienst* handelt.[368] Das (re-)konstruierte Teilnehmerprofil zeichnet sich durch ein breites Spektrum sozialstruktureller Aspekte aus, wie z. B. Lebensalter und Bildung, Familienstand, Teilhabe- und Nichtteilhabe am Erwerbsleben, Arbeits- und Wohnsituation. Die im Rahmen der Einzelinterviews wahrnehmbaren existentiellen Anschauungsweisen und alltagsästhetische Präferenzen der Befragten divergieren zum Teil erheblich.

Das „Anlassen“ ist ein *generationenübergreifender Gottesdienst.* Alleine das im Rahmen der Umfrage erhobene Altersspektrum umfasst Gottesdienstteilnehmer/innen im Alter zwischen 9 und 79 Jahren. Darüber hinaus waren auch jüngere Kinder anwesend. Ein Blick auf die Geburtsjahrgänge derjenigen, die sich an der Umfrage beteiligt haben, weist kaum Lücken auf. Mit Ausnahme der Jahrgänge 1937/38/42/45 und 2003/04 haben Vertreter/innen der Jahrgänge 1935 bis 2005 an der Umfrage im Gottesdienst teilgenommen (n=256). Die Aufteilung in Alterskohorten in 10 Jahresschritten zeigt außerdem, dass kein Generationenabbruch im Gottesdienst verzeichnet werden kann.[369]

---

365 „Szenen existieren als Szenen letztendlich erst dadurch, dass sie nicht nur von den Szenegängern selber, sondern eben auch von Außenstehenden wahrgenommen werden.“ HITZLER, RONALD & NIEDERBACHER, ARNE 2008, 18.

366 Das Kreuz, das beim Einzug in die Kirche zum Beginn des „Anlassens“ getragen wird, wird auf einem Trike an der Spitze des Korsos mitgeführt. Vgl. B-TB2-Paula-93.

367 Die Abfrage aller Kriterien hätte den Rahmen einer im Gottesdienst durchführbaren standardisierten Umfrage überschritten. Die zu Beginn der Feldforschung im Rahmen der Interviews erfolgte Abfrage der soziodemographischen Daten zu Bildung, Beruf und Familie hat kritische und blockierende Reaktionen hervorgerufen, sodass an dieser Stelle verzichtend agiert wurde.

368 Vgl. hierzu die Milieutheorie Gerhard Schulzes in KRETZSCHMAR, GERALD 2007, 81f.

369 Vgl. B-8.2.

Die am stärksten vertretene Kohorte ist (bei n= 256) mit 34 % die der 50–59-Jährigen, gefolgt von der Altersklasse der 40–49-Jährigen (25,4 %). Mit einem gleichzeitigen Anteil von 11,3 % der 20–29-Jährigen und je 10,5 % der 30–39-Jährigen und 60–69-Jährigen, sowie 4,3 % der 13–19-Jährigen, zeichnet sich dieser Gottesdienst durch eine ungewöhnlich starke Heterogenität in der Altersstruktur aus.[370] In Zusammenschau mit den erhobenen Daten zum Familienstand sowie den Informationen über Beruf und Bildung der Umfrageteilnehmer/innen lässt vermuten, dass Mitglieder unterschiedlicher Milieus versammelt sind.[371]

Ein seitens einiger Teilnehmer/innen artikuliertes „Mitaltern" der Besucher/innen konnte im Rahmen der Umfrage nicht bestätigt werden.[372] Die Auswertung der Daten nach dem Alter der Teilnehmer bei ihrem ersten Besuch des „Anlassens" zeigt, dass immer noch Personen aus der jüngeren Generation neu zum „Anlassen" dazustoßen und wiederkommen. Zwar liegt der Standardmittelwert bei ca. 37 Jahren, dieser resultiert jedoch aus zwei Peaks, die zeigen, dass die Teilnehmenden bei ihrem ersten Besuch häufig zwischen 24 und 32 (insbesondere 26 + 29) oder zwischen 44 und 52 (insbesondere 45–47) Jahre alt sind.[373] Bei denjenigen, die 2014 das erste Mal am Motorradfahrer/innengottesdienst teilgenommen haben, lag der Mittelwert bei 41 Jahren (Standardabweichung 13, n=65), wobei hier die Gruppe der 24–26 und der 47–57-Jährigen besonders hoch ist. Diese leichte Erhöhung könnte sich auch durch den demographischen Wandel erklären lassen. Die Ergebnisse legen nahe, dass sich insbesondere Menschen im Alter zwischen ca. 25 und 60 Jahren von diesem besonderen Gottesdienst angesprochen fühlen. Damit ist die Altersspanne der Teilnehmer/innen größer als die Zielgruppen alternativer Gottesdienste.[374]

Der *Männeranteil* liegt bei etwas mehr als 2/3 der Umfrageteilnehmenden.[375] Auch kommen deutlich mehr Männer als Frauen *alleine* zu diesem Gottesdienst.[376] Es fällt zudem auf, dass Kinder überwiegend entweder alleine mit ihren Vätern oder aber

---

370 Die Gruppe der 1–12-Jährigen liegt bei 0,8 %. Hierbei ist zu berücksichtigen, dass die Umfrageteilnahme der anwesenden Kinder aus Altersgründen überproportional gering ausgefallen ist. Im Rahmen der teilnehmenden Beobachtung 2015 schien der Anteil der jüngeren Altersklassen 20–39 tendenziell etwas höher zu sein als im Umfragejahr.

371 In Bezug auf die Milieutheorie von Gerhard Schulze fasst Gerhard Kretzschmar zusammen: „Die Milieus unterschieden sich in sozialstruktureller Hinsicht vor allem nach Lebensalter und Bildung. Weitere Unterscheidungsmerkmale sind Familienstand, Haushaltsstruktur, Teilhabe oder Nichtteilhabe am Erwerbsleben, Arbeitsplatzmerkmale und Wohnsituation." KRETZSCHMAR, GERALD 2007, 81.

372 Vgl. hierzu z. B. B21-I-44-46.

373 Standardabweichung des Standardmittelwertes liegt bei 15 (n=236).

374 „Alternative Gottesdienste wenden sich an Menschen im Alter zwischen 30 und 50 bzw. 55 Jahren." FRIEDRICHS, LUTZ 2007b, 11.

375 2014 waren 67,4 % (n=261) der Umfrageteilnehmer männlichen Geschlechts. Diese Größenordnung entsprach auch in etwa dem im Rahmen der teilnehmenden Beobachtung gewonnenen Eindrücke. 2015 war der subjektiv wahrgenommene Männeranteil noch höher.

376 Während 23 % der Männer (n=176) alleine zum Motorradfahrer/innengottesdienst kommt, machen sich nur 10,6 % der Frauen (n=85) ohne Begleitung auf den Weg zu diesem Gottesdienst.

mit beiden Elternteilen das „Anlassen“ besuchen.[377] Damit spricht dieser Gottesdienst eine Gruppierung von Menschen an, die ansonsten in der Kirche - sowie in alternativen Gottesdiensten - als unterrepräsentiert gilt.[378] Das „Anlassen“ wirkt somit einem „Verlust der Männer“[379] innerhalb der Kirche entgegen.[380] Die im Folgekapitel analysierte Vergesellungskraft des gottesdienstlichen Geschehens sollte daher auch im Zusammenhang mit ihrer *geschlechtsspezifischen Wirkung* gesehen werden, denn „[n]eben den Merkmalen Alter, Bildung, sozialer Status und religiöse Sozialisation ist auch das Geschlecht ein entscheidender Faktor für das Verstehen von Predigten und Mitfeiern von Liturgien.“[381]

Das Profil der *religiösen Selbstverortung* der Teilnehmer/innen des „Anlassens“ ist ebenfalls von Diversität geprägt. Die Frage nach Konfession und Religion ergab, dass sich etwas mehr als die Hälfte der Umfrageteilnehmenden der evangelischen (52,2 %, n=251) und nahezu ein Viertel (24,8 %) der römisch-katholischen Konfession zuordnen. 3,2 % gehören einer anderen (christlichen) Religionsgemeinschaft an. 17,5 % geben an, keine Kirchenmitglieder zu sein. Dieser hohe Anteil an „Konfessionslosen“ steht damit in Spannung zu der im Rahmen der V. KMU Analyse gemachten Aussage über „eine Verbindung von Kirchendistanzierung und einem sich durchsetzenden sozialen Bedeutungsverlust von Religion für Konfessionslose“[382]. Es fällt zudem auf, dass das „Anlassen“ von Menschen mit ganz unterschiedlichem *kirchlichem Partizipationsverhalten* besucht wird.

> Der Anteil derjenigen Personen, die 1 x im Jahr oder seltener einen anderen Gottesdienst als den Motorradfahrer/innengottesdienst besuchen, liegt mit 38,4 % (n=268) deutlich über einem Drittel und damit nur knapp unter dem Personenkreis, der mehrmals im Jahr Gottesdienste besucht (40,3 %, n=268). 8,6 % geben an, 1-2 x im Monat in andere Gottesdienste als den Motorradfahrer/innengottesdienst zu gehen und 12,7 % jede/fast jede Woche.[383]

Nur 3,0 % der Kohorte „1 x im Jahr oder seltener“ besuchen normale Sonntagsgottesdienste,[384] ansonsten ist ihre Gottesdienstpartizipation auch über den Motorradfahrer/innengottesdienst hinaus anlassbezogen, d. h. sie besuchen Kasualien und

---

[377] 6,2 % der Fälle (n=356, höhere Anzahl als bei gesamt Familie/Partner ergibt sich aus Mehrfachantworten) geben an, mit Kindern da zu sein. Hierbei ist die Gruppe der Männer, die mit ihren Kindern alleine beim Gottesdienst sind, am größten (8 von 17 Fällen), während nur eine Frau alleine mit ihrem Kind teilnimmt. 7 Personen nehmen als Paar mit ihren Kindern teil. In 1 Fall erfolgte keine Angabe des Geschlechtes (B183).

[378] Zum Geschlechteranteil in alternativen Gottesdiensten siehe FRIEDRICHS, LUTZ 2007b, 11.

[379] Vgl. MEYER-BLANCK, MICHAEL 2011, 272, unter Rekurs auf ZULEHNER, PAUL & VOLZ, RAINER 1999.

[380] MEYER-BLANCK, MICHAEL 2011, 272. Siehe hierzu auch die Ergebnisse der Netzwerkanalyse der V. KMU, wonach Frauen in der Kirchengemeinde stärker repräsentiert sind als Männer. STEGBAUER, CHRISTIAN et al. 2015, 434.

[381] MEYER-BLANCK, MICHAEL 2011, 277.

[382] PICKEL, GERT 2014, 80, sowie ergänzend PICKEL, GERT & SPIEß, TABEA 2015.

[383] Vgl. B-2.1.

[384] Kreuzanalyse von B-2.1 mit B2.3.

Gottesdienste an kirchlichen Feiertagen.[385] Damit gelingt in diesem Kontext, was normalerweise alternative Gottesdienste konzeptionell beabsichtigen.[386] Entgegen der Vermutung, dass besondere bzw. alternative Gottesdienste im Wesentlichen von Personen besucht werden, die auch sonst häufig in Gottesdienste gehen,[387] spricht das „Anlassen“ viele Personen an, die sonst nur selten Gottesdienste besuchen. Im Rahmen der Umfrage im Motorradfahrer/innengottesdienst gaben knapp 2/3 der Teilnehmenden an, dass sie bei Ausfahrten auch mal bei Kirchen oder an bestimmten Orten anhalten, um z. B. eine Kerze anzuzünden oder eine Zeit der Stille zu halten.[388] Davon besuchen ca. 30 % außer dem Motorradfahrer/innengottesdienst 1 x im Jahr oder seltener Gottesdienste.[389] Für eine hohe Identifikation der Teilnehmer/innen mit dem „Anlassen“ spricht zudem, dass alle interviewten Personen davon berichteten, Werbung für das „Anlassen“ im Familien-, Freundes- und/oder Bekanntenkreis zu machen und dass sie diese z. T. auch schon zu einer Teilnahme bewegen konnten.[390]

In der Zusammenschau von Teilnehmer/innenprofil und Teilnahmeverhalten wird ersichtlich, dass für die *Gesamtheit* der Besucher/innen des Gottesdienstes gilt, was im Rahmen der V. KMU für *Mitglieder* postuliert wurde. Sie müssen „insofern dezidiert als *Akteure*: als eigenständig agierende religiöse Subjekte begriffen werden, die ihr Verhältnis zu den inhaltlichen Überzeugungen wie zur Praxis der verfassten Kirche im Kontext ihrer gesamten Lebensführung wie ihrer Welt- und Selbstdeutung gestalten“.[391] Die vier Aspekte (a–d) liegen quer zu dem „institutionell gestützten und verfassten Gesellschaftsbereich“[392] der Kirche. Dieser Umstand ist maßgeblich auf den szenenspezifischen Charakter der sich im Motorradfahrer/innengottesdienst versammelnden Sozialgestalt zurückzuführen, denn

> „[die] vergemeinschaftende Kraft [der Szene] gründet nicht auf dem gemeinsamen Interesse der ‚Mitglieder‘ an einer gemeinsamen ‚Sache‘, sondern auf der Faszination der Teilhaber durch ein ‚Thema‘ und auf daraus erwachsenden, hinlänglich geteilten Einstellungen, Motiven und Ausdrucksmitteln. Ihre vergemeinschaftende Kraft gründet nicht, jedenfalls nicht essentiell, auf gemeinsamen Lebenslagen – und eben darin besteht ihre Attraktivität […]: Mit zunehmender Ausdifferenzierung der Organisationsgeflechte und Regelungen einer Gesellschaft pluralisieren sich die Lebenslagen ihrer Mitglieder. Da diese

---

[385] Diejenigen, die 1 x im Jahr oder seltener andere Gottesdienste als den Motorradfahrer/innengottesdienst besuchen, gehen dabei in 76,2 % der Fälle (n=101) in Kasualgottesdienste und 45,5 % anlässlich hoher kirchlicher Feiertage. Kasualien und Gottesdienste anlässlich hoher Feiertage werden im Verhältnis gesehen am häufigsten von denjenigen Umfrageteilnehmenden besucht die angeben, mehrmals im Jahr einen Gottesdienst zu besuchen. 80,4 % (n=107), an Feiertagen; 86 % (n=107) an Kasualien. Vgl. B-2.2.

[386] Vgl. FRIEDRICHS, LUTZ 2007b, 28f.

[387] Vgl. FRIEDRICHS, LUTZ 2007b, 28f.

[388] 157 Befragte (n=251) beantworteten die Frage B-2.5 mit „ja“.

[389] Vgl. hierzu Kreuzanalyse von B-2.1 mit B-2.5.

[390] Vgl. z. B. Jörn B21-I-76-82; Sven B274-I-42; Peter B141-I-71-78.

[391] HERMELINK, JAN & WEYEL, BIRGIT 2014, 119.

[392] HITZLER, RONALD & NIEDERBACHER, ARNE 2008, 26.

> jene typischerweise aus unterschiedlichsten Kombinationen von teilzeitlichen Notwendigkeiten und Neigungen, Verpflichtungen und Verlustierungen zusammenbasteln, können sich darüber kaum noch gemeinsame Interessen konstituieren. Sinnschemata, Orientierungsmuster und Wertekataloge, auf die die Individuen dann wiederum innerhalb organisierter Netzwerke – etwa im Arbeitsmarkt – rekurrieren können, müssen sich mithin zwangsläufig zunehmend unabhängig von Lebenslagen ausbilden. Dementsprechend erscheinen Szenen mehr und mehr als jene ‚Orte‘ im sozialen Raum, an denen Identitäten, Kompetenzen und Relevanzhierarchien aufgebaut und interaktiv stabilisiert werden, welche die Chancen zur gelingenden Bewältigung des je eigenen Lebens über die Dauer der Szene-Vergemeinschaftung hinaus (also relativ dauerhaft) erhöhen“.[393]

Die Vergesellung der Szene im gottesdienstlichen Raum stellt dabei eine Sonderform dar,[394] in dem Sinn, dass sie die existentielle Dimension des Motorradfahrens in einen religiösen Deutungshorizont stellt. Das „Anlassen“ ist kein Bikertreffen mit Gottesdienst, sondern zunächst einmal ein Gottesdienst für Biker, dessen christlich-religiöse Botschaft sich nicht in der Szene erschöpft, sondern auch Verbindlichkeit für andere Lebensbereiche beansprucht.[395] Die Anreise zahlreicher Teilnehmer/innen ohne Motorrad ist nicht nur Ausdruck der persönlichen Verbundenheit mit dem „Anlassen“, sondern verweist auch auf einen Bedeutungsgehalt jenseits des Fahrspaßes.[396]

> „Waren wir mit dem Auto. Da hatten wir noch keine Motorräder. Ich hatte meins gerade verkauft. [...] Und da hast Du [seine Lebensgefährtin] gesagt: Komm wir fahren trotzdem auf den Gottesdienst.“ Peter B244-I-172f.

Es hat sich gezeigt, dass die Sozialgestalt beim „Anlassen“ über einen szenenhaften Charakter verfügt.[397] Darin liegt eine wesentliche Gesellungsksraft des Motorradfahrer/-innengottesdienstes, sie erschöpft sich jedoch nicht darin, sondern findet sich in weiteren Aspekten, auf die im Folgenden weiter eingegangen werden wird.

---

393 HITZLER, RONALD & NIEDERBACHER, ARNE 2008, 26.

394 Ein Gottesdienst ist aufgrund seines rituellen Charakters grundsätzlich szenekonform, da gemeinsame Rituale für Szenen konstitutiv sind. HITZLER, RONALD & NIEDERBACHER, ARNE 2008, 17.

395 Nach Hitzler gilt für Szenen, dass sie so gut wie keine „(alle) Lebensbereiche und Lebenssituationen übergreifende Gewissheiten vermitteln bzw. Verbindlichkeit beanspruchen“. HITZLER, RONALD & NIEDERBACHER, ARNE 2008, 17.

396 27,5 % (n=254) der Umfrageteilnehmer sind nicht mit dem Motorrad angereist. 24,4 % kamen mit dem Pkw, wobei einige Personen über einen Zusatz vermerkt haben, dass dies „ausnahmsweise“, „wegen einer Wunde am Oberschenkel“, „heute zum 1. Mal“ etc. der Fall war. 2,2 % sind zu Fuß gekommen. Vgl. B-8.7.

397 Dieser zeigt sich auch im Zusammenhang mit dem „Anlassen“ als einem eventhaften, vororgansierten Erfahrungsraum (21f.), seiner erlebnishaften Eigenlogik (25), dem Vorhandensein einer „Organisationselite“ (22) sowie seiner gruppenübergreifenden Netzwerkstruktur (20f.). Vgl. HITZLER, RONALD & NIEDERBACHER, ARNE 2008.

2.2.2. Soziales Großereignis mit gottesdienstlichem Fokus

Die einst in Friedberg mit ein paar Dutzend Teilnehmer/innen gestartete Veranstaltung gilt heute mit häufig mehr als 10.000 Besucher/innen[398] als eine der größten dieser Art in Deutschland. Mit zunehmendem Wachstum ging eine *Professionalisierung* einher, ohne die eine Veranstaltung dieser Größe nicht durchführbar wäre.[399] In einer ersten Vorbereitungsphase konzeptionieren, koordinieren und organisieren Haupt- und ehrenamtliche Veranstalter das „Anlassen". Hierzu gehört auch eine frühzeitige Abstimmung mit allen Kooperationspartnern.[400] Die zweite Phase, das Stattfinden des „Anlassens", ist abhängig von der Unterstützung durch zahlreiche Mitwirkende in den unterschiedlichsten Bereichen, wie z. B. Verpflegung, Ordner, Organisation, Technik, Durchführung etc. In einer dritten Phase steht die Nachbereitung des „Anlassens" im Vordergrund, die neben der medialen Besprechung auch ein Helferfest und die Auswertung der Pressestimmen umfasst.[401]

Das „Anlassen" genießt eine *öffentliche Aufmerksamkeit*, die durch die Vernetzung des „Anlassens" in andere Lebensbereiche befördert wurde,[402] wie z. B. durch die Einbindung zahlreicher Kooperationspartner und Sponsoren, die Schirmherrschaft und Einbindung von (Lokal-)Politikern, den Gaststatus in der Gemeinde, die zunehmende Bestimmung der Kollekte für externe Projekte[403]. Dies zeigt sich auch in der *medialen Öffentlichkeitswirksamkeit des Gottesdienstes*, die sich durch eine Vor-, Haupt- und Nachberichterstattung auszeichnet.[404] Bereits einige Wochen im Vorfeld wird in der Printpresse auf den anstehenden Gottesdienst hingewiesen, zu welchem in der Woche vor dem „Anlassen" eine Pressekonferenz mit dem Motorradfahrer/innenseelsorger stattfindet.[405] Vertreter von Rundfunk, Fernsehen und Presse (auch von Seiten der Kirche) verfolgen das „Anlassen" und berichten am Veranstal-

---

[398] Im Jahr 2015 hatten sich schätzungsweise zwischen 10.000 und 11.000 Motorradfahrer/innen auf den Weg zum „Anlassen" gemacht. Vgl. epd 12.04.2015. Die Zahlen aus der Presse variieren stark. Vgl. z. B. B-M6-Pressespiegel 2015 ADAC Hessen/Thü., B-M8-Presse-Echo vom 31. Anlassen, hr 1, Hartmut Hoefer, 17.01.2012 und HEIN, JENNIFER 09.01.2012. Nach Zählungen der Polizei dürfte aber unstreitig sein, dass in einigen Jahren bis zu 20.000 Motorradfahrer/innen anwesend waren. Die Zählung orientiert sich hierbei häufig an den Korsoteilnehmer/innen, die jedoch nicht alle am gottesdienstlichen Geschehen innerhalb und außerhalb der Kirche teilnehmen (können). Zudem werden diejenigen Gottesdienstbesucher/innen, die nicht mit dem Motorrad anwesend sind, nicht mit berücksichtigt. Wenngleich diese Zahlen beeindruckend, auch bei deutlich geringerer Schätzung, sein mögen, so diente die Teilnehmer/innenzahl in dieser Studie nicht als ein primäres Kriterium zur Auswahl oder Beurteilung des Gottesdienstes.

[399] Vgl. exemplarisch den Pressespiegel des ADAC Hessen-Thüringen anlässlich des 34. „Anlassens" am 12.04.2015 in Niedergründau.

[400] Vgl. B-Exp-76.

[401] Vgl. HEPP, ANDREAS & KRÖNERT, VERONIKA 2009, 59.

[402] Vgl. zum „Crossover" von Motorradfahrer/innengottesdiensten auch die Ergebnisse der Analyse des Motorradfahrer/innengottesdienstes in Hamburg. Liturgische Konferenz 2012, 54.

[403] Z. B. für die MS-Gesellschaft (1989).

[404] HEPP, ANDREAS & KRÖNERT, VERONIKA 2009, 60.

[405] Vgl. B-Exp-30, 100.

tungstag und in den Folgetagen darüber. Die Presseberichte werden u. a. in einem Pressespiegel eines Kooperationspartners aufbereitet und archiviert.[406]

Der Großveranstaltungscharakter des „Anlassens“ wird besonders im Motorradkorso ansichtig, zu dem sich die Mehrzahl der in und um die Bergkirche in Niedergründau versammelten Teilnehmer/innen zusammenfindet.[407] Damit wird der gemeinsame Saisonstart für Korsoteilnehmer/innen und Zuschauer/innen ganz sinnfällig „er-fahrbar“. Sind Korsofahrten in kleineren Motorradgruppen kein seltenes Phänomen, hat die Korsofahrt inmitten Hunderter bis Tausender Motorradfahrer/innen einen seltenen und damit auch *erlebnishaften Charakter.*[408] Darüber hinaus sind die Motorradfahrer/innen, die ansonsten schnell im Verkehr übersehen und dadurch leicht zum Opfer werden, in der Gemeinschaft des Korsos weithin sichtbar und erinnern andere Verkehrsteilnehmer daran, dass auf sie zu achten ist. Durch die gemeinsame Fahrt kehren sich so die Verkehrsmachtsverhältnisse temporär um. Die Fahrt im Korso erfordert dennoch einen umsichtigen und rücksichtsvollen Fahrstil und dient damit einem „*langsame[n] Start in die Saison*“.[409]

Quantität, Professionalität, Verlaufsschema, Öffentlichkeitswirksamkeit und Erlebnispotential können als eventhafte Züge des „Anlassens“ angesehen werden, wie sie auch im Rahmen eines rein säkularen Motorradtreffens denkbar wären.[410] Dennoch sprechen die Auswertungsergebnisse dafür, dass diesen Aspekten nicht die zentrale Vergesellungskraft der Veranstaltung zugeschrieben werden kann. Die Auswertung der in der Umfrage angegebenen Teilnahmemotive verweist darauf, dass eine deutlich höhere Anzahl der Befragten wegen des kirchlichen Segens für die Motorradsaison am „Anlassen“ teilnehmen als wegen des Korsos.[411] Auf die Frage, wie Motorradfahren und Kirche für ihn zusammenpassen, antwortet Peter:

> „Wie Autofahren und Kirche. Ja, oder wie Brotessen und Kirche. Oder wie Arbeiten und Kirche. [..E]igentlich glaube ich, dass Motorradfahrer eher nicht kirchenaffin sind. Also die, die man da so sieht. Denen würde ich das mal unterstellen. Dass da so die Nähe vielleicht nicht so ist. Aber dieses gemeinsame Erlebnis dazu führt, dass man der Kirche mal

---

406 Vgl. z. B. B-M6-Pressespiegel 2015 ADAC Hessen/Thü.

407 Trotz widriger Wetterbedingungen gaben 2014 66,8 % (n=253) an, am Korso teilzunehmen. 12,3 % waren sich nicht sicher.

408 Zur Erlebnislogik siehe SCHULZE, GERHARD 1995 sowie im Kontext von Szenen HITZLER, RONALD & NIEDERBACHER, ARNE 2008, 25.

409 Vgl. B244-E-390-397, Hervorhebung nicht im Original.

410 Das „Anlassen“ entspricht dem Bedürfnis einer Szene, in der „[j]enseits je szenetypischer Gesellungszeiten an je – mehr oder weniger – spezifischen Versammlungsorten, Treffpunkten, Verkehrsräumen usw. [das Event] ein essentielles, d. h. ein strukturell unverzichtbares Element des Szene-Lebens [ist]. Event soll heißen: eine vororganisierte Veranstaltung, bei der unterschiedliche Unterhaltungsangebote nach szenetypischen ästhetischen Kriterien kompiliert oder synthetisiert werden, wodurch idealerweise ein interaktives Spektakel zustande kommt, das in der Regel mit dem Anspruch einhergeht, den Teilnehmern ein ‚totales‘ Erlebnis zu bieten. Die zumindest latente Funktion auch und gerade eines Events ist die Aktualisierung, Herstellung und Intensivierung von Wir-Gefühl.“ HITZLER, RONALD & NIEDERBACHER, ARNE 2008, 21f.

411 64,1 % der n=273 Fälle gibt den kirchlichen Segen als (einen) Grund für die Teilnahme an, 48 % den Korso. Vgl. B-1.4; Mehrfachantworten waren möglich.

einen Schritt näherkommt. Weil, nur hinfahren und nur Korso, ist dann doch ein bisschen wenig. Ja. Und die Leute kommen ja nicht nur zum Korso. Sondern, wenn der Gottesdienst ist, höre ich draußen kein Motorrad rumfahren. Also dann sind die alle da. Ja! Also wenn es nur um den Korso ginge, dann könnte man ja auch sagen: von 10 bis 11 ist Gottesdienst. Also wenn ich um fünf vor elf da bin, reicht das allemal. Dann reihe ich mich ein und fahre eine Runde. Das macht da keiner. Die sind alle da. Ja. Und entweder unterhalten sie sich, und viele sind in der Kirche und sitzen um die Kirche drum herum. Und insofern, glaube ich, ist das ein bindendes Element. Eine gute Marketing-Aktion. Ja. Ja, ist eine gute Marketing-Aktion." Peter B141-I-49-50

Es liegt daher nahe, dass die Vergesellungskraft in der Symbiose eines motorradspezifischen Events und eines kirchenspezifischen Angebots liegt und sich diese im Gottesdienst kristallisiert. Damit kann das „Anlassen" auch als *Hybridevent*[412] bezeichnet werden, das sich durch eine Mischung von Elementen mit hohem Erlebnispotential und traditioneller Elemente auszeichnet, wobei zwischen eventhaftem Rahmenprogramm und dem Gottesdienst unterschieden werden sollte. Das „Anlassen" ist eines der wenigen *sozialen Großereignisse mit einem gottesdienstlichen Fokus*, vergleichbar mit den Kirchen- oder Weltjugendtagen.[413]

Die *konfessionelle Ausrichtung des Gottesdienstes* spielt dabei nach eigenen Angaben für mehr als die Hälfte (58,4 %) der Befragten (n=267) keine wichtige Rolle, wobei nicht erhoben wurde, worauf sich die Umfrageteilnehmer/innen bei ihrer Antwort konkret beziehen. 41,6 % gaben an, dass es ihnen wichtig (23,2 %) oder sogar sehr wichtig (18,4 %) sei, dass es ein evangelischer Gottesdienst ist. Hierbei handelt es sich um Personen, die sich religiös ganz unterschiedlich verorten.[414]

In den Einzelinterviews fällt auf, dass die Bedeutung des gottesdienstlichen Geschehens unabhängig von der eigenen biographischen Konkretisierung positiv hervorgehoben wird. Besonders deutlich wird dies in Jörns Fall, dessen Fallgeschichte zu Beginn dieser Arbeit geschildert wurde. Er betont einerseits, dass es „[d]efinitiv nicht der Gottesdienst!" sei, der ihn zum „Anlassen" ziehe.[415] Auf die Frage danach, wie er die Veranstaltung gestalten würde, antwortet er andererseits:

> „Ich glaube, ich würde gar nichts verändern wollen, sondern es so beibehalten, wie es ist, weil, ich denke, für die Menschen, für die Gläubigen oder für die, die diesen Rahmen einfach suchen, ist er wichtig. Also nur, weil ich jetzt sage: ist nicht mein Ding, muss es nicht geändert werden." Jörn B21-I-40f.

---

[412] Zum Hybridevent siehe Kapitel II. 1.2.3.

[413] Vgl. u. a. HEPP, ANDREAS & KRÖNERT, VERONIKA 2009.

[414] Eine Kreuzanalyse dieser Variable (B-3.1) mit der Variablen Konfession/Religion (B-8.5) ergibt, dass immerhin 57 Personen (von insgesamt 127 evangelischen) angeben, dass ihnen dies nicht (so) wichtig sei. Wohingegen 15 Personen (n=68), die sich der römisch-katholischen Konfession zurechnen, und 13 (n=44), die sich als Nicht-Mitglieder bezeichnen, es für wichtig/sehr wichtig halten, dass es ein evangelischer Gottesdienst ist.

[415] Vgl. B21-I-19f.

Vor dem Hintergrund, dass angenommen werden kann, dass religiös konnotierte Themen und Veranstaltungen ein hohes Schampotential besitzen,[416] verweist der Umstand, dass Jörn andere Personen zum „Anlassen“ eingeladen und mitgenommen hat, die nach seinen Angaben ebenfalls nicht religiös seien,[417] zudem auf eine hohe Identifikation mit der Veranstaltung. Auch sein im Interview zu Tage getretenes Engagement für den Fortbestand des „Anlassens“ lässt sich nicht durch die These einer religiösen Indifferenz Konfessionsloser erklären – wie sie die Ergebnisse der V. KMU nahelegt.[418] Vielmehr scheint sich im Zusammenhang mit dem „Anlassen“ auch für Konfessionslose eine „*Spannung zwischen Indifferenz und Engagement*“ abzubilden, wie sie im Rahmen der V. KMU für die sich wandelnden Mitgliedschaftsverhältnisse festgestellt werden konnte: „Während Religion im Alltag der Befragten [der V. KMU] häufig keine oder zumindest keine profilierte Rolle spielt, verhalten sie sich an bestimmten (z. B. biografisch bedeutsamen) Punkten der Kirche gegenüber sehr engagiert.“[419] Im Kontext des „Anlassens“ stellt sich daher die Frage, welche Gesellungskräfte Menschen wie Jörn zum „Anlassen“ bewegen und in wieweit diese religiös gedeutet werden können.

Die Dramaturgie der (Ver-)sammlung der Gottesdienstteilnehmer erinnert aufgrund verschiedener Aspekte – ähnlich wie der Kirchentag –[420] an eine „*Wallfahrt*“.[421]

1.) Die Teilnahme wird nicht dem Zufall überlassen, sondern im Vorfeld in einer Art „Rüstzeit“ vorbereitet:

> „Also dann jedes in jedem Jahresanfang sprechen wir schon über Motorradfahrergottesdienste irgendwie so. Also das ist hat sich also jetzt bei uns auch er [ihr Partner] hat letztes Jahr die Motorräder gekauft. Und für dieses Jahr war dann das Ziel zum Motorradfahrergottesdienst die Motorräder beide fit zu haben. Und da hat er dann drauf hingearbeitet. Und das war eigentlich immer so, das war so der Anfang vom Jahr. Also von der Motorrad-Saison. Hat immer mit dem Motorradfahrergottesdienst angefangen. (I-15). [...] Wenn [...] der Termin näherrückt, dann fängt man auch schon mal an noch mal rumzufragen: ja, wie sieht es denn aus. Fährst Du mit? Und wenn es dann passt, dann trifft man sich.“ Lara B244-I-502

2.) Lange Anfahrtswege werden in Kauf genommen. Dass es dabei nicht nur um den Fahrspaß geht, wird daran ersichtlich, dass sich viele der Teilnehmer auch von widrigen Wetterbedingungen nicht von einer Teilnahme abhalten lassen. Dadurch

---

416 Zu Religion und Scham vgl. FECHTNER, KRISTIAN 2015, insbesondere 24–31.
417 Vgl. B21-I-76.
418 PICKEL, GERT 2014 und PICKEL, GERT & SPIEß, TABEA 2015.
419 Evangelische Kirche in Deutschland 2014, 18.
420 Vgl. z. B. BUBMANN, PETER 1999, SCHRÖER, HENNING 1983.
421 „Grundsätzlich versteht man unter einer Wallfahrt [...] eine rel[igiös] motivierte, individuelle oder kollektive Reise, die meist über eine größere Distanz auszuführen und (v. a. in früheren Zeiten) mit großen Mühen verbunden ist.“ WINTER, FRANZ 2008, 1279

wird zum einen die Bedeutung dieses Gottesdienstes für den/die einzelne/n Besucher/innen unterstrichen, zum anderen kommt der kasuale Charakter des Gottesdienstes insofern zur Geltung, als das „Anlassen“ aufgrund seines saisonalen Bezuges auf das jeweilige Jahr bezogen „einmalig“ ist und nicht durch einen anderen Gottesdienst „ersetzt“ werden kann.

> „[…] Na insbesondere wenn es ein Jahr ist mit Regen und da kommt dann einer und sagt: Für 500 Motorradfahrer ist ein bisschen viel Aufwand. Aber da kriegt man wenigstens die Leute freiwillig hin. Die müssen ja auch fahren ein ganzes Stück. Das darf man ja nicht vergessen. Die fallen ja nicht aus dem Bett, frühstücken und gehen, wenn die Glocke läutet, los. Ich hab über hundert Kilometer, ne! Und andere fahren noch weiter. Weil, das darf man nicht unterschätzen. Also der Wunsch, dahin zu fahren, der muss schon so groß sein, dass man drei Stunden vorher aufsteht. Ja. Und das ist mehr, finde ich, als so in mancher Gemeinde, wenn die Glocke läutet, ziehe ich mich mal schnell an und gehe mal rüber. Ja“ Peter B141-I-98

3.) Der Weg zum „Anlassen“ unterscheidet sich vom Kirchgang in der Ortsgemeinde, insofern derjenige, der sich auf die Wallfahrt begibt, einer ist, „der aus der vertrauten Umgebung heraustreten [muss]. Der Aspekt des Fremdseins und der Bewegung bedingt auch ein – zumindest zeitweiliges – Ausbrechen aus den gegebenen sozialen Ordnungen“.[422] An deren Stelle tritt die Versammlung von Menschen, die über das gemeinsame Ziel „Anlassen“ miteinander verbunden werden.

4.) Die Motorradfahrer/innen machen sich entweder bereits gemeinsam auf den Weg oder treffen durch ihr gemeinsames Ziel auf den Straßen oder vor Ort zusammen.[423] Schon viele Kilometer von Niedergründau entfernt fällt die zunehmende Anzahl an Motorrädern auf, die sich teils in kleineren oder größeren Gruppen, teils einzeln in Richtung Niedergründau bewegen. Ihnen wird kurz nach der Autobahn von Ordnern in gelben Warnwesten mittels Handzeichen der Weg Richtung Bergkirche gewiesen. Mit dieser Konzentration geht eine Trennung zwischen Motorradfahrer/innen und Autofahrer/innen einher,[424] da für letztere Gruppe der Hauptweg zur Kirche gesperrt ist und keine gesonderten Beschilderungen und Anweisungen für sie vorgesehen sind. Hier helfen auf Nachfrage Anwohner weiter, die sich den Strom der in den Ort einfahrenden Motorradfahrer/innen anschauen und ihnen zuwinken.[425] Die wahrnehmbare Stimmung im Ort ist positiv und freundlich. Von der Landstraße aus bewegt sich mit fortschreitender Zeit eine immer dichter werdende Schar – scheinbar in einer Einheit verschmolzen – *prozessionshaft*[426] die kleine

---

422 WINTER, FRANZ 2008, 1280.

423 Manche machen einen Zwischenstopp auf ihrem Weg und reisen gemeinsam an: B25 (Wohnort 44339), B27 (wohnhaft 12043) und B98 (wohnhaft in 09243) sind am Sonntagmorgen alle in Wetzlar aufgebrochen.

424 Vgl. Fußnote 396. Vgl. auch B-TB1-Lothar-11, 15; B-TB3-Birte-7; B-TB4-Tanja-27; B-TB6-Tanja-9.

425 Vgl. B-TB6-Tanja.

426 Dieser ergibt sich einerseits rein äußerlich durch die sich in Richtung Bergkirche bewegende Versammlung (vgl. B-TB2-Paula-12.), andererseits aber auch durch das Ziel, an einem kasualen Gottes-

Straße den Berg zur Kirche hoch, wo die Motorräder an einem etwas unterhalb der Bergkirche gelegenen Vereinsheim und je nach Teilnehmerzahl entlang der Straße aufgestellt werden, von wo aus das letzte Stück zur Kirche zu Fuß zurückgelegt wird.

5.) Die *Szenerie im Umfeld der Kirche* erinnert an einen Wallfahrtsort. An der Bergkirche selbst sind bereits ab 7:00 Uhr zahlreiche Mitarbeiter/innen vor Ort tätig[427] und empfangen die ab ca. 9:00 Uhr langsam eintreffenden ersten Gottesdienstbesucher/innen.[428] Im nahen Umfeld zur Kirche gibt es Bewirtungs-, Informations- und Werbe(artikel-)stände. Ankommende werden freundlich begrüßt. Außerhalb der Kirche ist die Atmosphäre vom entfernten Klang ankommender Maschinen, (Sacro-)Rockmusik der Band, die aus der Kirche via Lautsprecher nach draußen übertragen wird, Sprachgemurmel und Lachen geprägt. Es herrscht ein buntes Treiben. Maschinen, die am Wegesrand stehen, werden betrachtet und es wird sich darüber ausgetauscht oder Fotos gemacht. Die Teilnehmenden bewegen sich zwischen den Ständen, stehen oder sitzen in verschiedenen Bereichen um die Kirche herum, essen, trinken, unterhalten sich oder gehen in die Kirche hinein.[429] Die Bergkirche ist örtliches Ziel und Zentrum der Versammlung und Interaktion der Teilnehmer.

6.) Wie in der Wallfahrtstradition[430] spielt auch hier der *konkrete Wallfahrtsort* eine wichtige Rolle.[431] Dabei konnten auf Basis der Daten drei verschiedene Bedeutungslinien (re-)konstruiert werden:

(1) Die Bergkirche wird mit dem „Anlassen" und den dort gemachten Erfahrungen identifiziert und hat als solche eine *Erinnerungsfunktion:*

> „Das ist irgendwie schon so zu einer Wallfahrtsstätte geworden. Also zu so einem, im Prinzip schon zu einem Wallfahrtsort. Also selbst wenn jetzt der Motorradgottesdienst in eine andere Kirche verlegt werden würde, glaube ich, wäre das auch nicht so, also zumindest für mich jetzt, weil ich ja schon ziemlich lange dahin fahre. Wäre das für mich wahrscheinlich auch gar nicht mehr <u>so</u> interessant. Weil, das hier, ich verbinde das jetzt alles mit <u>dieser</u> <u>Kirche</u>. Und mit diesem <u>Ort</u>. Und wenn man das jetzt irgendwo anders hin ver-

---

dienst teilzunehmen, bei dem die Bitte um den Segen für die anstehende Motorradsaison im Zentrum steht. Vgl. hierzu auch den Typus der demonstrativen Prozession nach Lang, Bernhard 2008.

427 Vgl. Kreuzanalyse von B-8.6 mit B-1.5. Der Gottesdienst beginnt um 12.00 Uhr.

428 Wie sich im Rahmen der Interviews gezeigt hat, haben sich Ordner z. T. im Rahmen des Fragebogens den Besucher/innen zugeordnet, vgl. z. B. B21. Ab 10:00 Uhr nimmt die Anzahl der Ankommenden stark zu und endet auch nicht mit dem Gottesdienstbeginn, vgl. B-1.5.

429 Vgl. B-TB4-Tanja-19; B-TB3-Birte-6; B-TB2-Paula-11-13; B-TB1-Lothar-7-9.

430 „Die Wallfahrtstradition ist mit einem bestimmten Wallfahrtsort (Wo.) verbunden: dieser ist mit dem Wirken einer Gottheit oder einer wichtigen rel. Gestalt verbunden; der Besuch selbst kann motiviert sein aus einem Gefühl der Dankbarkeit, als Bußübung [...] als Suche nach neuen, tieferen rel. Erfahrungen oder aus einer grundsätzlichen rel. Verpflichtung heraus. Schon die Reise zum Wo. ist geprägt von vorbereitenden Übungen; dazu kommt, dass Pilger sich durch bes. Kleidung oder sein Verhalten bereits als solcher zu erkennen gibt. Die Ankunft am Wo. und die damit verbundenen Handlungen sind der Höhepunkt der W. [...]" Winter, Franz 2008, 1280.

431 92,1 % der Umfrageteilnehmer (n=252) geben an, dass ihnen der Ort gefällt. Vgl. B-4.21.

> legt, glaube ich, hat das für mich auch nicht mehr so den Stellenwert. Dann es ist nicht mehr so. Dann ist es halt nicht mehr das, was es mal war." Lara B274-I-571

Ein Unterschied zur Wallfahrtstradition ist allerdings, dass die evangelische Bergkirche seit jeher der zentrale Ort des „Anlassens" ist. Wie sich in seiner Geschichte bereits mehrfach gezeigt hat, ist das „Anlassen" nicht an diesen spezifischen Ort gebunden und die meisten Umfrageteilnehmer/innen wären bereit, das „Anlassen" auch an einem anderen Ort im Rhein-Main-Gebiet zu besuchen.[432]

(2) Dennoch wird der Bergkirche in Niedergründau u. a. aufgrund ihrer exponierten Lage eine besondere Ausstrahlung zugeschrieben,[433] die auf ihre *ästhetische Funktion* verweist:

> „Der [Ort] ist außergewöhnlich. Ja. Ich weiß nicht, wie es Ihnen gegangen ist. Als ich da das erste Mal hingekommen bin, der ganze Ort, der ist, also mystisch ist jetzt zu viel, aber der ist <u>sehr</u> außergewöhnlich. Dieser Kirchenplatz und wie die Kirche da steht und man sieht die ja auch schon von weitem. Ist was anderes, als wenn ich jetzt irgendwo [in der Gegend, aus der ich komme] in eine Kirche gehe. [...] Das ist dann alles so urban. Und so eingebettet. [...]" Peter B141-I-32

(3) Die lokalen Gegebenheiten ermöglichen den Besucher/innen eine *differenzierte Teilnahme* am „Anlassen". In diesem Sinne hat die Bergkirche eine *räumlich strukturierende Funktion.* Es ist möglich, sich während der Veranstaltung in verschiedenen Bereichen in und um die Bergkirche herum aufzuhalten: in der Nähe der geparkten Motorräder, über den Bereich des Gemeindehauses, den Kirchhof bis hin zur Kirche selbst. Im Verlauf der Gesamtveranstaltung wechseln einige Besucher/innen – auch mehrfach und z. T. während des Gottesdienstes – ihren Standort.

> „[...] Und das letzte Erlebnis, das war so schön <u>sonnig</u>. Wir saßen dann unten auf der <u>Parkbank</u>. Und haben [...] uns mit anderen unterhalten. Noch mit einer netten Frau, die habe ich da kennengelernt, mit ihrem Mann, der hieß [Philipp]. Und dann sind wir dann später, als alle dann vorbei sind, da dann hoch gelaufen zur Kirche." Elke 267-I-18

Für die Teilnehmer/innen spielt es in ganz unterschiedlichem Maße eine Rolle, „dicht" am gottesdienstlichen Geschehen dran zu sein, oder auch nicht. Viele reisen früh an, um sich einen Platz in der Kirche zu sichern,[434] die gerade bei gutem Wetter nur Platz für einen kleinen Bruchteil der zum „Anlassen" Versammelten bietet.

---

[432] Laut Umfrage 79,9 % von n=259.

[433] „[...] Aber diese Berg-Kirche in Niedergründau, ja, die finde ich recht hübsch, klein, nett. Auch, dass sie auf dem Gipfel ist. Dass Motorräder rauf und runter stehen. Ja, es wird angenommen. [...]" Jörn B21-I-88. Vgl. zum Thema auch Kay B36-I-12.

[434] Vgl. z. B. Kay B36-I-50: „[...] Und an diesem Morgen bin ich eben da relativ <u>früh</u> auch hingefahren, um auch einen schönen Platz zu haben in der Kirche." Je nach Wetterlage ist die Kirche schnell gefüllt, weshalb bei gutem Wetter mit Helmen bzw. Jacken Plätze reserviert werden, um die Zeit bis zum Gottesdienst noch im Freien verbringen zu können.

> „Ich gehe immer rein. […] Ja, ja ich gehe immer rein. Weil, das ist für mich Kirche. [..W]enn drin was passiert, kann ich nicht draußen stehen. Finde ich nicht so schön. Habe ich aber auch schon mal überlegt, draußen zu bleiben. […] Nee, ich gehe rein. Ich gehe das nächste Mal auch wieder rein.“ Peter B141-I-28/30

Die Übertragung des Gottesdienstes nach draußen ermöglicht es auch denjenigen, die entweder keinen Platz mehr in der Kirche bekommen haben oder nicht in der Kirche sein möchten, den Gottesdienst in der Nähe der Kirche akustisch über den Lautsprecher zu verfolgen. Lara schildert ihre Erfahrungen, den Gottesdienst draußen zu verfolgen, wie folgt:

> „Das war, da war aber schönes Wetter gewesen. Da hat die Sonne gescheint. Da war die Kirche komplett voll. Da haben draußen Boxen gestanden. Und die haben den Rupi nach draußen übertragen. Und wir haben uns dann kurzer Hand unsere Jacken hingelegt, die Helme und haben uns dann in den Garten praktisch gelegt. Und haben dann halt über die Boxen zugehört. […] War auch cool. Also es hat auch Spaß gemacht. Aber ist halt natürlich nicht so, wie wenn man das drin alles live noch sieht. Aber es war auch was anderes. Also es war auch immer noch außergewöhnlich und besonders. […] Wir haben dann halt die ganze Zeit draußen gestanden, bis der Gottesdienst vorbei war.“ Lara B244-I-605/607

Manche halten sich etwas entfernt bei den Motorrädern auf und nehmen im Anschluss am Korso teil. Das Setting des „Anlassens“ bietet einen Raum, in dem die Teilnehmer/innen frei bestimmen können, in welcher *Nähe und Distanz* sie zum gottesdienstlichen Geschehen stehen möchte, wie in Jörns Fallgeschichte zu Beginn dieser Arbeit deutlich wurde.[435] Im Rahmen der Datenanalyse fällt auf, dass insbesondere diejenigen, die sich selbst als „kirchendistanziert“ beschreiben, diesen Aspekt positiv hervorheben. Die Möglichkeit der räumlichen Selbstverortung ist eine wichtige Voraussetzung für ihre nachhaltige Teilnahme, da das „Anlassen“ so veränderten Partizipationsbedürfnissen entspricht, wie sie sich z. B. bei einigen durch den Pfarrerwechsel und den damit verbundenen konzeptionellen Änderungen ergeben haben.

> „Also ich kann mir durchaus vorstellen, was heißt durchaus vorstellen, ich werde weiterhin an der Fahrt teilnehmen, an der Ausfahrt, an der anschließenden Party. Ich werde mich weiterhin auf der Gedenkfahrt organisieren. Da bin ich schon seit vielen Jahren als Ordner mit dabei. Das auf jeden Fall. Aber den Gottesdienst werde ich komplett ausklammern.“ Jörn B21-I-26

Die Zugehörigkeit bzw. ein Zugehörigkeitsgefühl ist dabei nicht zwingend von der räumlichen Partizipationsform abhängig. Eine „kirchenkritische“ teilnehmende Beobachterin, die den Gottesdienst draußen mitverfolgt hat, schreibt: „Draußen sein

[435] Siehe I.1.1 sowie Jörn B21-I-144.

heißt nicht, nicht dabei zu sein, und drinnen sein heißt nicht, dass man drinnen bleiben muss.“[436]

Trotz des differenzierten Partizipationsverhaltens kann dem *Gottesdienst die zentrale Vergesellungskraft* des Anlassens zugeschrieben werden, da die Teilnehmer/innen auf diesen hin, um diesen herum und von diesem ausgehend versammelt werden. Letzteres zeigt sich in der gemeinsamen Korsofahrt, an der ein Großteil der Besucher/innen teilnimmt. Nach dem liturgisch vollzogenen Saisonstart wird dieser nun *in actu* rituell begangen. Die im gottesdienstlichen Geschehen vollzogene „Vergemeindlichung“ kommt im Korso in folgender vielschichtiger Weise zur Aufführung:

(a) Der Pfarrer führt diesen an der Spitze an.

(b) Ihm folgt ein sogenanntes Trike,[437] auf dem das Kreuz gut sichtbar transportiert wird, das zuvor beim Einzug in den Gottesdienst mit in die Kirche getragen und im Altarraum abgestellt worden war.

(c) Ein überwiegender Teil der Teilnehmer/innen hat eines der gelben Stoffbänder am Motorrad oder der Kleidung angebracht, die im Rahmen des Anlassens an die Teilnehmer/innen verteilt werden. Diese Bänder sind zu einem weit verbreiteten Symbol des Motorradfahrer/innengottesdienstes zum Saisonauftakt geworden und werden mit ganz unterschiedlichen Bedeutungen assoziiert. Der in Motorradfahrer/innenkreisen bekannte Brauch, am Straßenrand mit einem Schal am Lenker auf eine Panne aufmerksam zu machen und um Hilfe zu bitten,[438] wird in Verbindung mit Motorradfahrer/innengottesdiensten u. a. als Zeichen des Segens[439] und als Zeichen der Lust und Freude am Motorradfahren gedeutet.[440] Dadurch wird die Welt des Motorradfahrens symbolisch mit der christlichen Botschaft verbunden. Darüber hinaus dient es den Teilnehmenden auch außerhalb des Motorradfahrer/innengottesdienstes als Erkennungszeichen[441] und kann Anlass für Gespräche sein. Häufig sind an einer Maschine Bänder aus mehreren Jahren sowie schwarze von der Gedenkfahrt befestigt.[442]

(d) Im Rahmen des Korsos ist das im Gottesdienst thematisierte umsichtige Fahren erforderlich und kann dort eingeübt werden.

(e) In der Gemeinschaft ist der/die sonst leicht zu übersehende einzelne Motorradfahrer/in gut sichtbar, wodurch die Wahrnehmung der Zuschauer für diese sensibilisiert wird.

(f) Die Fahrt im Korso hinter dem Kreuz ist friedlich konnotiert und hilft, Vorurteile gegenüber Motorradfahrer/innen in der Gesellschaft abzubauen.

---

436 B-TB3-Birte-15.

437 Ein Motorrad mit drei Rädern.

438 Vgl. B21-I-67f.

439 Vgl. FAEHLING, ERICH & FISCHER, MICHAEL 2008, 18, 25. Für Jörn ist das gelbe Band ein „Glücksbringer“, Jörn B21-I-67f.

440 Vgl. B36-I-77.

441 Vgl. B21-I-67f.

442 Vgl. B267-I-73-75.

(g) Die Vielfalt der Menschen in der Volkskirche wird hier exemplarisch ansichtig.
(h) Entlang der Einfahrtstrecke auf das Festgelände finden sich auch Gottesdienstbesucher/innen ein, die mit dem Pkw angereist sind und auf den einfahrenden Korso gewartet haben.[443] Wie im Gottesdienst selbst wird auch hier das Gegenüber von Motorradfahrer/innen und Zuschauern relativiert.
(i) Polizeikradstaffel und ehrenamtliche Ordner arbeiten zusammen, um die Verkehrssicherheit aufrechtzuerhalten.

Kann der Korso als ein besonderes *„liturgisches Nachspiel“* des Gottesdienstes betrachtet werden, führt das anschließende gesellige Beisammensein auf dem Festplatz in Gelnhausen dagegen wieder in den Alltag zurück.[444]

> „[D]er ganze Tag ist was Besonderes. Also der vom morgens aufstehen und egal, ob es regnet oder nicht, sich anziehen und hinfahren. […] Es ist so einfach der ganze Tag. […] Der Gottesdienst, nach dem Gottesdienst dann den Korso fahren, bis zu dem […], bis zu dem Fest nachher. Wobei dann ist es eigentlich mehr Kommerz. Also das gefällt mir jetzt persönlich nicht mehr so gut. Der Korso ist noch mal, weil man muss halt im Korso auch noch mal aufeinander achtet, weil am Rand auch, auch ganz viele Leute stehen und winken. […] Oder in Niedergründau zum Beispiel, die unten schon, also die ihre Campingstühle schon an die Straße gestellt haben und winken und Fotos machen und so was. Und das ist halt auch noch mal was Besonderes. Da wird man halt noch irgendwie gefeiert. Also man wird nicht selbst als Person gefeiert […], – sondern, die ganze Gruppe, die ganze Gemeinschaft wird gefeiert. Und das ist auch noch mal so ein Highlight. Und na ja […], für mich persönlich ist dieses Gefühl dann vorbei, wenn ich in Gelnhausen auf dem Platz stehe. Also wenn ich denn geparkt habe. Weil, dann ist es irgendwie […], also dann fangen die Leute wieder an zu quatschen und dann ist dann die Kirche quasi schon wieder vergessen. Und dann kriegt man hier was angeboten und kriegt da was verkauft. […] Und das ist dann schon wieder der pure Kommerz. […]“ Lara B244-I-448-455

Die Dramaturgie der (gottesdienstlichen) Versammlung hat ihre Exposition bereits auf dem Weg zum „Anlassen“. Sie steigert sich im Umfeld der Bergkirche, findet ihren Höhepunkt mit Peripetie im gottesdienstlichen Geschehen, wird im gemeinsamen Korso retardiert und im geselligen Beisammensein im Anschluss aufgelöst.[445] In Anlehnung an Jana Childers Deutung des Gottesdienstes mittels der klassischen, aristotelische Dramentheorie kann entweder der „Segen“ am Ende des Gottesdienstes oder aber die Gedenkfahrt für die verstorbenen Motorradfahrer/innen im Herbst als die „abschließende“ Konfliktlösung angesehen werden.[446] Der „Wallfahrtscharakter“ des Anlassens verweist auf die Weggemeinschaft und damit auf den sozialen (und religiösen) Aspekt des Motorradfahrer/innengottesdienstes.

---

443 So z. B. Peter, der mit dem Pkw angereist war, hat gemeinsam mit seiner Tochter in Gelnhausen dem einfahrenden Korso zugeschaut. Vgl. B141-I-35-42 sowie B-TB4-Tanja-45.

444 Analog der Feiern im Anschluss an klassische Kasualien. 2014 wollten 55,6 % am Fest in Gelnhausen teilnehmen und 27 % waren sich noch nicht sicher.

445 In Anlehnung an die klassische Dramenstruktur nach Gustav Freytag. Vgl. BIERMANN, HEINRICH 1999, 165.

446 Zu Jana Childers Ansatz siehe ROTH, URSULA 2010, 95f.

2.2.3. Jahreszyklischer Kasualgottesdienst in lebensgeschichtlicher Perspektive

Was als Anknüpfung an die religiöse Tradition des Christopherusgottesdienstes begann,[447] entwickelte sich über die Jahre zu dem *jahreszyklischen Kasualgottesdienst „Anlassen" in lebensgeschichtlicher Perspektive.*[448] Sein religiöser Sinngehalt ergibt sich kasuell aus dem jahreszyklischen Bezug zur Motorradsaison und der damit verbundenen „Erlebenswelt".[449] Das „Anlassen" kann in diesem Zusammenhang als über-individueller Kasus der potenziellen „Schicksalsgemeinschaft" der Motorradfahrer/innen verstanden werden. Sein saisonaler Bezug erinnert dabei an „kollektive Übergangsriten früherer Kulturen, die eng mit den Phasen des Jahreszyklus verbunden" waren, wie z. B. der Tagundnachtgleichen im Frühjahr und im Herbst.[450] „Begangen wurde der Beginn derjenigen Phasen des Jahreszyklus, von denen die Existenz der Gemeinschaft wie des einzelnen in besonderer Weise abhing."[451] Ging es dabei z. B. um Aussaat und Ernte,[452] so liegt die existentielle Perspektive des Motorradfahrer/innengottesdienstes hingegen darin, dass er die mit der Zeit des Motorradfahrens verbundene Lebensfreude und -gefahr (Wie lässt es sich trotz des drohenden Todes leben?) zum Gegenstand hat und sich liturgisch und homiletisch aus dieser Situation heraus bestimmt und erschließt. „Zum ‚Kasus' wird die besondere Situation, in dem Sinn, dass sie deutungsbedürftig und -fähig ist und auf symbolische Gestaltung und rituelle Begehung drängt."[453] Dabei steht das „Anlassen" zeitlich im theologischen Deutungshorizont des Osterfestkreises des Kirchenjahres. Darüber hinaus rückt der Kasus zum Motorradsaisonbeginn vergleichbar mit dem Jahreswechselgottesdienst „in eine besondere lebensgeschichtliche Perspektive"[454], indem in Liturgie und Predigt die mit dem Motorradfahren einhergehende Freude und Gefahr in ihrer (individuell-)lebensgeschichtlichen Konkretisierung thematisiert und u. a. auch in Fürbitten für verstorbene Motorradfahrer/innen Ausdruck findet. Ein Kristallisationspunkt ist zudem die zentrale Bedeutung des Segens für viele der Teilnehmer/innen,[455] in dem die lebensgeschichtliche Relevanz liturgisch zum Ausdruck gebracht wird.

---

447 Vgl. B-M4-Programmhefte.

448 Wie z. B. Gottesdienste zum Jahreswechsel. Vgl. hierzu FECHTNER, KRISTIAN 2001, 30–37.

449 Dies kann analog zu Jahreswechselgottesdiensten konstatiert werden: „Anders als Weihnachten, Karfreitag, Ostern, Pfingsten, deren grundlegende christliche Festsymbolik unmittelbar in der biblischen Offenbarungsgeschichte wurzelt, vermittelt sich ihr religiöser Sinngehalt allererst jahreszeitlich ‚casuell' als Gottesdienste in einer bestimmten Situation und zu einer sie bestimmenden Gelegenheit." FECHTNER, KRISTIAN 2001, 32.

450 Zu kollektiven Übergangsriten vgl. BIERITZ, KARL-HEINRICH 2005, 41.

451 BIERITZ, KARL-HEINRICH 2005, 41.

452 BIERITZ, KARL-HEINRICH 2005, 41.

453 FECHTNER, KRISTIAN 2001, 35.

454 FECHTNER, KRISTIAN 2001, 37.

455 64,1 % von 273 Umfrageteilnehmenden geben als Motiv für ihre Teilnahme an, dass sie den kirchlichen Segen für die Motorradsaison erhalten möchten. Vgl. B-1.4. Nach Aussage des Motorradfahrer/innenseelsorgers fahren manche Teilnehmer vor diesem Tag im Jahr nicht Motorrad.

> „[I]ch finde es toll, dass wir so den Segen kriegen. Und da denke ich, so naiv das klingt: Der ist jetzt, wenn ich dahin gehe, hab ich den nur speziell für mich. So. Und auch wenn das so naiv, na da denke ich: Ja, der ist jetzt nur für mich und mir passiert jetzt auch erst mal nichts. Aber das ist natürlich manchmal ein Trugschluss. Jeder denkt natürlich: Mir passiert das nicht. Und wie schnell kann das anders sein. Ja. Also dessen bin ich mir schon bewusst. Aber es hat irgendwie doch irgendwas, wo man, wo man sich wenigstens was drauf einbilden kann. Wo man sagen kann: Okay, jetzt fahre ich irgendwie mit einem Segen durch die Gegend. Ja, und vielleicht bewahrheitet der sich ja in der ein oder anderen Situation tatsächlich, wenn es mal haarsträubend wird. Das weiß man nicht." Elke B267-EI-32f.

Das bestimmende Moment des Gottesdienstes liegt in seinem kasualen[456] Charakter und nicht in seiner liturgischen Form.

Exkurs: Saisoneröffnung und Gedenkfahrt (kasualer Spannungsbogen)[457]
Die Frage nach der Sozialität des „Anlassen" führt zur Frage, wo dieser Motorradfahrer/innengottesdienst seinen Anfang nimmt und wo sein Ende ist, und damit zu seinem eigentlichen Kern. Das „Anlassen" findet alljährlich im Frühjahr (häufig im April) zum Auftakt der Motorradsaison statt und hat einen kasualen Charakter,[458] dessen „Segensraum" (Ulrike Wagner-Rau)[459] weit über diesen Gottesdienst hinausreicht und praktisch-theologisch von seinem Ende her begriffen werden muss: dem Gottesdienst im Herbst zum Gedenken an die in der Saison tödlich verunglückten Motorradfahrer/innen.[460]

> „[..Bei der Gedenkfahrt] bin ich auch gewesen. Und dieses Jahr habe ich es wieder vor. Ich glaube, ist das dritte Oktoberwochenende. Da habe ich auch Zeit. Da habe ich mir freigenommen. Und ja, dann möchte ich ganz gerne hin. Weil auch wenn man noch so vorsichtig fährt, das ist ein riskantes Hobby. Weil, das ist nun mal so, ja?! Die anderen schießen einen ab. Und man selber kann so toll fahren, wie man will, wenn ein Autofahrer einen abschießt, hat man halt nichts um sich rum. Und deswegen finde ich das ganz schön, dass man sich da noch mal sieht und sagt: Mensch, die Saison haben wir überlebt und gut überstanden. Und, dass man noch mal an die denkt, die da ums Leben gekommen sind. Das halte ich für eine gute Sache. […] Und das ist so ein schön, schöner Ausklang. Das ist irgendwie so vorbei. Das ist so Ritual. Ja?! So wie bei Kindern, die zu Bett gehen. Geschichte und dann schlafen. Und so ist das beim Gottesdienst und dann geht das Motorrad zum Teddy, ja." Peter B141-I-81-92

---

456 Im Folgenden wird von „kasual" im Sinne des dahinterstehenden Prinzips gesprochen, während mit „kasuell" die konkrete Situation, Gemeinschaft etc. im Blick ist.

457 Fast die Hälfte aller Umfrageteilnehmenden hat schon einmal an einer Gedenkfahrt in Deutschland oder darüber hinaus (Schweiz, Schweden) teilgenommen. Vgl. B-1.8.

458 Dieser ergibt sich aus dem zentralen Moment des Segens, der Anlassbezogenheit (Kristian Fechtner) und wird dadurch ergänzt, dass häufig klassische Kasualien in diesem Gottesdienst gefeiert werden.

459 Wagner-Rau, Ulrike 2008, u. a. 180

460 Es verwundert daher nicht, dass die Tradition dieses Motorradfahrer/innengottesdienstes nicht mit dem „Anlassen" im Frühjahr, sondern 1981 mit der Gedenkfahrt und einem Gedenkgottesdienst in Frankfurt am Main am begann. Laut Experteninterview ist der Segen zum Beginn der Motorradsaison für manche so wichtig, dass sie vorher – außer zum „Anlassen" – nicht mit dem Motorrad fahren.

Von der Gedenkfahrt aus erschließt sich die (theologische) Logik des „Anlassens“ und die große Bedeutung des „Segens“ für die Teilnehmer/innen bei diesem Gottesdienst. Beide Gottesdienste setzen eine dramaturgische und kasuale Klammer um die Fahrt durch die Saison.[461] In dem zwischen den zwei Gottesdiensten aufgespannten „Segensraum“ können

> „Selbstreflexivität, Erinnerungsarbeit und Suche nach Orientierung einen Ort finden und mit ihnen auch Trauer und Freude, Angst und Wut, Scham und Schuld, Resignation und Hoffnung, Liebe und Konflikt. Wie will, wie kann, wie soll ich leben mit den Menschen, die zu mir gehören? Wie kann ich ertragen, was mir zustößt? Wie kann ich mich versöhnen mit meinen Grenzen? Was wird aus der Schuld, die zwischen mir und anderen Menschen steht? Diese Fragen werden vor Gott gestellt, mit Menschen besprochen, in der Perspektive des Evangeliums bedacht, in der gemeinsamen Feier des Gottesdienstes mit allen Sinnen inszeniert“.[462]

Der Bedeutungshorizont, der sich über beide Gottesdienste hinweg erstreckt, wird durch die ABBA-Struktur: „Gottesdienst – Korso – Korso – Gottesdienst“ sinnfällig inszeniert. Mit dem Segen werden die Teilnehmer zunächst gemeinsam auf die Fahrt in die Saison geschickt,[463] zu deren Ende sie sich in Frankfurt am Main erneut versammeln, um auch die „letzten“ Kilometer der Saison gemeinsam zu (er-)fahren und den verstorbenen Motorradfahrer/innen in einem Gottesdienst zu gedenken, in dem deren Namen verlesen werden. Während der Korso zu Beginn der Saison in der ländlichen Natur mit „freier Fahrt“ und Aufbruch assoziiert und vor dem Start eine freudig erregte Stimmung wahrgenommen werden kann, ist die Atmosphäre am Versammlungsort für den Korso am Frankfurter Rebstockgelände getragen. Gleich einem „Trauermarsch“ zieht der Korso durch die Innenstadt Frankfurt am Main und bringt die „letzte“ Fahrt im Gedenken und für die verstorbenen Motorradfahrer/innen zu Ende. Schwarze Bänder an den Maschinen erinnern an die Verstorbenen und sind auch für die Passanten und Autofahrer sinnfällig. Der Korso irritiert so auch den Alltag der „Zaungäste“ und hat in diesem Sinn auch eine „Signalwirkung“. Werden beide Gottesdienste verglichen, so fällt aber auch auf, dass das „Anlassen“ als Segensgottesdienst für die Saison einen durchaus mahnenden Charakter hat und angesichts der Freude auf die Saison auch auf die damit verbundenen Gefahren verweist. Im Rahmen des Gedenkgottesdienstes wird angesichts des sich realisierten Risikos hingegen der Aspekt des Dankes und des „Weiterlebens“ im Angesicht der offenbarten Fragmentarität der eigenen Existenz zentral. Beide Gottesdienste bringen in dieser Weise Gesetz und Evangelium zur Geltung. Dies findet auch in der artikulierten (Be-)Deutung für die Teilnehmer/innen seinen Ausdruck:

---

461 In Anlehnung an Meyer-Blancks Gottesdienstlehre MEYER-BLANCK, MICHAEL 2007, 525. Zur Bedeutung der Gedenkfahrt vgl. B-TB5-Tanja.

462 WAGNER-RAU, ULRIKE 2008, 237.

463 Laut Experteninterview B-Exp-26 ist der Segen zum Beginn der Motorradsaison für manche so wichtig, dass sie vorher – außer zum „Anlassen“ – nicht mit dem Motorrad fahren.

> „[…] Und ich bin ((auf Tisch klopfend)) toi, toi, toi, muss man klopfen, schon das eine oder andere Mal in eine gefährliche Situation gekommen. Aber bin immer gut rausgekommen. Das habe ich schon im Hinterkopf. Und ich denke, das auch am Anfang der Saison zu thematisieren und auch noch mal drüber zu sprechen: Leute, denkt dran, das ist nicht nur das Fahren, das ist die Ausrüstung, das ist der Sicherheitszustand der Maschine, das ist grundsätzlich, sich einfach mal Gedanken drüber machen: Warum fahre ich oder will ich wieder gesund und lebend nach Hause kommen. Von daher finde ich das gut und wichtig. Und am Ende der Saison, wenn der Gedenkgottesdienst ist, und da halt die Namen verlesen werden und man hört einfach die erschreckenden Zahlen, wie viele verstorben sind, und das Alter wird genannt, ja das ist dann schon so ein Moment des Innehaltens: Okay, ich bin wieder mal gesund durch die Saison gekommen.“ Jörn-B21-I-48

Der Gedenkgottesdienst ist ein Predigtgottesdienst mit Abendmahlsteil.[464] Im Verkündigungsteil kommen in der Predigt Gäste zu Wort, die von ihrer Erfahrung mit dieser Fragmentarität und ihrem Leben damit – z. B. einem Leben im Rollstuhl – berichten.[465] Zwischen dem Verkündigungs- und Bekenntnisteil sowie dem Abendmahl werden in einem Gedenkteil die Namen der Verstorbenen verlesen und eine Kerze für jeden von ihnen – unabhängig von einer bestehenden Kirchenmitgliedschaft –[466] angezündet und auf der Treppe zum Altar in einer Kreuzform aufgestellt. Der Gedenkteil wird mit dem Vaterunser und einem Lied beendet. Das Abendmahl wird mit Trauben und Brot gefeiert, die in Körben durch die Reihen gereicht werden. Auf die Einsetzungsworte folgt der Friedensgruß. Im Programmheft wird ausdrücklich darauf hingewiesen, dass Teilnehmer ihre Helme auf der Treppe zum Altar ablegen können, wovon auch Gebrauch gemacht wird. Auch hier zeigt sich – wie bereits im Rahmen des Anlassens –, dass dies eine Form der Beteiligung ist, die auch für Kinder schlüssig zu sein scheint. So konnte beobachtet werden, dass ein Vater und sein ca. 10-jähriger Sohn in Motorradkleidung in die Kirche kamen, sich einen Platz suchten, das Programm studierten und daraufhin beide aufstanden und ihre Helme nach vorne brachten. Der Vater machte anschließend ein Bild von den Helmen auf der Treppe zum Altar und beide verfolgten mit sichtlicher Aufmerksamkeit den Gottesdienst. „Anlassen“ und Gedenkgottesdienst eröffnen einen „Segensraum“, der ein

> „aus der Beziehung heraus gehaltener und haltender Raum [ist], und zugleich ist er begrenzender Raum. Wo mit dem Gegenüber Gottes gerechnet wird, müssen Menschen sich nicht selber zu Gott machen, denn sie finden an diesem Gegenüber ihre Grenzen und die Bejahung ihrer Unvollkommenheit. Nicht nur das Gelungene, Heile, Freudige, Liebevolle findet Raum in einer Lebensgeschichte, die gesegnet und im Licht der Verheißung des Segens gedeutet wird, sondern auch das Fragmentarische und Traumatische, das Gescheiterte und das Verlorene und mit ihnen die Wut, die Trauer und die Schuld. Im Raum, der

---

464 Vgl. B-M7-Programmheft Gedenkfahrt 2014.

465 Vgl. B-TB5-Tanja Gedenkfahrt 2014.

466 Vgl. B-TB5-Tanja Gedenkfahrt vom 23.10.2014, 6. Zum Thema kirchliche Mitwirkung an der Bestattung von aus der Kirche Ausgetretenen siehe FECHTNER, KRISTIAN 2014a.

sich durch den Segen eröffnet, kann man auch sterben ‚ohne dass die Welt zusammenbricht'".[467]

2.2.4. Soziale Dimension gottesdienstlichen Handelns

Das gottesdienstliche Geschehen des Anlassens zeichnet sich durch eine zielgruppenorientierte Gestaltung und ein korrespondierendes Partizipationsverhalten aus. Ob und warum sich die Teilnehmenden von diesem Gottesdienst „angesprochen" fühlen – d. h. die Kommunikation gelingt – und der Gottesdienst als gemeinschaftliches Handeln seine soziale Kraft entfaltet, wurde auf zwei Wegen untersucht: 1. Die liturgischen Elemente wurden in ein Verhältnis mit dem wahrnehmbaren Partizipationsverhalten der Teilnehmer gesetzt. 2. Im Rahmen der Datenanalyse wurden jene Aspekte des Gottesdienstes (re-)konstruiert, die auf eine Resonanzerfahrung der Teilnehmer/innen hindeuten. Es zeigt sich dabei, dass es auch in diesem Fall ein komplexes Zusammenspiel verschiedener Gesichtspunkte ist, die dazu beitragen, dass das gottesdienstliche Geschehen seine soziale Kraft entfalten kann.

Laut Umfrage schätzen die Befragten sowohl die Liturgie als auch die Predigt des Motorradfahrer/innengottesdienstes. Im Rahmen der Einzelinterviews gab es eine Tendenz, die positiven Aspekte des Anlassens vor dem subjektiven Negativbild eines „normalen" katholischen oder evangelischen Gottesdienstes darzustellen.

> „Der Gottesdienst ist natürlich nicht zu vergleichen mit den anderen. Wenn man jetzt noch dagegen hält, dass ich natürlich aus einer katholischen Erziehung entsprungen, und würde jetzt den normalen katholischen Gottesdienst an einem Sonntag jetzt mit dem Motorradgottesdienst vergleichen, das ist ja schwarz-weiß. Gut und Böse hätte ich ja fast gesagt." Lutz B88-I-22

92,4 % (n=251) der Umfrageteilnehmenden beurteilen den Ablauf und die Elemente des Gottesdienstes positiv,[468] obwohl die Analyse der liturgischen Form ergibt, dass dieser Motorradfahrer/innengottesdienstes zwar Anteile einer *klassischen Liturgie eines alternativen Gottesdienstes* ergänzend aufnimmt, der ihm den Anschein der Andersartigkeit verleiht, darüber hinaus aber in großen Teilen dem Muster eines agendarischen *Predigtgottesdienstes (ohne Abendmahl)* entspricht:[469]

---

[467] WAGNER-RAU, ULRIKE 2008, 180.

[468] Es gefällt: 95,7 % (n=254) die musikalische Gestaltung, 94,0 % (n=249) der Segen, 92,3 % (n=246) die Predigt, 89,2 % (n=249), dass es manchmal individuelle Segenshandlungen gibt, 88,3 % (n=248) der Psalm für die Motorradfahrer/innen, 86,9 % (n=252) die Möglichkeit für Dank und Bitte, 86,7 % (n=248) das Vaterunser, 84,0 % (n= 243) das Anspiel, 78,5 % (n=251) das gemeinsame Singen, 74,0 % (n=246) die Lesung aus der Bibel.

[469] Zur liturgischen Struktur eines alternativen Gottesdienstes siehe II.1.2.1. und FRIEDRICHS, LUTZ 2007b, 16f.

1. In alternativen Gottesdiensten wird häufig auf liturgische Elemente verzichtet, „die im agendarischen Gottesdienst ein rituelles Gegenüber von Amt und Gemeinde voraussetzen“.[470] Dies gilt beim „Anlassen“ auch für das Gloria und Kyrie, wohingegen der im Wechsel gesprochene Psalm und die Schriftlesung beibehalten werden.
2. Nach Eröffnung und Anrufung bereitet im Verkündigungsteil ein szenisches *Anspiel* die Predigt thematisch vor. Abweichend von alternativen Gottesdiensten, die diese Form wählen,[471] ersetzt das Anspiel die Schriftlesung jedoch nicht (mehr), sondern ergänzt sie inzwischen wieder.[472]
3. Die Predigt erfolgt nicht in einer alternativen, sondern klassisch monologischen Form. Sie wird allerdings nicht von der Kanzel gehalten, sondern „auf Augenhöhe“ mit den (meisten) Gottesdienstbesucher/innen von einem Rednerpult aus.
4. Anstelle des Verarbeitungsteils in einem alternativen Gottesdienst oder dem sakramentalen Teil in einem agendarischen Gottesdienst, finden zwischen Predigt und Fürbitten optional individuelle Segnungen statt. Hierbei handelt es sich i. d. R. um klassische Kasualien, wie z. B. Taufen und Trauungen, aber auch um neue Kasualien,[473] wie Silber- und Goldhochzeiten, Segenshandlungen im Zusammenhang mit dem Wiedereintritt in die Kirche oder zu Beginn einer langen Reise.
5- Im Gottesdienst wird kein Credo gesprochen. Wenngleich das Glaubensbekenntnis auch in agendarischen Predigtgottesdiensten nicht immer vorgesehen ist,[474] so ist der Verzicht auf das Credo für alternative Gottesdienste häufig programmatisch motiviert und verweist auf die

> „Umformung kirchlich-institutioneller in subjektiv-religiöse liturgische Kommunikation. Im Gottesdienst am Sonntagmorgen ist die Schriftlesung und Predigt als Auslegung der Schrift ein symbolisch-ritueller Akt kirchlich-christlicher Sinnvergewisserung: Der biblischen Tradition kommt Sinn aus sich selbst heraus zu oder anders formuliert, sie ist „kanonisch“ (Kügler 2002) und zielt auf das Bekenntnis. In alternativen Gottesdiensten hingegen kommt der biblischen Tradition, religionstheoretisch formuliert, „personale“ Heiligkeit zu: Sie wird bedeutsam, weil und insofern sie einen Betrag zur individuellen religiösen Sinnsuche leisten kann. Sie zielt nicht auf Bekenntnis, sondern auf meditativ-betende oder kognitiv-verstehende Selbstvergewisserung“.[475]

Wird das Glaubensbekenntnis gesprochen, so muss sich der Gottesdienstteilnehmer/die Gottesdienstteilnehmerin dazu verhalten. Es „nötigt“ gewissermaßen zu

---

470 FRIEDRICHS, LUTZ 2007b, 13.

471 So z. B. bei „GoSpecial“-Gottesdiensten. Vgl. hierzu FRIEDRICHS, LUTZ 2007b, 18.

472 Mit Übernahme des Amtes durch einen neuen Motorradfahrer/innenseelsorger wurde die Schriftlesung wieder eingeführt.

473 Zur Unterscheidung von klassischen und „neuen“ Kasualien siehe FECHTNER, KRISTIAN 2011, 181.

474 Vgl. z. B. 2001, zur Grundform I: 43, zur Grundform II: 53

475 FRIEDRICHS, LUTZ 2007b, 18.

einer individuellen Aneignung von Vorgegebenem,[476] wodurch es aufgrund der hohen Anzahl „kirchlich distanzierter“ Besucher/innen zu einem irritierenden Element werden könnte.

Die vorstehenden Untersuchungen und Beobachtungen legen nahe, dass sich die Gesellungskraft des Gottesdienstes nicht aus dem Paradigma „alternative versus klassische“ Form, sondern u. a. aus seinem kasualen und szenespezifischen Charakter ergibt. Dieser Vermutung wird im Weiteren nachgegangen, indem die Frage nach der *sozialen Dimension des gottesdienstlichen Handelns* vertieft wird anhand der im Rahmen der Einzelinterviews (re-)konstruierten subjektiven Aspekte.

(a) Angesprochen werden – soziale Dimension gottesdienstlicher Form, Ästhetik und inhaltlicher Konzeption

Die *liturgische Gestaltung* zeichnet sich durch eine starke sprachliche[477] und gestalterische Zielgruppenorientierung aus. Die liturgische Form ist, wie oben beschrieben, niedrigschwellig angelegt und setzt wenig Kenntnisse von tradierten Formen voraus. Es wird das in Motorradfahrer/innenkreisen übliche „Du“ als Anrede verwendet und ein lockerer umgangs- und szenensprachlicher Ton gepflegt, der sich motorradspezifischer Ausdrücke und Bilder bedient.[478] 95,2 % (n=248) der Umfrageteilnehmenden gefällt die Verständlichkeit des Gottesdienstes. Darüber hinaus wird der Gottesdienst musikalisch von einer (Sacro-)Rockband gestaltet und begleitet. Die Anknüpfung an die szenenspezifische Ästhetik der Motorradfahrer/innen schafft auch im gottesdienstlichen Geschehen eine Atmosphäre der Vertrautheit, in der „[…] das alles ein stückweit lockerer ist, offener ist, verständlicher ist“. (Lutz B88-I-22.) In Form und Ästhetik des Gottesdienstes liegt so eine szenenspezifische soziale Kraft, die durch den Aspekt des „Neuen“ positiv verstärkt wird.

> „[…] Lockerheit, Offenheit war auf jeden Fall was Neues, das auch ansteckend wirkt. Auf jeden Fall ist es sympathisch, würde ich fast sagen. Und macht neugieriger und ja, es ist vom Ablauf her leicht und locker, hätte ich jetzt fast mal gesagt. Das es also wirklich interessant macht.“ Lutz B88-I-16

Das ästhetische Profil dieses Gottesdienstes befördert die gottesdienstliche Kommunikation und ermöglicht damit, dass Menschen sich (wieder) „angesprochen“ fühlen.

---

[476] „[A]uch unabhängig von der Stellung des Glaubensbekenntnisses bringt dieses im Zusammenspiel mit der Predigt das Spannungsverhältnis von Objektivität und Subjektivität des Glaubens im liturgischen Ich zur Darstellung.“ MEYER-BLANCK, MICHAEL 2011, 422f.

[477] Aus der Begrüßung wird „Grüß Gott“ bzw. „Herzlich willkommen“. Interessant ist, dass die Programme in den Jahren 1992 bis 2003 in inklusiver Sprache formuliert sind und danach (mit Ausnahme 2006) wieder rein maskuline Formen verwendet werden. Der Hintergrund konnte bislang nicht geklärt werden.

[478] B-TB4-Tanja-36.

> „Dass das dazu führt, dass sich eine ganze Menge Personen, die natürlich der Thematik verbunden sind, mit dem Motorrad, aber dort einfinden und dann eine gemeinsame Richtung haben. Die man vielleicht bei den allgemein gültigen Gottesdiensten so nicht mehr vorfindet, ja. Die sind traditionell an starre Formen gebunden, die ein Großteil der Menschen, meines Erachtens nach, nicht mehr ganz so anspricht." Lutz B88-I-22

Vor dem Hintergrund seiner Erfahrungen mit der eigenen Ortsgemeinde berichtet Kay:

> „[...] Und das ist mir zu, also die Rituale sind mir einfach zu verkrustet auch. Ist auch so auch der Aspekt, der mich beim Motorradgottesdienst so ermuntert hat, mitzumachen. Es ist einfach alles lockerer. Natürlich gibt es da auch feste Strukturen und Abläufe, aber man hat nicht so das Gefühl, klein zu sein oder es so demütig zu sein, sondern es ist einfach Platz für Freude und für Lachen und ja. Für anderes als für Dunkles, Düsteres und Schwarzes, ja, was lange bei mir einfach mit Kirche verbunden war." Kay B36-I-111

Kay stellt einen direkten Zusammenhang des eigenen Selbstwertgefühles im kirchlichen Umfeld und der Art des gottesdienstlichen Rituales her. Während er einen klassischen und aus seiner Sicht „verkrusteten" Gottesdienst mit negativen Gefühlen verbindet, ermöglicht ihm die lockere Form des „Anlassens" positive Resonanzerfahrungen, die sich in Freude und Fröhlichkeit, aber auch in seinem Engagement für das „Anlassen" ausdrücken. Die soziale Dimension von Form und Ästhetik wird insbesondere in seinen Schilderungen zur Bedeutung der musikalischen Gestaltung des Gottesdienstes deutlich. Die in diesem Zusammenhang mit der gottesdienstlichen Handlung verbundenen subjektiven Resonanzerfahrungen kommen in Kays Fall in der Resonanzsemantik „begeistert", „sehr angerührt", „einfach angerührt", „fasziniert und gefangen" zum Ausdruck.[479] Die musikalische Gestaltung trägt emotiv dazu bei, eine Atmosphäre des Vertrauens zu schaffen, in welcher eine selbstbestimmte musikalische Partizipation am Gottesdienst möglich scheint, ohne zwangsläufig mit einem Moment der Scham verbunden zu sein.[480]

> „[...] Ich sage mal, mein Geist wird angeregt durch eine gut gehaltene Predigt. Wenn ich den Text höre und der irgendwie Bezug nimmt auf die heutige Gegebenheit, die ich reflektieren kann. Wo ich anknüpfen kann. Was mich aber tiefer bewegt, ist oft die Musik. Nicht unbedingt die Texte in der Musik, sondern die Musik selbst, die mich auch einlädt, mitzusingen. Wobei ich überhaupt also mich nicht gerne singen höre. Und auch völlige Hemmungen habe, mitzusingen. Aber da ist etwas, was mich einlädt, mitzumachen. Wo ich mich dann auch nicht mehr so ziere, mitzumachen. Ja, das sind für mich die zwei besonderen Aspekte." Kay B36-I-22

Der zweifach verwendete erweiterte Infinitiv „mitzumachen" verweist dabei auf die soziale Dimension der musikalischen Gestaltung des Gottesdienstes, wie sie auch im Zusammenhang empirischer Erkundungen anderer Gottesdienste festgestellt wer-

---

[479] Kay B36-I-12. Das vollständige Zitat findet sich in Kapitel II.2.4.2.
[480] FECHTNER, KRISTIAN 2015, 102–107.

den konnte.[481] Es wäre jedoch zu kurz gegriffen, die soziale Dimension der Musik auf eine aktive Partizipation im Sinne eines „Mitsingens" zu reduzieren. Während 95,7 % (n=254) die musikalische Gestaltung des Gottesdienstes gefällt, trifft dies „nur" für 78,5 % (n=251) für das gemeinsame Singen zu.[482] Im Rahmen des Gottesdienstes konnten ganz unterschiedliche Verhaltensweisen im Zusammenhang mit der musikalischen Gestaltung beobachtet werden, die aktives Mitsingen, rhythmische Körperbewegungen, Klatschen bis hin zu andächtigem „Lauschen" (mit geschlossenen Augen) oder dem Mitlesen des Liedtextes im Liedblatt umfassten, ohne jedoch exklusiv zu wirken.

Wenngleich seitens der Teilnehmer/innen zuweilen traditionelle gottesdienstliche Rituale in Abgrenzung zum Motorradfahrer/innengottesdienst in einen negativen Erlebniszusammenhang gestellt werden,[483] so erfahren spezifische traditionelle liturgische Elemente eine Wertschätzung, sofern sie vertraut sind:

> „Und dann halt das Vaterunser so, das kenne ich halt von früher, als Kind so, das Vaterunser, das gefällt mir sehr." Elke B267-I-44

Die *inhaltliche Konzeption* des Anlassens orientiert sich an einem jährlichen Motto, das die spezifische Erfahrungswelt der Motorradfahrer/innen aufgreift und damit zugleich einen weiteren Deutungshorizont eröffnet,[484] wie z. B. „Träume er-fahren" (2014), „Hier fahre ich, ich kann nicht anders" (2015). Das Motto wird liturgisch in unterschiedlicher Weise in Liedtexten, in Psalmen und Gebeten, der Lesung, im Anspiel, der Predigt und in den Fürbitten thematisiert.[485] Durch die thematische Anknüpfung an die Erfahrungswelt der Motorradfahrer/innen erhält der Gottesdienst auch auf der inhaltlichen Ebene subjektive Relevanz, die in subjektiven Sinnkonstruktionen und Resonanzerfahrungen zum Ausdruck kommt. Dafür spricht zum einen, dass 84,4 % (n=250) der Befragten angeben, dass die Themen etwas mit ihrem Leben zu tun haben.[486] Zum anderen ist die subjektive Relevanz der Themen ein wichtiger Aspekt für eine funktionierende Kommunikation und Interaktion im gottesdienstlichen Geschehen.

> „[..I]n diesem Motorradgottesdienst wurden diese Texte, die Predigten, was auch immer, etwas abgewandelt oder zugeschnitten auf die Situation als eines Motorradfahrers. Wo ich dachte: ja. Also da gibt es ja jetzt doch tatsächlich eine Verknüpfung zu meinem heute Hiersein. Und nicht irgendeine Geschichte, die vor 2000 Jahren gespielt hat. Und das war so letztlich der Punkt, wo ich gedacht habe: ja. Da scheint was irgendwie auf einem richtigen Weg zu sein. Das spricht mich an. Das holt mich ab. Und da kann ich mit. Ja, ich denke." Kay B36-I-20

---

481 Vergleiche hierzu POHL-PATALONG, UTA 2011, 121.
482 Vgl. B-Ziffer 4.
483 Vgl. u. a. Elke B267-I-30, Kay B36-I-111.
484 Dies gilt für die meisten Mottos in der Geschichte dieses Motorradfahrer/innengottesdienstes.
485 Vgl. B-M5-Liederheft Anlassen 33, 2014.
486 96,4 % (n=248) der Umfrageteilnehmenden geben zudem an, dass ihnen die Themen gefallen. Vgl. B-4.1.

Die soziale Dimension der Hermeneutik findet ihren Ausdruck in dem geschilderten und positiv bewerteten Weggeschehen, das Kay „anspricht“, „abholt“ und bei dem er mitgehen kann. Hierbei sind nicht nur motorradspezifische Themen im Blick. Der Motorradfahrer/innengottesdienst ist durch seine spezifische Gestaltung und inhaltlich Ausrichtung auch ein Anknüpfungspunkt für geschlechter- und altersspezifische Themen und füllt damit ein Bedürfnis, das im normalen Sonntaggottesdienst nicht immer gedeckt zu sein scheint.

> „Also was mir wichtig ist, ich meine das hat was mit dem Motorradfahrergottesdienst nicht unbedingt was zu tun, sondern mir ist wichtig, irgendwie mehr Anknüpfungspunkte an meine Kirche zu haben. Also ich finde, es gibt einfach kaum Angebote, die mich als Mann im mittleren Alter ansprechen. Ja. Also in meiner Gemeinde war ich, glaube ich, außer auf einer Beerdigung, in der Kirche nie. Ich meine, da ist immer mal ein Osterfeuer angekündigt. Aber ich bin in dieser Gemeinde nicht beheimatet. Das spricht mich also nicht direkt an. Und die Thematik ist nicht so speziell, dass ich sage: ja. Da muss ich jetzt hin. Ja, also ich vermisse wirklich zielgerichtet Angebote. Die Leute wie mich, die in meinem Alter, tauchen einfach viele Fragen auf. Ja. Und die Kirche hat mit Sicherheit einige Aspekte zu berichten. Dass sie solche Angebote einfach machen, das vermisse ich und es ist einfach nicht getan mit einem wöchentlichen Sonntagsgottesdienst, der mich nicht anspricht.“ Kay B36-I-111

Es zeigt sich, dass die inhaltliche Konzeption des Motorradfahrer/innengottesdienstes relevant ist, da sich die Beteiligten *angesprochen fühlen.*

(b) Angenommen werden – soziale Dimension der szenenspezifischen Konzeption des Gottesdienstes

Die soziale Dimension der szenenspezifischen Form und Ästhetik dieses Gottesdienstes rückt zudem in einen Bedeutungszusammenhang mit dem Gefühl des *Angenommenseins.* Diesem entspricht auch, dass sich fast alle Umfrageteilnehmenden in diesem Motorradfahrer/innengottesdienst willkommen fühlen, wie sie sind (98,7 %, n=238).[487]

> „Ja das Familiäre. […] Man wird aufgenommen, so wie man ist. Also da wird nicht gefragt, da wird nicht geurteilt, da wird nicht geschimpft, man ist halt einfach so, wie man jetzt ist. Und dann kommt man mit anderen ins Gespräch. Und dann ist das alles.“ Lara B244- I-579

Der traditionell geprägte und anmutende kirchliche Raum steht in einer gewissen Spannung mit der im Altarraum spielenden Musikband, den dort abgestellten Motorrädern und den auf einer Altarschranke von Teilnehmer/innen abgelegten Helmen.[488] Die Prinzipalstücke und die Orgel treten durch diese Gestaltung zwar in den Hintergrund, grundieren die Szenerie aber maßgeblich und markieren Sie als

---

487 Vgl. B-7.3.

488 Vgl. B-M3-Videotranskript Hessenschau 2012.

gottesdienstlichen Raum. Die materiale Präsenz des „Motorrades“ in der Kirche wird seitens der Befragten unterschiedlich bewertet:

> 91,6 % der Befragten (n=274) geben an, dass das Motorrad im Motorradfahrer/innengottesdienst eine inhaltliche und/oder gegenständliche Rolle spielen sollte. Insgesamt betrachtet überwiegt die Bedeutung des inhaltlichen Bezuges zum Motorrad mit 80,5 % (n=251) im Vergleich zur ebenfalls hohen Wertschätzung des gegenständlichen Bezuges (70,1 %). Die Kreuzanalyse ergibt, dass von n=251 Befragten 29,9 % nur die inhaltliche und für 19,5 % nur die gegenständliche Rolle maßgeblich ist. Für stark die Hälfte (50,6 %) der Befragten sollte das Motorrad dagegen sowohl inhaltlich als auch gegenständlich eine Rolle spielen. Während 61,8 % (n= 251) für die Anwesenheit in Form von Helmen und/oder eines Motorrades plädieren, sprechen sich nur 38,2 % für das Einfahren des Pfarrers auf einem Motorrad in den Gottesdienst aus, wie es in der Vergangenheit häufig der Fall war.[489] Im Rahmen der Interviews wurde die ganze Bandbreite dieser Meinungen abgedeckt.

Im Rahmen der Interviews wird das Thema „Motorrad in der Kirche“ in unterschiedliche (auch religiöse) Sinnzusammenhänge gestellt.[490] Das Ablegen der Helme im Bereich des Altars ist eine besondere, sinnfällige Form der „(Für-)Bitte“, wie sie in folgendem Beispiel zum Ausdruck kommt:

> „Und meine Tochter kommt auch gerne mit. [...] Und die hat übrigens beim letzten Mal [dem Pfarrer] meinen Helm da hingelegt hinter den Altar. Sagt, sicher ist sicher.“ Peter B141-I-10ff.

Der Altar wird hier sinnfällig als „heiliger“ Bereich im Kirchenraum wahrgenommen und stellt in diesem Sinne ein „Machtfeld mit lebenssteuernder Kraft“ dar (Manfred Josuttis).[491]

Das „Öffnen der Türen“ für die Motorräder wird als Zeichen der Akzeptanz der Motorradfahrer/innen seitens der Kirche empfunden.[492]

> „[...] Also inmitten dieser riesen Gemeinschaft, wenn der Pfarrer mit dem Motorrad in die Kirche fährt, das war schon irgendwie geil. Also so spießig, wie man Kirchen sonst kennt, so ausgefallen war sie dann da halt. Dass der Pfarrer halt wirklich mit einem Motorrad in die Kirche fährt und den Helm dann vorne an den Altar legt. Das war schon irgendwie faszinierend.“ Lara B244-I-15

[489] Siehe Häufigkeitsauswertungen zu B-5.3. sowie die dazu durchgeführte Kreuzanalyse von B-5.3a und B-5.3b. Zum Phänomen der Motorräder/Helme im Gottesdienst siehe u. a. B-M3-Videotranskript Hessenschau 2012.

[490] Vgl. hierzu B-5.

[491] Vgl. Josuttis, Manfred 1997, 243, 245.

[492] Vgl. hierzu auch Kay B36-I-23-28.

(c) Verbundenheit und Anteilnahme – soziale Dimension individueller Segensakte und Gedenken

Das „Anlassen“ schreibt ein Stück „Lebensgeschichte“, insofern dort regelmäßig individuelle Segenshandlungen und Gedenken rituell von „Fall zu Fall“ (Kristian Fechtner) begangen werden.[493] 89,2 % (n=249) der Befragten bewerten dies positiv.

> „Die Highlights ergeben sich eigentlich jährlich. Dadurch, dass das Ganze zwar einem gewissen Rahmen natürlich unterlegen ist, aber dieser Rahmen auch immer wieder anders ausgefüllt wird, erlebt man da eigentlich jährlich Highlights. Die sich vielleicht auch zum Teil immer wiederholen, aber es wurden ja auch schon Taufen im Rahmen des Gottesdienstes durchgeführt. Eine Trauung hatten wir, glaube ich, auch schon mal. Segnungen. Oder auch Personen, die so wie beim letzten Mal, auf große Reise gehen. Das sind mit Sicherheit Highlights, ja. Auf jeden Fall.“ Lutz B88-I-18

Die soziale Dimension dieser rituellen Handlungen im Motorradfahrer/innengottesdienst wird an drei Fällen exemplarisch verdeutlicht.

1. In besonders existentieller Weise wird die soziale Dimension der gottesdienstlichen Handlung im Rahmen der *Fürbitten für verstorbene Motorradfahrer/innen* spürbar. Auch wenn viele der Gottesdienstbesucher/innen die Verstorbenen nicht gekannt haben mögen, so wird ihre Gemeinschaft durch den Verlust schmerzlich irritiert, was durch die emotionale Atmosphäre und Betroffenheit zum Ausdruck kommt.[494] Hierbei geht es nicht nur um den Verlust eines Mitglieds der Gemeinschaft der Motorradfahrer/innen und der christlichen Gemeinschaft, sondern es wird auch die potentielle „Schicksalsgemeinschaft“ mit dem Verstorbenen vergegenwärtigt. Die abstrakten Themen des Gottesdienstes entfalten an dieser Stelle ihre existentielle Dimension und stellen die Frage danach, wie angesichts eines solchen Schicksals das Leben sinnvoll gedeutet werden kann. Damit kann an das an anderer Stelle wahrgenommene Bedürfnis nach Abschieds- und Trauerritualen angeknüpft werden, wie es z. B. in der zunehmenden Bedeutung des Totensonntags zum Ausdruck kommt.[495]

2. Dies kann auch im Zusammenhang mit den im Rahmen des Anlassens gefeierten *klassischen Kasualien* konstatiert werden. Die familiäre Atmosphäre des Motorradfahrer/innengottesdienstes relativiert die Bedeutung der privaten Familienzusammenhänge für die im „Anlassen“ gefeierten klassischen Kasualien, ohne sie jedoch zu ersetzen. Vielmehr werden Familienmitglieder punktuell Teil der dort ver-

[493] In 34 Gottesdiensten wurden mindestens 19 Taufen, 5 Hochzeiten, 1 Silberhochzeit und 1 Segnung aufgrund eines Wiedereintritts in die Kirche sowie ein Reisesegen anlässlich einer Missionsreise gespendet. Vgl. B-M4-Programmhefte.

[494] B-TB2-Paula-68 sowie B-TB4-Tanja-34.

[495] Vgl. FECHTNER, KRISTIAN 2012b, 8.

sammelten Gottesdienstgemeinschaft, wie im Zusammenhang mit der Taufe von Laras Sohn Kevin in einem der Motorradfahrer/innengottesdienste deutlich wird:

> „Dann haben wir die komplette, die komplette Familie haben wir da mit dahin geschafft. [...] Und dann hat [Ruprecht], dann hat er, weil erst die, ich glaube, es kam erst die Hochzeiten und dann sind die dann, dann ist [Kevin] getauft worden. Und da hat am Taufbecken dann meine Cousine eine Geschichte vorgelesen. Weil der ging es gesundheitlich zu der Zeit sehr schlecht. Und wir hatten sie zur Patin ernannt, damit sie wieder neuen Lebensmut kriegt. Und das haben wir damit geschafft. Dafür stand sie dann vor versammelter Mannschaft mit ihrer Bibel und hat eine Geschichte für ihn ausgewählt. Die, ich glaube es war sein Taufspruch, aus dem hat sie das vorher irgendwie so, das war glaub ich, der Sturm, wo die mit dem Boot unterwegs sind mit dem Sturm. Und das hatte sie dann auch auf ihre Situation bezogen, auf ihre derzeitige gesundheitliche Situation. Dann stand sie da vorne und hat geweint. Die ganze Kirche war ergriffen. Die sind dann nachher zu ihr gegangen und haben ihr alles Gute gewünscht. Obwohl sie da noch nie, also das war ihr erster Motorradgottesdienst und dann wurde sie von allen möglichen Leuten angesprochen, dass sie ihr alles Gute wünschen und so was. Und der Ruprecht hat dann den [Kevin] getauft. Und hat dann Blickkontakt mit ihm aufgenommen. Dann hat er ihn einmal komplett durch die ganze Kirche getragen. Und die praktisch den Täufling oder um das neue Mitglied in der Gemeinde, der kompletten Gemeinde, zu zeigen. Und der [Kevin], der hing einfach wie so ein nasser Sack hing der so da runter und guckte dem Rupi einfach nur in die Augen. Und der hat ihn einmal, und dann überall die Handys und die Kameras. Und alle haben den fotografiert. Ja, das war schon geil." Lara B244-I-208-220

Nach dieser Erzählung entfaltet sich die soziale Kraft dieser Taufe in ganz unterschiedlichen Beziehungszusammenhängen. Kevin wird sinnfällig in die anwesende Gemeinde hineingetauft, die sichtlich Anteil an seiner Taufe nimmt. Seine Lebensgeschichte ist an dieser Stelle mit dem „Anlassen" und den dort versammelten Menschen verbunden. Darum besuchte er auch im Umfragejahr das „Anlassen" mit seiner Mutter und ihrem Lebensgefährten. Kevins Taufe ist in einem Fotoalbum und einer Sammlung mit zahlreichen Zeitungsartikeln über seine Taufe beim „Anlassen" liebevoll von seiner Familie dokumentiert. Die entsprechenden Fotos wurden auf Nachfrage im Nachgang von z. T. fremden Gottesdienstteilnehmern zur Verfügung gestellt.[496] Im Zusammenhang mit Kevins Patin wird deutlich, dass die soziale Dimension des „Anlassens" über die Motorradfahrer/innen-Gemeinschaft hinaus reicht.

3. 2014 erhielt ein Ehepaar einen Reisesegen für die vor ihnen liegende Missionsreise durch Südamerika. Sie waren mit ihren zwei bereits für die Reise bepackten Motorrädern angereist. Es war das erste Mal, dass die Missionare am „Anlassen" teilnahmen. Dennoch war eine sichtliche Anteilnahme der Gottesdienstbesucher/innen an ihrem Unterfangen wahrzunehmen. Die Schilderungen zu ihrem Vorhaben und der Segensakt wurden nicht nur aufmerksam verfolgt, sondern mit einem starken

---

[496] Vgl. Lara B244-I-224.

Applaus gewürdigt, und die Missionare wurden mit Schulterklopfen und Glückwünschen bedacht, als sie ihren Weg durch die Reihen gingen. Die Anteilnahme ging weit über den eigentlichen Gottesdienst hinaus. Die Missionare wurden nicht nur in den Einzelinterviews unaufgefordert positiv erwähnt. Im Rahmen des Gottesdienstes 2015 nahm der Pfarrer in der Begrüßung Bezug auf ihre Segnung im Vorjahr, bestellte Grüße von ihnen und berichtete von den Tausenden von Kilometern, die sie in diesem Jahr mit vielen Hindernissen, aber erfolgreich hinter sich gebracht hatten. Die in diesem Moment wahrnehmbare begeisterte Anteilnahme der Gottesdienstbesucher/innen am Erfolg der Reise dieser zwei Menschen brachte zwei Dinge zum Ausdruck: In diesem Moment realisierte sich die mit dem Reisesegen des Vorjahres verbundene Hoffnung auch für die Gottesdienstbesucher/innen und die Geschichte der Missionare wurde in eine unmittelbare Beziehung zur Motorradfahrer/innengottesdienstgemeinde gestellt. Ihre mit dem „Anlassen“ verwobene Geschichte konstituiert so als ein „Beziehungsrahmen jenseits individueller Absichten und Motive, eine soziale Realität sui generis“,[497] die in diesem Fall über die versammelte Gemeinschaft hinausreicht.

In allen drei Beispielen entfaltet sich die soziale Dimension in Momenten der *Verbundenheit und Anteilnahme.*

(d) Soziale Ordnung – soziale Dimension der Organisation

Der Motorradfahrer/innengottesdienst wird als erdend und ordnend verstanden und steht somit gegen ein vermeintliches lebensfeindliches Chaos. Durch die Thematisierung der mit dem Motorradfahren verbundenen potentiellen Gefahr und durch die Fürbitten für verunfallte und verstorbene Motorradfahrer/innen wird das Motorradfahren in einen anderen Zusammenhang gesetzt, als dies bei anderen Motorradveranstaltungen ohne Gottesdienst der Fall zu sein scheint.

> „[...] Vielleicht der Unterschied, dass man dann so mehr Respekt auch von den Leuten bekommt, was die Ernsthaftigkeit beim Motorradfahren betrifft. Dass das also keine so eine durchgeknallte Truppe ist, die jetzt da mal wild durch die Gegend fährt. Ja, sondern einfach organisiert. Und, dass man dann auch, mit Vernunft auch Motorrad fährt. Ja, dass man eben auch ein bisschen Respekt zollt, weil den Motorradfahrer passiert sehr viel schneller irgendwas, oder die werden schneller übersehen, denke ich, als wie Autofahrer. Ja, und das verleiht dem so ein bisschen, ja, eine Ernsthaftigkeit. [...] Ja. Und das ist so, wo ich denke, nee. Das sind jetzt wir als Gruppe, wir brauchen uns da eigentlich nicht zu brüsten. Wir machen das gerne. Das ist ein Hobby. Das ist schon was Besonderes. Aber wir müssen jetzt nicht irgendwie einen auf die dicke Hose machen. Sage ich jetzt mal. Ja. So, dass das so ein bisschen was Solides bekommt, auf den Boden Gebliebenes. Und, dass das so, ja, seine auch nötige Ernsthaftigkeit bekommt. Ja.“ Elke B267-I-81ff.

[497] HOLZER, BORIS 2009, 267.

(e) Egalität – soziale Dimension unterschiedlicher Rolle

In diesem Gottesdienst übernehmen verschiedene Personenkreise unterschiedliche Rollen. Vereinfacht kann hier zwischen dem hauptamtlichen Pfarrer, den ehrenamtlichen Helfern und allen anderen Gottesdienstbesucher/innen unterschieden werden. Trotz der unterschiedlichen Aufgaben- und Verantwortungsbereiche ist im Rahmen der Einzelinterviews immer wieder von einer „Begegnung auf Augenhöhe" die Rede, die maßgeblich auf den Umstand zurückgeführt wird, dass nicht berufliche oder soziale Hintergründe maßgeblich für die Charaktere der sozialen Beziehung sind, sondern die Verbundenheit über das Thema Motorradfahren. Die ehrenamtlichen Mitarbeitenden sowie der hauptamtliche Pfarrer werden dadurch nicht als „Gegenüber", sondern als Teil der Gemeinschaft wahrgenommen, ohne dabei die unterschiedlichen Rollen zu relativieren. Der doppelte Charakter des Pfarrers als Person und Amtsträger wird nicht nivelliert, sondern zeigt sich u. a. in seiner liturgischen Kleidung, die auf seine Zugehörigkeit zur Zielgruppe und zugleich auf sein Pfarramt verweist. Er trägt eine schwarze Motorradlederhose und Motorradstiefel, ein graues Collarhemd und darüber eine bunte Stola sowie ein großes, schlichtes Kreuz, das er zum Amtsantritt im Gottesdienst von seinem Vorgänger übergeben bekommen hat.[498]

> „Das war eine ganz andere Atmosphäre, als so an einem normalen Gottesdienst, dass da vorne schon der Pfarrer in Leder gestanden hat." Sven B274-I-10

Der Umstand, dass ein „Biker-Pfarrer" den Gottesdienst hält, wird von 97,2 % (n=252) der Umfrageteilnehmenden positiv bewertet.

> „Mir ist es wichtig. Weil er kann das glaubhafter rüberbringen, wenn er von Geschichten, oder wenn er halt so seine Predigt hält, dann merkt man schon, er weiß, wovon er spricht. Als wenn er jetzt, jetzt nur Autofahrer wäre. Das glaube ich, merkt man dann schon. Weil, er selbst spricht ja von sich, weil er die gleichen Probleme hatte oder weil er die gleichen Risiken trägt und weil er die gleichen Schwierigkeiten mit Autos hat oder im Straßenverkehr. Und das merkt man halt in dem, wie er spricht. Und wie das rüberkommt. Er ist authentischer dadurch." Lara B244-I-652

Durch den geteilten Erfahrungshintergrund wird die gemeinhin erwartete hohe Authentizität des Pfarrers als gegeben angesehen und seine „personale Kompetenz"[499] vorausgesetzt.[500] Dadurch ist zwar „*eine* (nicht die einzige!) Bedingung für eine wirkungsvolle Predigt"[501] erfüllt, verweist aber zugleich auf das Feld, in dem diese vorausgesetzt wird.

[498] Vgl. B-TB4-Tanja-36, B-M2-Videotranskript EKHN Kirchenfernsehen 2013, B-M3-Videotranskript Hessenschau 2012.

[499] Engemann, Wilfried 2002, 184.

[500] Zur hohen Glaubwürdigkeitserwartung siehe Klessmann, Michael 2012, 117f.

[501] Klessmann, Michael 2012, 118.

> „[...] Augenhöhe, gleiche Sprache sprechen. Wenn dort vorne, ich sage jetzt mal, dort vorne, durch den Biker-Pfarrer entsprechende Dinge, ob es jetzt freudige oder traurige Anlässe angesprochen wird, dann wissen die zumindest, die an dem Gottesdienst teilnehmen, der weiß, von was er spricht. Und das, denke ich, ist für viele auch ausschlaggebend. Ja. Nicht wie der Blinde von der Farbe zu [reden], sondern zum Teil das eigene Erlebte, das mit einzubauen, ob es positiv war oder negativ war. Und das führt mit Sicherheit dazu, dass es dann zu mehr Verständnis kommt.“ Lutz B88-I-32

Die soziale Kraft der Authentizität wird insbesondere an jenen Stellen im Gottesdienst deutlich, an denen sie nicht gegeben scheint, wie z. B. im Rahmen der Grußworte, die von „Externen“ gesprochen werden.[502] Die Stimmung verändert sich dabei von einem Miteinander zu einem Gegenüber.[503]

> „Auf die Grußworte der Politiker. [...] Also da kann ich absolut drauf verzichten, weil die Politiker, der sagt das heute und macht es morgen doch nicht.“ Sven B274-I-32

Die Identität des Pfarrers als Motorradfahrer erleichtert zudem die Teilnahme am Motorradfahrer/innengottesdienst, insofern der/die Motorradfahrer/in auf eine gemeinsame Basis vertrauen kann. Dadurch reduziert sich das Schampotential eines Gottesdienstbesuches.

> „[..E]s ist einfach nicht getan mit einem wöchentlichen Sonntagsgottesdienst. Der mich nicht anspricht. Ja, oder wo ich vielleicht den Pfarrer gar nicht kenne. Ich noch nicht mal weiß, wie ist der überhaupt. Und dann traue ich mich da gar nicht hin.“ Kay B36-I-111

Insbesondere in den Fällen der „Konfessionslosen“ bzw. „Kirchendistanzierten“ spielt die persönliche Beziehung zum Motorradfahrer/innen/seelsorger bzw. -pfarrer eine tragende Rolle, wie in folgendem Fall deutlich wird, in welchem der Teilnehmer aufgrund personeller Veränderungen sein Verhältnis zum „Anlassen“ neu bestimmen musste:

> „Die Nähe vermisse ich so ein bisschen. Also die Nähe zwischen Pfarrer und den Teilnehmern, der Gemeinde, wie man es jetzt nennen will. Vielleicht bin ich aber auch ungerecht. Vielleicht vergleiche ich zu stark und sage, das hat Rupi gehabt und es sind zwei unterschiedliche Menschen. Sie sollen auch ganz unterschiedlich sein. Sie sollen auch ihr eigenes Ding machen. Ich denke, das ist auch ganz wichtig. Es soll nicht versucht werden einer, einer dem anderen zu kopieren oder irgendwas nachzumachen. Aber es spricht mich einfach nicht mehr so an.“ Jörn B21-I-36

Diese Erkenntnisse sind im weiteren Verlauf der Arbeit im Zusammenhang mit den Erkenntnissen der V. KMU zur Bedeutung des Kontaktes und der Kenntnis der Pfarrpersonen und der Kirchenbindung der Mitglieder[504] praktisch theologisch zu

---

[502] KLESSMANN, MICHAEL 2012, 118.
[503] B-TB-Paula-70.
[504] Vgl. hierzu KARLE, ISOLDE 2015, 123f.

perspektivieren. An dieser Stelle bleibt festzuhalten, dass durch das spezifische Verhältnis von Amt und Person des Motorradfahrer/innenseelsorgers eine *Begegnung auf Augenhöhe* möglich ist.

(f) Zugehörigkeit in Nähe und Distanz – soziale Dimension des Raumes
Motorradfahrer/innengottesdienste werden an den unterschiedlichsten Orten gefeiert. Das „Anlassen" findet in einer Kirche statt, was 94,9 % (n=255) der Umfrageteilnehmenden positiv bewerten. Die Wertschätzung der Bergkirche wurde bereits im Zusammenhang mit dem Wallfahrtscharakter der Veranstaltung thematisiert. Neben der außerordentlichen Lage der Kirche wurde mit der Bergkirche aber auch ein traditioneller und historisch geprägter gottesdienstlicher Ort als liturgischer Raum gewählt.[505] Die Lichtverhältnisse in der Kirche sind auch während des Gottesdienstes ausgeglichen und ermöglichen eine gegenseitige Wahrnehmung. Lediglich unter der an drei Seiten umlaufenden Empore (ausgenommen die Stirnseite) ist es dunkler,[506] wodurch an allen drei Eingängen ein „geschützter Raum" geboten wird, in dem viele der Eintretenden zunächst verweilen und sich orientieren. Während sich viele Besucher/innen über den Mittelgang einen Weg in eine der rechts oder links des Mittelganges liegenden Gestühlreihen bahnen oder aber direkt über die Seitentreppen einen Platz auf der Empore suchen, bleiben andere während des Gottesdienstes auch im „Schatten" der Empore stehen. Durch die während des gesamten Gottesdienstes geöffneten Türen ist ein Kommen und Gehen während des Gottesdienstes möglich, ohne besondere Aufmerksamkeit auf sich zu lenken. Durch die Übertragung des Gottesdienstes auf den Vorplatz ist es gut möglich, diesen auch außerhalb in der Nähe der Kirche zu verfolgen. Der liturgische Raum ermöglicht den Gottesdienstbesucher/innen, eine selbstbestimmte Nähe und Distanz zum gottesdienstlichen Geschehen einzunehmen, ohne dabei auf Zugehörigkeit verzichten oder sich exponieren zu müssen. Die selbstbestimmbare Positionierung im gottesdienstlichen Raum innerhalb und außerhalb der Kirche ermöglicht eine Partizipation am Gottesdienst nach subjektiven Nähe- und Distanzbedürfnissen. Dadurch ist es nicht erforderlich, sich in Ermangelung von Ausweichmöglichkeiten in eine innere Distanz zu begeben.[507]

Es liegt die Vermutung nahe, dass diejenigen, die bei schlechtem Wetter am Motorradfahrer/innengottesdienst teilnehmen ein höheres Interesse am gottesdienstlichen Geschehen des Anlassens haben. Darüber lässt sich nur spekulieren. Tatsache

[505] Die Kirche auf dem Berg in Niedergründau hat eine lange Geschichte. Sie wurde erstmals im 13. Jahrhundert urkundlich erwähnt. Die Saalkirche mit Glockenturm fügt sich mit ihrer Natursteinfassade harmonisch in die Umgebung ein. Das klassizistische Kirchenschiff entstand in der ersten Hälfte des 19. Jahrhunderts und wurde Ende des letzten Jahrtausends renoviert. Hierbei wurde die „filigrane Holzkonstruktion der Pfeiler freigelegt, neue Bänke und eine zentrale Heizungsanlage sorgen für eine freundliche Atmosphäre". Der Innenraum ist überwiegend in warmen Farbtönen gehalten. Vgl. B-M1-Flyer Bergkirche.

[506] B-TB4-Tanja-36.

[507] Vgl. hierzu FECHTNER, KRISTIAN 2015, 102–107.

ist jedoch, dass sich auch bei widrigen Wetterbedingungen mehrere dutzend Besucher/innen während des Gottesdienstes außerhalb der Kirche aufhielten, obwohl ausreichend Plätze in der Kirche zur Verfügung standen. Bei denjenigen, die bei schlechtem Wetter draußen blieben, schien der über den Lautsprecher nach draußen übertragene Gottesdienste eher indirekt Einfluss zu nehmen, wie aus dem Beobachtungsprotokoll einer extern hinzugezogenen, kirchenkritischen Beobachtungs-Hilfskraft zu entnehmen ist:

> „Unter solchen Gesprächen [Themen: Verkehrsverhalten, Gewalt, Alkohol- und Drogenkonsum unter Bikern, Unfälle, Krankheit, Tod und die Frage nach dem Jenseits][508] vergeht die Zeit bis zum Gottesdienstbeginn, der um etwa 11.50 Uhr durch Glockenläuten angekündigt wird. Unter den Anwesenden, die bis zu diesem Zeitpunkt nicht sowieso schon in die Kirche gegangen sind, löst das Läuten allerdings nicht im Mindesten Aufbruchstimmung aus. Im Gegenteil. So manch einer bestellt noch eine Bratwurst, keiner beachtet das Läuten so recht. Erst als wenige Minuten später die Band in der Kirche „Lass die Leute reden“ von den Ärzten spielt – was über die Lautsprecherübertragung draußen zu hören ist –, strömen noch ein paar der draußen stehenden Menschen in die Kirche. Die, die bleiben kümmern sich nicht weiter um den nun beginnenden Gottesdienst. Die meisten stehen immer noch um die Bratwurstbude herum, fahren fort, sich zu unterhalten. Nur wenige sitzen im Zelt, das näher an der Kirche und den Lautsprechern steht, und selbst diese hören ganz überwiegend nicht zu, sondern unterhalten sich. Bei aller Gleichgültigkeit wird jedoch nicht abfällig über den Gottesdienst geredet. Außer ein paar Kommentaren über die Musik der Band (‚Bei Hip-Hop oder Rap könnte man ja drüber reden – aber das!‘ / „Mich wundert's, dass Ralf nicht in der Kirche steht mit 'nem Schild wo ‚Kill the DJ‘ draufsteht“) findet das Geschehen in der Kirche kaum Erwähnung. Trotzdem scheint der Gottesdienst drinnen die Stimmung draußen positiv zu beeinflussen. Die offenen Kirchentüren, durch die immer wieder auch ein paar Leute hinein- und hinausgehen, sowie der häufig zu hörende Applaus geben das Gefühl einer sehr entspannten, stressfreien, glücklichen Situation. Insgesamt ist spürbar: Es gibt in Bezug auf die Haltung zum Gottesdienst **kein richtig und falsch**. Draußen sein heißt nicht, nicht dabei zu sein, und drinnen sein heißt nicht, dass man drinnen bleiben muss. [Absatz] Als schließlich der **Segen** gesprochen wird, haben sich etwa 5 Leute um den Eingang der Kirche versammelt, die den Worten aus den Lautsprechern lauschen und teilweise durch die geöffnete Tür schauen. Eine merkbare Änderung in der Atmosphäre gibt es jedoch während der Segensworte nicht. Ein paar Meter neben der Tür fährt ein Mann fort, mit seinem Hund zu spielen, andere unterhalten sich weiter. Nur ein Herr nähert sich der Tür, sodass er hindurchschauen kann, als der Segen angekündigt wird. Nachdem er ihn mit gefalteten Händen empfangen hat, bekreuzigt er sich.“ B-TB3-Birte-15-17

Bei gutem Wetter und voller Kirche verfolgten viele Menschen um die Kirche herum unterschiedlich intensiv das gottesdienstliche Geschehen über den Lautsprecher. Dies war wie z. B. durch das spontane Mitsprechen des Vaterunsers, nach vorangegangenen Gesprächen in der Gruppe, erkennbar.[509] Der erlebte Unterschied „drinnen und draußen“ divergiert in der Wahrnehmung:

[508] Vgl. B-TB3-Birte-12-14.
[509] Vgl. B-TB6-Tanja-40.

> „Und die Sonne kam raus. […] Ja, also da waren wirklich so die Witterungsbedingungen, die waren besser für draußen. Und da ist es aber natürlich nicht so feierlich oder so, ja. Denn der Klang [ist] nicht so schön, wenn das aus den Boxen dröhnt. Als wenn man natürlich drin ist. Das ist ein Unterschied. […] Ja. [der Segen] ist schon intensiver, wenn man den Pfarrer Thorsten Heinrich da stehen sieht. […]" Elke B267 –I-135

Lara erlebt den Segen über Lautsprecher anders:

> „Ja, ist auch okay. Also das und dadurch, dass da kein Platz mehr für uns in der Kirche war, wir waren ja eh zu spät, war das auch okay. Also der Segen hat uns trotzdem erreicht. […] Es ist ja letztendlich eher der Glaube dadran. Also ich hab mich auch gesegnet gefühlt, als ich [den Pfarrer] nicht gesehen habe. Und er halt das gesprochen hat und uns noch alles Gute auch für den Weg gewünscht hat." Lara B244-I-612-617

Die soziale Dimension des liturgischen Raumes liegt zum einen in seinem Charakter, selbstbestimmte Nähe und Distanz der Teilnehmer/innen zuzulassen, und zum anderen in seiner materialen Gestaltung, durch die das Thema Motorradfahren und Kirche in einen sinnfälligen Zusammenhang gestellt werden und zugleich Ausdruck religiöser Praxis sein kann. Darüber hinaus markiert er jedoch auch eine Grenze, jenseits derer die sinnliche Wahrnehmung des gottesdienstlichen Geschehens reduziert wird.

(g) Bewegt werden – soziale Dimension des Partizipationsverhaltens[510]
Das Partizipationsverhalten der Gottesdienstteilnehmer zeichnet sich durch ein hohes Maß an *affektiver Beteiligung* aus, wenngleich auch formale liturgische Beteiligungsformen unterschiedlich konfessioneller Prägung wahrgenommen werden konnten, wie sie im Kontext agendarischer Gottesdienste zu finden sind.[511] [512] Die

---

[510] Das Verhalten der Gottesdienstteilnehmer in der Kirche unterscheidet sich wesentlich vom Verhalten außerhalb der Kirche, weshalb nacheinander auf sie eingegangen werden wird.

[511] Die *formale Beteiligung* bezieht sich auf die Beteiligung an den liturgischen Elementen. Neben der hoch-aktiven formalen Beteiligung (insbesondere bei weiblichen Teilnehmerinnen) durch Mitsingen, lautes Mitlesen, Mitsprechen, Aufstehen, bekräftigende Zustimmung durch „Amen" und rituelle Gesten (z. B. Bekreuzigung), waren auch passivere formale Beteiligungsformen wahrnehmbar, die sich im lautlosen Mitlesen (Zuwendung zum Programm mit intensiver Betrachtung des Programmes und anschließendem Richtungswechsel des Blickes), im Einnehmen von Gebetshaltungen (Senken des Kopfes, Falten der Hände, Schließen der Augen), in veränderter Körperspannung und Blickrichtung, aber letztlich auch durch die „schlichte" Anwesenheit auszeichneten. Letzteres kam insbesondere durch das selektive Teilnahmeverhalten während des Gottesdienstes zum Ausdruck, explizit während des Segens, zu dem vereinzelt Personen, die sich außerhalb der Kirche aufhielten, die Nähe zum gottesdienstlichen Geschehen in der Kirche suchten. Vgl. B-TB3-Birte-16, B-TB4-Tanja-34f., B-TB6-Tanja-42ff.

[512] Im Rahmen dieser Arbeit wird idealtypisch zwischen einer formalen, affektiven und materialen Partizipation unterschieden. In vielen Fällen kann die Zuordnung der unterschiedlichen Partizipationsmerkmale kritisch diskutiert werden. Die idealtypische Zuordnung erfolgt zur Verdeutlichung von Partizipationsformen, die sich auch jenseits tradierter Verhaltensweisen bewegen. Damit soll jedoch keine Wertung der unterschiedlichen Partizipationsformen einhergehen. Hierbei wird davon ausgegangen, dass Beteiligung nicht generell als „Mitwirkung verstanden und konzipiert wird". Vgl. zur gottesdienstlichen Beteiligung FECHTNER, KRISTIAN 2015, 104ff.

affektive Beteiligung umfasst Formen der Körpersprache wie z. B. das Aufbauen von Körperspannung, das Aufstehen zum besseren Verfolgen des gottesdienstlichen Geschehens sowie Reaktionen auf bestimmte liturgische Elemente wie z. B. situative Wort- und Blickwechsel in bestimmten Situationen, emotive Zeichen wie Weinen, plötzliche Stille, Lachen, Klatschen (in verschiedenen Formen: zur Musik, Zustimmung/Bekräftigung und Applaus) sowie das Unterbrechen einer anderen Tätigkeit (z. B. das Ausfüllen der Fragebögen) mit einhergehender Ausrichtung auf das gottesdienstliche Geschehen, Bekräftigungszeichen wie z. B. das anerkennende Klopfen auf die Schultern der vorbeigehenden, gesegneten Missionare und Rettungskräfte, die spontane Aufforderung an die Mitwirkenden, für eine bessere Verständlichkeit dichter ins Mikrofon zu sprechen, rhythmische Körperbewegungen zur Musik, das Fotografieren einzelner liturgischer Elemente (z. B. Segensakte, Anspiel) sowie das spontane Ablegen der Helme im Altarbereich vor Beginn des Gottesdienstes.[513]

In der Gesamtschau konnten insbesondere aufgrund der affektiven Partizipationsformen deutliche Unterschiede im Stimmungs- und Aufmerksamkeitsgrad während des Gottesdienstes wahrgenommen werden. Im Rahmen der Beobachtung fiel auf, dass eine erhöhte Aufmerksamkeit und Partizipation bei Gebeten sowie zielgruppenbedingt bei anschlussfähigen und vertrauten Elementen bestand. Wohingegen z. B. die biblische Lesung sowie stärker von kirchlich-theologischer Sprache und Bildern geprägte Abschnitte der Predigt wenig Aufmerksamkeit auf sich zogen, auch wenn ein thematischer Bezug zum Motto hergestellt wurde.[514] Darüber hinaus waren das Ende und der Anfang des Gottesdienstes „verschliffen“, da beides liturgisch (und ohne liturgische Kenntnisse) nicht klar zu erkennen war.[515] An dieser Stelle unterscheidet sich der Motorradfahrer/innengottesdienst ebenfalls von alternativen Gottesdiensten, die sich durch eine hohe Schwellensensibilität auszeichnen.[516] Dieser Aspekt wirkte jedoch in keiner Weise störend, sondern schaffte fließende Übergänge innerhalb der Gesamtdramaturgie der Veranstaltung und entsprach auch dem Kommen und Gehen während des Gottesdienstes. Dennoch stellt sich hier die Frage nach der Relevanz der persönlichen Anwesenheit der Teilnehmer/innen beim Segensakt. Wenn gilt: „Der Segen braucht den Anblick; wo er ge-

---

513 B-TB2-Paula-50, 84.

514 Dies war insbesondere daran zu erkennen, dass Teilnehmer ihre Aufmerksamkeit anderen Dingen oder Personen zuwendeten wie z. B. dem ausgeteilten Fragebogen.

515 Zu Beginn des Gottesdienstes wurde die Aufmerksamkeit der Besucher/innen nur langsam auf das liturgische Geschehen gelenkt, als einige Personen die einziehende Gruppe aus Pfarrer, VCM und weiteren Personen bemerkte, aufstand und sich dabei zu ihr ausrichtete. Das Lied zum Einzug war nicht als solches erkennbar, da bereits im Vorfeld zum Gottesdienst die Band in der Kirche gespielt hat. Das Ende des Gottesdienstes schien ebenso unklar, da bereits während des Musikstückes nach dem Segenslied eine Aufbruchstimmung aufkam und die ersten Teilnehmer die Kirche verließen, bevor der Segen gesprochen wurde. Der dramaturgische Bogen des eigentlichen Gottesdienstes kam nach dem Segenslied zum Abschluss und vermittelte manchen Anwesenden das Ende des Gottesdienstes. Dies wurde insbesondere dadurch klar, dass einige Personen noch einmal umkehrten, als sie bemerkten, dass der „eigentliche Segen“ gesprochen wird. Vgl. hierzu die ausführlichen Beobachtungen in B-TB-Paula-52-78.

516 FRIEDRICHS, LUTZ 2007b, 13–15.

spendet wird, kann und darf man von denen, die gesegnet werden, nicht absehen",[517] dann ist die Frage, wie die hohe Bedeutung des Segens mit dem verschliffenen Ende des Gottesdienstes und der aufgrund der räumlich begrenzten Plätze in der Kirche zusammengedacht werden können. Laras Wahrnehmung des Segens, wie im v. g. Abschnitt ausgeführt, legt vielmehr nahe, dass die Gesamtveranstaltung als „Segensraum" (Ulrike Wagner-Rau[518]) wahrgenommen wird.

Die Partizipationsformen können als Hinweise auf mögliche Resonanzerfahrungen der Teilnehmer/innen angesehen werden. Hierbei wird in diesem Kontext der affektiven Partizipation ein besonders hoher sozialer Wert zugeschrieben, da sie im Unterschied zu einer stark regelgeleiteten, ritualisierten Partizipation wenig liturgisches Wissen und Können voraussetzt. Vor dem Hintergrund der unterschiedlichen kirchlichen Sozialisationsgrade[519] und Partizipationsformen hätte eine voraussetzungsvolle Liturgie einen exklusiven und evtl. auch beschämenden Charakter. Die niedrigschwellige liturgische Form des Motorradfahrer-/innengottesdienstes hingegen bieten den Freiraum für affektive Partizipationsformen, die auch aus anderen Zusammenhängen bekannt sind, wie z. B. das Klatschen, sich zur Musik bewegen, Lachen. Zudem schafft sie Raum für unterschiedliche Nähe- und Distanzbedürfnisse[520] und berücksichtigt, dass „[d]er Fluchtpunkt der Partizipation [...] die *innere Teilhabe* [ist], die durch aktive Mitwirkung gegebenenfalls befördert, aber eben auch gehemmt oder sogar unterbunden werden kann".[521]

Die sozialen Dimensionen gottesdienstlichen Handelns können nicht trennscharf voneinander unterschieden werden, sondern stehen in einem reziproken Verhältnis zueinander. Dies kommt darin zum Ausdruck, dass der Versuch die Gesellungskraft „auf den Punkt" zu bringen nicht gelingt, sondern auf das reziproke Verhältnis der sieben genannten Aspekte (a–g) zurückgeführt wird.

> „Der Kern ist eigentlich, dass man sich in diesem Gottesdienst angesprochen fühlt. Und das ist, glaube ich auch das, und dann halt das Ambiente. Das, und ich denke mal der ganze Verein, der da mit für arbeitet und der dann seinen Beitrag dazu leistet. Ist das dann, dass der das drum herum, was den Tag dann noch entsprechend schöner macht. [...] Die hinterher den Kuchen noch verkaufen. Die Getränke machen. Oder die dann halt vorne am Eingang stehen und weiß ich nicht, die irgendwelche wie jetzt, also diese Bändchen ausgeben zum Beispiel. Also das, also insgesamt, also es passt im Prinzip alles zusammen. Das ganze Paket ist. [...] a das Familiäre. [..M]an wird aufgenommen, so wie man ist. [...]." Lara B244-I-575/577

517 Fechtner, Kristian 2015, 91.
518 Wagner-Rau, Ulrike 2008.
519 Das Verhalten der Gottesdienstteilnehmer ist durch unterschiedliche konfessionelle sowie mehr oder weniger stark ausgeprägte Kennzeichen kirchlicher Sozialisation geprägt: Bekreuzigung beim trinitarischen Votum, erkennbare Unsicherheiten in Bezug auf die Liturgie und beim Singen. Vgl. B-TB1-Lothar-20, 24; B-TB2-Paula-55, 57,67; B-TB4-Tanja-34, 37; B-TB6-Tanja-20, 44.
520 Vgl. zur Beteiligung am Gottesdienst und diesbezüglicher Scham: Fechtner, Kristian 2015, 104ff.
521 Fechtner, Kristian 2015, 105.

2.2.5. Zwischenfazit

Die soziale Kraft der kollektiven Dimension des Anlassens ergibt sich aus einem Zusammenspiel seines szenenspezifischen und eventhaften Gepräges sowie seinem gottesdienstlichen Fokus und Handeln. Die Bedeutung und primäre Anziehungskraft der Veranstaltung liegt dabei nicht in ihrem Szenenevent, sondern bestimmt sich durch ihren Charakter als „jahreszyklischer Kasualgottesdienst in lebensgeschichtlicher Perspektive“ (Kristian Fechtner), der das „Anlassen“ in einen religiösen Sinnzusammenhang stellt. Ort, Zeit und eine niedrigschwellige liturgische Gestaltung eröffnen einen Raum, der eine selbstbestimmte und wenig voraussetzungsvolle Teilhabe und Teilnahme am gottesdienstlichen Geschehen ermöglicht.

2.3. Die soziale Kraft der Beziehungsnetzwerke des „Anlassens“

2.3.1. Die interdependenten Beziehungsnetzwerke des „Anlassens“

(a) Das individuelle Beziehungsnetzwerk (Mikroebene)
Auf die offene Einstiegsfrage in den Einzelinterviews, wie das erste „Anlassen“ in Niedergründau erlebt wurde, antworteten alle Gesprächspartner zunächst damit, wie es überhaupt dazu kam.[522] Hierfür spielten bereits bestehende persönliche Beziehungen aus dem Familien- und Freundeskreis eine zentrale Rolle. Dies entspricht auch den Angaben der Umfrageteilnehmer/innen, von denen gut 2/3 angaben, über private Beziehungen vom „Anlassen“ erfahren zu haben.[523] Das setzt einen über das „Anlassen“ hinausgehenden Kommunikationshorizont dieses Motorradfahrer/innengottesdienstes voraus. 82,9 % der Befragten (n=251) gaben an, mit Menschen über diesen Gottesdienst zu reden, die nicht dabei waren, weitere 12,4 % mit Menschen, die dabei waren.[524] Der ursprüngliche Teilnahmeimpuls für Sven ging von der positiven Erlebnisschilderung seines Bruders aus:

---

[522] Die exponierte Erzählung in den Interviews legt nahe, dass es sich im Zusammenhang mit dem „Anlassen“ um „Schlüsselerlebnisse“ für die Gesprächsteilnehmer handelt. „[I]n den Einstiegspassagen finden sich die zentralen Motivlagen immer wieder, wie in einem Brennglas verdichtet“. Vgl. Kernstellenanalyse KRUSE, JAN 2014, 580f. Dies gilt auch für diejenigen Fälle, in denen die für die erste Teilnahme am „Anlassen“ relevanten Beziehungen im weiteren Verlauf der Interviews nicht mehr erwähnt wurden und dafür andere Beziehungen und Motive hervorgehoben wurden. Vgl. Sven B274, Kay B36 und Lara B244.

[523] 64,3 % (N=272) gaben an, von Freunden und Bekannten vom Motorradfahrer/innengottesdienst erfahren zu haben. Werden diejenigen Fälle dazu gezählt, die über Familienmitglieder dazu gekommen sind, so sind es 2/3 der gültigen Stimmen (66,5 %, n=272). Darüber hinaus dient weiteren 10,4 % das Netzwerk aus unterschiedlichen Organisationen, Institutionen, Gruppen und Vereinen, die an der Veranstaltung und Durchführung des „Anlassens“ beteiligt sind, hierzu gehören ADAC, VCM, Polizei, ASB und die Kirchengemeinde als wichtige Informationsquelle. Hieraus ergibt sich, dass rund 77 % (n=272) über Beziehungen vom Motorradfahrer/innengottesdienst erfahren haben. Vgl. B-1.3.

[524] Vgl. B-7.5.

> „Wie es halt genau war. Aber das war eins der ersten Motorradgottesdienste. Das war ja irgendwann 82 oder so. Da waren, glaube ich, nur 30 oder 40, 50 Leute da. Da war mein Bruder gewesen. Und da sagt er: Da ist einer, ja, Pfarrer, und der sucht Leute. Der will ja was machen. Und man kennt das ja von Motorrad-Treffen her, es wird immer, immer größer, ne!" Sven B274-I-110

Svens Beschreibung davon, wie er seinen ersten Motorradfahrer/innengottesdienst in Niedergründau erlebt hat, verweist auf die Bedeutungen der Sozialkontakte beim „Anlassen" und die darin liegende Gesellungskraft:[525]

> „Sehr, sehr positiv, weil, ja, wir waren in Niedergründau, das war der zweite, muss man sagen. Durch meinen Bruder bin ich dadrauf gekommen, dass es so was gibt. Und es war ja dann die Startstelle war in Friedberg, die Stadtkirche.[526] Ich hatte vorher meine damalige Verlobte, oder Freundin, kennengelernt und wir wollten ans Nordkap fahren. Das ist halt eine recht interessante Geschichte, aber das wird ein abendfüllendes Thema sein. Und wir standen dann zusammen mit zwei Motorrädern. Meine damalige Freundin oder heutige Frau, ich. Und dann kam einer, der hatte auch so eine dicke BMW gehabt wie wir. Und da habe ich dem mal gesagt, vorlaut wie ich bin: Wo willst Du denn hin? Ja, sagt er: Ich fahre jetzt im Sommer ans Nordkap. Sag ich: wir auch. Ja, dann machen wir das zusammen. Und irgendwie hat sich dann auch dieser Gottesdienst, wir hatten zusammengesessen. […] Da haben wir tatsächlich bis zum Schluss da zusammengesessen und dann fast so die 30, haben wir ausgeheckt, wie wir so was machen können. Das war also mit Recht ein sehr, sehr positives Erlebnis. […]" Sven B274-I-10

Dieses positive Erlebnis wird von Sven narrativ in einen direkten Zusammenhang mit dem Gottesdienst als soziale Praxis gestellt. Der Wirkungs(zeit-)raum des „Anlassens" bleibt nicht auf den Motorradfahrer/innengottesdienst beschränkt, sondern erstreckt sich darüber hinaus:

> „Also so hatte ich das jetzt immer aus der Erinnerung, das ist jetzt in 1985 gewesen. Und das ist jetzt ungefähr 30 Jahre her. Und so haben wir dann den ersten Gottesdienst da erlebt. Dann sind wir zu dem zweiten Gottesdienst dann gefahren. Und dadurch, dass ich Herrn [Feldhammer], auch […] bei den christlichen Motorradfahrern [ist], haben wir auch sogar mehrere Leute bei seiner Hochzeit kennengelernt dadurch. Und kamen dann zu den weiteren Motorradgottesdiensten auch dazu. Wobei wir nie, sage ich mal, Kontakt hatten, dass wir permanent bei den [ACM/VCM] irgendwo mitmachen wollten oder es war sehr, sehr positiv. Und die Leute waren sehr, sehr positiv. Dass man nicht erst mal sagt: na ein Rocker oder irgend sowas. Ist ja auch immer ein negatives Abklatsch dann von Motorradfahrern da. Das muss man als positiv empfinden." Sven B274-I-12

Die neuen Sozialkontakte waren zwar stark vom Thema „Motorradfahren" geprägt, haben sich z. T. aber auch unabhängig davon als beständig erwiesen.

---

[525] Vgl. als weiteres Beispiel Elke B267-I-50-54.

[526] Der Umstand, dass Sven trotz Nachfrage nach dem ersten Motorradfahrer/innengottesdienst in Niedergründau auf seinen ersten Motorradfahrer/innengottesdienst in Friedberg rekurriert verweist auf den Parochie-ungebundenen Charakter des „Anlassens".

„Ja wir, also, wir pflegen sehr, sehr lange Freundschaften durch diese Reise. [Herr Feldhammer] lebt mittlerweile in Dresden. Kann nicht mehr Motorrad fahren, weil er auch [eine bestimmte Krankheit] hat, genau wie ich auch. Ich fahre noch gerne Motorrad. Und ja, das ist so eine Freundschaft fürs Leben, ja. [...]" Sven B274-I-48

Es zeigt sich, dass sich die soziale Kraft des „Anlassens" nicht in der Veranstaltung selbst erschöpft, sondern weit über den eigentlichen Gottesdienst hinausreicht. Die Umfrage zeigt, dass Svens Beispiel kein Einzelfall ist. 41,7 % (n=240) der Befragten gaben an, im Rahmen des „Anlassens" neue Bekanntschaften geschlossen zu haben, und mehr als die Hälfte davon hat zu den entsprechenden Personen auch außerhalb des Motorradfahrer/innengottesdienstes Kontakt.[527] Es bieten sich zudem Anknüpfungspunkte für Sozialkontakte in unterschiedlichen Lebensphasen und ihre je eigenen biographisch relevanten Beziehungsverhältnisse, sodass es aufgrund von Veränderungen im eigenen Leben nicht zwangsläufig zu einem Abbruch der Teilnahme am „Anlassen" kommen muss. Sven berichtet:

„[...] Ich mache das mittlerweile mit meiner Tochter. Meine Tochter sitzt hinten drauf. Und wir hatten auch geguckt, wann das wieder ist. Wir waren schon das Jahr vorher in Niedergründau gewesen. Und es hat geregnet. Und ich habe gesagt: nee. Bei dem Wetter fahre ich nicht. Das haben wir nicht für nötig. Man wird älter. Meine Tochter wollte unbedingt hin. Und dadurch hatten wir noch eine Freundin angerufen, von ihr, deren Mutter auch Motorrad fährt, und die hat gesagt: Na ja, wenn wir dahin fahren, fahren wir dahin. Und dann sind wir dahin gekommen. Es war, ich sag mal, fast wie immer. Wie vor 30 Jahren. Tausende von Motorradfahrern. Und man geht natürlich auch in die Kirche. Und <u>dieses</u> Jahr war es, waren nicht so viele Leute da. [...] [Meine Tochter] fährt garantiert nächstes Jahr auch wieder mit, egal, ob es regnet oder schneit. [...]". Sven B274-I-16

Dabei berührt das „Anlassen" Sozialkontakte aus verschiedenen Lebensbereichen der Teilnehmer/innen:[528]

„Die [Tochter] ist 15. [..L]etztes Jahr, da hatte sie Konfirmation gehabt. Und da war es so: Man musste immer ein Stempel haben. Und da habe ich gesagt: wenn Du dann in die Kirche gehst, fahren wir da hin. Und so ist das auch gekommen und damals war ja noch der Rupi gewesen. Da musste man ja eine Unterschrift holen. [...] Da war sie natürlich <u>besonders</u> stolz drauf, bei der [Ortsgemeindepfarrerin] zu sagen: Hier guck mal, wir waren im Motorradgottesdienst. Machst Du hier nicht. Aber wir sind dann auch Motorrad gefahren. Und das fand sie eigentlich ganz lustig." Sven B274-I-18-20

Über die Jahre hinweg kann in Svens Fall auf Basis des Interviews ein Beziehungsnetzwerk von mindestens 8 Personen-(Gruppen) (re-)konstruiert werden, die im Kontext des Motorradfahrer/innengottesdienstes relevant für Sven waren. Nach ihrer chronologischen Bedeutung sind dies Motorradfahrer/innenseelsorger Müller-Schiemann, Svens Bruder, Svens damalige Freundin respektive seine heutige Ehe-

[527] 56 % von n=100 (entspricht 20,4 % von n=274).

[528] Zur Anwesenheit von Konfirmand/in/en siehe auch B-GD-Uf 260.

frau, Herr Feldhammer, die Motorradfahrer/innenfreunde von Herrn Feldhammer (ACM), Svens Tochter, die Freundin der Tochter und ihre Mutter, Svens Ortsgemeindepfarrerin sowie die Konfirmandengruppe der Tochter. Der Umstand, dass es sich hierbei nicht nur um Einzelpersonen, sondern auch um Personengruppen handelt, die z. T. auch in anderen Lebensbereichen eine Rolle spielen, verweist auf die Verknüpfung der eingangs beschriebenen unterschiedlichen Analyseebenen der Beziehungsnetzwerke.

(b) Das kollektive Beziehungsnetzwerk (Mesoebene)

Für die Planung, Koordination, Vor- und Nachbereitung sowie die Durchführung des „Anlassens“ ist ein großes Netz aus haupt- und insbesondere ehrenamtlichen Mitarbeiter/innen notwendig. 10 % (n=250) der Umfrageteilnehmenden geben an, als Mitarbeiter/innen bzw. Mitarbeiter/Besucher/innen beteiligt zu sein, wobei die Anzahl der Mitwirkenden höher sein dürfte, wie u. a. der Abgleich der Umfragedaten mit den Interviewdaten vermuten lässt.[529] Das „Anlassen“ ist ein *von vielen verschiedenen „Gruppierungen“ gemeinschaftlich getragenes Ereignis.* Während der VCM und der hauptamtliche Motorradfahrer/innenseelsorger als Veranstalter bereits Monate im Voraus mit der Planung, Koordination und der inhaltlichen Konzeption sowie Ausarbeitung beschäftigt ist,[530] werden für die Durchführung des „Anlassens“ zahlreiche Helfer benötigt, die am Tag selbst z. B. als Ordner das „Anlassen“ unterstützen.

> „Ja, da ging wieder so […], da wird immer gefragt: Wer hilft denn mit? Wir müssen organisieren. Es muss abgesperrt werden. Und eigentlich, es sind auch, wenn man die Leute fragt, es sind immer dieselben, die dann anbieten zu helfen, und immer dieselben, die eigentlich eher ja sich zurückhalten. Also ja, ja gut, dann machen wir das wieder. Wo stehen wir dieses Mal.“ Elke B267-I-18

Dabei wirken sie in ganz unterschiedlichen Funktionen und Aufgabenbereichen innerhalb und außerhalb des Gottesdienstes mit:[531] im Vorbereitungsteam, als Ordner/innen, als Mitarbeiter/innen der Polizeikradstaffel und als Rettungskräfte, im Gottesdienstteam (als Lektor/inn/en, als Fürbittende, als Schauspieler/innen im Anspiel, als Worship-Leader/innen), als Verkäufer/innen an den Versorgungsständen und als Springer/innen, als Vertreter/innen des Kirchenvorstandes (Grußworte

529 So z. B. im Fall B21. Da die Umfrage im Wesentlichen in und um die Kirche herum erfolgte, ist davon auszugehen, dass einige Ordner und auch z. B. Mitarbeiter/innen der Polizeikradstaffel und des ASB nicht an der Umfrage teilnehmen konnten.

530 Hierzu gehört u. a. eine Wochenendfreizeit mit den Haupt- und Ehrenamtlichen zur inhaltlichen Vorbereitung des Gottesdienstes, die Pressekonferenz in der Woche vor dem eigentlichen Gottesdienst, Aufbau und Organisation im direkten Vorfeld des Gottesdienstes, Abbau und Helferfest im Nachgang. Vgl. u. a. B-Exp-76.

531 Die meisten Mitarbeiter/innen und Mitwirkende können über ihre Kleidung und Aufgabenbereiche (Ordnerwesten, VCM-T-Shirts, Polizei- und Sanitäter-Bekleidung, Sponsorenlabels etc.) leicht verschiedenen Gruppierungen zugeordnet werden.

bzw. Bewirtung), als Ehrengäste, als Pressesprecher/innen oder ganz grundsätzlich als Organisatoren, Vertreter von Sponsoren, Kooperationspartner/innen sowie Vertreter/innen der Einrichtungen, für die die Kollekte bestimmt ist.[532] Im Alltag bestehende Grenzen zwischen Milieus, Generationen und (Berufs-)gruppen scheinen hier keine ausschließende Rolle zu spielen, sondern das verbindende Interesse am Motorradfahren schafft ein Stück neue „Wirklichkeit“, in der Menschen sich *jenseits gesellschaftlicher Konventionen* „auf Augenhöhe“, mit Respekt, Akzeptanz und Toleranz begegnen und wahrnehmen.[533]

> „[...] ja, aber es ist ein buntes Völkchen, aber dort, ja, es ist, ist man nur Motorradfahrer. Und das, da denke ich, ist völlig egal, ob jung, alt oder, es spielt auch keine Rolle. Also hat mich noch nie interessiert, was verbirgt sich für ein Mensch dahinter, was macht der beruflich.“ Jörn B21-I-98
> „Dass man sich aufgehoben fühlt. Also, dass man so aufgenommen ist, wie man ist. Also egal, was ich jetzt arbeite, wo ich jetzt herkomme, wo ich wohne oder ja. Egal. Also egal, meine Hintergründe, ich bin da. Und so, wie ich jetzt bin, so bin ich, so bin ich angenommen.“ Lara B244-I-713

Dieser Aspekt wird im Rahmen der Interviews besonders in Bezug auf die Beziehung zwischen Teilnehmer/innen und den Mitgliedern der Polizeikradstaffel hervorgehoben.[534] Die berufsspezifische Trennung ist im gemeinsamen Erlebnishorizont und in der Risikogemeinschaft „Motorradfahren“ aufgehoben.

> „[...] Dann das Freudige gehört ja genauso, leider genauso dazu, wie das, wie diese traurigen Erlebnisse auch. [...] Und auch das ist wieder so ein Moment, wo sich Polizei und, ja, ich sage jetzt mal nicht-polizeiliches Gegenüber, sondern der Rest der Welt, hätte ich fast gesagt, auch die Motorradfahrer auch wieder näherkommen. Weil die natürlich auch diesem gleichen Schicksal oder diesem gleichen Risiko unterliegen. Das ist ja dann kein Unterschied. Ob ich jetzt ein, ein silberblaues Motorrad habe und bei mir steht Polizei drauf oder ich fahre mit einer schwarzen Lederkombi und da steht nur Yamaha drauf. Das Bewegen in dem Verkehr, wo man auch nicht davor gefeit ist, als, als Opfer möglicherweise zu enden, weil andere Fehler gemacht haben. Das, dieses Schicksal teilen ja beide. Und das ist auf jeden Fall, da kommen wir wieder hin, Brücke, gleiche Erfahrung, wo man sich auch wieder auf Augenhöhe begegnet, ja. Und, dass das ein Bestandteil des Gottesdienstes ist ja selbstverständlich. [...]“ Lutz B88-I-28

---

532 Vgl. B-Exp, B-TB1-6; B-8.6.

533 Aus szenentheoretischer Perspektive „[werden] Gruppierungen [...] offensichtlich vor allem dadurch zu einem Teil von Szenen, dass sie sich auf der Basis gemeinsamer Interessenlagen zu anderen Gruppierungen hin öffnen und sich selbst eben nicht nur als Gruppe, sondern (auch) als Teil einer Szene begreifen. [...] Während sich innerhalb von Gruppen Kommunikation verdichtet, ist diese zwischen den Gruppen vergleichsweise niedrig. Dennoch macht gerade die Kommunikation zwischen den Gruppen die Szene aus. Szenegänger kennen sich nicht mehr notwendig persönlich [...], sondern erkennen sich an typischen Merkmalen und interagieren in szenenspezifischer Weise (unter Verwendung typischer Zeichen, Symbole, Rituale, Embleme, Inhalte Attributierungen, Kommentaren usw.)“, HITZLER, RONALD & NIEDERBACHER, ARNE 2008, 20.

534 Vgl. hierzu die Ausführungen unter Kapitel II.2.2.1(c) sowie Lara/Jan B244-I-41-57 und Lutz B88-I-25f.

Dieses spezifische Beziehungsverhältnis kommt darin zum Ausdruck, dass viele der Polizisten die Veranstaltung nicht nur am Rande begleiten, sondern im Gottesdienst anwesend sind, und ein Mitglied der Kradstaffel stellvertretend für die Kollegen eine Fürbitte im Gottesdienst übernimmt. Im Motorradfahrer/innengottesdienst kommt es so zum kurzzeitigen „*Rollentausch*"; so wird z. B. aus einem Polizisten ein Fürbitter im Gottesdienst und aus Gottesdienstbesucher/innen Helfer der Polizeikradstaffel.[535] Darüber hinaus nehmen die Polizisten auf freiwilliger Basis teil und es kommt vor, dass sie auch außerhalb ihres Dienstes als zivile Teilnehmer/innen am „Anlassen" teilnehmen.[536]

Am Teilnahmeverhalten der Umfrageteilnehmer/innen hat sich bereits gezeigt, dass der Motorradfahrer/innengottesdienst auch ein Ort für *familiäre Beziehungen* ist. Seine Reichweite bis in die private Familie hinein, kristallisiert sich auch in den zahlreichen Kasualien, die im Rahmen des Motorradfahrer/innengottesdienstes gefeiert werden.[537] Anders als häufig in herkömmlichen gottesdienstlichen Feiern wahrnehmbar, wie z. B. in klassischen Kasualien und bei Festen des Kirchenjahres (insbesondere an Weihnachten), ist beim „Anlassen" jedoch nicht das Bild der privaten Familie als Relevanzraum leitend,[538] sondern die Verbundenheit über das Motorradfahren. Dabei wird an das Bild der „Bikerfamilie" angeknüpft.[539] Dadurch wird der exklusive Charakter, der nicht selten durch das in der christlichen Traditionsgeschichte idealisierte Familienbild bis heute Einfluss auf die Erfahrung gottesdienstlicher Praxis hat, relativiert bzw. erfährt eine Entgrenzung besonderer Art, indem die beim „Anlassen" versammelnde Gemeinschaft als „Familie" verstanden wird.

> „Ja, es ist irgendwie, es ist allgemein, dass wir in einer Familie, also es ist nicht nur wir als Familie, sondern man fühlt sich da irgendwie als Familie. Also man ist da, man trifft eigentlich immer irgendwelche Leute, die man kennt. Wir haben jetzt auch welche getroffen, die wir schon lange nicht mehr gesehen haben. Und den [Hubert] und seine Familie. Mit Freundin und Bruder und Vater und wen der da nicht alles mitgeschleppt hat. Und das ist irgendwie, ja man fühlt sich da irgendwie gut aufgehoben. Also es ist irgendwie so die Gemeinschaft, in die das auch passt. Wenn man vorfährt mit dem [Motorrad], man kommt irgendwie auch mit den Leuten leichter ins Gespräch, weil man weiß, man hat, wir haben alle das gleiche Hobby. Wir haben ja alle ähnliche Ansichten und dann hat man auch direkt dann ein Gesprächsthema." Lara B244-I-37

Entsprechen Familie häufig nicht ihrem Idealbild, so ist ein solches doch leitend für die *Charakterisierung des „Anlassens" als Familie*, insofern 1. die *„besondere Form*

535 Vgl. TB6-Tanja-42; B-Exp-42. Dabei werden die jeweiligen Verantwortungsträger respektiert, da offenbar klar zu sein scheint, dass eine Veranstaltung wie diese nur so funktionieren und am Leben gehalten werden kann.

536 Vgl. Lutz B88-I-30, 75f.

537 Vgl. Fußnote 493 sowie die Schilderungen von Lara B244-I-208-224 zur Tauffeier ihres Sohnes im Anlassen.

538 Grethlein, Christian 2012, 348ff.

539 „Biker ist halt eine große Familie." Jan B244-I-55.

der Vertrautheit“[540] eine tragende Rolle spielt, für die der Aspekt der Gleichgesinnung und der sozialen Beziehungen wichtig scheint. 2. Die Gemeinschaft hat den Charakter einer spezifischen „Beistandsgemeinschaft“,[541] die in der gegenseitigen Hilfsbereitschaft und Trostgemeinschaft zum Ausdruck kommt.[542] 3. Darüber hinaus wird das „Anlassen“ als ein Umfeld betrachtet, in dem sich Menschen willkommen fühlen können, wie sie sind.[543]

Dennoch ist das „Anlassen“ ein sowohl von *Motorradfahrenden als auch Nicht-Motorradfahrenden* getragenes Ereignis. Das „Anlassen“ ist seit 1997 *Gast* in der evangelischen Bergkirchengemeinde in Niedergründau und wird von der Kirchengemeinde auf dem Berg neben anderen besonderen Gottesdienstformen als ergänzendes Gottesdienstangebot verstanden und als solches auch aktiv auf der eigenen Homepage beworben.[544] Diese gastoffene Haltung wird durch die Gewährleistung der Bewirtung der „Biker“ während des „Anlassens“ auf dem Bergkirchengelände unterstrichen und als solche positiv von den Gästen wahrgenommen.

> „Das ist, ich find es faszinierend, dass es Menschen gibt, die so was auch organisieren. Das kommt auch noch dazu. […] Das ist schon gut. Auch was die, was die eigene Gemeinde da macht, mit den Brötchen […]. Und das find ich einfach sehr menschlich, sehr menschelnd. Und das spricht mich aus vielen, vielen Gründen an. Aber das ist meistens emotional. Ja.“ Peter B141-I-22

Durch die organisatorische und räumliche Struktur des „Anlassens“ besteht die Möglichkeit, sich in ganz unterschiedlicher Art und Weise und Intensität und in unterschiedlichen Gruppen einzubringen. So ist es auch denjenigen möglich, sich für das „Anlassen“ zu engagieren, die in einer gewissen Distanz zum gottesdienstlichen Geschehen stehen wollen, ohne dabei aber auf den Kontakt und die Zugehörigkeit verzichten zu müssen, wie sich an Jörns Fall bereits zeigt, der durch Veränderungen am „Anlassen“ ein stärkeres Distanzbedürfnis zum gottesdienstlichen Geschehen, nicht aber zur Gesamtveranstaltung entwickelt hat.[545] Das persönliche Engagement kann dabei als Ausdruck und zugleich Quelle für eine starke Identifikation mit dem „Anlassen“ (re-)konstruiert werden, wie es sich z. B. auch an Kays Fall darstellen lässt:

> „Ja ich war beim „Anlassen“ im letzten Jahr, das heißt 2013. Nachdem ich dann wohl schon zweimal vorher dort war als Teilnehmer und ich vorher versucht hatte, irgendwie da reinzukommen, anzuknüpfen, weil es mich angesprochen hat. Aber da ich da keine Resonanz bekommen habe, warum auch immer, ich glaube da war irgendwas mit den

540 GRETHLEIN, CHRISTIAN 2012, 337 Hervorhebung im Original.
541 Nicht im rein juristischen Sinne. Siehe zur Beistandsgemeinschaft Familie auch GRETHLEIN, CHRISTIAN 2012a, 344.
542 GRETHLEIN, CHRISTIAN 2012, 344.
543 Vgl. hierzu *„Angenommen werden“* in Kapitel II.2.2.4 *(b)*.
544 Vgl. http://www.kirche-aufdemberg.de/gottesdienst/index.html [online: 03.06.2015].
545 Jörns verändertes Teilnahmeverhalten führt er auf die Veränderungen zurück, die sich aus dem Personalwechsel ergeben haben. Vgl. B21-I-20-26.

E-Mails, ging irgendwie nicht gut. Und an diesem Morgen bin ich eben da relativ früh auch hingefahren, um auch einen schönen Platz zu haben in der Kirche. Und hab da einfach jemanden angesprochen: Wie sieht es denn aus? Könnt Ihr noch gerade noch jemand gebrauchen beim Ordnen auf den Parkplätzen. Und ja, daraufhin bin ich gleich eingeladen worden auch abends dann zum anschließenden Helfer-Essen, heißt es da, glaube ich. Und bin dann eingeladen worden zum nächsten Stammtisch und so bin ich dann sukzessive einfach reingewachsen. Also, sagen wir mal so, es war einfach so ein Impuls, zu sagen: Hier, das ist etwas, wo ich gern auch dabei wäre. Nicht nur als Teilnehmer, sondern auch dazwischen, in der Vorbereitung. Und vielleicht auch gucken, was gibt es noch mehr außer diesem Anlass. Ja. So war der Start." Kay B36-I-50

Das Engagement für das „Anlassen" und die damit eingegangene Selbstverpflichtung sind wichtige Gesellungsfaktoren. Auf die Frage danach, was ihn konkret dazu bringt, sich morgens nach Niedergründau auf den Weg zu machen und an dem Gottesdienst teilzunehmen – selbst bei so schlechtem Wetter wie 2014 –,[546] antwortet dieser:

„Ja. Jetzt würde ich sagen mitgefangen, mitgehangen. Weil, da muss man jetzt einfach durch, weil ich Teil der Gruppe bin." Kay B36-I-32

Der *Verband Christlicher Motorradfahrer/innen (VCM)* stellt über den eigentlichen Gottesdienst hinaus einen halb öffentlichen Raum dar, im Rahmen dessen auch zwischen den Gottesdiensten Kontakte gepflegt werden können. Hierfür bietet der VCM zweimal im Monat einen Stammtisch an einem festen Ort an, zu dem auch auf den Programmzetteln eingeladen wird. Er hält damit ein Angebot für alle Interessierten bereit, mit der eine potentielle Teilnahme positiv vermerkt wird:

„[...] Ich nehme mir jedes Mal vor, am Montagabend zum Treffen zu fahren. Da gibt es so alle 14 Tage gibt es Treffen. Ich habe das als Dauertermin seit zwei Jahren bei mir drin. Ich habe es noch nicht ein einziges Mal geschafft, weil entweder Regen ist und mit dem Auto fährt man nicht dahin zu so einem Treffen. Oder, weil irgendwas ist dann. Ich habe zu viel zu Hause zu tun. Wie gesagt drei Kinder. Und, aber ich nehme es mir jedes Mal vor. [...]" Peter B141-I-44

Darüber hinaus wird der VCM als Kontakt- und Informationsplattform genutzt, wie z. B. im Fall von Lara, die in diesem Zusammenhang von der Möglichkeit, ihren Sohn beim „Anlassen" taufen lassen zu können, erfahren hat:[547]

„Das war halt so in dem allgemeinen Verteilerkreis. Hier durch die Ordner und durch den VCM war das, kam halt irgendwann so diese Rundmail, dass er alles Organisatorische schon für den Motorradgottesdienst gemacht hat. Und dann hat [Rupi] dann also den Satz: na ja. Zwei Hochzeiten hat er, aber so eine, so eine Taufe wäre halt, also er war jetzt nicht speziell auf mich, sondern halt allgemein, ob nicht noch jemand jemanden wüsste, der da jemanden taufen lassen will [...]." Lara B244-I-188

---

546 Vgl. B36-I-29.
547 Zur Fragestellung vgl. B244-I-187.

Dieses im Laufe der Zeit gewachsene und maßgeblich über den VCM verbundene Netzwerk füllt damit die systembedingte Leerstelle einer „Mitgliederverwaltung“. Die Funktionsfähigkeit hängt dabei sehr von einzelnen Personen und ihrem persönlichen Engagement sowie der privaten Organisation ab, sodass es z. B. durch personelle Veränderungen zu einem Informationsabbruch kommen kann.[548] Dieses orthogonal zum etablierten System verlaufende Netzwerk fordert zur selbsttätigen „Mitgliedschaft“ heraus;[549] weil das Netzwerk nicht über ein bestehendes institutionelles „System“ organisiert wird. Das Internet dient dabei als wichtige Informationsquelle,[550] die zwar ein bestimmtes Maß an Eigeninitiative vorausgesetzt, aber auch eine *diskrete* Annäherung ermöglicht. Die Internetplattform des VCMs wird auch von Personen genutzt, die nicht in direktem Kontakt zu diesem Verband stehen. Sie ist neben den persönlichen Kontakten eine wichtige Informationsquelle für die konkreten Veranstaltungstermine.[551]

(c) Das gesellschaftlich-institutionelle Beziehungsnetzwerk (Makroebene)
Als Großveranstaltung ist das „Anlassen“ auf die *Zusammenarbeit mit der kommunalen Gemeinde* angewiesen und wird durch die mediale Öffentlichkeit auch über diesen Bereich hinaus wahrgenommen. Dadurch kommt es zur Berührung mit anderen lebensweltlichen Bereichen der Gesellschaft wie z. B. zur Politik, zu Anwohnern,[552] zu sozialen Einrichtungen, zu Medienvertretern und ortsansässigen Vereinen.[553] Dieser Kontakt dient u. a. der Verständigung und Akzeptanz zwischen Anwohnern und Motorradfahrer/innen – zweier Gruppen, die nicht selten in einem Spannungsverhältnis zueinander leben.[554]

> „[…] Was mich auch noch so anspricht ist, dass die <u>Bevölkerung</u> uns, uns annimmt und sich drauf <u>freut</u> und bei gutem Wetter, gut, das war jetzt im letzten beim letzten Mal nicht so gewesen, weil das Wetter nicht so ist, aber in den Dörfern teilweise machen die ja da groß Party und wir werden begrüßt und es wird gewunken. Und die Leute brauchen, bauen ihre Grill-Stationen auf und sitzen zusammen und haben einfach Party, weil wir da mit ein paar Tausend Leuten durchfahren. Und eigentlich <u>Dreck</u> machen und <u>Lärm</u> machen und <u>Gestank</u> machen und trotzdem freuen die sich.“ Jörn B21-I-92

---

548 Vgl. B-Exp-50.

549 Dieser Umstand dürfte jedoch zur Attraktivität des „Anlassens“ beitragen, weil er – wie die Ergebnisse der V. KMU gezeigt haben – dir selbstbestimmten Gestaltung des Mitgliedschaftsverhältnisses entspricht. Vgl. HERMELINK, JAN & WEYEL, BIRGIT 2015, 31.

550 22,4 % (n=272) der Befragten erfuhren erstmals über das Internet vom „Anlassen“. Vgl. B-1.3.

551 Vgl. B244-I-18 „Das weiß immer irgendjemand. Also sei es meine Cousine oder irgendjemand, der dann schon hat oder wir gucken im Internet, Motorradgottesdienst in Niedergründau. Manchmal kriege ich auch noch den Newsletter von dem VCM. […] Also irgendeiner guckt dann und teilt das dann mit.“ Lara B244-I-19.

552 Laut Umfrage kommen 14,3 % (n= 245) der aus dem PLZ-Gebiet 63584 (Gründau und Gemeinden). Vgl. hierzu auch B-GD-Fm 272.

553 Vgl. z. B. B-M6 Pressespiegel des ADAC Hessen-Thüringen 2015 – Gelnhäuser Tagblatt, 13.4.2015.

554 Vgl. B-M6 Pressespiegel ACAC Hessen-Thüringen 2015, Gelnhäuser Tagblatt, 13.4.2015 sowie Echo online – Sonniger Start in die Motorradsaison, 13.4.2015.

Die darin zum Ausdruck kommende Gesellungkraft wird durch das punktuell-jahreszyklische Angebot nicht geschwächt, sondern erfährt dadurch eine Exklusivität, die der Akzeptanz und der Verständigung dient.

> „Weil das ganze, das ganze, das ganze Dorf oder eben der ganze Ort macht ja dann auch ein Fest draus. Es ist auch nicht so, dass es die Anwohner irgendwie stört, sondern das, man, man hat halt irgendwie auch das Gefühl, die Anwohner freut es, dass dieses Fest wieder stattfindet. Also von daher ist irgendwie, passt alles zusammen da. Also bei, bei anderen, wenn ich hier an unsere Kerb zum Beispiel denke, das ist auch ein Wochenende im Jahr und dann beschweren sich schon die Anwohner, dass die Musik so laut ist. Und da [beim Anlassen] feiern die Anwohner halt einfach mit. Und die wissen, der Tag ist eine Ausnahme. Der ist nur einmal im Jahr. Und dann ist es okay. Und das macht es, glaub ich, da aus." Lara B274-I-537

Als *öffentliche Großveranstaltung* wird das „Anlassen" mittels Print- und medialer Werbung beworben. 14 % (von n=272) der Befragten geben an, über Flyer und Plakate von diesem Motorradfahrer/innengottesdienst erfahren zu haben. Die Öffentlichkeitswirksamkeit wird aber insbesondere durch eine hohe Medienpräsenz des „Anlassens" deutlich. 16,5 % erfahren über die Presse und andere Medien (wie z. B. Radio und Fernsehen) vom „Anlassen", die im Voraus über das anstehende „Anlassen" und danach über die Ereignisse informieren. Der Pfarrer wird in der Presse medienwirksam als „Galionsfigur" bildlich in Szene gesetzt.[555] Durch die intensive Öffentlichkeitsarbeit wird der Wirkungsradius dieses Gottesdienstes deutlich über das eigentliche „Anlassen" hinaus erweitert. Die Medien stellen ein wichtiges Bindeglied zwischen Kirche und Öffentlichkeit dar und helfen dabei, auch indirekt mit Menschen in Kontakt zu kommen. Dies unterstützt die von Jan Hermelink geäußerte These, wonach „Pfarrer [...] nicht nur, ja nicht einmal vor allem die engagierte, hoch verbundene ‚Kerngemeinde' [prägen], sondern ihre Person hat – als öffentliche Rolle – auch dort erhebliche Bedeutung, wo sie als Repräsentantin und Repräsentant der Kirche wie des christlichen Glaubens in der gesamten Öffentlichkeit ihrer Gemeinde – und gelegentlich weit darüber hinaus – sichtbar wird".[556]

(d) Die Interdependenz der Beziehungsnetzwerke

Wird die Interdependenz der drei Analyseebenen der Beziehungsnetzwerke in den Blick genommen, so zeigt sich, dass diese insbesondere an zwei Punkten kulminiert: 1. Der Schlüsselfunktion des Motorradfahrer/innenseelsorgers sowie 2. in der Wirkung des „Anlassens" auf das Verhältnis zwischen den individuellen Akteuren und der Institution Kirche.

---

[555] Vergleiche hierzu exemplarisch die zahlreichen Abbildungen und Überschriften des Motorradfahrer/innenseelsorgers in der Presse: z. B. B-M6 Pressespiegel ADAC Hessen-Thüringen 2015, Gelnhäuser Tagblatt, 1.4.2015; LATTKA, HEIKE 05.02.2012, RENNER, JULIA 29.01.2012.

[556] HERMELINK, JAN 2014, 137.

Dem Motorradfahrer/innenseelsorger wird eine besondere Bedeutung beigemessen. 97,2 % (n=252) der Umfrageteilnehmenden gefällt es, dass der Gottesdienst von einem „Biker-Pfarrer“ gehalten wird.[557]

> „Ich halte das für sehr wichtig. Und zwar nicht nur wegen, ich glaube, es könnte auch so ein, so ein einfühlsamer, motorradfahrender Gemeindepfarrer könnte das sicherlich auch. Ja. So mal ausnahmsweise. Der Biker-Pfarrer ist aber wichtig, um die Organisatoren auch zusammenzuhalten. […] Und ich glaube, für [den VCM] ist der ganz wichtig. Ich glaube, der ist da auch immer dabei. Also stelle ich mir jedenfalls so vor. Und der hält den Laden schon zusammen. Schafe und Hirte. Ja, also da gehört schon so einer dazu, der das Ganze auch nicht nur organisatorisch. Ich denke mir, da ist der ein oder andere von der Gruppe auch sicherlich dabei, der das organisatorisch zusammenhält. Aber geistig, geistlich zusammenzuhalten, glaube ich, ist wichtig. […] Und der hat auch die besseren Texte. Also wenn das ein normaler Gemeindepfarrer macht, weiß ich nicht, ob der so treffsicher ist. Weil, die vorbereiteten Predigttexte von der Landeskirche, die sind da nicht geeignet. Ja, der muss schon sich was selber ausdenken.“ Peter B141-I-44,46

Durch seine doppelte Charakterisierung als Motorradfahrer und als Pfarrer wird er als ein Gleichgesinnter wahrgenommen und stellt dadurch einen besonderen „Zugang“ zur Kirche und religiösen Praxis dar. In der Trias von Amt, Beruf und Person wird im Zusammenhang mit dem Motorradfahrer/innengottesdienst der Person eine besondere Bedeutung zugemessen, ohne diese jedoch von ihrem Amt oder ihrer Funktion getrennt zu sehen. „Die Lebensführung des Pfarrers wird entprivatisiert, da er mit seiner in sozialen Bezügen eingewobenen Person für die Sache der Religion [steht]. […] Die Amtsführung ist von der Ausstrahlungskraft der Person des Pfarrers nicht zu trennen.“[558]

> „[…] Also ich nehme zwar an diesem Gottesdienst teil, allerdings eher passiv, weil, ich bin Atheist. Hab also mit Kirche, Religionen überhaupt nichts am Hut. Das ist für mich eher die Gemeinschaft der Motorradfahrer. Der Rupi, gut, zu dem habe ich auch noch eine persönliche ganz besondere Bindung, das kommt noch dazu. Der hat meine verstorbene Frau beigesetzt, in einer ganz außergewöhnlichen Form. Ja, aber ich sage mal jetzt so dieses, ja, da kommt mir zu wenig das Motorradfahrersein, die Gemeinschaft durch. Das Wegfallen dieses uralten Rituals mit dem Motorrad bis vor die Kanzel zu fahren. Sind so Sachen, die die Leute wahnsinnig geliebt haben, war so ein Highlight, sind Sachen, die man nirgendswo erlebt. Ja.“ Jörn B21-I-24ff.

Die überzeugende Persönlichkeit des Pfarrers ist der Grund für den Respekt und das Ansehen das ihm auch von kirchenkritischen Menschen entgegengebracht wird. Durch den Wechsel der Amtsperson kam es zu Veränderungen des Gottesdienstes, die für Irritationen gesorgt, aber das „Anlassen“ nicht nachhaltig geschwächt haben.

---

557 Lediglich die Atmosphäre mit 98,8 % (n=256) und das Gesamtkonzept des Gottesdienstes mit 98,8 % (n=251) erzielt bei der Umfrage danach, was den Teilnehmern am Motorradfahrer/innengottesdienst gefällt bzw. nicht gefällt, höhere Ergebnisse.

558 WEYEL, BIRGIT 2007, 644.

Obwohl das „Anlassen“ als Teamleistung bezeichnet werden kann, kommt dem Motorradfahrer/innenseelsorger eine herausgehobene und bedeutende Schlüsselrolle zu, ähnlich einem Teamleiter. Dies kommt insbesondere dann zum Ausdruck, wenn aufgrund einer gewissen Tradition bestimmte Aufgaben von Vertretern einzelner Gruppen übernommen werden, wie z. B. die Fürbitten, dies jedoch ohne explizite Bitte durch den Motorradfahrer/innenseelsorger nicht erfolgt.[559] An dieser Stelle wird ersichtlich, dass die Beteiligten einerseits als Netzwerk verstanden, nicht mit einer Organisation oder Institution verglichen werden können, sondern sich dieses *in actu* konstituiert. Andererseits die darin eingewobenen Akteure – gleich welcher Analyseebene – immer auch durch ihre institutionelle Identität geleitet werden. Ein solches Netzwerk kann daher nicht als Ersatz vermeintlich überkommener Organisationsformen angesehen werden, sondern ist orthogonal dazu – im Sinne einer anderen Sicht auf Beziehungsstrukturen – zu verstehen.[560] Daraus folgt, dass das Funktionspfarramt des Motorradfahrer/innenseelsorgers nicht nur motorradspezifische Kenntnisse verlangt, sondern darüber hinaus Kenntnisse über die eingebundenen Organisationen und Institutionen jenseits von Kirche.

Das Beziehungsgefüge des „Anlassens“ kristallisiert sich punktuell im gottesdienstlichen Raum der Institution Kirche. Das gelingende Verbinden dieser verschiedener „Lebenswelten“ ermöglicht, vorherrschende Bilder und geprägte Beziehungen auf Basis neuer Erfahrungen zu verändern und mitzugestalten. Dies kommt durch Berichte über das „unerwartete“ Verhalten „der Kirche“ gegenüber den Motorradfahrer/innen zum Ausdruck, wie er sich im Zusammenhang mit der Bedeutung der Materialität des Motorrades im Gottesdienst gezeigt hat, oder auch über die moderne musikalische Gestaltung.[561] Die Präsenz der Motorräder in der Kirche wird als Symbol dafür gesehen, dass die Kirche den Mut hat, andere Wege zu beschreiten. Dadurch ist es den Teilnehmer/innen möglich, das eigene Kirchenbild zu hinterfragen und die Zugehörigkeit zur Kirche neu zu bestimmen:[562]

> „War irgendwie noch mal so die Kirche irgendwie so die Zugehörigkeit zur Kirche. Die Kirche hat das Motorrad akzeptiert. Wobei jetzt das Motorrad nicht unbedingt in die Kirche gehört. Aber es hat irgendwie auch zur Akzeptanz gehört. (350) Ich finde es alleine schon mal geil, dass die Kirche die Tür für Motorräder, für Motorräder wirklich aufmacht. […] Dass die Kirche alleine sich so modern zeigt, dass sie den Motorrädern oder der Minderheit, ja gut, im Prinzip sind wir ja eine Minderheit, die Tür öffnet und die Kirche halt so zur Verfügung stellt, obwohl die Kirche, ich sage mal, das Grundstück und alles rund drum ja schon irgendwo auch ein bisschen in Mitleidenschaft gezogen wird. Gerade wenn es viele Leute sind und die trampeln draußen rum. […]“ Lara B244-I-534

559 Wie z. B. 2015 im Hinblick auf die Fürbitten durch die Polizeikradstaffel geschehen.

560 Auf den orthogonalen Charakter von Netzwerken hat Athanasios Karafilidis auf der Fach- und Nachwuchstagung „Soziale Netzwerke“ hingewiesen, die vom 26.–28.9.2013 in Marburg stattgefunden hat.

561 Vgl. Kay B36-I-12 sowie II.2.2.4 *(b) Angenommen werden.*

562 Vgl. hierzu die Ausführungen in Kapitel II.2.2.4. *(b) Angenommen werden.*

Im Rahmen des Interviews ist eine deutliche Veränderung der Selbstverortung im Verhältnis zur Kirche (re-)konstruierbar. Wird die Kirche zu Beginn seiner Erfahrungsschilderungen noch stärker als autoritäres Gegenüber gezeichnet,[563] spricht Kay im letzten Drittel von „meiner Kirche“.[564] Diese Entwicklung entspricht dem im Rahmen der Datenanalyse (re-)konstruierten positiven Einfluss des „Anlassens“ auf das Kirchenbild sowie das Zugehörigkeitsgefühl und den Kontakt zur Kirche und zur jeweiligen Ortsgemeinde der Umfrageteilnehmenden:

> 38,1 % (n= 247) der Befragten geben an, dass sich ihr Bild von der Kirche positiv verändert hat. Bei 32,8 % hat es sich verändert, jedoch nicht negativ. Nur wenige Personen geben eine Distanzierung zur Kirche und/oder Ortsgemeinde an.[565] 23,7 % (n=224) haben angegeben, dass sich ihr Kontakt zur Kirche verstärkt hat. Für 22,8 % hat es sich (nicht negativ) verändert. 7,8 % (n=219) haben mehr Kontakt zu ihren Ortsgemeinden und für 6.8 % hat sich der Kontakt zur Ortsgemeinde verändert. Das Zugehörigkeitsgefühl zur Kirche hat sich bei 14,2 % (n=218) verstärkt und bei 16,1 % ist es unbestimmt - jedoch nicht negativ - anders. 10 % (n=221) fühlen sich durch das „Anlassen“ auch mit ihrer Ortsgemeinde verbundener. Für 6,8 % hat sich das Zugehörigkeitsgefühl zu dieser (nicht negativ) verändert.[566] Die Kreuzanalysen mit dem sonstigen Gottesdienstbesuch sowie der Konfession/Religion zeigten, dass es sich dabei um Umfrageteilnehmende mit ganz unterschiedlicher kirchlicher Sozialisation handelt.[567] Aus allen Interviews ist unter Berücksichtigung der subjektspezifischen Umfragedaten ein gestiegener Kontakt zur Kirche - und in zwei Fällen auch für die Ortsgemeinde -[568] (re-)konstruierbar. Im Rahmen der Interviews hat sich jedoch auch gezeigt, dass der Kontakt zum Motorradfahrer/innengottesdienst nicht zwangsläufig in einer Verbindung zur Kirche gesehen und darauf bezogen wird.[569]

Das Verhältnis zwischen den Umfrageteilnehmenden und der Kirche wird an einem weiteren Punkt signifikant: Lt. B-4.22 gefällt es 94,9 % der Befragten (n=255), dass dieser Gottesdienst in einer Kirche gefeiert wird.[570]

---

563 Vgl. Agentivierung in Kay B36-I-28. Zur Agentivierung siehe KRUSE, JAN 2014, 561.

564 Im Kontext mit dem Angebot, das er sich von seiner evangelischen Kirche wünscht. Vgl. Kay B36-I-89-93.

565 Abgeschwächter Kontakt zur Kirche und zur Ortsgemeinde je 2,7 %, n=224/n=219; abgeschwächtes Zugehörigkeitsgefühl zur Kirche ist bei 4,1 %, n=218, und zur Ortsgemeinde bei 1,4 %, n=221, abgeschwächt; das Bild der Kirche hat sich bei einer Person durch den Motorradfahrer/innengottesdienst negativ verändert.

566 B-7.1f.

567 Vgl. Kreuzanalyse von B-7.1 und B-7.2 mit jeweils B-2.1 und B-8.5.

568 Vgl. hierzu die Ausführungen zum Thema entlang der Interviews von Sven B274-I sowie Lutz B88.

569 Vgl. Jörn B21-8.5.

570 Lt. B-4.22 gefällt es 94,9 % der Befragten (n=255), dass dieser Gottesdienst in einer Kirche gefeiert wird.

2.3.2. Der Parochie-unabhängige Charakter des „Anlassens“

Das „Anlassen“ wird vom Beauftragten für Motorradfahrer/innen-Seelsorge der Evangelischen Landeskirchen Kurhessen-Waldeck (EKKW) und Hessen Nassau (EKHN) veranstaltet und fällt damit in den Verantwortungsbereich eines Funktionspfarramtes.[571] Darüber hinaus wird er in Zusammenarbeit mit dem Verband Christlicher Motorradfahrer (VCM) und unter Mitwirkung und Unterstützung zahlreicher außerkirchlicher Kooperationspartner organisiert und durchgeführt. Die territoriale Unabhängigkeit wird auch im mobilen Charakter des „Anlassens“ ansichtig. Dieser Gottesdienst ist stets „nur“ zu Gast in einer Parochialgemeinde. Wie im Zusammenhang mit anderen Zielgruppengottesdiensten bereits von anderer Seite ausgeführt, kann auch hier wahrgenommen werden, dass „die beherbergenden Institutionen den Rahmen zumindest beeinflussen“.[572] Die Veränderung räumlicher und infrastruktureller Bedürfnisse aufgrund einer stark wachsenden Teilnehmerzahl, aber auch das Maß an Gastoffenheit der zivilen und kirchlichen Gemeinden sind nur zwei Beispiele, die hierfür exemplarisch angeführt werden können. In den ersten 20 Jahren kam es dadurch auch immer wieder zu Ortswechseln.[573] Seit 1997[574] ist das „Anlassen“ zu Gast in der Evangelischen Bergkirche in Niedergründau, von wo aus sich im Anschluss der Korso auf den Weg zum Festplatz in das einige Kilometer entfernte Gelnhausen macht. Die vielfachen Ortswechsel hatten jedoch bislang noch keinen nachteiligen Einfluss auf die Besucher/innenzahlen.[575] Unter den Teilnehmer/innen besteht eine große Bereitschaft bei einem erneuten Standortwechsel das „Anlassen“ auch an anderen Orten im Rhein-Maingebiet zu besuchen.[576] Für viele ist das „Anlassen“ ohnehin Ziel einer bereits in den frühen Morgenstunden oder am Vortag an ganz unterschiedlichen Orten des Bundesgebietes begonnenen Reise.[577] 2014 war das Haupteinzugsgebiet mit rund 94 % zwar das hessische Rhein-Main-Gebiet (n= 245). Trotz des schlechten Wetters kamen darüber hinaus aber auch Besucher/innen aus Baden-Württemberg, dem Saarland, Nordrhein-Westfahlen, Rheinland-Pfalz, Niedersachsen, Sachsen-Anhalt, Berlin und Sachsen, d. h. aus 9 Bundesländern und dem Gebiet von 10 verschiedenen Landeskirchen mit den

---

571 Auch wenn der derzeitige Motorradfahrer/innenseelsorger zusätzlich zu dieser Aufgabe 50 % als Ortsgemeindepfarrer der EKHN arbeitet. Das „Anlassen“ wird jedoch nicht in seiner Parochialgemeinde gefeiert. Dennoch ist diese Stellenverknüpfung für das Beziehungsnetzwerk relevant, worauf später eingegangen werden wird.

572 Liturgische Konferenz 2012, 31.

573 Von der Ev. Stadtkirche Büdingen nahm er seinen Weg über die Evangelische Stadtkirche in Friedberg in die Evangelische Stadtkirche in Darmstadt und mit einem kurzen Zwischenstopp in Langenselbold an seine aktuelle Heimat, die Evangelische Bergkirche in Niedergründau. Als Gründe hierfür wurden erhöhter Platzbedarf, aber auch eine mangelnde gesellschaftliche Akzeptanz angeführt. Vgl. hierzu B-Exp-10.

574 Ausgenommen 1999, vgl. B-M4-Programmhefte, Programm 1999.

575 Vgl. hierzu die an anderer Stelle erläuterten gestiegenen Teilnehmer/innenzahlen.

576 Laut B-1.11: 79,9 % bei n=259.

577 Die Anreise zum Motorradfahrer/innengottesdienst beginnt z. T. schon am Vortag (Vgl. B217) oder gar in den frühen Morgenstunden (u. a. B177).

Schwerpunkten EKHN und EKKW.[578] Wenngleich das „Anlassen“ in den Verantwortungsbereich dieser zwei Landeskirchen fällt, könnte angesichts des Einzugsgebietes auch von einem „EKD-Gottesdienst“ gesprochen werden. Die v. g. Aspekte des außerparochialen Verantwortungsbereiches, der Mobilität und des Einzugsgebietes dieses Gottesdienstes sprechen dafür, dass seine Gesellungskraft für viele der Teilnehmer/innen jenseits ortsgemeindlicher und landeskirchlicher Zugehörigkeit begründet liegt. Anstelle des Wohnortes tritt ein anderes verbindendes Element, das gemeinsame Interesse am Motorradfahren.

2.3.3. Zwischenfazit

Die im Rahmen des „Anlassens“ wirksamen Beziehungsnetzwerke können als wesentliche Gesellungskräfte dieses besonderen Gottesdienstes angesehen werden. Der Motorradfahrer/innengottesdienst stellt nicht nur ein soziales Geschehen dar, sondern lebt von Beziehungen, die von ihm unabhängig sind. Er konstituiert aber auch und nimmt darüber hinaus Einfluss auf Beziehungen in anderen lebensweltlichen Zusammenhängen. Das Beziehungsnetzwerk verweist auf Brücken, die zwischen verschiedenen gesellschaftlichen Gruppen geschlagen werden und dabei über den Wirkungs(zeit-)raum des „Anlassens“ hinaus relevant sind. Die Kirche erscheint nicht als Gegenüber, sondern als ein Partner in einem Netzwerk gesellschaftlicher Gruppierungen, Organisationen, Institutionen und Verantwortungsträgern; wenngleich ihr dabei eine herausgehobene Rolle zukommt. Der Sozialgestalt des Motorradfahrer/innengottesdienstes wird dabei seitens der Teilnehmenden eine besondere Qualität zugeschrieben, die sich von anderen Motorradtreffen unterscheidet:

> „Man sieht auch immer zu jedem Gottesdienst fast immer die gleichen. Muss ich sagen. / Lara: Ja. / Also du kennst schon die Gesichter, auch wenn du den Namen nicht so dazu kennst oder so, aber die Gesichter kennst du einfach. Und wenn du dich dann woanders treffen würdest oder so, ich meine ich war schon auf einem Bikerfestival gewesen, na ja, Gott das ist pures Saufen gewesen, sonst gar nichts. Viel hast du, klar hast du ein paar Kumpels, so ein paar Leute kennengelernt, logisch. Aber als das Event rum war, war auch wieder rum.“ Jan B244-I-540

[578] Laut Umfrage (Ziffer 1.5 und 8.3) zeichnet sich dieser Motorradfahrer/innengottesdienst durch ein nahezu bundesweites Einzugsgebiet aus und überwindet damit bundesland- und landeskirchliche Grenzen. Wetterbedingt ist jedoch für 2014 von einem deutlich kleineren Anreiseradius auszugehen als in Jahren mit besseren Wetterbedingungen (vgl. Pressebericht zu Einzugsgebiet aus dem Jahr 2015).

2.4. *Die soziale Kraft subjektiver Sinnkonstruktionen und Resonanzerfahrungen im Kontext des „Anlassens"*

Die Einzelinterviewanalyse hat einen Zusammenhang zwischen dem Charakter des kollektiven Phänomens, dem Beziehungsnetzwerk und der subjektiven Sinnkonstruktion der Interviewten ergeben. Das „Anlassen" dient dabei als eine Art Resonanzraum (Hartmut Rosa) für die subjektiven *Resonanzerfahrungen*, mit denen subjektive *Sinnkonstruktionen* einhergehen. Die (re-)konstruierten *zentralen Motive* der einzelnen Interviewteilnehmer differieren dabei und sind vor dem Hintergrund der zu Beginn der Unterkapitel dargestellten Kurzprofile der Interviewteilnehmenden zu verstehen.[579] Sie schließen weitere Teilnahmemotive nicht aus.

2.4.1. Außeralltäglichkeit – an den Fallbeispielen von Peter und Lutz

Peter (B141) ist Mitte fünfzig, evangelisch, verheiratet, hat 3 Kinder und ist nach einer ersten Karriere im Staatsdienst inzwischen im Finanzbereich tätig. Neben Motorradfahrer/innengottesdiensten besucht er mehrmals im Jahr in seiner Ortsgemeinde oder auch in anderen Kirchengemeinden einen Gottesdienst. Dabei handelt es sich primär um Gottesdienste anlässlich hoher kirchlicher Feiertage oder klassische Kasualien. An anderen Gemeindeangeboten nimmt er nicht teil. Es war eher Zufall, dass Peter mit Ende vierzig zum Motorradfahren kam. In diesem Zusammenhang hat er sich aktiv auf die Suche nach möglichen Veranstaltungen für Motorradfahrer/innen gemacht, die er ggf. auch mit seinen Kindern besuchen kann. Im Jahr 2012 hat Peter das erste Mal am Motorradfahrer/innengottesdienst in Niedergründau teilgenommen und ist seit dieser Zeit regelmäßig als Besucher dabei. Im Gedenkgottesdienst in Frankfurt am Main war er ebenfalls gewesen, jedoch ohne bei der Gedenkfahrt mitzufahren, da das Wetter zu schlecht war. Aufgrund der schlechten Wetterbedingungen ist er 2014 auch mit dem Pkw zum „Anlassen" angereist. Er besuchte den Gottesdienst zusammen mit seiner 8-jährigen Tochter. Seine Anreisedauer beträgt ca. eine Stunde. Er fährt gerne alleine oder mit seiner Tochter Motorrad, um seinen Fahrstil an sein eigenes Sicherheitsempfinden anpassen zu können. Neben dem Motorradfahrer/innengottesdienst in Niedergründau hat er auch schon andere ähnliche Veranstaltungen besucht.

In Peters Bericht von seinem ersten Motorradfahrer/innengottesdienst finden sich zahlreiche Hinweise darauf, dass er im Rahmen dieses Gottesdienstes **Resonanzerfahrungen** machen konnte.

---

[579] Die Kurzprofile ergeben sich aus der Gesamtschau der zu den Interviewpartner/innen gesammelten Daten (Fragebögen, Interviews und Postskripts zu den Interviews). Auf Einzelnachweise wird zur besseren Lesbarkeit verzichtet

> „Und fand das **total faszinierend**. War schönes Wetter und irgendwie 40 000 Leute da. Und die Kirche war auch gut voll. Ganz witzige unterschiedliche Typen. Und da war der Pastor [...], dieses Jahrzehnte alte Schlachtross der Kirche. Und **ich fand den Gottesdienst sehr locker, sehr entspannend, sehr schön. Inhaltlich auch gut**. Und **ich dachte, das ist so ein schöner, schöner Einstieg** in die Motorradsaison. Auch wenn ich schon vorher mal fahre, aber irgendwie ist das so ein Startschuss. [...] Und ja, so denke ich, also ich **komme da sehr, sehr gerne hin**. [...] Das und so, das ist da halt alles, ich find es sehr **angenehm**. [...] Und das **spricht mich aus vielen, vielen Gründen an**. Aber das ist meistens **emotional.** Ja." Peter B141-I-10-22

Der subjektive Aspekt der Resonanzerfahrung hat (sozio-kulturelle) Effekte, die über den einzelnen Motorradfahrer/innengottesdienst hinausgehen. Peter gibt an, dass sich sowohl sein Kontakt als auch sein Zugehörigkeitsgefühl zur Kirche verstärkt und sich sein Bild von Kirche positiv verändert haben. Er redet mit Menschen über den Motorradfahrer/innengottesdienst, die nicht da waren, und er hat vor wiederzukommen.

Als *zentrales Motiv* für Peters Resonanzerfahrungen kann der spezifische *außeralltägliche Charakter* dieses Gottesdienstes (re-)konstruiert werden. Dieser Aspekt ist in Korrespondenz mit Peters Lebensphase und seinem Alltag zu verstehen. Der Motorradfahrer/innengottesdienst bietet für ihn eine *(Aus-)zeit* besonderer Qualität, die Ruhe zum Nachdenken über nicht alltägliche Themen schafft, Frei-Raum hinsichtlich seiner alltäglichen Rollen(-verpflichtungen) gibt und nicht dem alltäglichen (be-)herrschenden „Zeit-Geist" unterliegt. Auf die Frage danach, ob er von den Themen des Gottesdienstes etwas für sich mit in den Alltag nehmen kann,[580] antwortet er:

> „Ganz ehrlich ja. Aber noch ehrlicher, ich habe jetzt vergessen, was letztes Mal das Thema war. Dafür ist es zu lange her. Aber ich bin da schon mit großer Aufmerksamkeit dabei. Und das spricht mich schon an. Und ich denke dadrüber nach. Ich weiß gar nicht, war letztes Mal der Weg irgendwie? Auf den Weg machen? Gemeinsam unterwegs. Irgendwas war mit Weg. [...] Also irgendwas war mit Weg. Und doch, doch. Doch, da denke ich schon drüber nach. Das ist ja auch das Schöne, dass man hingeht und dann in dieser Stunde über etwas nachdenkt, über das man sonst nicht so nachdenkt und auch die Ruhe hat. Kein Handy, kein Fernsehen. Kein Papi kannst Du mal. Und so. Das hat schon, das hat schon eine Qualität. Ja." Peter B141-I-48

Der feste Platz des „Anlassens" und der Gedenkfahrt in Peters sonst schnell gefülltem Terminkalender markiert buchstäblich den außeralltäglichen Anlass in seinem Alltag. Obwohl Peter die Treffen des VCMs ebenfalls in seinen Terminkalender einträgt, hat er diese noch nie wahrgenommen.[581] Durch ihren regelmäßigen Charakter gehen sie im Alltag auf und verfügen dadurch nicht über die Gesellungskraft

---

[580] Vgl. Interviewerin in Peter B141-I-47.
[581] Vgl. Peter B141-I-99-106.

der Außeralltäglichkeit, wie sie dem „Anlassen" als jahreszyklischem Kasualgottesdienst in lebensgeschichtlicher Perspektive zukommt.[582] Durch das „Anlassen" wird auch Peters alltägliche Lebenswelt in einen neuen Zusammenhang gestellt. Insofern die Teilnehmer/innen nicht über ihre alltäglichen Rollen und Lebensstile definiert werden, sondern maßgeblich über ihr gemeinsames Interesse am Motorradfahren, eröffnet sich für Peter punktuell eine neue und außeralltägliche Wirklichkeit. Im Rahmen der Umfrage gibt Peter an, dass sich Menschen im Motorradfahrer/innengottesdienst willkommen fühlen können, so wie sie sind. Die *Andersartigkeit* der anderen Teilnehmer nimmt Peter nicht ausschließend wahr, sondern als ein Umstand mit besonderer Gesellungskraft. Dies zeigt sich in Peters Beschreibung davon, was ihn dazu bewegt, am Anfang der Motorradsaison frühmorgens aufzustehen und sich auf den Weg zum „Anlassen" zu machen:

> „Ist das gute Wetter. Weil, wobei, wenn schlechtes Wetter ist, fahr ich ja auch mittlerweile mit dem Auto hin. Also das alleine ist es ja gar nicht. Es ist einfach schön, also ich sehe gerne Motorräder. Guck mir die gerne an. Ich find die Typen auch gut, die da so rumlaufen. Weil die zum größten Teil ganz anders sind als ich." Peter B141-I-22

Der außeralltägliche Charakter dieses Gottesdienstes ergibt sich nicht alleine aus seiner spezifischen Form und seinem motorradspezifischen Inhalt, sondern auch aus seiner szenenspezifischen Sozialgestalt. Peter empfindet die Menschen im Motorradfahrer/innengottesdienst als Gemeinde, die sich für ihn durch „emotionale Nähe" auszeichnet. Dies korrespondiert mit dem von ihm angegebenen Teilnahmemotiv, dass er Menschen begegnen möchte, mit denen ihn etwas verbindet. Da er im Umfragejahr nicht das erste Mal am „Anlassen" teilgenommen hat, konnte er davon ausgehen, solche Menschen im Motorradfahrer/innengottesdienst anzutreffen. Dabei scheint es Peter nicht primär darum zu gehen, neue Kontakte zu knüpfen, sondern in eine andere Lebenswelt „einzutauchen". Es zeigt sich aber auch, dass die Außeralltäglichkeit ihre Gesellungskraft nicht gänzlich losgelöst von der eigenen Lebenswelt der Subjekte entfalten kann, sondern an eine funktionierende Kommunikation relevanter Themen und Bedürfnisse geknüpft ist, wie sie sich aus der familiären, alterspezifischen oder auch beruflichen Situation ergeben.

> „Und, ja, ich mag den Gottesdienst auch. Also ich finde, da komme ich auch zur Ruhe. Also das ist auch besinnlich, was da gesagt wird. Spricht mich persönlich an. Ich kann das jetzt gar nicht so sagen, weil der jetzt schon so lange her ist. Aber ich fühl mich da angesprochen. Das sind mehr meine Themen. Auch wenn ich jetzt nun schon etwas älter bin. Also ich bin 54, verheiratet, drei Kinder, alles Mädchen. Und, ja, das spricht mich irgendwie an. Ja." Peter B141-I-22

---

[582] Die Bedeutung des Segens wird von Peter im Rahmen des Interviews nicht direkt angesprochen. Er hat jedoch im Rahmen der Umfrage angegeben, dass er den kirchlichen Segen für die Motorradsaison erhalten möchte (B141-1.5) und dass ihm der Segen im Motorradfahrer/innengottesdienst gefällt (B141-4.24).

So eröffnet der familienfreundliche Charakter des Gottesdienstes für Peter einen *außeralltäglichen Raum für die Vater-Tochter-Beziehung*:

> „Und meine Tochter kommt auch gerne mit. Ich habe so eine kleine achtjährige Tochter. Die hat auch eine Motorradausrüstung. […] Und die nehme ich mit hin. Weil, den Gottesdienst kann sie gut ertragen. Weil, da kann sie rumlaufen, gucken. Und so, muss nicht still sitzen. […].“ Peter B141-I-10-14

Die Qualität des Erlebnisses ist für Peter nicht an eine besonders tiefgehende thematische Auseinandersetzung gebunden, sondern erweist sich in *Abgrenzung zu seinem beruflichen Alltag.*

> „[…] Ja. Ähm, es ist einfach <u>schön</u>. Ja. ((lächelt)) So und ohne, ohne großen Tiefgang. Ist einfach schön.“ Peter B141-I-90

Der außeralltägliche Charakter des Gottesdienstes entfaltet seine Gesellungkraft immer auch in Wechselwirkung mit dem subjektiven Kontext. Dies ist exemplarisch im Vergleich von Peter und Lutz zu sehen.

Lutz (B88) ist Ende vierzig, römisch-katholisch, verheiratet und Polizist. Er geht mehrmals im Jahr in Gottesdienste, d. h. zu Kasualien, an Festtagen und im Urlaub, z. B. wenn sich Gedenktage jähren. Mit traditionellen Gottesdiensten kann er wenig anfangen. Er hat 1999 das erste Mal im Rahmen seines Dienstes in der Polizeikradstaffel am Motorradfahrer/innengottesdienst teilgenommen und ist seit dieser Zeit häufiger in dieser Funktion beim „Anlassen“ oder aber auch bei der Gedenkfahrt mit dabei. Den Gottesdienst verfolgte er 2014 in der Kirche und begleitete anschließend in seiner dienstlichen Funktion den Korso. Lutz braucht ca. 2 Stunden bis Niedergründau und besucht gemeinsam mit seinen Kollegen diesen Gottesdienst. Da Lutz bislang noch nicht die Gelegenheit hatte privat an einem „Anlassen“ teilzunehmen, sind seine Schilderungen stark durch seine dienstliche Funktion beim „Anlassen“ geprägt. Die bereits zu Beginn des Interviews wahrnehmbaren Hinweise auf von ihm gemachte Resonanzerfahrungen legen aber subjektive Sinnkonstruktionen nahe, die über den reinen Dienstauftrag hinausgehen, aber in einer positiven Wechselwirkung damit stehen. Er erlebte das „Anlassen“

> „[v]or 10 Jahren muss ich sagen, als was <u>Neues</u>. So in dieser Form bisher noch nicht Gekanntes. Muss ich gestehen. Fand ich **<u>spannend</u>**. Weil, ja **<u>neu</u>**. Natürlich dadurch spannend. **<u>Anders</u>** in Anführungsstrichen. Und, aber auch als sehr **<u>friedlicher, harmonischer</u>** Veranstaltung, die, ja, ein stückweit auch, ja Spaß gemacht hat. […] Anders in der Form, da man bislang oder mir persönlich eigentlich immer nur so traditionelle Gottesdienste bekannt waren, ich selbst bin katholisch. Und das ist schon ein stückweit <u>trocken</u>. Ich würde fast sogar sagen <u>ein</u>gefahren, althergebracht. Und das mit dem Motorradgottesdienst in seiner Lockerheit, Offenheit war auf jeden Fall was Neues, das auch, ja, **<u>ansteckend</u>** wirkt. Auf jeden Fall ist es **sympathisch**, würde ich fast sagen. Und **macht neugieriger** […]. Das es also wirklich **interessant** macht“. Lutz-B88-I-12, 16

Obwohl Lutz im Rahmen seines Dienstauftrages am „Anlassen" teilnimmt, ist für ihn dieser Gottesdienst aufgrund seines szenenspezifischen Charakters und seiner friedlichen Atmosphäre ein außeralltägliches Erlebnis, von dem für ihn eine besondere Gesellungskraft ausgeht.

2.4.2. Sinnerschließender Perspektivwechsel – am Fallbeispiel von Kay

Kay (B36) ist Mitte vierzig, evangelisch, verheiratet und im Nachhaltigkeitssektor tätig. Vor dem Motorradfahrer/innengottesdienst hatte er gut zwanzig Jahre keinen Kontakt mit der Kirche, da er nichts damit anfangen konnte.[583] Inzwischen nimmt er mehrmals im Jahr an Gottesdiensten teil, bei denen es sich um Kasualien und besondere Gottesdienste, wie z. B. Männergottesdienste, handelt. Normale Sonntagmorgengottesdienste sowie Angebote der Ortsgemeinde oder anderer Kirchengemeinden besucht er nicht. Zum Motorradfahrer/innengottesdienst kam er 2010 durch einen Freund und besucht seit dieser Zeit regelmäßig das „Anlassen" und die Gedenkfahrten und Gedenkgottesdienste. Zum Motorradfahrer/innengottesdienst 2014 kam er alleine, hat dort aber inzwischen viel Anschluss, da er nach zwei Jahren über seine aktive Mithilfe inzwischen Teil des Mitgestaltungsteams geworden ist. Er geht auch zu den VCM-Treffen zwischen den Motorradfahrer/innengottesdiensten. Kay war ca. eine halbe Stunde unterwegs, bis er in Niedergründau ankam.

Die Schilderung Kays, wie er sein erstes „Anlassen" erlebt hat, enthalten zahlreiche Hinweise auf Resonanzerfahrungen, die er in diesem Gottesdienst gemacht hat:

> „Also mich hat erst mal **fasziniert**, dass das scheinbar sehr bekannt war. Ich hatte davon noch nie was gehört. Also, dass es schon seit Jahren existiert. Dass da Hunderte von Menschen hingehen, jährlich, auch zu unterschiedlichen Veranstaltungen. Und dann hat mich halt die Atmosphäre gleich von Anfang an <u>**fasziniert**</u>, da an diesem abgelegenen <u>Ort außerhalb</u> auf dieser Berg-Kirche. Und **begeistert** hat mich einfach, dass da vorne eine Band aufgestellt war. Und Musikinstrumente, die einem auch schon begrüßt haben mit Musik. Wo ich auch dachte: Das, **das kriegst Du im Kopf nicht zusammen**. Wie haben die das hingekriegt, dass sie so eine Band hier in die Kirche spielen lassen dürfen. Und ich sage mal, die Musik war es letztlich auch, ja, die mich einfach **sehr angerührt** hat. Also zum einem ist es ja eine Band, die zum einen Cover-Lieder spielt, aber zum anderen eben auch kirchliche Lieder, die ich so bis dahin noch nicht kannte und die mich textlich und musikalisch **einfach angerührt** haben. Und seitdem war ich da irgendwie **fasziniert und gefangen**. […]." Kay B36-I-12

Ein *zentrales Motiv* dieser Resonanzerfahrung kann als *sinnerschließender Perspektivwechsel* bezeichnet werden, durch den sich für Kay eine neue Sicht auf das Motorradfahren, auf die Kirche und letztlich auch auf sich selbst eröffnet hat (Ambi-

583 Vgl. Kay B36-I-18.

guitätstoleranz).[584] Der damit verbundene – und auch nicht als abgeschlossen zu verstehende – Prozess ging von der Frage aus:

> „[...] Wie passt eigentlich Kirche und Motorrad überhaupt zusammen. Das konnte ich mir auch überhaupt nicht zusammenreimen, wie das denn passen soll. Und deswegen hat es mich interessiert, weil ich auch Schwierigkeiten hatte, mir das zuzugestehen, Motorrad zu fahren überhaupt. Also ich habe den Führerschein auch noch nicht sehr lange. Und [habe] mehr so [einen] ökologischen Background und da habe ich mich schwergetan überhaupt das so einmal, das hat ja schon auch etwas mit Umweltverschmutzung zu tun. Das mir so zuzugestehen als eine Freizeit-Beschäftigung. Und dann dachte ich: Hm, vielleicht hat das ja irgendeinen Sinn. Ja, dass ich da was zusammenkriege, was für mich erst mal nicht zusammenpasste. Und das hat mich einfach neugierig gemacht. [...]." Kay B36-I-10

Durch das „Anlassen" wurde das Motorradfahren für Kay in einen Sinnzusammenhang mit erlebter Gemeinschaft, empfundener Freude, einer besonderen Zeit, einem gleichgesinnten Erlebnis, verantwortungsvollem Handeln sowie ethischer Unterweisung und Orientierung gestellt:

> „[...] Wie kriege ich das so hin mit meinem Gewissen auch vereinbart? Was gibt dem einen Sinn? Und nicht nur sinnlos durch die Gegend zu fahren. Und das war es. Das hat dem ganzen einen Sinn gegeben. Ja! Das ist erlebte Gemeinschaft schon auch. Aber es ist, ja, wie so ein Stück den Alltag zu etwas Besonderen gemacht. Was führt mich dahin? Was lässt mich da morgens aufstehen? Einfach die Freude auf einen ganz besonderen Tag. Auf eine Veranstaltung, die auch andere genauso anspricht, wie mich. Auf ein besonderes Erlebnis einfach. Auch diese gemeinschaftliche Ausfahrt für mich gehört da so dazu. Einfach ein gemeinschaftliches Erleben. Also ein, irgendwie so ein gleichgesinntes Erlebnis. So von Menschen, die, ja eben nicht diese Aggressoren sind, wie ich sie früher erlebt habe. Sondern, die reflektiert sind und, ja, sich auch ein Stück in Richtungen weisen lassen wollen. Da bin ich auch, also mir tut es einfach gut, immer wieder gesagt zu bekommen, manchmal ist es besser, einfach hintendran zu bleiben. Und noch mal dreimal tief Luft zu holen. Und den einen Kilometer einfach hinterherzudödeln, anstatt da jetzt daneben vorbeizurauschen in einer gefährlichen Kurve. Und einfach so immer wieder zu hören eher, dass Gelassenheit auch so zum Ziel führt, und man ruhiger da ankommt und ja, das lässt mich auch dahin gehen. Und immer wieder zuhören, ruhig zu bleiben." Kay B36-I-32

Kay hat über einen längeren Zeitraum die von ihm angesichts seines ökologischen Bewusstseins gegenüber dem Motorradfahren empfundene Ambivalenz überwunden, indem er über das „Anlassen" erkannt hat, dass im Motorradfahren auch eine „Eigenzeit" mit besonderer Qualität liegt.

> „[...] Mittlerweile erkenne ich in dieser, ja für mich definierten Sinnlosigkeit des Motorradfahrens, den Sinn, dass mir das einfach eine Eigenzeit gibt. Und eine Zeit, die ich für

---

[584] Dieser Eindruck wird durch die (re-)konstruierte zentrale Thematisierungsregel (Jan Kruse) verstärkt. Die Erzählung ist durch die Fragestellung nach dem Selbst-, Menschen- und Weltverständnis geprägt. Er spricht viel in der 1. Person sg. Beim Thema „Endlichkeit" verwendet er zuerst die indefinite Perspektive, bevor er in die 1. Person wechselt. Vgl. KRUSE, JAN 2014, 561.

mich bin. Die mich aus dem Kopf rausnimmt und mich einfach sehr präsent sein lässt. Das muss natürlich nicht das Motorradfahren sein, aber in dem Fall ist es das halt. Also, es lässt einfach keine großen Gedanken zu, außer sich zu fokussieren auf das, was man gerade tut. Und ich sage mal, das ist das, was mir einen, einen Sinn gibt, dass dieses für mich eigentliche sinnlose durch die Gegend fahren, den Sinn hat zu mir zu kommen. Und mich nicht in einem Kreis zu drehen, im Kopf, sondern, dass die Gedanken dann alle weg sind und ich einfach nur, ja, im Hier und Jetzt sein kann. Das ist für mich, und wenn ich das so eins, zwei Stunden schaffe durch das Motorradfahren, dann merke ich, bin ich einfach, sinnerfüllt. Irgendwie so bei mir und wach und klar. Und so zu merken: Ja, das schaffe ich damit. Das hat mir den Sinn gegeben. Oder hat mich dann auch für mich berechtigt: Das darfst Du. Auch wenn ich jetzt die Umwelt damit verpeste." Kay B36-I-60

Durch den von Kay vollzogenen Perspektivwechsel hat sich auch sein Bild von den Motorradfahrer/innen, aber auch von sich selbst und seinem Alltag verändert.[585]

„[…] Besonders angesprochen hat mich die Nachsichtigkeit, Rücksichtnahme. Zum einen sind ja Motorradfahrer als eher aggressive Menschen klassifiziert, würde ich mal so grob sagen. Also zumindest war das bei mir bisher immer so, bevor ich Motorrad gefahren bin. Ja, die waren immer schnell, die waren laut, die haben immer überholt, die waren immer hart an der Grenze irgendwie zum Unfall und immer gefahrenträchtig unterwegs. Und hat den Gottesdiensten hat mich eben angesprochen, dass sie auch sehr verletzlich sind. Dass sie einfach dem Verkehr besonders ausgesetzt sind. Zwar nicht so ex-trem wie jetzt ein Fahrradfahrer oder ein Fußgänger. Aber erheblich verletzlicher als eben ein Auto- oder Lastkraftwagenfahrer. Und so zu merken: Ich bin Teil dieses Verkehrs. Kann sowohl Aggressor sein als auch Verletzter. Und so dieser Aspekt, den habe ich auch so in den Alltag mit eingebracht. Wo ich dachte, man ist einfach beides. Und das ist auch so wechselseitig, wie man vielleicht gerade drauf ist. Und, dass es ganz viel mit mir zu tun hat. Was und wie ich bin. […]" Kay B36-I-12

Im Verlauf des Interviews wird deutlich, dass der von Kay vollzogene Perspektivwechsel immer wieder von ihm aktualisiert werden muss. Die Bändchen, die im Rahmen des „Anlassens" (gelb) und des Gedenkgottesdienstes (schwarz) an die Teilnehmenden verteilt werden und meistens an den Motorrädern befestigt werden, helfen ihm dabei, sich die Gefahr des Motorradfahrens bewusst zu machen, aber auch, mit der eigenen Angst und Verletzlichkeit zu leben und trotzdem mit Freude und Lust Motorrad zu fahren:

„Erst mal muss ich sagen, es hat mich schon sehr stark erschüttert, wie viele Motorradfahrer/innen tatsächlich umkommen im Straßenverkehr. […] Und für mich ist es so ein Stück, ja, ein Gedenken, was einfach auch für eine Gefahr dabei ist. Und dann an diesem Gedenkgottesdienst werden da solche schwarzen Bändchen verteilt am Anfang des Korsos. Und das ist für mich immer, also ich fahre damit das ganze Jahr, mit diesem Bändchen. Und jedes Mal, wenn ich eben auf das Motorrad steige, habe ich das vor Augen. Und es ist so für mich so ein Stück ein Mahnmal oder Warnzeichen, dass es nicht selbstverständlich ist, dass du auch hier an diesem Punkt genauso wieder ankommst, wo du

[585] Diesen Aspekt betont Kay noch einmal zu einem späteren Zeitpunkt des Interviews, vgl. Kay B36-I-72.

jetzt aufgestiegen bist. Und dieses Bändchen, ja, sagt mir einfach: wie endlich etwas sein kann. Und wie verletzlich ich auch letztlich bin. Und, dass es alles keine Selbstverständlichkeit ist. Ich versuche zumindest, das Thema mitzunehmen so. Und mit diesem Bändchen, ja, das so immer in der Erinnerung zu rufen. Ich sage mal, das ist so der Kern, so zum Abschluss dieser Saison. Und ich denke, es haben einfach wieder einige, auch einige Dutzend, es einfach auch wieder nicht geschafft, aus welchen Gründen auch immer, ob jetzt mehr oder weniger aus Eigenverschulden oder eben auch aus völligem Fremdverschulden, oder einfach, ja, aus schicksalhaften Gründen. Das, wo es einfach keinen Grund gibt, ja? Und wo ich denke, es ist immer alles so sicher und klar und wenn man aufpasst, wird schon alles gut, aber nein, es ist eben nicht so. Es gibt diese Verletzlichkeit. Und, ja, für mich ist es ein Versuch mit dieser Angst ein stückweit auch zu leben. [...] Ja, das gelbe Band ist natürlich etwas leuchtender, heller. Das zeigt mir so meine Lust und meine Freude, die ich auch entwickeln darf beim Fahren. Dass es jetzt keine Mühsal ist oder ich jetzt das Motorrad habe, um von A nach B zu kommen. Sondern, dass es auch ein Stück eine Leidenschaft ist, dass mir das Freude bereitet und das zeigt mir dieses gelbe Band. So die Lust einfach.“ Kay B36-I-74,77

Der soziale Aspekt der subjektiven Resonanzerfahrungen und Sinnkonstruktionen wird nicht nur in Kays veränderter Sicht auf das Motorradfahren und die Motorradfahrer/innen deutlich, sondern auch an Kays Verhältnis zur Kirche und seine im Zusammenhang mit dem „Anlassen“ begründeten Beziehungen. Kays Bild von der Kirche hat sich mit der Zeit zum Positiven verändert.[586] Sein Kontakt sowie sein Zugehörigkeitsgefühl zur Kirche haben sich verstärkt. Er hat neue Bekanntschaften geschlossen, zu denen auch außerhalb des Motorradfahrer/innengottesdienstes Kontakt besteht. Er engagiert sich inzwischen ehrenamtlich für das „Anlassen“.[587] Dieser szenenspezifische Gottesdienst kann in Kays Fall als *pars pro toto* gesehen werden, da er sich auch für andere Lebensbereiche und -themen ein kirchliches Forum wünscht, in dem er ansprechende Anknüpfungspunkte findet, wie z. B. in geschlechtsspezifischen Angeboten für Männer.[588]

2.4.3. Selbstwirksamkeitsgefühl[589] – am Fallbeispiel von Elke

Elke (B267) ist fünfzig, römisch-katholisch, lebt in einer Beziehung und ist als Verwaltungsangestellte tätig. Außerhalb des Motorradfahrer/innengottesdienstes besucht sie 1 x im Jahr oder seltener Gottesdienste zu besonderen Anlässen (Kasualien)

---

[586] Auch im Hinblick auf die Kirche kann von einem prozesshaften Perspektivwechsel gesprochen werden. Während er die Kirche zu Beginn seiner Erfahrungsschilderung noch stärker als autoritäres Gegenüber zeichnet (vgl. Kay B36-I-12,28 sowie Agentivierung bei KRUSE, JAN 2014, 561), wechselt er gegen Ende des Interviews zu „meiner Kirche“ Kay B36-I-89-93.

[587] Vgl. B36-Ziffer 7 und 8.

[588] Vgl. Kay B36-I-89-111.

[589] Ulrich Schnabel: HARTMUT ROSA „Hier kann ich ganz sein, wie ich bin.“ Warum wir am glücklichsten sind, wenn wir mit anderen mitschwingen können. Ein Gespräch mit Hartmut Rosa, vom 28. August 2014 02:02 Uhr. ADRESSE: http://www.zeit.de/2014/34/hartmut-rosa-ich-gefuehl. [online: 10.08.2015].

in anderen Kirchengemeinden als ihrer eigenen. Darüber hinausgehende Angebote von Kirchengemeinden nimmt sie nicht wahr. Sie hat eine distanzierte Haltung gegenüber der Kirche, die u. a. auf ihre eigene Gottesdiensterfahrung in der Kindheit zurückzuführen ist. Traditionelle Gottesdienste erlebt sie als langweilig, belastend, eintönig und langatmig (I-40). Sie selbst fährt kein Motorrad, sondern kam über ihren Lebensgefährten das erste Mal in Kontakt mit dem Motorradfahrer/innengottesdienst. Nach anfänglicher Zurückhaltung hinsichtlich einer Teilnahme am Motorradfahrer/innengottesdienst hat sie bei ihrer ersten Teilnahme als Sozia bei der Gedenkfahrt 2012 als Ordnerin mitgeholfen und ist seit dieser Zeit bei allen „Anlassen"-Gottesdiensten und Gedenkfahrten- und Gedenkgottesdiensten als Ordnerin mit dabei gewesen. Durch ihre Mitarbeit und ihren Lebensgefährten ist sie inzwischen in den engeren Kreis der Mitwirkenden hineingewachsen und nimmt als solche auch an Treffen zwischen den Motorradfahrer/innengottesdiensten teil. Elke braucht ca. eine halbe Stunde bis Niedergründau. Ihr ehrenamtliches Engagement ist ein wichtiges Teilnahmemotiv am Motorradfahrer/innengottesdienst:[590]

> „Wie es dazu kam, dass ich eigentlich, ja, ich habe meinen Freund kennengelernt. Und der ist begeisterter Motorradfahrer. Und der ist damals im Frühjahr 2012 schon wegen dem „Anlassen" hingefahren. Um dort den alten Pfarrer, der das vorher gemacht hat, den Rupi zu verabschieden, und dann den Thorsten, den Pfarrer Thorsten Heinrich zu begrüßen und ihn in das Amt eben einzuweihen. Und da habe ich gedacht: mh, Motorrad, <u>ah</u> das Wetter und ach nee. Und da habe ich gedacht: Was ist das denn. Und so Gottesdienst, hm nee. Fahr Du erst mal <u>hin</u> und so und dann kannst Du mir ja erzählen. Und da war das erste Mal so zu Ende. Und <u>dann</u> gab es noch einen dann später im Oktober – das sind ja immer diese zweimal im Jahr, diese Anlässe –, gab es ja diese Gedenkfahrt. Und <u>da</u> bin ich dann mit und eigentlich hat er mich dann so animiert: Ja, wir können doch mithelfen und so und da war ich <u>da</u> schon als Ordnerin. Ja, was muss ich denn da machen? Und so: ja, den Leuten nur sagen, wo sie lang müssen und so, Ihnen den Weg weisen und so ein bisschen. Dann habe ich gesagt: ja gut, prima. Das ist jetzt nicht so schwierig, das <u>mache</u> ich."
> Elke B267-I-10

Durch ihr Engagement hat Elke im Kontext des „Anlassens" auch neue soziale Kontakte geknüpft und sich Begegnungsräume jenseits dieses Gottesdienstes erschlossen. Dadurch hat die Veranstaltung für sie an Gesellungskraft gewonnen:

> „[...] Und [bei der Planungsfreizeit] habe ich die [anderen Teamer/innen] auch so ein bisschen kennengelernt, und seitdem ist das für mich dann auch, abgesehen, dass alle Motorrad fahren, ist das natürlich der Anlass, aber dann auch so die Freunde, die wiederzusehen. Auch am <u>Stammtisch</u>, an dem ich am Montag jetzt war, da wurden dann die Plakate ausgeteilt für die Gedenkfahrt jetzt im Oktober, dass man die schon mal verteilt überall. [...] [Beim Stammtisch] waren wir sonst immer zu <u>zweit</u> da und dieses Mal war ich aber alleine da, weil [mein Freund] gesagt hat: Komm, nimm doch mal ein paar Plakate auch

[590] Diese Annahme wird dadurch unterstützt, dass Elke dies gleich zu Beginn ihres Interviews thematisiert.

mit für mich. Und da habe ich gesagt: ja, kein Thema, da gehe ich kurz hin […]." Elke B267-I-63

Das besondere Erleben und Handeln mit anderen zusammen spielt für Elke im Kontext der Motorradfahrer/innengottesdienste eine wichtige Rolle für ihre **Resonanzerfahrungen**:

„Und dann sind wir [bei der Gedenkfahrt] mitgefahren so zu zweit. Und durch Frankfurt so durch, das war so schön. […] Und, also wir waren dann schon so im Mittelpunkt. Das hat mich so ein bisschen **gefreut**. Nicht ich so alleine im Mittelpunkt, sondern so mit anderen zusammen. Und das hat dann so ein bisschen **Spaß gemacht**. Und so bin ich dann nach Niedergründau wieder zum „Anlassen" gekommen. […]" Elke B267-I-10-14[591]

Den Gottesdienst erlebt Elke

„Eigentlich sehr, sehr fröhlich und gut besucht. Und das ist auch nicht schlimm, wenn man mal einen kurzen Wortwechsel – leise –, aber mal so ein kurzes Wort wechselt und dann kann man klatschen und dann kann man mitsingen und das sind halt eben auch wirklich Instrumente da. […] Es ist einfach ein **nettes** Erlebnis. Und dann geht man wieder nach Hause und hat einen **schönen Tag**." Elke B267-I-44

Das Motorradfahren spielt für Elke beim „Anlassen" hingegen eine untergeordnete Rolle:

„[…] Ich habe auch gesagt: Wenn jemand möchte, ich überlasse mal meinen Platz. Und kann jemand mit Dir mitfahren und so. Ich komme dann zur Kirche so hin. Ja, also ich muss jetzt auch nicht unbedingt dann Motorrad fahren oder so. Also für mich ist dieser Anlass, so dieses Treffen dann da und in die Kirche gehen dann so mit vielen Leuten zusammen, wenn die so schön voll ist, dann ist es, so macht es Spaß. Ja." Elke B267-I-71

Elkes Zugehörigkeitsgefühl ist damit weniger szenenspezifisch grundiert, sondern kulminiert im „gemeinsamen Organisieren und Erleben" im (gruppenhaften) „inneren Zirkel". Auf die Frage, ob sie sich zu den Menschen beim „Anlassen" zugehörig fühlt, antwortet sie:

„Doch, ja, schon. Ja, weil man ja so zusammen das organisiert hat, und so. Und dann zusammen den Gottesdienst. Und dann gab es anschließend noch das Event dann in Gelnhausen. Und dann anschließend noch das Essen in der Pizzeria. Da fragt dann schon der eine oder andere: Na kommt Ihr mit? Oder treffen wir uns erst da? Und dann kommt, also es ist dann immer so eine Gruppe. Wo man dann auch so zusammen ist. Und, ja, dass wir den Sonntag dann auch so gemeinsam dann veranstaltet und auch gemeinsam dann feiert. Und so ein bisschen lustig ist, wie gesagt wir sind ja ersoffen [Bezug auf das schlechte Wetter] in Gelnhausen." Elke B267-I-111

---

591 Elkes Schilderungen sind insgesamt von einer höflichen Bescheidenheit geprägt. Diese sollte nicht mit einer Relativierung der Resonanzerfahrungen gleichgesetzt werden.

Über das ehrenamtliche Engagement hat Elke einen Zugang zum „Anlassen“ und der damit verbundenen Lebenswelt der Motorradfahrenden gewonnen. Obwohl sie selbst nicht Motorrad fährt und das Motorradfahren für sie kein zwingendes Motiv für die Teilnahme am „Anlassen“ darstellt, hat sich bei ihr ein Zugehörigkeitsgefühl entwickelt, das u. a. darauf zurückgeführt werden kann, dass es eine Rolle spielt, dass sie dabei ist. Dieses *Selbstwirksamkeitsgefühl*[592] kann als zentrales Motiv für die von ihr gemachten Resonanzerfahrungen (re-)konstruiert werden.

2.4.4. Kasuelle Gemeinschaft mit Gleichgesinnten – am Fallbeispiel von Jörn

Jörn (B21) ist Anfang fünfzig, lebt in einer Beziehung und ist im Anlagesektor tätig. Er ist evangelisch getauft, konfirmiert und mit achtzehn aus der Kirche ausgetreten. Er bezeichnet sich selbst als Atheist und besucht nach eigenen Angaben nie Gottesdienste, auch keine Kasualien und keine anderen kirchlichen Angebote. Er kam vor über 30 Jahren durch Zufall mit dem ersten „Anlassen“-Gottesdienst in Friedberg in Kontakt, als er die Motorräder dort hat stehen sehen und sich aus Interesse dem Geschehen dort angenähert hat. Der Gottesdienst war vorbei, aber nach dem damals noch vor der Kirche stattfindenden Segen wurde er eingeladen, die anschließende Fahrt mitzufahren. Seit dieser Zeit ist er beim „Anlassen“ und der/den Gedenkfahrt/-gottesdiensten als Besucher oder als Helfer (Ordner) mit dabei. Zum „Anlassen“ 2014 ist er aus gesundheitlichen Gründen mit dem Pkw angereist. Jörn ist ca. eine dreiviertel Stunde bis Niedergründau unterwegs und kam gemeinsam mit Freunden. Die wesentliche Gesellungskraft liegt auch noch 30 Jahre später auf dem Aspekt eines *gemeinschaftlichen Starts in die Saison mit Gleichgesinnten*.[593] Es ist

> „[d]efinitiv nicht der Gottesdienst! Das ist eher so das Miteinander, die Gruppe, die Idee gemeinsam zu starten, finde ich eine gute Sache und auch die Saison gemeinsam zu beenden, ist gut. […]“. Jörn B21-I-20

Eine wichtige Schlüsselrolle für die Teilnahme Jörns an einer kirchlichen Veranstaltung spielte dabei die Gleichgesinnung mit dem ehemaligen Motorradfahrer/innenseelsorger „Rupi“, der 2012 in den Ruhestand verabschiedet wurde, und zu dem Jörn „persönlich [eine] ganz besondere Bindung“ hat, da er ihn in einer sehr schwierigen

[592] Nach Hartmut Rosa bleibt eine solche Resonanzerfahrung in „Situationen [aus], die einen kaltlassen, die einem nichts sagen, bei denen man sich fehl am Platze fühlt. Selbst wenn man etwa einen spannenden Film im Kino sieht, kann man doch das schale Gefühl haben: Eigentlich spielt es keine Rolle, ob ich da bin oder nicht. Es fehlt das Selbstwirksamkeitsgefühl, das wichtig ist für die Erfahrung der Resonanz.“ Ulrich Schnabel: HARTMUT ROSA „Hier kann ich ganz sein, wie ich bin.“ Warum wir am glücklichsten sind, wenn wir mit anderen mitschwingen können. Ein Gespräch mit Hartmut Rosa, vom 28. August 2014 02:02 Uhr. ADRESSE: http://www.zeit.de/2014/34/hartmut-rosa-ich-gefuehl. [online: 10.08.2015].

[593] Durch die Erwähnung in den Kernstellen zu Beginn und zum Ende des Interviews wird dies noch einmal besonders unterstrichen. Zur Kernstellenanalyse KRUSE, JAN 2014, 580f.

privaten Situation unterstützt hat.[594] Mit dem Wechsel des Motorradfahrer/innenseelsorgers entfielen liebgewonnene Rituale, „[...] die die Leute **wahnsinnig geliebt** haben [...], die man **nirgendswo erlebt**“.[595] Der Resonanzraum „Anlassen“ wurde aufgrund der personellen Veränderungen irritiert, aber durch das weiterhin mögliche Gemeinschaftserleben mit Gleichgesinnten kann Jörn auch weiterhin **Resonanzerfahrungen** bei dieser Veranstaltung machen.[596] Durch die Möglichkeit der selbstbestimmten Nähe und Distanz haben die vorgenommenen Änderungen beim „Anlassen“ keinen gänzlich ausschließenden Charakter, sondern es bieten sich für Jörn Möglichkeiten, sich vom gottesdienstlichen Geschehen zu distanzieren und dennoch beim „Anlassen“ dabei zu sein.

> „Ja und irgendwann ist es einfach so ein Stückchen Gewohnheit, nein, ein Selbstläufer nicht, aber etwas, wo ich **mich** einfach als Motorradfahrer **wiedergefunden** habe. Und gesagt habe: Das ist die **Gemeinschaft**. Da sind andere Biker. Ja, das ist **nett** und das ist **angenehm**. [...] Also auch diese, diese Idee auch dieses gemeinsamen Startens in die Saison. Und wer sagt: Ich fahre mit Gottes Segen, okay [siehe hierzu auch Jörns Fallgeschichte in der Einleitung]. Weil, ich habe so meine Form einfach gewählt. Bei einigen Sachen aktiv dabei zu sein, also sich in die Organisationen in Form von Ordnern mit einzubringen. Ja, das mache ich. Da stehe ich, und das ist auch völlig egal, ob da jetzt ein Kreuz vorneweg fährt. Da geht es drum: Wir sind als Motorradfahrer unterwegs.“ Jörn B21-I-138-142

Obwohl er sich selbst in einer kritischen Distanz zum gottesdienstlichen und kirchlichen Geschehen sieht, grundiert der Charakter des „Anlassens“ als jahreszyklischer Kasualgottesdienst in lebensgeschichtlicher Perspektive den von Jörn geschätzten gemeinsamen Start in die Saison mit Gleichgesinnten und stellt zugleich einen Raum für weitere subjektive Sinnkonstruktionen dar, was im folgenden Zitat zum Ausdruck kommt:

> „Nur, weil ich selber nicht glaube, sage ich nicht: Es gibt alles andere nicht. Also wenn es da etwas gibt, das ist durchaus möglich, das schließe ich für mich nicht aus, nur, ich glaube nicht dran. Und, ja, vielleicht werde ich irgendwann mal sehen: Ist da was oder auch nicht. Gut, aber ich sage mal, es hat nicht geschadet, dass ich bisher mit dabei bin.“ Jörn B21-I-142

2.4.5. Kontingenzbewältigung – am Fallbeispiel von Lara und Jan

Lara (B244) ist 37 Jahre alt, evangelisch, hat einen Sohn, lebt in einer Beziehung mit *Jan* und ist im Logistikbereich tätig. Sie besucht 1 x im Jahr oder seltener in ihrer Ortsgemeinde einen Gottesdienst anlässlich kirchlicher Feiertage oder zu Kasualien. Lara hält sich selbst nicht unbedingt für gläubig, aber bestimmte Dinge gehören für

---

594 Vgl. Jörn B21-I-24.

595 Jörn B21-I-24. Jörns Tendenz zur Agentivierung seiner Aussagen ist im Zusammenhang mit seiner ausdrücklichen kirchenkritischen Haltung zu sehen.

596 Vgl. hierzu auch Jörn B21-I-92 in Kapitel II.2.2.1 *(b) Gemeinschaft mit Gleichgesinnten.*

sie einfach dazu, wie z. B. dass sie ihren Sohn Kevin taufen lassen wollte (I-197ff.). Vom Motorradfahrer/innengottesdienst hatte sie durch das Fernsehen und von Freunden erfahren. Zu ihrem ersten „Anlassen" in Niedergründau fuhr sie 1999 oder 2001 mit ihrer Cousine und besucht diesen seit jener Zeit regelmäßig – gelegentlich hilft sie als Ordnerin. An der Gedenkfahrt im Herbst hat sie einmal teilgenommen, fand die Erfahrung jedoch sehr belastend. Das „Anlassen" hat für sie u. a. eine besondere Bedeutung, da es sich ergeben hat, dass ihr Sohn Kevin dort getauft wurde.[597] Lara verbindet das „Anlassen" mit ihrem Beginn als Motorradfahrerin:

> „Der erste. [...] Das waren so erste Amtshandlungen. Nur das Motorrad und dann direkt zum ‚Anlassen' gefahren." Lara B244-I-15

Ihre ersten Erfahrungen mit dem Motorradfahrer/innengottesdienst in Niedergründau lassen auf von ihr gemachte **Resonanzerfahrungen** schließen, die auf bereits ausgeführte Gesellungskräfte, wie z. B. das Gemeinschaftserlebnis, die szenenspezifische und außeralltägliche Form des Gottesdienstes, die Gemeinschaft mit Gleichgesinnten etc., verweisen.

> „Und es war irgendwie **lustig**. Das war, glaube ich, das, das einzige Jahr, wo es an die 10 000 Motorräder gewesen sind. Und also **inmitten dieser riesen Gemeinschaft,** wenn der Pfarrer mit dem Motorrad in die Kirche fährt, das war schon **irgendwie geil**. Also so spießig, wie man den in den Kirchen sonst kennt, so **ausgefallen** war sie dann da halt. Dass der Pfarrer halt wirklich mit einem Motorrad <u>in</u> die Kirche fährt. Und den Helm dann vorne an den Altar legt. Das war schon irgendwie **faszinierend**. Und halt alle so wie, also ich weiß nicht, irgendwie auch wenn man <u>kein</u> Kirchengänger ist, also wie ich gehe eigentlich auch nur zu Weihnachten in die Kirche oder jetzt halt mit meinem Kind zu irgendwelchen besonderen Anlässen. Aber vorher bin ich nicht wirklich in die Kirche gegangen. Und das **hat irgendwie Spaß gemacht** da **in der Kirche**. Also auch **inmitten der ganzen Leute**. Ich glaube, die haben die **gleiche Ansicht** gehabt zur Kirche wie wir. Dass wir das ganze Jahr im Übrigen, dass wir das ganze Jahr <u>nicht</u> in die Kirche gehen, aber dann <u>dieser</u> Tag ist irgendwie **ein besonderer Tag.**" Fortsetzung Lara B244-I-15

Erinnert dies zunächst an das zentrale Motiv der kasuellen Gemeinschaft in Jörns Fallbeispiel, wird der Schwerpunkt der subjektiven Gesellungskraft bei Lara jedoch überwiegend im Bestreben nach *Kontingenzbewältigung* gesehen. Dies zeigt sich u. a. an jenen Punkten, in denen die Kehrseite des Motorradfahrens, das Risiko und die Folgen eines möglichen Unfalls in den Fokus der Aufmerksamkeit rücken. Der Umgang mit der Kontingenz verläuft bei Lara und Jan entlang der Frage, wie man sich vor den Gefahren schützen kann, die das Motorradfahren mit sich bringt. Hierzu gehört der im Rahmen des „Anlassens" zugesprochene Segen für die Motorradsaison:

---

[597] Laras Lebensgefährte Jan war beim Interview anwesend und hat sich z. T. auch am Gespräch beteiligt. Diese ungeplante Interviewsituation wurde jedoch als sehr authentisch, natürlich und produktiv wahrgenommen, was durch den Umstand, dass das Interview bei Lara und Jan zu Hause stattfand, unterstrichen wurde.

> „Jetzt ist aber, das ist aber wirklich, weil es halt wirklich alltäglich ist. Also die Probleme, die man selber beim Straßenverkehr als Motorradfahrer hat. Die Risiken. Und das ist alles bekannt. Das ist uns alles bewusst. Und da ist es eigentlich noch mal so dieses, ja so der Segen für die Saison und ja, ich bin jetzt oder ich vertraue drauf, dass mir halt in der Saison nichts passiert. Und dann gut, das hält meistens auch nicht lange an.“ [...] Lara B244-I-385

Der Segen ist auch für ihren Partner Jan der Grund, sich bei schlechtem Wetter auf den Weg zum „Anlassen“ zu machen, denn: „Ja, der Herrgott soll schon über uns wachen, oder?!“[598] Wohingegen die Auseinandersetzung mit der Realisierung des Risikos gemieden wird, wie es sich im Zusammenhang mit dem Gedenkgottesdienst zeigt:

> „Ich habe einmal den Abschlussgottesdienst mitgefahren. Und [...] die Gedenkfahrt. Da war ich aber nur einmal. Und das hat mich irgendwie so, weiß ich nicht, beschäftigt nachher noch, dass ich da nicht mehr mitgefa-, also dann bin ich nicht mehr mit. Weil, die haben dann wirklich die Namen vorgelesen. Und da waren auch ganz viele Angehörige noch von den Motorradfahrern und das war mir dann zu heavy. Und das war mir dann nichts. Also wenn man, klar, wenn man irgendwie jemanden verloren hat, dann ist das, da ist das ganz gut. Aber wenn man so als, seinen Spaß in der Saison gehabt hat, dann ist das, glaube ich, auch schwere Kost. Und deswegen bin ich dann da nicht mehr mit. Und wir zelebrieren quasi Saisonanfang. Und Ende machen wir für uns. Und irgendwann ist es fertig, wenn das Wetter schlecht ist und dann ist die Saison auch vorbei.“ Lara B244-I-17

Das „Anlassen“ war für Lara mit überwiegend positiven Erinnerungen und Erlebnissen verbunden, bis es 2014 zu einer besonderen Kontingenzerfahrung kam, als Lara auf dem Weg zum Motorradfahrer/innengottesdienst mit ihrem Sohn als Beifahrer auf einer Ölspur verunfallte. Nachdem sie ihren ersten Schock überwunden hatte, setzte sie gemeinsam mit ihrem Sohn und Jan ihren Weg zum „Anlassen“ fort, obwohl klar war, dass sie durch diesen Vorfall erst nach Beginn des Motorradfahrer/innengottesdienstes in Niedergründau eintreffen würden.[599] Dieses Geschehen hatte großen Einfluss darauf, wie Lara das „Anlassen“ 2014 erlebt hat:

> „Ja. Ich sage ja schwierig. Der ganze Tag war durchwachsen. Also ich, mir standen immer wieder die Tränen in den Augen. Gerade wenn ich, wenn ich den [Kevin] gesehen habe. Oder mir angeguckt hab. [...] Und ich mir dann halt die ganze Zeit überlegt hab, dass ich jetzt den Fehler gemacht habe, was da alles hätte passieren können. Nun ist es ja nun gut ausgegangen. Aber was alles hätte passieren können. Ist halt so ein Motorradgottesdienst, wo man sich sowieso nicht so gut aufgehoben fühlt, sowieso nicht so gut. Also eigentlich schon, natürlich. [...] Also eigentlich ist es ja genau der richtige Anlass für so was, aber dann hat der, da hat ja dann sowieso eigentlich keiner Zeit für ein Einzelschicksal, sag ich mal. So was wäre ja dann auch eher was für die- / Jan: Für was? / Ich sage ja, wenn Du mit

598 Jan B244-I-24.

599 Zur Schilderung des Unfalls siehe Lara/Jan B244-I-78-147. Die Anreise dauert für Lara und Jan normalerweise ca. 30 Minuten, durch den Unfall waren es aber ca. 2,5 Stunden. Vgl. B244-1.5.

so einem, mit so einem Paket dahin gehst und dann ist man da halt einer von vielen. Und integriert sich halt in der Gruppe und versucht dann selbst damit klarzukommen. Und ja, aber das war, der ganze Tag ist für mich schon gelaufen. Also das war immer wieder, also ich hab den ganzen Tag drüber nachgedacht, wie, was da passiert ist. Wie das passiert ist. Warum ich nicht geguckt habe. Vor allem wo ich hingeguckt habe und warum ich nicht auf die Straße geguckt hab. Weil das ist eigentlich das A und O die Straße. Und alle Schilder und alles andere ist eigentlich völlig egal. Die Straße ist eigentlich das Wichtigste. [...] War schwierig der Tag. Dann die nächsten Tage auch noch. Also ich hab damit lange gekämpft. Und das ist- [...]. Das ich das Risiko- [...]" Lara B244-I-134-149

Was bislang als Gesellungskraft auf Lara wirkte, nämlich den Saisonstart fröhlich mit dem Segen Gottes zu beginnen, stand nun in einer Spannung zu ihrer persönlichen Erfahrung. Durch den Großveranstaltungscharakter des „Anlassens" und die Tatsache, dass sie den „neuen" Motorradfahrer/innenseelsorger nicht kannte, sah sie für sich aber keinen Raum für ihre persönlichen Bedürfnisse:

„Also an sich ist es ja, also der Ruprecht war ja ein Seelsorger. [...] Wenn ich jetzt irgendwie was Gravierendes, also wie jetzt mit meinem Unfall, wenn es irgendwie was Größeres passiert wäre, könnte ich mir schon vorstellen, dass ich, also jetzt den, jetzt speziell den Ruprecht, weil den anderen kenne ich ja nicht. Wenn der dann noch im Amt gewesen wäre, hätte ich das vielleicht gemacht, hätte ich ihn vielleicht angesprochen." Lara B244-I-661

Trotz der Ängste um ihren Sohn war dieser der Antrieb, trotz des Unfalls am „Anlassen" teilzunehmen und das Motorradfahren nicht aufzugeben:

„Na ja das wollte ich dann aber auch nicht, weil das hatte mir ja Spaß gemacht. Also meinen Sohn hat es ja Spaß gemacht. Und er wollte ja auch was davon. Er hat ja auch gesagt, wie wir daneben am Kreisel gestanden haben, hab ich zu ihm gesagt: Komm [...], wir rufen die Oma an. Und die holt uns ab [und der Sohn antwortete:] ‚Nein, nein. Wir fahren dahin. Ich will dahin.' Gut, das war sein, also nicht sein erster Motorradgottesdienst, aber es war der erste, den er auf dem Motorrad erlebt hat. Der ist auf dem Motorradgottesdienst getauft worden." Lara B244-I-151-168

Dies lag wesentlich daran, dass Kevin im Motorradfahrer/innengottesdienst getauft wurde. Mit Aufkommen dieses Themas schienen auch im Interview die negativen Erinnerungen an das „Anlassen" vergessen und Lara berichtete ausführlich von Kevins Taufe.[600] Das zentrale Motiv der Kontingenzbewältigung zeigt sich im Rahmen des Interviews in der Spannung zwischen dem Wunsch nach Lebensfreude und -gewissheit und dem Wissen und der Erfahrung des Lebensrisikos. Dieser Kontingenzerfahrung wird der jährliche Segen zum Saisonstart, aber auch die Taufe des Sohnes entgegengesetzt.

---

600 Vgl. Lara/Jan B244-I-182-288.

2.4.6. Zurüstung für den Alltag – am Fallbeispiel von Sven

Sven (B274) ist Mitte fünfzig, evangelisch, verheiratet und hat Kinder. Beruflich ist er als Handelsvertreter tätig. Seit Sven 1985 durch seinen Bruder das erste Mal und gemeinsam mit seiner damaligen Freundin und heutigen Frau am „Anlassen“ teilnahm, hat sich sein kirchliches Partizipationsverhalten deutlich verändert. War er damals nach eigenen Angaben kein „Kirchgänger“, ausgenommen z. B. an Weihnachten, besucht er inzwischen 1–2 x monatlich Gottesdienste in seiner Ortsgemeinde (normale Sonntagmorgengottesdienste, Kasualien und Gottesdienste anlässlich kirchlicher Feiertage) und nimmt an anderen Gemeindeangeboten seiner Ortsgemeinde teil. Beim „Anlassen“ in Niedergründau war er das erste Mal 2011 und seit dieser Zeit recht regelmäßig. Am Gedenkgottesdienst in Frankfurt am Main hat er ebenfalls schon einmal teilgenommen. 2014 war er gemeinsam mit seiner Tochter (Jugendliche) mit dem Motorrad zum Gottesdienst gefahren, die wiederum eine gemeinsame Freundin und deren Mutter zur Teilnahme am „Anlassen“ bewogen hat. Svens Resonanzerfahrung im „Anlassen“ ist stark an relationale soziale Erfahrungen gebunden, wie bereits in der Schilderung seines individuellen Beziehungsnetzwerkes beim Motorradfahrer/innengottesdienst ersichtlich geworden ist. Dabei ist jedoch die vertikale Beziehungsdimension noch nicht in den Blick gekommen, die für Svens nachhaltige Teilnahme am Motorradfahrer/innengottesdienst ebenfalls eine große Relevanz hat. Sein Anreiseweg beträgt ungefähr eine starke Stunde. Diesen Weg nimmt er heute insbesondere wegen des Gottesdienstes auf sich:

> „[…] Früher hat es für mich (.) wenig Sinn gehabt, sage ich mal. Klar, ist eine Freizeitbeschäftigung. Fahren wir mal eine Runde, dass der Tank leer wird […] und da sind wir auch mal 400 Kilometer gefahren an einem Sonntag. Mittlerweile muss es für mich auch einen Sinn geben. /Mh./ Das ich ein Ziel habe, wie jetzt den Gottesdienst, die Runde fahre. Und dann fahren wir wieder heim.“ Sven B274-I-58

Während er als junger Erwachsener kaum Gottesdienste besucht hat, geht er nun regelmäßig in den Sonntagsgottesdienst seiner Gemeinde. Neben der Ruhe, die er als wertvolle Auszeit schätzt, stellt für ihn der Gottesdienst eine Art Zurüstung für den Alltag dar, insofern er gesegnet wird und er über die dort besprochenen Inhalte und sein eigenes ethisches Verhalten auch während der Woche reflektiert. Dies gilt für ihn in besonderer Weise für den Segen, den er im Motorradfahrer/innengottesdienst erhält:

> „Und da kriegt man eben Segen. Kann ja jeder geben. Sie können mir auch einen Segen geben. /Ja./ Aber dann vom Motorradfahrer, der […] dann seinen Segen ausspricht, auch für eine Saison, obwohl wir nicht so viel Motorrad fahren, dann einfach mitbringt. Das gehört einfach einmal im Jahr dazu. Das macht das aus./I: Gibt es noch ein besonderes Highlight für Sie im Motorradgottesdienst?/Ich sagte ja, der Segen.“ Sven B274-I-24

2.5. *Fazit zur sozialen Kraft des Motorradfahrer/innengottesdienstes*

Die soziale Kraft des „Anlassens" entfaltet sich im Zusammenspiel seiner Entstehungs- und Entwicklungsgeschichte, des kollektiven Phänomens, dem damit verbundenen Beziehungsnetzwerk sowie den subjektiven Sinnkonstruktionen und Resonanzerfahrungen der Teilnehmer/innen. Die Reziprozität dieser Faktoren kommt u. a. dadurch zum Ausdruck, dass die Interviewteilnehmer/innen nicht *eine* konkrete Sache benennen können, die für sie maßgeblich für die Teilnahme ist, wie es bereits an anderer Stelle am Beispiel von Lara ausgeführt wurde.[601]

Das Motorradfahren ist eine Vergesellungskraft, über die milieu-, generations- und religiös bedingte Grenzen partiell relativiert werden. Das Teilnahmeverhalten legt aber nahe, dass sich die soziale Kraft nicht im motorradspezifischen Charakter der Veranstaltung erschöpft, sondern im dezidiert religiösen Profil der Veranstaltung zu suchen ist.

3. Der Mittwochmorgen-Gottesdienst – *EIN* Universitätsgottesdienst

3.1. *Die soziale Kraft der Geschichte des Universitätsgottesdienstes*

Mit dem „[…] ‚Universitätsgottesdienst' oder ‚akademische[n] Gottesdienst', mit dem man gemeinhin einen öffentlichen evangelischen Gottesdienst bezeichnet, der kraft staatlicher oder kirchlicher Beauftragung oder herkömmlich von Universitätstheologen in Räumen der Universität oder einer Kirchengemeinde mit gewisser Regelmäßigkeit gehalten wird […]",[602] wird nachfolgend der älteste der drei untersuchten Gottesdienstformen behandelt. Die Anfänge der Universitätsgottesdienste reichen in das ausgehende 17. Jahrhundert zurück[603] und es handelt sich dabei um ein Phänomen, das sich heute in vielfältiger Gestalt und in komplexen institutionellen Zusammenhängen zu einem festen Bestandteil protestantischer Gottesdienstlandschaft entwickelt hat.[604] Es findet sich z. B. in Form von Predigt-, Abendmahls-, Fest- und Kasualgottesdiensten, in schlichter, alternativer oder hoher liturgischer Form, als evangelischer oder ökumenischer Gottesdienst, als wöchentliches Angebot

---

601 Vgl. Lara B244-I-575-579.

602 „Der Begriff ‚Universitätsgottesdienst' oder ‚akademischer Gottesdienst', […], läßt sich m. W. erst im 18. Jahrhundert nachweisen. Diese begriffsgeschichtliche Beobachtung korrespondiert mit dem noch zu erläuternden historischen Befund, daß besondere Universitätsgottesdienste frühestens gegen Ende des 17. Jahrhunderts aufgekommen sind." HAMMANN, KONRAD 2000, 122, ESG-Gottesdienste werden im Rahmen dieser Arbeit nicht im engeren Sinne zu den Universitätsgottesdiensten bzw. akademischen Gottesdiensten gezählt, da sie ein eigenständiges Phänomen darstellen.

603 1692 wurde der erste Universitätsgottesdienst in Halle eingerichtet. Vgl. Albrecht, Christian 2013, 5.

604 „Mit der eigentümlichen Entwicklung des Verhältnisses zwischen katholischer Theologie und Universität in der Frühen Neuzeit hängt es zusammen, daß die Institution des Universitätsgottesdienstes im katholischen Bereich von vornherein nicht die Bedeutung und Verbreitung wie im deutschen Protestantismus finden konnte." HAMMANN, KONRAD 2000, VII.

bis hin zur punktuellen Feier anlässlich des akademischen Jahres, als Morgen- oder Abendgottesdienst, sonntags oder auch unter der Woche. Er wird in Universitäts- oder Ortsgemeindekirchen, als eigenständiger oder ortsgemeindlicher Gottesdienst, mal mit mehr und mal mit weniger Beteiligung der Mitglieder der jeweiligen Universitäten gefeiert.[605]

Umso mehr verwundert der Befund, dass der Universitätsgottesdienst lange außerhalb des Blickfeldes der Praktischen Theologie lag.[606] Bis Anfang dieses Jahrzehnts fand die wissenschaftliche Darstellung und Reflexion von Universitätsgottesdiensten, neben sehr knapp gehaltenen und inzwischen forschungsgeschichtlich weitgehend überholten Lexikonartikeln,[607] wesentlich in kirchengeschichtlichen Abhandlungen,[608] in theologischen Beiträgen im Rahmen von Predigtsammlungen[609] sowie Jubiläums-, Gedenktags- und Festschriften[610]statt.[611] Mit Ausnahme von Konrad Hammanns Habilitationsschrift „Universitätsgottesdienst und Aufklärungspredigt",[612] mit der der Forschung erstmals eine ausführliche „Geschichte des Universitätsgottesdienstes im deutschen Protestantismus"[613] zur Verfügung gestellt wurde, kann der Universitätsgottesdienst bis heute als Randphänomen in der theologischen Literatur angesehen werden.[614] Mit der Veröffentlichung einiger Tagungsbeiträge eines im Jahr 2012 an der Universität Heidelberg veranstalteten Universitätsgottesdienstsymposions wurden die Universitätsgottesdienste auch in der jüngeren Forschungsgeschichte Gegenstand des praktisch-theologischen Diskurses.[615] Hierbei entfaltete Christian Albrecht die These, dass die

> „enge Verflechtung von theologischen, von institutionell-rechtlichen und von organisatorisch-praktischen Aspekten des Universitätsgottesdienstes, wie wir sie gegenwärtig wahrnehmen, offensichtlich konstitutiv ist für den Universitätsgottesdienst: Es gab und gibt ihn niemals anders als in der dichten und bisweilen unübersichtlichen Verflochtenheit der Aspekte".[616]

---

605 Zur Universitätsgottesdienstlandschaft im Jahr 2012 vgl. MARTIN, TANJA 2013.

606 Vgl. FECHTNER, KRISTIAN et al. 2013.

607 Vgl. EGER, KARL, JANNASCH, W. 1957–1965. Zur forschungsgeschichtlichen Bewertung der Lexikonartikel vgl. HAMMANN, KONRAD 2000, 8.

608 Vgl. HAMMANN, KONRAD 1993; HAMMANN, KONRAD 1994; HAMMANN, KONRAD 2000; HAMMANN, KONRAD 2006; RITTER, ADOLF 2003, 243–249, PETZOLDT, MARTIN 2007.

609 Vgl. z. B. BUB, WOLFGANG 1988; SCHWIER, HELMUT 2006a.

610 Vgl. z. B. LUX, RÜDIGER 2008; LUX, RÜDIGER 2010; HABICHT, TOBIAS et al. 2013.

611 Für Literatur zu Universitätsgottesdiensten bis 1998 sei auf die umfangreiche Bibliographie bei HAMMANN, KONRAD 2000, 391–418, sowie VIII, verwiesen. Darüber hinaus werden hier und im weiteren Verlauf lediglich exemplarisch einzelne Titel aus der jüngeren Forschungsgeschichte genannt.

612 HAMMANN, KONRAD 2000; HAMMANN, KONRAD 2006 ergänzt dieses Werk mit weiteren Aspekten regionaler Kirchengeschichtsschreibung.

613 HAMMANN, KONRAD 2000, 121–211.

614 Die allgemeine bibliographische Situation zu Universitätsgottesdiensten entspricht weitestgehend der von Christian Albrecht im Jahr 2012 geschilderten Lage (letzte Überprüfung im August 2016). Vgl. zur bibliographischen Situation auch ALBRECHT, CHRISTIAN 2013, 5.

615 Vgl. DRESSLER, BERHARD et al. 2013

616 ALBRECHT, CHRISTIAN 2013, 5f.

Die Erträge des Universitätsgottesdienstsymposions legen nahe, dass von der hier beschriebenen Verflochtenheit – bei allen damit verbundenen Herausforderungen – auch produktive und konstruktive Gesellungskräfte ausgehen. Im folgenden Abschnitt soll daher schlaglichtartig auf einige dieser Aspekte aus der geschichtlichen Entwicklung des Universitätsgottesdienstes eingegangen werden, wie sie für das heutige Gepräge der Universitätsgottesdienste und damit auch für das Verständnis der mit ihnen verbundenen Gesellungskräfte wesentlich sind. Trotz ihres „bisweilen unübersichtlichen" Charakters lassen sich zumindest Spuren ihrer sozialen Wirkung entlang der folgenden drei Beziehungsverhältnisse im *institutionellen Netzwerk von Kirche, Universität und (städtischer) Gesellschaft* wahrnehmen.[617]

3.1.1. Der Universitätsgottesdienst – ein Gottesdienst auf der institutionellen Grenze

(a) Das institutionell-rechtliche Grenzland zwischen Universität und Kirche

Spätestens seit dem Ende des Staatskirchentums und des landeskirchlichen Summepiskopats 1918/1919 bewegen sich Universitätsgottesdienste in einem institutionell-rechtlichen Grenzgebiet zwischen der Kirche und der Universität.[618] Diese spezifische Situation manifestiert sich insbesondere im Zusammenhang mit dem Universitätsprediger/innenamt,[619] insofern durch die Trennung von Staat und Kirche die Verantwortung für die Ernennung, Einführung, die Weisungshoheit- und gebundenheit sowie die Finanzierung der Universitätsprediger/innen rechtlich nicht mehr zwangsläufig in „einer Hand" liegen.[620] Die nach dem Ersten Weltkrieg geführte Debatte um die institutionell-rechtliche Verortung des Universitätspredigeramtes war wesentlich durch die Frage nach dem „Hoheitsrecht" für Wortverkündigung und Abendmahlsverwaltung geprägt.[621] Die im Folgenden getroffene

> „Regelung des preußischen Kirchenvertrages stellt sich als ein Kompromiß dar, der deutlich um einen Ausgleich zwischen den staatskirchen-rechtlichen Positionen bemüht ist [...]. [D]er preußische Kultusminister [trat] der Auffassung bei, daß das Universitätspredigeramt ein kirchliches Nebenamt des betreffenden, vom Staat berufenen Theologieprofessors sei. Infolgedessen ernennt nach dem preußischen Kirchenvertrag der Staat den Universitätsprediger im Einvernehmen mit der jeweiligen Landeskirche; die Kirche

[617] Vgl. Fechtner, Kristian et al. 2013, Martin, Tanja 2013.

[618] Vgl. Hammann, Konrad 2000, 199.

[619] Vgl. Hammann, Konrad 2000, 198f.

[620] Dass es bereits vor dieser Zeit institutionell-rechtliche Streitfragen um das Universitätspredigeramt gab, zeigt Konrad Hammann exemplarisch in der geschichtlichen Darstellung der Situation in Bonn und Münster. Vgl. Hammann, Konrad 2000, 199.

[621] „Während sich Stutz die Ausübung der geistlichen Funktion der Wortverkündigung und Abendmahlsverwaltung durch den Universitätsprediger nur im Rahmen der verfaßten Landeskirche und ihrer Ordnung denken konnte, sah von Soden im kirchlichen Charakter der Theologischen Fakultäten die hinreichende Legitimation für einen Universitätsgottesdienst, der exemt von der Aufsicht der kirchlichen Verwaltungsbehörde durchgeführt werden sollte." Hammann, Konrad 2000, 205.

> nimmt durch einen Vertreter die gottesdienstliche Einführung des Universitätspredigers vor. Da es sich um ein kirchliches Amt handelt, kann nur ein ordinierter Universitätstheologe zum Universitätsprediger ernannt werden. Aber auch von Sodens Argumentation ist insofern aufgenommen worden, als der Staat seinen Einfluß auf die Besetzung des Universitätspredigeramtes weiterhin beibehält. Zudem erklärt sich der Staat ausdrücklich dazu bereit, die Fortführung des akademischen Gottesdienstes durch Mitglieder der Theologischen Fakultät für den Fall zu gewährleisten, daß aus welchen Gründen auch immer die Ernennung eines Universitätspredigers nicht erfolgt".[622]

Diese Regelungen waren für die nach dem Zweiten Weltkrieg neu geschlossenen Kirchenverträge richtungsweisend. Sie wurden entweder vollständig oder geringfügig modifiziert übernommen. Letzteres geschah insbesondere im Sinne einer Stärkung der landeskirchlichen Rolle bei der Ernennung der Universitätsprediger/innen.[623] Die Sonderstellung des Universitätsprediger/innenamtes im Spannungsfeld staatlicher und kirchlicher Verantwortung eröffnet Gestaltungsspielräume, die einerseits als Herausforderungen wahrgenommen werden,[624] andererseits aber auch das spezifische Profil der Universitätsgottesdienste prägen. Hierzu gehören homiletische,[625] liturgische, Reform-,[626] Organisations- und Mit-Gestaltungsspielräume. In welcher Art und Weise diese ihre Wirkung entfalten, hängt maßgeblich von den Rahmenbedingungen und der gottesdienstlichen Praxis am jeweiligen Standort ab.

---

622 HAMMANN, KONRAD 2000, 205.

623 Vgl. HAMMANN, KONRAD 2000, 207f. Gelten in Münster, eingeschränkt in Bonn und in Berlin, die rechtlichen Regelungen des preußischen Kirchenvertrages, wurde in Göttingen, Kiel und Marburg vereinbart, dass zusätzlich zur Ernennung durch den zuständigen Minister der jeweilige landeskirchliche Bischof den Universitätsprediger/die Universitätspredigerin bestallt. In Mainz, München und Heidelberg wurden Regelungen getroffen, die von einer staatlichen Einsetzung absehen bzw. diese beschränken und stattdessen lediglich eine Bestätigung (Mainz) oder Mitwirkung (München) durch den Rektor der Universität vorsehen. Vgl. HAMMANN, KONRAD 2000, 207ff. „In Heidelberg schließlich, wo genaugenommen weder die Universität noch die Theologische Fakultät, sondern die Peterskirchengemeinde (als Personalgemeinde) den Universitätsgottesdienst veranstaltet, ist nach der Gemeindesatzung für die Peterskirche vom 1.10.1987 ein kompliziertes Verfahren in Kraft. Hier wählt der Predigerkonvent, dessen Mitglieder vom Kapitel (= Kirchenvorstand der Peterskirche) ‚aus dem Lehrkörper der Theologischen Fakultät berufen' werden und zu dem kraft Amtes auch der Studentenpfarrer gehört (§ 3 Abs. 1 Gemeindesatzung), ‚im Benehmen mit dem Landesbischof aus seiner Mitte für jeweils drei Jahre einen ordinierten Professor der Theologie' zum Universitätsprediger (§ 3 Abs. 2). Der Bischof kann die Einführung des Universitätspredigers vornehmen, besitzt freilich nicht das Bestallungsrecht im eigentlichen Sinne. Der Universität wird die Wahl des Universitätspredigers lediglich angezeigt." HAMMANN, KONRAD 2000, 209. Es finden sich unterschiedliche Einschätzungen zur rechtlichen Form der Heidelberger Peterskirchengemeinde als Personalgemeinde. Während Hammann von einer Personalgemeinde spricht, kann laut Helmut Schwier, Universitätsprediger in Heidelberg, nicht im engeren Sinne von einer Personalgemeinde gesprochen werden. SCHWIER, HELMUT 2012, 5.

624 Vgl. MARTIN, TANJA 2013, 25.

625 Hans von Soden hat bereits in seinen konzeptionellen Überlegungen zur institutionellen-rechtlichen Verfasstheit des Universitätsgottesdienstes auf die liturgische Freiheit verwiesen, die sich aus der Ausübung der geistlichen Funktionen im Universitätsgottesdienst im Sinne der akademischen Lehrfreiheit ergeben könne. HAMMANN, KONRAD 2000, 205.

626 Vgl. hierzu ALBRECHT, CHRISTIAN 2013, 15f.

In seinen Anfängen wurde der Universitätsgottesdienst u. a. mit der Idee der *homiletischen Vorbildfunktion* für den theologischen Nachwuchs verbunden. Mit der Verlagerung der praktischen homiletischen Ausbildung in die 2. Ausbildungsphase wurde versucht, davon konzeptionell Abstand zu nehmen. „Aber faktisch strahlen zahlreiche Universitätsgottesdienste und namentlich die Predigten im Universitätsgottesdienst doch in ihrem Subtext die Botschaft aus: ‚So soll es eigentlich gemacht werden' – oder: ‚Das hier ist vorbildlich'."[627] Die theoretische Debatte über den Charakter und die Funktion der Universitätspredigt verläuft kontrovers.[628] Zwei Aspekte scheinen aber für die hier vorliegende Fragestellung bedeutsam zu sein: 1. Dass der akademische „Sitz im Leben" des Universitätsgottesdienstes die homiletische Situation bestimmt, insofern er z. B. im Vergleich zu Urlaubsgottesdiensten „‚nicht in der Nähe der Strandkörbe, sondern der Hörsäle' stattfinde und daher die universitäre Theologie den liturgischen Kontext bilde".[629] 2. Der Universitätsgottesdienst in z. B. Rostock, Bonn, Marburg und Heidelberg für die homiletische Ausbildung genutzt wird.[630] Die soziale Kraft dieser Aspekte wird im weiteren Verlauf im Zusammenhang mit dem untersuchten Mittwochmorgen-Gottesdienst, einem akademischen Frühgottesdienst in der Heidelberger Universitätskirche, vertieft werden.

Die *Freiheit zur liturgischen Gestaltung* des Universitätsgottesdienstes wird in unterschiedlichem Maße genutzt.[631] Sie ermöglicht, auf lokale und zielgruppenspezifische Bedürfnisse und Herausforderungen einzugehen.[632] Bietet der Universitätsgottesdienst einerseits den Raum für liturgische ‚Experimente' und Innovationen, so dient er an anderer Stelle gerade der Pflege einer traditionellen Gottesdienstkultur, wie z. B. der universitäre Bachkantatengottesdienst in Mainz, der „‚paradoxerweise als Innovation im gottesdienstlichen Großangebot' angesehen werden könne (Kristian Fechtner)"[633]. Trotz des überwiegend traditionellen Charakters der Universitätsgottesdienste[634] unterscheiden sie sich in ihren spezifischen Ausprägungen z. T. erheblich voneinander. David Plüss hat drei unterschiedliche liturgische Typen von Universitätsgottesdiensten ausgemacht:

> „1. Den Predigtgottesdienst, der die Predigt in den Mittelpunkt stelle und sich meist durch besondere musikalische Gestaltung auszeichne. 2. Den ‚Beteiligten-Gottesdienst', der sich in der Nähe der Hochschulgottesdienste bewege. 3. Experimentelle Gottesdienstformen […]. Verbindende Elemente dieser drei Gottesdienst-Typen seien die zentrale Stellung der

---

627 Albrecht, Christian 2013, 14f.

628 Vergleiche hierzu das der Debatte zugrunde liegende Impulsreferat von Schmidt-Rost, Reinhard 2013 sowie den Tagungsbericht von Martin, Tanja 2013.

629 Dieses markante Bildes wurde im Rahmen des Universitätsgottesdienstsymposions als Vergleich herangezogen. Vgl. Martin, Tanja 2013, 27.

630 Vgl. Martin, Tanja 2013, 27.

631 So sinngemäß das Resümee von David Plüss zur liturgischen Situation in den Universitätsgottesdiensten. Vgl. Martin, Tanja 2013, 29.

632 Vgl. Martin, Tanja 2013.

633 Martin, Tanja 2013, 27.

634 Vgl. Martin, Tanja 2013, 22.

> Predigt, eine aufwendige liturgische Gestaltung sowie die Haltung, dass die Inhalte dicht, klug, geistreich und für die Forschung anregend sein sollten."[635]

Es überrascht daher nicht, dass die Universitätsgottesdienste auch als „Vorreiter für *Gottesdienstreformerwägungen*" angesehen werden.[636] Bereits der 1810 von Friedrich Schleiermacher verfasste Entwurf zur Einrichtung eines Universitätsgottesdienstes in Berlin sah vor, dass „der Universitätsgottesdienst als eine ‚Normal-Anstalt' konzipiert werden solle, ‚wo wünschenswerthe Verbesserungen des Cultus am leichtesten können zur Darstellung gebracht werden, und sich von dort aus allmählich weiter verbreiten'".[637] Die von Friedrich Spitta und Julius Smend in der 2. Hälfte des 19. Jahrhunderts im Straßburger Universitätsgottesdienst verfolgte Konzeption berücksichtigte die Besonderheiten des Kirchenraumes bei der liturgischen Nutzung, „sie setzten, experimentell, den von ihnen gegründeten akademischen Kirchenchor sowie Liturgen, Prediger und Gemeinde als eigene gottesdienstliche Organe mit jeweils selbständigen Aufgaben ein".[638] Die Etablierung einer besonders anspruchsvollen kirchenmusikalischen Gestaltung der Universitätsgottesdienste wurde durch diese liturgischen und reformerischen Bestrebungen innerhalb der Universitätsgottesdienste befördert.[639] Die spezifische rechtlich-institutionelle Situation eröffnete aber auch Freiräume für Veränderungen, die in Zeiten des Umbruchs für den Fortbestand der Universitätsgottesdienste wichtig waren. Dies wird z. B. an Berichten über die Zeit der Studentenbewegung Ende der 60er-Jahre des letzten Jahrhundert in Heidelberg deutlich. Damals wurde auch der Universitätsgottesdienst zum Schauplatz der Kritik an „konservativen" Ansichten, wovon auch gesellungshindernde Kräfte ausgingen, insofern Gottesdienste einzelner Prediger bildlich gesprochen „gesprengt"[640] wurden. Dennoch konnte das Angebot des Universitätsgottesdienstes in Heidelberg auch in dieser bewegten Zeit aufrechterhalten werden[641] und die seinerzeitigen gehaltenen Predigten geben Zeugnis über diesen Auseinandersetzungsprozess:[642]

> „Bemerkenswerter als alle Veränderungen des Universitätsgottesdienstes erscheint indes die Kontinuität seines Angebotes an einer Universität, deren innere Unruhe weit über die Grenzen des Landes bekannt geworden ist. Aber Kontinuität und Unruhe schließen sich nicht aus. Vielmehr will gerade dieser [Predigt-]Band dokumentieren, wie in den Jahren 1968 bis 1973 aus solcher Unruhe heraus und in sie hinein in unserer Peterskirche gepre-

635 MARTIN, TANJA 2013, 29. Wie später zu sehen sein wird, lässt sich der Mittwochmorgen-Gottesdienst nur schwer in dieser Typologie verorten, sondern enthält Elemente aller drei Typen, wobei dem Abendmahl -empirisch gesehen – die zentrale Stellung im Gottesdienst zukommt.

636 ALBRECHT, CHRISTIAN 2013, 15f.

637 ALBRECHT, CHRISTIAN 2013, 15.

638 ALBRECHT, CHRISTIAN 2013, 15.

639 Vgl. ALBRECHT, CHRISTIAN 2013, 15.

640 Vgl. exemplarisch die „Sprengung eines von D. Frieder Schulz (damals Rektor des Petersstiftes) geleiteten Gottesdienstes […]", RITTER, ADOLF 2003, 243–249.

641 Vgl. Paul Philippi in PÖNNINGHAUS, MIRIAM et al. 2013, 21ff.

642 Vgl. PERLITT, LOTHAR 1973.

digt wurde. So ist dieser Band IV auch ein kleiner Kontroll- und Rechenschaftsbericht darüber, ob es gelungen ist, das Kontinuum christlichen Gottesdienstes, das sich in der Heidelberger Universitätsgemeinde als eine tragende Kraft durchgehalten hat, mit zeitgerechter Verkündigung des Evangeliums zu füllen. [...] Die Zeichen der Kontinuität, die dem Jubilar aus diesem Band entgegentreten, mögen ihn ehrerbietig und dankbar grüßen und darin vergewissern, daß Reformbereitschaft und Wille zur Kontinuität sich nicht ausschließen, sondern geradezu bedingen, wenn evangelischer Gottesdienst an der Universität seinem Auftrag gerecht werden soll."[643]

Wie sich hieran zeigt, ist das Angebot des Universitätsgottesdienstes im Unterschied zum regulären gottesdienstlichen Angebot von Parochialgemeinden nicht „gesetzt", sondern hat sich immer wieder neu zu legitimieren. Abgesehen von äußeren Rahmenbedingungen hat die institutionell-rechtliche Sonderstellung Einfluss auf das Angebot des Universitätsgottesdienstes. In welcher Weise die sich daraus ergebenden *Organisationsfreiräume* seitens der Universitätsprediger/innen gefüllt und genutzt werden, variiert je nach Standort und Möglichkeiten. Mit diesen Organisationsfreiräumen ist ein erhebliches soziales Potential verbunden, da – je nach lokaler Ausprägung – sowohl ortsgemeindliche als auch fakultätsübergreifende Netzwerke in die Organisation und Durchführung der Universitätsgottesdienste eingebunden sind.[644] Dreh- und Angelpunkt hierfür ist jedoch das *Universitätsprediger/innenamt.* Die institutionell-rechtliche Sonderstellung des Universitätsprediger/innenamtes geht – wie bereits auch im Zusammenhang mit den landeskirchlichen Pfarrstellen beobachtet – mit einer Verantwortungskonzentration einher, weil es in diesem Kontext systembedingt kein kirchenrechtlich verankertes gewähltes Gemeindeleitungsgremium gibt.[645] Es finden sich lokal ganz unterschiedliche Substitute mit sehr unterschiedlichem formellem oder informellem Organisationsgrad. Gibt es in Mainz neben dem Universitätsprediger/innenamt lediglich einen beratenden Beirat, erinnern die Organisationsstrukturen in Heidelberg an formelle Kirchengemeindeformen.[646]

Unabhängig von den vorherrschenden (in-)formellen Organisationsstrukturen zeigt sich, dass die Universitätsgottesdienste von einem *informellen Beziehungsnetzwerk,* einer *Mitgestaltung* und einem (häufig ehrenamtlichen) *persönlichen Engagement* der darin „verwobenen" Personen getragen wird. Wie bereits beim Motorradfahrer/innengottesdienst und der „Nachtschicht" stellen hierbei die verantwortlichen Amtsträger/innen einen Knotenpunkt dar, die jedoch je nach Ausprägung des Gottesdienstes in ganz unterschiedlicher Weise organisatorisch, (an-)leitend, verantwortend wirksam werden. Auch hier ist es das *Doppelmoment „Amt und Person"*, von dem eine eigene soziale Kraft auszugehen scheint. Im Hinblick auf das Ge-

643 Philippi, Paul 1973, 9, bezieht sich hier auf den sonntäglichen Universitätsgottesdienst in Heidelberg.

644 Vgl. Martin, Tanja 2013, 25.

645 Der Status der Universitätsparochie im Sinne einer „Personalgemeinde" bestand nur an einigen Standorten und temporär, wie z. B. in Erlangen. Vgl. Hammann, Konrad 2000, 175–177.

646 Vgl. Martin, Tanja 2013, 25. Zum gewählten Kapitel in der Peterskirche in Heidelberg siehe Hammann, Konrad 2000, 209.

samtphänomen kann beobachtet werden, dass die Entwicklung und Etablierung der Universitätsgottesdienste häufig mit dem Engagement einzelner Persönlichkeiten verbunden wird.[647] Es verwundert daher kaum, dass sich eine Mehrzahl der thematischen Beiträge zum Universitätsgottesdienst in Predigtsammlungen findet, die als Festschriften verfasst wurden oder Personen gewidmet wurden, die den Universitätsgottesdiensten sehr verbunden waren und sind.[648]

In Konrad Hammanns Darstellung von Rudolf Bultmanns theologischer Haltung zum Universitätsgottesdienst wird deutlich, dass die Verhältnisbestimmungen von Universität und Kirche auch die Frage nach dem *Selbstverständnis der akademischen Theologie in Bezug auf ihr Verhältnis zur christlichen Verkündigung* berührt[649] und damit eine mögliche Facette der Gesellungskraft von Universitätsgottesdiensten. Dies klang bereits im Rahmen der Frage nach dem Universitätsgottesdienst als homiletischem Ausbildungsraum an, verdichtet sich aber in der Frage nach der *differentiae specificae* des Universitätsgottesdienstes. Im Rahmen des Universitätsgottesdienstsymposions wurde diese nicht etwa im Verhältnis des Universitätsgottesdienstes zu parochialgemeindlichen Gottesdiensten gesehen, sondern in der spezifischen Kommunikationssituation: „Das Besondere sei, dass der universitäre Lehrer [öffentlich] als *homo religiosus* auftrete."[650] Hiervon zeugen auch jüngere Veröffentlichungen, wie z. B. die von Helmut Schwier anlässlich des neu gestalteten Innenraumes der Peterskirche (Universitätskirche) unter dem Titel „Geöffnet. Raum und Wort in der Heidelberger Universitätskirche" 2006 herausgegebenen „Predigten zum Kirchenraum".[651] In diesen „[durchdringen sich b]iblische Botschaft, theologische Argumentation und ästhetische Wahrnehmung [...] wechselseitig [...]",[652] die Predigten werden aber zudem im Rahmen der Veröffentlichung durch u. a. einen (kunst-)historischen Beitrag zur Heidelberger Peterskirche sowie durch drei theologische Darlegungen zur Kirchenraumpädagogik, Liturgie, Seelsorge, Bildung und Diakonie sowie zur Kunst und Theologie theoretisch ergänzt.[653]

Die kirchengeschichtlichen Abhandlungen Konrad Hammanns und Berichte der Universitätsprediger/innen legen nahe, dass das ortsspezifische Gepräge des Universitätsgottesdienstes wesentlich durch zwei strukturelle Faktoren beeinflusst wird: 1. Dem *Verhältnis von Universitäts- und evtl. betroffenen Ortsgemeinden* sowie 2. der *Möglichkeit einer selbstverantworteten und selbstbestimmten Nutzung eines (Kir-*

---

647 Vgl. z. B. ausführlich für Heidelberg RITTER, ADOLF 2003, 243–249.

648 Vgl. exemplarisch HABICHT, TOBIAS et al. 2013, BUB, WOLFGANG 1988.

649 Vgl. HAMMANN, KONRAD 1993, 87–92, insb. 90.

650 MARTIN, TANJA 2013, 28.

651 „Die Theologische Fakultät Heidelberg bemüht sich in Forschung und Lehre um die wissenschaftliche Arbeit an der Bibel, den verschiedenen christlichen und religiösen Traditionen und an den grundlegenden Fragen nach Gott und dem Menschen. Dass die Angehörigen der Fakultät sich darüber hinaus Sonntag für Sonntag auf der Kanzel um Antworten auf diese Fragen mühen und hier Rechenschaft geben, macht den besonderen Reiz des vorliegenden Buches aus." SCHWIER, HELMUT 2006a, 7f.

652 SCHWIER, HELMUT 2006b, 11.

653 Vgl. SCHWIER, HELMUT 2006b, 12.

chen-)raumes.[654] Sowohl die Geschichte[655] als auch die gegenwärtige Universitätsgottesdienstpraxis zeigen, dass lediglich an jenen Standorten wöchentliche Universitätsgottesdienste und ein breites Rahmenprogramm stattfinden, an denen frei über eine Universitätskirche verfügt werden kann.[656] Ist hingegen der Universitätsgottesdienst zu Gast in einer Parochialgemeinde, so sind der Nutzung u. a. praktische Grenzen gesetzt und die Kooperation verläuft sehr unterschiedlich.[657] Die lange Tradition eines vielfältigen Gottesdienstangebotes in der Heidelberger Universitätskirche ist ein Beispiel für die gottesdienstliche Vielfalt, die sich unter entsprechenden Umständen im akademischen Kontext ausbilden kann: Berichte über die Gottesdienstformen in der Peterskirche und ihrem Umfeld, wie z. B. die sonntäglichen Predigt- und Abendmahlsgottesdienste mit oder ohne Kindergottesdienst, über Kasualien, einen hoch-liturgischen Abendmahlsgottesdienst am frühen Mittwochmorgen, ESG-Gottesdienste, einen „etwas anderen Gottesdienst" am Abend, Seminargottesdienste mit Studierenden der Theologie und Kirchenmusik, Kantatengottesdienste, Musikmeditationen und Gottesdienste der Vineyard-Bewegung, zeugen vom sozialen Potential akademischer Gottesdienste.[658]

Der *institutionelle Kontext*, wie er sich u. a. in der spezifischen homiletischen und liturgischen Situation, im universitären Raum, einer eigenständigen Universitätsgottesdienstfeier und der „Zielgruppe" manifestiert, wird als wichtiger Parameter für das *Selbstverständnis der sich im Universitätsgottesdienst versammelten Personen* angesehen. Hierauf verweist bereits ein Briefwechsel Rudolf Bultmanns mit Hans von Soden bezogen auf den Marburger Universitätsgottesdienst Anfang des 20. Jahrhunderts:[659]

> „Die Frage der akademischen Gottesdienste denke ich hier auch bald zu stellen. Nach meinen Giessener Erfahrungen wäre es mir das Liebste, wenn sie als reine Universitätsgottesdienste (also etwa – wie in Giessen – in der Aula) stattfinden mit eigener Liturgie und einer spezifischen akademischen Predigt. Andere Hörer sind nicht gerade ausgeschlossen, dürfen aber nur einen verschwindenden Prozentsatz bilden. So war es in Giessen wenigstens erreicht, daß Student[en]- und Dozentenschaft aller Fakultäten sich in starkem Maße beteiligte und ein wirkliches Gemeindegefühl lebendig wurde, wie es nach

---

654 Über universitätseigene Kirchen verfügen im strengen Sinne derzeit nur Göttingen, Bonn, Rostock, Münster und Kiel. Vgl. HAMMANN, KONRAD 2000, 211. Die Heidelberger Peterskirche wird als Universitätskirche bezeichnet und als solche genutzt. Sie ist jedoch nicht Eigentum der Universität, sondern seit 1896 der Ev. Pflege Schönau. Vgl. HAMMANN, KONRAD 2000, 193.

655 Ein eindrückliches Beispiel für die Verhältnisbestimmung von Parochial- und Universitätsgemeinden im Zusammenhang mit der Kirchenraumfrage stellt die Geschichte des Universitätsgottesdienstes in Halle dar. Vgl. HAMMANN, KONRAD 2000, 180–183.

656 Vgl. MARTIN, TANJA 2013, 24.

657 Wie z. B. in Mainz, Halle, Bochum, Marburg, Erlangen und Leipzig: MARTIN, TANJA 2013, 24. Positiv wird die Situation in Leipzig geschildert. Vgl. LUX, RÜDIGER 2010, 34.

658 Vgl. SCHWIER, HELMUT 2012. Zur sozialen Kraft des Heidelberger Universitätsgottesdienstes im 20. Jahrhundert siehe RITTER, ADOLF 2003, 243–249.

659 Vgl. HAMMANN, KONRAD 1993. Diese Frage begleitet den Universitätsgottesdienst seit seinen Anfängen. Vgl. HAMMANN, KONRAD 2000, 157–211.

> meinen Erfahrungen bei der Verbindung von Universitäts- und Gemeindegottesdienst nicht aufkommen kann." Brief Bultmanns an Hans von Soden vom 21.12.1921[660]

Im Rahmen seiner entsprechenden Bemühungen führte Rudolf Bultmann im Jahr 1925 eine Umfrage bei den Dekanen der Evangelisch-Theologischen Fakultäten zu den Universitätsgottesdiensten durch. Diese ergab „ein buntes Kaleidoskop der Zustände hinsichtlich des akademischen Gottesdienstes im Jahre 1925. Nur im Sinne einer eindeutigen Präferenz der von Bultmann bevorzugten Konzeption ließen sich diese Antworten in ihrer Gesamtheit nicht verwerten. Zu groß war die Vielfalt der institutionellen Möglichkeiten, in denen der Universitätsgottesdienst an den deutschen Universitäten etabliert war".[661] An dieser Situation hat sich bis heute nicht viel verändert. Auch nicht an der damit verbundenen ekklesiologischen Frage nach der Berechtigung eines Partikularismus, wie er in einer „exklusiven" Universitätsgottesdienstgemeinde z. B. von Carl Immanuel Nietzsch gesehen und kritisiert wurde[662] und trotz milieutheoretischer Einsichten bis heute in der gemeindetheoretischen Debatte über nicht-parochiale Gemeindeformen mitschwingt. Einen anderen Akzent setzt dagegen Helmut Schwier, wenn er in Bezug auf die Situation in Heidelberg schreibt:

> „Die Universitätsgottesdienste bilden das Zentrum der Universitätsgemeinde, denn diese Gemeinde ist dort erkennbar, wo sie sich zur Feier des Gottesdienstes trifft. Zur Peterskirche gehört keine Wohnortgemeinde (Parochie), und sie ist auch keine Personalgemeinde im engeren Sinn. Die Universitätsgemeinde ist in erster Linie Gottesdienstgemeinde."[663]

Diese liturgiegemeindliche Perspektive auf die Universitätsgemeinde legt den Schwerpunkt auf die religiöse und damit auch auf die soziale Praxis des Gottesdienstes,[664] ohne jedoch den spezifisch universitären Kontext zu nivellieren. Ähnlich verhält es sich mit der Überlegung von Thomas Klies, der anregt, ob nicht gerade in Bezug auf Universitätsgottesdienste von Gemeinde die Rede sein solle, da sie sich dort ausschließlich kasuell performiere.[665] Leipzig hat gezeigt, dass die Universitätsgemeinde sich als liturgische Gemeinde auch an außeruniversitären Orten performieren kann:

> „Mit der Sprengung dieser Kirche am 30. Mai 1968 wollte man ja nicht nur ein Gotteshaus, sondern vor allem auch diese Gemeinde zerstören, die sich Sonntag für Sonntag in ihm versammelte. Der heutige Gottesdienst, der wachsende Neubau der Universitätskir-

---

660 Zitiert nach HAMMANN, KONRAD 1993, 91.

661 HAMMANN, KONRAD 1993, 111. 15 Fakultäten antworteten Bultmann auf seine Fragen. Zu Bultmanns Fragen siehe HAMMANN, KONRAD 1993, 110f.

662 Vgl. HAMMANN, KONRAD 1993, 112ff.

663 SCHWIER, HELMUT 2012, 5.

664 Vgl. zum sozialen Charakter von Religion die Ausführungen in der Einleitung.

665 Vgl. MARTIN, TANJA 2013, 26. Die Verwendung des Gemeindebegriffes im Zusammenhang mit Universitätsgottesdiensten ist stark von den subjektiven und normativ geprägten Gemeindebildern abhängig und ist daher im Hinblick auf den Charakter ihrer Sozialgestalt nicht hilfreich.

che am Augustusplatz sowie der kommende Gottesdienst am 2. Advent auf der Baustelle sind für mich ein Anlass zu großer Freude und Dankbarkeit. Freude darüber, dass es nicht gelungen ist, diese Gemeinde aus dem Buch der Geschichte zu streichen."[666]

Die gesellschaftspolitische-Dimension eines solchen Verhältnisses wird in besonderem Maße in der Literatur zum Leipziger Universitätsgottesdienst aus den Jahren 2007 bis 2010 ersichtlich, die im Zusammenhang mit dem 600-jährigen Jubiläum der Universität und dem 40. Jahrestag der Sprengung der Universitätskirche St. Pauli erschienen ist.[667] Diese ist stark von der Sprengung der Universitätskirche im Jahr 1968 geprägt und zeigt, dass die Bedeutung dieser Universitätskirche weit über ihren Raum und ihren Ort hinausgeht, insofern sie als symbolisches Zeugnis für die Frage nach dem *Verhältnis von akademischer Wissenschaft und Theologie, Glauben und Wissen* sowie *Religion und (Gesellschafts-)kultur* angesehen werden kann.[668] Die Forschungsgeschichte verweist hier nicht nur auf eine praktisch-theologische Forschungsrelevanz, sondern auch auf zahlreiche Fragestellungen, die angesichts der aktuellen politischen, multireligiösen Lage nicht an handlungsleitender Bedeutung verloren haben, sondern eher vermuten lassen, dass sie an Komplexität zugenommen haben. Die Frage nach dem Verhältnis von Universität und Kirche ist inzwischen eine Frage nach dem Verhältnis von Universität und Religion(en) geworden, die z. B. im Zusammenhang mit der zukünftigen Nutzung des Neubaus der „Universitätskirche" in Leipzig bereits Realität geworden sind.[669] In diesem Sinne scheint hier das Grußwort des 2009 amtierenden Rektors der Universität Leipzig, Franz Häuser, zum Festgottesdienst zum 600-jährigen Bestehen der Universität Leipzig passend:

„Die Sprengung der Universitätskirche St. Pauli am 30. Mai 1968 war Höhepunkt und Ausdruck einer bedrückenden Geisteshaltung, welche die Freiheit des Denkens, die Freiheit der Wissenschaft sowie die Religionsfreiheit gleichermaßen unter Generalverdacht stellte und zu unterdrücken suchte. An der Überwindung der Folgen dieser Geschichte des 20. Jahrhunderts trägt diese Universität noch heute. Diese Vorgänge unserer jüngeren Geschichte ergeben für uns eine bleibende Verpflichtung, mit gewonnener Freiheit des

---

666 LUX, RÜDIGER 2010, 35.

667 Vgl. PETZOLDT, MARTIN 2007; LUX, RÜDIGER 2008; LUX, RÜDIGER 2010; PETZOLDT, MARTIN 2010.

668 Hier wird die Universität bewusst nicht als staatliche Institution bezeichnet, da auch für sie die Freiheit von Forschung und Lehre gilt.

669 Auf die umfangreiche Debatte zur Nutzung des Neubaus der Universitätskirche kann hier nicht weiter eingegangen werden. Das kontroverse Meinungsbild innerhalb der beteiligten Interessensvertreter klingt jedoch u. a. in Martin Petzoldts Ausführungen zur Zukunft des Universitätsgottesdienstes an, wurde auch im Rahmen des Universitätsgottesdienstsymposions im Jahr 2012 thematisiert und prägt auch die jüngere Berichterstattung. Vgl. PETZOLDT, MARTIN 2007, 358ff., Protokoll zum Universitätsgottesdienstsymposions, 14 (unveröffentlicht), sowie zum „Paulinum – Streit um Name und Nutzungshoheit des Neubaus" sowie das „Paulinum als Teil des neuen Universitätscampus" https://de.wikipedia.org /w/ index. php? Title = Paulinum_(Universität_Leipzig)& oldid= 152412488 [online: 16.08.2016, Artikel zuletzt bearbeitet am 11.03.2016].

Denkens, der Wissenschaften sowie des religiösen Bekenntnisses sorgsam und tolerant umzugehen und sie vor allen Angriffen zu schützen."[670]

Sein ‚Sitz im Leben' an der Schnittstelle zwischen Universität und Kirche wird als eine wesentliche Quelle für die soziale Kraft des Universitätsgottesdienstes gesehen. Sie wurzelt in der spezifischen rechtlich-institutionellen Situation des Universitätsprediger/innenamtes. Ansichtig wird sie u. a. in der Existenz und der Wirkung der Universitätsprediger/in, der ‚besonderen' homiletischen Situation ‚in der Nähe der Hörsäle', im besonderen liturgischen und musikalischen Gepräge, in Reformprozessen, der Bedeutung eines informellen Beziehungsnetzwerkes und dem (ehrenamtlichem) Engagement für das Angebot und die Gestaltung der Gottesdienste, dem öffentlichen Auftreten des Universitätspredigers/der Universitätspredigerin als *homo religiosus* sowie in ihrem Wirkungsraum (in Ortsgemeinden oder in Universitätskirchen) und ihrem explizierten Selbstverständnis (z. B. in der Selbstbezeichnung).

(b) Die gesellschaftspolitische Dimension von Kirche in der (städtischen) Gesellschaft
Das Schicksal der Universitätskirche in Leipzig kann als besonders eindrückliches Beispiel für den Universitätsgottesdienst als Kristallisationspunkt für das Verhältnis von Kirche und Gesellschaft und ein damit verbundenes gesellschaftspolitisches Statement betrachtet werden. Während eine Seite vor dem Hintergrund der Idee eines laizistischen Staates für die Universität als religionsfreie Institution eintritt, setzt sich die andere Seite in der Überzeugung der Grenzen der reinen Vernunft und als Symbol für die Religionsfreiheit für die Nutzung als Universitätskirche ein.[671]

(c) Die Brückenfunktion des Universitätsgottesdienstes zwischen Universität und städtischer Gesellschaft
Die Universitätsgottesdienste können in zwei unterschiedlichen Konstellationen eine wichtige *Brückenfunktion* zwischen der städtischen Gesellschaft und den Mitgliedern der Universität übernehmen. 1. Indem der Universitätsgottesdienst – wie z. B. in Mainz – in einer städtischen Parochialgemeinde gefeiert wird. 2. Indem die Universitätskirchen – wie z. B. in Bonn und Rostock – als Kulturraum genutzt werden und somit wichtige Schnittstellen städtischer und universitärer Kultur bilden.[672]

(d) Zwischenfazit
Die aufgezeigten Gesellungskräfte nehmen ihren Ausgang in der *differentae specificae* des akademischen Lehrers als öffentlich auftretendem *homo religiosus* im Spannungsfeld von Universität – Kirche und (städtischer) Gesellschaft. „Die Universitätsgottesdienste dokumentieren kontinuierlich die öffentliche Stimme der

---

670 HÄUSER, FRANZ 2010, 40f.
671 Vgl. hierzu die Ausführungen zur Universitätskirche in Leipzig in Kapitel II.3.1.1. (a).
672 Vgl. MARTIN, TANJA 2013, 24.

wissenschaftlichen Theologie in Stadt und Universität."[673] In diesem Sinne sind sie Kristallisationspunkte der Religion als Teil der akademischen Kultur und der Universität als Teil der städtischen Kultur.[674] Diese Verknüpfung bildet auch den Hintergrund für den Mittwochmorgen-Gottesdienst, an dem nun im weiteren Verlauf exemplarisch die soziale Kraft eines spezifischen Universitätsgottesdienstes dargelegt werden soll.

3.1.2. Der Mittwochmorgen-Gottesdienst – Repristination in den 1950er-Jahren

Die Universitätsgottesdienstlandschaft in Heidelberg stellt ein Ensemble mehrerer Universitätsgottesdienste dar.[675] Neben dem „klassischen" Universitätsgottesdienst am Sonntagmorgen gibt es u. a. einen hoch-liturgischen Frühgottesdienst am Mittwochmorgen, der wöchentlich von bis zu ca. 50 Personen aus vorwiegend dem universitären Kontext besucht wird.[676]

> „Mittwochmorgen, 6:59 Uhr. [...], die Glocken der Peterskirche läuten noch. Eilige Schritte durch die leere Kirche, vorne im Altarraum sitzen sie schon, warten auf die letzten einträpfelnden Gottesdienstbesucher wie mich. ‚Ich danke Dir, mein himmlischer Vater. – Ein neuer Mittwoch beginnt, Zeit für ein Innehalten vor dem Tag, eine Pause in der Wochenmitte, Gebet, Gesang, Gemeinschaft beim Abendmahl und beim anschließenden Frühstück."[677]

Die Szene, die Miriam Pönninghaus hier beschreibt, könnte sich an jedem Mittwochmorgen seit 1958[678] ereignet haben.[679] Inspiriert von den Gedanken der Michaelsbruderschaft, begann damals eine Gruppe von Mitgliedern der Theologischen Fakultät in Heidelberg,[680] mittwochmorgens um 7 Uhr in Heidelberg einen Abendmahlsgottesdienst mit anschließendem Frühstück zu feiern.[681] Das liturgische Profil dieses Universitätsgottesdienstes entsprach der liturgischen Repristinationstendenz

---

673 LUX, RÜDIGER 2010, 26.

674 Vgl. FECHTNER, KRISTIAN et al. 2013, 4.

675 Zu den Gottesdienstformen in der Peterskirche siehe SCHWIER, HELMUT (2012).

676 Die Teilnehmer/innenzahlen haben in der Zeit der Erhebung zwischen 25 und 52 Personen geschwankt und sind sehr vom akademischen Jahreszyklus abhängig, vgl. TB1-4, 6.

677 Miriam Pönninghaus in PÖNNINGHAUS, MIRIAM et al. 2013, 20.

678 Vgl. Miriam Pönninghaus in PÖNNINGHAUS, MIRIAM et al. 2013, 21.

679 Vgl. hierzu auch die kurze phänomenologische Beschreibung des Mittwochmorgen-Gottesdienstes bei VETTE, JOACHIM 2012, 13.

680 Während VETTE, JOACHIM 2012, 14, die Anfänge des Mittwochmorgen-Gottesdienstes als studentische Initiative beschreibt, ist es in anderen Darstellungen insbesondere Albrecht Peters, der als „Lichtgestalt" mit den Anfängen dieses Gottesdienstes in Verbindung gebracht wird. Vgl. hierzu u. a. die Darstellung von Paul Philippi in PÖNNINGHAUS, MIRIAM et al. 2013, 21. Die unterschiedlichen Darstellungen können aber auch den unterschiedlichen Perspektiven geschuldet sein.

681 Vgl. VETTE, JOACHIM 2012, 14. Philippi spricht von der Deutschen Messe, vgl. PÖNNINGHAUS, MIRIAM et al. 2013, 21.

in der damaligen Zeit,[682] in der z. B. die Agendenreformen, „nach Krieg und Kirchenkampf im Kontext des kirchlichen Wiederaufbaus [standen] und daran orientiert [waren], den Gottesdienst als Mitte des geistlichen und kirchlichen Lebens neu erfahrbar zu machen. Leitend war die Suche nach stabilisierender Ordnung und einer Geborgenheit in der bewährten und bleibenden Tradition [...]".[683] Die Tatsache, dass der Mittwochmorgen-Gottesdienst mit anschließendem Frühstück selbst durch bewegte Zeiten hindurch „für viele Studierende der folgenden Jahrzehnte [...] ein geistlicher Mittelpunkt geworden [ist]",[684] legt jedoch nahe, dass seine besondere Anziehungskraft nicht alleine dem damaligen Zeitgeist zuzuschreiben ist. Der Mittwochmorgen-Gottesdienst wurde und ist bis heute ein fester Bestandteil der gottesdienstlichen Kultur in der Heidelberger Universitätskirche.[685]

(a) Vielfalt in der Einheit

Obwohl 79,6 % von n=44 Umfrageteilnehmenden am Mittwochmorgen-Gottesdienst aus der Heidelberger Innenstadt oder den angrenzenden Stadtteilen kommen,[686] gab keiner/keine der Befragten an, „nur" Anwohner/in zu sein. Alle sind auf die eine oder andere Art und Weise mit der Universität verbunden. Dreiviertel der Umfrageteilnehmenden (n=47) sind Studierende, 12,8 % Mitarbeiter/innen der Universität und 10,6 % Ehemalige der Universität in Heidelberg.[687] Dieser Aspekt spiegelt sich in der Altersstruktur und im Familienstand wider: 72,3 % (n= 47) sind zwischen 19 und 29 Jahre alt, 17 % zwischen 30 und 65 Jahre alt und 10,6 % sind 65 Jahre alt oder älter.[688] 70,2 % der Teilnehmer/innen (n=47) sind ledig, 4,3 % verlobt, 23,4 % verheiratet und 2,1 % verwitwet.[689] Wurde in den Berichten über die Anfangsphase dieses Gottesdienstes mit Ausnahme von Gisela Peters insbesondere auf männliche Teilnehmer verwiesen,[690] besuchen heute mindestens so viele Frauen wie Männer diesen Gottesdienst.[691] Wie bereits bei den anderen zwei Gottesdiensten

---

682 Kirchengeschichtlich wurde in Bezug auf die protestantischen Entwicklungen nach dem Zweiten Weltkrieg zunächst eine „Neigung zum Selbstgespräch, zum Rückzug ins Sakrale und zur Pflege des Bestehenden" MOELLER, BERND 2011, 379, diagnostiziert.

683 POHL-PATALONG, UTA 2011, 26f.

684 PÖNNINGHAUS, MIRIAM et al. 2013, 21–26, 21.

685 Vgl. VETTE, JOACHIM 2012, 16.

686 Vgl. C.6.3. Bis auf zwei Personen liegt das Einzugsgebiet bei max. 25 km. Eine Person fährt ca. 55 km zum Mittwochmorgen-Gottesdienst.

687 Vgl. C-6.7. 2,1 % sind Sonstige.

688 Vgl. C-62 in der Analyse der Alterskohorten (n=47): 0–19 Jahre: 2,1 %, 20–29 Jahre: 70,2 %, 30–39 Jahre: 8,5 %, 40–49 Jahre: 2,1 %, 50–59 Jahre: 6,4 %, 60–69 Jahre: 2,1 %, 70 Jahre und älter: 8,5 %. Die idealtypische Einteilung in Lebensphasen zeigt, dass sowohl Personen aus der „Ausbildungsphase" bereits Mitarbeiter/innen der Universität sind und dagegen Personen aus der Familien-/Aufbau- und Karrierephase (30–49) sich als Studierende der Universität verbunden fühlen.

689 Vgl. C-6.4 Die Angaben zum Familienstand (offene Frage) sind in diesem Gottesdienstfeld durchgängig traditionell geprägt, während die Beschreibungen in Feld A und B deutlich vielfältiger sind.

690 Vgl. Paul Philippi in PÖNNINGHAUS, MIRIAM et al. 2013, 21f.

691 Die Anzahl der Frauen überstieg mit 54,3 % in der Umfrage die der Männer mit 45,7 %. Vgl. C-6.1 (n=46). Diese punktuelle Momentaufnahme entsprach tendenziell auch den Wahrnehmungen im Rahmen der teilnehmenden Beobachtungen. Vgl. C-TB2-21.

wurde auch hier auf die Erhebung von Berufsbildern verzichtet. Durch die Nähe zur theologischen Fakultät und den Umstand, dass der Mittwochmorgen-Gottesdienst auch in die Konzeption eines homiletischen Seminars an der evangelischen Fakultät eingebunden ist, hat der überwiegende Teil der Anwesenden einen theologischen Ausbildungshintergrund. Im Rahmen der im Feld geführten Gespräche und Interviews hat sich jedoch gezeigt, dass auch Vertreter/innen anderer Fachdisziplinen anwesend sind.[692] Trotz eines homogenen akademischen Teilnehmer/innenprofils kann im Hinblick auf die Generationen und Tätigkeitsfelder der Anwesenden auch von einer Heterogenität gesprochen werden. Karoline Thomas, eine langjährige Teilnehmerin am Mittwochmorgen-Gottesdienst, schreibt in ihrem veröffentlichten Erfahrungsbericht, dass zu weiteren Teilnahmegründen „bereichernd hinzukommt, dass sich Menschen ganz verschiedenen Alters und aus ganz verschiedenen Lebenskontexten treffen. Die meisten sind Studenten, aber längst nicht alle (wie ja auch ich). Es gibt unter allen Anwesenden Gemeinschaft, die manche Grenzen überspringt. Das macht wach und erfrischt und gibt dem ganzen einen besonderen Reiz".[693]

Im Unterschied zu Feld A und B rechnen sich in diesem Gottesdienst alle Teilnehmer/innen einer Konfession zu[694] und differenzieren diese darüber hinaus.[695] Im Rahmen der Interviews wurde auch auf die gelegentliche Teilnahme eines orthodoxen Gottesdienstbesuchers verwiesen.[696] Insgesamt kann hier von einer sehr hohen kirchlichen Sozialisation der Teilnehmenden gesprochen werden, wie sie sich u. a. aus dem Partizipationsverhalten an kirchlichen Angeboten ablesen lässt:[697] 71,1 % der Umfrageteilnehmenden (n=45) geben an, dass sie neben dem Mittwochmorgen-Gottesdienst jede/fast jede Woche einen Gottesdienst besuchen, 15,6 % 1–2 x im Monat, 11,1 % mehrmals im Jahr und 2,2 % 1 x im Jahr oder seltener.[698] Dabei handelt es sich bei 51,1 % um Gottesdienste in ihrer Ortsgemeinde, bei 42,2 % um Got-

---

692 Z. B. Mathematiker, Lehrer in anderen Disziplinen, Mediziner, Wirtschaftsinformatiker. Vgl. hierzu ein Hinweis von Johanna C16-I-56 sowie diverse Hinweise in den Einzelinterviews, auf deren konkrete Zuordnung hier zum Zwecke des Datenschutzes verzichtet wird.

693 Karoline Thomas in PÖNNINGHAUS, MIRIAM et al. 2013, 31. Vgl. auch Paul C43-I-24: „Wohlwissend, dass der Mittwochmorgen-Gottesdienst ein sehr intellektueller Gottesdienst ist, weil es der Universitäts-Gottesdienst ist. Und Pluralität sich nur auf einem gewissen Bildungsniveau bewegt. Aber wenn man mal die Generationen anguckt und teilweise auch, wo die Leute herkommen, aus der ganzen Republik, gerade die Studenten, ist dieser Aspekt ja schon da. Und das würde ich sagen, macht einiges aus."

694 Und keiner/keine scheint aus der Kirche ausgetreten zu sein. Vgl. C-6.5.

695 89,1 % von n=46 Befragten geben an, evangelisch zu sein, 6,5 % römisch-katholisch, 4,3 % lutherisch. Vgl. C-6.5.

696 Vgl. Karl C31-I-12.

697 Diese Einschätzung ergab sich maßgeblich durch den Vergleich mit den im Rahmen der V. KMU erhobenen Zahlen zur liturgischen und kirchengemeindlichen Praxis der evangelischen Kirchenmitglieder. Vgl. hierzu HERMELINK, JAN et al. 2015 und BEDFORD-STROHM, HEINRICH 2015, 479–488.

698 Vgl. C-2.1. Die wöchentliche Teilnahmefrequenz ist überdurchschnittlich hoch. Die Kirchgangshäufigkeit im Zeitreihenvergleich für das Jahr 2012 liegt laut KMU bei 22 % für die evangelischen Kirchenmitglieder. Vgl. hierzu Tab. 1 Kirchgangshäufigkeit im Zeitreihenvergleich 1972–2012 in HERMELINK, JAN et al. 2015, 93.

tesdienste in der Peterskirche und bei 57,8 % um Gottesdienste in einer anderen Kirchengemeinde.[699] 97,8 % der im Mittwochmorgen-Gottesdienst Befragten geben an, ‚normale' Sonntagsgottesdienste zu besuchen,[700] 66,7 % Gottesdienste anlässlich hoher kirchlicher Feiertage, 55,6 % Kasualien, 26,7 % Gottesdienste am Urlaubsort, 37,8 % an anderen besonderen Gottesdiensten.[701] Darüber hinaus nehmen 66,7 % (n=42) an anderen Gemeindeangeboten der evangelischen Kirche teil.[702] Trotz der bereits hohen kirchlichen Sozialität geben 28,9 % an, dass sich durch diesen Gottesdienst ihr Kontakt zur Kirche verstärkt hat.[703] Ähnlich verhält es sich mit dem Zugehörigkeitsgefühl zur Kirche, das sich für 24,4 % der Umfrageteilnehmenden verstärkt hat, bei 62,2 % gleich geblieben ist, für 11,1 % anders geworden ist und sich für 2,2 % abgeschwächt hat. Der Kontakt zur Ortsgemeinde hat sich zwar bei 11,1 % reduziert, bei 6,7 % aber auch verstärkt und ist bei 71,1 % unverändert geblieben und bei 11,1 % hat er sich verändert. Das Zugehörigkeitsgefühl zur Ortsgemeinde hat sich auch hier nahezu analog zum Kontakt für 75,6 % nicht verändert, für 11,1 % hat es sich verstärkt, bei 4,4 % abgeschwächt und bei 8,9 % ist es anders.[704] Trotz der bereits hohen kirchlichen Sozialisation hat sich das Bild der Kirche für 30,4 % der Umfrageteilnehmenden positiv verändert, für 15,2 % ist es anders und für 54,3 % hat sich das Bild nicht verändert.[705]

(b) Kasualität

Wie es bereits in den Schilderungen von Paul Philippi deutlich wurde, ist der Mittwochmorgen-Gottesdienst eng mit der Studienzeit in Heidelberg verbunden. Die Schilderungen der Interviewpartner/innen legen u. a. einen *kasualen Deutungshorizont* nahe. Durch die enge Verbindung zur Studienzeit sowie den spezifischen universitären Kontext und das liturgische Gepräge bekommt der Mittwochmorgen-Gottesdienst „eine Exklusivität", die es schwer macht, nach z. B. der Studienzeit oder bei Studien- oder Arbeitsplatzwechseln Substitute zu finden. Seine Kasualität wird insbesondere retrospektiv reflektiert, insofern er intensiv mit der Studien- oder Arbeitsbiographie in und an der Universität in Heidelberg verbunden wird.

---

699 Vgl. C-2.2.

700 Die Zusammenschau des gottesdienstlichen Partizipationsprofils der Befragten lässt auf eine regelmäßige Teilnahme am „normalen Sonntagsgottesdienst" schließen, die „in unserer Gesellschaft nicht ‚selbstverständlich'[ist]". LUKATIS, INGRID 2003, 258.

701 Vgl. C-2.3, n=45.

702 Vgl. C-2.4. 32,6 % in ihrer Ortsgemeinde (Bibelabende, Hauskreise, Gesprächskreise, kirchenmusikalische Angebote, als Mitarbeitende in der Kinder- und Jugendarbeit, an Freizeiten, Gemeindefesten, ökumenischen Angeboten, Umweltmanagement und Weltgebetstagen), 19 % in der Peterskirche (ESG-Angebote, Kirchenkapitel, Konzerte, Tag des Denkmals), 23,8 % in einer anderen Kirchengemeinde (Bibelkreise, kirchenmusikalische Angebote, Kinder-, Jugend-, Konfirmandenarbeit u. a.).

703 Bei 62,2 % hat sich der Kontakt zur Kirche nicht verändert, bei 6,7 % ist er anders, bei 2,2 % ist er geringer geworden. Vgl. C-5.1, n=45.

704 Vgl. C-5.1, n=45.

705 Vgl. C-5.2, n=46.

„War dann, glaube ich, auch zwei Jahre regelmäßige Mittwochmorgen-Gottesdienst-Besucherin. Und ist dann wieder nach Marburg gegangen. Und hat dann mehrfach immer noch danach gesagt: Aber den Mittwochmorgen-Gottesdienst, den vermisse ich. Und so was habe ich hier nicht gefunden. Und andere, die weggegangen sind und die dann manchmal auch noch Postkarten geschrieben haben oder so, von denen weiß ich auch, dass die dann manchmal sagen: Aber so was Schönes wie den Mittwochmorgen-Gottesdienst suche ich hier immer noch. Das habe ich nicht gefunden. Also Leute, die lange da waren, die prägt das, glaube ich, auch. Und ich kann für mich selbst auch sagen, als damals beruflich die Diskussion anstand ins Ausland zu gehen, war der Mittwochmorgen-Gottesdienst tatsächlich ein Punkt, der auf der Kontra-Seite stand, weil ich den dann aufgeben musste. Und insofern hat der für mich auch im Laufe der Jahre wirklich eine Bedeutung gewonnen. Ja." Paul C43-I-60

Versuche, die im Rahmen des Mittwochmorgen-Gottesdienstes gemachten Erfahrungen in anderen gemeindlichen Zusammenhängen fruchtbar zu machen, stellen sich als ebenso schwierig dar.

„[..I]st nicht so ganz leicht ist, wenn eben die jungen Leute dann Heidelberg verlassen, die sehr als Säulen, möchte ich fast sagen, den Mittwochmorgen-Gottesdienste besucht und mitgestaltet haben. Dass sie dann diese Erfahrung auch dann, wenn sie Vikare und Pfarrer sind, in ihre Gemeinde auch wieder versuchen einzuführen. Das ist sehr schwer und gelingt in den ganz wenigen Fällen nur. Sie kommen dann oft manchmal wieder zurück, wenn sie im Urlaub sind oder so in Heidelberg. Und besuchen natürlich auch wieder den Peterskirchen-Gottesdienst und Mittwochmorgen-Gottesdienst, freuen sich, wenn man sie dann noch einige so alte, die sie auch aus ihrer Zeit kannten, wiedersehen, aber eben sagen doch auch, dass sie selbst das in ihrer Gemeinde nicht so einführen konnten. [...]" Karl C31-I-20

Der Mittwochmorgen-Gottesdienst steht als *pars pro toto* für ein Teil der eigenen Lebensgeschichte, einen Lebensabschnitt, ein spezifisches „Lebensgefühl", das Verbindung schafft, Erinnerungen weckt und u. a. als „geistige Heimat" wahrgenommen wird.

„[...A]lso während ich im Ausland war, habe ich es gar nicht so sehr gemerkt, dass mir jetzt irgendwie was fehlt. Also mir ist schon klar, der Mittwochmorgen-Gottesdienst ist so meine geistliche Heimat und es ist schwer ein Substitutions-Angebot zu finden, das einen überzeugt. Aber in einem anderen Kontext, fremdes Land, fremde Sprache, viel Aufregendes, war es mir eigentlich nicht bewusst. Als ich jetzt aber wieder gekommen bin und dann zum ersten Mal seit einem Jahr wieder dort saß, dachte ich: Ach, das hast Du aber doch vermisst." Sonja C15-I-52

Dies erinnert an Beschreibungen im Zusammenhang mit den Goldenen-Konfirmationsfeiern,[706] zu denen Menschen nicht selten von weit entfernten Orten anreisen.

[706] Vgl. FECHTNER, KRISTIAN & MULIA, CHRISTIAN 2009, 184, 189f.

Wichtig ist dabei der Ort, der als Erinnerungs- und Anknüpfungspunkte dient,[707] was zu einem weiteren Aspekt der sozialen Kraft des Mittwochmorgen-Gottesdienstes überleitet.

(c) Kontinuität

Die Tatsache, dass Menschen immer wieder zum Mittwochmorgen-Gottesdienst zurückkehren (können), obwohl er kein vom System der Kirche garantierter Gottesdienst ist, ist auch ein Zeichen für seinen kontinuierlichen Charakter. Zwei bedeutsame Faktoren der *Kontinuität* sind, erstens die *Peterskirche* und zweitens *Schlüsselpersonen*, die den Gottesdienst über lange Zeit fördern und prägen.

Der Mittwochmorgen-Gottesdienst findet in der Peterskirche statt, die seit 1896 der Universität von der Evangelischen Pflege Schönau zur Nutzung überlassen wurde.[708] Obwohl 61,9 % der Befragten angeben, dass sie für diesen Gottesdienst auch an einen anderen Ort im Großraum Heidelberg fahren würden[709] und es in der in den Interviews artikulierten subjektiven Reflexion eine eher ungeordnete Rolle spielt, dass der Mittwochmorgen-Gottesdienst eine Veranstaltung der Universitätskirche ist,[710] wird zumindest mittelbar von einer hohen Gesellungskraft des spezifischen Kirchenraumes ausgegangen. Grund hierfür ist, dass er für die universitären Gottesdienste frei zur Verfügung steht und ohne Absprache mit „Dritten" genutzt werden kann:

> „[…] Weil, eben unsere Situation an dieser Universitäts-Kirche ebenso ist, dass es keine Wohnort-Gemeinde gibt, wie es das in manchen anderen Universitäts-Kirchen gibt […], bietet es einem natürlich viele Freiräume, aber es ist eben dann immer auch notwendig diese Kirche, sozusagen mit neuen oder mit bewährten Aktivitäten, auch anzufüllen. Und da ist es immer natürlich die Hoffnung, dass es da Bindungskräfte gibt, die sozusagen auch über die einmalige Veranstaltung entsprechend hinausreichen. […]" C-Exp-30

Durch den gebotenen Raum wird die Möglichkeit eines kontinuierlichen und uneingeschränkten Angebotes geschaffen,[711] was im Rahmen eines Gaststatus in einer Parochialgemeinde nicht oder nur bedingt möglich ist:

> „Ich habe den Eindruck, könnte auch durchaus persönlich sagen, von mir sprechen, dass es eine große Kraft hat, regelmäßig verlässlich sozusagen einen Ort zu haben, an dem Gottesdienst gefeiert wird." C-Exp-38

---

[707] „Die stärksten Erinnerungen stecken im Körper und werden im (Kirchen-)Raum erlebt." FECHTNER, KRISTIAN & MULIA, CHRISTIAN 2009, 190.

[708] Vgl. HAMMANN, KONRAD 2000, 193.

[709] Vgl. C-1.9, n= 42.

[710] Vgl. C-4.20, nach der 72,3 % (n=47) angeben, dass es (eher) nicht wichtig ist, dass es eine Veranstaltung der Universitätskirche ist.

[711] Diese empirische Wahrnehmung entspricht den Überlegungen von RASCHZOK, KLAUS 2007, 574, nach denen „[ä]hnlich den biblischen Texten, den Liedern des Gesangbuches und den tradierten liturgischen Formen […] auch der Raum für eine Kontinuität [sorgt], die nicht jeweils aktuell neu geschaffen werden muss, sondern bereits vorhanden ist".

Der Mittwochmorgen-Gottesdienst ist einerseits in der Peterskirche beheimatet, hat diese aber durch sein spezifisches Gepräge seinerseits geprägt. „Mitte der 1970er-Jahre bewilligte die ‚Pflege Schönau' eine Renovierung der Peterskirche. Bei dieser Gelegenheit wurden nicht zuletzt Erfahrungen des Mittwochmorgen-Gottesdienstes eingebracht und umgesetzt. [...] So wurde die ‚Besenkammer' zu einer Küche umgebaut."[712] Dadurch war es möglich, das Frühstück des Mittwochmorgen-Gottesdienstes direkt in der Peterskirche anzubieten. Das Frühstück hatte bis dahin im Gemeindehaus der Providenzkirche stattgefunden.[713]

> „Also das Konstante ist dann auch der Raum, der dort einfach steht und den man begehen kann und den man bespielen darf, in dem man Erfahrungen machen kann. Ich hoffe sozusagen, dass sich das für viele dann auch bewährt. [...]" C-Exp-30

Die Peterskirche dient selbstverständlich als „Anlaufstelle" für diejenigen, die z. B. bei einem Besuch in Heidelberg einen universitären Gottesdienst in der Peterskirche besuchen wollen. Dabei dient diese Kirche auch als Ort, an dem Informationen über den Mittwochmorgen-Gottesdienst erwartet und ausgetauscht werden können:

> „[...] Ich nehme schon wahr [...], wenn manchmal Besuchergruppen in Heidelberg sind, die in den Sonntagsmorgens-Gottesdienst kommen und da vielleicht Pfarrerin und Pfarrer dabei sind, und man beim Kirchcafé ins Gespräch kommt, ist das nicht selten, dass die fragen: Gibt es den Mittwochmorgen-Gottesdienst noch? Na, also es ist durchaus, weil er seit 50 Jahren, gut 50 Jahren gefeiert wird, gibt es da immer Kollegen, die das früher einmal als Studierende mitgefeiert haben und die nach längerer Zeit wieder nach Heidelberg kommen und sich erkundigen, ob es diesen Gottesdienst noch gibt. [...]" C-Exp-30

Die Bedeutung der Peterskirche hierfür wird durch Theo Sundermeiers Ausführungen über den Mittwochmorgen-Gottesdienst unterstrichen, wenn er resümiert: „Aber auch wenn Moos [über das Haus des Vergessens (Paul Celan)] wächst, der Ort hält das Geschehen fest, gibt der flüchtigen Erinnerung ein festes Gehäuse, verhindert das Vergessen, bietet jedem einen Haltepunkt zur Einkehr und Rückbesinnung."[714] So dient der Ort des Mittwochmorgen-Gottesdienstes als „Raumspeicher" subjektiver Erinnerungen, die eine Verbundenheit konstituiert:

> „Ja, ich bin natürlich mit der Peterskirche sehr verbunden, weil hier sind meine beiden Kinder getauft. Hier habe ich die Tochter verheiratet. Hier sind zwei Enkel von mir getauft worden. Und von da aus ist mir die Universitätsgemeinde und auch die Peterskirche nicht fern. [...] Aber eben, und das ist auch so geblieben, auch jetzt nehme ich nach Möglichkeit immer wieder an den Peterskirchen-Sonntagsgottesdiensten teil." Karl C31-I-16

Theo Sundermeier geht noch einen Schritt weiter, wenn er eine direkte Verbindung seiner gottesdienstlichen Erinnerungen in der Peterskirche an die spezifische ästheti-

---

[712] Paul Philippi in PÖNNINGHAUS, MIRIAM et al. 2013, 23.

[713] Vgl. PÖNNINGHAUS, MIRIAM et al. 2013, 21.

[714] Theo Sundermeier in PÖNNINGHAUS, MIRIAM et al. 2013, 29f.

sche Gestalt des Altarraums knüpft. Im Rahmen einer vorausgegangenen Renovierung hatte man „aus welchem (un-)liturgischen Grund auch immer, den Boden der Apsis um eine Stufe angehoben und einen schweren Altar in seine Mitte gesetzt. Dadurch war die erste Stufe zur Kanzel ungewöhnlich klein geworden", während es vorher entsprechend einer alten kirchenbaulichen und liturgischen Tradition drei Stufen waren, die mit einer ritualisierten Schrittfolge verbunden waren. Nach erfolgten Veränderungen des Raumes war ihm der Ort fremd geworden.[715] Dies verwundert nicht, denn „[e]ntsprechend sozialisierte (kulturell kompetente) Akteure können und müssen den ‚sinngeladenen' Raum ‚lesen', ‚entschlüsseln' sowie in Bezug auf ihn handeln".[716] Nachdem die ihm vertrauten Proportionen des Raumes wieder hergestellt worden waren, „zeigte sich die Kraft des Raumes. Er setzte Erinnerungen frei. Die vergangene Zeit war plötzlich lebendige Gegenwart".[717] Theo Sundermeier erwähnt dies nicht, aber es wäre interessant zu wissen, ob der reine Anblick des veränderten Raumes irritierend gewesen war oder sich dieses Gefühl beim Vollzug des gottesdienstlichen Rituals eingestellt und die Diskrepanz zwischen Körper- und Raumgedächtnis offenbart hat. In seinen Schilderungen über die räumliche Situation in der Peterskirche kommt er zu dem Schluss, dass „[d]er Ort der Anker der Zeit [ist]. Er ermöglicht Wiederholung, weil er Erinnerung ver-dichtet und erdet. Riten und Rituale binden beides zusammen, Ort und Zeit".[718]

Im Laufe seiner Geschichte war der Mittwochmorgen-Gottesdienst zudem stark durch das persönliche Engagement der Teilnehmenden geprägt. „Neben einer durchgehenden Präsenz engagierter Studierender und außeruniversitärer Berufstätiger brachten sich auch viele Mitglieder der Theologischen Fakultät ein […]."[719] Laut Umfrage engagieren sich 38,3 % (n=47) der Befragten als Mitarbeiter/innen im Mittwochmorgen-Gottesdienst.[720] Dieses Engagement ist sowohl für das Angebot als auch seine Bindungskraft von großer Bedeutung, worauf später noch vertiefend eingegangen werden wird. Dennoch ist die Geschichte des Mittwochmorgen-Gottesdienstes eng mit dem Wirken bestimmter *Schlüsselpersonen* verbunden,[721] auf die auch im Rahmen der Feldforschung immer wieder verwiesen wurden:

> „[…] was mir so einfällt, warum mir dieser Gottesdienst lieb ist. Und ich bin sehr dankbar, dass das Ehepaar Ritter genauso wie damals das Ehepaar Peters eben die Kontinuität

---

715 Theo Sundermeier in PÖNNINGHAUS, MIRIAM et al. 2013, 28f.

716 WILLEMS, HERBERT & EICHHOLZ, DANIELA 2008, 865.

717 Theo Sundermeier in PÖNNINGHAUS, MIRIAM et al. 2013, 28. Zur Bedeutung der leiblichen Begehung des Kirchengebäudes siehe auch WEYER-MENKHOFF, STEPHAN 2006b, 14.

718 Theo Sundermeier in PÖNNINGHAUS, MIRIAM et al. 2013, 27.

719 Vgl. VETTE, JOACHIM 2012, 16.

720 Vgl. C-6.6. Es dürfte sich jedoch um einen deutlich höheren Anteil handeln, da der Abgleich mit den in den Interviews gesammelten Daten nahelegt, dass einige der Befragten diese im Allgemeinen Teil der Umfrage gestellte Frage auf den Umfragetag bezogen haben.

721 In diesem Zusammenhang werden in der Literatur auch Friedrich Heyer und Paul Philippi gewürdigt. Vgl. hierzu VETTE, JOACHIM 2012, 16.

> weitergeführt hat und weiter darstellt bei diesem Gottesdienst, das vielleicht jetzt durch Professor Schwier, auch durch die Seminare, die etwas integriert werden in diesen Gottesdienst, eine noch größere Ausweitung passiert. Und er auch als Universitätsprediger, wie es bei Philippi der Fall war, auch regelmäßig dabei ist. [...]" Karl C31-I-am Ende von 10

Diese Personen haben das spezifisch geistliche und liturgische Gepräge des Gottesdienstes maßgeblich geprägt. „Einen entscheidenden Auftrieb erhielt der Frühgottesdienst durch Albrecht Peters und seine Frau Gisela, die als hoch geschätzte Lehrer und Seelsorger über Jahre hinweg zu ‚geistlichen Eltern' für die stets wachsende Schar von Frühaufstehern wurden."[722] Gerade in unruhigen Zeiten, in denen auch die „Mittwochmorgen-Gemeinde"[723] kleiner wurde, „[erwies sich] die Mahlgemeinschaft, die sich um die lutherische Deutsche Messe gebildet hatte [...], als ein kleiner Kern intensiven geistlichen Lebens, in dessen Mitte das Wirken des Ehepaar Peters stand".[724] Entsprechend stark wurde der Kreis der Mittwochmorgen-Gottesdiensteilnehmer/innen vom frühen Tod ihres „spiritus rectors" erschüttert.[725] In dieser Krise wurde das Ehepaar Adolf Martin und Renate Ritter[726] eine wichtige Stütze für den Mittwochmorgen-Gottesdienst und ist es bis heute, wovon die Beiträge in der homiletischen Festschrift zu seinem 80. Geburtstag sowie zahlreiche wertschätzende Aussagen der interviewten Gottesdienstteilnehmer/innen ein eindrückliches Bild zeichnen.[727]

> „Seit vielen Jahren ist Adolf Martin Ritter die treibende Kraft des Mittwochmorgen-Gottesdienstes. Er gestaltet als Liturg, lehrt in der Predigt und selbst, wenn er einmal nur Besucher ist, gilt sein Wort. Wer schon einmal gemeinsam mit ihm diesen besonderen Abendmahlsgottesdienst in der Peterskirche gefeiert hat, kann ein Stück der Leidenschaft und Hingabe spüren, die ihn antreibt. Er verkörpert die Verbindung von Theologie und kirchlichem Leben."[728]

---

722 VETTE, JOACHIM 2012, 14.

723 Zum Begriff sowie dem Sachverhalt siehe Paul Philippi in PÖNNINGHAUS, MIRIAM et al. 2013, 23.

724 Paul Philippi in PÖNNINGHAUS, MIRIAM et al. 2013, 21-26, 21. „[...] Die Peters hatten aus Hamburg nicht nur den Ansveruspsalter mitgebracht, der am Mittwochmorgen mehrstimmig gesungen wurde, sie hatten im liturgischen Verhalten auch den Geist des bruderschaftlichen Lebens beibehalten und ihn in dem Umgang weitergegeben, den man in den Ostkirchen die ‚Liturgie nach der Liturgie' genannt hat – einen ‚Umgang', der nicht zuletzt durch die Verbindung von Herrenmahl und anschließendem Frühstück markiert wurde. [...] Und diese gottesdienstliche Gemeinschaft blieb stabil, auch und gerade in den Jahren der großen Instabilität um 1968, in denen die Universitätsgottesdienste z. T. massiv gestört wurden und in denen die Studentengemeinde fast ganz abseits zu stehen kam." PÖNNINGHAUS, MIRIAM et al. 2013, 21.

725 Vgl. VETTE, JOACHIM 2012, 17.

726 Vgl. hierzu auch Theo Sundermeier in PÖNNINGHAUS, MIRIAM et al. 2013, 29.

727 Vgl. HABICHT, TOBIAS et al. 2013 sowie z. B. C5-I-18, C-I-158ff.

728 HABICHT, TOBIAS et al. 2013, 5.

(d) Wandel

Die in der Kontinuität liegende Gesellungskraft aktualisiert sich im und durch den gleichzeitigen *Wandel* des Mittwochmorgen-Gottesdienstes. So wird der spezifische Charakter der Sozialgestalt u. a. durch diese sich ergänzenden Aspekte geprägt:

> „Also ich glaube, ein ganz wesentlicher Bestandteil ist tatsächlich, dass immer mal wieder Leute dazukommen und da hängen bleiben und sich dadurch quasi der Mittwochmorgen auch immer noch weiter verjüngt, sage ich mal. Weil, es gibt ja auch viele Leute, die halt für das Studium zwei, drei Semester hier sind und dann wieder weg sind. [...] Oder auch Leute, die länger in Heidelberg sind, irgendwann sind auch die mit ihrem Studium und mit ihrer Doktorarbeit oder was auch immer fertig und gehen dann halt wieder. Aber es kommen eben auch immer Leute dazu. Und trotzdem ist es aber, glaube ich so, es gibt so ein paar einzelne Leute, die wirklich schon, also seit Jahrzehnten, dabei sind. Also Professor Ritter zum Beispiel mit seiner Frau, der das irgendwie schon sehr, sehr lange so trägt. Oder [eine Gottesdienstteilnehmerin], die jetzt als Nicht-Theologin schon ganz lange dabei ist. Die einfach nach dem Studium hier hängen geblieben ist. Und jetzt hier arbeitet und immer noch kommt. [...]" Johanna C16-I-56

Der universitäre Hintergrund der meisten Teilnehmer/innen bringt eine hohe Fluktuation innerhalb der Gottesdienstbesucher/innen mit sich. 32,6 % der Befragten (n=46) sind seit 2014 (Jahr der Umfrage) beim Mittwochmorgen-Gottesdienst dabei. 26,1 % seit dem vorangegangenen Jahr. Insgesamt nimmt die Personengruppe, die innerhalb der 5 Jahre vor der Umfrage Kontakt zu diesem Gottesdienst bekommen hat, 84,5 % der Befragten ein. Eine weitere Gruppe stammt aus den Jahren 2002 bis 2008 mit insgesamt 8,8 %. Darüber hinaus besuchen 4,4 % (2 Personen) seit den 1980er-Jahren diesen Gottesdienst und eine Person seit 1967.[729] Die Partizipationsstruktur ist von einer hohen Regelmäßigkeit gekennzeichnet. Nur eine Person gibt als Teilnahmegrund an, unverbindlich an einem Gottesdienst teilnehmen zu wollen, und ist spontan vorbeigekommen und geblieben.[730] Knapp 2/3 der Befragten nehmen regelmäßig an diesem Gottesdienst teil.[731] Trotz einer recht hohen Fluktuation ist es u. a. das Wissen um beständige soziale Anknüpfungspunkte, von denen, z. B. nach einer Zeit der Abwesenheit eine eigene Vergesellungskraft ausgeht.

> „[...] Und, ich glaube, dadurch, dass man eben Leute hat, die immer nur eine gewisse Zeit da sind, aber auch Leute, die schon ganz lange da sind, und alle irgendwie kennen, kann man dann auch, ja, weiß man, wenn ich zurückkomme, dann sind der und der und die auf jeden Fall noch da. Und man freut sich dann sich zu sehen. Und ich weiß nicht, also da ich ja, also in Heidelberg eine ganze Weile studiert habe und dann aber auch lange weg war, ich war dann drei Jahre eigentlich weg, bin ich, ich bin wieder gekommen und für mich war irgendwie klar, dass bestimmte Personen noch da sind. Und das war für mich natürlich auch ein Grund wiederzukommen. Wenn ich gewusst hätte, inzwischen sind da ganz andere Leute, weiß ich nicht, ob ich da sofort mich wieder so reingefunden hab, weil

---

[729] Vgl. C-1.1.

[730] Vgl. C-1.5.

[731] 61,9 % (n=42) regelmäßig, 38,1 % immer mal wieder. Vgl. C-1.1b.

natürlich die Leute, die da sind, das auch ganz stark ausmachen, wie man sich da fühlt. Und dadurch, dass eben Leute, mit denen ich selber angefangen hatte zu studieren, noch da waren, und, dass eben ein Herr Ritter, oder so, auch noch da war, war das, irgendwie habe ich mich da sofort wieder reingefunden. Und das Schönste war eigentlich, als ich das erste Mal wieder da war und Herr Schwier mich dann fragte: Wie mein Auslandssemester gewesen sei. Und ich meinte: Herr Schwier, ich war drei Jahre weg. Was? Das kommt mir gar nicht so lange vor. Ich dachte, das war ein Semester oder höchstens zwei. Und dann, ja, damit merkte man irgendwie, so diese Verbindung ist irgendwie noch da. [...]" Johanna C16-I-56

Stehen insbesondere die bereits erwähnten Schlüsselpersonen für die Kontinuität des geistlichen Profils des Mittwochmorgen-Gottesdienstes, so liegt in der sich verändernden Teilnehmer/innenschaft eine liturgieproduktive Kraft, in dem Sinn, dass sie das Tradierte prüft, hinterfragt und in einem bestimmten Rahmen z. T. auch modifiziert. Raum dafür bieten die Semester-Gespräche, in denen Themen festgelegt und die Planung des Mittwochmorgen-Gottesdienstes erfolgt.[732]

„[Es] kommen natürlich [...] immer neue nach. Die dann auch, wenn sie länger dabeibleiben und vielleicht auch Verantwortung [über]nehmen, neu hinterfragen, neu Impulse setzen, auch bei diesen Semester-Gesprächen. Wenn da Neuere dabei sind und sich einbringen, hinterfragen die auch noch mal Dinge, die für die Leute, die schon 15, 20, 30 Jahre dabei sind, irgendwie total klar sind. Und dann ist es auch gut, wenn das noch mal hinterfragt wird. Und man noch mal argumentiert, warum man das so macht. Und sich dann vielleicht auch selbst dessen vergewissert, dass das immer noch richtig ist. Oder wenn die dann neue Ideen und Impulse reinbringen und man sagt: ja, okay. Könnte man ja mal so ausprobieren. Also insofern ist dieser stetige Wechsel gut, weil es ja nie die ganze Gruppe betrifft. Es gibt ja immer die Leute, wie zum Beispiel das Ehepaar Ritter oder auch Herr Schwier, die sehr, sehr lange schon dabei sind und wahrscheinlich auch noch sehr lange dabeibleiben werden. Die dann sozusagen die Basis oder das Grundrauschen darstellen. Und dann gibt es dadrüber immer den Wechsel und dann gibt es mal auch so ein paar Verbindungen zwischen Grundrauschen und Wechsel. Und ich glaube, das tut ganz gut." Paul C43-I-60

Die Liturgie des scheinbar fest geprägten Mittwochmorgen-Gottesdienstes erfuhr so im Laufe der Jahre immer wieder Veränderungen, z. B. in liturgischen Variationen oder durch anderes Liedgut.[733]

„Da merken wir, dass der Gottesdienst auch ein Werden hat, auch neue Akzente viel stärker sind jetzt, die dialogischen, die responsorischen Elemente mit einbezogen. Das Singen hat zugenommen, wenn auch dazwischen es mal so eine Phase gab, wo auch relativ viele waren, also wir hatten schon 20, 30 und dann auch manchmal Phasen, wo 40, 50 kamen. Als die Taizélieder dann vor allen Dingen gern gesungen wurden. Jetzt sind ebenso die Lieder aus dem grünen Büchlein. Die, wie wir alle wissen. Und natürlich durch das besondere Interesse auch von und auch das Vermögen von Professor Ritter wird dieses Singen sehr gut und schön gepflegt." Karl C31-I-10

[732] Hierauf wird in 3.2. noch näher eingegangen werden.

[733] Vgl. zur veränderten Eröffnung des Mittwochmorgen-Gottesdienstes VETTE, JOACHIM 2012, 18.

Neben diesen Änderungen, die durch den Kreis der Gottesdienstbesucher/innen angestoßen wurden, haben kirchengeschichtliche Entwicklungen die Gesellungskraft dieses Gottesdienstes positiv verstärkt. Hierzu gehörte z. B. die Leuenberger Konkordie 1973/1974, durch die innerevangelische Gegensätze relativiert und der Weg für die gemeinsame Kanzel- und Abendmahlsgemeinschaft geebnet wurde:

> „Wichtig war dann gewiss, dass die Gemeinschaft Europäischer Kirchen, dass die Leuenberger Konkordie eben die Abendmahls-Gemeinschaft von, zwischen Lutheranern und Unierten und Reformierten doch noch einmal festgelegt haben. [... D]anach war es auch aus meiner Sicht so, dass eben der Kreis viel größer wurde und nicht nur eben die in der liturgischen Tradition lebenden und sich dort verbunden fühlenden Leute zusammenkamen. [...]" Karl C31-I-10

Die Liturgie des Mittwochmorgen-Gottesdienstes beinhaltet Elemente aus ganz unterschiedlichen konfessionellen Traditionen.[734] Dennoch geben 63,8 % der Befragten (n=47) an, dass es ihnen wichtig sei, dass der Mittwochmorgen-Gottesdienst ein evangelischer Gottesdienst ist, 36,2 % ist es dagegen nicht so wichtig.[735]

(e) Zwischenfazit

„Ich weiß, dass es in der Vergangenheit Zeiten mit noch mehr, aber auch noch weniger Teilnehmern gegeben hat. Aber gegeben hat es den Mittwochmorgen-Gottesdienst seit 1958 immer."[736] – Dieses Zitat von Miriam Pönninghaus verweist auf die Kontinuität des Mittwochmorgen-Gottesdienstes, aber auch auf den geschichtlichen Wandel. In der Kombination dieser zwei Aspekte liegt eine besondere Gesellungskraft dieses Gottesdienstes und in diesem Sinne kann hier von einer *„gewachsenen Tradition"* bzw. mit den Worten von Karl von einem „Gottesdienst im Werden"[737] gesprochen werden.[738] Beide Aspekte – Kontinuität und Wandel – sind eng mit seinem universitären Kontext verbunden, der dem Mittwochmorgen-Gottesdienst seinen kasualen Charakter verleiht, in dem Sinne, dass er eng mit dem individuellen universitären Lebensabschnitt der Teilnehmer/innen verbunden ist. Die institutionelle Verwobenheit spiegelt sich auch in der homogenen akademischen Teilnehmer/innenstruktur, die jedoch hinsichtlich der dort vertretenen Generationen und Berufsfelder auch einen leicht heterogenen Zug hat. Der Mittwochmorgen-Gottesdienst wurde im Laufe der Jahrzehnte für viele zur gemeindlichen bzw. geistigen Heimat.[739] Joachim Vette sieht dies im strukturellen Gepräge dieses besonderen

---

[734] Vgl. C-Exp-60.

[735] Vgl. C-3.1. Vgl. hierzu auch das konfessionelle Profil der Gottesdienstteilnehmer/innen in 3.1.2. (a).

[736] Miriam Pönninghaus in PÖNNINGHAUS, MIRIAM et al. 2013, 20.

[737] Karl C31-I-36.

[738] Als ein Zeugnis für diese gewachsene Mittwochmorgen-Tradition kann das dafür angelegte Liederbuch angesehen werden, aus dem vor und nach dem Frühstück gemeinsam gesungen wird. Vgl. FIEDLER, KRISTINA 2013, 165.

[739] Vgl. zur gemeindlichen Heimat VETTE, JOACHIM 2012, 14.

Gottesdienstes begründet,[740] auf das nun im nächsten Kapitel eingegangen werden wird.

3.2. *Die soziale Kraft des kollektiven Phänomens des hoch-liturgischen Mittwochmorgen-Gottesdienstes*

Im Rahmen der Analyse konnten vier weitere wesentliche Indikatoren für Gesellungskräfte des Mittwochmorgen-Gottesdienstes (re-)konstruiert werden, die maßgeblich in seiner Ausformung als kollektives Phänomen liegen. Diese sozialen Kräfte verhalten sich – wie bereits in den anderen Gottesdienstfeldern – trotz sich gesonderter Darstellung reziprok zueinander.

3.2.1. Zeit und Raum

Klang im vorangegangenen Kapitel die Bedeutung von (Kirchen-)Raum und Zeit als soziale Kraft der Entstehungs- und Entwicklungsgeschichte des Mittwochmorgen-Gottesdienstes an, rückt nun die Bedeutung von besonderer Zeit und besonderem Raum als Aspekte des Mittwochmorgen-Gottesdienstes in seiner Ausformung als kollektives Phänomen in das Zentrum der Aufmerksamkeit. Das spezifische Angebotsprofil des Mittwochmorgen-Gottesdienstes kommt bereits durch seinen Namen zum Ausdruck, mit dem keine Zielgruppe, sondern – ähnlich wie bei der „Nachtschicht" – eine zeitliche Bezugsgröße gewählt wurde, bei der die Abgrenzung zu anderen zeitlichen Gottesdienstangeboten, wie z. B. dem Sonntagsgottesdienst, mitschwingt. Die wöchentliche, frühmorgendliche Gottesdienstpraxis um 7 Uhr in der Mitte der Arbeitswoche bewegt sich auf drei unterschiedliche Zeitebenen gottesdienstlicher Praxis, die der Tages-, der Wochen- und der Jahreszeit.[741] Die Umfrage zeichnet ein geteiltes Meinungsbild über den Zeitpunkt (Tag und Uhrzeit) des Mittwochmorgen-Gottesdienstes; während knapp 50 % (n=47) angeben, dass der Zeitpunkt ihnen gefällt bzw. wichtig ist, verneint dies die andere Hälfte.[742] Das Antwortverhalten der gesampelten Interviewpartner entspricht ungefähr diesem Verhältnis (5 positive und 4 negative Beurteilungen),[743] im Rahmen der Interviews wurde allerdings eine überwiegend positive Bewertung von Tag und Uhrzeit des Gottesdienstes gezeigt,[744] worauf im Folgenden eingegangen wird. Ähnlich verhält es

740 Vgl. Vette, Joachim 2012, 14.

741 Vgl. Schroeter-Wittke, Harald 2003, 238–242.

742 Eine Person enthält sich der Stimme, vgl. C-4.13.

743 Zustimmend: C5, C16, C31, C43 und C47; abschlägig C2, C15, C19, C26.

744 Nur eine Person sah den Zeitpunkt nur schwer mit dem Studienalltag vereinbar: „Ja, also so früh finde ich es irgendwie ((lächelt)) ein bisschen schwierig, weil der Alltag von Studierenden doch eher so ist, dass viele Aktivitäten irgendwie abends sind. Und da finde ich es um sieben Uhr morgens ein bisschen schwierig sozusagen. Aber, gut, das liegt auch ein bisschen daran, also wenn es jetzt direkt vielleicht

sich in Bezug auf die Bedeutung der Kirche, der die Teilnehmer/innen des Mittwochmorgen-Gottesdienstes laut Umfrage keine hervorgehobene Bedeutung beimessen, der jedoch nach den Interviews eine zentrale Rolle für die Gesellungskraft dieses Gottesdienstes zugeschrieben werden kann. Zeit und Raum entfalten ihre Gesellungskraft wesentlich durch das im Folgenden dargelegte spezifische Zusammenspiel:

(a) Übergang – zwischen den Zeiten

Die früh morgendliche Uhrzeit des Gottesdienstes markiert den *Übergang von der Nacht zum Tag.* Damit steht er zeitlich der Stundengebetspraxis des Morgenlobes zum Tagesanbruch, wie z. B. die Matutin (Mette) bzw. die Laudes,[745] nahe. Jahreszeitabhängig kommt es durch die morgendlichen Lichtverhältnisse zu einer besonderen Atmosphäre in der Kirche.

> „Und es ist auch was Besonderes, finde ich, wenn man mitten in der Kirche sitzt und es da noch dunkel sitzt, dunkel ist morgens. Das war auch, ja das ist auch immer sehr schön." Petra C47-I-44

Je nach Jahreszeit ist der Innenraum der Peterskirche zwar schwach mit künstlichem Licht beleuchtet,[746] aber ohne damit die natürlichen Lichtverhältnisse gänzlich auszublenden. Der Kontrast erfolgt in zweifacher Weise. Im Winter scheint die schwache Beleuchtung im Innenraum nach draußen und zieht so Aufmerksamkeit auf sich. Mit dem Sonnenaufgang verkehren sich die Lichtverhältnisse außerhalb und innerhalb der Kirche. Im Sommer müssen sich die Augen beim Betreten der Kirche zunächst einmal an den dunkleren Kircheninnenraum gewöhnen, bevor das Morgenlicht, das durch die Seitenfenster fällt, den Blick durch das dunklere Kirchenschiff in den helleren Chorraum lenkt.[747] Das natürliche, sich verändernde Licht leuchtet den Raum der Peterskirche in besonderer Weise aus.[748] Im Mittwochmorgen-Gottesdienst trägt das Zusammenspiel von (natürlichem) Licht, der spezifischen, sakralen Architektur der Peterskirche und ihre Akustik maßgeblich zur *außeralltäglichen Atmosphäre* des Mittwochmorgen-Gottesdienstes bei, die u. a. in

neben meinem Haus wäre, dann wäre es auch was anderes, oder so." Vera C2-I-30 Wobei zu berücksichtigen ist, dass mit Ausnahme von Vera alle anderen interviewten Personen zu regelmäßigen Teilnehmer/innen des Gottesdienstes zählen.

[745] Vgl. HOFHANSL, ERNST 2008, VOGEL, INGRID 2003, 272f.

[746] E-Exp-Ergänzung.

[747] C-TB1-7 Mitte sowie WEYER-MENKHOFF, STEPHAN 2006b, 11, 14: „Unmittelbar mutet der Raum eine Richtung zu: Er macht hoch oder eng, zieht nach vorne oder hält hinten fest, bringt in Bewegung oder lässt zur Ruhe kommen. [...] Der Leib braucht seine Zeit, bis sich die Augen gewöhnt haben, bis der Geruch aufgenommen ist, bis die Klangfarbe der Kirche vor Augen steht, bis die Kopfhaltungen den Lichteinfall nachbilden, bis die Vielgestaltigkeit der Ecken und Wege abgegangen ist. [...]"

[748] „Licht leuchtet Räume aus; eingeschaltetes Licht schaltet Räume aus." WEYER-MENKHOFF, STEPHAN 2004, 24.

der „Gestimmtheit“ der Gottesdienstteilnehmer/innen eine Resonanz findet.[749] Der Raum existiert aber nicht einfach,[750] sondern ergibt sich durch die Bewegung, den Klang, das Licht der frühmorgendlichen Feier des Gottesdienstes jeden Mittwoch aufs Neue[751] und prägt so das subjektive Erleben maßgeblich.

> „Also mittlerweile gibt es ja dieses Orgelvorspiel. Also es ist auch, es ist generell schon das Ankommen. Egal zu welcher Jahreszeit. Entweder, also im Winter, wenn einfach alles stockdunkel ist und da halt schon Licht brennt, oder im Sommer wenn, oder im Frühling, wenn so langsam während des Gottesdienstes hell wird, ist auch großartig. Genau und diese begleitende Musik, einfach so, das ist so, also man kommt da an und ist in diesem Gotteshaus einfach. Genau. Und dann finde das schön. Man kann seine Sachen da unten ablegen. Und dann geht man da ganz frei ((lächelt)) in Anführungszeichen hoch und setzt sich in den Chorraum zur Gemeinde und die Atmosphäre. […] Und auch, also ja, das Stille, das Gedenkliche. […]“ Petra C47-I-98-104

Durch den Mittwochmorgen-Gottesdienst werden die Feiernden mit einem „Fremden in Berührung [gebracht]. Das Fremde ist hier bewusst gestaltet und benannt. Es ist Gott, das Jenseits des Menschen, das Heilige und Andere des Zugriffs von menschlicher Macht“.[752] Das Ankommen und die Berührung mit dem „Fremden“ wird dadurch erleichtert und befördert, dass das Betreten der Kirche im dämmrigen Licht des Eingangsbereiches geschützt und ohne Aufmerksamkeit der anderen Teilnehmer/innen[753] erfolgen kann. Die Schritte zum Chorraum werden durch leise Musik gedämpft, die unaufdringlich im Raum klingt, und der Habitus der Gottesdienstbesucher ist von Ruhe und innerer Einkehr geprägt.[754] Durch die Teilnahme am Mittwochmorgen-Gottesdienst „verorten“ sich die Menschen in der Peterskirche[755] und werden zugleich durch den Raum ausgerichtet,[756] in den sie eintreten und in dem sie sich in einer spezifischen Weise wahrnehmen.[757] Die Ausrichtung erfolgt in mehrfacher Weise, in der Kirche, zur Außenwelt und auf das „Fremde“ hin. So ist

---

[749] Vgl. hierzu auch WEYER-MENKHOFF, STEPHAN 2006b, 10: „Räume sind nicht nur außen, sondern rufen zugleich innere Stimmungen hervor.“ Vgl. hierzu auch Friedrich Niebergall: „Wir wissen, wie viel leichter es sich singt, betet und predigt in einem Raum, der die Stimmung aller, die am Gottesdienst beteiligt sind, durch die Macht des räumlichen Gefühls, ohne dass man es immer merkt, erfasst und emporhebt. Dieselbe Predigt und derselbe Gottesdienst gerät sensibleren Menschen in einer Kirche voll Stimmung ganz anders als in einem bloß gefüllten Saal.“ NIEBERGALL, FRIEDRICH 1918, 463f.

[750] Raum wird in diesem Zusammenhang nicht als Gegenüber, Sache oder Volumen angesehen, sondern als ein „Verhältnis von Welt und Mensch“. WEYER-MENKHOFF, STEPHAN 2006b, 9.

[751] Vgl. hierzu auch WEYER-MENKHOFF, STEPHAN 2006b, 10.

[752] WEYER-MENKHOFF, STEPHAN 2006b, 11.

[753] Zur Fremdheitsverstärkung durch die Begrüßung von z. B. Kirchenvorstehern vgl. auch WEYER-MENKHOFF, STEPHAN 2006b, 11.

[754] Vgl. hierzu auch Vgl. C-TB1-7 sowie C-TB2-17.

[755] „Raum ist nicht eine unabhängige Größe des Volumens, sondern eine menschliche Ortsangabe. Stets ist der Mensch an einem Ort und in einem Raum. Raum und Menschen stehen in prinzipieller Koexistenz. Wo das eine ist, da ist das andere auch.“ WEYER-MENKHOFF, STEPHAN 2006b, 9.

[756] Vgl. WEYER-MENKHOFF, STEPHAN 2006b, 10.

[757] WEYER-MENKHOFF, STEPHAN 2006b, 10.

der Kirchenraum ein wichtiger Faktor dafür, dass durch die frühe gottesdienstliche Feier der lebensweltliche Alltag durchbrochen wird, „draußen bleibt".

> „Es spielt eine sehr große Rolle, dass es in einer Kirche stattfindet. Und nicht in der kleinen Seiten-Kapelle im Studentenwohnheim oder so. Also, dass es dieser sakrale Raum ist. Auch der große sakrale Raum, in dem die Musik gut klingt. Und der Gesang eben seine Wirkung besser entfalten kann. Und es ist natürlich auch eine ganz andere Wahrnehmung. Morgens eben noch dunkel in eine riesengroße Kirche reinzukommen. Und dort dann Gottesdienst zu feiern. Das hebt den Faktor dieses Empfindens, dass man jetzt in einer anderen Situation ist, als man sich sonst im Alltag befinden würde. Wird sehr stark beeinflusst dadurch, dass man sich in der Kirche befindet. Und eben in der großen alten Kirche. Und nicht in einer kleinen neuen Kirche." Sonja C15-I-28

Der im gottesdienstlichen Ritual geschaffene außeralltägliche Raum wird aber nicht erst mit dem Verlassen des Kirchengebäudes verlassen, sondern mit Abschluss der gottesdienstlichen Liturgie und dem gemeinsamen Frühstücken in der Kirche wird ein anderer Raum geschaffen, der – wie im weiteren Verlauf noch zu sehen sein wird – durch seinen spezifischen Ort und seine Gemeinschaft etc. auch einen außeralltäglichen Charakter hat, aber in dem es primär um die Begegnung mit dem Nächsten und nicht mit dem „Fremden" geht. Dies vorausgesetzt markieren das Betreten und das Verlassen des Kirchenraumes den *übergängigen Charakter des Mittwochmorgen-Gottesdienstes* zwischen Alltag und dem außeralltäglichen Bereich:[758]

> „[...] Also dieses frühe morgens Aufstehen. Und dann in die Kirche gehen zum Lob Gottes und dann wieder in den Alltag einkehren. Zurück gehen in den Alltag. Das finde ich gut." Frieder C19-I-106

Der „außeralltägliche" Charakter dieses Gottesdienstes ist eine wichtige Voraussetzung für seine *Relevanz im Alltag* der Gottesdienstbesucher/innen. Der Mittwochmorgen-Gottesdienst wird u. a. als *„besonnener Start in den Tag"* (C20-1.5) empfunden. Als eine Teilnahmemotivation wird die „morgendliche Andächtigkeit" (C5-1.5) genannt. Das besondere Erleben am frühen Morgen erschöpft sich dabei nicht im Moment, sondern wird auch als den Tag verändertes Geschehen beschrieben:

> „[...] Eben dieses aus der Nacht rausgeholt werden, macht es, glaube ich aus. Den Morgen gut einläuten. Und nicht vielleicht verschlafen und schlecht gelaunt, sondern fit und beseelt. Also es macht schon ein bisschen, es macht schon was aus, wenn man da war morgens. Der Mittwoch ist meistens, alle, die mittwochs da waren, mit denen man später in der Uni sieht, strahlen einfach den ganzen Tag. Das fällt schon auf. Ja. [...] Und wenn man dann mal mittwochs nicht da war und vielleicht schlecht gelaunt ist und alle anderen einen so anstrahlen, ((lächelt)) das ist dann halt einfach, ne! Dann überlegt man sich schon, ob man sich dann vielleicht den nächsten Mittwoch wieder aus dem Bett traut oder nicht. [..] Das heißt also, es macht ganz viel mit einem, wenn man da morgens so früh ist.

[758] Vgl. WEYER-MENKHOFF, STEPHAN 2006b, 10.

Und wenn das erst später wäre, wäre nicht mehr so viel übrig davon, glaube ich. [...] Von der Feierlichkeit. Und von der guten Laune danach so." Petra C47-I-98-104

Dadurch, dass dieser Gottesdienst in den frühen Morgenstunden stattfindet, eignet ihm ein *zurüstender Charakter* für den (Arbeits-)Alltag.[759]

„Also es ist, ich gehe einfach immer mit einem guten Gefühl so irgendwie gestärkt in den Tag rein." Johanna C16-I-18

Ein wichtiger Faktor dafür ist der „Segen", der mit in den Alltag genommen wird.

„[I]ch finde es toll, dass der Tag noch so unangebrochen, also so frisch ist. Und man diese Frische im Gottesdienst hält, dass man den Segen irgendwie dann auch den Tag mitnimmt und nicht wenn man, ja gut, sonntags ist der Gottesdienst auch früh. Aber wenn man abends Gottesdienste hat, dann nimmt man den Segen ja eher so mit ins Bett. Und da ist es halt wirklich, da ist es ein stinknormaler Uni-Tag. Und man hat das eben begleitend dabei." Helga C5-I-12

Aufgrund der zeitlichen Einbindung in den universitären Alltag ist der Gottesdienst trotz ausführlicher Liturgie auf eine bestimmte Zeit beschränkt. Dadurch wird auch die Predigt in einer „knappen" Form gehalten, was positiv wahrgenommen wird.

„Und bedingt durch die Uhrzeit, ist ja früh morgens, ist der auch immer schön kurz und knapp und knackig. Und, also da fällt es, glaube ich, leicht, da was mitzunehmen. So, weil das wirklich, meistens geht die Predigt 10 Minuten, so. Und, ja, man kann da gut was mitnehmen. Würde ich schon sagen." Uwe C26-I-24.

Dennoch strahlt der Gottesdienst keinerlei Zeitnot oder Hektik aus, sondern wird als Zeit zum Innehalten, als Pause im Alltag und in diesem Sinne als *„Aus-Zeit"* wahrgenommen,[760] und von der sich aus ihre Wirkung in den Alltag hinein entfalten kann.

(b) Strukturierung der Arbeitswoche

Die liturgische Gestaltung der Tageszeit markiert nach Schroeter-Wittke normalerweise Übergänge zur privaten Zeitgestaltung.[761] Der Mittwochmorgen-Gottesdienst wird jedoch stark in einem Bezug zum akademischen Alltag und der 5-tägigen *Arbeitswoche* gestellt.[762] Ihm kommt dadurch sowohl eine tages- als auch wochenzeitlich *strukturierende Funktion* zu.

„[A]lso der Mittwochmorgen strukturiert schon so meine Woche oder meinen Tag [...], sehr, sehr stark." Johanna C16-I-18

759 Vgl. auch Frieder C19-I-86.

760 Miriam Pönninghaus in PÖNNINGHAUS, MIRIAM et al. 2013, 20.

761 Vgl. SCHROETER-WITTKE, HARALD 2003, 241.

762 Im Unterschied zum Sonntagsgottesdienst, der sich an der 7-Tage-Woche orientiert. Vgl. SCHROETER-WITTKE, HARALD 2003, 241f.

Er wirkt über den Tag hinaus in die Woche hinein und stellt dadurch eine Kraftquelle für die Tage vor und nach dem Mittwoch dar, die immer wieder aufgesucht wird.

> „[M]ittwochs beginnt er, mein Alltag. Und an allen anderen Tagen ist es schon so, dass man ein bisschen, also ist jetzt nicht so, als würde jetzt mein ganzes Denken immerzu darauf ausgerichtet sein. Aber man lebt doch etwas auf den Mittwochmorgen hin. Und danach ein bisschen von dem Mittwochmorgen weg. Also das, was ich mittwochmorgens im Gottesdienst <u>höre</u> und erlebe, beeinflusst schon meinen Alltag der anderen Tage auch ein bisschen. Zum einen dadurch, dass ich die Leute gelegentlich zufällig irgendwo treffe. [...] Und zum anderen dadurch, dass natürlich man dadurch irgendwie auch geprägt wird durch den Gottesdienst." Sonja C15-I-30

Das zeitliche Angebot dieses Gottesdienstes ist auf den in Heidelberg gängigen universitären Zeitrhythmus angepasst, sodass ein reibungsloser Übergang vom Mittwochmorgen-Gottesdienst in den akademischen Arbeitsalltag möglich ist. Tages- und wochenzeitlicher Rhythmus verbinden sich so in doppelter Weise mit der kollektiven, lebensweltlich geprägten Zeitgestaltung von Studierenden und Lehrenden.

> „Irgendwann zwischen 8:45 und 9:00. Die letzten Teller werden in die Schränke geräumt, das Abendmahlsgeschirr ist gespült, auch die Stühle stehen wieder in Reih und Glied in der Peterskirche. Vereinzelt stehen noch Grüppchen herum und unterhalten sich. Viele sind schon auf dem Weg zur Arbeit, zur Vorlesung, zur Bibliothek, zu den verschiedenen Aufgaben des Tages. Nächste Woche kommen wir wieder zusammen."[763]

Als wochenzeitliches Angebot kann er zum einen als *Ergänzung* zu den wohnweltlich angebotenen Gottesdiensten wahrgenommen werden.[764]

> „Ich würde sogar sagen, der liegt ziemlich perfekt, da wo er liegt mittwochs. Weil, am Wochenende sind einfach viele Studierende gar nicht hier. Oft. Oder sind schon in anderen Gottesdiensten. Vielleicht sogar in der, in der Ortsgemeinde, in der sie noch vielleicht wirken. Ich meine ich komme jetzt zum Beispiel aus [einem Vorort]. Und da gibt es auch eine Gemeinde, eine eigene. Und da bin ich da jetzt auch sehr oft. Dass ich da sonntags sage: Ich gehe jetzt da in den Gottesdienst. Und fahr dann nicht extra runter in die Stadt. Und wenn man sowieso mittwochs ab neun Uhr Uni hat [...], dann ist es einfach ideal, dass das um sieben anfängt, um acht gibt es Frühstück und man kann dann nach dem Frühstück locker in die Vorlesung gehen. Das ist gut. Und, dass man den Gottesdienst nicht <u>nur</u> sonntags hat. Es ist halt einfach gut, dass man noch mal einen anderen Wochentag hat, an dem man genauso feierlich Gottesdienst feiern kann wie sonntags auch. Finde ich, ist auch was Gutes." Petra C47-I-106

Zum anderen *entlastet* er vom Sonntagsgottesdienstbesuch zu Gunsten anderer (Freizeit-)aktivitäten.[765]

---

763 Miriam Pönninghaus in PÖNNINGHAUS, MIRIAM et al. 2013, 20.
764 Vgl. auch Johanna C16-I-34 sowie Frieder C19-I-100ff.
765 Vgl. auch Helga C5-I-64.

„[...] Dadurch, dass wir am Wochenende auch häufiger weg sind, wenn man dann mal da ist, hat man vielleicht auch Besuch, der nicht so kirchenaffin ist. Oder man schätzt das auch einfach mal ((lächelnd)), auszuschlafen. Geh ich sonntags nicht so häufig in die Kirche. [...]" Paul C43-I-54

Die punktuelle Zensur der Arbeitswoche durch diesen Gottesdienst stellt einen *Kontrapunkt* und zugleich eine *„Pause"* in der „Mitte der Woche" dar, in der neue Impulse für die zweite Wochenhälfte gegeben werden.

„Also generell ist das, finde ich es natürlich ganz nett, dass es Mitte der Woche ist. Weil man dann schon Dinge hinter sich hat, aber auch noch eine halbe Woche vor sich. Ja, das hatte ich vorhin erwähnt, dass ich es eben schön finde, dass der Tag noch nicht so, dass er halt noch ganz frisch ist. Und für den Alltag. Er ist halt Teil. Also er wird halt dann Teil von meiner Woche. Und ja, also es gibt durchaus auch irgendwie Predigten, an die ich mich noch lange erinnern kann, die ich da einfach noch eine Weile mittrage. Oder wie auch immer. Bilder oder Situationen, genau. Und generell find, ist es für mich schon eine Stärkung und auch so eine Pause, so ein, so ein Break. [...]" Helga C5-I-76

Inwieweit der stark lebensweltlich orientierte tageszeitliche Zuschnitt des Mittwochmorgen-Gottesdienstes seine Gesellungskraft entfalten kann, hängt davon ab, ob er mit den individuellen Zeitbedürfnissen und der Zeitgestaltung kompatibel ist.

„Hm, das ist eine schöne Zeit. Da hat man ja nichts anderes vor. ((lacht))" Sonja C15-I-66

Der Aspekt „Zeit zu haben", spielt auch im Zusammenhang mit dem jahreszeitlichen Angebot des Gottesdienstes eine Rolle.

(c) Spannung zwischen wöchentlichem Angebot und akademischem Jahresrhythmus
Das *wöchentliche Angebot* des Mittwochmorgen-Gottesdienstes steht *in einer gewissen Spannung zum akademischen Jahresrhythmus*, der von vorlesungs- und vorlesungsfreien Zeiten geprägt ist.

„Also fast alle sind Mitglieder der Universität. Auch diejenigen, die jetzt gerade etwas weniger, aber in den früheren Zeiten als Berufstätige hier hinkamen, haben im Umfeld von Universität meistens gearbeitet. Für die Studierenden und Lehrenden ist damit die Taktung durch das Universitätsjahr sozusagen sehr stark. Also in den Semestern, in der Vorlesungszeit gibt es eben auch eine sehr große Gemeinde. Während in der vorlesungsfreien Zeit, vor allen Dingen in den Sommerferien, es sozusagen reduziert wird auf eine sehr kleine Gemeinde. Aber es ist für mich, vielleicht auch für andere, doch besonders wichtig zu wissen, wenn jetzt Mittwoch ist und ich bin nicht in Heidelberg, weiß ich, es wird jetzt Gottesdienst da gefeiert. Also da gibt es schon noch, noch eine Verbundenheit, die da besteht, auch wenn man selbst den Gottesdienst nicht mitfeiert. Aber der Universitäts-Rhythmus ist entscheidender als beispielsweise der Kirchenjahres-Rhythmus, was die Beteiligung angeht. Natürlich nicht was die Art der Gestaltung der Gottesdienste angeht. Das ist, glaube ich, sehr, sehr deutlich, ja." C-Exp-48

Trotz des über das Jahr durchlaufenden Angebotes wird die *Partizipationslogik durch das akademische Jahr gesteuert* und der Mittwochmorgen-Gottesdienst ist für die meisten Studierenden eine kirchliche Praxis auf Zeit mit wiederholendem Charakter. 57,4 % der Befragten (n=47) nehmen ausschließlich während der Vorlesungszeit am Mittwochmorgen-Gottesdienst teil, 42,6 % unabhängig vom akademischen Jahresrhythmus.[766] Während der überwiegende Teil der Studierenden insbesondere während der Vorlesungszeit diesen Gottesdienst besucht (25 von 35 Student/inn/en/), ist das Teilnahmeverhalten der meisten Universitätsmitarbeiter, Alumnis und Externen unabhängig vom akademischen Jahreszyklus geprägt (10 von 12 Personen).[767] Keiner der Anwesenden gab an, den Mittwochmorgen-Gottesdienst überwiegend in der vorlesungsfreien Zeit zu besuchen.[768] Durch die so entstehenden Partizipationspausen kann auch hier ein Verknappungseffekt entstehen, der einem „Ermüdungs- oder Gewöhnungseffekt" entgegenwirken kann – sofern er gegeben ist.

> „[...] Also ich finde, als Student hat man eben so diese Blöcke, Vorlesungszeit und vorlesungsfreie Zeit. Und die Blöcke kann man dann ganz, also unterschiedlich gestalten. Also, beziehungsweise habe ich da auch andere Tagesrhythmen oder, wo ich so stecke in Anführungszeichen. Und während des Semester ist es halt, ja, da bin ich eh immer in der, also jeden Tag in der Stadt und da gehört das dazu. Und beim Semester, wenn ich jetzt zum Beispiel keine Ferienjobs habe oder so, oder kein Praktikum mache, dann bin ich, da arbeite ich meistens von hier zu Hause. Und weil ich dann irgendwie auch froh bin, ((lächelnd)) mal ein bisschen Abstand von der Uni zu haben. Genau. Und vielleicht ist es auch so ein bisschen der Abstand und die Pause, dass man sich auch wieder ordentlich drauf freut. Also, ja." Helga C5-I-30

Die sich in der vorlesungsfreien Zeit versammelnde Gottesdienstgemeinschaft wird anders wahrgenommen. Durch die reduzierte Teilnehmer/innenzahl und ihre Zusammensetzung aus überwiegend regelmäßigen Gottesdienstbesucher/innen herrscht eine größere Nähe zwischen den Teilnehmer/innen und die Organisation des Frühstücks gestaltet sich entspannter.

> „Weil, in der kleineren Gemeinschaft natürlich eine viel größere Nähe herrscht. Und das irgendwie, es ist dann so ein bisschen nett und gemütlich, wenn man nur zu zehnt da sitzt und nicht zu 40. Das macht einen Unterschied in der Wahrnehmung, ganz klar. [...] Aber manchmal ist es dann doch so, dass man sehr viel <u>Zeit</u> in Organisation steckt [...]. Und das hat man natürlich nicht, wenn in den Semesterferien nur wenige Leute da sind. Vor allen Dingen, weil es in der Regel Leute sind, die hier regelmäßige Besucher sind. [...] Das macht die Sache entspannter. Aber wir sind ja nicht da, um uns zu entspannen. Von daher stört es mich auch nicht so ((lächelt)) richtig." Sonja C15-I-70ff.

Es hat sich gezeigt, dass Raum und Zeit den Mittwochmorgen-Gottesdienst in dop-

---

[766] C-1.3.
[767] Kreuzanalyse von C-1.3 mit C-6.7.
[768] C-1.3.

pelter Weise strukturieren.[769] Das tageszeitliche Profil dieses Gottesdienstes ist mit einer spezifischen Atmosphäre verbunden, die durch die Wirkung des Lichts im Übergang von Nacht zum Tag sowie der Architektur der Peterskirche und ihrem Klang geprägt ist. Diese Atmosphäre durchbricht einerseits den Alltag und befördert die Begegnung mit dem „Fremden", andererseits strukturiert sie sowohl den Alltag als auch die Woche sinnvoll und konnotiert diese positiv. Als wochenzeitliches Angebot wird er sowohl in Bezug auf den Sonntagsgottesdienst als ergänzendes als auch davon entlastendes Angebot geschätzt. Wöchentliches Angebot und akademischer Jahresrhythmus führen zu einer wellenförmigen ab- und zunehmenden Partizipationsstruktur durch das Jahr, deren sozialer Charakter sich aufgrund der Größe und Zusammensetzung der „Gruppe" unterscheidet und sich in der vorlesungsfreien Zeit durch größere Nähe und eine entspanntere Atmosphäre auszeichnet. Zeit und Raum setzen den Mittwochmorgen-Gottesdienst in ein spezifisches „Licht", von dem eine besondere soziale Kraft ausgeht, die Menschen am frühen Mittwochmorgen zusammenführt und darüber hinaus in ihren Alltag hineinwirkt. Welche Rolle dabei die liturgische Praxis spielt, wird nun im folgenden Abschnitt beleuchtet.

3.2.2. Geprägte Form und subjektbedingte Variation/Vielfalt

Der Mittwochmorgen-Gottesdienst wird als Abendmahlsgottesdienst in der Form der lutherischen Messe gefeiert,[770] die sich durch eine hohe und reichhaltige Liturgie auszeichnet. Diese Liturgie stellt – unter spezifischen Voraussetzungen – eine wesentliche Gesellungskraft dieses Gottesdienstes dar. Bei der Frage danach, was den Befragten am Mittwochmorgen-Gottesdienst wichtig ist bzw. gefällt, erzielen – nach der Atmosphäre – die Form des Gottesdienstes und seine liturgischen Elemente die höchsten Umfragewerte, gefolgt von Aspekten der Gemeinschaft.[771] 13 von n=47 der Befragten verweisen zudem bei der offenen Antwortmöglichkeit „Ich finde hier etwas, das mir sonst fehlt" auf die Liturgie.[772] Im Rahmen der Interviews sowie der Gruppendiskussion konnten wichtige Indikatoren für die Gesellungskraft dieser Liturgie (re-)konstruiert werden: Hierbei handelt es sich zum einen um ihren *„maximalen" Charakter,* der sich aus ihrer festen, ökumenischen, sakramentalen Form und ihrer musikalischen Gestaltung ergibt. Zum anderen geht die wöchentliche liturgische Praxis gleichzeitig mit einer *subjektbedingten Vielfalt* einher. In welcher Art und Weise dieses Doppelmoment der Liturgie des Mittwochmorgen-Gottesdienstes seine Gesellungskraft entfaltet, wird im Folgenden dargestellt werden:

---

[769] „Äußere wie innere Räume sind begrenzte bzw. begrenzende Größen. Sie bieten eine Struktur, die sich signifikant von ihrer Umgebung abhebt. Diese Struktur konkretisiert sich in einem zeitlichen Verlauf." KLIE, THOMAS 2003, 268.

[770] Vgl. C-M1-Abendmahlsliturgie für den Gottesdienst am Mittwochmorgen in der Peterskirche Heidelberg.

[771] Vgl. C-4.1-33.

[772] Vgl. C-1.5.

(a) „Maximale Liturgie“[773]

Vertrautheit mit und Geschlossenheit der Liturgie

Ein wesentliches Merkmal der Liturgie des Mittwochmorgen-Gottesdienstes ist ihre „feste Form“, die im Rahmen der Umfrage von 87,2 % (n=47) der Teilnehmenden positiv bewertet wird.[774] Sie ist auch ein zentraler Aspekt dafür, dass mit dem Gottesdienst positive Erwartungen und Vorfreude verbunden werden, die in der Erfahrung und dem Wissen darum gründen, was „einen erwartet“.

> „[D]as Wissen, dass das bestimmt großartig sein wird. Weil, es ist ja doch immer der gleiche Ablauf jeden Mittwoch. Und auch meistens die gleichen Leute. Man weiß, womit man zu rechnen hat. Und das gibt einem dann auch die Kraft oder die Motivation, so früh aufzustehen. [...]“ Sonja C15-I-10

Dieses Motiv verhält sich diametral zur eventtheoretischen Logik, die das Ziel verfolgt, einen Gewöhnungseffekt zu vermeiden.[775] Ähnlich wie im Zusammenhang mit dem Mainzer Universitätsgottesdienst in 3.1. ausgeführt, ist die Frage, ob nicht gerade in diesem regelmäßigen, gleichförmigen und regelgeleiteten Gottesdienst etwas „Eventhaftes“ liegt, insofern dies einen Kontrapunkt zur sich ständig veränderten Freizeit-Erlebniswelt darstellt. Dies würde an Thomas Klie anknüpfen, der davon ausgeht, dass „[sich] Körperkulte und performative Ästhetiken der ‚Inszenierungsgesellschaft‘ [...] mehr und mehr auch im Kirchensystem aus[wirken]. Das macht Liturgie derzeit en vogue. Das Bewusstsein für religiösen Ausdruck ist spürbar gestiegen. Das Evangelium wird erkennbar in Form gebracht“.[776] In Abgrenzung zum Event lebt diese stark formalisierte liturgische Form aber auch von einer erlernten und sich dafür auch wiederholenden Praxis. Ihre soziale Kraft ist daher eng mit dem Aspekt des *Vertrautseins* mit der liturgischen Praxis verbunden.[777] Bei (noch) mangelnder Kenntnis der spezifischen Liturgie kann diese „überwältigend“ wirken. Zur nachhaltigen Entfaltung ihrer sozialen Kraft bedarf es daher Lernwillen und eine wiederholte Teilnahmebereitschaft:

> „Der erste Besuch. [...] Und das war einfach, also es war zuerst überwältigend, weil so viel Liturgie und so viel, was man machen musste, aufstehen, hinsetzen, fast, also man kam sich so ein bisschen vor wie in einem katholischen Gottesdienst, würde ich zuerst sagen. [...] Und, na ja, dann sind wir dahin gegangen und haben gesagt: Na ja, das mit der Litur-

---

[773] Der Begriff der „Maximal-Liturgie“ geht auf die Beschreibung der Liturgie des Mittwochmorgen-Gottesdienstes durch den Universitätsprediger Helmut Schwier zurück (C-Exp-60). Er kann im Rahmen dieser Arbeit als Synonym für eine hoch-liturgische Liturgie verstanden werden und seiner Verwendung liegt keine implizite Wertung verschiedener liturgischer Formen zugrunde.

[774] Vgl. C-4.27.

[775] Zur damit verbundenen Gefahr einer Steigerungslogik des Events vgl. HITZLER, RONALD 2011, 17ff.

[776] KLIE, THOMAS op. 2010, 14.

[777] Vgl. C-TB2-10 sowie Ruth C-GD-54: „Habe, wie Silvia auch vorhin schon gesagt hat, ein paar Gottesdienste gebraucht, um mich wirklich in die Liturgie reinzufinden, weil vieles tatsächlich fremd war. Aber ich habe auch vieles ähm total lieb gewonnen.“

gie, das hat jetzt da noch nicht so gut geklappt. Da müssen wir öfter hingehen. ((lächelt)) Und, ja, so kam das dann, dass ich da relativ regelmäßig seit dem ersten Semester immer hingegangen bin." Petra C47-I-10

Die anfängliche „Überforderung" und „Konzentration" auf die Liturgie lässt mit zunehmender Praxis nach. Durch die Wiederholung wird das Praxiswissen *inkorporiert und im (Unter-)bewusstsein verankert.*

„Mittlerweile, also ich meine am Anfang, hat das natürlich gebraucht, mittlerweile kann ich die Liturgie quasi auswendig. Und brauche auch das Heft nicht mehr. Und es ist auf der einen Seite dieses gleiche immer. Also man weiß, was kommt, die Abfolge. Na ja, manchmal denke ich mir: Man ist schon fast so ein bisschen in Meditation. Weil man, also ich denke mir oft, dass ich nicht jedes Wort bewusst spreche. Aber dafür wahrscheinlich immer einen anderen Teil bewusst wahrnehme. [...]." Helga C5-I-14

Das erlernte Liturgisieren erfolgt dann weniger reflektierend, sondern affektiv. Die kollektive Praxis *trägt* dabei den einzelnen/die einzelne Gottesdienstteilnehmer/in.

„Ja, wenn man über längere Zeit, und auch dann eben das Liturgisieren sage ich jetzt mal, gelernt hat, dann ist es so, dass eben dieser Gottesdienst gar nicht ist, was kommt jetzt, was muss man jetzt tun. Auch als Liturg, als Teilnehmer, als Gemeindeglied. Sondern man wird getragen." Karl C31-I-10 Mitte

Das Vertrautsein mit der Form und ihre feste Struktur ermöglicht, sich in diese *„fallen zu lassen"*, um sich z. B. auf den Inhalt konzentrieren zu können.[778] Die gedankliche Beschäftigung kann sich unabhängig von der unterbewusst geleiteten liturgischen Partizipation vollziehen. Vor dem Hintergrund der stark formal geprägten und sich wiederholenden Liturgie werden ihre *Variationen verstärkt wahrgenommen.*

„[...] Es hat seinen Reiz, sich in Strukturen so fallen lassen zu können, dass man dann Gelegenheit zur Kontemplation bekommt. Also, wenn ich im Gottesdienst bin, und ich muss immer damit rechnen, dass plötzlich ein Element anders ist oder mir immer wieder Überraschungen entgegentreten, da bin ich sehr viel mehr mit der Form beschäftigt, als damit, den Inhalt auf mich wirken zu lassen. Und in einer strikt durchgehaltenen Liturgie, wie mittwochmorgens, wo sich nur kleine Elemente ändern, innerhalb dieser Sache, ist zum einen der Effekt dieser kleinen Elemente größer. Zum Beispiel die Predigt nimmt man viel stärker, abgehoben von anderen Predigten, wahr, wenn sonst das Gesamtkonstruktum darum herum gleich ist. Und es ist natürlich auch so, dass man den ganzen Krempel auswendig kennt und einfach von vorne bis hinten durchsingen kann, obwohl man vielleicht gedanklich noch an einem Punkt hängen geblieben ist, der einen gerade irgendwo bewegt hat. [...]" Sonja C15-I-16

---

[778] Die Vertrautheit mit der Liturgie erleichtert die Teilnahme und verstärkt die Wahrnehmung im dämmrigen Licht. Vgl. hierzu auch WEYER-MENKHOFF, STEPHAN 2004.

In diesem Sinn ist es nicht eine freie Form, die befreit, sondern die gleichbleibende liturgische Form *schafft Freiheit* für *Kontemplation* sowie *Wahrnehmung inhaltlicher Schwerpunktsetzungen* und *stellt eine Stabilität dar,* ohne dabei langweilig zu werden.

> „Was mich im Nachhinein überrascht ist, dass ich persönlich so sehr auf diese feste Form angesprungen bin. Also das hätte ich vorher nicht so gedacht. Oder, weiß ich nicht, ich habe früher halt auch immer gedacht: Man müsste, damit es irgendwie interessant bleibt, nicht langweilig wird, immer was anders machen. Und, dass mich das gerade so ansprechen könnte, immer diese gleichbleibende Form zu haben, und zu wissen: Das ist irgendwie der Rahmen, der ist immer so. Dass mir das so viel Stabilität gibt, hätte ich nicht gedacht. [...]" Johanna C16-I-66

Darüber hinaus *entlastet* die feste und von hoher subjektiver Partizipation geprägte Form von der analytischen Beobachter/innenperspektive und verstärkt dadurch die teilhabende Teilnahme.

> „Also, ja, für mich war es auf jeden Fall ganz klar die Liturgie, die mich so angesprochen hat, die ich so in der Form nicht kannte. [...] Und ich habe irgendwie sofort zu dieser Liturgie einen Zugang gehabt. So und bin dann da so reingewachsen und das wurde mir dann immer wichtiger. [...] Also ich habe gemerkt, ich kann nicht mehr in einen normalen Gottesdienst gehen, ohne sofort diese analytische Brille aufzusetzen. Und das hat mich ein stückweit auch irgendwie belastet, weil ich dachte, eigentlich ist der Gottesdienst ja nicht nur dafür da, dass ich irgendwie gucke, wie ich das später mal machen kann, sondern da soll ja auch für mich was bei rumkommen. Und ja, irgendwie hat sich dann der Mittwochmorgen so zu einem Ort entwickelt, wo ich das irgendwie noch hatte, weil ich das in den normalen Sonntagsgottesdiensten so vermisst habe. Das war eigentlich ein Grund, der immer wichtiger wurde. " Johanna C16-I-10

Die feste Form der Liturgie entfaltet ihre ganze Wirkung, wenn sie frei mitgesprochen und gesungen werden kann. Dadurch verändert sich die subjektive Wahrnehmung und entfaltet dabei ihren *sozial integrativen Charakter.*

> „[...] Wo ich am Anfang das immer noch so ein bisschen komisch fand, dass jedes Mal exakt die gleiche Liturgie ist. Jeder Sprechteil gleich. Und es wirkte so, ich sage jetzt mal, unkreativ. Nachdem ich dann aber so ein bisschen mehr drin war, habe ich es auch schätzen gelernt. Weil dadurch, dass es immer das Gleiche ist, kann man es dann irgendwann auswendig. [...] Und dadurch, dass es eben immer so gleich ist, und dieses, ja, Ritualisierte, kann man schon sagen, hat es auch was ganz Beruhigendes. Weil, man muss nicht genau hinhören bei diesen Teilen. Man kann auch mal mit seinen Gedanken abschweifen und trotzdem sprechen und hat irgendwie so dieses Gefühl, auch voll dabei zu sein." Paul C43-I-10 Mitte

Die soziale Kraft entfaltet die Liturgie jedoch nicht durch eine sich wiederholende Routine, sondern als mimetischer Akt, bei dem die „Gleichheit [...] in der Variation"[779] im Sinne einer „wiederholenden Herstellung" liegt.[780] Im mimetischen Akt

[779] GEBAUER, GUNTER & WULF, CHRISTOPH 1998, 13.

rückt die Bedeutung des Körpers für das gesellschaftliche Handeln in den Blick[781] und Bewegungen sind dabei auf andere Bewegungen bezogen und haben einen Zeigeaspekt.[782] „Wer die Welt von anderen nochmal macht, beginnt seine eigene Welt mit ihnen zu teilen. Es ist sinnlos zu fragen, ob es sich um dieselbe Welt handelt – wichtig ist allein, daß mimetisches Handeln vergemeinschaftende Wirkung hat."[783] Der Körper wird durch mimetische Prozesse sozialisiert.[784] Nachahmung ist die Vorbereitung eines solchen mimetischen Aktes.[785] Die *integrative Kraft der Liturgie* des Mittwochmorgen-Gottesdienstes entfaltet sich nicht ad hoc, sondern entwickelt sich in einem längeren Prozess.

> „[D]iese andere Atmosphäre war auch das Gottesdienst-Format, [...] da musste ich erst mal reinkommen. Auch, dass dieser Abendmahlsteil so einen langen Raum einnimmt. Also es war am Anfang, nachdem ich dann einmal dort war, so eine Mischung aus Befremden und Neugier. [...] Und mich hat es aber irgendwie, ja, wie gesagt, so ein bisschen auch neugierig gemacht. Ich war dann ein paar Mal dort. [...] Und je länger ich dort war, desto mehr hatte ich dann das Gefühl dazuzugehören. Wobei man sagen muss, dass dieser Prozess des Dazugehörens jetzt nicht bedeutet: Ich war viermal da und dann fing das an. Sondern da würde ich schon sagen, es war ein längerer Prozess. Also bestimmt, ja, vielleicht ein halbes Jahr oder so, dass ich dann so langsam das Gefühl hatte: okay. Jetzt gehöre ich auch langsam dazu. Und das hat sich dann in den nächsten, ich sage jetzt mal, eins, zwei Jahren weiter intensiviert und so. Nach vielleicht zwei Jahren. Ja, fühlte ich mich wirklich als richtig dazugehörig. [...]" Paul C43-I-10

Kehrseite der sozial-integrativen Kraft der Liturgie ist ihr exklusiver Charakter. Das Zugehörigkeitsgefühl steigt mit zunehmendem Vertrautsein mit der liturgischen Form. Kann dies grundsätzlich für alle drei hier untersuchten Gottesdienste konstatiert werden, so bedarf die hoch-liturgische Form dazu aufgrund des großen Anteils an aktiver liturgischer Partizipation der Gottesdienstteilnehmer/innen einer regelmäßigen Praxis über einen längeren Zeitraum. Eine wichtige Hilfe dafür stellt das Liturgie-Heft dar. Dieses unterstützt die aktive Partizipation am Gottesdienst und dient der Einübung und dem „Reinkommen" in die hoch-liturgische Praxis:[786]

> „Ich war heilfroh, dass ich dieses Liturgie-Blatt hatte ((lächelt)). Und habe eben gesehen, die meisten Leute stehen also da vorne und machen das alles so auswendig mit. Und ich hatte halt wirklich alles abgedruckt. Und das war super. Dadurch habe ich sofort irgendwie gewusst, was Sache ist. Und das eine oder andere, da musste ich mich manchmal noch irgendwie dran gewöhnen. Aber man konnte sich so irgendwie reinfinden. Das war sehr,

[780] GEBAUER, GUNTER & WULF, CHRISTOPH 1998, 16.
[781] Vgl. GEBAUER, GUNTER & WULF, CHRISTOPH 1998, 9.
[782] Vgl. GEBAUER, GUNTER & WULF, CHRISTOPH 1998, 11f.
[783] GEBAUER, GUNTER & WULF, CHRISTOPH 1998, 51. Zur Gemeinschaftsbildung und Differenzerfahrung im Zusammenhang mit der sozialen Mimesis siehe auch RICHTER, OLAF 2005, 252f.
[784] Vgl. GEBAUER, GUNTER & WULF, CHRISTOPH 1998, 54.
[785] Vgl. GEBAUER, GUNTER & WULF, CHRISTOPH 1998, 26.
[786] Auch im Rahmen der Umfrage erhält das „Heft mit dem Gottesdienstablauf" mit 70,3 % von n=47 (2 keine Angaben) eine hohe Zustimmung.

sehr gut. Ich habe schon gemerkt, dass es, ja irgendwie was Fremdes ist, aber dadurch, dass ich eben dieses Blatt hatte und auch nach dem Gottesdienst beim Frühstück jemanden fragen konnte, wie ist der, ist das eigentlich jede Woche so? Und wieso eigentlich? Dann, ja, dadurch bin ich da relativ schnell so eigentlich reingekommen." Johanna C16-I-32

In der Fremdheit der Liturgie liegt zum einen das *Potential der Faszination*, die neugierig macht, zum anderen aber auch der eigenen *Fremdheitserfahrung*. Dieser Aspekt manifestiert sich im Gebrauch dieses Liturgie-Heftes. Die Vertrautheit mit der Liturgie und das subjektive Zugehörigkeitsgefühl werden im Rahmen der Interviews häufig in einen direkten Zusammenhang mit dem Gebrauch oder Nicht-Gebrauch des Liturgie-Heftes gestellt.[787]

„[...] Also ich finde, ich würde sagen, dass ich da sehr reingewachsen bin. Also, ja, also man fühlt sich, ich habe mich am Anfang schon nicht vertraut einfach mit der Form gefühlt. Und dadurch auch ein bisschen fremd. [...] Und auch ist es ungewohnt, was abzulesen im Gottesdienst [...]. Und irgendwann, ich weiß gar nicht, man hat dann schon überlegt: Hm, schaffe ich es jetzt ohne den Zettel, oder nicht? Und da meinte einer zum Beispiel: ‚Den musst Du einfach weglassen.' Dann gibt es so eine Übergangsphase, ((lächelt)) sage ich mal, wo man noch nicht alles mitsprechen kann, wo man aber dann vielleicht beim Nachbarn mit reinlinst, der noch eins in der Hand hält. Oder wo man halt dann kurz aussetzt. Aber anders kann man, also anders hätte ich mich von dem Zettel nicht lösen können. Wobei also es gibt ja auch, es gibt auch welche, es gibt auch Gottesdienstteilnehmer, die sind so lange da, wie ich da bin und haben immer noch einen Zettel. Also vielleicht liegt das auch so am persönlichen Bedürfnis oder ja Empfinden, wie ich das handhaben möchte." Helga C5-I-44

Das „Auswendigkönnen" hat nicht nur eine sozial-integrative, sondern auch sozialregulative Wirkung. Es ermöglicht ein vertieftes subjektives Erleben, wodurch die innere Nähe und Distanz zu den Mitfeiernden und dem rituellen Geschehen freier gestaltet werden kann.

„Ich glaube, man hat, es wird tiefer. Also, also es wird tiefer, es wird freier, weil man halt auch mal umschauen kann. Oder wie zum Beispiel, wenn man auf das Kreuz schauen kann oder an die Fenstergläser, an den Altar, wie auch immer. Ja, also ich, eigentlich persönlich muss sagen: Ich finde das jetzt schon auch angenehmer ohne den Zettel." Helga C5-I-46

Ermöglicht in der „Nachtschicht" die Dunkelheit im Kirchenraum und im Motorradfahrer/innengottesdienst das örtliche Setting ein spezifisches Maß an selbstbe-

[787] Vgl. auch Ruth C-GD-88: „Also ich bin erst dazu gekommen, als die Gruppe schon recht groß war. [...] Und ich muss sagen, ich habe mich zuerst auch fremdgefühlt. Weil ich auch nicht so viele Leute kannte. Und mir überlegt habe: hm. Die singen irgendwie alle ohne Liturgie und hab das Gefühl gehabt, ich bin so ziemlich die Einzige, die so ein ((lächelt)) Heftchen in der Hand hat." Vgl. zum Sachverhalt auch C-TB1-15, C-TB2-9.

stimmter Nähe und Distanz, so wird dies beim Mittwochmorgen-Gottesdienst durch die liturgische Form ermöglicht, sofern sie auswendig gekonnt wird.

Raumordnung und liturgische Präsenz in der rituellen Performanz

Neben dem hohen liturgischen Charakter des Mittwochmorgen-Gottesdienstes als Ganzes entfalten zwei Elemente ihre sozial-integrative Kraft besonders eindrücklich:[788] 1. die zwischenmenschliche Zuwendung im Friedensgruß vor dem Abendmahl und in ausgesprochen hervorgehobener Weise 2. das Abendmahl selbst.[789]

> „Wo jeder Einzelne noch einmal besonders angesprochen wird. Und seinerseits den Frieden besonders weitergibt. Friedensgruß empfinde ich als eine besonders dichte Situation und Erfahrung in diesem Gottesdienst. Und dann das eben die gemeinsame Kommunion. Von Brot und Wein. Abgeschlossen durch diesen dann sehr wunderbar durch das Gewölbe klingenden Halleluja-Ruf, den noch mal die Gemeinschaft, aber auch die Ausrichtung auf, auf Gott und Christus hin, zum Ausdruck bringt. Also neben den vielen Dingen, die immer passieren können, auch da wenn man es nicht erwartet, ist also Friedensgruß und die gemeinsame Kommunion, sind für mich die beiden Höhepunkte in diesem Gottesdienst feiern." C-Exp-40

Beide Elemente zeichnen sich durch eine Veränderung der Interaktions- und Kommunikationsform aus. Gleichzeitig geht mit ihnen eine räumliche Verlagerung der Gottesdienstgemeinde einher.[790] Hierzu ist es wichtig, sich einige Eckpunkte des liturgischen Szenarios vor Augen zu führen. Der Mittwochmorgen-Gottesdienst findet im Chorraum der Peterskirche statt, der als besonderer liturgischer und außeralltäglicher Raum empfunden wird.[791] Durch seinen liturgischen Gebrauch und das darin Erlebte wächst ihm eine besondere Atmosphäre zu.

> „Also das allererste Mal, als ich reingegangen bin, habe ich gedacht: Oh Gott, sind diese Fenster hässlich. ((lächelt)) Das war wirklich das erste. Ich habe gedacht: Das ist unfassbar. Wie kann man da so eine, so einer schönen Kirche so hässliche Fenster geben. [...]

---

788 Diese signifikante Wertschätzung in den Interviews zeichnete sich in den Umfrageergebnissen nicht ab. Dort bestätigten von n=47 (d. h. alle Werte bezogen auf die befragte Grundgesamtheit zum Zwecke der Vergleichbarkeit) 83 % der Befragten, dass ihnen das Abendmahl wichtig sei (C-4.17) bzw. es ihnen gefalle. 85,1 % sehen dies für den Friedensgruß gegeben (C-4.30). Damit liegen beide Werte im Mittelfeld der Zustimmung der liturgischen Elemente. Die Gebete erhalten mit 95,7 % die höchste Zustimmung (C-4.19), gefolgt von dem gesungenen Psalm mit 89,4 % (C-4.28), der Lesung und dem Vaterunser mit je 87,2 % (C-4.29/31). Der Segen (C-4.24) erfährt gleich viel Zustimmung wie der Friedensgruß, im Vergleich dazu wird der Predigt mit 70,2 % (C-4.10) im Gesamtzusammenhang eine geringere Bedeutung zugeschrieben. Insgesamt wird der Ablauf und die Elemente des Gottesdienstes von 87,2 % der Grundgesamtheit positiv bewertet (C-4.23).

789 Im Rahmen der teilnehmenden Beobachtung wurden beide Elemente als besonders „dichte" und „gemeinschaftliche" Momente wahrgenommen. Vgl. C-TB1-12,14, C-TB2-10, 16. Vgl. zudem C-TB2-16, Ruth C-GD-101, Helga C5-I-10 sowie Miriam Pönninghaus in PÖNNINGHAUS, MIRIAM et al. 2013, 19f.: „Zwei der schönsten Momente im Gottesdienst für mich sind, wenn der Friedensgruß durch die Reihen wandert und wenn alle nach dem Abendmahl ums Kreuz versammelt stehen und singen: ‚Danket dem Herrn, denn er ist freundlich.'"

790 Vgl. hierzu auch C-TB2-10.

791 Vgl. hierzu Helgas Beschreibung der Atmosphäre beim Ankommen C5-I-14.

Und dann vorne, also vor allem vorne der Chorraum ist natürlich dann zu was Besonderen geworden, weil man da halt die ganzen Gottesdienste miterlebt hat. Und das ist schon, doch schon ein sehr heiliger Ort, würde ich sagen. Ein sehr andächtiger und schöner Ort auch. Ja." Petra C47-I-42

Die Teilnehmenden nehmen gegenüber voneinander – vergleichbar der traditionellen Sitzordnung im Chorgestühl – in je zwei Stuhlreihen am rechten und linken Rand des Chorraumes Platz. Die Möglichkeit, in räumliche Distanz und aus dem Blickfeld der anderen Gottesdienstteilnehmer/innen zu gehen, ist durch diese Sitzordnung nicht möglich. Die größtmögliche Distanz bietet ein Sitzplatz in der jeweils 2. Reihe der Bestuhlung. Die Situation des sich gegenseitigen Anschauens während der religiösen Praxis wird jedoch von den Befragten nicht negativ beschrieben, sondern von einer Teilnehmerin dezidiert positiv erwähnt.

„Und ich finde halt den Platz im Chorraum einfach so toll, dass man sich da auch anschaut im Gottesdienst." Helga C5-I-70

Die Performativität des hoch-liturgischen Mittwochmorgen-Gottesdienstes liegt nicht allein im Inhalt und der musikalischen Gestaltung, sondern ist auch wesentlich von der liturgischen Präsenz (Thomas Kabel)[792] derjenigen bestimmt, die diesen Gottesdienst zusammen feiern. Sitzordnung, Bewegungen im Raum und Gesten erfolgen nicht beliebig, sondern erfolgen bedacht und dienen der rituellen Logik dieses Gottesdienstes.[793] Die an den Chorgestühlen und der Stundengebetspraxis orientierte Sitzordnung im Chorraum bedingt eine besondere räumliche Nähe zu den Mitfeiernden, die keinen „Schutzraum" durch Dunkelheit oder Rückzugsmöglichkeiten bietet, wie dies für die „Nachtschicht" bzw. den Motorradfahrer/innengottesdienst festgestellt werden konnte. Die Sitzordnung im Mittwochmorgen-Gottesdienst wird in Abgrenzung zum Sitzen im Kirchenschiff als „Zusammensitzen" empfunden.

„Also die, ich find diesen Kirchenraum sehr, sehr schön. Ich mag diesen Chorraum, diesen großen Chorraum, den wir eben da für uns nutzen können. Und finde das auch wunderbar, dass man eben nicht einfach so im Schiff sitzt, sondern doch vorne so zusammensitzt. Das finde ich sehr, sehr schön. [...]" Johanna C16-I-34

In der Sitzordnung im Chorraum wird präsent, dass die Anwesenden Teil des darstellende Handeln des Gottesdienstes sind.[794] Dabei wird das Eigengewicht des spezifischen Raumes aufgenommen. Der Chorraum findet seine Begrenzung zum Hauptschiff der Kirche durch den Altar, an der Stirnseite des Chorraumes durch ein hohes Kreuz. Der liturgische Raum entspannt sich zwischen den Prinzipalstücken, dem Altar und dem Kreuz, sowie den beiden Seiten des „Chorgestühls". Im Rahmen

[792] Vgl. KABEL, THOMAS 2011, 6.
[793] Vgl. C-TB-12.
[794] Vgl. hierzu WEYER-MENKHOFF, STEPHAN 2006a, insbesondere 74f.

der Liturgie kommen 6 verschiedene Personen(gruppen) in spezifischen liturgischen Diensten/Rollen zum Tragen: Liturg/in; Fürbitter/in; Prediger/in; Kantor/in; Küster/in und Gemeinde. Diejenigen, die einen der fünf zuerst genannten Dienste übernommen haben, versammeln sich vor Beginn des Gottesdienstes in der Sakristei zur (u. a. geistlichen) Vorbereitung, während alle anderen beim Ankommen ruhig im „Chorgestühl" Platz nehmen. Mit Ausnahme des Liturgen/der Liturgin sowie des Predigers/der Predigerin feiern die restlichen Anwesenden den Gottesdienst überwiegend in den Chorgestühlen, mal im Stehen, mal im Sitzen.[795] Mit dem Friedensgruß kommt eine erste Bewegung in diese Ordnung, insofern sich die bis dahin zur Mittellinie zwischen den Stuhlreihen des Chorraumes hin ausgerichteten Feiernden nun direkt ihrem Nachbarn/ihrer Nachbarin zuwenden, um den vom Altar ausgehenden Friedensgruß weiterzugeben. Die Friedensgeste des Nachbarn/der Nachbarin wird u. a. als Zuwendung Gottes erfahren:

> „Und was das schönste Erlebnis im ersten Gottesdienst war und ist es heute auch immer noch […], den Friedenssegen, den man weitergibt. Weil im ersten Gottesdienst war ich natürlich völlig überrascht, dass man das überhaupt in einer evangelischen Kirche macht. Ich habe es einfach halt vorher nicht gekannt. […] Und das, was da passiert, das ist für mich schon einfach immer was, ja, was Besonderes, wo Gott ganz, ganz nah ist und weil, da, egal wie die Leute da also drauf sind, in dem Moment geben sie Dir ein Lächeln, ein Lächeln weiter. Und ganz, also es ist auch völlig egal, neben wen man sitzt. Oder, also ((lächelt)) das hängt nicht von Personen ab. Und mittlerweile habe ich da ((lächelt)) schon ein bisschen gewechselt. Genau. Also das war besonders schön im ersten Gottesdienst. Diese Segensweitergabe." Helga C5-I-10

Die mit dem Friedensgruß in Gang gesetzte Bewegung setzt sich im Abendmahlsteil fort, zu dem alle aus ihren Reihen heraustreten, und sich für das Feiern der ausführlichen Abendmahlsliturgie in einem (zum Altar hin geöffneten Halb-)kreis um das Kreuz versammeln.[796]

> „Obwohl es für mich schon in der Liturgie ein paar Highlights gibt beziehungsweise Lieblingsstücke. Also, die ich einfach total intensiv finde. Ich hatte den Friedensgruß mehrfach erwähnt. Ich finde das Abendmahl einfach total schön, dass, wie wir es vor allem, in welcher ausführlichen Liturgie, wie wir um das Kreuz stehen und es ausgeteilt wird. Das ist für mich oft was Besonderes. […]" Ruth C-GD-101

Die extensive Form des Abendmahls ermöglicht eine intensive persönliche Vorbereitung auf das Abendmahl. Dadurch wird über den Gemeinschaftsaspekt hinaus auch die inhaltliche Beschäftigung mit der Liturgie angeregt und die subjektive Bedeutung intensiviert.

---

[795] Folgende Elemente werden im Stehen begangen: Psalmgebet bis einschließlich Halleluja nach der Lesung des Predigttextes; Friedensgruß; vom Präfationsdialog bis einschließlich Kommunion; Wort zur Sendung bis zum Segen. C-Exp-Ergänzung.

[796] Vgl. auch C-TB2-10.

„Mir ist das Abendmahl sehr wichtig. Und auch die Art und Weise, wie die Abendmahlsliturgie gestaltet ist. Als ich das erste Mal dort war, hatte ich den Eindruck: Oh, die Abendmahlsliturgie, also die Hinführung zum Abendmahl ist unheimlich lang, im Vergleich zu dem, was ich so aus der EKBO von zu Hause kannte. Da waren das irgendwie gefühlt die Einsetzungsworte und dann ging es los. Und ich hatte früher nie so einen Zugang zum Abendmahl. Es wird auch in der EKBO nicht so häufig gefeiert. [...] Und ich hab das vorm Studium, wenn ich einfach normal als Teilnehmerin so im Gottesdienst war, weiß ich nicht, ging das immer irgendwie sehr schnell und es war dann irgendwie zwar schön, diese Gemeinschaft zu haben, alle kommen nach vorne. Stellen sich in einen Kreis. [...] Aber ich habe das nicht so, ich sag jetzt mal, spirituell irgendwie für mich durchdrungen oder mir keine Gedanken drüber gemacht, was das für mich eigentlich bedeutet. Da war irgendwie schön, dass da alle zusammen standen. Aber mit dem Gemeinschaftsaspekt war es das dann auch schon. Und ich habe über die Liturgie, wie sie eben mittwochmorgens gestaltet ist, da irgendwie noch mal für mich auch angefangen anders drüber nachzudenken und mir wurde das dann immer wichtiger, auch eben diesen Abendmahls-Gottesdienst zu haben, mit der Möglichkeit sich wirklich auch lange darauf vorher einzustellen. Und, das ist mir jetzt sehr wichtig geworden." Johanna C16-I-16

Das Abendmahl wird räumlich in Szene gesetzt und körperlich zugänglich gemacht.[797] „Jeder Ortswechsel innerhalb des liturgischen Raumes geht mit einem Perspektivwechsel einher."[798] Die Teilnahme am Abendmahl setzt einen Weg zum „Tisch des Herrn" voraus. Nur so ist es auch möglich, sitzen zu bleiben und der Einladung zum Abendmahl nicht zu folgen.[799] Dadurch kommt es bei der Sakramentsfeier schon räumlich zu einer Trennung der gottesdienstlichen Gemeinschaft. Die *zentrale Stellung des Abendmahles* in diesem Gottesdienst verstärkt diese Wirkung.

„Ich gehe gerne immer wieder zu diesem Gottesdienst. [...] Dass hier, in dieser liturgischen Form, mit dem Abendmahl im Zentrum, wo wir die Gegenwart Christi, die Gegenwart Christi gemeinsamen Feiern gewiss sein dürfen, gefeiert wurde. Und man eigentlich dann in dieser Liturgie auch etwas lebte." Karl C31-I-10

Das „Er-leben" der Gegenwart Christi im Abendmahl verweist auf den leib-räumlichen Charakter des Abendmahls, durch den hier eine andere Dimension von Frömmigkeit angesprochen und ggf. vertieft wird als z. B. durch die Predigt.

„Also, dass das eine Gottesdienstform ist, die sehr stark auf Sakrament, auf das Abendmahl hin orientiert ist. Weil dieses eine, ja, Vertiefung von Frömmigkeit, Erweiterung von Frömmigkeit bedeutet, die wir zwar jetzt seit einiger Zeit im Protestantismus wahrnehmen und üben. Die aber, so ist meine Einsicht, aus Gesprächen mit vielen Studierenden, noch nicht in allen anderen Bereichen, auch evangelischer Kirchen sich so durchsetzt.

---

797 Vgl. hierzu auch KLIE, THOMAS 2003, 270: „Der Sinn der liturgischen Sequenz ergibt sich nicht nur dadurch, *wie* und durch *wen*, sondern vor allem auch dadurch, *wo* bzw. *von woher* sie erfolgt." Hervorhebungen im Original.

798 KLIE, THOMAS 2003, 270.

799 Vgl. KLIE, THOMAS 2003, 275. Diese Möglichkeit ist auch aufgrund der Anwesenden unterschiedlicher Konfessionen von Bedeutung.

Also es gibt immer noch doch viele evangelische Traditionen, die eher predigtzentriert sind oder predigtfixiert vielleicht sogar. Und das ist in diesem Gottesdienst natürlich ganz anders. Da ist ein Höhepunkt deutlicher doch die gemeinsame Sakramentsfeier. Die dann einer Fortsetzung in dem geselligen Frühstück findet. Auch in dieser Kombination finde ich das natürlich sehr wichtig, dass man da so miteinander Abendmahl feiert und gleichzeitig miteinander auch isst und manches andere teilt. Das ist für mich eine gute Art von anzustrebender Art von Gemeindeaufbau oder von Gemeindeprägung. In diesem Bereich. […]" C-Exp-16

Gemeinsames Singen als religiöser Klang- und Resonanzraum

Neben Brot und Wein, der gemeinsamen Versammlung zur Kommunion am Kreuz, entfaltet sich die leib-räumliche Dimension des Abendmahls im abschließenden gemeinsamen Singen.[800] Dieses schafft einen den horizontalen Interaktions- und Kommunikationsraum deutlich übersteigenden (religiösen) Klangraum,[801] der zum (subjektiven) Resonanzraum werden kann.

„Ja, besonders wichtig ist vor allem die Feier des Abendmahls, ja. Das da eine besondere Aufstellung bezogen wird. Dass man so einen Kreis bildet. Und dann nach dem Empfang des Abendmahls dieser kurze Gesang. Der klingt richtig toll in der Kirche. Da ist eine richtige Akustik. Und das schallt. Das finde ich sehr gut." Frieder C19-I-22

Dieser Effekt ist zum Abschluss des Abendmahlteils besonders wahrnehmbar und schafft eine erhabene, feierliche Atmosphäre. Die mit dem gemeinsamen, oft mehrstimmigen und gut geschulten Singen verbundenen Resonanzerfahrungen der Gottesdienstteilnehmer/innen werden auch im Zusammenhang mit anderen gesungenen liturgischen Elementen gemacht. Sie manifestieren sich in Aussprüchen wie z. B.: „Das finde ich sehr gut" (s.o.), im Verweis auf eine in diesem Rahmen empfundene „positive Regung". Nach der Atmosphäre, dem Feiern eines Gottesdienstes und seiner Form, ist es die in weiten Teilen *gesungene Liturgie*, die bei den Befragten eine hohe Zustimmung findet.[802] Sie wird im Rahmen der individuell zu formulierenden Teilnahmemotive mehrfach genannt.[803]

„Ich würde denken der Anfang, das der Einstieg mit dem Psalm, den wir zusammen beten. Nun eigentlich beginnen wir gar nicht mit dem Psalm. Wir beginnen mit Luthers Morgensegen. Aber das erste gesungene Liturgie-Element ist der Psalm, der eben mehrstimmig gesetzt ist. Und dann merkt man ganz stark wie, wie, wie wunderschön es eigent-

---

800 Vgl. C-TB1-11; C-TB2-11.

801 Vgl. C-TB2-11. Zum Klangraum vgl. auch KLIE, THOMAS 2003, 280: „So konstituiert beispielsweise der gemeinsame Wechselgesang in den Responsorien den gesungenen Text als religiös gehaltvollen Klangraum."

802 91,5 % von n=47 gefällt das gemeinsame Singen (C-4.18), 89,4 % der gemeinsam gesungene Psalm (C-4.28), 86,2 % die musikalische Gestaltung des Gottesdienstes (C-4.3).

803 Unter der offenen Antwortmöglichkeit zu „Ich finde hier etwas, das mir sonst fehlt", wurde in C-1.5 neben der Nennung der Liturgie u. a. die „gesungene Liturgie" als ein Teilnahmemotiv angegeben, vgl. z. B. C6, C16, C34.

> lich ist, wenn man, wenn man Gesang, auch gerade A-cappella-Gesang, in der Kirche einbindet in den Gottesdienst." Sonja C15-I-22

Die davon ausgehende Gesellungskraft kommt in einem von Petra geschilderten Zusammenhang gut zum Ausdruck. Sie berichtet davon, dass sie aufgrund des von ihr als stark empfunden Kontrastes zwischen dem feierlichen Gottesdienst und dem Alltag nach einer längeren Zeit der regelmäßigen und intensiven Teilnahme den Mittwochmorgen-Gottesdienst inzwischen nicht mehr so häufig besucht, ihn aber von Zeit zu Zeit doch brauchen würde, weil ihr insbesondere das Singen Kraft geben würde.[804]

> „Aber ab und an braucht man das trotzdem noch. Weil, ein bisschen Kraft gibt es schon. Ich glaube, vor allem, weil ich so gerne singe. Es ist, dass viel gesungen wird. Und, dass auch es wird immer sehr darauf geachtet, dass es ein sauberer Gesang ist. Und auch in vielen Stimmen. Und das macht mir so ein bisschen, das, das weckt so ein bisschen positive Regung in einem, sage ich mal." Petra C47-I-20

Die Bedeutung des gemeinsamen Singens verweist zum einen auf sein Potential als Medium „theophoner Transzendenzerfahrungen".[805] Zum anderen auf seinen gemeinschaftsstiftenden Charakter.[806] Die Gesellungskraft des gemeinsamen Singens entfaltet sich jedoch – ähnlich wie die der gesamten Liturgie – nicht voraussetzungslos. Der meist mehrstimmige A-cappella-Gesang bedarf zur sauberen Ausführung nicht nur einiger Übung, sondern auch einer gewissen musikalischen Grundbegabung, die vergesellungshemmend wirken kann.

> „Ja. Also ich habe als Organist und Chorleiter auch einige Zeit gearbeitet. Und insofern war mir das jetzt nicht fremd. Also ich habe jetzt zwar so eine Art von Gottesdienst, glaube ich, noch nicht besucht gehabt, aber durch die liturgischen Übungen und, dass ich halt selber da auch in dem Bereich gearbeitet habe, war mir das nicht fremd. Und da ich auch Noten lesen kann, war das jetzt so für mich <u>kein</u> Problem. Also ich weiß Kommilitonen von mir, die das erste Mal da waren, die hatten da schon auch Schwierigkeiten. Besonders, was das Singen angeht, so. Aber also für mich war das jetzt nicht so das Problem. Und auch einer der, der Hauptgründe, warum ich mich da auch besonders wohl gefühlt habe, so. Genau." Uwe C26-I-20

An Uwes Beispiel zeigt sich, dass die Entfaltung der sozialen Kraft der Liturgie dieses Gottesdienstes auch davon abhängig ist, was die Gottesdienstteilnehmer/innen mitbringen und welche subjektspezifischen Anknüpfungspunkte ihnen die Liturgie bietet.[807]

---

[804] Vgl. zum Gesamtzusammenhang im Interview Petra C46-I-16-20.

[805] Vgl. hierzu BUBMANN, PETER 2003, 129, in Rekurs auf SCHRÖER, HENNING 2000.

[806] Vgl. hierzu auch die theoretischen Überlegungen von BUBMANN, PETER 2003, 130, sowie zur *„musical communitas"* KOLL, JULIA 2016, 217–224.

[807] Vgl. zur Qualität und Resonanz des Gesangs auch C-TB2-11.

> „Das stört mich, das kann man aber halt nicht ändern. Das sind die bösen Blicke, wenn jemand dabei ist, der richtig schief singt. […] Zum Beispiel. Ja. Also von der Grundatmosphäre würde ich das vielleicht ändern wollen. Das war auch das, was mich dazu veranlasst hat, dass ich irgendwann gesagt habe: nee. So regelmäßig will ich jetzt nicht mehr hinkommen. Weil, einfach, es gibt dann Leute, die vielleicht ein bisschen penetranter, blauäugiger durch die Welt gehen. Die halt nicht merken, wenn sie nicht so gut Anschluss finden und sich, na ja, daneben benehmen. Wenn ich das so sagen kann. Und dann wird halt von der geschlossenen Mittwochmorgen-Gemeinschaft, die eben auf gute Singführung und so was achten, wird halt immer ein bisschen gedrückt." Petra C47-I-110ff

Ökumenische Prägung

Neben ihrer festen und gesungenen Form erweist sich der „maximale" liturgische Charakter des Mittwochmorgen-Gottesdienstes auch in seiner ökumenischen Prägung.[808]

> „[…] Die [maximale Liturgie ist] deswegen maximal […], weil sie eben ökumenisch ausgerichtet ist. Also die Elemente aus verschiedenen christlichen Traditionen aufnimmt. Lutherische, reformierte, katholische, orthodoxe Traditionen. Und manchmal auch in Liedern darüber hinausgehen, also anglikanische Tradition und andere. Das macht sie sozusagen auch zu einer Liturgie, die eine Verbundenheit über die eigene Konfessionsgrenzen hinweg [hat]. […]" C-Exp-60

Dadurch bieten sich Anknüpfungspunkte für Gottesdienstteilnehmer/innen, die biographisch durch andere (als die evangelische) Konfessionen kirchlich sozialisiert wurden.[809]

> „Was mich da besonders anspricht. Da diese ganze Praefation, ja! Dieser Lobgesang, den es normalerweise im normalen Gottesdienst nicht gibt, der wird da richtig ausgelebt, ja. Und […] da klingen dann so Ansätze an die Jugend, ja. Das hatte ich früher auch gern gehabt […]. [S]o gewisse Momente auch der alten Kirche, die habe ich ja mitgenommen. Die sind in mir. Und die (.) werden dort widergespiegelt. [..B]ei der Sprache: Das ist mein Leib, das ist mein Blut. Das ist da, das kommt da genauso wie in der alten Kirche, in meiner alten Kirche, wieder. Und das spricht mich also sehr an. […]" Frieder C19-I-20

Fazit: Sozial-integrativ und zugleich exklusiv

Die spezifische Form der Liturgie des Mittwochmorgen-Gottesdienstes entfaltet nicht voraussetzungslos ihre Gesellungskraft. Ihre sozial-integrative Wirkung kann zugleich einen ausschließenden Charakter haben, wenn die Gottesdienstbesucher/innen nicht mit der Liturgie vertraut sind oder die musikalischen Fähigkeiten

---

808 C-Exp-18, vgl. hierzu auch den ökumenischen Charakter als Teilnahmegrund in C-1.5: C7, C33.

809 So z. B. Frieder C19-I-12, 20. Vgl. zum Sachverhalt auch Johanna C16-I-46 sowie Miriam Pönninghaus in PÖNNINGHAUS, MIRIAM et al. 2013, 19f.: „Vielstimmig ist auch die Liturgie des Gottesdienstes. Nicht nur, weil viele liturgische Elemente mehrstimmig gesungen werden, sondern auch, weil die Elemente aus verschiedenen christlichen Traditionen stammen. – Das ‚Herr, ich bin nicht würdig, dass du unter mein Dach gehst' kennen viele aus den katholischen Messen und die gemeinsam gesprochene Epiklese aus der orthodoxen Tradition."

nicht mitbringen, die dafür nötig sind. Darüber hinaus entscheidet auch ein individuelles ästhetisches Empfinden darüber, inwieweit der Mittwochmorgen-Gottesdienst seine soziale Kraft entfalten und die mit ihm verbundene kollektive Identität subjektiv anschlussfähig ist.[810]

> „Es ist natürlich Anlaufpunkt für Leute mit Spleen. Durch die Form des Gottesdienstes. Also wir haben immer so den Prozentsatz von Leuten, die so einen Liturgo-Fetisch haben. Möchte ich fast sagen. Was irgendwie auch ganz niedlich ist. Würde ich mich fast auch zurechnen. Und dadurch bekommt die Gemeinschaft natürlich einen bestimmten, eine bestimmte Ausrichtung. Und natürlich gibt es dann, ist das, eine relativ eigenwillige Prägung dieses Gottesdienstes. Und v::ielleicht ist es auch die große, die die große Vertrautheit der Liturgie für die meisten Gottesdienst-Teilnehmer, die die Gemeinschaft prägt. Dadurch, dass alle sich in einem sehr sicheren, sehr fest gefügten Kontext wissen. Wie das jetzt die Gemeinschaft prägt, wüsste ich nicht zu sagen. Aber ich könnte mir denken, dass das ein Element ist, das einen bestimmten Einfluss hat, darauf wie die Gemeinschaft funktioniert." Sonja C15-I-24

(b) (Subjektbedingte) Vielfalt

Die Liturgie des Mittwochmorgen-Gottesdienstes wird trotz ihres hoch-liturgischen, „maximalen" Charakters als abwechslungsreich wahrgenommen. Die variablen Anteile einzelner liturgischer Elemente bieten zum einen die Freiheit abwechslungsreicher Ausgestaltung.

> „Und das ist das Schöne bei diesem Gottesdienst, dass eben auf der einen Seite eine liturgische Form ist, auf der anderen Seite eben auch Freiheiten, nicht nur allein bei den Predigten und bei den Fürbitten-Gebeten, sondern auch eben bei den Liedern und, und, dass eben diese Gottesdienste auch im Rahmen des Kirchenjahres gefeiert werden." Karl C31-I-10 Mitte

Zum anderen führt die wechselnde Besetzung der liturgischen Dienste zu einer subjektspezifischen Prägung der Liturgie.

> „Und auf der anderen Seite ist ja Predigt, und auch durch die wechselnden Liturgen und Beteiligten, auch immer eine abwechslungsreiche Komponente dabei. [...] Dass durch die fünf verschiedenen Beteiligten, also sprich Liturgen, Prediger, Fürbitter, Kantor, Küster, es jedes Mal eine andere Konstellation ist, oder fast jedes Mal, manchmal wiederholen sie sich auch, aber eben doch sehr selten, die eben diesen Gottesdienst mit ihren individuellen Elementen prägen und gestalten und das ausfüllen. Also das ist was, was ich einfach sehr schätze. Und auch im Vergleich zu einer Sonntagsgemeinde, wo ja meistens dann immer der gleiche Pfarrer Liturgie und Predigt macht, als Bereicherung empfinde." Paul C43-I-10

[810] Vgl. C-TB-10: „Die Form hat einen exklusiven Charakter und setzt Vertrautheit voraus, schafft aber auch ein Gefühl der gemeinschaftlichen Feier."

Obwohl der Predigt in der Umfrage mit 70,2 % die geringste Bedeutung im Zusammenhang mit dem Mittwochmorgen-Gottesdienst zugeschrieben wurde,[811] stellen die wechselnden Prediger/innen und ihren Predigtformen eine besondere Teilnahmemotivation dar:

> „Und was auch schön ist [...], dass zum Beispiel bei den Predigten oder dass bestimmte Gemeindeglieder bestimmte Predigtformen haben. Es gibt zum Beispiel [...], und die macht immer eine Bild-Predigt, weil ihr Mann ist Künstler. Und da weiß man halt immer schon [...], dass sie übernimmt meistens eine Predigt und das ist dann schon immer so ein Ansporn halt zu gucken, wann sie kommt. Und so lange hinzugehen [...], oder wenn mal Professoren kommen, die predigen. Also, dass eben auch so unterschiedliche Predigtformen da stattfinden. Also gehören auch zu dieser Vielfalt, die den Mittwochmorgen-Gottesdienst ausmacht. [...]“ Helga C5-I-32ff

Die für das „Gemeinschafts“-Gefühl maßgebliche sozial-integrative Kraft ist jedoch in diesem Gottesdienst nicht die Predigt, sondern die hoch-liturgische Form.[812]

Ein weiterer Aspekt der Vielfalt ist die Möglichkeit, einzelne liturgische Elemente im Rahmen des Dienstes selbst auszugestalten sowie persönliche Schwerpunkte zu setzen und dadurch auch den Mittwochmorgen-Gottesdienst aktiv mitzugestalten.

> „[...] Also Vielfalt ist es nicht nur, weil das fünf, weil es fünf Teile gibt, sondern, ja, man hat unterschiedliche Stimmen, unterschiedliche Persönlichkeiten, Leute legen unterschiedlich Wert auf, bei Fürbitten zum Beispiel, auf Themen. Das finde ich aber ganz spannend. Es gibt welche, die halten immer gerne Fürbitten für die ganze Welt und das Leid und so. Und mir geht es dann oft so, dass ich mich dann eintragen lasse für Fürbitten. Und dann aber auch mal wieder ganz speziell für unsere Gemeinde. Oder halt für uns hier. Weil, ich auch immer finde, dass man das halt nicht aus dem Blick lassen darf. Dass, ja manche hier auch Probleme haben. Und ich finde so, hat man da ein bisschen den Faden mit in der Hand sozusagen. Wie man den, ja, Gottesdienst gestalten kann. Und das ist, ja die Vielfalt und die Teilnehmerstärke ((lächelt)) beziehungsweise ist auch immer unterschiedlich. Ja, und halt, also, ja, es gibt so schon den Stammkern, aber es gibt auch immer, manchmal kommen neue Gesichter dazu und man, also so. Und für mich ist es ehrlich gesagt auch halt gesanglich eine große Vielfalt, ja, die ich halt vorher nicht so kannte. Und jetzt aber doch sehr, sehr genieße auch. Ja.“ Helga C5-I-32ff.

Predigt und Fürbitten stellen dabei die zentralen liturgischen Elemente für kollektive und individuelle lebensweltlichen Anknüpfungspunkte dar.

> „[...] Also ich mag die persönlichen Fürbitten, glaube ich, am meisten. Weil, man da auch oft, also es ist nicht so eine runtergeschriebene Fürbitte oft. Sondern einfach dieses persönliche, auf den Gottesdienst abgestimmte und auf die Menschen dort abgestimmte und auch auf Aktuelles abgestimmte. Es ist halt nicht so eine floskelmäßige Fürbitte, sondern persönliche Fürbitte. Und, weil man da auch oft die Chance kriegt, selbst mal eine Für-

[811] Vgl. C-4.10 (bezogen auf die befragte Grundgesamtheit n=47 zum Zwecke des Vergleichs).
[812] Vgl. u. a. C-TB2-9.

> bitte zu schreiben. [...] Habe ich öfter mal gemacht da. Ja. [...] Und das macht es irgendwie persönlich einfach.“ Petra C47-I-22

Pro Semester wird zudem ein Leitthema für die Predigten mit dazu passenden Predigttexten festgelegt. Die Themen stammen aus dem Kreis der Gottesdienstteilnehmer/innen, da sie in einer Arbeitssitzung besprochen und ausgewählt werden, zu der alle eingeladen sind und in der sich alle einbringen können. Dabei werden ganz unterschiedliche Schwerpunkte gelegt: Das Thema im Sommersemester 2014, „Die Botschaft der ‚kleinen Propheten'“, ist in theologischer Sprache verfasst und könnte auch aus der universitären theologischen Lebenswelt stammen, während zum Thema des Wintersemesters 2016/17, „Cross the border“, ein direkter Bezug zur aktuellen gesellschaftspolitischen Situation der Flüchtlingsthematik hergestellt werden kann.[813] Traditionelle liturgische Form und moderne lebensweltliche Themen werden dadurch ineinander verschränkt und bilden das Spannungsfeld der „Außer-Alltäglichkeit“.[814] Dennoch geben lediglich 14,9 % (n=47) an, wegen eines Interesses am Thema in den Mittwochmorgen-Gottesdienst gekommen zu sein.[815]

Der spezifische Charakter der „maximalen“ Liturgie und die von ihr ausgehende Gesellungskraft liegen gerade nicht im reinen Wiederholen einer erstarrten Form, sondern in ihrem „werdenden“ Charakter:

> „Na ja schon alleine, dass auch hier ein Werden des Gottesdienstes, in dem Sinn auch eine, bei den konstitutiven, bei den regelmäßigen, den Ordinarienstücken oder so, wie man es nennen will. Dass jetzt hier stärker das responsorische Element hineingenommen bis in die Liturgie hinein, dass eben verschiedenste Dienste, wo die Leute sich doch recht gut vorbereiten, auch da, es gibt. Und das Liedgut auch einem Wechsel unterliegt. Also da ist auch ein Werden und auch eben die Freiheit auch gegeben bei dieser liturgischen Form. Ja. Bei beim kontinuierlichen Gepräge des Gottesdienstes. Ja.“ Karl C31-I-36

Dennoch ist hier von einem gerichteten Wechsel zu sprechen. Eine nicht erwartete Veränderung der Liturgie führt zur unmittelbaren Irritation:

> „Also wo ich gleich heute Morgen schon dachte: Na was ist denn heute los? Keine Glocke läutete. Die hat viel später geläutet. Dann bin ich reingekommen, da war eine Tür offen. Da brannte eine Kerze da. Ich habe es aber nur, ach ich habe mir nichts Besonderes gedacht. Nachher habe ich gemerkt: Das war wahrscheinlich wegen eines gewissen Anlasses. Und da kamen sie da mit den Kerzen und den Gesängen. Und das hat mich also sehr an so eine Osternacht erinnert, ja. [...] Und an Michael habe ich jetzt nicht gedacht. Das habe ich dann mitbekommen.“ Frieder C19-I-30

---

813 Vgl. C-M2/3-Mittwochmorgen-Gottesdienst-Plakate Sommersemester 2014 und Wintersemester 2016/2017.

814 Zur Themenfindung siehe z. B. Helga C5-I-90-94 sowie Petra C47-I-90.

815 C-1.5.

Durch die Verbindung von traditioneller Form und subjektspezifischer Vielfalt eignet dem Mittwochmorgen-Gottesdienst trotz seiner scheinbar „geschlossenen Liturgie" eine Spur hybrideventhafter Logik.[816]

> „Die Einseitigkeit der Liturgie, mit der Vielfalt der Gestaltenden, ist eine Mischung, die offensichtlich viele anspricht."[817]

Durch die subjektspezifische Ausgestaltung der liturgischen Elemente im Rahmen der verschiedenen Dienste und die gemeinsame Festlegung der Predigtreihen wird die Liturgie des Mittwochmorgen-Gottesdienstes zudem gleich auf zweifache Weise subjektiv anschlussfähig. Die Liturgie ereignet sich nicht nur an den Teilnehmer/innen, sondern wird gleichzeitig durch sie in unverwechselbarer Weise gefüllt. Feste Liturgie und persönliche Gestaltung werden nicht als Widerspruch, sondern als Einheit wahrgenommen.[818] Nach Schroeter-Witte liegt die Gefahr der Langeweile in der liturgischen Wiederholung. Er spricht sich für den Gottesdienst als Erlebniszeit aus. Nach ihm „ist eine abwechslungsreiche Gestaltung der gottesdienstlichen Zeit gefragt, die spannend ist, weil sie von Spannung lebt. [Er] plädiert daher für Gottesdienste als gute Unterhaltung."[819] Vor dem Hintergrund der dargestellten positiven Wahrnehmung der Symbiose von „wiederholender Herstellung" und Variationen kann an dieser Stelle die Frage gestellt werden, ob der Gottesdienst nur als Unterhaltungszeit zur Erlebniszeit werden kann oder ob es hier nicht einer weiteren Differenzierung bedarf. Im Rahmen der Umfrage wird dem Unterhaltungswert des Mittwochmorgen-Gottesdienstes keine besondere Rolle zugeschrieben.[820] Die maximale Liturgie entfaltet ihre sozial-integrative Kraft als mimetischer Akt im Wissen um und der Erfahrung, sich in die Form „fallen lassen zu können" und von ihr getragen zu werden. Der Gottesdienst wird durch seinen Charakter als gemeinsames und von Individuen ausgestaltetes Handeln als abwechslungsreiches Geschehen wahrgenommen. In diesem Sinne kann auch hier von einer „Erlebniszeit" gesprochen werden, die sich im liturgischen Geschehen realisiert, aber ihre Wirkung auch darüber hinaus entfaltet.

3.2.3. Gemeinsames Handeln

Der Mittwochmorgen-Gottesdienst lebt in zweifacher Hinsicht auf ganz unter-

---

816 Zur Hybridevent-Theorie siehe die Ausführungen in II.1.2.3.

817 Paul C43-I-104.

818 Vgl. Petra C47-I-22

819 SCHROETER-WITTKE, HARALD 2003, 258.

820 Vgl. 63,8 % (n=47) verneinen eine Bedeutung oder Relevanz des Unterhaltungswertes des Mittwochmorgen-Gottesdienstes (C-4.8). In den anderen zwei Gottesdienstfeldern wird dem Unterhaltungswert zwar mehr Bedeutung zugemessen, aber in der Gesamtschau der abgefragten Items bewegen sich die Werte dort eher im mittleren Bereich. Vgl. A-4 und B-4.

schiedliche Art und Weise vom *gemeinsamen* Handeln der Beteiligten: 1. Von der gemeinsamen liturgischen Feier und 2. vom anschließenden gemeinsamen Frühstücken. Wird vom Mittwochmorgen-Gottesdienst gesprochen, sind damit in der Regel beide Handlungsbereiche im Blick.

> „Weil es so viele Menschen gibt, ihren Beitrag dazu leisten, dass das ‚Gesamtpaket' zu dem wird, was es ist: durch Küstern, Spülen, Spenden für die Tabor Society. Fürbitten vorbereiten, durch das Bereitstellen von Marmelade. Nutella, Brötchen, durch einen Morgenspaziergang zur Bäckerei Grimm, durch Tische tragen, Teller decken, vorsingen, mitsingen, predigen, zuhören oder durch das Zuschrauben der Marmeladengläser nach dem Frühstück."[821]

Beide Teile werden von den Teilnehmer/innen mit dem Begriff der „Gemeinschaft" verbunden, obwohl sie hinsichtlich ihrer Kommunikations- und Interaktionsstruktur kaum unterschiedlicher sein könnten. Damit kommt der diffuse Charakter des Gemeinschaftsbegriffs zum Ausdruck, auf den später noch näher einzugehen sein wird.[822] In diesem Abschnitt wird es zunächst darum gehen, die im Mittwochmorgen-Gottesdienst empirisch wahrgenommenen Indizien der sozialen Kraft des *gemeinsamen* liturgischen Handelns und des *gemeinsamen* Essens und Trinkens vertiefend darzustellen. Damit ist auch die Hoffnung auf ein tieferes Verständnis davon verbunden, wodurch „im Gottesdienst keine bloße ‚Weitergabe' oder ‚Vermittlung' einer Botschaft, sondern eine *gemeinsame* Aneignung und Vergewisserung [geschieht]."[823]

(a) Die gemeinsame, gemeinschaftliche liturgische Feier: Mitwirkung und Beteiligung

Im Zusammenhang mit der „maximalen" Liturgie wurde bereits auf ihren kollektiven Charakter verwiesen und in diesem Zusammenhang auch die verschiedenen Dienste im Mittwochmorgen-Gottesdienst erwähnt. Wie bereits an anderer Stelle auch auf Basis der Umfragewerte ausgeführt, hat sich gezeigt, dass viele der Mittwochmorgen-Gottesdienstbesucher/innen einen dieser Dienste versehen. 53,1 % (n=47) der Befragten bewerten die „Möglichkeit der Mitgestaltung (im Rahmen eines Amtes)" positiv.[824] Diese spezifische Mitwirkungsmöglichkeit ist eine der zen-

---

821 Miriam Pönninghaus in PÖNNINGHAUS, MIRIAM et al. 2013, 19.

822 Victor Turner verweist auf eine Studie von G. A. Hillery aus dem Jahr 1955, die „94 Definitionen des Begriffs „Gemeinschaft" [prüfte] und zu dem Ergebnis [kam], ‚dass es außer der Vorstellung, dass Menschen in Gemeinschaft verbunden sind, keine Übereinstimmung hinsichtlich des Wesens von Gemeinschaft gibt". (119). Siehe TURNER, VICTOR 2003, 259.

823 MEYER-BLANCK, MICHAEL 2011, 25.

824 Vgl. C-4.26. Eine Kreuzanalyse mit C-6.6. (Besucher/in und/oder Mitarbeiter/in) hat gezeigt, dass die abschlägige Beantwortung von C-4.26 mit Ausnahme einer Person von Personen erfolgte, die selbst keinen Dienst im Mittwochmorgen-Gottesdienst versehen. Eine Unschärfe ergibt sich dadurch, dass der Abgleich zwischen den aus den Interviews und dem Umfragebogen gewonnenen Daten nahelegt, dass nicht alle Befragten diese Frage allgemein verstanden haben, sondern auf den spezifischen Tag bezogen. Die Anzahl derjenigen, die im Mittwochmorgen-Gottesdienst Dienste versehen, dürfte deutlich höher sein, als der Umfragewert nahelegt. Vgl. z. B. die Fälle C5, C19, C31.

tralen Gesellungskräfte dieses Gottesdienstes, die sich an mehreren *Aspekten* manifestiert:

1. Die Vielfalt der verschiedenen Dienste ermöglicht ein *gaben- und bedürfnisorientiertes* Engagement. Versehen einige Personen immer wieder einen spezifischen Dienst, übernehmen andere im Laufe der Zeit verschiedene Dienste.

> „Also zum einen […], ist es auf jeden Fall bereichernd, weil es viele Ehrenamtliche gibt, die sich in unterschiedlichen Funktionen einbringen. Manche können gut singen. Ist dann auch immer schön, unterschiedliche Kantoren zu haben. Genauso wie bei Küster und den ganzen anderen Ämtern. […]" Paul C43-I-24

Der Mittwochmorgen-Gottesdienst bietet so die Möglichkeit, sich *liturgisch auszuprobieren* und neue Erfahrungen zu sammeln, unabhängig von der eigenen Profession.

> „Also ich denke gerade in diesem Mittwochmorgen-Gottesdienst, wo eben so viele Leute der theologischen Fakultät auch da sind, es ist gut Dienste zu haben, die einfach auch jeder machen kann. Also aber gerade für diejenigen, die eben nicht von der theologischen Fakultät kommen, da gibt es einige, die dann eben, weiß nicht, ganz lange auch, also Fürbitten mitgestaltet haben oder regelmäßig geküstert haben. Und irgendwie immer, also auch dadurch das Gefühl hatten, auf ihre Weise zu dem Gottesdienst beitragen zu können. Und eben nicht nur immer die Profs und Assistenten so haben wie predigen oder die die Liturgie machen. Und, ja, und, aber auch für Theologie-Studenten die Möglichkeit zum Beispiel, in den Fürbitten sich mal liturgisch sich so ein bisschen auszuprobieren, weil nicht jeder hat ja so was in seiner Heimatgemeinde oder so unbedingt schon mal gemacht. Und selbst das war, glaube ich, ist für viele auch irgendwie was, wo sie sagen: Da muss ich erst mal über meinen eigenen Schatten springen, so was vorzubereiten. […]" Johanna C16-I-30

Neben der Übernahme der regelmäßig zu verteilenden Dienste wachsen einzelne Personen auch in spezifische Ämter hinein[825] und/oder übernehmen selbst eine *Multiplikatoren- und Mentorenfunktion*, indem sie andere in verschiedene Dienste einführen:

> „Und dann wäre für mich noch ein weiterer Punkt, dass es in diesem Mittwochmorgen-Gottesdienst gelingt, und das ist auch eine Besonderheit gegenüber anderen Angeboten, dass Menschen stark mitarbeiten und verantwortlich mitarbeiten. Also es gibt natürlich die Ämter und Funktionen, die beim Frühstück auf Zuruf verteilt werden. […] Aber es gibt eben auch darüber hinaus eine gewisse liturgische Bildung. Also diejenigen, die begabte Kantoren sind, bieten in regelmäßigen Abständen an, liturgisches Singen zu üben mit denjenigen, die vielleicht auch mal sozusagen diese Kantoren-Funktion übernommen werden. Also die führen sie heran. Und ermöglichen, dass eben mehrere Leute diese Tätigkeit übernehmen. Und aus dem Bereich der Assistierenden ist es so, dass wir einige Beauftragungen zum Dienst an Wort und Sakrament haben […], die mit in dem Mittwochmorgen-Gottesdienst verankert sind. Und die dann als Assistierende hier die Mög-

[825] Vgl. exemplarisch Paul C43-I-14ff.

lichkeit ergreifen, die wir mit der Landeskirche abgesprochen haben, dass es eine zeitlich befristete Beauftragung zum Dienst an Wort und Sakrament gibt. Für den Bereich der Peterskirche. Und das wird auch am Sonntagvormittag, aber doch sehr stark in den Mittwochs-Gottesdiensten wahrgenommen. Weil das Menschen sind, die sozusagen auch durch den Mittwochs-Gottesdienst sozialisiert sind. Und dann also, auch das hat eine Bindungskraft im Blick auf Mitarbeit, verbindliche Mitarbeit in unterschiedlichen Positionen. Und das schaffen beispielsweise die Sonntags-Gottesdienste bei der hohen Fluktuation insgesamt nicht. Also es ist auch so ein kleiner Kern. Oder ist ein Kern von einer Gruppierungen innerhalb der Gemeinde. Die also sehr stark sich dann auch engagiert." C-Exp-16

Die Mitarbeit an diesem Gottesdienst verbindet und setzt eine *Verbindlichkeit* voraus, aus der sich eine faktische, aber auch empfundene *Mitverantwortung* für den Mittwochmorgen-Gottesdienst und Teilnahmemotivation ergibt:

„[…] Und dadurch, dass es ehrenamtlich ist, dass eben die Leute auch alle früh aufstehen und diese Verantwortung einnehmen, wie soll ich das sagen? Ich bin gerade am überlegen, ob Respekt das richtige Wort ist. Aber ich bin mir nicht so sicher jetzt, wo ich so darüber nachdenke. Also ich würde sagen: ja. Es ist was Besonderes oder spielt eine Rolle. […]" Paul C43-I-24

„[…] Und zum anderen, weil ich relativ häufig der Küster bin. Und deswegen den Schlüssel zur Peterskirche habe. Und ich weiß genau, wenn ich jetzt nicht gehe, dann kommen auch die anderen 30 nicht rein, die da stehen. […] Und das ist schon ein Faktor, der einen antreibt." Sonja C15-I-10

2. Der Mittwochmorgen-Gottesdienst lebt davon, dass sich viele Menschen engagieren. Das kollektive Phänomen Mittwochmorgen-Gottesdienst trägt so die Individuen und wird zugleich von ihnen getragen. Für Helga entspricht die liturgische Form und der damit verbundene Habitus ihrem Bedürfnis „so bei sich zu sein",[826] und sich gleichzeitig von ihr und den anderen Teilnehmenden „*getragen*" zu wissen:

„Und auch, was ich halt im Gottesdienst auch schon, also jetzt generell, was ich immer schön finde, und das gilt auch für den Mittwochmorgen-Gottesdienst, dass in Gebeten zum Beispiel oder in Textpassagen, die ich, was weiß-, also vielleicht aus persönlichen Gründen nun gerade nicht aussprechen kann. Oder wie auch immer. Weil ich in Trauer bin oder, dass man halt getragen wird von den anderen. Und, ja, so lange, bis man es halt, bis es selbst wieder irgendwie für einen geht, sage ich mal. Und das wäre alleine, hat natürlich auch nicht." Helga C5-I-24

Die eigene Rolle beim Mittwochmorgen-Gottesdienst ist nicht festgeschrieben, sondern wechselt bis oszilliert zwischen *Empfangendem/r und Gebendem/r.*

„[…] Und dadurch hat man, also natürlich für sich persönlich die Möglichkeit, sich einzubringen, aber auch in die Gemeinschaft was zurückzugeben. Also das ist was, was mir sehr wichtig ist. Ich habe eben auch mit Fürbitten und Küstern und so was angefangen. Und

[826] Vgl. Helga C5-I-14.

inzwischen predige ich eben sehr regelmäßig. Mache jetzt auch die Liturgie-Dienste ja seit Neuerem mit. Und da habe ich so das Gefühl: Ich kann irgendwie auch was zurückgeben und was beitragen. Weil, ich selber auch schon Phasen hatte, wo mir dieser Mittwochmorgen-Gottesdienst sehr viel Halt gegeben hat. Wo ich mich aber aus der Gestaltung zurückgezogen habe, weil ich eben selber irgendwie so Probleme hatte oder Dinge, die mich beschäftigt haben. Und ja, weil ich eben weiß, wie viel mir das selber wert ist, finde ich das sehr gut, dass man dann auch was zurückgeben kann." Johanna C16-I-30

3. Mit dem Versehen eines Dienstes geht ein rollenspezifischer *Perspektivwechsel* einher, der die *subjektive Wahrnehmung verändert.*[827]

„[D]urch diese Erfahrung des Liturgseins und mit der Gemeinde Interagierens-, ja, auch wirklich dieses Gottesdienst-Geschehen noch mal ein bisschen intensiver geworden ist. Aber ich würde jetzt nicht sagen, dass es das Ganze irgendwie dramatisch verändert hat. Also so ein bisschen schon. Aber jetzt nicht massiv." Paul C43-I-16

Die Mitwirkung im liturgischen Team stellt eine räumliche und zeitliche (Perspektiv-)erweiterung mit eigenem sozialen Potential dar, in dem Sinn, dass die Liturgie des Gottesdienstes in (liturgisch) geprägter Form in der Sakristei vor- und nachbereitet wird:

„Da ist noch mal so ein kleiner Altar. Und da steht ein Kreuz drauf und zwei Kerzen. Die sind angezündet. Und da liegen dann, da spricht man halt dann noch mal ein Gebet einfach. Dass es einfach ein schöner Gottesdienst wird und danach geht man dann raus. Ich glaube, wenn die Tür aufgeht, also wenn man jetzt unten sitzt und die Tür aufgeht, dann ist es halt auch immer so: okay. Jetzt geht es los. Jetzt stelle ich mich gedanklich wirklich auf den Gottesdienst ein. Und nicht noch auf die zehn anderen Dinge irgendwie, die heute alles anstehen. Genau. Und danach geht, das ist eben eigentlich, das ist, wie so ein Rahmen. Weil, man danach auch wieder [in die Sakristei] reingeht nach dem Gottesdienst. Und wieder an dem Altar steht und noch mal ein Gebet spricht. Und dann wird der Wein noch ausgetrunken. ((lächelt)) Und das Brot dann wieder verstaut. Und dann, ja, dann tauscht man sich auch schon noch mal über den, über die Predigt aus oder wie auch immer, oder das ist dann eigentlich eine schöne Abrundung von dem ganzen Gottesdienst. Weil es nicht gleich in das Gequassel übergeht, sondern, weil man noch mal ja einfach dafür dankt für das, was jetzt da passiert ist, ja." Helga C5-I-120

4. Die ehrenamtliche Mitwirkungsmöglichkeit am Mittwochmorgen-Gottesdienst im Rahmen der unterschiedlichen Dienste kann als gelebte Praxis des *„Priestertums aller Gläubigen"* angesehen werden:

„Das war nicht dieser typische Gottesdienst. Der Pfarrer redet und alle anderen hören zu, sondern alle können mitmachen. Und das, finde ich, ist eigentlich eine gute Richtung, in die sie sich da entwickelt. Wenn man das jetzt für sich vielleicht sogar mitnimmt und sagt: Wenn ich später eine Gemeinde leite, dann möchte ich, dass viele Leute mitwirken. Und nicht nur ich den Boss spiele." Petra C47-I-88

[827] Vgl. auch Petra C47-I-32 und 86.

5. Eine wesentliche Kraft, die den Motor des Mittwochmorgen-Gottesdienstes am Laufe hält, ist der mögliche und häufige *Rollenwechsel*, durch den es kein feststehendes Gegenüber von spezifischen Liturgen und Gemeinde gibt. Durch die wechselnde Besetzung der Dienste ist ein großer Kreis der Teilnehmer/innen in den Mittwochmorgen-Gottesdienst involviert. Dadurch wird der Gottesdienst als „gemeinschaftliches" Feiern empfunden, das durch die Persönlichkeit der Individuen geprägt und lebendig gehalten wird:[828]

> „Und vor allen Dingen, was mir dann auch wichtig ist, ist, dass es immer fünf verschiedene Leute sind. In sehr bunten und sehr spontanen Zusammensetzungen. Weil, die ganze Form des Mittwoch-morgen-Gottesdienstes natürlich zunächst mal starr ist. Und wenn das jetzt ein Liturg/Prediger/Kantor/Fürbitter durchhalten würde von Anfang bis Ende, dann würde man sich doch etwas mehr fühlen, als hätte man jetzt den großen Hohepriester, der vorne steht und den Gottesdienst hält und die anderen dürfen so ein bisschen mit zelebrieren. Aber dadurch, dass die Ämter wandern, durch die Leute, die auch Teil der Gemeinschaft sind, und dass es immer ein Team ist, das dafür zuständig ist, den Gottesdienst zu halten, wird diese Starrheit der Form aufgebrochen durch eine sehr große Lebendigkeit in der Besetzung der Ämter und in der Durchführung. Jeder hat ja auch seinen eigenen Stil und das schafft eine ganz interessante und, meines Erachtens, sehr wichtige Ambivalenz." Sonja C15-I-48

So wird z. B. dem Austeilen des Abendmahls durch wechselnde Personen eine gemeinschaftsstiftende Dimension zugeschrieben.[829]

> „[...] beim Abendmahl also finde ich zum Beispiel schön, dass nicht nur der Pfarrer das Abendmahl austeilt, sondern, dass es halt, ja, die Mitwirkenden sind von dem Gottesdienst. Also, dass da wirklich versucht wird eine Gemeinschaft, nicht nur von der Gemeinde herzustellen, sondern, ja auch von den Mitwirkenden. Also es ist nicht so eine, ich finde so eine, so eine starke Hierarchie. Hier ist der Pfarrer und da ist die Gemeinde, sondern, ja, der Mittwochmorgen-Gottesdienst lebt davon, dass die Dienste geteilt werden. Und, dass man offen, also, dass man Leute probieren lässt. Das also heranführt, genau und, aber jetzt die Atmosphäre." Helga C5-I-15

Bei denjenigen, die im Rahmen der verschiedenen Dienste beim Mittwochmorgen-Gottesdienst mitwirken, kann eine hohe Identifikation mit diesem wahrgenommen werden, die sie u. a. durch wertschätzende Äußerungen, die Beschreibung der Gemeinschaft und Werbung für den Gottesdienst zum Ausdruck bringen.[830] Dieser „innere Kreis" hoch engagierter Personen ist auch während der Gottesdienst- und Frühstücksgemeinschaft wahrnehmbar, wodurch der „egalitäre" Charakter der Ge-

---

828 Vgl. hierzu auch Uwe C26-I-12, C-Exp-38.

829 Vgl. hierzu auch eine mögliche gemeindetheoretische Deutung in Anschluss an KÜHN, ULRICH 2006, 20: „Nicht der Amtsträger feiert die Eucharistie (etwa *für* die Gemeinde), sondern die Eucharistie ist die öffentliche Feier der versammelten Gemeinde."

830 Vgl. z. B. die Interviews mit C15, C16, C26, C31, C43, C47.

meinschaft zwar etwas relativiert wird,[831] aber durch die aktive liturgische Partizipation aller Anwesenden nicht grundsätzlich als „ausschließend“ empfunden wird.

> „Also gut finde ich, dass eigentlich eher alle diesen Gottesdienst gemeinsam gestalten. Also es gibt natürlich schon einige Personen, die bestimmte Verantwortungen übernehmen. Jemand hält die Fürbitten. Jemand ist für die Liturgie verantwortlich. Jemand hält die Predigt. Sonst ist es da eher schon was, wo auch Gemeinschaft irgendwie groß geschrieben wird. Das sieht man halt daran, dass die Liturgie immer in zwei Gruppen auch gesungen wird. Sie sich gegenüberstehen und auch, dass jedes Mal das Abendmahl stattfindet so. Also, das fand ich auf jeden Fall ganz gut.“ Uwe C26-I-12

6. Der Mittwochmorgen-Gottesdienst hat einen polyphonen Charakter, der sich aus der Vielstimmigkeit der liturgischen Elemente, der inhaltlichen Ausrichtung wie auch der liturgischen Gesänge ergibt[832] und im wörtlichen wie im übertragenen Sinne von den *vielen Stimmen „im Chor“* getragen wird. So wird die gesungene Liturgie als *„gemeinschaftliches“* Singen im Mittwochmorgen-Gottesdienst wahrgenommen und als ein wesentliches Teilnahmemotiv genannt:

> „Das gemeinschaftliche Singen schon. Also ich finde, das klingt sehr schön, wenn Leute alte Lieder singen. Und dann auch noch ohne Begleitung. Also da sind ja kein, keiner Instrumentalbegleitung da, sondern es ist ja a cappella und dann auch noch mehrstimmig, in mehreren Gruppen. Also das hört sich schon gut an, so. Also, man sagt ja auch, Musik ist auch ein Zugangsweg irgendwie zu Gott, so. Und das wäre auch einer, womit ich gut irgendwie zurechtkomme so. Genau. /I: „Nehmen Sie, wenn Sie im Mittwochmorgen-Gottesdienst (.) waren, nehmen Sie da was mit in Ihren Alltag?/ Einmal irgendwie dieses Gemeinschaftsgefühl, von dem ich eben gesprochen habe. […]“ Uwe C26-I-22ff

(b) Das gemeinsame, gemeinschaftliche Frühstücken: zusammen essen, trinken, reden & leben im Horizont der Abendmahlsgemeinschaft

Nach dem liturgischen Teil des Mittwochmorgen-Gottesdienstes findet ein gemeinsames Frühstück im Seitenschiff der Peterskirche statt. Dieses Frühstück kann als 2. Säule des Mittwochmorgen-Gottesdienstes angesehen werden. 89,1 % der Befragten (n=46) geben an, (normalerweise) am gemeinsamen Frühstück teilzunehmen;[833] bei 6,5 % ist dies unterschiedlich und 4,3 % verneinen die Frage.[834] Das Frühstück erfährt seinen Sinn von der gemeinsamen liturgischen Feier her und wird durch diese in besonderer Weise „qualifiziert“. Es wird daher auch als Teil des Mittwochmorgen-Gottesdienstes verstanden, in dem das Abendmahl durch das gemeinsame Essen und Teilen seine lebensweltliche „Fortsetzung“[835] findet. Das gemeinsame Frühstück

---

[831] Vgl. C-TB1-20f und C-TB2-19 sowie die hierzu vertiefenden Ausführungen im Zusammenhang mit den Beziehungsstrukturen im Mittwochmorgen-Gottesdienst.

[832] Vgl. hierzu auch PÖNNINGHAUS, MIRIAM et al. 2013.

[833] Der gleiche Prozentsatz der Befragten gibt an, dass ihnen das Frühstück nach dem Gottesdienst gefalle bzw. wichtig sei. Vgl. C-4.6.

[834] Vgl. C-1.8.

[835] Vgl. C-Exp-14.

bietet Raum für Gespräche, dient der Begegnung und der Beheimatung im Horizont der Abendmahlsgemeinschaft.

> „Aber im Ganzen geht es um ein ganzheitliches Erleben, ja auch beim Abendmahl mit dem Frühstück. [...] Es ist eine gute Weise, gerade eben für jüngere Leute, für Studierende, die ja an einem anderen Ort wohnen, auch oft gar nicht so stark Kontakte auch untereinander haben, dass hier sie auch in dieser Weise durch Gespräche miteinander, durch Gespräche auch über das Gefeierte, über die Predigt, aber eben auch über die ganz alltäglichen Dinge, was sie gerade studieren. Und wo sie herkommen und so weiter, miteinander kommunizieren und da zusammen sind. So dass hier eine Form für sie auch von Beheimatung dann auch für eine gewisse Zeit, Kirche auf Zeit, Gemeinde auf Zeit, dann auch darstellt. Das können auch andere Orte sein. Aber hier als Christen, die eben zunächst das Abendmahl gefeiert haben. Und durch das Abendmahl miteinander verbunden sind. [...] Also es hat seine ganz große Bedeutung das gemeinsame Frühstück in dem Sinn, ja!“ Karl C31-I-38-42.

Der christliche Sinnzusammenhang manifestiert sich auch im Vergleich mit der urchristlichen Gemeinde, insofern zur gemeinsamen liturgischen Feier Aspekte des gemeinsamen verantwortlichen christlichen Lebens hinzutreten.[836]

> „[...] Und zum anderen, weil die Gemeinschaft dort auf eine fast, ja, fast wie die urchristliche Gemeinde an den Paulus schreibt, würde ich denken, zusammen lebt und sich gegenseitig unterstützt und auch Raum bietet für Leute, die sozial sonst eher am Rande stehen würden. Und daran messe ich sozusagen die Qualität dieser christlichen Gemeinschaft im Mittwochmorgen-Gottesdienst. Und die halte ich für so wertvoll und so bewundernswert, dass ich das toll finde, daran teilzuhaben.[...] Also was ich wirklich sehr betonen möchte in meiner Bewertung des Mittwochmorgen-Gottesdienstes oder Beschreibung des Mittwochmorgen-Gottesdienstes ist die Ähnlichkeit oder die Nähe zur urchristlichen Gemeinde, die ich da immer wieder sehe. Weil dieses ganze Konzept Mittwochmorgen-Gottesdienst eigentlich basisdemokratisch funktioniert. [...] Und dann dadurch, dass dieses gemeinsame Essen und hinterher das gemeinsame Spülen so zelebriert wird, hat man wirklich den Eindruck, dass diese Gemeinschaft nicht nur zusammen Gottesdienst feiert, sondern auch ein stückweit zusammen lebt und sich austauscht. Und das ist eine sehr wertvolle Erfahrung, die in vielen anderen Gottesdienst-Gemeinden so nicht anzutreffen ist.“ Sonja C15-I-14 und 54

Der gesellige Charakter des Frühstücks setzt einen Kontrapunkt zur hoch-liturgischen Form des Gottesdienstes.[837] Dadurch stellt es gerade in der Anfangszeit eine wichtige Gesellungskraft des Mittwochmorgen-Gottesdienstes dar, in der die „maximale“ Liturgie des Gottesdienstes aufgrund mangelnder Vertrautheit etc. ihr sozialintegratives Potential subjektiv noch nicht zur Geltung bringen kann.

---

[836] „Und ich hoffe natürlich auch, dass sozusagen der Raum der Kirche, der Gestaltung der Kirche in dem Begehen des Raumes, in dem Erkunden des Raumes durch Gottesdienste, aber auch durch so etwas wie Frühstück und Geselligkeit, durch gemeinsames Abwaschen, sozusagen, dass es das auch so eine gewisse Bindungskraft dann auch freisetzt. Also es ist ein besonderer Raum.“ C-Exp-26

[837] Bei einer Kreuzanalyse von C-1.7 mit C-1.8 fällt auf, dass lediglich 2 Personen (n=41) angeben, alleine zu kommen und anschließend nicht beim Frühstück bleiben. Vgl. C-1.7 X C-1.8.

> „Beim Frühstück kommt man ja dann noch mal miteinander ins Gespräch. Sei es über den Gottesdienst. Wobei das gar nicht so häufig passiert. Sondern tatsächlich auch einfach über private Dinge. Man lernt die Leute hier ja dann kennen. Und hat so einen Anknüpfungspunkt, sich auszutauschen. Was bewegt die Leute, je nachdem, wie viel sie natürlich erzählen, wie gut man sie kennt. Aber dadurch ist dieses gemeinsam Gottesdienstfeiern, weil es danach auch immer das Frühstück gibt, nicht so was Anonymes, wie wenn man jetzt in einer Sonntagsgemeinde nur unregelmäßig da ist. Man bleibt ja dann vielleicht auch nicht immer zum Kirch-Kaffee. Nicht in jeder Gemeinde gibt es ein Kirch-Kaffee. Also das ist eigentlich, glaube ich, damals dann auch das Ausschlaggebende gewesen, was mich gehalten hat. Das, was ich eben [zur Liturgie] ausgeführt habe, kam eigentlich erst später so als ziehendes Argument. Aber dieses dann im Laufe der Zeit auch Aufgenommenwerden in dieser Frühstücksgruppe, ((lächelt)) nenne ich es jetzt einfach mal, das tat einfach gut." Paul C43-I-10

3.2.4. Feierliche und festliche Atmosphäre

Im Zusammenhang mit dem Mittwochmorgen-Gottesdienste wird häufig von einer (besonderen) Atmosphäre gesprochen und sie wird auch am häufigsten als ein Motivationsgrund für die Teilnahme an diesem Gottesdienst genannt. 72,3 % (n=47) der Befragten geben als einen Motivationsgrund für die Teilnahme an, dass sie die Atmosphäre mögen. Im Fragenkomplex C-4, in dem danach gefragt wird, was den Besucher/innen am jeweiligen Gottesdienst gefällt, erreicht die Atmosphäre die höchste Zustimmung.[838] Da dieser Aspekt nur einer von vielen ist, wurde er im Rahmen der Umfrage zwar weiter vertieft, aber im Rahmen der Datenerhebung konnten direkte oder indirekte Verweise auf mögliche Indikatoren für diese Atmosphäre (re-)konstruiert werden. Überwiegen im liturgischen Teil des Mittwochmorgen-Gottesdienstes Aspekte des Feierlichen, ist das Frühstück stärker von einer festlichen Atmosphäre bestimmt.

(a) Feierliche Atmosphäre

Licht, Raum, Form und Klang schaffen im Mittwochmorgen-Gottesdienst eine „würdevolle" Atmosphäre, die auch als „feierlich" bezeichnet werden kann:

> „Also diese Atmosphäre, erst mal ist es morgens. Dann der Raum. Es ist im Altarraum der Kirche dort. Also das trägt noch dazu bei. Dann diese alten Gesänge. Also es ist so die Atmosphäre ist, glaube ich, eine ganz besondere. Durch diese, ja, etwas klassischen Elemente, sage ich mal so. Genau. Dann die Psalm-Gesänge halt. Also ist ja sonst auch eigentlich nicht üblich in normalen Gottesdiensten, dass man diese Psalm-Gesänge hat und diese viele Liturgie. Also das schafft irgendwie, finde ich, schon so eine besondere würdevolle Atmosphäre. [...]" Uwe C26-I-16

[838] Vgl. C-4.5.: 97,8 %, n=47.

Der außeralltägliche Charakter des Mittwochmorgen-Gottesdienstes wird in einem starken Kontrast zum Alltag wahrgenommen. Dieser Kontrast wird z. T. auch spannungsvoll erlebt, ohne jedoch einem punktuellen Bedürfnis nach diesem feierlichen Gottesdienst entgegenzuwirken.

> „Ja. Also, ich glaube, mein Bild dadrauf hat sich ständig verändert. Also zuerst war es einfach so, dieses: wow. Das ist so toll. Dass das alles so feierlich ist. Und was ganz Besonderes morgens halt, vor allem so früh, wenn alle noch schlafen und man dann so die Hauptstraße lang läuft alleine im Dunkeln. Und langsam gehen so die, die Lichter überall an. Und die Läden gehen auf. Und dann ist es ja morgens vorher in der Kirche oft noch dunkel und wenn man dann rauskommt ist, hat man so den Tag vor der Tür. Das war immer was Besonderes. Und na ja es hat sich reduziert, weil das ist, das war mir zu eine heilige Feierlichkeit irgendwann. Das war mir zu fern ab von der Realität teilweise. Dass das, ja es war einfach zu viel Kontrast. […] Dieser feierliche Gottesdienst und dann aber das was man dann tagsüber erlebt und was, weiß nicht, was auch so, das war nicht menschlich genug irgendwie. Das ist mir aufgefallen. Und deshalb wurde es halt weniger. Aber ab und an braucht man das trotzdem noch." Petra C47-I-14

Die Atmosphäre des ganz anderen, des „Fremden", jenseits der „Realität" findet ihren besonderen Ausdruck hier in dem Symbol der „heiligen Feierlichkeit". Diese Atmosphäre erreicht ihren Höhepunkt zum Abschluss des Abendmahls im gemeinsamen Gesang.

> „Und es ist einfach die Atmosphäre auch. Auch das Abendmahl, was ich zum Beispiel ((lächelt)) auch besonders mag, ist nach dem Abendmahl singt man noch ‚Danket dem Herrn, denn er ist freundlich und seine gute Welt ewiglich.' Und in diesem Chorraum, wenn die so im Halbkreis stehen, dann hallt das, dann ist es so ein großartiger Klang, ja, also viele Kleinigkeiten eigentlich." Helga C5-I-12

Insgesamt finden sich viele Aspekte der Feier in diesem Gottesdienst: die feierliche Art der musikalischen Gestaltung, die ernsthafte und ruhige Atmosphäre, der getragene, liturgische Habitus der Feiernden und eine feierliche Sprache.[839] Dabei ist nach Jörg Neijenhuis „die Feier wie das Fest ein außeralltägliches Ereignis, aber inhaltlich auf den Alltag und seine Wirklichkeit bezogen. Die Feier ist Sinn vergewissernd und handlungsorientierend, das Fest dagegen hat eine für den Menschen entlastende Funktion."[840] Die Gesellungskraft der liturgischen Feier als „Zurüstung" für den Alltag und der „Aus-Zeit" vom Alltag verweist darauf, dass sich „Feierlichkeit und Festlichkeit überlappen".[841]

---

839 Vgl. NEIJENHUIS, JÖRG 2012, 11–16.
840 NEIJENHUIS, JÖRG 2012, 12f.
841 NEIJENHUIS, JÖRG 2012, 16.

(b) Festliche Atmosphäre

Mit der Einladung zum Frühstück am Ende der Liturgie kommt es zu einer abrupten Veränderung der Atmosphäre, die einem „Bruch“ gleicht.[842] Durch den Wechsel der Kommunikationsform und -richtung kommt es zu einem markanten Wechsel von der „geistlichen“ zur „weltlichen Sphäre“.[843]

> „Ich finde es auch immer spannend nach dem Gottesdienst. Also es ist dann oft auch so ein Punkt. Und wenn dann dieser Satz kommt, ((lächelt)): ‚Und jeden Mittwoch sind alle ganz herzlich zum Frühstück eingeladen.‘ Dann ist auch ganz klar: Okay, jetzt verlassen wir diese gottesdienstliche Atmosphäre oder halt jetzt dürfen wir mit unseren Nachbarn [...], austauschen, Guten Morgen sagen. Also das mag ich persönlich nicht so sehr, vorher so viel zu quatschen. Weil ich wirklich besonders den Mittwochmorgen-Gottesdienst wirklich da hinkomme und so bei mir sein will einfach. [...]“ Helga C5-I-14

Das gemeinsame Frühstücken in einem Kirchenraum und bei fröhlicher, lockerer Atmosphäre führt sowohl empirisch als auch theoretisch in den Deutungshorizont des Festes, das sich u. a. durch Lebensfreude, Lachen, eine freie Sprache, Leichtigkeit und Gelöstheit auszeichnet.[844]

> „[...] Und das ist [...], ein Punkt einfach, diese Einladung zum Frühstück und noch mal zu einem ganz anderen Zusammenkommen, weil es ist ja auch eine tolle Atmosphäre irgendwie da in dem Kirchenraum, ganz ausgelassen zu frühstücken. Das ist ja für unsere Kultur eher unüblich, dass man in einem Kirchenraum ein Festmahl hat. In dem Sinne. Und dann einfach auch von dort direkt in die Uni gehen kann. Viele sind ja eben auch Theologen, die dann in die Bibliothek müssen oder in irgendwelche Vorlesungsräume. Also es gibt ja nicht viele, die da noch [weiter weg] fahren. Man ist also auch direkt dran. Es ist ein toller Start in den Tag. Ja, also ich glaube, dass das ein wichtiges oder vielleicht in meiner Sicht auch das zentrale Element ist, das es am Leben hält. Oder auch irgendwie zieht.“ Paul C43-I-26

Zeitlich fügt sich das gemeinsame Frühstück sowohl kulturell als auch lebensweltlich in den Alltag der meisten Befragten ein.[845] Örtlich haftet dem geselligen Frühstücken im Seitenschiff der historischen Kirche ein „eventhaftes“ Moment an, insofern es – nicht ohne eine gewisse Ambivalenz – als besonders erlebt wird:

> „Das war für mich das erste Mal, dass ich in der Kirche gefrühstückt habe hier ((lächelt)). Es war für mich vor allem total fremd und, ja, zum ersten Frühstück bin ich auch nicht geblieben, weil mich das so ein bisschen erschreckt hat, hier in der Kirche zu frühstücken. Es

[842] Vgl. C-TB2-17.

[843] Vgl. Helga C5-I-14 sowie C-TB2-17.

[844] NEIJENHUIS, JÖRG 2012, 11–16.

[845] Je nach persönlicher Zeitstruktur, kann das (zeitliche) Angebotsprofil jedoch auch in Spannung zur Lebenswelt der Studierenden gesehen werden: „Ja, also so früh finde ich es irgendwie ((lächelt)) ein bisschen schwierig, weil der Alltag von Studierenden doch eher so ist, dass viele Aktivitäten irgendwie abends sind. Und da finde ich es um sieben Uhr morgens ein bisschen schwierig sozusagen.“ Vera C2-I-30.

kommt halt viel zusammen. Es ist so mittlerweile tatsächlich ein Stück Heimat geworden." Ruth C-GD-129

Liturgische Feier und geselliges Frühstück schließen sich nicht aus und sind auch nicht im Sinn von Gemeinschaft und Gesellschaft (Ferdinand Tönnies) als Sozialisierungsformen über- und untergeordneter Qualität zu verstehen, sondern stellen zwei unverzichtbare soziale Kräfte des Mittwochmorgen-Gottesdienstes dar.

„Und ich möchte nie das Frühstück missen. [...] Weil diese Form von Geselligkeit eben für mich unverzichtbar zum Gottesdienstfeiern dazugehört." C-Exp-40

Der Mittwochmorgen-Gottesdienst vereint in liturgischer Feier in den frühen Morgenstunden und anschließendem gemeinsamem Frühstück feierliche und festliche Elemente in sich. Licht, Raum, Klang und Form schaffen je nach (Aus-)Gestaltung eine feierliche und eine festliche Atmosphäre. Vor dem Hintergrund liturgiewissenschaftlicher Überlegungen zum Fest kann das Frühstück auch als Einübung und Bewährung der im Abendmahl gestifteten Beziehungen im Sinne der christlichen Gemeinschaft angesehen werden.[846]

3.2.5. Zwischenfazit zum kollektiven Phänomen des Mittwochmorgen-Gottesdienstes

In der Gesamtschau des kollektiven Phänomens des Mittwochmorgen-Gottesdienstes wird deutlich, dass die Liturgie, das Frühstück und das gemeinschaftliche Handeln drei wichtige Gesellungskräfte des Mittwochmorgen-Gottesdienstes darstellen.[847] Stärker kognitive Elemente, wie z. B. die Predigt, die Frage nach der lebensweltlichen Anschlussfähigkeit, die Verständlichkeit des GD, der Austausch mit anderen, sind für die meisten Befragten hingegen sekundär bis nicht wichtig. Auch der Aspekt der „Unterhaltung" ist für sie nicht relevant.[848] Die hohe Bedeutung der feierlich-festlichen „Atmosphäre" dieses Gottesdienstes unterstreicht dies. Der Raum der Peterskirche stellt ein konstitutives Element für den Mittwochmorgen-Gottesdienst dar und kann in Anlehnung an Albert Gerhards als „Mitglied des litur-

[846] Vgl. NEIJENHUIS, JÖRG 2012, 15. Zwar handelt es sich in Abgrenzung zu den klassischen Kasualien beim Abendmahl nicht um neu geschlossene, aber aktualisierte und vergegenwärtigte Beziehungen.

[847] Dieses Bild findet sich auch weitestgehend in der Umfrage, nach der 87,2 % (n=47) das Frühstück nach dem Gottesdienst wichtig finden (C-4.6); 91,5 % gefällt die Gemeinschaft bzw. sie ist ihnen wichtig.

[848] Laut Umfrage ist die Verständlichkeit des Mittwochmorgen-Gottesdienstes für 63,8 % (C-4.9); die Predigt ist für 70,2 % (C-4.10), die Themen sind für 63,8 % (C-4.1), die Beschäftigung mit Glaubensthemen/-fragen ist für 76,6 % (C-4.14), der Austausch mit anderen ist für 57,4 % (C-4.15) der Befragten wichtig. Den höchsten Wert in dieser Kategoriengruppe hat mit 80,8 % der Aspekt, dass die Themen etwas mit dem Leben der Befragten zu tun haben (C-4.25). Dieses Bild entspricht auch der in den verbalen Daten wahrgenommenen Tendenz.

gischen Teams" angesehen werden,[849] auch wenn dies seitens der Befragten nur mittelbar reflektiert wird.[850] Raum und Zeit des Gottesdienstes stellen ebenso wichtige Gesellungskräfte dar, auch wenn ihnen im Rahmen der Umfrage keine große Bedeutung zugeschrieben wurde.[851] Die regelmäßige, geprägte und verinnerlichte leiblich-räumliche liturgische Praxis ist ein wichtiges Moment der (empfundenen) Zugehörigkeit zur liturgischen Gemeinschaft. Dabei ist laut Umfrage nicht die Gleichgesinnung[852], wie im Rahmen von Feld B, oder einer Gemeinschaft mit Freunden und Bekannten,[853] wie in Feld A, relevant.[854] Vielmehr kann vor dem Hintergrund der hervorgehobenen Bedeutung des gemeinsamen liturgischen Gesangs anstelle einer „Gleichgesinntheit" von einer *„Gleichgestimmtheit"* gesprochen werden. In dieser Gleichgestimmtheit trägt das Kollektiv die Form und die Form das Kollektiv und darin den Einzelnen/die Einzelne, indem sie einen Frei-Raum für die subjektive Kontemplation, die Begegnung mit dem Außeralltäglichen, dem Fremden und dem Nächsten schafft. Die Liturgie wird durch die subjektspezifische Art und Weise der Mitwirkung als „abwechslungsreich" und „nicht langweilig" angesehen. Darüber hinaus trägt sie viel dazu bei, dass der Mittwochmorgen-Gottesdienst als gemeinschaftlicher Gottesdienst empfunden wird. Das Frühstück hat einen sehr geselligen Charakter. Es ist zwar auch zweckdienlich, im Sinne einer Nahrungsaufnahme, aber das Frühstück alleine hätte nicht die Kraft, diese Menschen an diesem Ort zu vergesellen. Auch wenn das Frühstück einen geprägten Rahmen hat (gemeinsames Decken, Singen etc.), so liegt seine soziale Kraft stärker in der zwischenmenschlichen Kommunikation als in der Form.

3.3. Die soziale Kraft der Beziehungsnetzwerke des Mittwochmorgen-Gottesdienstes

Im vorangegangenen Kapitel konnte gezeigt werden, dass die räumliche und zeitliche Struktur, die Atmosphäre und eine „maximale" Liturgie bei gleichzeitiger subjektbedingter Vielfalt sowie das gemeinschaftliche Handeln wichtige Gesellungs-

---

849 Nach RASCHZOK, KLAUS 2007, 575.

850 Zur Wahrnehmung des Raumes in den teilnehmenden Beobachtungen siehe C-TB1/2. Zum Zusammenhang von Raum und Gottesdienst siehe auch RASCHZOK, KLAUS 2007, 575, sowie KLIE, THOMAS 2003, 270.

851 Laut Umfrage geben 72,4 % (n=47) der Befragten an, dass es ihnen wichtig ist/gefällt, dass der Mittwochmorgen-Gottesdienst in einer Kirche stattfindet (C-4.22); 57,5 % ist der Kirchenraum der Peterskirche wichtig bzw. gefällt ihnen (C-4.21); lediglich 25,5 % geben an, dass es ihnen wichtig ist bzw. gefällt, dass es eine Veranstaltung der Universitätskirche ist (C-4.20); 48,9 % gefällt der Zeitpunkt.

852 Laut Umfrage ist es 63,8 % (n=47) der Befragten wichtig bzw. gefällt es Gleichgesinnte zu treffen (C-4.11). 40,4 % geben als Teilnahmemotivation an, dass sie andere Menschen treffen möchten, mit denen sie etwas verbindet (C-1.5).

853 Laut Umfrage ist es 61,7 % (n=47) der Befragten wichtig bzw. gefällt es Freunde und Bekannte im Mittwochmorgen-Gottesdienst zu treffen (C-4.12).

854 Beiden Aspekten wurde in der Umfrage eine vergleichsweise niedrige Bedeutung zugeschrieben.

kräfte des Mittwochmorgen-Gottesdienstes sind. Im Folgenden werden nun Einsichten dargestellt, die in der Analyse der im Rahmen dieses Gottesdienstes wirksamen Beziehungsnetzwerke gewonnen werden konnten und zu einem besseren Verständnis des Verhältnisses von Liturgie und sozialer Gestalt dieses Gottesdienstes geführt haben. Zunächst werden die Einsichten auf den bereits eingeführten Aggregationsstufen des Beziehungsnetzwerkes thematisiert, bevor am Ende dieses ersten Abschnittes die im Mittwochmorgen-Gottesdienst wahrgenommene Sozialgestalt in den Blick genommen wird. In einem darauf folgenden Kapitel soll dann die im Zusammenhang mit dem Mittwochmorgen-Gottesdienst wahrgenommene Parochieanaloge Gemeindestruktur besprochen werden.

3.3.1. Das interdependente Beziehungsnetzwerk des Mittwochmorgen-Gottesdienstes

(a) Das individuelle Beziehungsnetzwerk des Mittwochmorgen-Gottesdienstes (Mikroebene)
Die *institutionelle Verflochtenheit* des Mittwochmorgen-Gottesdienstes prägt das im Zusammenhang mit diesem Gottesdienst relevante individuelle Beziehungsnetzwerk der Teilnehmenden wesentlich. Kontakte aus dem universitären Kontext sind die wichtigste Informationsquelle über diesen Gottesdienst.

> 76,6 % der Befragten (n=47) haben aus ihrem Bekannten- und Freundeskreis von diesem Gottesdienst erfahren. Im Rahmen der Umfrage wurde zwar nicht danach gefragt, welchem Kontext diese Freundschaften bzw. Bekanntschaften entstammen, aber die Interviewdaten legen nahe, dass es sich hierbei vielfach um Kontakte aus dem universitären Umfeld handelt.[855] Hinzu kommt, dass 27,7 % angeben, im Rahmen von Universitätsveranstaltungen bzw. durch Mitarbeiter/innen der Universität zu diesem Gottesdienst eingeladen worden zu sein. Informationsquellen, wie z. B. das Internet oder die Presse, spielen hingegen keine Rolle.[856] Die persönliche Einladung aus dem eigenen Umfeld ist für 42,6 % der Umfrageteilnehmenden (n=47) ein Grund, diesen Gottesdienst zu besuchen.[857]

Wenngleich viele der für den Mittwochmorgen-Gottesdienst relevanten persönlichen Beziehungen aus dem Kontext der theologischen Fakultät stammen, erstreckt sich die Gesellungskraft dieses Gottesdienstes auch in einen davon unabhängigen privaten Bereich hinein:

> „Ich habe schon Leute eingeladen. Das waren, also meistens waren das Mitbewohner von mir. […] Die allesamt nicht Theologen waren und die einfach gerne mal erleben wollten, zum Beispiel, also die erste Gelegenheit war, glaube ich, als ich selber da gepredigt habe.

---

[855] Vgl. Vera C2-I-10, Sonja C15-I-10, Johanna C16-I-10, Frieder C19-I-12, Uwe C26-I-26, Karl C31-I-10, Paul C43-I-10, Petra C47-I-10.
[856] Vgl. C-14, Mehrfachantworten möglich.
[857] Vgl. C-1.5.

> Die natürlich mitbekommen haben, dass ich erzählt habe: Ah, ich habe da jetzt irgendwie eine Predigt zu halten. Und dann ja, ich kenne Dich ja jetzt ja nur so als Mensch und Mitbewohner. Eigentlich würde ich das gerne mal erleben. Kann ich denn da hinkommen? Und ich habe gesagt: ja, klar. […]" Johanna C16-I-46

In den Interviews hat sich gezeigt, dass die erste Teilnahme am Mittwochmorgen-Gottesdienst sozial motiviert ist. Als Anlass werden die Predigt einer Person aus dem Freundes- und Bekanntenkreis,[858] Einladungen durch und positive Erfahrungsberichte von Freunden[859] oder von akademischen Seminarleiter/innen[860] genannt. Ebenso motiviert die Teilnahme am homiletischen Proseminar, das z. T. mit dem Besuch und der Mitwirkung im Mittwochmorgen-Gottesdienst verbunden wird.[861] Der Gottesdienst wird auch als Chance angesehen, nach einem Studienortwechsel Leute kennenzulernen.[862] Inwieweit der Mittwochmorgen-Gottesdienst auch unabhängig von diesen Sozialbeziehungen seine Gesellungskraft subjektiv entfalten kann, ist u. a. davon abhängig, ob dort andere *Anknüpfungspunkte* gefunden werden oder nicht. Eine Teilnehmerin, die das erste Mal wegen der Predigt ihrer Freundin den Mittwochmorgen-Gottesdienst besucht hat, ist sich zunächst nicht sicher, ob sie diesen Gottesdienst noch einmal besuchen wird, da er ihren persönlichen Bedürfnissen hinsichtlich liturgischer Form, Kirchenraum und Veranstaltungszeit nicht entsprechen würde.[863] Sie schließt aber eine erneute Teilnahme im Rahmen des Homiletikseminars nicht aus.[864] Trotz ihrer persönlichen Distanzierung vom Mittwochmorgen-Gottesdienst stellt sie diesen nicht grundsätzlich in Frage, sondern möchte Freunden und Freundinnen, die an die Universität in Heidelberg wechseln,

> „[…] auf jeden Fall davon erzählen. Und ich könnte mir auch vorstellen, dass das manchen davon irgendwie gefallen könnte. Also würde ich ihnen auf jeden Fall mal empfehlen, da hinzugehen und sich das anzuschauen, ob das was für sie ist. Ob sie sich da wiederfinden". Vera C2-I-42.

Es ist auffallend, dass nahezu alle interviewten Personen ihre Erzählung mit einem Bericht davon begonnen habe, welche bereits vor dem ersten Besuch dieses Gottesdienstes bestehenden persönlichen Beziehungen zur ersten Teilnahme geführt haben. Die prominente Thematisierung[865] verweist auf eine starke Gesellungskraft dieser Beziehungen, auch wenn sie für eine weitere und/oder nachhaltige Teilnahme

---

858 Vgl. Vera C2-I-10, Sonja C15-I-56, Johanna C16-I-46ff.

859 Vgl. Sonja C15-I-10.

860 Vgl. Frieder C19-I-12, Johanna C16-I-10.

861 Vgl. C26, C27.

862 Vgl. Uwe C26-I-26.

863 Vgl. Vera C2-I-10-14.

864 Vgl. C.2-5.7 und Vera C2-I-32.

865 Die Tatsache, dass viele der Interviewpartner/innen auf die Frage nach dem Erleben des ersten Gottesdienstes zuerst antworteten, mit wem und/oder durch wen sie zu diesem Gottesdienst gekommen sind, unterstreicht die Bedeutung dieses Aspektes. Zur Kernstellenanalyse Kapitel I.2.2.4 (b) sowie Kruse, Jan 2014, 574–577.

der Befragten keine weitere Bedeutung hatten und dafür neue Kontakte, die im Zusammenhang mit dem Mittwochmorgen-Gottesdienst geschlossen wurden, an Relevanz gewannen:

> „Also generell die Vertrautheit ist natürlich auch wieder entstanden, gewachsen. Also es ist also ein Prozess gewesen. Nicht, wie ich am Anfang gesagt habe, dass ich, wir waren so eine Clique von fünf Leuten. Und wenn der Gottesdienst quasi, wenn offiziell dann geendet ist, dann stellt man sich erst mal zu denen so zusammen. Und es öffnet sich, also wir hatten zwei Tutorinnen, die also, die dort auch im Gottesdienst waren. Und da sind manche dann mal noch dazu gekommen. Und es hat sich auch eigentlich so langsam erst geöffnet. Und dann hat, hat sich mein so Personenkreis ein bisschen geöffnet, als man dann mal angefangen hat, selbst im Gottesdienst also mitzuwirken. Weil, man ja vorher immer kurz in die Kapelle geht und noch ein kurzes Gebet spricht. Und sich einfach noch mal kurz gedanklich darauf vorbereitet. Und da hat man dann auch mal, noch mal mit Leuten mehr als nur guten Morgen irgendwie gewechselt. Und, ja, dann war es ((lächelnd)) teilweise so, dass dann Teilnehmer oder, ja, also Mittwochmorgen-Gottesdienst Seminare gehalten haben, wo ich dann drin war. Es hat sich dann angefangen im Studium halt zu überschneiden. Also Studium und Mittwochmorgen-Gottesdienst. Und, genau, und dann bei, so wenn, also jetzt vom Studium abgesehen sozusagen, Leute, die nicht, die woanders herkommen einfach, zum Beispiel mit der Bild-Predigt, wenn das denen gut gefallen hat oder so, dann bin ich auch mal auf Leute zu und habe, also, habe gefragt, ob ich die Predigt haben kann oder irgendwie so was. Und genau. Das ist der eine Teil, noch über den Gottesdienst. Und dann zum Frühstück vorbereiten. Weil da wahrscheinlich, also ja, da hat man halt jemanden gebraucht, der einem erst mal sagt, was man irgendwie machen kann. Wo man helfen kann. Und dann beim Vorbereiten und beim Hinrichten und bei der Sitzord-, ja, also beim Hinsitzen ist es dann auch noch mal ganz interessant, weil man kann sich schon so in der Gruppe zusammensetzen, aber jetzt auch nicht nur. Also manchmal, wenn man noch in der Küche ist und den Kaffee auffüllt, und wo sich dann alle hingesetzt haben und man nicht rechtzeitig da war irgendwie, dann sitzt man halt auch mal woanders einfach. Und guckt dann da, wer da so neben einem sitzt. Ja, und ich glaube, also die Vertrautheit für mich kam dadurch, dass ich halt regelmäßig hin bin. Auch dass man nicht nur mit den Gottesdienst vertrauter wurde, sondern auch mit dem Geschehen danach. Ja. Ja." Helga C5-I-50

Wie bereits in den anderen Gottesdienstfeldern besuchen auch hier viele der Befragten diesen Gottesdienst mit *Freunden* (48,9 %, n=47). Es ist jedoch auffallend, dass sich 44,7 % der Befragten *alleine* zu diesem Gottesdienst aufmachen.[866] Dieser Anteil ist prozentual gesehen mehr als doppelt so hoch wie in den Feldern A und B.[867] Dies lässt sich u. a. auch dadurch erklären, dass viele Teilnehmer/innen Anknüpfungspunkte im sozialen Netz des Mittwochmorgen-Gottesdienstes haben. 65,2 % (n= 46) der Befragten geben an, *neue Bekanntschaften* in diesem Gottesdienst geschlossen zu haben. Der Mittwochmorgen-Gottesdienst wird u. a. als Möglichkeit gesehen,

866 Sowie 8,5 % mit Ehe-/Lebenspartner/in, 2,1 % mit jemandem aus meiner Kirchengemeinde; 6,4 % sonstigen Personen/Gruppen: 1 x Mitbewohner, 2 x Seminarteilnehmer. Vgl. C-1.7 (Mehrfachantworten waren möglich).

867 Zum Vergleich: B-1.6: 19 % (n=274), und A-1.4: 22 % (n=285).

Sozialkontakte und mit eigener Qualität über das eigene (universitäre) Beziehungsnetzwerk hinaus zu knüpfen:

> „[Dass] ich einen Abstand von der Fakultät hatte. Dass ich nicht nur Leute aus meinem ersten Semester, also da gesehen habe, sondern auch schon einfach ja, also Kontakte zu höheren Semestern oder Studierenden sammeln konnte. Und eben auch, also unterschiedliches Alter. Ja und Herr und Frau Ritter, muss man schon sagen, also Frau Ritter hat da, hat, also es ist nicht nur eine, es war einfach so eine persönliche Begleitung. Und es ist auch eine persönliche Begleitung. Und ja, also generell tauscht man sich auch mit anderen über Privates aus. Weil eben eine Vertrautheit entstanden ist. Ja, also ich muss schon sagen, man hat schon seine, seine Personen." Helga C5-I-18

Zu den im Mittwochmorgen-Gottesdienst geschlossenen Kontakten besteht laut Umfrage in 73,3 % Prozent der Fälle auch außerhalb des Gottesdienstes Kontakt.

> „Also ich muss sagen mit den Leuten aus dem Mittwochmorgen-Gottesdienst, wo es mir wichtig ist, sie zu treffen, wenn ich in der vorlesungsfreien Zeit den Mittwochmorgen-Gottesdienst nicht schaffe, verabrede ich mich oft mal zum Mittagessen oder zum Kaffee. Also so bei den Leuten, wo ich einfach gerne ein bisschen mehr den Kontakt pflegen möchte, so nach dem Motto bei den Gemeindegliedern, da sorge ich dafür. Und bei dem Rest freue ich mich, wenn ich die wiedersehe." Helga C5-I-32

Helgas Schilderungen legen bereits nahe, dass das individuelle Beziehungsnetzwerk im Mittwochmorgen-Gottesdienst aus unterschiedlich *schwachen und starken Bindungen*[868] besteht. Die folgenden Schilderungen von Johanna untermauern dies und zeigen außerdem, dass innerhalb des Mittwochmorgen-Gottesdienstes individuelle Beziehungsnetzwerke entstehen, die auch außerhalb dieses spezifischen Kontextes relevant sind:

> „[...] Es gibt einzelne Leute, mit denen ich da wirklich eine sehr enge Verbindung habe, wo man auch weiß, was bei denen gerade privat irgendwie läuft. Oder nicht so läuft. Dass man mit denen auch so mal was unternimmt. Und das sind eben nicht nur Leute, mit denen ich sowieso schon befreundet war, bevor ich in den Mittwochmorgen-Gottesdienst gekommen bin, sondern auch einzelne Leute, die ich eben von dort erst so richtig kenne. Dann auf jeden Fall auch, dass man alles, denke ich, ansprechen kann, wenn es auch, wenn irgendwas nicht so gut läuft. [...] Es gibt einzelne Leute, mit denen habe ich eigentlich so gut wie gar nichts zu tun. Aber also die kenne ich halt so vom Gesicht her. Bei denen weiß ich auch ganz ehrlich nicht, wie sie heißen. Wenn man bei 60 Leuten dann doch mal den Überblick verliert. Aber wenn ich die zum Beispiel in der Fakultät oder auf der Straße treffe, irgendwie man grüßt sich so. Und man weiß irgendwie: Ah ja, die Person habe ich da einzuordnen. [...]" Johanna C16-I-58-60

Die Kommunikation über diesen Gottesdienst erschöpft sich nicht innerhalb des Mittwochmorgen-Gottesdienstkreises, sondern reicht auch über diesen hinaus. 65,2 % der Befragten (n=46) reden mit Menschen über diesen Gottesdienst, die die-

[868] Vgl. AVENARIUS, CHRISTINE 2010, 100.

sen selbst nicht besucht haben, 82,6 % mit anderen Teilnehmer/innen.[869] Die Analyse der Mikroebene der Beziehungsstrukturen hat ergeben, dass das *universitäre Beziehungsnetzwerk* ein wichtiger Gesellungsfaktor für die Teilnahme am Mittwochmorgen-Gottesdienst ist, wo wiederum neue Beziehungen unterschiedlicher Intensität geknüpft werden, von denen ihrerseits eine gewisse Gesellungskraft ausgeht. Der Mittwochmorgen-Gottesdienst wirkt zudem durch seinen Kommunikationsradius über sich selbst hinaus.

(b) Das kollektive Beziehungsnetzwerk (Mesoebene)

Auf der Mesoebene des Mittwochmorgen-Gottesdienstes haben sich empirisch verschiedene *Cluster* (re-)konsturieren lassen, die sich über Unterschiede in der Kommunikation- und Interaktionsweise voneinander abgrenzen lassen, wobei hier zwischen dem liturgischen Teil und dem anschließenden Frühstück unterschieden werden muss.

An der „Schwelle" zu diesem Gottesdienst kommt es kaum zum Austausch zwischen den Teilnehmer/innen. Die Atmosphäre vor Beginn des Gottesdienstes ist andächtig und ruhig. „Die Ankommenden grüßten meist durch Zunicken, setzten sich aber ohne weitere Begrüßungsrituale (Handschlag etc.) auf einen Platz. Einige wirkten in sich gekehrt und andächtig, andere abwartend. Geredet wurde fast gar nicht."[870] Anhand der Kenntnisse bzw. Unkenntnisse der spezifischen Verhaltensweisen und Formen wird die Unterteilung in *Insider und Outsider* schnell ersichtlich.[871]

> „Mein erster Mittwochmorgen-Gottesdienst. [...] Und eigentlich war ich so ein bisschen verloren, weil man halt, man kommt ja hin. Erstens, also die Leute sitzen im Chorraum, nicht im normalen Kirchenschiff. Und dann habe ich mir da die Hefte genommen. Und dann saß ich im, also bin ich hoch. Hab mich hingesetzt. Und hab mich neben Herrn Vettel gesetzt. Und das muss ich, also das, das war so besonders, weil er mir dann, er hat mich ein bisschen da mit durch den Gottesdienst geführt, weil er gemerkt, also es ist zwar in dem Heft, Begleitheft ist die Liturgie ja aufgeschrieben. Aber ich war zum ersten Mal einfach schon ein bisschen überfordert, ((lächelt)) muss man sagen." Helga C5-I-10

Entsprechende Äußerungen im Rahmen der Interviews lassen auf eine kollektive Identität schließen, die von der Vorstellung der Zugehörigkeit geprägt ist.

> „Beim ersten Mal, würde ich sagen, sind alle erst mal Gäste. Aber die werden sofort so herzlich aufgenommen, dass es sich dann oft direkt weiterentwickelt zu Gemeinde. [...]" Petra C47-I-146

[869] Vgl. C-5.5 (n=45): 2,2 % nein; 32,6 % ja, mit anderen Besucher/innen; 15,2 % ja, mit Menschen, die nicht in diesem Gottesdienst waren, 50 % mit Besucher/innen und Menschen, die nicht im Gottesdienst waren.

[870] C-TB1-7. Vgl. auch Helga C5-I-14.

[871] Vgl. C-TB1-7.

Der Aspekt der Zugehörigkeit macht sich auch beim eher gesellig geprägten Frühstück bemerkbar. Der Umgang miteinander ist offen und freundlich. Mit Ausnahme des gemeinsamen Singens zu Beginn und am Ende des Frühstücks und den Bekanntmachungen spielt sich die individuelle Interaktion und Kommunikation überwiegend in bereits bestehenden Beziehungen ab, die bei der Ausbildung neuer Bindungen hemmend sein können:

> „[Ich habe] erst ziemlich spät Platz genommen und saß dann irgendwie zwischen zwei Menschen, die glaube ich, nicht mal studiert haben. Und ja, das war dann irgendwie, also, sage ich mal, da hatte ich mir da irgendwie mehr Gespräche und Kennenlernen erhofft. Und ja, die waren jetzt aber nicht so gesprächig, deswegen war das irgendwie vielleicht ein bisschen ein schlechter Platz. Ich weiß es nicht. [...] Deswegen da hätte ich mir irgendwie mehr, ja irgendwie Gemeinschaft gewünscht, so, aber also ich meine, es war jetzt nicht so wahnsinnig negativ, aber vielleicht, wenn man das erste Mal da hinkommt, ist das auch was anderes, als wenn ich, denke ich, viele da kenne, viele sich jeden Mittwoch dort treffen, so." Vera C2-I-48

Obwohl der „Gemeinschaft" im Zusammenhang mit dem Mittwochmorgen-Gottesdienst große Bedeutung zugeschrieben wird, sind im Kreis der Teilnehmer/innen gruppendynamische Prozesse mit ausschließendem Charakter feststellbar. Hierbei spielt die im Folgenden geschilderte Gruppendynamik innerhalb der Gruppierung der „Insider" eine zentrale Rolle:

> „Also ganz wichtig ist, dass man sich da irgendwie relativ schnell aufgenommen fühlt. Das ist also, man kann, glaube ich, schon den Eindruck gewinnen: Das ist eine sehr eingeschworene Gemeinschaft. Und das klappt manchmal sehr gut. Gerade wenn, ja, also für viele Leute aus der Fakultät ist es, glaube ich, nicht so schwierig, wenn man da sich mal hintraut oder mit dem Homiletik-Seminar oder mit einem Freund, einer Freundin dorthin geht. Und dann kennt man irgendwen so vom Sehen und denkt sich: Ach, du bist ja auch hier. Oder so. Darüber kommt man, glaube ich, relativ gut rein. Es hat aber nicht <u>immer</u> geklappt. Also es, die Gefahr ist, glaube ich, gerade in der Gemeinschaft auch relativ groß, dass man schnell zu so einem abgeschlossenen Klüngel wird. Man kennt sich seit Jahren. Und dann gibt es irgendwelche Insiderwitze, die jeder versteht, nur nicht die Person, die jetzt gerade zum zweiten Mal oder dritten Mal da ist. Da muss man schon immer auch ein bisschen aufpassen. Also wir hatten das vor ein oder zwei Semestern. Wir haben immer am Ende des Semesters quasi, treffen wir uns einmal abends, mit allen, die wollen, um quasi die Predigtreihe für das nächste Semester zusammen zu überlegen. Und auch so eine Feedback-Runde zu machen, einfach das Semester noch mal Revue passieren zu lassen. Und da war dann also ein Student, der das ganze Semester über so dabei war. Der irgendwie meinte: Ja, und er findet diesen Gottesdienst ganz toll. Und das ganze Konzept gefällt ihm super. Aber er hat schon das Gefühl: Das ist so eine eingeschworene Gemeinschaft. Und ich glaube, von denen, die jetzt hier mit mir im Raum sitzen, wissen vielleicht drei Leute, wie ich heiße. Und das kann ja irgendwie nicht sein. Und da ging schon irgendwie so ein Ruck durch die Gruppe, weil gerade die Alteingesessenen so merkten: Ja, es ist wirklich so, wenn man nicht aufpasst. Und ich glaube, seitdem achten auch, ja, die Leute, die das eben mitbekommen haben, auch mehr dadrauf dann auf Neue auch zuzugehen, gerade wenn die alleine kommen, ist das, ist das immer so eine Sache." Johanna C16-I-38

Die enge Gemeinschaft der Insider erfordert daher eine besonders große Sensibilität für die Gefahr der Exklusion sowie konkrete Integrationsstrategien, um diesem Problem zu begegnen. Ansonsten besteht die Gefahr, dass die Bindungen der „Insider" immer stärker werden und dadurch die soziale Schwelle für neue Besucher höher wird. Dies gilt insbesondere vor dem Hintergrund des an anderer Stelle erörterten Umstandes, dass gerade zu Beginn die zwischenmenschlichen Gesellungskräfte beim Frühstück von besonders hoher Bedeutung sind, solange die Liturgie aufgrund mangelnder Kenntnis ihre sozial-integrative Kraft noch nicht vollständig entfalten kann.

Die im Rahmen der Umfrage (re-)konstruierten Teilnehmerkreise der *Studierenden sowie* der *universitären Mitarbeiter* sind im Mittwochmorgen-Gottesdienst aufgrund ihrer unterschiedlichen Kommunikations-, Interaktions- und z. T. auch Altersstruktur als Clusterzentren wahrnehmbar.[872] Hierbei kommt es zu einer Überlagerung von Clustern für den Bereich derjenigen, die als *„innerer Zirkel"* des Mittwochmorgen-Gottesdienstes bezeichnet werden können, wozu insbesondere diejenigen zählen, die regelmäßig liturgische Dienste versehen. Ihre verdichtete Interaktions- und Kommunikationsstruktur kristallisiert sich u. a. in einem besonders ausgeprägten Engagement im Zusammenhang mit der Organisation, Vor- und Nachbereitung sowie Durchführung des Mittwochmorgen-Gottesdienstes (einschließlich Frühstück) heraus. Die Mitarbeiter/innen aus dem universitären Bereich der Assistierenden sind durch ihr Altersprofil und ihrer häufig schon langjährigen Mitarbeit im Mittwochmorgen-Gottesdienst besonders gut vernetzt, weshalb inzwischen auch die Verantwortung für diesen Gottesdienst an ausgewählte Personen aus diesem Bereich übertragen wurde:

> „[Es war] naheliegend, dass eben Leute aus dem Bereich der Assistierenden die Verantwortung übernommen hat. Das fand ich eine ganz prima, ganz gute Regel. Es sind also unterschiedliche Kolleginnen und Kollegen gewesen. Die gute Regel war, die einfach auch altersmäßig etwas mehr dran sind an Studierende. Und da auch ein etwas unverkrampfteren und nicht so auf Abstand zielenden Kontakt haben, wie das sonst manchmal zu älteren Professoren dann natürlich auch der Fall sein mag. [...]" C-Exp-14

In netzwerktheoretischer Perspektive nimmt das Ehepaar Ritter eine Schlüsselfunktion im kollektiven Beziehungsnetzwerk ein. Dabei dienen sie weniger als „Vermittler" („Broker") zwischen den Clustern (vgl. hierzu Feld A), sondern haben die Position eines „geistlichen Mentorats" der versammelten Mittwochmorgen-Gottesdienst-Gruppe inne. Sie prägen den Mittwochmorgen-Gottesdienst in vielfältiger Weise, z. B. durch ihre musikalische Begleitung, ihr geistliches Profil und ihr kontinuierliches „Dasein" und sind so für das Erleben der Gemeinschaft wichtig:[873]

---

[872] Vgl. C-TB2-19.

[873] Mit Ausnahme zweier Interviews wird die Bedeutung des Ehepaar Ritters bzw. Herrn Ritter für den Mittwochmorgen-Gottesdient hervorgehoben.

„Also zum Beispiel unser Emeritus Adolf Martin Ritter, der schon seit 30, 40 Jahren äh immer wieder dort ist. Und äh sehr stark sich mit seiner Person einbringt. Das sind schon so, so Leute, die, die, die Sache am Laufen halten." Sonja C15-I-50.
„[...] Was auch auf jeden Fall immer dazugehört, ist der Herr Ritter und die Frau Ritter. Die beiden. Also wenn die nicht dabei sind, dann merkt man schon, das was fehlt. [...] Aber die beiden sind halt einfach immer, immer dabei eigentlich." Petra C47-I-158

Der im Rahmen des liturgischen gottesdienstlichen Geschehens relativierte „Standesunterschied" zwischen *Studierenden und Lehrenden*[874] tritt während des Frühstücks zwar wieder stärker hervor, aber auf einer anderen Ebene als im universitären Alltag. Die Begegnungen zwischen diesen Personen dieser zwei Cluster wirken beim gemeinsamen Frühstücken ungezwungen, sind aber von einem Rollenbewusstsein geprägt.

„[...] Das war einfach wir als kleine Erstsemestler damals, natürlich, ne. Ganz klein und unerfahren. Mit so großen Leuten da auch mal am Tisch zu sitzen, war halt auch was Besonderes vor allem. Würde ich sagen. Hier, der Herr [Professor] zum Beispiel, hat da mal eine Predigt gehalten. Und kam dann auch. Ist da zum Frühstück geblieben. Da konnte man sich zu dem setzen. Das ist so ein bisschen auch dieser Berührungsort gewesen zu den Professoren, die wir da hatten. [...]." Petra C47-I-48

Unabhängig der wahrnehmbaren Cluster wirkt die Sozialgestalt des Mittwochmorgen-Gottesdienstes im Vergleich zu den Gottesdienstfeldern A und B deutlich „geschlossener", insofern unter den „Insidern" eine hohe Kommunikations- und Interaktionsdichte herrscht. Liturgische Form und gewachsene Gemeinschaft stellen verbindende aber zugleich exklusive Aspekte des Mittwochmorgen-Gottesdienstes dar. Vor diesem Hintergrund ist verständlich, dass, obwohl die meisten Befragten angeben, dass sich Menschen dort, so wie sie sind, willkommen fühlen können,[875] die entsprechende Antwortstruktur ein verhalteneres Bild zeichnet als in den Feldern A und B.[876] Das Teilnehmer/innenprofil ist stark vom akademischen Milieu geprägt und steht in Spannung zum Ideal und zur subjektiv empfundenen Offenheit der Gemeinschaft für Teilnehmer/innen aller gesellschaftlichen Milieus.[877] Im Rahmen der teilnehmenden Beobachtung wurde der Eindruck gewonnen, dass dies nicht an einer mangelnden Bereitschaft liegt, sondern in der Tatsache, dass Form, Sprache, Sozialstruktur und universitärer Kontext exklusiv sind und aus sich heraus einen Partikularismus befördern, auch wenn ein solcher – mit guten theologischen Gründen, wie bereits in der Debatte zwischen Rudolf Bultmann und Carl Immanuel Nietzsch zum Charakter des Universitätsgottesdienstes geschehen – kontrovers

874 Vgl. hierzu auch die Ausführungen zur egalisierende Kraft des gemeinsamen Musizierens bei KOLL, JULIA 2016, 339.
875 Vgl. C-5.3.
876 Vgl. C-5.3: 6,5 % (n=46) antworten mit eher nein, 28,3 % mit eher ja, 65,2 % mit ja. Laut A-5.2 antworten 0,4 % (n=261) mit nein, 20,7 % mit eher ja und 78,9 % mit ja. Laut B-7.3 antworten 0,8 % (n=238) mit nein, 0,4 % mit eher nein, 4,6 % mit eher ja und 94,1 % mit ja.
877 Vgl. Sonja C15-I-14 und 54.

diskutiert werden kann. Gerade die selbstkritische Reflexion verweist aber auch auf die nicht auflösbare Spannung zwischen theologischem Anspruch der Gemeinde und dem anthropologischen Umstand, dass Menschen verschieden sind und durch verschiedene liturgische und soziale Formen angesprochen werden.

(c) Das gesellschaftlich-institutionelle Beziehungsnetzwerk (Metaebene)

Das Beziehungsnetzwerk des Mittwochmorgen-Gottesdienstes als Ganzes hat verschiedene Anschlussstellen nach außen: 1. Die Gesamtheit der sich unter dem Dach der Peterskirche versammelnden „Universitätsgemeinde". 2. Die Peterskirche als Universitätskirche. 3. Die Universität, insbesondere ihre Theologische Fakultät und 4. das städtische und gesellschaftliche Umfeld. Das gesellschaftlich-institutionelle Beziehungsnetzwerk des Mittwochmorgen-Gottesdienstes wird dabei in der Überschneidung von sozialen Beziehungsbereichen, aber auch an Strukturen und Ämtern sowie Interaktionen und Kooperationen ersichtlich.

1. Der Mittwochmorgen-Gottesdienst ist *ein* Gottesdienst in der Peterskirche und fällt damit auch in den Verantwortungsbereich des Kapitels, dem etablierten Leitungsgremium der „Universitätsgemeinde" in Heidelberg.[878] Als wichtiges Bindeglied zwischen dem Mittwochmorgen-Gottesdienst und der darüber hinausreichenden „Universitätsgemeinde" fungiert der Universitätsprediger Helmut Schwier, indem er in dieser Funktion den Mittwochmorgen-Gottesdienst

> „[...] mit begleitet und als Gesprächspartner zur Verfügung steht. Und ein bisschen zurzeit das gesamte der Universitätsgemeinde auch in den Mittwochmorgen hineinbringt. [...]". C-Exp-14

Der Universitätsprediger stellt ein wichtiges kontinuierliches Bindeglied zwischen dem Mittwochmorgen-Gottesdienst und anderen sozialen „Zentren" in der Peterskirche, wie z. B. dem Sonntagmorgengottesdienst oder aber auch das Leitungsgremium der „Universitätsgemeinde", dar.[879] Zwar geben 42,2 % der Befragten (n=45) an, auch andere Gottesdienste und 19 % (n=42) weitere Veranstaltungen (z. B. Konzerte) in der Peterskirche zu besuchen,[880] aber die Interviews legen nahe, dass es sich hierbei um überwiegend punktuelle und z. T. auch selektive Kontakte handelt, z. B. anlässlich der Semestereröffnungsgottesdienste oder aufgrund ‚besonderer' Prediger/innen.[881]

---

[878] Vgl. C-Exp-20.

[879] Dieser Aspekt hängt jedoch von der persönlichen Ausgestaltung des Universitätspredigeramtes ab.

[880] Vgl. C-2.2 und 2.4.

[881] Vgl. Helga C5-I-64, Johanna C16-I-34, Vera C2-I-26, Uwe C26-I-42, Paul C43-I-54, C-Exp-16. Vereinzelt haben Interviewpartner/innen auch von einer (wenn möglich) regelmäßigen Teilnahme an den sonntäglichen Universitätsgottesdiensten berichtet: Vgl. Sonja C15-I-34. Das Partizipationsverhalten ist dabei auch von der jeweiligen privaten Lebenssituation und z. B. der Bindung zur Ortsgemeinde abhängig. Vgl. Frieder C19-I-48 sowie Karl C31-I-16.

„[...] Es wird zwar sonntags in den Abkündigungen immer angesagt: Wir laden ein zum Mittwochmorgen-Gottesdienst um sieben. Aber faktisch kommen doch die meisten der Leute, die sonntags im Gottesdienst sind, nicht mittwochs. Und man merkt auch deutlich, dass das zwei verschiedene Gruppen sind, die eigentlich nicht groß, nicht groß miteinander interagieren. [...] Und es sind tatsächlich einfach verschiedene Personengruppen, die sich für das interessieren oder für das. Und manche kommen zu beiden. Aber der Großteil geht nur zu einem der beiden Angebote." Sonja C15-I-60

Aus Sicht des Universitätspredigers stellt der Mittwochmorgen-Gottesdienst „[...] eine eigene Gemeinde [...] innerhalb der Universitäts-Gemeinde [dar]".[882] Dies lässt darauf schließen, dass Gemeinde in diesem Zusammenhang nicht aufgrund der organisatorischen Strukturen bestimmt wird, sondern auf Basis der im Gottesdienst wurzelnden sozialen Beziehungen.

2. Die Bedeutung einer frei verfügbaren Universitätskirche wurde bereits zu Beginn der Ausführungen zum Mittwochmorgen-Gottesdienst dargelegt. Als solche stellt sie den räumlichen Kristallisationspunkt des institutionellen Beziehungsnetzwerkes des Mittwochmorgen-Gottesdienstes dar. Als solche dient die Peterskirche als liturgischer Praxis- und Erfahrungsraum für (zukünftige) Theologen und Theologinnen:

„Ich finde es sehr wichtig, dass es so was gibt. Vor allem, dass es, ich weiß nicht wie das in anderen Gemeinden oder in anderen Universitätsstädten ist, aber, dass wir diese Uni-Kirche haben, die einfach Raum dafür bietet, dass man sich selbst ausprobieren kann. Und das gibt es in der Form eben in der Peterskirche im Mittwochmorgen-Gottesdienst. Das gibt es da einfach. Und, dass man da vor Ort sagen kann: Heute ist mir nach Liturgie. Ich möchte gerne Liturgie machen. Irgendwann nächste Woche oder übernächste Woche mal, dann kantorieren. Dann möchte ich gern Fürbitten halten, weil ich gerade irgendwas auf der Seele habe, was ich unbedingt mal loswerden will. Dass man mal auch so mal die Möglichkeit da hat, zu predigen. Vor nicht nur einer kleinen Gemeinde, sondern vor auch Leuten, die vielleicht vom Fach her Ahnung haben. Das ist noch mal was Besonderes, finde ich. Und man kriegt direkt auch qualitativ hochwertige Rückmeldungen, wenn man das will. Für das, was man da macht." Petra C47-I-118

3. In ihrer Funktion als Universitätskirche ist die Peterskirche zudem Kristallisationspunkt der spezifischen Verortung des Universitätspredigeramtes zwischen Universität und Kirche. Die darin liegende Vergesellungskraft manifestiert sich u. a. in der Integration des Mittwochmorgen-Gottesdienstes in die homiletische und liturgische Ausbildung der Theologiestudierenden. Helmut Schwier, amtierender Universitätsprediger und zugleich Ordinarius für Neutestamentliche und Praktische Theologie an der Theologischen Fakultät in Heidelberg, bietet den Teilnehmer/innen am homiletischen Proseminar an, im Mittwochmorgen-Gottesdienst zu

882 C-Exp-16.

predigen.[883] Im Rahmen der Erhebung hat sich diese Verbindung als eine wichtige Gesellungskraft des Mittwochmorgen-Gottesdienstes erwiesen.[884]

> „Und, ich weiß gar nicht, wann das anfing, dass Herr Schwier sein Homiletik-Seminar mitgebracht hat in den Mittwochmorgen-Gottesdienst. Aber ich glaube, das hat da auch noch mal so was Neues reingebracht, dass die sich dann dort eben ausprobieren konnten und eben auch oft das ganze Semester über den Gottesdienst eben auch besucht haben und dann sind immer einzelne Leute hängen geblieben. [...]" Johanna C16-I-28

Die Möglichkeit, in diesem Rahmen zu predigen, wird positiv bewertet. Durch die vielfältigen Dienste ist der Gottesdienst auch jenseits des Homiletik-Seminars ein wichtiger liturgischer (Aus-)bildungs-, Übungs- und Praxisraum für (zukünftige) Theolog/inn/en sowie ehrenamtliche Prädikant/inn/en.

> „[I]ch habe im Grunde genommen Liturgie und auch liturgische Gottesdienste zu gestalten dort gelernt." Karl C31-I-10
> „Was von Anfang an möglich war, was ich ganz toll fand, als Studentin im zweiten Semester, dass es die Möglichkeit gab, in Semesterferien, wenn es eben keine feste Predigtreihe gibt, da sich einfach auch mal auszuprobieren. Also ich habe eine meiner ersten Predigten auch selber, ich glaube, direkt nach diesem zweiten Semester dann dort gehalten. Und war natürlich wahnsinnig aufgeregt. Hab mich aber auch gefreut, dass ich diese Möglichkeit habe. Und wenn da so jemand wie Professor Ritter da ist, der eben schon seit Jahrzehnten das mitträgt und viel Erfahrung hat und einem hinterher Feedback zur eigenen Predigt gibt, ist das schon irgendwie eine tolle Erfahrung. Und ich glaube, ich hätte mich dann so was auch nicht so getraut, wenn ich die Leute nicht auch ein bisschen gekannt hätte und gewusst hätte, das sind dann vielleicht 10, 15 Leute und nicht gleich eine ganz volle Kirche." Johanna C16-I-28

Die „maximale" Liturgie des Mittwochmorgen-Gottesdienstes fordert eine hohe aktive Beteiligung, die vielen Berichten von Teilnehmenden zufolge auch zu einer verstärkten und vertieften Beschäftigung mit der konkreten Form, Ausübung und Bedeutung der liturgischen Stücke führt. Ein Liturg berichtet davon, dass liturgische Handlung und Worte an einem Punkt der Liturgie für ihn nicht stimmig erschienen und er deshalb entschieden habe, an entsprechender Stelle eine kleine Modifikation vorzunehmen.[885] Die Möglichkeit der regelmäßigen Praxis sowie die Unterstützung und das Feedback erfahrener Liturg/inn/en unterstützt so die liturgische Präsenz.[886]

> „Also [...] ist mir am Anfang auch alles nie aufgefallen. [...] Aber wenn man dann selber auch diese Rolle hat und sich fragt, ich bereite mich vor, gerade auch beim ersten Mal, wo

---

[883] „[Ich habe] dann einen Teil meines Homiletik-Unterrichtes deutlicher auf den Mittwochmorgen-Gottesdienst auch zugeschnitten [...].Also es da dann eine Verbindung gibt einerseits zu dem, was sonst in der Uni-Gemeinde stattfindet. Aber auch zu dem, was an homiletischer Ausbildung in der Fakultät stattfindet." C-Exp-14.

[884] Vgl. Vera C2-I-32ff., Uwe C26-I-17f., Paul C46-I-23, Petra C47-I-147-150.

[885] Vgl. Paul C43-I-28.

[886] KABEL, THOMAS 2011.

mache ich was. Wo stehe ich. Wann gucke ich in die Gemeinde. Wann ist es eigentlich mehr Gebetshaltung. [Man] lernt [...] zwar viel, aber so praktische Feinheiten, dann vorher doch noch mal auch zu vertiefen, mit jemand, der das schon jahrelang gemacht hat, also mit meinem Mentor. Das war auch schon gut." Paul C43-I-34ff.

Die liturgische Praxis führt nicht zu einem unreflektierten automatisierten Nachahmen, sondern befördert die liturgische Kompetenz und Präsenz. Vor diesem Hintergrund könnte interessant sein, den in der Geschichte kontrovers diskutierten Aspekt der Ausbildungsfunktion des Universitätsgottesdienstes noch einmal neu zu beleuchten und dabei zugleich das spezifische soziale Gepräge dieses Gottesdienstes mitzuberücksichtigen. Der Mittwochmorgen-Gottesdienst wird dabei als ein besonderer, von anderen Gottesdiensten unterschiedener Erfahrungsraum wahrgenommen.

„[...] Das ist da wirklich, also da geht es schon seriös in die Richtung: So wird es auch später im Pfarramt sein. Finde ich. Und, also was ich jetzt noch mache ist, bei mir in [dem Vorort] in der Gemeinde mache ich einen Jugendgottesdienst, mit den Kindern da vor Ort. Und das läuft ganz gut. Aber das ist halt einfach ein Jugendgottesdienst. Und keiner für eine große Gemeinde. Da ist halt noch mal so ein bisschen Unterschied, finde ich." Petra C47-I-128

Die liturgische und homiletische Partizipation wird seitens der Studierenden auch als Hilfe bei der (Selbst-)Einschätzung liturgischer Fähigkeiten betrachtet:

„[...] Also, weil man kriegt einfach schon ein genaueres Bild davon, ob viel Potential dahintersteckt, Pfarrer zu werden oder nicht, finde ich. Und es ist so ein bisschen, so ein großer Einblick in die Zukunft, als ob man kurz so ein Türchen aufmacht und guckt: Ah in 10 Jahren sieht es dann so aus. Finde ich ein bisschen." Petra C47-I-154

Neben dem liturgischen kommt dem Mittwochmorgen-Gottesdienst auch ein theologischer Bildungsaspekt zu, der von Teilnehmern mit einem anderen fachlichen Hintergrund als Mehrwert beschrieben wird.[887]

Wie schon an anderer Stelle thematisiert, manifestiert sich die institutionelle Verbindung von Mittwochmorgen-Gottesdienst und Universität auch in universitären Veranstaltungen, insofern Mitarbeiter/innen sowohl an der Universität als auch im Mittwochmorgen-Gottesdienst tätig sind und in ihren Veranstaltungen zu diesem besonderen Gottesdienst *einladen*. Die Verabredung mit anderen Seminarteilnehmer/innen zum Gottesdienst wird als eine Motivation für die Teilnahme an diesem Gottesdienst genannt:

„Also man muss sich natürlich schon quälen auch. Aber also zwei Dinge waren halt Grund, dass ich halt auch aufgestanden bin ((lächelnd)) morgens früh. Einmal halt die Musik. Und aber einmal auch, dass ich halt auch die anderen Teilnehmer aus dem Homi-

[887] Vgl. u. a. Paul C43-I-40.

letik-Seminar da auch wieder getroffen habe. Und wir haben uns da immer auch schon verabredet. Also der Dozent hat auch immer eingeladen dazu. Es war jetzt nicht verpflichtend. Genau, also außer an den Tagen, wo, wo halt Predigten von Seminar-Teilnehmern gehalten worden sind. Aber sonst war es nicht verpflichtend. Aber er hat immer eingeladen dazu. Man hat sich halt auch verabredet, da auch hinzukommen. Und das war dann auf jeden Fall auch eine ((lächelnd)) Motivationshilfe so." Uwe C26-I-30

Der Mittwochmorgen-Gottesdienst stellt eine Möglichkeit der religiösen Praxis im theologischen Studienalltag und -kontext dar.[888]

„Und auch, natürlich auch ((lächelt)) in dem ganzen Studieren, endlich mal Zeit mit Gott zu verbringen. Beziehungsweise, also das empfinde ich schon hin-, also schon auch relativ oft, dass man viel studiert und dabei ganz vergisst irgendwie die, die Grundsachen. [...] Und das, das kann ich mir da immer ein bisschen abholen. ((lächelt)) Meine Portion. ((lacht))" Helga C5-I-76

Vor dem Hintergrund eines Verständnisses der Praktischen Theologie als Praxistheorie, die nicht gänzlich von eigener Erfahrung absehen kann,[889] wäre hier die Frage, ob anknüpfend an die These, dass „[d]as Besondere [am Universitätsgottesdienstes] sei, dass der universitäre Lehrer [öffentlich] als *homo religiosus* auftrete",[890] die *differentiae specificae* ergänzend nicht auch darin liegen kann, dass der Universitätsgottesdienst ein auf die Praxistheorie bezogenes praktisches Erfahrungsfeld bzw. ein empirisches Aus-Bildungsfeld darstellen kann.

4. Es fällt auf, dass kaum Beziehungen zum städtischen und gesellschaftlichen Umfeld jenseits des universitären Kontextes des Mittwochmorgen-Gottesdienstes (re-)konstruiert werden konnten. Wie sich im Zusammenhang mit der Teilnehmer/innenstruktur gezeigt hat, gehören außeruniversitäre Anwohner aus dem räumlichen Umfeld der Peterskirche nicht zu den typischen Teilnehmer/innen des Mittwochmorgen-Gottesdienstes. Gelegentlich kommt es aber zu Berührungspunkten mit sozial bedürftigen Menschen.

„Also ich finde, ich ((lächelt)) finde das ganz nett, ja, wir haben zum Beispiel auch, na einen Obdachlosen, der dann irgendwie mit seinem Kaffeebecher kommt und noch fragt, ob noch ein Schluck Kaffee übrig ist, irgendwie. [I]ch meine, der hat zwar nicht am Gottesdienst teilgenommen, also manchmal kommen schon Leute, wo man sich irgendwie fragt: Wo kommen die her?" Helga C5-I-60.

An Helgas verwunderten Äußerung über die Teilnahme von Personen, deren Verbindung zum Mittwochmorgen-Gottesdienst sich nicht unmittelbar erschließt, verweist auf den (ziel-)gruppenspezifischen Charakter dieses besonderen Gottesdienstes, aus dem sich eine leichte Spannung zum öffentlichen Charakter eines jeden

---

[888] Vgl. C5-I-76.
[889] Vgl. NEIJENHUIS, JÖRG 2012, 8.
[890] MARTIN, TANJA 2013, 28.

Gottesdienstes ergibt. In der regelmäßigen Kollekte für die Tabor Society verweist der Mittwochmorgen-Gottesdienst aber auch über sich hinaus und bringt seine langjährige Verbundenheit mit dieser gemeinnützigen Organisation zum Ausdruck.[891]

> „[V]on Bedeutung war für mich auch, dass dann durch Professor Heyer, der ja auch eben regelmäßig dabei war als Liturg und so weiter, dass dann auch die Tabor Society […] dann auch, sagen wir mal, die Kollekte bestimmte, die […], und auch irgendwie die Kontakte nach Äthiopien, getragen, gerade auch von Studierenden, da so begonnen haben. Aber, dass das dann doch auch eine Kontinuität in diesem Gottesdienst hat, dass die Kollekte auch, nachdem Professor Heyer verstorben war, weiter für die Tabor Society Unterstützung von der äthiopischen Kirchen, Schulen bestimmt war, das war mir dann auch nicht unwichtig. […]“ Karl C31-I-10 unten.

Auf allen drei netzwerktheoretischen Aggregationsebenen zeigt sich eine starke institutionelle Verflochtenheit des Mittwochmorgen-Gottesdienstes mit der Universität, von der eine wesentliche Gesellungskraft dieses Gottesdienstes ausgeht. Die verdichtete Beziehungsstruktur verweist aber zugleich auf einen gruppenhaften Charakter des Mittwochmorgen-Gottesdienstes, wie er im folgenden Abschnitt näher beleuchtet wird.

3.3.2. Eine gottesdienstliche Gruppe innerhalb einer Parochie-analogen Gemeindestruktur

Der rechtliche Status der Universitätsgemeinde kann nach Aussagen des Universitätspredigers keiner der einschlägigen kirchenrechtlichen Gemeindeformen zugeordnet werden, wodurch ein Freiraum für die organisatorische Gestaltung gegeben ist, die positiv wahrgenommen wird:[892]

> „[…] Es ist eine Ordnung eigenen Rechtes. [U]nd sie ist locker kodifiziert in einem Vertrag, den Landeskirchen, Universität in den 80er [Jahren] geschlossen haben. Und in dem die Essentials der Universitätsgemeinde einschließlich Wahlordnungen von Pfarrern und Universitätspredigern festgelegt sind. [A]ber darüber hinausgehend eben einen Freiheitsraum beschreibt. Also es ist ein bisschen kodifiziert, aber doch so, dass man eben ganz stark entsprechend gestalten kann, wie sich das darstellt.“ C-Exp-62

Die in diesem Freiraum entwickelte Organisationsstruktur, einschließlich der gebildeten Selbstverwaltungsorgane (z. B. das Kapitel), erinnert stark an parochialgemeindliche Strukturen. Dies gilt auch für das breite Angebotsspektrum unterschiedlicher Gruppen sowie den Universitätsprediger und die Möglichkeit, in gewisser Weise ein formalisiert wahlberechtigtes Mitglied in der Peterskirche zu werden.

[891] Vgl. VETTE, JOACHIM 2012, 16.
[892] Vgl. C-Exp-62ff.

Diese Mitgliedschaft versteht sich jedoch additiv zur Mitgliedschaft in einer Parochialgemeinde. Der Parochie-analoge Gemeindecharakter verwundert nicht, da im Unterschied zur „Nachtschicht" oder dem Motorradfahrer/innengottesdienst keine Abgrenzungsbedürfnisse zu traditionalistischen Gemeinde- und Kirchenbildern oder -strukturen erkennbar oder leitend sind. Vielmehr tritt die universitär institutionelle „anstelle" einer wohnortbedingten territorialen Bezugsgröße auf, da die Universität als Ausbildungsort und z. T. auch als Arbeitsort ein wesentlicher sozialer Anker und Identifikationspunkt der Studierenden und Mitarbeitenden ist.

Der Mittwochmorgen-Gottesdienst kann als eine *spätmoderne gottesdienstliche Gruppe*[893] dieser Parochie-analogen Gemeinde verstanden werden. Er zeichnet sich zum einen durch „Dauerhaftigkeit, [die] Interaktion mehrerer Individuen [und] die Zusammengehörigkeit in Vollzug und Vorstellung [aus], die mit gemeinsamen Praktiken bzw. der Herausbildung einer Gruppenkultur, Regeln und Grenzziehungen einher[geht]".[894] Für die kollektive Identität der Mittwochmorgen-Gottesdienstgruppe ist die gemeinsame und regelmäßige gottesdienstliche Praxis wesentlich.[895] Sie verbindet sich mit einer „„sinnhaft konstruierte(n) soziale(n) Außengrenze"",[896] die sich in diesem Feld insbesondere durch Praxiswissen, -erfahrung, und die entsprechende musikalische und liturgische Kompetenz ergibt.

> „Und das ist […] so ein Punkt, wo ich auch sagen würde, dass das Vertrautsein mit der Liturgie das Zugehörigkeitsgefühl auch gestärkt hat, weil man anders mitdiskutieren kann. […]" Paul C43-I-28

Das gruppenhafte Zugehörigkeitsempfinden konnte insbesondere bei jenen Teilnehmer/innen (re-)konstruiert werden, die mit der liturgischen Form des Gottesdienstes vertraut sind. Die o. g. netzwerktheoretischen Einsichten unterstreichen einerseits

893 In Bezug auf das Thema „Gruppe" folge ich den Ausführungen von KOLL, JULIA 2016, 283–341. Die Mesoebene des Sozialen stand lange Zeit am Rande der praktisch-theologischen Aufmerksamkeit. Mit der Habilitationsschrift von Julia Koll zum Posaunenchor wird der Praktischen Theologie erstmals ein gruppentheoretisch differenziertes und empirisch rückgebundenes Werk für den wissenschaftlichen Diskurs über die Bedeutung von kirchlichen Gruppen zur Verfügung gestellt. Vgl. KOLL, JULIA 2016. Julia Koll arbeitet hierbei auch kritisch die gruppentheoretischen Ansätze in jüngeren kirchentheoretischen Arbeiten auf. Vgl. (291f.). Sie sieht die Bedeutung der Gruppe in der kirchentheoretischen Perspektive von Uta Pohl-Patalong und Eberhard Hausschild u. a. kritisch, da in dieser die Gruppenpraxis lediglich als indirektes Handeln der Kirche verstanden wird. Vor diesem Hintergrund stellt Julia Koll die kritische Frage, ob sich „die Leistung von Gruppen [tatsächlich] in ihrer Funktion für den individuellen Glauben [erschöpft]?". (292). Diese Frage kann auch im Zusammenhang mit dem Mittwochmorgen-Gottesdienst gestellt werden.

894 KOLL, JULIA 2016, 317.

895 Vgl. zur kollektiven Identität von Gruppen auch KOLL, JULIA 2016, 329.

896 KOLL, JULIA 2016, 329, mit Rekurs auf Jan Fuhse. „Gruppen stellen […] verdichtete Netzwerkstrukturen dar, in denen Identität und Differenz symbolisch (und – so ist zu ergänzen – auch praktisch) konstruiert und aufrechterhalten wird: ‚Sie beruhen auf einer scharfen symbolischen Grenzziehung nach außen, die intern das Weiterlaufen von Gruppeninteraktionen organisiert, aber auch einen ‚sense of belonging' in der Gruppe hervorruft.'" (329).

den gruppenhaften Charakter des Mittwochmorgen-Gottesdienstes[897] und verweisen andererseits aber auch auf dessen spätmoderne und veränderliche Ausprägung,[898] insofern sich gezeigt hat, dass sich der Mittwochmorgen-Gottesdienst zwar durch eine hohe Beziehungsdichte bzw. Vernetzung auszeichnet, diese aber keine homogene Struktur aufweist, sondern durch Differenzierungen, wie z. B. starke und schwache Bindungen und verschiedene Cluster, gekennzeichnet ist. Darüber hinaus ist der Mittwochmorgen-Gottesdienst in die übergeordneten sozialen Zusammenhänge der universitären „Peterskirchengemeinde" eingebunden und die Kommunikation über den Gottesdienst erschöpft sich nicht in der gottesdienstlichen Gruppe, sondern reicht darüber hinaus. Das Gesamtbild entspricht damit gruppentheoretischen Überlegungen, nach denen „Zusammengehörigkeit allererst im Zuge einer Kooperation und Interaktion [entsteht], die auch Differenzen umfasst und bearbeitet. Sie ist dann nicht so sehr Ausdruck bestehender Verbindungen und Nähe, sondern eher eine Praxis, die eben diese herstellt oder inszeniert"[899]. Die Gesellungskraft des Mittwochmorgen-Gottesdienstes liegt nicht primär in seinem „geselligen" Teil – dem Frühstück – oder in den persönlichen Beziehungen, wie sie im v. g. Kapitel besprochen wurden. Beide Aspekte können für sich gesehen weder die Kontinuität des Gottesdienstangebotes noch die hohe Verbindlichkeit der Teilnehmenden erklären. Sie erschließen sich erst in ihrem Zusammenhang mit der kollektiven Gottesdienstpraxis sowie den im folgenden Kapitel darzulegenden subjektiven Sinnkonstruktionen, d. h. „die symbolische Identitätskonstruktion [...] im Sinne des subjektiven Sinns, den das Beziehungsgeflecht für die Beteiligten besitzt, einer Geschichte, die man voneinander erzählt oder einer originären Tradition".[900]

Seit der 2. Hälfte des 17. Jahrhunderts gehört die Gruppe zu den kirchlichen Sozialformen, mit denen aber insbesondere gruppenhafte Interessens- und Praxisvergemeinschaftungen jenseits der gottesdienstlichen Praxis bezeichnet wurden.[901]

---

[897] Laut Julia Koll schlägt Jan Fuhse vor, im Zusammenhang netzwerktheoretischer Überlegungen in folgendem Sinn von „Gruppenhaftigkeit" zu sprechen: „„Soziale Phänomene wären dann umso ‚gruppenhafter' je stärker sie intern vernetzt sind, je klarer und exklusiver ihre Außengrenze gezogen wird und je stärker ihre interne Organisation ausgeprägt ist (...)"" KOLL, JULIA 2016, 329f. in Rekurs auf FUHSE, JAN 2006.

[898] Zum Wandel der Gruppe in der Spätmoderne siehe KOLL, JULIA 2016, 322–327. Mit Rekurs auf Tegethoffe verweist Julia Koll darauf, dass „Gruppen als intermediäre Instanzen auf der sozialen Mesoebene ihre Bedeutung [sehr wohl behalten], und sie bleiben nach Tegethoffe auch Orte, an denen Nähe und Anerkennung, Orientierung und lebenspraktische Unterstützung gesucht wird. Allerdings besitzen sie immer öfter Durchgangscharakter, und Zugehörigkeit und Zusammengehörigkeit müssen stets aufs Neue hergestellt und abgesichert werden". KOLL, JULIA 2016, 323. Zur Veränderlichkeit von Gruppenphänomenen sowie ihrer interdependenten Vernetzung siehe KOLL, JULIA 2016, 329f.

[899] KOLL, JULIA 2016, 315.

[900] KOLL, JULIA 2016, 315f.

[901] Wie z. B. pietistische Konventikel im 17. Jh., im Zusammenhang mit kirchlichen Vereinen und vereinskirchlichen Strukturen im Rahmen der Gemeindebewegung im 19. Jh., verschiedene kirchlichen Gruppen im Rahmen der politischen und kulturellen Aufbruchsbewegung in den 1960er-Jahren sowie die alters- und geschlechtsbezogene Gruppenarbeit an „kirchlichen Orten" (Pohl-Patalong), vgl. KOLL, JULIA 2016, 284–287.

Der Gottesdienst wird gemeinhin als eine gruppenübergreifende kirchliche Praxis verstanden,[902] womit sich ein traditionelles Verständnis des Verhältnisses von Gottesdienst und Gemeinde verbindet. Es wäre daher der Frage nachzugehen, ob der gruppenhaften Gestalt des Mittwochmorgen-Gottesdienstes eine eigene spezifische soziale Kraft mit religiösem Potential innewohnt.

3.4. Die soziale Kraft subjektiver Sinnkonstruktionen und Resonanzerfahrungen im Kontext des Mittwochmorgen-Gottesdienstes

Eine Konsequenz des gruppenspezifischen Charakters des Mittwochmorgen-Gottesdienstes ist es, dass die Teilnehmer/innenzahl „überschaubar" ist und dadurch eine persönliche Zuordnung von Kurzprofilen zu einzelnen Personen leicht möglich wäre. Unter Abwägung der Vor- und Nachteile wurde aufgrund einer kleinen Grundgesamtheit zum Zwecke des Datenschutzes entschieden, in diesem Feld auf Kurzprofile zu verzichten und die subjektiven Sinnkonstruktionen stattdessen zusammenfassend und lediglich auf Basis reduzierter und z. T. rückbezüglicher Verweise aus dem Datenmaterial darzustellen. Insgesamt war es in diesem Feld besonders schwierig, die sozialen Kräfte des kollektiven Phänomens von denen der subjektiven Sinnkonstruktionen zu unterscheiden, da sie sich in vielen Bereichen überlagern, wie z. B. (christliche) Gemeinschaft sein und Gemeinschaft erleben; Mitwirkungsmöglichkeit und Selbstwirksamkeit; religiöse Praxis darstellen und praktizieren, einen besonderen Start in den Alltag ermöglichen und diesen wahrnehmen. Insgesamt fiel auf, dass es in nahezu allen Fällen nicht möglich war, nur *ein* zentrales Motiv der subjektiven Sinnkonstruktion zu (re-)konstruieren, sondern es meistens eine Gemengelage aus den folgenden Aspekten war. Diese werden zur Vermeidung von Redundanzen nicht pro Fall, sondern gesammelt dargestellt.[903]

In vielen Berichten ist die *Außeralltäglichkeit* des Mittwochmorgen-Gottesdienstes ein wichtiges Motiv dafür, sich früh morgens auf den Weg in die Peterskirche zu machen. Dabei ist in allen Fällen eine transzendente Ausrichtung gegeben. Frieder findet es gut, den Tag mit dem Lob Gottes zu beginnen und dann in den Alltag zurückzukehren.[904] Für Silvia ist der Mittwochmorgen-Gottesdienst eine wichtige Unterbrechung des Alltags, den sie mit einer positiven **Resonanzerfahrung** verbindet.[905]

---

902 Vgl. z. B. HAUSCHILDT, EBERHARD & POHL-PATALONG, UTA 2013, 157.

903 Der Leser/die Leserin dürfte dennoch einen Eindruck von der Vielfältigkeit der subjektiven Motive gewinnen.

904 So z. B. Frieder C19-I-106.

905 In diesem Kapitel werden Hinweise auf Resonanzerfahrungen in den Zitaten fett hervorgehoben.

„Weil, ich gemerkt habe, dass vor allem in Wochen, wo ich es nicht schaffe, zu kommen, mir manchmal so was fehlt. Also, dass ich es sehr **genieße**, dass eben dieser Wochenalltags-Rhythmus regelmäßig unterbrochen wird von diesem Gottesdienst. Und, dass man dann einmal den Tag so ganz anders anfängt." Silvia C-GD-41

Für Helga ist der Gottesdienst „[...] eine **Stärkung** und auch so eine Pause, so ein, so ein Break. Ja. Und auch, natürlich auch ((lächelt)) in dem ganzen Studieren, endlich mal Zeit mit Gott zu verbringen. [...] Und das kann ich mir da immer **ein bisschen abholen**. ((lächelt)) Meine Portion. ((lacht))"[906] Hierin zeigt sich, dass die Außeralltäglichkeit eng mit der *Zurüstung für den Alltag* verbunden ist. So fühlt sich Frieder getragener, wenn er den Tag mit dem Gottesdienst anfängt.[907] Helga nimmt den Segen aus dem Gottesdienst mit in den Tag[908] und Johanna „[geht] einfach immer mit einem **guten Gefühl** so irgendwie (.) **gestärkt** in den Tag rein".[909] Der Aspekt der Zurüstung für den Alltag berührt auch den Aspekt der *Kontingenzbewältigung.* Für Karl ist der Mittwochmorgen-Gottesdienst mit der Vergewisserung des Evangeliums verbunden und gehört „konstitutiv zu [seinem] Leben als Christ dazu".[910]

„[Der Mittwochmorgen-Gottesdienest] begleitet mich als die **Gewissheit**, dass vor Gott in der Welt wir aus der Gnade Gottes leben. Und diese immer wieder neu auch bedürfen und geschenkt bekommen von einem Gottesdienst zum anderen. Aber auch nicht nur in der gottesdienstlichen Gemeinschaft und im gottesdienstlichen Feiern, sondern auch da, wo dann die Alltagsaufgaben auf einen zukommen. [...] Es ist etwas wie überhaupt der Gottesdienst und besonders dieser Gottesdienst, was konstitutiv zu meinem Leben als Christ dazugehört, ja." Karl C31-I-30

Wie bereits vielfach anklang, spielt das *Er-leben der (christlichen) Gemeinschaft* eine zentrale Rolle für die Teilnahme an diesem besonderen Gottesdienst. Dieser Aspekt konnte bei allen als starkes Teilnahmemotiv (re-)konstruiert werden. Besonders Ausdrucksstark klingt dies in der ersten Äußerung eines Teilnehmers an der Gruppendiskussion an:

„Ich heiße Otto und komme **gerne** mittwochmorgens zum Gottesdienst. [..W]eil ich **Gemeinschaft** suche und sie hier **finde**." Otto C-GD-43[911]

Diese Gemeinschaft wird subjektiv in unterschiedliche Sinnzusammenhänge gestellt, die jedoch alle die diffuse und weite Semantik von „Gemeinde" berühren. Sonja, Paul und Silvia sprechen von dem Mittwochmorgen-Gottesdienst als ihre *„geistliche*

906 Helga C5-I-76.
907 Vgl. Frieder C19-I-84ff.
908 Vgl. Helga C5-I-12.
909 Vgl. Johanna C16-I-18.
910 Vgl. auch Karl C31-I-10.
911 Als weiterer Grund wird weniger konkret die Möglichkeit der Reflexion über religiöse Themen angegeben.

Heimat".[912] Für Sonja spielt die *Zugehörigkeit* zu der Gemeinschaft eine wichtige Rolle, da sie ihr zufolge eine urchristliche Qualität besitzt und die „Qualität dieser christlichen Gemeinschaft im Mittwochmorgen-Gottesdienst [...] halte ich für so wertvoll und so bewundernswert, dass ich das **toll finde**, daran teilzuhaben"[913]. Qualität der Gemeinschaft und eigene *religiöse Identität* sind dabei eng miteinander verwoben. Eng verbunden mit der subjektiven Bedeutung der Gemeinschaft sind auch die Themen *Lebenshilfe, Orientierung* und *Selbstwirksamkeit*, wie sie bei Helga immer wieder in verschiedenen Zusammenhängen anklingen.

> „[...] in diesen Gruppen habe ich schon auch vertraute Personen gefunden. Ja, wo ich einfach auch Fragen stellen konnte zum Studium oder wenn ich mal Zweifel hatte. Das war in der Anfangszeit besonders **stärkend** eigentlich. Und mittlerweile ist es also zum Beispiel, als ich das letzte Mal Fürbitten gehalten habe, ((lächelt)) meinte die eine: ja. Die Fürbitten waren wieder mal schön. So wie immer irgendwie. Also man merkt auch, dass man **wahrgenommen wird** von den anderen. Und [...] man merkt auch, ((lächelt)) wenn wer fehlt oder wer nicht. [...]" Helga C5-I-18

In einem anderen subjektiven Sinnzusammenhang ist das individuelle Beziehungsnetzwerk ein wichtiger Gesellungsfaktor. So waren es für Petra Gründe der *Beziehungspflege* zu einer Freundin, die sie bewogen haben, einmalig am Mittwochmorgen-Gottesdienst teilzunehmen. „Wenn Du da predigst, dann ist dann schon irgendwie quasi Pflicht für mich, da hinzugehen"[914] – auch wenn Uhrzeit und Form des Gottesdienstes nicht ihren Bedürfnissen entsprachen.[915]

Für Johanna ist der Mittwochmorgen-Gottesdienst ein wichtiger Ort, um ihre eigenen religiösen Bedürfnisse ungetrübt befriedigen zu können, da die hoch-ritualisierte *religiöse Praxis* des Gottesdienstes nicht mit einer analytischen „teilnehmenden Beobachtung" zu vereinbaren ist, und sie zum Feiern befreit.[916] Wohingegen für Uwe das gemeinsame Singen als *„theophone Transzendenzerfahrung"*[917] ein zentrales Motiv seiner Teilnahme ist.[918]

In den subjektiven Sinnzuschreibungen zeigt sich, dass es in der kollektiven Performanz der Liturgie nicht in erster Linie um die Performanz für andere geht, sondern um die Performanz für sich selbst, die aber stark mit dem Aspekt der Gemeinschaftlichkeit verbunden ist. Neben den Sinnkonstruktionen machen die Teilnehmer/innen Resonanzerfahrungen, mit denen sie u. a. eine Stärkung, ein wahrgenommenes, angenommenes und abgeholtes Werden verbinden und die sie mit einem guten Gefühl verbinden.

---

912 Vgl. Sonja C15-I-52, Silvia C-GD-41, Paul C43-I-54.
913 Sonja C15-I-14.
914 Vgl. Vera C2-I-10.
915 Vgl. z. B. Vera C2-I-10.
916 Vgl. Johanna C16-I-10.
917 BUBMANN, PETER 2003, 129.
918 Vgl. Uwe C26-I-16 und 22: „Man sagt ja auch Musik ist auch ein Zugangsweg irgendwie zu Gott, so."

3.5. *Fazit zur sozialen Kraft des Mittwochmorgen-Gottesdienstes*

Die soziale Kraft des Mittwochmorgen-Gottesdienstes gründet u. a. in seinem institutionellen Bezug, durch den Zeit und Raum und das Beziehungsnetzwerk- und die Organisationsstruktur des Gottesdienstes, seine zusätzliche Funktion als „Ausbildungsraum“, sein „kasualer Charakter“ sowie seine rechtliche Stellung determiniert sind. Kontinuität und Wandel, „maximale“ Liturgie und Vielfalt, feierliche und festliche Atmosphäre und gemeinsames, gemeinschaftliches Handeln bestimmen in ihrer Reziprozität den Charakter des Mittwochmorgen-Gottesdienstes, der sich durch das Doppelmoment von Tradition und Innovation auszeichnet.

> „Trotz der klaren Festlegung der Liturgie ist der Mittwochmorgen-Gottesdienst kein Ausdruck von erstarrtem Traditionalismus. Die oft wiederholten und wohlbekannten Worte schaffen einen immensen Freiraum für Meditation und Gebet. Auch bleibt die Liturgie einem ständigen Prozess von Reflektion und Diskussion unterworfen, der immer wieder zu Veränderungen geführt hat und wohl auch führen wird- [...]. Neben der Anbindung an die Heidelberger Theologische Fakultät und ESG ist es vor allem das immer wieder neue studentische Engagement, das diese lebendige christliche Gemeinschaft ermöglicht. Das gemeinsame Singen und die gemeinsam gestaltete Liturgie (beides, mit Worten von Adolf Martin Ritter, ‚so vielstimmig wie möglich‘) schaffen eine tiefe Identifikation mit dem Gottesdienst und gerade auch mit den Menschen, die ihn feiern.“[919]

Institution, Tradition und Innovation eröffnen so einen Resonanzraum, der Halt gibt und Freiheit schafft, in der Außeralltäglichkeit für den Alltag zurüstet und diesen in der besonderen Form der Gemeinschaft neu bestimmt.

Liturgie und Frühstück bilden eine gottesdienstliche Sinneinheit ganz eigener Gesellungskraft.

> „Aber neben dem Gottesdienst, den ich dann irgendwie lieb gewonnen habe, war es natürlich dann auch so dieses Gemeinschaftserlebnis <u>mit</u> den Gottesdienst-Teilnehmern beim Frühstück danach. Also es sind eigentlich zwei Komponenten. Das eine ist wirklich (.) der Gottesdienst selbst. [...] Und das andere hatte ich ja gerade schon erwähnt, ist eben das Frühstück. [...] Also das sind so die beiden Punkte, die mich motivieren in dieser Frühe aufzustehen. [...]“ Paul C43-I-14

Dennoch zeigt sich, dass das Frühstück für sich gesehen nicht allein als Kraftquelle für einen „Gang durch die Wüste“ gereicht hätte, von dem in der Entstehungsgeschichte des Mittwochmorgen-Gottesdienstes die Rede war. Die „Zusammengehörigkeit in der Vorstellung und im Vollzug“,[920] durch den sich der gruppenhafte Charakter des Mittwochmorgen-Gottesdienstes auszeichnet, gründet nicht allein im geselligen Frühstück und dort erlebbarer Gemeinschaft, sondern maßgeblich in der

---

919 VETTE, JOACHIM 2012, 23.

920 Nach Julia Koll lässt sich in „Fortsetzung des Ansatzes von Hartmann Tyrell [...] ‚Zusammengehörigkeit in Vollzug und Vorstellung‘ als zentrales Merkmal von Gruppen beschreiben“. KOLL, JULIA 2016, 316.

liturgischen Feier. Die sozial-integrative Kraft geht maßgeblich von der hochliturgischen Form des Mittwochmorgen-Gottesdienstes aus. Dadurch ist sie aber zugleich auch sozial-exklusiv, da diese Form hoch voraussetzungsvoll und – aus unterschiedlichen Gründen – nicht jedem „zugänglich“ ist, sodass trotz prinzipieller Offenheit die vorfindliche Sozialgestalt einen geschlossenen Eindruck vermitteln kann. Diese „Geschlossenheit“ entfaltet ihre soziale Kraft besonders nach innen und ist – für diejenigen, die Teil dieser Gruppe sind – mit wertvollen Sinnkonstruktionen und Resonanzerfahrungen verbunden. Für diejenigen, die (noch) außerhalb der Gemeinschaft stehen, stellt sie jedoch auch eine hohe soziale Schwelle dar. Die sozial-integrativen Kräfte entfalten ihre Wirkung immer in ihrem Gesamtzusammenhang, d. h. in allen vier Sozialitätsdimensionen. In Bezug auf Personen, die andere ästhetische Vorlieben haben oder durch einen anderen Lebensstil geprägt sind, können diese Kräfte sich schnell ins Gegenteil verkehren – ein Dilemma, das jedoch für jeden Gottesdienst konstatiert werden kann. So sind die Stärken des Mittwochmorgen-Gottesdienstes zugleich auch seine Schwächen. Die enge und geschätzte Gemeinschaft wird u. a. dadurch befördert, dass es sich um einen „überschaubaren“ Personenkreis handelt, der sich Woche für Woche zur gemeinsamen liturgischen Feier und zum Frühstücken trifft. Durch seinen gruppenhaften Charakter hat er, bezogen auf den Moment, eine deutlich geringere Reichweite als die anderen zwei Gottesdienstfelder, er hat aber über viele Jahrzehnte eine „geistige Heimat“ für viele Menschen geboten, die ihrerseits Kirche geprägt und für ihre Arbeit – häufig in anderen kirchengemeindlichen Zusammenhängen – gestärkt haben. An dieser Stelle kann für diesen Gottesdienst konstatiert werden, was auch z. B. für den Sonntagmorgen-Gottesdienst in vielen Gemeinden gesagt werden kann. Die in einem Gottesdienst liegende soziale Kraft realisiert sich nicht allein in der unmittelbaren Sozialgestalt, sondern ihre Wirkung kann sich auch in ganz anderen räumlichen und zeitlichen Zusammenhängen entfalten, z. B. dadurch, dass in ihm (zukünftige) Theologinnen und Theologen, Prädikantinnen und Prädikanten geprägt und für ihren Weg und ihre Aufgabe in anderen kirchlichen Bereichen gestärkt werden. Als regelmäßiges und in kurzen Abständen angebotenes gottesdienstliches Angebot einer „Parochie-analogen Gemeinde“ gilt für den Mittwochmorgen-Gottesdienst, was Michael Nüchtern im Zusammenhang mit seinen Ausführungen zu „Kirche bei Gelegenheit“ für Ortsgemeinden angeführt hat: „Vor allem durch die Regelmäßigkeit ihres Gottesdienstes verleiht die Ortsgemeinde auf ihre Weise der alle Gelegentlichkeit und alle Fälle transzendierenden christlichen Wahrheit Gestalt. Auf diesen Dienst bleiben alle Agenturen und Ambulanzen der Kirche angewiesen, um selbst auf den verweisen zu können, was mehr ist als der Fall und alle Fälle: Gott.“[921]

[921] NÜCHTERN, MICHAEL 1991, 129.

III. Teil: Praktisch-theologischer Ertrag und praktisch-theologische Perspektiven

1. Einsichten aus der komparativen Analyse besonderer Gottesdienste

Die feldweise Darstellung der (re-)konstruierten Gesellungskräfte hat exemplarisch gezeigt, dass die Sozialität eines Gottesdienstes ein sehr komplexes Zusammenspiel verschiedener Aspekte ist. Jeder Einzelne der untersuchten Gottesdienste zeichnet sich durch ein spezifisches Profil aus.[1] Daher ist es besonders interessant der Frage nachzugehen, welche Gemeinsamkeiten sich dennoch zwischen den untersuchten Gottesdiensten feststellen lassen. Diese Analyse soll helfen, Anschlusspunkte für eine über die Einzelphänomene hinausgehende Theoriebildung zu liefern.[2] Zu diesem Zweck wurde eine komparative Analyse der feldweise gewonnenen empirischen Einsichten durchgeführt und die Ergebnisse thesenhaft festgehalten. In einem ersten Schritt werden zunächst Einsichten zum sozialen und gemeindlichen Profil besonderer Gottesdienste präsentiert. Unter dem Begriff der „Gemeindlichkeit" wird zunächst die Beziehung zwischen der Wahrnehmung der besonderen Gottesdienste als „Gemeinde" aus Sicht der Befragten und dem sozialen Profil der Gottesdienste gefasst, ohne ein normatives Gemeindeverständnis vorzugeben oder vorauszusetzen. Darauf folgt in einem zweiten Schritt die Darlegung der Erkenntnisse zu den reziprok zu denkenden Sozialitätsaspekten. Der komparative Teil dieser Arbeit findet seinen Abschluss mit Thesen, die sich aus der Zusammenschau von Sozialitätsaspekten sowie sozialem und gemeindlichem Profil ergeben.[3]

1.1. Zum sozialen und gemeindlichen Profil besonderer Gottesdienste

Richtet sich das Augenmerk bei der Frage nach der sozialen Kraft im Wesentlichen auf das „Bindemittel" sozialer Beziehungen, hat die Frage nach dem sozialen Profil besonderer Gottesdienste die konkrete soziale Gestalt im Blick. Hierfür wird zu-

---

1 Die Auswahl der Gottesdienste erfolgte zwar typologisch und sie sind in gewisser Hinsicht repräsentativ für diese Typen, aber im Rahmen der Studie hat sich gezeigt, dass es nicht sinnvoll ist, gottesdienstliche Phänomene vorschnell als Beispiel für Typen zu verwenden. Vielmehr sollten die einzelnen Gottesdienste zunächst in ihrer Eigenheit wahrgenommen werden, unbeschadet davon, dass sich in ihnen auch Grundtypen erkennen lassen, die darüber hinaus verwertbar sind.

2 Dies geschieht vor dem Hintergrund der Auswahl der untersuchten Gottesdienste nach dem Prinzip des maximalen Kontrastes.

3 Auf zugrunde liegende Daten wird nur verwiesen, sofern dies in den vorangegangenen Kapiteln noch nicht erfolgt ist bzw., wenn es der besseren Verständlichkeit dient. Zum Zwecke der besseren Lesbarkeit werden zudem auch die Feldbezeichnungen (A–C) der Gottesdienste verwendet. A: „Nachtschicht"-Gottesdienst; B: Motorradfahrer/innengottesdienst; C: Mittwochmorgen-Gottesdienst.

nächst das gottesdienstliche Teilnahmeverhalten der Befragten, ihre kirchliche Sozialisation und Praxis sowie ihr sozio-demographisches Profil dargestellt. Im Anschluss daran rückt die konkrete Sozialgestalt der Gottesdienste ins Blickfeld. Die soziale Gestalt ist dabei in ihrer Wechselwirkung mit der sozialen Kraft zu denken, da sie nicht nur ihr Ergebnis, sondern auch Quelle der Sozialität sein kann. Die „Gemeindlichkeit" der Sozialität besonderer Gottesdienste wird anhand weiterer in den Gottesdienstfeldern gewonnener empirischer Daten erörtert werden. In den Umfragen wurde z. B. die Frage danach gestellt, ob die Befragten die besonderen Gottesdienste als Gemeinde empfinden. In den Feldern B und C wurde diese Frage durch einen zweiten offenen Frageteil ergänzt,[4] in welchem die Befragten ausführen konnten, was für sie Gemeinde ausmache. Darüber hinaus wurde im Rahmen der Interviews darauf geachtet, ob und in welcher Weise die Befragten den Begriff selbständig benutzten, ohne bewusst vorab darauf eingegangen zu sein. In einem zweiten Teil der Interviews wurde dann das Gemeindeverständnis offen thematisiert. Für diesen Frageteil bestand ein Interesse an grundsätzlichen Unterschieden zwischen einer intuitiven und einer reflektierten Begriffsverwendung, ohne diese hier jedoch vertiefen zu wollen.

1.1.1. Zum Teilnahmeprofil

Trotz unterschiedlicher Angebotsstrukturen, bezogen auf Häufigkeit und Rhythmus, ist das Teilnahmeverhalten in allen drei besonderen Gottesdiensten von Verbindlichkeit im Sinne einer angebotsspezifischen regelmäßigen und meist mehrjährigen Teilnahme geprägt.

Das „Anlassen" findet 1 x im Jahr, im Frühjahr, statt,[5] 51,5 % von n=241 Umfrageteilnehmer/innen geben an, recht regelmäßig zum „Anlassen" zu kommen, 7,1 % immer mal wieder, 31,1 % sind das erste Mal und 10,4 % das zweite Mal anwesend. 12,3 % (n=252) sind seit mehr als 20 Jahren dabei, 23 % seit mehr als 10 Jahren und 64,7 % sind in der Zeit danach zum „Anlassen" dazugestoßen. Die Bindung lässt zwar auf die Gesamtheit gesehen über die 34 berücksichtigten Jahre nach, diese muss jedoch ins Verhältnis mit dem Lebensalter und den Lebensumständen gesetzt werden, insofern knapp die Hälfte der Befragten zum Zeitpunkt des ersten „Anlassens" noch zu jung zum Motorradfahren bzw. noch gar nicht geboren waren. Der älteste (in der Umfrage wahrgenommene) Teilnehmer ist hingegen ca. 80 Jahre alt. Hinzu kommt, dass im Laufe der Jahre das Motorradfahren z. T. aufgegeben bzw. z. B. familienbedingt ausgesetzt wird.

---

[4] Diese Erweiterung erschien im Laufe des Forschungsprozesses trotz einer eingeschränkten Vergleichbarkeit mit Feld A sinnvoll.

[5] Zur Gedenkfahrt wurden keine vertiefenden Fragen gestellt. Laut B-1.8 haben aber knapp die Hälfte der Befragten (n=261) bereits eine Gedenkfahrt besucht. Vgl. B-1.8.

Die „Nachtschicht" fand zum Zeitpunkt der Umfrage zwischen 4 und 6 Mal, meist im ersten Drittel des Jahres statt. Mehr als die Hälfte der Umfrageteilnehmenden (n=277) geben an, in über 50 % der „Nachtschicht"-Gottesdienste pro Zyklus zu gehen. 18,1 % besuchen das erste Mal diesen Gottesdienst. Es sind Befragte aus jeder der bis zur Umfrage im Jahr 2014 stattgefundenen „Nachtschicht" anwesend. 6,4 % (entspricht 12 Personen, n=188) haben bereits den ersten „Nachtschicht"-Zyklus besucht. Aus den Folgejahren 2001 bis 2006 sind laut Mittelwert noch 3 Personen pro Zyklus anwesend, 2008/09 waren es 13 bzw. 14 Personen und in den Jahren 2010 bis 2012 ca. 23. Personen. Am höchsten war der Anteil derer, die den ersten Zyklus im Jahr 2013 besucht haben. 2008/09 waren es je 13 bzw. 14 Personen. Mit Ausnahme des ersten Jahres scheint die Bindung mit zeitlichem Abstand zwar abzunehmen, aber die seit Beginn deutlich angestiegenen Besucherzahlen zeigen, dass seit Beginn überproportional viele neue und wechselnde Personen die „Nachtschicht" besucht haben und z. T. noch besuchen. Dieses Teilnahmeverhalten kann in einen gewissen theoretischen Deutungszusammenhang mit dem eventhaften Charakter der „Nachtschicht" gestellt werden, insofern der Erlebnischarakter dieser Veranstaltung für viele der Befragten von großer Bedeutung ist und es daher nicht verwunderlich wäre, wenn über die Jahre ein gewisser Gewöhnungseffekt eintritt, der die Gesellungskraft mindert.

Der Mittwochmorgen-Gottesdienst entspricht im Hinblick auf seinen wöchentlichen Rhythmus der Angebotsstruktur eines normalen Gemeindegottesdienstes. Das Teilnahmeverhalten ist dennoch überwiegend regelmäßig und von hoher Verbindlichkeit geprägt. Knapp 2/3 (n=42) der Befragten geben an, „recht regelmäßig" am Gottesdienst teilzunehmen. 38,1 % „immer mal wieder". Diese Angabe ist mit den vom akademischen Jahr beeinflussten Anwesenheitszeiten ins Verhältnis zu setzen, da 57,4 % (n=47) angeben, überwiegend in der Vorlesungszeit und 42,6 % unabhängig vom akademischen Jahresrhythmus an diesem Gottesdienst teilzunehmen. Eine „recht regelmäßige" Teilnahme bedeutet daher nicht zwangsläufig eine wöchentliche. Eine Kreuzanalyse der Frage danach, wie oft die Befragten im Jahr an diesem Gottesdienst ungefähr teilnehmen, mit der Frage nach ihrem Verhältnis zur Universität zeigt, dass die Mitarbeiter der Universität und Ehemaligen regelmäßiger kommen als die Studierenden.[6] Bei Letzteren ist das Partizipationsverhalten je zur Hälfte „regelmäßig" und „immer mal wieder". Die Kreuzanalyse mit der Art der Teilnahme (Besucher oder Mitarbeiter) zeigt eine Korrelation zwischen der regelmäßigen Teilnahme und der Intensität der Mitarbeit.[7] Diejenigen, die angeben, als Mitarbeiter teilzunehmen, nehmen laut Umfrage zu 100 % regelmäßig teil. Bei den „Besuchern" sind es 13 von 25 Personen. Dies legt die Vermutung nahe, dass Mitarbeit die Identifikation stärkt. Im Hinblick auf die Bindungszeit bzw. -dauer macht die Anzahl derjenigen, die in den letzten 5 Jahren vor der Umfrage Kontakt zum Mittwochmor-

6 Kreuzanalyse von C-1.1 mit C-6.7.
7 Kreuzanalyse von C-1.1 mit C-6.6.

gen-Gottesdienst bekommen hat, mit 84,8 % (n=46) mit Abstand den größten Anteil aus.[8] Dieses Ergebnis scheint vor dem Hintergrund einer hohen Anzahl Studierender schlüssig, insbesondere, da es sich überwiegend um Studierende der Evangelischen Theologie handelt, die Heidelberg zur zweiten Ausbildungsphase in der Regel verlassen. Von den 46 befragten Personen nimmt eine seit 1967 an diesem Gottesdienst teil, 2 Personen seit den 80er-Jahren, vier Personen sind zwischen 2002 und 2008 zu diesem Gottesdienst dazugestoßen. Bei diesen handelt es sich insbesondere um Alumnis oder Mitarbeiter/innen der Universität.

Für eine hohe Bindungskraft der besonderen Gottesdienste spricht zudem, dass die Teilnahme selbsttätig und oft Monate im Voraus (A/B) geplant bzw. fest in den Wochenrhythmus (C) eingeplant wird. In der Gesamtschau zeigt sich, dass aus Teilnahmeperspektive der Aspekt „auf Zeit" weniger in einen direkten Zusammenhang mit der Häufigkeit oder dem Rhythmus des gottesdienstlichen Angebotes in Verbindung gebracht werden kann, sondern in anderen Sozialitätsaspekten zu suchen ist wie z. B. ihre lebensweltliche und damit auch zeitliche Schlüssigkeit. Nicht die Angebotsstruktur an sich, sondern die schlüssige und anschlussfähige Angebotslogik ist neben anderen Gesellungskräften für eine regelmäßige Teilnahme wichtig. In Feld B ergibt sich diese Logik aus der jahreszyklischen Kasualität in lebensgeschichtlicher Perspektive. In Feld A unterstützt der Verknappungseffekt durch die „Nachtschicht"-Pause den eventhaften Charakter des Gottesdienstes und in Feld C ist der Gottesdienst in den akademischen Wochenalltag integriert. Wie sich eine Abweichung von dieser Logik auswirkt, zeigt sich z. B. darin, dass C in der vorlesungsfreien Zeit von deutlich weniger Personen besucht wird und dabei zumeist von jenen, deren Arbeitszeit weniger durch diesen akademischen Rhythmus geprägt ist als bei Studierenden. Vor dem Hintergrund der positiven Bewertung des punktuellen und verdichteten Angebotes im Feld A wäre interessant zu erheben, ob es durch die Entgrenzungstendenz des Angebotes zu einer Änderung im Teilnahmeverhalten kommt. Die Annahme, dass punktuelle kirchliche Angebote heute mehr Zuspruch als regelmäßige Formen finden,[9] ist im Sinne der Reziprozität von Angebotslogik und lebensweltlicher Anschlussfähigkeit zu konkretisieren. Das Angebot eines wöchentlichen Feierabendgottesdienstes, einer kontemplativen Andacht am Morgen vor Arbeitsbeginn oder in der Mittagspause könnte sich durchaus sinnvoll in die Lebenswelt der Berufstätigen integrieren lassen und einen entlastenden Kontrapunkt zur Hektik des Alltags und der „Qual der Wahl" des Freizeitangebotes darstellen. Trotz eventhafter Züge einzelner Gottesdienste kann nicht von einer unverbindlichen Beteiligungsstruktur gesprochen werden.[10] Dies bestätigt sich auch im Rahmen

[8] 26,1 % sind das zweite Jahr (seit 2013) dabei und 32,6 % seit 2014, dem Jahr der Umfrage.

[9] Vgl. z. B. Koll, Julia 2016, 325f. Julia Koll bezieht sich hierbei nicht dezidiert auf Gottesdienste, sondern hat insbesondere Angebote aus dem Bereich der „kirchlichen Kleingruppen" im Blick.

[10] Neijenhuis, Jörg 2012 kommt bei der Betrachtung des Verhältnisses von Event-Kultur und Beteiligungsstruktur u. a. zu folgendem Ergebnis: „So hat sich in den vergangenen Jahrzehnten die Beteiligungsstruktur dahingehend verändert, dass wohl mehr Menschen unterschiedlichste Events aufsu-

der Umfrage, nach der die unverbindliche Teilnahme kein zentraler Partizipationsgrund darstellt.[11]

1.1.2. Zur kirchlichen Sozialisation und kirchlichen Praxis

„Besondere" Gottesdienste üben ihre Gesellungskraft auf Menschen mit ganz unterschiedlicher kirchlicher Sozialisation und kirchlicher Praxis aus. Eine hohe verbindliche Teilnahme an besonderen Gottesdiensten ist nicht an eine ebenso hohe sonstige kirchliche Praxis oder gar Mitgliedschaft gebunden.

Das breiteste Spektrum findet sich in Feld B, in dem mehr als 1/3 der Befragten angeben, nur 1 x im Jahr oder seltener andere Gottesdienste als das „Anlassen" zu besuchen. 17,53 % der Befragten sind keine Kirchenmitglieder. Betrachten wir die Partizipationslogik und diesen Aspekt zusammen, so zeigt sich, dass sich keine Korrelation zwischen der Teilnahmeverbindlichkeit an besonderen Gottesdiensten und der kirchlichen Sozialisation bzw. kirchlichen Praxis aufweisen lässt. Die empirischen Daten lassen vielmehr auf ein punktuell-selektives, differenziertes Teilhabeverhalten im Sinne einer selbstbestimmten und eigenverantwortlichen kirchlichen Praxis der Befragten schließen. Die im Rahmen dieser Arbeit gewonnenen Einsichten stehen in Spannung zu der These, dass „besondere" Gottesdienste meist nur von Menschen besucht werden, die sich auch sonst durch eine hohe kirchliche Praxis auszeichnen.[12] Vielmehr unterstützen diese Ergebnisse die Annahme, dass sich „Kirchenbindung [...] heute nicht in klaren Unterscheidungen beschreiben [lässt], sie zeigt sich als vieldeutig und wechselhaft".[13]

1.1.3. Zum Teilnehmer/innenprofil

Die Sozialität „besonderer" Gottesdienste kristallisiert sich in der Vergesellung von Menschen verschiedener Generationen und Gender entlang unterschiedlicher Sozialräume.

Zur besseren Übersicht werden im Folgenden einige Daten zum Alters- und Genderprofil der Gottesdienste tabellarisch gegenübergestellt.[14]

---

chen, als regelmäßig an derselben Veranstaltungsart teilzunehmen und dafür sogar Verantwortung zu übernehmen." (29).

11 Das Teilnahmemotiv, ohne Verpflichtung an einer kirchlichen Veranstaltung teilnehmen zu wollen, bestätigen in Feld A: 17,6 % (n=287), in Feld B: 13,1 % (n=274) und in Feld C 2,1 % (n=47).

12 Vgl. z. B. FRIEDRICHS, LUTZ 2007b, 29.

13 WAGNER-RAU, ULRIKE 2012, 128.

14 Die Umfragedaten stimmen mit den gemachten Beobachtungen überein.

	A: Milieu-spezifischer und regional-urbaner Sozialraum	B: Szenen-spezifischer Sozialraum	C: Institutioneller Sozialraum
Lebensphasen:	(n=282)	(n=256)	(n=47)
- Jugendliche/Schulphase (13–19)	3,5 %	4,7 %	./.
- Junge Erwachsene/Ausbildungsphase (20–29)	2,8 %	10,6 %	72,3 %
- „Familienphase"; Aufbau- und Karrierephase (30–49)	15,6 %	33,6 %	10,6 %
- Etablierungsphase (50–65)	40,4 %	39,4 %	6,4 %
- Ruhestandsphase ab 65	37,6 %	11,7 %	10,6 %
Gender:[15]	*(n= 286)*	*(n=261)*	*(n= 46)*
- *Weiblich*	60,6 %	32,6 %	54,3 %
- *Männlich*	39,0 %	67,4 %	45,7 %

In der Übersicht zeigt sich ein klares alters- und, mit Ausnahme von C, genderspezifisches Teilnehmer/innenprofil der untersuchten Gottesdienste. Gender- und Altersprofil waren im theoretischen Sampling der Gottesdienste keine primären Auswahlkriterien, weshalb dieser Befund besonders interessant ist. Das *Feld A* entspricht den theoretischen Ausführungen zu alternativen Gottesdiensten, nach denen diese überwiegend von Frauen besucht werden[16] und „Liturgien der Lebensmitte"[17] darstellen, insofern sich in o. g. Lebensphasen „die biographisch-existentiellen Fragen [verdichten]: Der Blick geht zurück auf das, was bereits war. Und der Blick geht nach vorn, allerdings verengen sich die beruflichen und biographischen Optionen deutlich. Existentielle Fragen drängen sich auf: Was kann ich (noch) erreichen? Ist es sinnvoll, was ich tue? Hätte ich nicht alles ganz anders machen müssen?".[18] Diese existentielle Perspektive spiegelt sich auch in der Sozialgestalt dieses Gottesdienstes, auf die im folgenden Abschnitt eingegangen werden wird. Das breiteste Altersspektrum findet sich in *Feld B*, was auf das nahezu altersunabhängige Interesse am Thema Motorradfahren zurückzuführen ist. Der Motorradfahrer/innengottesdienst stellt als „Männergottesdienst" in doppelter Hinsicht eine Besonderheit dar. Zum einen ist er nicht als solcher konzipiert, wird aber dezidiert als solcher wahrgenommen und reflektiert, wie im Interview mit Kay deutlich wurde. Dadurch befriedigt er zum anderen auch ein Bedürfnis nach kirchlichen Angeboten für Männer, die aus

---

[15] Die Umfrage sah keine Transgender-Zuordnung etc. vor, da es um reine „Tendenzen" ging und die Genderfrage nicht im Zentrum dieser Arbeit stand. Es gab jedoch die Möglichkeit, beide traditionelle Gender anzukreuzen, wovon in einem Fall auch Gebrauch gemacht wurde.

[16] Vgl. z. B. FRIEDRICHS, LUTZ 2007b, 11.

[17] FRIEDRICHS, LUTZ 2007b, 19.

[18] FRIEDRICHS, LUTZ 2007b, 19.

Kays Sicht innerhalb der evangelischen Kirche unterrepräsentiert sind.[19] Die Altersstruktur im *Feld C* verweist deutlich auf die institutionelle Beziehung dieses Gottesdienstes zum Ausbildungsraum Universität. Die unterschiedlichen Sozialräume ergeben sich aus den in Teil II dargelegten primären sozialen Beziehungsräumen der jeweiligen Gottesdienste. Ohne auf diese noch einmal im Detail einzugehen, zeigt sich jedoch, dass „besondere“ Gottesdienste neben milieuspezifischen auch, wie insbesondere in Feld B, milieuübergreifende Sozialräume darstellen können und die Milieutheorien zum Verständnis der Sozialität von Gottesdiensten nicht ausreichen, sondern um weitere Ansätze, wie z. B. netzwerk- oder szenentheoretische Perspektiven, ergänzt werden müssen.

1.1.4. Zur sozialen Gestalt & Gemeindlichkeit

„Besondere“ Gottesdienste zeichnen sich durch unterschiedliche Sozialgestalten sowie Ausprägungen und Wahrnehmungen von Gemeindlichkeit aus.

Im Folgenden soll zunächst (a) auf einige verbindende und differierende Aspekte der empirischen Sozialgestalten der drei besonderen Gottesdienste eingegangen werden, bevor (b) ihre Gemeindlichkeit erörtert werden wird.

(a) Sozialgestalten

Aus soziologischer Sicht kann von einer *szenenartigen Sozialgestalt* des Motorradfahrer/innengottesdienstes gesprochen werden, die sich durch eine hohe Wir-Identität auszeichnet. Der Mittwochmorgen-Gottesdienst (C) ist dagegen eine *gruppenhafte Ritualgemeinschaft* „kollektiver Identität mit einer ‚sinnhaft konstruierte(n) soziale(n) Außengrenze‘.“[20] Im Zusammenhang mit der „Nachtschicht“ (A) wird das Thema Vergesellung eher „über Bande gespielt“ und kann als vermittelte Vergesellung von, mit Birgit Weyel gesprochen, „Mit-Ichs“[21] verstanden werden. Es handelt sich um eine *posttraditionale Vergesellungsform* mit neotribalistischem Charakter,[22] die die Grenzen eines traditionellen Gemeindebegriffes aufzeigt, der vom Gedanken der Verbindlichkeit und Gemeinschaft der Beteiligten geprägt ist.[23] Diese Grenze wird jedoch nicht generell überschritten, sondern die drei Gottesdienste zeigen gerade im Vergleich, dass spätmoderne gottesdienstliche Vergesellung individuell und

---

[19] Vgl. Kay B36. Im Rahmen der Netzwerkanalyse der V. KMU wird darauf hingewiesen, dass nicht automatisch darauf geschlossen werden könne, dass bei einem größeren kirchlichen Angebot für Männer diese auch aufgesucht würden. Vgl. STEGBAUER, CHRISTIAN et al. 2015, 434. Vor dem Hintergrund von Kays Fallgeschichte kann dies aber auch nicht ausgeschlossen werden.

[20] KOLL, JULIA 2016, 329. Hierin liegt laut Julia Koll nach Jan Fuhse auch der Unterschied zwischen Subkulturen und Gruppen. Vgl. hierzu FUHSE, JAN 2006, 245, nach KOLL, JULIA 2016, 329.

[21] WEYEL, BIRGIT 2013, 164.

[22] Vgl. HITZLER, ROLAND et al. 2009, 12.

[23] Vor diesem Hintergrund ist nicht verwunderlich, dass im Feld A das Item: „Ich möchte unverbindlich an einer kirchlichen Veranstaltung teilnehmen“, mit 17,6 % (n=287) der Befragten im Vergleich zu den anderen Forschungsfeldern den höchsten Zustimmungswert erzielt hat. Vgl. A-C-1.3.

vielgestaltig erfolgt. Diese drei verschiedenen Sozialgestalten *verbindet* im Kontext der hier untersuchten besonderen Gottesdienste: 1.) ihre Veränderlichkeit bei gleichzeitig stabilisierenden und die Kontinuität wahrenden Aspekten; 2.) Darüber hinaus werden sie alle – wenn auch in unterschiedlicher Weise – als temporäre kirchliche Vergesellungsform genutzt; 3.) Die netzwerktheoretische Perspektive hat gezeigt, dass sich alle drei sozialen Gebilde nicht in sich selbst erschöpfen, sondern auch Teil privater und gesellschaftlich-institutioneller Beziehungsnetzwerke sind.[24] Dies gilt auch für C als gruppenhaftes Phänomen, das nicht gänzlich ein statisches und in sich geschlossenes soziales Gebilde darstellt, sondern auch „prozess- und interrelational“[25] geprägt ist, wie sich aus der Analyse des Beziehungs- und Kommunikationsnetzwerkes dieses Gottesdienstes ergeben hat. Der sich über den Kreis der Gottesdienstbesucher/innen hinaus erstreckende Kommunikationsraum im Feld C ist mit 65,2 % (n=46) zwar geringer als im Feld A (79,4 %, n=258) und Feld B (82,9 %, n=251), aber deutlich höher, als dies vor dem Hintergrund seines gruppenhaften Charakters zunächst vermutet worden war.

Exemplarisch verweist dieser Aspekt auf die *graduellen Unterschiede* der drei Sozialgestalten, die insbesondere ihre Fluidität, die Offenheit ihrer „Außengrenzen“ bzw. ihre „Exklusivität“, die Möglichkeit selbstbestimmter Nähe- und Distanzverhältnisse und ihre kollektive Identität betreffen. In Feld B und C konnten empirisch Indikatoren für eine ausgeprägte kollektive Identität wahrgenommen werden.[26] In Feld A kann hingegen eher von einer kollektiven Individualität im Sinne einer eventhaften, situativen Vergesellung von Mit-Ichs gesprochen werden.[27] „Hubert Knoblauch hat vor einigen Jahren ‚klassische‘ posttraditionale Events als ‚strategische Rituale der kollektiven Einsamkeit‘ (Knoblauch 2000: 49) bezeichnet. Dafür wurde er – nicht ganz zu Unrecht – kritisiert. Für situative Event-Vergemeinschaftungen gilt diese Aussage aber ohne jede Einschränkung. In ihnen wird das für die Spätmoderne typische Gefühl, ‚gemeinsam einsam‘ zu sein, transformiert in das momentane, alle Grenzen sprengende Empfinden bedingungslosen gemeinschaftlichen Glücks. Und als solche Generatoren gemeinschaftlich empfundenen Glücks scheinen sie heute unersetzbar zu sein!“.[28] In welcher Art und Weise dies in Feld A geschieht und ob von einer Gemeindlichkeit dieses Gottesdienstes die Rede sein kann, wird nun im folgenden Abschnitt näher beleuchtet, denn trotz der unterschiedlichen Formen von Vergesellung werden alle drei Gottesdienste von einer Mehrzahl der Befragten in den Deutungshorizont von „Gemeinde“ gestellt.

---

[24] Die Unterscheidung zwischen privater Religion und verfasster Kirche ist an dieser Stelle nicht empirisch verifizierbar, vergleichbar mit der spätmodernen Kasualpraxis. Vgl. hierzu KLIE, THOMAS 2014, 282.

[25] KOLL, JULIA 2016, 330.

[26] Vgl. hierzu die entsprechenden Ausführungen zum szenenhaften bzw. gruppenhaften Charakter der Gottesdienste.

[27] Vgl. GEBHARDT, WINFRIED, 212, sowie WEYEL, BIRGIT 2013, 164.

[28] GEBHARDT, WINFRIED, 212.

(b) Gemeindlichkeit – ein Attribut besonderer Gottesdienste

„Besondere" Gottesdienste werden jenseits von territorialen und mitgliedschaftsbedingten Bezügen sowie unabhängig von einem spezifischen Angebotsprofil und in unterschiedlichen Sozialformen von einer Mehrheit der Befragten als „Gemeinde" empfunden.

Jenseits des parochialen Erfahrungsfeldes „Gemeinde" wurde im Rahmen der Umfrage die Frage gestellt, ob die Teilnehmer/innen den besagten Gottesdienst als Gemeinde empfinden.[29] Über 90 % (n=261) stimmten die Befragten des Motorradfahrer/innengottesdienstes dieser Frage zu. Dies ist insbesondere interessant, da dieser Gottesdienst sich im Vergleich zu den anderen Gottesdiensten durch die höchste Anzahl konfessionsloser und römisch-katholischer Teilnehmer/innen auszeichnet, d. h. die Bedeutung der konfessionellen Bindung und Mitgliedschaft wird in diesem Zusammenhang relativiert.[30] Den Mittwochmorgen-Gottesdienst empfinden knapp 85 % (n=46) der Befragten als Gemeinde und knapp 73 % (n=246) der befragten „Nachtschicht"-Teilnehmer/innen stimmten der Frage ebenfalls zu.

In den Feldern B und C hatten die Befragten die Möglichkeit in einem offenen Antwortformat anzugeben, was für sie Gemeinde ausmacht. Die dabei von den Umfrageteilnehmern unmittelbar im Erfahrungsraum des jeweiligen Gottesdienstes festgehaltenen Assoziationen bilden einen semantischen Vielklang, der darauf verweist, dass sich die Bedeutung von Gemeinde nicht in einer spezifischen Sozial-, Rechts-, Organisationsgestalt oder liturgischen Form erschöpft, sondern ein (sinnhaftes) „Mehr" mitschwingt, das es praktisch-theologisch zu erkunden[31] lohnt. Hierfür wurden die gegebenen Antworten feldweise zusammengestellt und in fünf verschiedene Kategorien eingeteilt.[32] Begriffe, die in beiden Feldern genannt wurden, sind unter B und A hervorgehoben dargestellt.

---

[29] Die Frage nach Gemeinde war damit in den direkten Erlebnishorizont des jeweiligen besonderen Gottesdienstes gestellt worden. Das Antwortformat des ersten Frageteils war offen, das des zweiten geschlossen. Vgl. z. B. B-7.4. Die Umfrage in Feld A enthielt den zweiten Frageteil noch nicht.

[30] Die Kreuzanalyse von Konfession/Religion (B-8.5) und Gemeindeempfinden (B-7.4) in Feld B hat ergeben, dass 35 von 38 konfessionslosen und 45 von 50 römisch-katholischen Befragten (gültige Antworten) den Motorradfahrer/innengottesdienst als Gemeinde empfinden.

[31] Zur Praktischen Theologie als Erkundung siehe FECHTNER, KRISTIAN 2010, 155–168.

[32] Die Zuteilung ist z. T. auch mehrfach möglich. Auch wäre eine weitere Differenzierung denkbar. Mehrfach genannte Aspekte werden hier nur einfach genannt. Auf eine theologische Kategorisierung wurde bewusst verzichtet. Es wäre jedoch interessant, sie im Horizont der theologischen Begriffe Leiturgia, Diakonia, Communio und Koinonia zu reflektieren.

	Feld B	*Feld C*
Gemeinsamkeiten	Gemeinsamkeit; Risiko gemeinsam (er-)tragen; gemeinsames Wissen um Emotionen beim Fahren; gemeinsame Interessen, Inhalte (für Alt und Jung), Werte, Ziele, Hobbys; gemeinsamer Antrieb; gleiche Gedanken und Lebensanschauungen, Motivation, Lebensart.	Freud + Leid (teilen)
Gemeinsames Handeln	**Gebet;** Gemeindeleben; gemeinsam etwas tun; **gemeinsam Gottesdienst feiern;** gemeinsame Zeit und Veranstaltungen	**Gebet; gemeinsame Gottesdienstfeier;** gemeinsam lachen, beten, singen, feiern, sich regelmäßig treffen, Teilhabe/Teilnahme, frühstücken, loben, gemeinsame Verwaltung
Atmosphäre	Lebendigkeit; stressfreie Umgebung	Freude
Zwischenmenschliche Qualität	Akzeptanz; **Egalität (alle gleich); Offenheit**; Miteinander; gegenseitige Achtung; gegenseitige Hilfe und Unterstützung; Freundlichkeit; sich grüßen; persönliche Ansprache; Rücksichtnahme; Ungezwungenheit; **Austausch; Vertrauen**; **Zusammenhalt;** Gemeinsamkeit erleben	Anteilnahme; Teilhabe an dem, was andere bewegt; einander zuhören; angenommen sein; offene Aufnahme; Duzen; **Egalität (alle gleich); Offenheit**; **Freundlichkeit;** Willkommenskultur; Willkommen-sein; Interesse am anderen; füreinander da sein; gegenseitige Annahme; sich kennen; **Austausch; Vertrauen**; **Zusammenhalt**
Soziale Relation (Beziehung)	Gleichgesinnte; Brüder/Schwestern im Geiste; **Gemeinschaft** (die zusammenhält); emotionale Nähe; Freundschaft; Gemeinsamkeiten; wie große Familie; Versammlung von Menschen; Zusammenkunft; Zusammengehörigkeit(-sgefühl);	**Gemeinschaft** (unterschiedlicher Menschen; **von Gläubigen**); tragende Gemeinschaft; Zugehörigkeit; Mahlgemeinschaft
Theologische Bestimmung	Gemeinschaft mit Gott; Gemeinschaft von Mensch und Jesus; Gemeinschaft in Christus; **Gemeinschaft (im Glauben)**	Wort und Sakrament; **Gemeinschaft (im Glauben)**

Aus der v. g. Aufstellung und der Berücksichtigung der Häufigkeit der jeweiligen Antworten[33] ergeben sich in den zwei Feldern *unterschiedliche Schwerpunkte.* In beiden Gottesdiensten wird Gemeinde mit dem Begriff der Gemeinschaft assoziiert. Während er jedoch im Zusammenhang mit dem Mittwochmorgen-Gottesdienst (C) in 14 der 35 gültigen Antworten genannt wird und als der zentrale Begriff angesehen werden kann, stellt er im Bereich des Motorradfahrer/innengottesdienstes (B) mit 15 von 101 einen wichtigen Aspekt *neben* „Gemeinsamkeiten“ und „Zusammenhalt“ dar.[34] Der Begriff „gemeinsam“ wird im Feld C ausschließlich im Zusammenhang mit dem Aspekt des gemeinsamen Handelns genannt, während in Feld B die über den Gottesdienst hinaus bestehenden Gemeinsamkeiten von großer Bedeutung sind. Diese Unterscheidung korreliert mit den verschiedenen Sozialgestalten. Während für die Szene eine „Gleichgesinnung“ von zentraler Bedeutung ist, entspricht die hervorgehobene Relevanz des gemeinsamen Handelns einer Gruppe der von Julia Koll entwickelten Formel der „Zusammengehörigkeit in der Vorstellung und im Vollzug“.[35] Zwei weitere Unterscheidungen erscheinen vor dem Hintergrund der unterschiedlichen Sozialgestalten interessant. Während in Feld B das Präfix „Zusammen-“ sowohl in Form von Zusammenhalt, aber auch Zusammengehörigkeit mehrfach genannt wird, klingt im Begriff der Zugehörigkeit in Feld C etwas von der gruppenhaften Außengrenze an. Dies gilt auch für die Bedeutung der Akzeptanz in Feld B, im Unterschied zur Annahme in Feld C.

Es lassen sich aber auch *Überschneidungen* in Bezug auf die Bedeutung des gemeinsamen Handelns und der zwischenmenschlichen Qualität für den Gemeindebegriff in diesen beiden Gottesdienstfeldern aufzeigen: Das gemeinsame Feiern eines Gottesdienstes, der Zusammenhalt, die Egalität und Offenheit, der Austausch, das Vertrauen und die gegenseitige Fürsorge sind wesentliche Aspekte die von Befragten in beiden Feldern mit dem Begriff „Gemeinde“ assoziiert werden. Gemeinsam ist ihnen auch, dass weder die Kirchenmitgliedschaft, noch territoriale oder konfessionelle Aspekte, noch negative Aspekte mit dem Begriff „Gemeinde“ assoziiert werden. Es ist zudem auffallend, dass es sich fast ausschließlich um relationale Begriffe handelt. – Dies zeigte sich besonders eindrücklich in einem Vergleich der Umfrageantworten mit der intuitiven Begriffsverwendung „Gemeinde“ im Rahmen der Interviews. Zwei Beispiele aus Feld B und C sollen dies verdeutlichen, bevor anhand einschlägiger Interviewpassagen auch noch auf Einsichten aus Feld A zum Thema Gemeindlichkeit eingegangen werden wird.

---

33 In diesem Zusammenhang wurden mittels einer Wortwolkenanalyse in MaxQDA die maßgeblichen Begriffe visualisiert. Vgl. B1-B274 sowie C1-47.

34 Vgl. B1-274 sowie C1-47.

35 Nach Julia Koll lässt sich in „Fortsetzung des Ansatzes von Hartmann Tyrell […] ‚Zusammengehörigkeit in Vollzug und Vorstellung‘ als zentrales Merkmal von Gruppen beschreiben.“ KOLL, JULIA 2016, 316.

Peter gab in seinem Fragebogen zum Motorradfahrer/innengottesdienst (B) an, dass für ihn „emotionale Nähe“ Gemeinde ausmache.[36] Auf die Interviewfrage, was ihm denn ganz besonders gut am Motorradfahrer/innengottesdienst in Niedergründau gefalle und was sein persönliches Highlight sei, stellte er einen unmittelbaren Gemeindebezug her, ohne, dass dieser Begriff vorab gefallen war.

> „Es ist eine junge Gemeinde. Es gibt auch, also vom Alter her, eine junge Gemeinde. Von den Leuten her. Die sind alle nicht so tief verwurzelt, glaube ich, in Gemeinden. Also die Masse derer dort sind nicht sehr tief verwurzelt in Gemeinden. Die treffen sich halt situativ, um gemeinsam Gottesdienst zu feiern. Und da sind sie dann auch ganz dabei. Also den Eindruck habe ich schon. Da, die da drin sind, sind ganz dabei. Aber die sehen das nicht so verbissen. Also mit den festen Stammplätzen in der Gemeinde, ne! Also Kirchenvorstand vorne und dann die Oma sitzt immer links. Und wenn da jemand sitzt, ist sie sauer. Das und so, das ist da halt alles, ich find es sehr angenehm.“ Peter B141-I-20.

Im zweiten Frageteil des Interviews wurde Peter bewusst noch einmal direkt danach gefragt, was für ihn Gemeinde ausmache und welche Bilder er im Kopf habe, wenn er in diesem spezifischen Zusammenhang über eine Gemeinde nachdenke.[37] Seine Antwort lautet:

> „Ja, Gemeinde kommt ja irgendwie von, also für mich, ich weiß nicht, wo es semantisch herkommt, aber Gemeinde kommt von gemeinsam (!) für mich. Und gemeinsam sind Interessen oder ethnische Herkunft oder, aber im Wesentlichen eigentlich so etwas Verbindendes. Ja, also die Gemeinde, das sind Leute, die an einem Ort wohnen. Ja. Und hier sind es eben Leute, die ein gemeinsames Hobby verbindet. Und ich könnte mir zum Beispiel vorstellen, dass die Segelflieger auch, bevor die Saison losgeht, einen Gottesdienst machen. Ja, und sagen: Mensch, das ist ein gefährliches Ding. Und die, die Segelflugvereinigung an der Rhön sagt, zum Anfliegen kommt ein Pastor. Machen wir mal eine kurze Gedenkminute. Der Winter ist vorbei. Wir dürfen wieder. Ja. Hals- und Beinbruch. Ja, das wäre so ein Anlass. Und das wäre dann für mich auch Gemeinde. Und, das gemeinsame Interesse. Und das ist das verbindende Element.“ Peter B141-I-94

Peter setzt Gemeinde sowohl intuitiv als auch reflektiert in einen Bedeutungszusammenhang mit „Gemeinsamkeit“, die sich u. a. durch ein spezifisches Teilnehmer/innen- und Partizipationsprofil, eine zwar situative, aber ernsthafte und verbindliche Gottesdienstpraxis, einen lockeren Habitus im gottesdienstlichen Kontext und ein gemeinsames Interesse auszeichnet.

---

[36] B141, Ziffer 7.4.

[37] Wenn im Rahmen der geführten Einzelinterviews im abschließenden Teil recht unvermittelt danach gefragt wurde, ob die befragte Person sich einmal als Teil einer Gemeinde gefühlt habe, war nicht selten eine Klärung des Gegenstandes nötig. So antwortete z. B. Sven mit der Gegenfrage: „In welcher Gemeinde?“, Sven B274-I-64. Sven hatte den Begriff davor nicht verwendet. Im Rahmen der Umfrage beantwortete er die Frage danach, was für ihn Gemeinde ausmache mit „gemeinsam Gottesdienst feiern!“, Sven B274-7.4.

Sonja gibt in ihrem Fragebogen in Feld C an, dass Gemeinde für sie im Zusammenhang mit dem Mittwochmorgen-Gottesdienst „Anteilnahme + gemeinsame Gottesdienstfeier + Mahlgemeinschaft“[38] bedeutet. Im Rahmen des Interviews verwendet sie im Zusammenhang mit diesem Gottesdienst insbesondere den Begriff der „Gemeinschaft“,[39] die sie in einem Vergleich mit der „urchristlichen Gemeinde“ näher qualifiziert.[40] Sie verwendet dabei den Begriff „teilzuhaben“, der auf eine gruppenhafte Gemeindlichkeit schließen lässt, an der man teilhaben kann, oder auch nicht. Die „Zusammengehörigkeit in der Vorstellung und im Vollzug“ (Julia Koll) findet sich auch in Sonjas konkreter Vorstellung des „gemeinsamen Lebens“ im Mittwochmorgen-Gottesdienst, der aus ihrer Sicht „basisdemokratisch funktioniert“, wo zusammen gegessen, gespült wird und „man wirklich den Eindruck [hat], dass diese Gemeinschaft nicht nur zusammen Gottesdienst feiert, sondern auch ein stückweit zusammen lebt und sich austauscht […]“.[41] Der Mittwochmorgen-Gottesdienst ist für Sonja *„geistliche Heimat“*.[42] Dieses Heimatgefühl stellt sie im Interview in einen Gesamtzusammenhang mit der liturgischen Form, den geistlichen Inhalten sowie der spezifischen Qualität der Gemeinschaft und des gemeinsamen Handelns.

Die Umfrage im „Nachtschicht“-Gottesdienst (A) sah zwar keine offene Antwortmöglichkeit zur Konkretisierung des Gemeindeverständnisses vor, aber im Rahmen der Interviews fiel auf, dass Gemeinschaft, Gemeinsamkeit und gemeinsames Handeln zwar weniger prominent thematisiert werden als in den Feldern B und C, aber dennoch in spezifischer Weise eine Rolle spielen. In *Ilses*, bereits in anderem Zusammenhang genannten Zitat wird der situative und vermittelte Charakter der Vergemeinschaftung der „Nachtschicht“ deutlich vor Augen geführt. Die Teilnehmenden werden durch den Pfarrer situativ vergemeinschaftet.

> „[…] Egal, ob das jetzt kirchliche Räumlichkeiten sind oder Firmen, Krankenhaus, was auch immer. […] Aber es breitet sich immer irgendwie so ein, so ein warmer Mantel über die ganze Gemeinschaft und ja, es wird eben zur Gemeinschaft. Auch wenn da Hunderte fremde Menschen, die sich noch nie gesehen haben, in einem Raum sitzen. Egal wie groß er ist. Aber irgendwie schafft es der Herrn Vogel tatsächlich da so ein, ja so ein Nest draus zu bauen. Wo man sich einfach fallen lassen kann. Wo man es genießen kann, wo man mitmachen kann.“ Ilse A8-I-125ff.

Das Gemeinschaftsgefühl wird hier mit einer besonderen (Wohlfühl-)Atmosphäre und Stimmung verbunden, durch eine voraussetzungslose, subjektiv bestimmte

38 Sonja C15-5.4b.

39 Zum subjektiven Charakter von Gemeinschaft und Gemeinschaftsgefühl siehe KOLL, JULIA 2016, 330–336.

40 Vgl. Sonja C15-I-14.

41 Vgl. Sonja C15-I-54.

42 Vgl. Sonja C15-I-52. Dieses Bedeutungszuschreiben verwendet auch Paul: „Meine geistliche Heimat ist der Mittwochmorgen-Gottesdienst in der Peterskirche. Weil, da fing mein Prädikantentum an, da gehe ich regelmäßig hin.“ Paul C43-I-54

Teilhabe und Teilnahme befördert. Das persönliche Mitmachen ist nicht an die anderen Gottesdiensteilnehmer/innen gebunden, sondern an die durch den Pfarrer vermittelte und situative Form. Auch *Beate (konfessionslos)* verbindet mit der „Nachtschicht“ ein „Gefühl der Gemeinschaft“. Gemeinsames Interesse, Aufgeschlossenheit und eine volle Kirche sind wichtige Faktoren für eine Wohlfühlatmosphäre und eine Erlebnisgemeinschaft.

> „[...] Ich nehme schon mit über das Konkrete so das Gefühl der Gemeinschaft schon. [...] Also ich habe schon das Gefühl, dass da viele interessierte Leute sind, die eben genauso wie ich neugierig sind, was anderes suchen, was anderes finden. Und so das Gefühl der Gemeinschaft, weil die Kirche ja auch immer total voll ist. Da ist so eine aufgeschlossene Stimmung, habe ich das Gefühl. Also das Gefühl der Gemeinschaft. Und, dass das ein gemeinsames Erlebnis ist, das nehme ich schon mit. [...] Auch [das gesellige Beisammensein] finde ich super, wo ich denke: Das sollte man viel öfters machen. Also auch bei normalen Gottesdiensten. Könnte ich mir vorstellen, dass es viele Leute anspricht. Genau. Das finde ich natürlich auch super. Gemeinsam essen und trinken. Genial.“ Beate A24-I-40-44

Die im Feld A (re-)konstruierte Art der gottesdienstlichen „Gemeinschaft“ erinnert an die von Winfried Gebhardt beschriebene situative Event-Vergemeinschaftung, die sich auch als „Gemeinschaft ohne Gemeinschaft“[43] bezeichnen lässt. „Anders als die traditionalen oder, wenn auch eingeschränkt, die posttraditionalen Gemeinschaften, spiegeln [solche Gemeinschaften] das Erleben von Gemeinschaft nur vor, bieten sie nichts anderes an als ein kurzfristiges, emotional hochgeputsches Schwelgen in illusionärer Gemeinschaftlichkeit und Einigkeit. [...] In ihnen wird das für die Spätmoderne typische Gefühl, ‚gemeinsam einsam' zu sein, transformiert in das momentane, alle Grenzen sprengende Empfinden bedingungslosen gemeinschaftlichen Glücks. Und als solche Generatoren gemeinschaftlich empfundenen Glücks scheinen sie heute unersetzbar zu sein!“[44] Im Hintergrund dieser These steht die Ferdinand Tönnies getroffene qualitative Unterscheidung von Gemeinschaft und Gesellschaft, die im Rahmen dieser Arbeit vom Begriff der „Gemeindlichkeit“ unterschieden wird.

Auf Basis der in diesem Kapitel dargestellten Daten beschreibt „Gemeindlichkeit“ ein beziehungshaftes Attribut der besonderen Gottesdiente. Dieses wird jedoch weder über die territoriale, konfessionelle oder mitgliedschaftliche Zugehörigkeit noch über eine feststehende Sozialgestalt, eine spezifische soziale Netzwerk- und/oder Organisationsstruktur bestimmt, sondern verbindet sich mit den vorstehend dargestellten aus den empirischen Einsichten entwickelten Aspekten. Es sind diese: Gemeinsamkeiten, gemeinsames (gottesdienstliches) Handeln und eine gemeinsame Praxis, eine positive Atmosphäre, eine besondere zwischenmenschliche Qualität und

---

43 GEBHARDT, WINFRIED 2009.

44 GEBHARDT, WINFRIED 2009, 212.

eine besondere soziale Relation sowie vereinzelt normative theologische Zuschreibungen. Je nach spezifischem Gepräge der Gottesdienste werden diese in einer Erlebnisgemeinschaft von Mit-Ichs (A), einer szenenhaften Gesinnungsgemeinschaft (B) oder einer gruppenhaften Kult-/Ritualgemeinschaft (C) erfahrbar. Diese werden in einen Bedeutungszusammenhang mit dem gemeinsamen gottesdienstlichen Handeln gesetzt. „Gemeinde" oszilliert dabei zwischen Verheißung und Realität, insofern sie mit bestimmten Eigenschaften assoziiert wird, die nicht alle empirisch verifiziert werden können, aber auch nicht müssen, da nicht den objektiven Tatbeständen, sondern ihrer subjektiven Wahrnehmung die maßgebliche soziale Kraft innewohnt.[45] Auf die Frage, was sie morgens dazu bewegt zum Mittwochmorgen-Gottesdienst zu gehen, antwortet *Helga*:

> „Also im Endeffekt ist es halt, ist es in Heidelberg meine Gemeinde geworden auch. Und das finde ich eigentlich ganz spannend, weil die Gemeinde, die ja mit dem, schon mit dem Morgen-Gottesdienst vorhanden ist, die wechselt ständig. Also es, es kommen neue aus den neuen Semestern dazu. Es sind Leute, die kommen von Neckargmünd oder, also es ist, es sind auch ein paar ältere und eben Studenten und nicht immer alles Theologen. Also die Mischung. Und genau das ist das, dass daraus eigentlich das, die Gemeinde, also, dass trotzdem aus dieser, in dieser Mischung für mich da sich ein Kern gebildet hat, wo ich sagen kann: dass es meine Gemeinde für mein Studium geworden ist. Überrascht mich selbst immer wieder. [...]" Helga C5-I-12

Die Schilderung von Helga beleuchtet diese beiden vorstehend angesprochenen Facetten „Verheißung und Realität", insofern deutlich wird, dass Gemeinde in diesem Sinne „zuwächst", für das einzelne Subjekt also unverfügbar ist – und sich dabei in fluiden Beziehungsstrukturen realisiert.[46]

1.1.5. Eckpunkte des sozialen und gemeindlichen Profils im Überblick

Es fällt auf, dass keine direkte Korrelation zwischen dem Grad des Gemeindeempfindens und maßgeblichen Indikatoren kirchlicher Sozialität bzw. kirchlicher Praxis besteht.

In der folgenden Tabelle zeigt sich, dass trotz des höchsten Anteils an Konfessionslosen und einer verhältnismäßig „niedrigen" regelmäßigen gottesdienstlichen Praxis

[45] Vgl. hierzu auch MUNSONIUS, HENDRIK 2011, 100: „Die Vielfalt, in der das Phänomen Gemeinde wahrgenommen wird, ist zudem darin begründet, dass dem Gemeinde- wie dem Kirchenbegriff eine Spannung zwischen verheißener Wirklichkeit und empirischer Realität inhärent ist."

[46] Eine etwas andere, aber nicht im Widerspruch stehende These formuliert Michael Klessmann, wenn er im Zusammenhang wechselseitiger Seelsorge davon spricht, dass „Gemeinde [...] dann nicht mehr parochial verstanden [ist], sondern von ihrem Vollzug her: Gemeinde ist da: wo Gemeinschaft geschieht und erfahrbar wird, z. B. auch in gegenseitiger Seelsorge." KLESSMANN, MICHAEL 2012, 276. Wobei der Begriff der Gemeinschaft diffus bleibt.

das mit dem besonderen Gottesdienst verbundene Gemeindeempfinden in Feld B die höchste Zustimmung fand.

	A „Nachtschicht“	**B Motorradfahrer/innen-Gottesdienst**	**C Mittwochmorgen-Gottesdienst**
Gemeinde-empfinden	72,9 % (n=246)	90,8 % (n=261)	84,4 % (n=46)
Zuschreibung	„Stimmung“/„Gefühl“	„Familie“	„geistliche Heimat“
„Gemeinschaft-lichkeit“	Erlebnisgemeinschaft situativ	Gesinnungsgemeinschaft offen	Kultgemeinschaft exklusiv
Teilnehmer/innenprofil	überwiegend weiblich, aus der Lebensmitte, milieuspezifisch[47]	überwiegend männlich, generations- und milieuübergreifend	überwiegend aus der Ausbildungsphase, recht ausgeglichenes Genderverhältnis, milieuspezifisch[48]
Partizipations-profil	punktuell-selektiv (im Sinne von nicht immer)	regelmäßig, verbindlich	regelmäßig, verbindlich
Kirchenmitgliedschaft/Konfession[49]	n = 279 77,4 % ev. 17,9 % rk. 4,7 % sonstige christliche Glaubensgemeinschaften	n = 251 52,2 % ev. **27,1 % rk.** **17,5 % konfessionslos** 3,2 % sonstige christliche Glaubensgemein schaften	n = 47 89,1 % ev. 6,5 % rk. 0 % konfessionslos 4,3 % sonstige Konfession

47 Die „Nachtschicht“ spricht ein milieuspezifisches „Publikum“ an, das dem Milieu der „kritischen und der aufgeschlossenen Kirche“ (nach Schulz, Hauschildt, Kohler) bzw. dem hochkulturell-modernen Lebensstil nach der IV. KMU, „Kirche in der Vielfalt der Lebensbezüge“, zugeordnet werden kann, wobei die Altersstruktur deutlich über dem einschlägigen Altersdurchschnitt dieser Milieus liegt. Vgl. hierzu Meyer-Blanck, Michael 2011, 253, sowie Kretzschmar, Gerald 2007, 83.

48 Der Mittwochmorgen-Gottesdienst spricht einen hochkulturellen Personenkreis an, der an einer traditionellen Kulthandlung interessiert ist, sich aber aufgrund des universitären Zusammenhangs durch einen ungewöhnlich jungen Teilnehmer/innenkreis auszeichnet. Vgl. hierzu die Milieutheorie nach Schulz/Hauschildt/Kohler in Meyer-Blanck, Michael 2011, 253, oder den hochkulturell-traditions-orientierten Lebensstil auf Basis der IV. KMU, hier nach Kretzschmar, Gerald 2007, 83.

49 Wie an anderer Stelle bereits ausgeführt, dürfte die Anzahl der Konfessionslosen in Feld A und B höher sein, da sich im Rahmen der Interviews gezeigt hat, dass die Antworten z. T. nicht auf Basis der Kirchenmitgliedschaft, sondern auf Basis der Taufe gemacht wurden.

	A „Nachtschicht“	B Motorradfahrer/in-nen-Gottesdienst	C Mittwochmorgen-Gottesdienst
Partizipation an anderen Gottesdiensten (außer dem untersuchten GD)	n=279 17,1 % 1 x p. a./seltener 52,1 % mehrmals p. a. 14,6 % 1–2 x im Monat 16,1 % jede/fast jede Woche	n=268 **38,4 % 1 x p. a./seltener** 40,3 % mehrfach p. a. 8,6 % 1–2 x im Monat 12,7 % jede/fast jede Woche	n=45 2,2 % 1 x p. a./seltener 11,1 % mehrmals p. a. 15,6 % 1–2x im Monat 71,1 % jede/fast jede Woche
Formen anderer Gottesdienste	n = 282 52,5 % „normale“ am Sonntag 79,8 % an Feiertagen 78,0 % Kasualien 25,9 % am Urlaubsort 24,6 % andere besondere GD	n=268 **38,8 % „normale“** 64,9 % an Feiertagen 76,5 % Kasualien 13,1 % am Urlaubsort 10,7 % andere besondere GD	n=45 97,8 % „normale“ 66,7 % an Feiertagen 55,6 % Kasualien 26,7 % am Urlaubsort 37,8 % andere besondere GD
Sozialgestalt	posttraditionaler Charakter: vermittelte Vergesellung von „Mit-Ichs“	szenenhafter Charakter	gruppenhafter Charakter
Sozialraum	milieuspezifischer, regional-urbaner Sozialraum:[50] Stuttgart	szenenspezifischer Sozialraum: Motorradfahrer/innen	institutionsspezifischer Sozialraum: Universität
Organisatorische Dimension	Parochie-übergreifend mit Tendenz zur Personalgemeinde	Parochie-unabhängig	Parochie-analog

Wird, wie in Teil I der Arbeit ausgeführt, davon ausgegangen, dass die untersuchten Gottesdienste phänomenologisch dem Bereich von „Gemeinde auf Zeit“ zugeschrieben werden können, so lässt sich auf Basis der empirischen Einsichten postulieren, dass „Gemeinde auf Zeit“ die Beziehungsperspektive bzw. -dimension von Gemeinde in folgendem Sinn zum Ausdruck bringt: Der Begriff der „Gemeinde“ verweist auf ihren Charakter als *(soziales) Beziehungsgeschehen*. Die Apposition „auf Zeit“ verweist hingegen auf den *dynamischen, fluiden, temporären, ereignishaften und unverfügbaren Charakter* von Gemeinde, sodass „Gemeinde auf Zeit“ *ein Bezie-*

[50] Der milieuspezifische, regional-urbane Sozialraum des „alternativen Gottesdienstes“ „Nachtschicht“ bestätigt zum einen Lutz Friedrichs These, dass „alternative Gottesdienste Regionalgemeinden [konstituieren]“ und zum anderen die Notwendigkeit einer „liturgischen Milieukompetenz“. FRIEDRICHS, LUTZ 2007b, 30.

hungsgeschehen im Fluss bzw. im Werden[51] ist. Gemeinde auf Zeit ist somit keine subjektive Willensentscheidung oder rechtliche bzw. konfessionelle Zuordnung, sondern entsteht empirisch gesehen im Zusammenhang der im Folgenden querschnitthaft dargelegten vier Sozialitätsaspekte.

1.2. Die vier Quellen sozialer Kraft besonderer Gottesdienste

1.2.1. Die soziale Kraft der Geschichtlichkeit

Alle drei untersuchten besonderen Gottesdienste entfalten ihre soziale Kraft „im Fluss bzw. im Werden". Die Entwicklungsgeschichten der besonderen Gottesdienste zeigen, dass das Doppelmoment von Kontinuität und Veränderung für die Nachhaltigkeit des und Identifikation mit dem jeweiligen Gottesdienst wichtig ist. Veränderungen sind für die Einbindung neuer Personen bedeutsam, gehen aber auch mit dem Risiko des Verlustes von Teilnehmer/innen einher, wie sich in Feld B zeigte. Darüber hinaus wirken z. B. wechselnde Mitwirkende einem Gewöhnungseffekt entgegen, bergen jedoch die Gefahr einer Steigerungslogik, wie sie im Zusammenhang mit der „Nachtschicht" beobachtet werden konnte. Wichtige Kontinuitätsfaktoren sind Schlüsselpersonen, spezifische Orte und geprägte Rituale.

1.2.2. Die soziale Kraft des kollektiven Phänomens

Trotz der Reziprozität der vier Quellen sozialer Kraft besonderer Gottesdienste zeigt sich, dass die kollektive Dimension der Gottesdienste, d. h. das gottesdienstliche Geschehen selbst, für die Teilnahme besonders hohe Bedeutung hat. Wesentliche Sozialitätsaspekte sind:

(a) Eine Kombination aus traditionellen und eventhaften Elementen
„Der etwas andere Gottesdienst" – könnte eine Überschrift über eine Werbung für die drei untersuchten Gottesdienste lauten. Diese von Kristian Fechtner als „McDonalds"-Prinzip bezeichnete Logik funktioniert nicht nur bei Kunden von Schnellrestaurants, sondern scheint ein anthropologisches Grundbedürfnis nach dem „Besonderem" anzusprechen. Im Rahmen dieser Untersuchung hat sich gezeigt, dass die positive Beschreibung der jeweiligen Gottesdienste häufig in Abgrenzung zum „normalen Gottesdienst" erfolgte. Dabei waren weniger objektive Sachverhalte, sondern nicht weniger relevante persönliche Erlebnisse sowie Vorstellungen von Gottesdiensten, Pfarrern und der Kirche leitend. Die Abgrenzung zum „Normalfall-

---

[51] Während „im Fluss" den fluiden und dynamischen Charakter betont, wird durch den Ausdruck „im Werden" der temporäre, ereignishafte und unverfügbare Charakter von Gemeinde zum Ausdruck gebracht.

Sonntagsgottesdienst" wurde z. T. auch als Legitimationsgrundlage für eine Annäherung an ein kirchliches Angebot bei gleichzeitig kirchenkritischer Haltung wahrgenommen. Der Versuch, besondere Gottesdienst zum Normalfall zu machen, wäre daher aus zweifacher Sicht sozial kontraproduktiv: 1. da dadurch die notwendige Differenzerfahrung ignoriert und zugleich das kirchliche Distanzierungsbedürfnis von Teilnehmer/innen untergraben würde; 2. würde die im Besonderen liegende soziale Kraft der Erlebnishaftigkeit aufgehoben werden. Die Betonung der Andersartigkeit liegt auf „etwas" und es ist gerade die „kleine Differenz", die den großen Unterschied auszumachen scheint. Durch die *Verbindung von traditionellen und eventhaften, erlebnisreichen Elementen* wird der Gewöhnung vorgebeugt, aber auch Identifikation ermöglicht.[52] Dabei begegnen diese zwei Elemente je nach Gottesdienst in ganz unterschiedlichen Aspekten und Ausprägungen: das „Anlassen" als eventhaftes Großereignis mit der gottesdienstlichen Feier als Zentrum; die „Nachtschicht" als eventhafte „Talkshow" mit liturgischer „Rahmung" und der Mittwochmorgen-Gottesdienst als hoch-liturgische gottesdienstliche Feier mit anschließendem Frühstück in der Kirche, dem u. a. aufgrund seines spezifischen Ortes, aber auch aufgrund der wechselnden Mitwirkenden im Gottesdienst eine besondere Erlebnishaftigkeit zugeschrieben wird. Die dieser Arbeit zugrunde liegende Untersuchung hat gezeigt, dass Gottesdienste nicht originell, sondern stimmig sein müssen. Die Erlebnishaftigkeit liegt dabei nicht per se in der Qualität des Gottesdienstes als gute Unterhaltung,[53] sondern auch z. B. im Kasus, in besonderen Formen, in wechselnden Personen, in Beziehungen, einem besonderen Zeitpunkt oder einem besonderen Ort. All diese Aspekte tragen dazu bei, dass Gottesdienstzeit zur Aus-Zeit werden kann, „ohne dabei unsere Zeitlichkeit verleugnen zu müssen".[54] Hinzu kommt, dass in allen drei besonderen Gottesdiensten auch ein Bedürfnis nach Vertrautem, nach traditionellen Elementen, wahrzunehmen war. In diesem Sinn stellen diese Gottesdienste nicht verschiedene Antworten auf „den Ruf nach dem Neuen oder [die] Sehnsucht nach dem Vertrauten"[55] dar, sondern eine Symbiose aus beiden Elementen. Beim Versuch, die Sozialität (besonderer) Gottesdienste besser zu verstehen, hat sich gezeigt, dass es einer konkreten Analyse der traditionellen und eventhaften bzw. erlebnisreichen Elemente bedarf und eine grundsätzliche Einteilung in traditionelle und eventhafte Gottesdienstformen wenig hilfreich und zudem nicht zutreffend erscheint, auch wenn es für jede Gottesdienstform leitende Paradigmen gibt. Produktiv wird hingegen die Charakterisierung der besonderen Gottesdienste als rituelle Handlungen und Interaktionen angesehen, insofern diesen, vor dem

[52] Vergleiche hierzu auch die Ergebnisse zur liturgischen Selbstverortung der Gottesdienstteilnehmer bei POHL-PATALONG, UTA 2011, 106–116, nach der „sich [in einem Sample] überraschend viele Befragte unterschiedlicher Lebensstile für eine Kombination traditioneller und innovativer Elemente aussprechen." (111).

[53] Zum Plädoyer für einen Gottesdienst als gute Unterhaltung siehe SCHROETER-WITTKE, HARALD 2003, 258.

[54] SCHROETER-WITTKE, HARALD 2003, 258.

[55] Vgl. entsprechende Kapitelüberschrift bei KERNER, HANNS & MÜLLER, KONRAD 2015, 31–40.

Hintergrund der ritualtheoretischen Konzeptionen des Soziologen Erving Goffman und des Ethnologen Victor Turner, eine konstituierende und erlebnisrelevante Bedeutung von Gemeinschaftlichkeit zugeschrieben werden kann.[56]

Das *gemeinsame Essen und Trinken* ist ein Aspekt des erlebnisreichen Charakters der drei Gottesdienste und spielt eine wichtige Rolle für die Vergesellung der Teilnehmenden. Hierbei handelt es sich bei allen drei Gottesdiensten um Kristallisationspunkt der im Rahmen der gottesdienstlichen Feier Grund gelegten Beziehungs-, Kommunikations- und Begegnungsräume: Im gemeinsamen Frühstück in Feld C findet die liturgische Abendmahlsgemeinschaft ihre lebensweltliche Fortsetzung. Die Ortsgemeindemitglieder der Bergkirchengemeinde Niedergründau bewirten die Teilnehmer/innen des „Anlassens" (Feld B) und schaffen so einen besonderen Kommunikations- und Beziehungsraum zwischen den unterschiedlichen „Gemeinden" über systembedingte Grenzen hinweg. In Feld A bietet das gesellige Beisammensein im Anschluss der „Nachtschicht" den Teilnehmer/innen nicht nur die Gelegenheit in einen u. a. themenspezifischen Austausch miteinander zu kommen, vergleichbar einer Theaterpause, sondern ermöglichen auch den direkten Kontakt mit den geladenen, häufig prominenten Gästen. In allen drei Feldern werden somit soziale, gesellschaftliche oder systembedingte Grenzen innerhalb der Kirche relativiert und Begegnung „auf Augenhöhe" ermöglicht, sei es zwischen Prominenten und „normalen" Bürgern, Szenemitgliedern und den Bürgern einer Gemeinde oder Lehrenden und Studierenden. Trotz des von Partikularität geprägten Teilnehmer/innenprofils besonderer Gottesdienste scheint im gemeinsamen Essen und Trinken ein Moment der Universalität der Kirche und ihre grenzüberschreitende, inklusive und transzendierende Kraft auf und wird als solche für die Teilnehmer/innen in sinnstiftender Weise erfahrbar, insofern sie zu ihrer Selbst- und Weltdeutung beitragen.[57]

Es hat sich gezeigt, dass alle drei Gottesdienste sich durch erlebnisreiche, eventhafte Aspekte auszeichnen, die wichtige Vergesellungsfaktoren sind. Sie tragen nicht nur zur religiösen Praxis bei, sondern sind ein Teil davon. Bei der Debatte um die Eventisierung entsteht nicht selten der Eindruck, dass dies eine Besonderheit der Spätmoderne sei, dabei wurde bereits im 16. und 17. Jahrhundert die Erfahrung gemacht, dass sich „[k]irchliches Fest und weltliche Feier [...] nicht voneinander trennen [ließen]. Keines wurde zu Gunsten des anderen aufgegeben. In diesem Punkt blieb die Bevölkerung beharrlich".[58] Schon damals konnte

---

[56] Nach Erving Goffman sind Rituale soziale Interaktionen, die Formen der Vergemeinschaftung und Verinnerlichung von Werten der Beteiligten sind. Achtung und Anerkennung, wie sie insbesondere in den Gottesdienstfeldern A und B als wesentliche soziale Aspekte genannt wurden, sind für die Zugehörigkeit relevant. Mit der Beschreibung des rituellen Handelns als liminale/liminoide Praxis, durch die es innerhalb des Geschehens zur Ausbildung einer *communitas* kommt, bietet Victor Turner einen Gegenbegriff zum Ritualverständnis einer regelhaften und kommunikativen Form. Damit bietet er insbesondere theoretische Anknüpfungspunkte für die Gottesdienstfelder A und B. Zur Gesellungskraft von Ritualen siehe FECHTNER, KRISTIAN 2013 sowie FECHTNER, KRISTIAN 2008, 1032f.

[57] Vergleiche zum sinnstiften Potential im Zusammenhang von Kochen und Essen auch die einschlägige Arbeit von PORTMANN, ADRIAN 2003, insbesondere 277ff.

[58] ROOSEN, RUDOLF 1997, 42f.

> „[…] das reformatorische Ideal, den Kirchenbesuch zu einer ‚reinen', ausschließlich religiösen Betätigung zu machen […], nicht durchgesetzt werden […]. Zwar wurde die Ruhe und Disziplin im Gottesdienst durch Überwachung aufrechterhalten und Frauen und Männer im Gottesdienst getrennt, jedoch konnte niemand den Leuten verwehren, während der Predigt eigenen Gedanken nachzugehen, sich vor und nach dem Gottesdienst zu treffen, um zu ‚schwätzen' […]. Im Gottesdienstverhalten zeigt sich ein Grundmodell volksnaher Frömmigkeitsgestaltung, das sich auch in anderen Zusammenhängen immer wieder nachweisen läßt. Nach reformatorischer Überzeugung hatten sämtliche religiösen Aktivitäten vollkommen frei von irgendwelchen weltlichen Interessen zu sein […]. Mit diesem Anliegen haben sich die evangelischen Kirchen nicht durchsetzen können. […]."[59]

Die Logik des Hybridevents findet sich auch im *festlichen und feierlichen Charakter* der Gottesdienste. „Die Feier ist wie das Fest ein außeralltägliches Ereignis, aber inhaltlich auf den Alltag und seine Wirklichkeit bezogen. Die Feier ist Sinn vergewissernd und handlungsorientiert, das Fest dagegen hat eine für den Menschen entlastende und erholsame Funktion."[60] Darüber hinaus sind sie nicht nur auf die Vergangenheit, sondern auch auf die Zukunft bezogen und haben somit das Potential, „neue Wirklichkeit" hervorzubringen und „neue Erfahrungsräume" zu schaffen.[61]

(b) Eine lebensweltliche Liturgie

Die kollektive Praxis „besonderer" Gottesdienste gründet u. a. in einem *gemeinsamen Sitz im Leben* der Teilnehmenden, wie z. B. das Motorradfahren, der Arbeits- und Ausbildungsraum oder aber auch ein Milieu in einem spezifischen Lebensraum. Die Erfahrungen in einem dieser Kontexte werden durch den besonderen Gottesdienst in einen spezifischen Deutungszusammenhang gestellt, sei es das Motorradfahren in einem spezifischen „Segensraum", die Zurüstung bzw. Erbauung für den (Arbeits- bzw. Studien)-Alltag, oder die Kontingenzbewältigung angesichts von Risiken und drängender gesellschaftspolitischer Fragen.

Der gemeinsame Sitz im Leben manifestiert sich auch im *zeitlichen Modus* der besonderen Gottesdienste. Diese entsprechen den veränderten zeitlichen Bedingungen in der Postmoderne, nach denen „Zeit […] weniger in allgemein feststehenden, vorgegebenen Rhythmen, sondern entsprechend dem jeweiligen Verlauf des eigenen Lebens wahrgenommen [wird]. Liturgisch ergibt sich daraus die Herausforderung, den Gemeinschaftsbezug und die Verständlichkeit liturgischen Handelns biographiebezogen zu gestalten".[62] Die in dieser Studie untersuchten besonderen Gottesdienste zeichnen sich an dieser Stelle durch einen übergängigen Modus aus. Der Motorradfahrer/innengottesdienst zum Saisonbeginn stellt einerseits einen jahreszeitlichen Übergang dar. Andererseits ermöglicht die Veranstaltung um die Mittags-

---

59 ROOSEN, RUDOLF 1997, 42f.

60 NEIJENHUIS, JÖRG 2012, 12f.

61 NEIJENHUIS, JÖRG 2012, 13.

62 GRETHLEIN, CHRISTIAN 2001, 146.

zeit eine gute An- und Abreise und eignet sich gut für einen Tagesausflug, sodass der Gottesdienstbesuch in das Freizeitprogramm integriert werden kann. In der dunklen Jahres- und Tageszeit am Sonntagabend ist die „Nachtschicht“ ein Raum, in dem Kraft für die neue (Arbeits-)Woche getankt werden kann. Sie steht damit am Anfang der Woche und markiert den *wochenzeitlichen Übergang.*[63] Der Mittwochmorgen-Gottesdienst folgt hingegen am frühen Mittwochmorgen in der Mitte des Ausbildungs- und Berufsalltags dem Modus eines *tageszeitlichen Übergangs.* Der zeitliche Modus der besonderen Gottesdienste ist in doppelter Hinsicht ein wichtiger Sozialitätsfaktor, wenn die gottesdienstliche Zeit zur Lebenswelt passt und die Lebenswelt gleichzeitig durch den übergängigen zeitlichen Modus in einen spezifischen subjektiven und kollektiven Sinnzusammenhang gesetzt wird. Die „Aufnahme und Transformation der Zeitlichkeit erfolgt“[64] hier überwiegend unabhängig vom Kirchenjahr.[65]

Im Rahmen der Feldstudien konnte (re-)konstruiert werden, dass lebensweltliche Anknüpfungspunkte eine zentrale Motivation für die Teilnahme an diesen Gottesdiensten darstellen. Hierbei spielt die *lebensweltliche Hermeneutik und Inszenierung* der religiösen Botschaft eine zentrale Rolle für die subjektiven Sinnkonstruktionen und Resonanzerfahrungen. Wird gelebte Religion z. B. als ein „kommunikativer Tatbestand“[66] verstanden, so müssen sich „[a]uch die pluralen religiösen Sinnentwürfe auf ihre intersubjektive Kommunikabilität und damit auch auf ihr tatsächliches Interpretationspotential mit Blick auf das gemeinschaftliche Leben und Handeln in der Welt und vor Gott diskutieren lassen [...] (Landmesser 2006)“.[67] Die christliche Religionshermeneutik entfaltet insofern ihre soziale Kraft in den besonderen Gottesdiensten, als sie „den an diesem Diskurs Beteiligten den Raum zu einer eigenen koherenten und so kommunikablen Welt-Interpretation vor dem Hintergrund des zum Leben befähigenden Christusglaubens im komplexen Kontext der Gegenwart zu eröffnen“[68] vermag. Legt die Hermeneutik dabei den Schwerpunkt auf die Interpretation von Texten, so hat sich gezeigt, dass zu ihrer Vermittlung auch lebensweltliche Inszenierungen zentral sind. Um einen Alltagsbezug herzustellen, ist dafür zunächst nicht vom Text, sondern von der lebensweltlichen Situation der

63 Der Gottesdienst am Sonntag(-abend) setzt einen Kontrapunkt zum ambivalenten Gefühl der anbrechenden neuen Arbeitswoche. Zur Diagnose dieses Gefühls siehe exemplarisch MARSCHALL, SUSANNE & LIPTAY, FABIENNE 2008, 30: „Ich möchte nicht, dass Sonntag ist ... denn Sonntag ist der Tag, bevor ich wieder arbeiten gehen muss, und deshalb ist er völlig ruiniert.“

64 SCHWIER, HELMUT et al. 2006, 201 FN 19.

65 Im Unterschied dazu: „Aufnahme und Transformation der Zeitlichkeit erfolgen im Gottesdienst wesentlich durch die Prägung des Kirchenjahres, die nicht nur in Lesungen und Liedern, sondern im Raum auch durch die Paramente Ausdruck findet. [...]“ Vgl. RASCHZOK, KLAUS 2005 zitiert nach SCHWIER, HELMUT et al. 2006, 201 FN 19.

66 GRÄB, WILHELM 1999, 133f.

67 LANDMESSER, CHRISTOF, 757f., der diesen Zusammenhang zu Wilhelm Gräbs Religionstheorie herstellt.

68 LANDMESSER, CHRISTOF, 757f.

Teilnehmer/innen auszugehen.[69] Die Orientierung an sprachlichen, ästhetischen und thematischen Besonderheiten der spezifischen Lebenswelten und derer, die zu ihr gehören,[70] unterstützen das Gelingen der Kommunikation. Am Beispiel der Psalmen hat sich exemplarisch gezeigt, dass ein traditionelles Element durch eine lebensweltliche Gestaltung, z. B. als „Motorradfahrer/innen"-Psalm oder als „Nachtschicht"-Psalm" formuliert und in unterschiedlicher Weise im Wechsel gesprochen, oder, wie im Mittwochmorgen-Gottesdienst, im Chor gesungen, zur Partizipation anregt. Die aktive Beteiligung an diesem liturgischen Element spricht dafür, dass die Gattung des Psalms breit im kulturellen Wissen verankert ist.

Die lebensweltliche Anschlussfähigkeit der drei Gottesdienste gründet auch in ihrem *spätmodernen kasualen Charakter*. Diese ergibt sich durch ihre lebensgeschichtliche Provenienz, ihre besondere Gestaltung, ihren übergängigen Charakter und einen „motivierenden Anlass" für die Partizipation.[71] So kann das „Anlassen" in Analogie zu Gottesdiensten zum Jahreswechsel als „jahreszyklischer Kasualgottesdienst in lebensgeschichtlicher Perspektive" verstanden werden. Wohingegen die Einmaligkeit, einen bestimmten prominenten Gast in der „Nachtschicht" erlebt und Anteil an seiner persönlichen Geschichte gehabt zu haben, als besonderes Ereignis der eigenen Biographie erlebt und zum Anlass genommen wird, über das eigene Leben zu reflektieren. Der Mittwochmorgen-Gottesdienst wird dagegen von vielen mit der Lebensphase und dem Lebensgefühl der eigenen Studienzeit verbunden. Darüber hinaus gibt es in allen drei Gottesdiensten Verbindungslinien zur klassischen Kasualpraxis: Die Konfirmand/inn/en besuchen die „Nachtschicht" und gestalten diese punktuell mit. Dabei spielt eine wichtige Rolle, dass der „Nachtschicht"-Pfarrer auch für das „Konfi-Camp" zuständig ist und diese Arbeit wichtig für die Rekrutierung von „Nachtschicht"-Teamer/innen ist. Im Rahmen des „Anlassens" finden regelmäßig klassische Kasualien statt und in der Universitätsgemeinde in Heidelberg werden – im sonntäglichen Universitätsgottesdienst – immer wieder Taufen u. a. Kasualien gefeiert. Durch die Feier von Kasualien in der Peterskirche wächst dem Kirchenraum als biographischem Erinnerungsort eine Bedeutung zu, die auch im Kontext des Mittwochmorgen-Gottesdienstes reflektiert wird. Kasualien im Motorradfahrer/innengottesdienst befördern ebenfalls die Identifizierung mit diesem Gottesdienst und dem spezifischen Ort.[72]

Wird die lebensweltliche Liturgie, wie hier, so weit gefasst, dass sie auch die lebensweltliche Dimension der Leiblichkeit, Zeitlichkeit und Räumlichkeit einbezieht, dann bestimmt sich von dort aus auch der Rahmen eines *selbstbestimmbaren Nähe-*

---

[69] Vgl. hierzu Wagner-Rau, Ulrike 2008, 235.

[70] Die formelle Zuordnung zu einer Lebenswelt, wie z. B. die der Motorradfahrer/innen, der Universität oder einer spezifischen urbanen Region, lässt jedoch nicht zwangsläufig auf lebensstilspezifische Aspekte wie Ästhetik etc. schließen. Hieran zeigt sich, dass die (re-)konstruierten Gesellungskräfte ihre Wirkung nicht separat voneinander entfalten, sondern nur im Zusammenspiel.

[71] Vgl. hierzu Fechtner, Kristian 2010, 28.

[72] Vgl. exemplarisch Lara B244-I-197, 222–246.

und Distanzverhältnisses. Hierfür sind zum einen adäquate räumliche und liturgische Beteiligungs-/Partizipationsformen wichtig,[73] zum anderen entscheidet die Organisationsstruktur wesentlich über die Teilnahme oder Teilhabemöglichkeiten. Ein offener, sich über den Kircheninnenraum hinaus erstreckender Gottesdienstraum, wie er in Feld B gegeben ist, ermöglicht eine selbstbestimmte Verortung und bedürfnisorientierte Annäherung und Distanzierung zum und im gottesdienstlichen Geschehen. Die niedrigschwellige Liturgie ermöglicht ein selbstbestimmtes Maß an Partizipation, die mit der heterogenen Teilnehmer/innenstruktur korreliert und dadurch auch keinen ausschließenden Charakter hat. Dadurch bietet sich den Teilnehmer/innen am „Anlassen" verschiedene Partizipationsmöglichkeiten: von einer hohen aktiven über eine passiv-aufmerksame oder passiv-distanzierten bis hin zu einer stellvertretenen Teilhabe, wie sie auch in Anlehnung an Jan Hermelink als „Anwesenheit der Abwesenden"[74] bezeichnet werden könnte. Distanz ist hierbei kein Ausdruck von Indifferenz, sondern von selbstbestimmter Partizipation, die in ganz unterschiedlicher Art und Weise erfolgt. In der „Nachtschicht" wird die Aufmerksamkeit auf das erhellte Geschehen im Altarraum gerichtet, während die Besucher/innen im deutlich dunkleren Kirchenschiff sitzen. Dadurch können sie im Schutz der Dunkelheit in eine innere Nähe oder Distanz zum gottesdienstlichen Geschehen gehen und der Grad ihrer aktiven Partizipation ist „ausgeblendet". Die hohe Liturgie, Sitzordnung und Lichtsituation lassen im Mittwochmorgen-Gottesdienst wenig Raum für eine selbstbestimmte Nähe – und Distanz. Die Form des Gottesdienstes verbindet sich mit der Notwendigkeit einer aktiven leiblichen Teilnahme. Zugleich räumt sie aber – sofern sie verinnerlicht wurde – auch eine innere Freiheit ein, den eigenen Gedanken zu folgen oder sich auf den Inhalt zu konzentrieren und dabei dennoch am gottesdienstlichen Ritual teilzunehmen und teilzuhaben. Wird dem Ritual jedoch nicht gefolgt, z. B. durch Unkenntnis, das Fernbleiben vom Abendmahl oder vom Frühstück, so kann das zwar Ausdruck eines selbstbestimmten Nähe- und Distanzverhältnisses sein, geht aber in dem Moment auch mit einer zwangsläufigen Verhältnisbestimmung der Person zum gottesdienstlichen Geschehen und den anderen Teilnehmer/innen einher.[75] An allen drei Beispielen zeigt sich

---

[73] Es wird hier nicht zwischen Beteiligung und selbstverantworteter Partizipation als Strukturprinzip unterschieden wie z. B. bei FOITZIK, KARL 2006, 27.

[74] Jan Hermelinks kirchentheoretische Ausführungen beziehen sich auf die Mitgliedschaft als „entschiedene Form von Zugehörigkeit [durch die] ‚die Möglichkeit von Abwesenheit' (Nassehi) [eröffnet wird]." HERMELINK, JAN 2011, 92. Die Untersuchung der besonderen Gottesdienste hat gezeigt, dass das Zugehörigkeitsempfinden zum jeweiligen Gottesdienst auch über ein gemeinsames Interesse, Hobbie etc. gegeben sein kann, sich dieses aber nicht darin erschöpft, sondern im gottesdienstlichen Charakter der Veranstaltungen liegt, der stark volkskirchlich geprägt ist. Die netzwerktheoretische Betrachtung der besonderen Gottesdienste als Veranstaltung der kirchlichen Organisation verweist auf ihre offenen und diffusen Ränder, an denen sie auch jenseits der kirchlichen Mitgliedschaft ihre Wirkung entfaltet und ein selbstbestimmtes Nähe- und Distanzverhältnis der Gottesdienstbesucher/innen ermöglicht.

[75] Vor diesem Hintergrund zeigt sich, dass die in der liturgisch-rituelle Gestaltung eines Gottesdienstes liegende Distanz nur denn den „Individuen den Individuen den Freiheitsraum [eröffnet], über das Maß an Nähe und Verbindlichkeit in den unterschiedlichen Kommunikationssituationen frei zu

jedoch, dass eine Unterteilung in Teilnehmer/innen und Besucher/innen bzw. Zuschauer/innen nicht streng durchgehalten werden kann, sondern sich die subjektive Teilhabe im Laufe des gottesdienstlichen Geschehens immer wieder verändert, sei es äußerlich oder innerlich. Die räumliche Situation und liturgische Form haben jedoch Einfluss auf die Grundhaltung, wie die gottesdienstliche Feier im Chorraum und je nach Lichtsituation in unterschiedlich kontrastreicher offenen oder geschlossenen bühnenkirchlichen Situation gezeigt haben.[76] Möglichkeiten der Nähe und Distanz sind in allen drei Fällen gegeben: in der Form, die innere Freiheit schenkt (Feld C), in der schützenden Dunkelheit, aus der heraus unauffällig beobachtet und zugleich entspannt sowie ohne Leistung das Dargebotene „konsumieren" werden darf (Feld A), und durch die Möglichkeit, in räumliche Distanz zum Kirchenraum und dem gottesdienstlichen Geschehen zu gehen (Feld B). Dies führt auch zu einer Entgrenzung des Räumlichkeitsaspektes eines Gottesdienstes und wird zugleich durch einen solchen ermöglicht. „Es ist gerade die Distanz, so Gerald Kretzschmar, die die Gesellschaft – und die Kirche – zusammenhält und Pluralität und Freiheit ermöglicht."[77] „Besondere" Gottesdienste sind Beispiele dafür, „dass sich die kirchliche Praxis schon lange auf moderne Interaktionssituationen eingerichtet hat, die gekennzeichnet sind durch Mittelbarkeit, Distanz und geringe wechselseitige Kongruenz der Perspektiven."[78] Licht, Raum und Partizipationsformen sind für eine selbstbestimmbare Nähe und ein Distanzverhältnis wichtig. Sie lassen aber umgekehrt nicht auf das Maß der subjektiven Beteiligung schließen, wie die Vielzahl an verschiedenen Partizipationsmustern bei gleichzeitig hoher Anteilnahme und Identifikation mit den Gottesdiensten gezeigt hat.[79]

Die *kirchenräumliche Situation* ist nicht nur im Zusammenhang mit dem Nähe- und Distanzverhältnis bedeutsam, sondern auch im Hinblick auf die Nutzbarkeit und einer Beheimatung. Ein rechtlicher Gaststatus kann im Idealfall eine Bereicherung für die gastgebende und gastnehmende Gemeinde sein und in Form gelebter christlicher Gastfreundschaft eine Verbindung über unterschiedliche sozial und kulturell bedingte Grenzen hinweg schaffen, wie sich in Feld B gezeigt hat. Gemeinden können so „Herberge"[80] sein und bieten. Sie birgt aber auch die Gefahr von Spannungen, sofern unterschiedliche Angebote als Konkurrenz oder die Gäste als Störfaktor angesehen werden. Am Beispiel der Peterskirchengemeinde zeigt sich, dass eine selbstbestimmte und intensive Nutzung eines Kirchenraumes dazu beitra-

---

entscheiden," KRETZSCHMAR, GERALD 2012, 158f., wenn sie theoretisch in der Lage wären, daran zu partizipieren.

[76] Zum Verhältnis von (Kirchen-)raum(-typen), Gottesdienst und Partizipationsform siehe auch Weyer-Menkhoff, Stephan 2006b, 13, WEYER-MENKHOFF, STEPHAN – unveröffentlicht –, 12–18, sowie WEYER-MENKHOFF, STEPHAN 2006a.

[77] KARLE, ISOLDE 2015, 233.

[78] KRETZSCHMAR, GERALD 2012, 158.

[79] Anders RASCHZOK, KLAUS 2006, 53, 66–70: „Gemeinde konstituiert durch ihre Körperarbeit im Gottesdienst den Leib Christi als Raum für ihre Gottesbegegnung".

[80] Vgl. hierzu ggf. auch die gemeindetheoretischen Ausführungen zur „Gemeinde als Herberge" von HAASEN, JENS 2004.

gen kann, zu einem Stück „Heimat“ zu werden. „Zur *Beheimatung* kommt es dort, wo Teilnehmende mit dem Raum der gottesdienstlichen Gemeinde vertraut werden und diesen sich als ‚ihre‘ Heimat aneignen. Dies geschieht dann, wenn der Raum als Gottesdienstraum selber in Gebrauch genommen wird, z. B. durch Kanzellesen, Orgelspielen oder Glockenläuten, wenn der Raum mit eigenen Werken ausgestaltet wird oder sogar einmal so umgestaltet und vorgestellt wird, wie er eigenen Vorstellungen entspricht.“[81] In diesem Sinn konnten auch im Zusammenhang mit dem Motorradfahrer/innengottesdienst Aspekte von Beheimatung (re-)konstruiert werden. Die Bergkirche als Ziel der jährlichen „Wallfahrt“, der Fremdheitscharakter des „heiligen Raumes“,[82] die Anwesenheit von Helmen und Motorrädern im Altarbereich in der Bergkirche und die motorradfreundlichen Gastgeber sind einige Momente, die die große Bedeutung dieser Kirche für die Teilnehmenden erhellen. Im Zusammenhang mit der „Nachtschicht“ ist auffallend, dass die „Nachtschicht“-Gemeinde ihren „Kirchenraum“ durch Altar-Bibel, Kreuz und Altar an jedem Veranstaltungsort „konstituiert“ und vor dem Hintergrund einer „inneren Folie des Prinzips Kirchenraum“ eröffnet, unabhängig, ob es sich um den Eingangsbereich eines Krankenhauses, um ein Theater, ein Motorenwerk oder ein Museum handelt. „Kreuz, Altartisch und Bibel lassen – zugespitzt formuliert – jeden Raum zum „heiligen Raum“ werden, allerdings nicht aufgrund ihrer bloßen materiellen Präsenz, sondern nur insofern sie als Raumzeichen qualifizierte Deutungsprozessse erfordern und freisetzen.“[83] Im Zusammenhang mit der Nachtschicht ist die „Funktionalität das dominierende Kriterium“[84] der Veranstaltungsorte, wodurch Kreuz, Altartisch und Bibel stark in den Hintergrund treten. Hinzu kommt, dass der Gottesdienst an säkularen Orten auch „Befremdungsgefühle“ hervorruft und einer Begegnung mit dem „Fremden“ entgegensteht. Im Vergleich konnte festgestellt werden, dass die Bedeutung der mit dem Altar und der Architektur in Verbindung gebrachte „Sakralität“ des Kirchenraumes im Feld B am nachdrücklichsten artikuliert wurde und zumindest nahelegt, dass für Personen, die sich durch ein zurückhaltendes kirchliches Partizipationsverhalten auszeichnen, die traditionelle Gestalt eines Kirchengebäudes (und eines Gottesdienstes) wichtiger ist als für z. B. einen Personenkreis, wie er in der „Nachtschicht“ zusammenkommt, und in der der Kirchenraum eine stärker pragmatische als sinnvermittelnde Funktion hat und effektive[85] als sinnvermittelnde Funktion hat und der Darstellung im Gottesdienst dient. Inwieweit Kirchenräume ihre soziale Kraft in besonderen Gottesdiensten entfalten können oder nicht, hängt – nach dieser Studie – weniger an der Frage von Kirchendistanz oder Kirchennähe der Beteiligten, sondern daran, ob sich im Zusammenspiel von Gottesdienst und

---

81 RUPP, HARTMUT 2006, 229f.

82 Vgl. hierzu auch STEFFENSKY, FULBERT 2006, 23.

83 Vgl. SCHWIER, HELMUT et al. 2006, 200.

84 Siehe WEYER-MENKHOFF, STEPHAN 2006a, 72.

85 Zum Verhältnis von Kirchenraum und Gottesdiensten als effektive Handlung siehe WEYER-MENKHOFF, STEPHAN 2006a, 72f.

Kirchengebäude ein sinnvermittelnder „heiliger" Raum ergibt und die *communio*[86] herstellt, oder nicht. Die Annahme, dass Kirchendistanzierte einen niedrigschwelligen säkularen Raum eher aufsuchen als einen traditionellen Kirchenraum, wie es u. a. in missionarischen Gottesdienstkonzepten zu lesen ist,[87] wäre daher noch einmal zu untersuchen. Die Untersuchungsergebnisse sprechen vielmehr für ein selbstbewusstes und souveränes Partizipationsverhalten der spätmodernen Gottesdienstbesucher/innen. Ihr Partizipationsverhalten spricht weniger für eine Scheu vor dem Heiligen als vielmehr für einen gewissen Sinn für das „Heilige" oder – in Friedrich Schleiermachers Worten – für das „Unendliche".[88] „Ob also ein Gotteshaus für die anwesende Gemeinde als ‚Diener und Deuter' des liturgisch entfalteten Raumes fungiert, hängt im Wesentlichen an der Inszenierung des Gottesdienstes und an der liturgischen Präsenz des leitenden Liturgen."[89] „Die räumlichen Gegebenheiten sind ein wichtiger Bestandteil der öffentlichen Feier des Glaubens. Als situationsgerecht wird ein Raum für die Einzelnen immer dann erfahrbar, wenn sie sich mit ihren Alltagsempfindungen und Differenzerfahrungen in die räumlichen Konturen eintragen können, sich im wahrsten Sinne des Wortes in ihnen ‚aufgehoben' fühlen."[90] – Dann entfalten sie auch ihre Gesellungskraft.

Hierfür ist die *Atmosphäre* im Kirchenraum von großer Bedeutung, die u. a. durch das Licht, die Architektur, den Klang und die Musik, aber auch durch die Art und Weise, wie sich die Menschen in der Kirche bewegen und sprechen, beeinflusst wird.[91] So kann die Atmosphäre in einer Kirche bereits auf der Schwelle an der Kirchentüre entscheiden, ob sie der Vergesellung dient und der Gang in die Kirche fortgesetzt wird – oder nicht.

(c) Pastorale Schlüsselpersonen und ehrenamtliche Mitarbeiter/innen

Ein wichtiger Sozialitätsfaktor sind die *Authentizität und Doppelrolle der pastoralen Schlüsselpersonen.*[92] Im Rahmen besonderer Gottesdienste entfaltet sich die pastorale Gesellungskraft durch eine authentische sowie gottesdienstspezifische Verhältnisbestimmung von Amt und Person, d. h. der motorradfahrende Seelsorger, der moderierende Theologe, der lehrende geistliche Vater. Aus den Interviewberichten

---

86 Zum Verhältnis von Raum, Gottesdienst und *communio* siehe auch WEYER-MENKHOFF, STEPHAN 2006a, 78.

87 Vgl. hierzu die Ausführungen zum „GoSpecial" in Teil II.1.

88 SCHLEIERMACHER, FRIEDRICH & MECKENSTOCK, GÜNTER 2001, 80 [52f]. Die Seitenzahl in eckigen Klammern ist auf die Originalausgabe bezogen.

89 KLIE, THOMAS 2003, 272.

90 KLIE, THOMAS 2003, 271.

91 Vgl. hierzu auch die analogen Erkenntnisse in anderen empirischen Zusammenhängen: „Immer wieder wird in den Interviews allerdings auch betont, dass nicht nur die kommunizierten Inhalte eine Rolle bei der Rezeption des Gottesdienstes spielen, sondern ebenso die atmosphärische Stimmigkeit des Geschehens. Dazu tragen zum Beispiel die Stimme bzw. Sprechweise und die Bewegung der Beteiligten, aber auch das Licht, der Raum und nicht zuletzt die Musik bei." RATZMANN, WOLFGANG & PICKEL, GERT 2010, 26.

92 An dieser Stelle wird nicht von Pfarrern im Sinne von hauptamtlichen gesprochen, da dies auf Feld C nicht zutrifft.

ergibt sich eine Sensibilität der Befragten für das Amt der Pfarrer und gerade im Zusammenhang mit dem Motorradfahrer/innengottesdienst (Feld B) wird dem Amt des Motorradfahrer/innen*seelsorgers* eine sehr hohe Bedeutung beigemessen. Mit Michael Klessmann kann jedoch gesagt werden, dass „[d]as Amt [...] dem pfarramtlichen Handeln [zwar] eine Form [gibt], indem den Amtsinhabern Positionen und Funktionen zugewiesen werden. Aber: Dieser Amtsbonus, diese Form trägt nicht mehr aus sich selbst heraus, sie muss von der Person, die das Amt innehat, immer neu gefüllt, glaubwürdig und überzeugend gestaltet werden".[93] In Feld B ergibt sich dies durch die lebensweltliche Hermeneutik und Verkündigung in Kombination mit z. B. der geteilten Erfahrung des Motorradfahrens, in Feld A durch die hybrid-eventhafte Inszenierung relevanter Themen und das Talent des Pfarrers als „Talkmaster", in Feld C durch ein vorbildliches geistliches Leben der pastoralen Schlüsselperson. Die Bedeutung dieser Doppelrolle mit der hohen Bedeutung der Person manifestiert sich im Zusammenhang mit den drei Gottesdiensten auch an der Kleidung, insofern sie entweder ganz (A), gemischt (B) oder situationsbedingt (C) zivil ist.[94] Die hervorgehobene Bedeutung der homiletischen Qualität der Universitätspredigt, die erfahrungsgesättigte Predigt des motorradfahrenden Pfarrers im „Biker-Slang" und die Talkmasterfähigkeiten des „Nachtschicht"-Pfarrers verweisen darauf, dass „inzwischen ‚personale Kompetenz' zur ‚homiletischen Kategorie' avanciert [ist]".[95] Die im Zusammenhang mit der Felddarstellung ausgeführte Bedeutung von Erfahrung, Habitus, Sprache und Gesten zeigt, dass sich die Glaubwürdigkeit dieser pastoralen Schlüsselpersonen nicht in ihrer religiösen Rede erschöpft, sondern auf die prägnante Formel von Claus Harms zu bringen ist: „Am Pfarrer predigt alles."[96] Das verantwortliche Motorradfahren des Pfarrers in Feld B, der Konsum von nachhaltigen Lebensmitteln in Feld A oder das Ausrichten des Frühstücks durch das Ehepaar Ritter in Feld C verweisen darauf, dass die Glaubwürdigkeit der pastoralen Schlüsselpersonen wesentlich davon abhängt, ob die verbale und nonverbale Kommunikation übereinstimmen.[97] Mehrfach wurde zudem die Bedeutung der Sachkompetenz und Authentizität der Schlüsselpersonen für eine gelingende Kommunikation und ein Vertrauensverhältnis betont, d. h., dass sie wissen, wovon sie reden – weil sie z. B. Motorradfahren und sich damit dem gleichen Risiko aussetzen –, sie sich intensiv mit einem Thema auseinandergesetzt und dafür eingesetzt haben, das die Gottesdienstteilnehmer/innen für relevant halten oder sie aber einem geistlichen Lebensentwurf folgen.[98] Diese Aspekte können mit dem englischen Soziologen Anthony Giddens als „Zugangspunkte" bezeichnet werden, „an denen sich persönli-

[93] Klessmann, Michael 2012, 116.

[94] Vgl. zur Bedeutung der Kleidung im Zusammenhang mit Amt und Person Klessmann, Michael 2012, 117.

[95] Klessmann, Michael 2012, 118.

[96] Claus Harms, Pastoraltheologie Buch III 1888, o. J. 88, zitiert nach Klessmann, Michael 2012, 121.

[97] Vgl. hierzu Klessmann, Michael 2012, 121.

[98] Vgl. hierzu auch Klessmann, Michael 2012, 122f.

ches Vertrauen und Systemvertrauen berühren".[99] Die Bedeutung der pastoralen Schlüsselpersonen kann somit im Hinblick auf die Sozialität besonderer Gottesdienste nicht hoch genug eingeschätzt werden, insofern sie „den entscheidenden Zugangspunkt zur Institution Kirche, zu ihrer Botschaft, zu ihrem Auftrag [bilden]".[100] Der Umstand, dass im Rahmen der Umfrage im Feld A und B rund 1/3 der Befragten angegeben haben, dass sich ihr Kirchenbild aufgrund der besonderen Gottesdienste positiv verändert hat, während es sich lediglich in Einzelfällen verschlechtert hat, kann somit auch im Zusammenhang mit den pastoralen Schlüsselpersonen gesehen werden.[101] Die insgesamt wahrzunehmende Personalisierung des Pfarramtes stellt sich im Zusammenhang besonderer Gottesdienste in zweifacher Hinsicht exponiert dar: 1. Die spezifische Ausrichtung des Gottesdienstes erfordert ebenso spezifische Qualifikationen, wodurch ein Wechsel der Personen sich auf die Teilnehmer/innenzahl und -zusammensetzung auswirken kann. 2. Sie bietet aber auch die Möglichkeit einer Spezialisierung und Konzentration der pastoralen Schlüsselpersonen auf ihre „Herzensangelegenheiten",[102] wodurch sie hoch motiviert und zufrieden wirken, wovon wiederum eine höhere Gesellungskraft ausgehen kann.[103] Die Vergesellungskraft kann durch eine Kombination von Orts- und Funktionspfarrstellenanteile zusätzlich befördert werden, insofern sie Konkurrenzdenken zwischen Inhabern der einzelnen Stellenbereiche vorbeugt und darüber hinaus eine strukturelle Verbindung zwischen zwei gemeindlichen Netzwerken schafft.

Die Wirkungskraft der pastoralen Schlüsselpersonen und die Vergesellung der Beteiligten sind eng verbunden mit dem *Doppelmoment von Ehrenamt und Funktionspfarramt.* Die Möglichkeit der Mitwirkung der Ehrenamtlichen hat einen entscheidenden Einfluss auf ihre Identifikation mit dem Gottesdienst und ihrem Partizipationsverhalten. Erstens schildern Mitwirkende und Mitarbeiter/innen direkt und indirekt Aspekte, die auf eine empfundene Mitverantwortung schließen lassen. Zweitens wird die Mitarbeit als Mitbestimmung und als Mitgestaltung des kollektiven Phänomens empfunden und drittens wird die Gestaltung durch Ehrenamtliche seitens der anderen Teilnehmer/innen positiv wahrgenommen und verstärkt. Die unterschiedlichen Aufgabenfelder der besonderen Gottesdienste kommen einer veränderten bzw. ausdifferenzierteren Engagementbereitschaft entgegen,[104] insofern verschiedene Arten der Mitarbeit möglich sind, die von einem spontanen, punktuellen über ein z. T. zeitlich begrenztes projektbezogenes bis hin zu einem regelmäßigen Engagement reichen und dabei vielfältige Möglichkeiten zur Selbstverwirklichung, Selbstentfaltung und Selbstwirksamkeit bieten. Vor dem Hintergrund der zahlreichen Mitarbeiter/innen wäre denkbar, dass die Rolle der pastoralen

---

99 Klessmann, Michael 2012, 124.

100 Klessmann, Michael 2012, 124.

101 Vgl. B-7.1; C-5.1; in Feld A wurde diese Frage noch nicht gestellt, sondern nur nach dem Kontakt und der Zugehörigkeit zur Kirche und Ortsgemeinde gefragt, vgl. A-5.1-5.6.

102 Vgl. hierzu Klessmann, Michael 2012, 129.

103 Zum gabenorientierten Einsatz von Pfarrer/innen siehe Klessmann, Michael 2012, 135.

104 Vgl. Klessmann, Michael 2012, 275ff.

Schlüsselpersonen/Inhaber der Funktionspfarrämter relativiert wird. Dabei konnten in der Bandbreite der Gottesdienste unterschiedliche Schwerpunktsetzungen im Spannungsfeld von selbstverantworteter und angeleiteter Mitarbeit (re-)konstruiert werden, wodurch sich auch die Beziehungsnetzwerke zwischen den unterschiedlichen Clustern der Ehrenamtlichen je nach Gottesdienst unterschieden. Die Inhaber der Funktionspfarrstellen[105] wären nicht in der Lage, die Gottesdienste ohne Unterstützung zu gestalten, dennoch kommt ihnen in unterschiedlich starker Weise eine zentrale Leitungs- und Organisationsfunktion zu. Diese werden in den jeweiligen „Funktionspfarrämtern" zwar in unterschiedlicher Weise ausgeformt und gelebt, sind aber als institutionalisiertes Element essentiell für die Kontinuität der Gottesdienste. Dies gilt es zu bedenken, wenn postuliert wird, dass „alternative Gottesdienste in ihrer antiinstitutionellen, auch die klassische Pfarrerzentriertheit auflösenden Ausrichtung an die kultische Dimension biblischer Gottesdienstverständnisse [erinnern]".[106] Diese Wahrnehmung entspricht den Einsichten aus der V. KMU, wonach der Kontakt zu den Pfarrer/innen eine wichtige Rolle für die „Kirchenbindung" der Kirchenmitglieder und „ihre religiösen Aktivitäten und Vernetzungen"[107] spielen.[108] Die Ergebnisse der hier vorliegenden Untersuchung legt jedoch erneut nahe, dass dies auch – wenn nicht sogar in besonderem Maße (vgl. Jörn) – für Konfessionslose gilt. Die von Isolde Karle auf Basis der V. KMU ausgearbeitete Typologie des Pfarrerkontaktes und der damit in Korrelation stehenden Bindungsmuster wäre vor diesem Hintergrund der besonderen Gottesdienste um diejenigen zu erweitern, die Distanz schätzen und sich dennoch punktuell-selektiv engagieren und in diesem Zusammenhang in Nahkontakt mit spezifischen Pfarrerpersönlichkeiten treten.[109] Dieser Typus verweist erneut darauf, dass sowohl im Feld der Kirchenmitgliedschaft als auch darüber hinaus, nicht grundsätzlich zwischen Engagierten und Indifferenten unterschieden werden kann.[110]

---

[105] Der Universitätsprediger wird an dieser Stelle in Anlehnung an Michael Klessmann im Bereich der „Pfarrstellen im Bereich der Wissenschaft" verortet. Vgl. KLESSMANN, MICHAEL 2012, 297.

[106] FRIEDRICHS, LUTZ 2007b, 15.

[107] KARLE, ISOLDE 2015, 228.

[108] Vgl. KARLE, ISOLDE 2015, 228, sowie KARLE, ISOLDE 2015, 123f.

[109] KARLE, ISOLDE 2015, 229f. Isolde Karle zeigt auf Basis der V. KMU, dass eine Verbindung zwischen Pfarrerkontakt und Bindungsmuster besteht. Hierbei wird von folgenden drei Typen ausgegangen: „Es gibt die Engagierten mit intensiver Mitgliedschaft, die den persönlichen Kontakt zum Pfarrer/zur Pfarrerin und die kirchliche Gemeinschaft wünschen und zu ihr beitragen, aber es gibt auch der Kirche sehr stabil verbundene Mitglieder, die die Distanz schätzen und eher ‚Publikum' statt Beteiligte im Nahkontakt sein wollen. Schließlich gibt es diejenigen, die keinerlei Kontakte zum Pfarrer/zur Pfarrerin haben, aber dafür auch der Kirche am fernsten stehen." KARLE, ISOLDE 2015, 229f.

[110] Vgl. hierzu auch KARLE, ISOLDE 2015, 229.

1.2.3. Die soziale Kraft des Beziehungsnetzwerkes

„Besondere" Gottesdienste leben stark von Beziehungsnetzwerken, begründen sie und wirken in sie hinein. Diese Netzwerke sind jedoch keine objektiven Strukturen, sondern die ihnen zugrunde liegenden sozialen Beziehungen werden narrativ konstruiert und entfalten dadurch ihre soziale Kraft.[111] Aus der netzwerktheoretischen Perspektive kommen dadurch auch Beziehungen jenseits organisationsstruktureller Grenzen in den Blick. So hat sich gezeigt, dass die Beziehungsnetzwerke, die im Kontext der besonderen Gottesdienste wirksam sind, weit über den jeweiligen Gottesdienst hinaus in andere Lebensbereiche und gesellschaftliche Institutionen und diese in sie hinein reichen.

(a) Individuelles Beziehungsnetzwerk (Mikroebene)
Im Rahmen der Einzelfeldbetrachtungen hat sich sowohl anhand der Umfragedaten als auch der Interviewdaten gezeigt, dass das *individuelle Beziehungsnetz* als eine zentrale Gesellungskraft aller drei Gottesdienste angesehen werden kann. In allen Feldern haben die Interviewten auf die Frage, wie sie den Gottesdienst beim ersten Mal erlebt haben, ihre Erzählung damit begonnen, *durch wen und mit wem* sie zu diesem Gottesdienst gekommen sind. Gerade die persönlichen, bereits bestehenden Kontakte sind zu Beginn für die Teilnahme an den besonderen Gottesdiensten zentral. Freunde und Bekannte hatten hier den größten Beitrag dazu geleistet. Zudem besucht in allen drei Fällen die Mehrheit der Umfrageteilnehmenden den besonderen Gottesdienst mit Freunden und/oder Ehe-/Lebenspartnern bzw. anderen Familienangehörigen. Während in Feld C insbesondere Beziehungen aus dem Kontext der Universität eine Rolle spielen, zeigt sich sowohl in Feld A als auch Feld B, dass neben den Freunden und Bekannten, Ehe- und Lebenspartner sowie andere Familienangehörige (Geschwister und Kinder) wichtige Wegbegleiter darstellen und der jeweilige Gottesdienst als gemeinsame Unternehmung einen Eigenwert für die Beziehungspflege hat. Je nach Gottesdienst sind es unterschiedliche Beziehungskonstellationen, die dabei im Mittelpunkt stehen. Sind es in Feld C insbesondere freundschaftliche Beziehungen, werden in Feld A und B darüber hinaus noch die Beziehungen zum Lebens- und Ehepartner angesprochen und in Feld B die Eltern-Kind-Beziehungen. Der Motorradfahrer/innengottesdienst hat dabei das breiteste Spektrum an Beziehungskonstellationen, die davon betroffen sind.

Es werden aber auch viele *neue Kontakte* geschlossen, die mit der Zeit für die Teilnahme an Relevanz gewinnen und dann auch häufig außerhalb des Gottesdienstes bestehen. Im Feld C wurden mit 65,2 % (n=46) am meisten neue Sozialkontakte geknüpft, gefolgt von Feld B mit 41,7 % (n=240) und Feld A mit 22 % (n= 246). Davon bestehen in Feld C mit 73,30 % (n=30) die meisten Kontakte auch außerhalb des Gottesdienstes und der prozentuale Anteil in Feld A mit 57,4 % (n=54) und im

[111] Vgl. HOLZER, BORIS 2009, 266.

Feld B mit 56 % (n=100) sind ähnlich hoch.[112] „Besondere" Gottesdienste stellen somit einen dynamischen *Beziehungsraum* dar, der sich auch über die Gottesdienste hinaus erstreckt.

Darüber hinaus reden 65 bis 82 % der Befragten über diese Gottesdienste mit Menschen, die nicht dabei waren, wodurch der *Kommunikationsraum* der besonderen Gottesdienste deutlich über das gottesdienstliche Geschehen hinausreicht.[113] Im Zusammenhang mit der Vorbereitung und Nachbereitung des Gottesdienstbesuches oder aber auch im Zusammenhang mit seelsorgerlichen Anliegen kommt es ebenfalls zur Kommunikation und Interaktion unter den Teilnehmer/innen.

(b) Kollektives Beziehungsnetzwerk (Mesoebene)
Es hat sich gezeigt, dass es deutliche Unterschiede in der Vernetzung der Cluster/Untergruppierungen innerhalb der jeweiligen Gottesdienste gibt. In diesem Zusammenhang ist interessant, welche *Rolle die Schlüsselpersonen* für die Vernetzung spielen und welche Konsequenzen diese im Hinblick auf den Fortbestand der Gottesdienste haben. Entlang der netzwerktheoretischen Analyse hat sich gezeigt, dass den *„pastoralen Schlüsselfiguren"* eine zentrale Rolle als „Keymaster" oder „Broker" zukommt. Dieser Befund entspricht der These von Isolda Karle, nach der „[b]eim Pfarrer/der Pfarrerin [...] im Netzwerk Gemeinde die meisten Fäden zusammen[laufen]. Die Pfarrerinnen und Pfarrer haben die *höchsten Kontaktwerte.* [...]".[114] In ihrer *Brückenfunktion* vermitteln Pfarrer/innen jedoch im Rahmen besonderer Gottesdienste nicht „zwischen dem dichten Netzwerk der aktiven Gemeindeglieder und den Randsiedlern, die nur über den Kasualienfall oder Heiligabendgottesdienste den Kontakt zur Kirche suchen",[115] sondern – je nach Gottesdienst – zwischen ganz unterschiedlich determinierten Clustern, wie z. B. in Feld A den beratenden Gremien, den Teamern und den Gästen, in Feld B der aktiv mitwirkenden Polizei und dem VCM-Teamer/inne/n oder in Feld C zwischen den anwesenden Mitarbeiter/inne/n der theologischen Fakultät und den Studierenden, die gleichermaßen als aktive Gemeindeglieder bezeichnet werden können. Aus der Netzwerkperspektive werden in besonderen Gottesdiensten mitunter ortsgemeindlich „Randständige" zu aktiven Mitarbeiter/innen und ortsgemeindlich hoch aktive Kirchenmitglieder zu „Randständigen", weshalb einmal mehr die Unterscheidung von „Kerngemeindeglieder" und „Randständigen" unzureichend scheint. Zutreffend ist auch im Fall besonderer Gottesdienste, dass die pastoralen Schlüsselpersonen für die Begleitung der Ehrenamtlichen von zentraler Bedeutung sind, ohne deren Engage-

---

112 Vgl. A-5.8, B-7.6, C-7.6 Dieser Aspekt korreliert mit den verschiedenen Sozialformen, die in den jeweiligen Feldern primär relevant sind.

113 Vgl. hierzu auch die Ergebnisse der Netzwerkanalyse im Rahmen der V. KMU, wonach – allerdings gezeigt werden konnte, dass „institutionalisierte Gelegenheiten wie der Gottesdienst über sich hinaus wirken: nicht nur im Alltag der Welt derer, die ihn besuchen. Über die sozialen Beziehungen wirkt der Gottesdienst auch bei denen, die ihn selbst nicht besuchen." STEGBAUER, CHRISTIAN et al. 2015, 434.

114 KARLE, ISOLDE 2015, 231.

115 KARLE, ISOLDE 2015, 231.

ment alle drei Gottesdienste undenkbar wären. Die Rede von der pastoralen Schlüsselrolle impliziert somit nicht nur professionstheoretisch, sondern auch professionsempirisch keinen „Alleinvertretungsanspruch".[116] Dennoch hat sich gezeigt, dass in allen drei Feldern – graduell verschieden – eine gewisse „Machtkonzentration" mit dieser Rolle einhergeht. Dies wurde bereits im Zusammenhang mit der Bedeutung dieser Personen für den Feldzugang deutlich, bei dem sich – nach Uwe Flick – „meistens schon zentrale Charakteristika des Feldes widerspiegeln".[117] Ist diese Rolle maßgeblich durch die Person und nicht durch das Amt bestimmt, ist der Gottesdienst ein fragiles Angebot, insofern dieses sehr anfällig für personale Veränderungen und Irritationen im Beziehungsnetzwerk ist.[118]

(c) Gesellschaftlich-institutionelles Beziehungsnetzwerk (Metaebene)

Es zeigt sich auch, dass die besonderen Gottesdienste insbesondere über die pastoralen Schlüsselpersonen *in andere gesellschaftliche Bereiche hinein vernetzt* sind, wie z. B. Kultur, Industrie, Universität, Gesundheitswesen und Polizei. Die pastoralen Schlüsselpersonen prägen die öffentliche Wahrnehmung[119] der besonderen Gottesdienste im Speziellen und diese als kirchliche Angebote im Allgemeinen. In modifizierter Weise verweisen sie damit – ähnlich, wie Schulgottesdienste –[120] auf den Öffentlichkeitscharakter des Gottesdienstes. Dieser Befund unterstützt daher die Einschätzung Jan Hermelinks, dass „[d]ort, wo [pastorale Personen] mit immer mehr ehren- und auch hauptamtlichen Kräften zusammenwirkt, und ebenso dort, wo die Präsenz des christlichen Glaubens sich mehr und mehr auf herausgehobene Personen konzentriert, wird die – vielleicht wohlwollende, vielleicht auch kritische – Beobachtung des Pfarrers und der Pfarrerin ein stärkeres Gewicht bekommen".[121] Im Zusammenhang mit der Öffentlichkeitswirkung der besonderen Gottesdienste konnte eine hohe Sensibilität der pastoralen Schlüsselpersonen für ihre Rolle in der öffentlichen Wahrnehmung und ein hohes Maß an Professionalität im Umgang mit den Medien wahrgenommen werden.

(d) Organisatorische Freiheit

„Besondere" Gottesdienste zeichnen sich durch eine Vielfalt verschiedener Organisationsstrukturen aus, die sich in den hier besprochenen Fällen recht frei herausbil-

[116] Nach KARLE, ISOLDE 2015, 231, „[impliziert] die Rede von der pastoralen Schlüsselrolle [...] aus professionstheoretischer Perspektive [...] keinerlei Alleinvertretungsanspruch".

[117] FLICK, UWE 2012a, 392.

[118] Dies gilt insbesondere für das Feld A, in dem der Person des „Nachtschicht"-Pfarrers Ralf Vogel eine zentrale Schlüsselrolle zukommt, insofern der Charakter des Gottesdienstes stark über seine Person geprägt ist und er als Person eine wesentliche Rolle für die Vergesellung der Mit-Ichs spielt. Durch die starke Wir-Identität der Motorradfahrer/innen sowie die größere Bedeutung des pastoralen Amtes als Motorradfahrer/innen-Seelsorger konnten die Irritationen beim Personalwechsel im Feld B aufgefangen werden. In Feld C wirkt das Amt des Universitätspredigers als stabilisierendes Moment.

[119] Zur öffentlichen Wahrnehmung der Pfarrer/innen siehe KARLE, ISOLDE 2015, 232.

[120] Vgl. MEYER-BLANCK, MICHAEL 2011, 524.

[121] HERMELINK, JAN 2014, 138.

den konnten, da die kirchenrechtliche Verantwortungs- und Organisationsstruktur wesentlich am Funktionspfarramt bzw. den landeskirchlichen Pfarrstellen ansetzt und eine formale Mitgliedschaft i. d. R. nicht vorgesehen ist. Die strukturelle Gestaltungsfreiheit der besonderen Gottesdienste regt zur Gremienbildung und Zusammenarbeit über etablierte kirchliche Strukturen hinaus an, wodurch sich unabhängig etwaiger kirchenmitgliedschaftlicher Verhältnisse ein weit verzweigtes und vielschichtiges Beziehungsnetzwerk ausbildet, das jedoch aufgrund seines informellen Charakters fragil ist.

Die „Nachtschicht" hat sich von einem ortsgemeindlichen zu einem zunehmend *Parochie-übergreifenden Angebot mit personalgemeindlichem Charakter* entwickelt. Die in der Ortsgemeinde gründenden Strukturen stellen immer noch einen wichtigen „Anker" der „Nachtschicht" dar, von der aus auch andere Veranstaltungsorte in Stuttgart aufgesucht werden. Der Sozialraum der „Nachtschicht" wird insbesondere durch eine vom Milieu und einer regional geprägten Lebenswelt bestimmt. Der Motorradfahrer/innengottesdienst zeichnet sich durch einen *Parochie-unabhängigen Charakter* aus, insofern er bereits mehrfach „umgezogen" ist und zu Gast in bereits unterschiedlichen Parochialgemeinden war. Sein eindeutiger Gaststatus und seine szenenspezifische Zielgruppenorientierung beugen einem Konkurrenzempfinden zum ortsgemeindlichen Gottesdienstangebot vor, wie es z. T. im Zusammenhang mit der „Nachtschicht" (re-)konstruiert werden konnte. Dadurch kommt es punktuell zu einem intensiven Miteinander der gastgebenden und der gastnehmenden Gemeinde und die Bergkirchengemeinde identifiziert sich mit diesem besonderen Gottesdienst, wodurch sich der Sozialraum der Ortsgemeinde und der Szene überschneiden. Auf Basis seines großen Einzugsgebietes kann von diesem Gottesdienst auch als „EKD-Gottesdienst" mit dem Schwerpunkt Rhein-Maingebiet gesprochen werden. Der Mittwochmorgen-Gottesdienst zeichnet sich durch einen *Parochie-analogen Charakter* aus, insofern er viele etablierte Gemeindestrukturen (in-)formell übernommen hat. Er ist nicht Ortsgemeinde, sondern „Gemeinde vor Ort", deren Sozialraum durch die institutionell, in diesem Fall durch die Universität, bestimmt ist. Die strukturelle Entwicklung ist insofern schlüssig, als im Zusammenhang mit diesem Gottesdienst keine Abgrenzungstendenzen oder -bedürfnisse zur etablierten Kirche oder ihren Gottesdiensten wahrnehmbar war und eine analoge Struktur keine gesellungsverhindernde Wirkung hat. In den Strukturen der Gottesdienste spiegeln sich die unterschiedlichen Nähe- und Distanzbedürfnisse der Teilnehmer/innen sowie die Bedeutung der örtlichen Bedingungen. Ermöglicht die Organisationsstruktur der Peterskirchengemeinde in Heidelberg eine nahezu formale Mitgliedschaft in der Gemeinde, würde eine solche in Spannung mit dem Akzeptanzbedürfnis der (auch kirchenkritischen und konfessionslosen) Teilnehmer/innen am Motorradfahrer/innengottesdienst stehen. Dort bietet der VCM als eigenständiger Verband einen adäquaten „neutralen" Anlaufpunkt für eine Annäherung, während die kirchliche Verbindung durch den Motorradfahrer/innenseelsorger besteht. Wenngleich ein Gottesdienstbesuch nicht an eine Kirchenmitgliedschaft gebunden ist, so verbindet sich mit den „freien" Organisationsstrukturen auch eine stärkere Wahrnehmung eines „kirchenmitgliedschaftsrechtlichen Freiraumes". Die kirchliche Verbindung manifestiert sich primär in der Person und dem Amt des verantwortlichen Pfarrers, weshalb gerade ihm eine besonders hohe Bedeutung für kirchendistanzierte Personen zuwächst (vgl. u. a. Jörn)[122]. Die „fehlenden" Strukturen wirken einer „Ausgrenzung durch Hierarchieorientierung" entgegen, wie sie im Rahmen der Milieustudie von Wolfgang Vögele, Helmut Bremer und Michael Vester in ihrer Studie zur Beziehung von sozialen Milieus und Kirche untersucht und festgestellt wurde.[123]

> „In der Kirche begegnen vor allem hierarchisch orientierte Milieus. Erreicht werden konservativ eingestellte Menschen, die sich hierarchisch ein- und unterordnen. Die einen dominieren durch angebotene Orientierung, die anderen suchen Orientierung. Je selbstständiger und eigenverantwortlicher Menschen denken und handeln, desto schwerer haben sie es, in den Gemeinden Heimat zu finden. Dieses Ergebnis erklärt das Scheitern vieler Reformversuche in den letzten Jahrzehnten. Eigenverantwortliche Beteiligung hatte angesichts der Dominanz der hierarchieorientierten Mehrheit kaum eine Chance. Es erklärt auch, weshalb viele Ehrenamtliche, die eigenverantwortlich handeln wollen, der Kirche den Rücken kehren."[124]

Die überwiegend positiv seitens der Teilnehmer/innen reflektierte organisatorische Freiheit geht mit zwei Aspekten einher, die kirchentheoretisch gesondert zu betrachten wären: 1. die Machtkonzentration der zuständigen Pfarrer/innen und 2. eine mangelnde direkte Organisations- und Mitbestimmungsmöglichkeit in (und von) etablierten Gremien, wie z. B. Kirchenvorständen und Synoden etc. Diese Einschränkungen, die sich aus den organisatorischen Freiräumen ergeben, können jedoch nicht aufgelöst werden, ohne dabei die verschiedenen Nähe- und Distanzbedürfnisse einzuschränken. Es gilt daher mit Jan Hermelink, dass „[d]en kirchlichen Leitungsinstanzen, aber auch den Institutionen kollegialer Beratung (Intervension) […] in diesem Horizont noch stärker als bisher die Aufgabe zuwachsen [wird], in dieser wachsenden Vielfalt öffentlich beobachtbarer pastoraler Praxis eine wechselseitige Verständigung über die kirchlichen Grundlagen und das theologische Profil des Berufs zu fördern".[125]

---

122 Siehe Fallgeschichte in I.1.1.

123 Foitzik, Karl 2006, 38f.

124 Foitzik, Karl 2006, 38f.

125 Hermelink, Jan 2014, 138.

1.2.4. Die soziale Kraft der subjektiven Sinnkonstruktionen und Resonanzerfahrungen

Trotz unterschiedlicher Sozialgestalten, gottesdienstlicher Formen und Angebotsstrukturen können in den unterschiedlichen besonderen Gottesdiensten vergleichbare Sinnzuschreibungen und Resonanzerfahrungen (re-)konstruiert werden. Hierzu gehören u. a. die Außeralltäglichkeit, die Selbstwirksamkeit, die Kontingenzbewältigung und der Perspektivwechsel bzw. die Perspektivveränderung. Ob und in welcher Weise besondere Gottesdienste für die einzelnen Teilnehmer/innen zu einem Resonanzraum werden, ist auch davon abhängig, was sie selbst mitbringen.[126]

1.3. Thesen zur Sozialität besonderer Gottesdienste

Auf Basis der vergleichenden Betrachtung der feldweise gewonnenen empirischen Einsichten lassen sich folgende Thesen formulieren:

1.) Die empirisch an ihrer Wirkung erkennbare Vergesellungskraft besonderer Gottesdienste ergibt sich aus dem reziproken und dynamischen Verhältnis des sich geschichtlich entwickelten kollektiven Phänomens, dem fluiden Beziehungsnetzwerk und den subjektiven Sinnkonstruktionen und Resonanzerfahrungen.

2.) Das reziproke Verhältnis von kollektivem Phänomen, Beziehungsnetzwerk und subjektiven Sinnkonstruktionen unterliegt durch seine Geschichtlichkeit einer Dynamik, wodurch Gesellungskräfte ihre Ordnung verändern. So werden z. B. ursprüngliche Teilnahmemotive aufgrund neuer Aspekte nachrangig und Beziehungsstrukturen ändern sich stetig. Im Umkehrschluss kann die Frage nach dem empirischen Charakter der sich dadurch konstituierenden Sozialgestalt nicht auf Basis eines abgeschlossenen Kriterienkatalogs beantwortet werden.

3.) Trotz ihrer Unterschiedlichkeit kann bei allen drei Gottesdiensten auf ähnliche Gesellungskräfte geschlossen werden.

4.) Die gottesdienstliche Gemeindlichkeit ist nicht an spezifischen Partizipations- oder Sozialformen festzumachen.

5.) Das selektive Partizipationsverhalten ist kein Zeichen eines Verfallsprozesses, sondern einer selbstverantwortlichen und selbstbewussten kirchlichen Praxis und damit eine wichtige Voraussetzung für Gemeindlichkeit in der Spätmoderne.

6.) Nicht die Gemeinde feiert einen Gottesdienst, sondern der adäquate Gottesdienst schafft aus empirischer Perspektive Gemeinde. Die kollektive Dimension besonderer Gottesdienste, die sich in der raum-zeitlichen Liturgie manifestiert, ist empirisch gesehen die ergiebigste und produktivste Vergesellungskraft.

---

[126] In Entsprechung der These von NEIJENHUIS, JÖRG 2012, 35.

7.) Das im Kontext besonderer Gottesdienste wirksame Beziehungsnetzwerk ist ein wichtiger Aspekt von Gemeindlichkeit, das sich jedoch in unterschiedlicher Art und Weise (Sozialformen) realisiert.
8.) Gemeindlichkeit stellt ein dynamisches, fluides, temporäres, ereignishaftes und unverfügbares Beziehungsgeschehen dar.
9.) Diese Formen von „Gemeinde" sind im Fluss bzw. im Werden, d. h. „Gemeinde auf Zeit" ist „Gemeinde im Fluss bzw. im Werden."

2. Religionstheoretische Überlegungen im Anschluss an den kollektiven Religionsbegriff von Julia Koll

Mit der Aufmerksamkeit für „Gemeinden auf Zeit" wird das Augenmerk auf „Religion als kollektive Praxis" gelenkt und dadurch ein einseitiges subjektivistisches Verständnis von Religion korrigiert. Resonanzerfahrungen und Sinnzuschreibungen sind zwar subjektive Sozialitätsaspekte, sie sind aber von gemeinschaftlichen Vollzügen sowie damit verbundenen Beziehungsgefügen abhängig und unterliegen dadurch auch dem raum-zeitlichen Kontinuum (vgl. die vier Sozialitätsaspekte). Die von Julia Koll im Rahmen ihrer empirischen Studie zu Posaunenchören entwickelte Theorie der „Religion als kollektive Praxis" bietet hierfür eine wichtige Perspektivierungshilfe. Für ihre Theorie hat Julia Koll das Konzept der Selbsttranszendenz von Hans Jonas praxistheoretisch erweitert.[127] „Religion lässt sich im Lichte dieser Konzeption als Praxis, als stetiger Prozess und als soziales Geschehen verstehen – nicht als eine innere Erfahrung, die zum Ausdruck kommt, sondern als etwas, was sich in Zeit und Raum, im gemeinsamen Tun einschließlich aller Beiläufigkeiten vollzieht."[128] Dieser Ansatz bietet mehrere Anschlussstellen für eine religiöse Perspektivierung einer als spezifisches Beziehungsgeschehen verstandenen „Gemeinde auf Zeit". In einer vertiefenden Analyse der hier gewonnenen Einsichten vor dem Hintergrund von Julia Kolls Religionstheorie wäre eine differenzierte Betrachtung des Praxisbegriffs sinnvoll, da in der hier vorliegenden Arbeit aufgrund des qualitativen Forschungsanliegens bewusst auf die Grundlegung einer spezifischen Praxistheorie verzichtet wurde. Es wäre daher der Frage nachzugehen, inwieweit der Praxisbegriff auf Wiederholung und Praxiswissen angewiesen ist, oder ob mit Hilfe des Ritualverständnisses von Victor Turner nicht auch von einer liminalen und liminoiden Praxis gesprochen werden kann, innerhalb derer es zur Ausbildung einer speziellen *communitas* kommt.[129] Ausgehend von den empirischen Forschungsergebnissen dieser Arbeit hat sich gezeigt, dass neue Formen der Gemeinschaftsbildung bedeu-

[127] KOLL, JULIA 2016, 127–191, insb. 188–191.
[128] KOLL, JULIA 2016, 190.
[129] Vgl. TURNER, VICTOR 1989, 94–111, TURNER, VICTOR 2003 sowie zu Victor Turners Ritualverständnis FECHTNER, KRISTIAN 2008, 1032f.

tende Kristallisationspunkte religiöser Praxis darstellen, die zugleich mit der Individualisierung von Religiosität[130] korrespondieren.

3. Gemeinde- und kirchentheoretische Perspektiven

Eine Gemeinde- und kirchentheoretische Perspektivierung der in dieser Arbeit gewonnenen Einsichten birgt die Gefahr, das empirisch im Zusammenhang mit einem spezifischen Phänomen (re-)konstruierte Gemeindeverständnis mit vorwiegend strukturellen und normativen Begriffsverständnissen zu vermischen. Auf Basis der empirischen Ergebnisse dieser Arbeit wurde Gemeindlichkeit u. a. als etwas beschrieben, das zwischen Verheißung und Realität oszilliert. Dieses Bild findet in der Doppelsinnigkeit von Gemeinde bei Jan Hermelink einen theoretischen Anschluss, wonach Gemeinde konkret soziale Verhältnisse beschreibt, aber auch eine Verheißung, die nicht darin aufgeht.[131] In seiner Kirchentheorie fächert Jan Hermelink neben strukturellen Besonderheiten auch „semantisch-normative Aspekte von der kirchlichen Organisation als ‚Gemeinde'"[132] auf. Hierzu gehören 1. die Gemeinde als *Sichtbarkeit* des Glaubens in ihrer dialektischen Verfasstheit, insofern sie weder auf eine spezifische Organisationsform der Sichtbarkeit des Glaubens noch auf andere Strukturmomente festgelegt werden kann. 2. Ihre *Räumlichkeit* als gelebter Raum, auch in und durch die Distanz hindurch sowie in einer „Vielfalt von Lebensbezügen, die zugleich – organisatorisch! ‚mit Fremdheit durchsetzt' ist ([Kristian Fechtner, Gemeinde (1997)], 99)".[133] Und 3. ihr *integrativer Anspruch*, aus dem sich ergibt, dass „evangelische Gemeinde [...] nur denkbar als eine Sozialgestalt [ist], die das Evangelium grundsätzlich allen Menschen zugänglich und erfahrbar macht".[134] Die im Rahmen dieser Arbeit gewonnenen Einsichten unterstreichen diese drei Aspekte kirchlicher Organisation als Gemeinde in ihrer Differenziertheit. Die netzwerktheoretische Betrachtung half, Gemeinde im Zusammenhang besonderer Gottesdienste auch jenseits organisationsbedingter Strukturen für diese Arbeit sichtbar zu machen, z. B. in der Wahrnehmung ihrer medialen Präsenz sowie ihrer vielfältigen Beziehungsnetzwerke und Kommunikationsräume. Die örtlich-räumliche Situation integriert unterschiedliche Nähe- und Distanzbedürfnisse. In allen besonderen Gottesdiensten wurde die Frage, ob sich die Teilnehmer/innen willkommen fühlen können, wie sie sind, sehr weitgehend zustimmend beantwortet, dennoch erweisen sich alle drei Felder von außen als recht homogene Sozialgestalten, sei es aufgrund ihres szenen-, milieu- oder institutionellen Bezuges. Die Empirie hat jedoch gezeigt, dass die Identifikation mit den jeweiligen Gottesdienst-Gemeinden von einem gewissen

[130] Zum Verhältnis von Individualisierungstheorien und Religiosität siehe HUBER, STEFAN 2014, 110f.
[131] HERMELINK, JAN 2004.
[132] HERMELINK, JAN 2011, 171.
[133] HERMELINK, JAN 2011, 173.
[134] HERMELINK, JAN 2011, 173.

Maß an Andersartigkeit und Abgrenzung lebt. Vor diesem Hintergrund wäre der integrative um den eines inklusiven Anspruchs zu ergänzen in dem Sinne, dass der Gedanke der Inklusion den Eigenwert und die Berechtigung der vielfältigen kollektiv-religiösen Praxis in ihrer jeweiligen spezifischen sozialen Ausprägung wahrnimmt und nicht als etwas versteht, das es zu integrieren gilt. Eine so verstandene partikulare „Gemeinde auf Zeit“ bedarf daher der Universalität der „Kirche zwischen den Zeiten“ (Peter Bubmann).[135] So kann gesagt werden, dass sich in diesen besonderen Gottesdiensten zeigt, dass – mit Jan Hermelink gesprochen – „die liturgische Praxis der Gemeinde, auch ihre rechtliche Verfassung oder die Stellung der Pfarrpersonen markieren, dass die Präsenz des Evangeliums sich nicht auf das Hier und Jetzt ‚vor Ort‘ beschränkt, sondern eingebettet ist in eine räumlich-organisatorische wie religiös übergreifende, umfassende Gestalt des Glaubens.“[136] Dennoch schaffen sie in ihrer raum-zeitlichen Verortung als gottesdienstliche Orte „kirchliche Orte“[137], die darüber hinaus als volkskirchliche Orte bezeichnet werden können.

„Besondere“ Gottesdienste sind als „Gemeinde auf Zeit“ Kristallisationspunkte einer Volkskirche zwischen den Zeiten, insofern „[Volkskirche] unter den Bedingungen der Spätmoderne [...] keine geschlossene, in sich homogene christliche Lebenswelt [bildet], sondern [...] Raum für unterschiedliche Gestaltungs- und Lebensweisen von Kirchlichkeit [gibt], mithin für verschiedenartige Möglichkeiten, Christentum selbständig auszuüben“.[138] Als strukturell verfasste und (überwiegend) in die kirchliche Organisation eingebundene Gemeinden sind sie als Kristallisationspunkte der Volkskirche wahrnehmbar.[139] Sie stellen zudem Kristallisationspunkte selbstbestimmter kirchliche Praxis dar, die von einem „In- und Gegeneinander von Nähe und Abstand geprägt [ist]“. Es hat sich gezeigt, dass „[d]iese habituelle Spannung [...] Kirchenbindung nicht auf[löst], sondern [...] deren Bedingung [ist]. Volkskirche beruht weithin auf partieller Identifikation, zur Kirche kann man gehören, weil und insofern sie Distanz ermöglicht“.[140] Dies zeigt sich auch in der kirchlichen und gottesdienstlichen Sozialisation der Teilnehmer/innen sowie die positiven Auswirkung der Gottesdienste auf ihr Kirchenbild und ihr Zugehörigkeitsempfin-

---

135 Bubmann, Peter 2012a, 93.

136 Hermelink, Jan 2011, 173. Vgl. hierzu auch Neijenhuis, Jörg 2012, 31: „Darum ist es Zukunft weisend, sich nicht als eine Gemeinde zu verstehen, die aufgrund einer Ortszugehörigkeit gebildet ist, sondern als einen Leib, der die notwendige Vielfalt integrieren kann und natürliche Ortsgrenzen übersteigt. Dann versteht sich eine Gemeinde von der Feier des Gottesdienstes her, wie es das Augsburger Bekenntnis beschreibt. Dass die Gottesdienste in vielfältigen Formen gefeiert werden, ist mit eingeschlossen.“

137 Begriff in Anlehnung an Pohl-Patalong, Uta 2004.

138 Fechtner, Kristian 2010, 44.

139 Siehe hierzu auch: „Volkskirche im Sinne eines Strukturbegriffs“ bei Fechtner, Kristian 2014b, 162f.

140 Siehe hierzu die Ausführungen zur Volkskirche im Sinne eines Praxisbegriffes in Fechtner, Kristian 2014b, 163. In diesem Fall wäre nicht das Spannungsverhältnis von Individuum zur Kirche im Blick, sondern die Metaebene bzw. „Entität“ Motorradfahrer/innengottesdienstgemeinde zur Kirche.

den zur Kirche.[141] Durch eine vielfältige institutionelle, politische und gesellschaftliche Vernetzung und z. T. hohe mediale Aufmerksamkeit sind „besondere“ Gottesdienste als „Gemeinden auf Zeit“ „Kristallisationspunkte der „öffentliche[n] Kirche, die dafür einsteht, dass Religion auch in der Spätmoderne als einer ‚postsäkularen Gesellschaft‘ nicht nur eine private Angelegenheit ist. Mit ihrem Auftrag zur öffentlichen Kommunikation des Evangeliums bringt Volkskirche innerhalb einer pluralistischen Gesellschaft christliche Perspektiven und Deutungen in den zivilgesellschaftlichen Diskurs ein“.[142] Als solche können besondere Gottesdienste als Kristallisationspunkte der „‚intermediären Institution‘ [begriffen werden], die zwischen dem Einzelnen und den in der Gesellschaft etablierten Erfahrungs- und Handlungsmustern vermittelt“.[143] Die lebensweltliche und kasuale Vielfalt besonderer Gottesdienste bietet öffentlichen Raum für eine spätvolkskirchliche Christentumspraxis im Spannungsfeld von selbstbestimmter Nähe und Distanz.[144] „Gemeinden auf Zeit“ wie sie sich im Zusammenhang der in dieser Arbeit untersuchten und vorgestellten Gottesdienste erschlossen haben, werden daher als *eine* angemessene Gestaltungsweise des spätvolkskirchlichen Christentums und nicht als dessen „Verfreikirchlichung“ angesehen.

4. Fazit und Ausblick

Zu Beginn des „Gemeinde auf Zeit“-Projektes stand die Frage im Raum, ob der Gemeindebegriff angesichts veränderter, posttraditionalistischer Vergemeinschaftungsformen nicht besser aufgegeben werden sollte.[145] Diese Frage muss auf Basis der empirischen Ergebnisse dieser Arbeit verneint werden. „Begriffe sind [so Kristian Fechtner] nach einem Diktum von Bertolt Brecht, ‚Griffe‘, mit denen man die Dinge bewegen kann. An ihrem Gebrauch lässt sich erkennen, wie sich Handeln jeweils selbst bestimmt und worauf es abzielt.“ Die Verwendung des Gemeindebegriffes im Zusammenhang mit den besonderen Gottesdiensten hat gezeigt, dass der Gemeindebegriff nicht überholt ist, insofern er im Bereich besonderer Gottesdienste auch in verschiedenen Sozialformen zur Anwendung kommt und ein Bedeutungsüberschuss in ihm liegt, der nicht im Netzwerk-, Vergesellungs- oder Gemein-

---

141 Feld B: Für 65,6 % hat sich ihr Zugehörigkeitsgefühl zur Kirche nicht verändert (n=224); für 16,1 % ist es einfach anders; für 4,1 % abgeschwächt; für 14,2 % verstärkt. Das Bild der Kirche hat sich hingegen bei 38,1 % positiv verändert und bei 32,8 % ist es anders geworden (nicht negativ). Feld A: 51,9 %, n=239, geben an, dass sich ihr Zugehörigkeitsgefühl zur Kirche verstärkt hat (Kirchenbild nicht abgefragt). In Feld C hat sich das Zugehörigkeitsgefühl zur Kirche für 24,4 % verstärkt (n=45), für 2,2 % hat es sich abgeschwächt, für 11,1 % es ist einfach anders, für 62,2 % hat es sich nicht verändert. Das Kirchenbild hat sich für 30,4 % (n=46) positiv verändert, für 15,2 % ist es einfach anders, 54,3 % geben an, dass es sich nicht verändert hat.

142 FECHTNER, KRISTIAN 2014b, 163.

143 FECHTNER, KRISTIAN 2014b, 163.

144 Vgl. hierzu „Volkskirche als Konzeptbegriff“ in FECHTNER, KRISTIAN 2014b, 164.

145 Vgl. hierzu auch WEYEL, BIRGIT 2013, 159.

schaftsbegriff aufgeht. Der empirisch wahrgenommene Vielklang des Gemeindebegriffs verweist einerseits auf ein tief verwurzeltes traditionelles Wissen über das, was Gemeinde „zu sein hat", andererseits ist auffallend, dass dabei die insbesondere aus kirchentheoretischer und kirchenleitender Sicht relevanten Aspekte, wie kirchenrechtliche Bestimmungen und die Frage der Mitgliedschaft oder aber auch Gemeinde als „Kampfbegriff", keine Rolle zu spielen scheinen. Vielmehr hat der Gemeindebegriff das Potential, die Pluralisierung der Gemeindeformen sinnvoll abzudecken, auch jene, die mit dem Begriff „Gemeinde auf Zeit" in Verbindung gebracht werden können. Wurde dieser Begriff in weiten Teilen dieser Arbeit bewusst zurückgestellt, so soll er umso stärker an dieser Stelle nun aus empirischer Sicht gemacht werden. „Besondere" Gottesdienste als „Gemeinde auf Zeit" verweisen im Begriff der „Gemeinde" darauf, dass es sich um ein soziales Beziehungsgeschehen handelt und durch die Apposition „auf Zeit" darauf, dass dieses dynamisch, fluide und unverfügbar ist. „Gemeinde auf Zeit" ist auf Basis der empirischen Einsichten „Gemeinde im Fluss bzw. im Werden" zwischen Verheißung und sozialer Wirklichkeit. „Insgesamt ist die religiöse Praxis in Beziehung auf die Kirche als Institution offenbar durch ein spannungsvolles Mit- und Nebeneinander von Konvention und Entschiedenheit, von gemeindlicher Zugehörigkeit und Distanz, von parochialer Persistenz und punktuell-selektiver Teilnahme an ‚Gemeinden auf Zeit', von sozialem, auch religiös imprägniertem Engagement ‚bei Gelegenheit' geprägt. Es ist und bleibt die Aufgabe der kirchlichen Organisation, dieses plurale temporär, ereignishaft, in sich vielfältige Nebeneinander zu verbinden und immer wieder neu zu vernetzen."[146]

Die Untersuchung der Sozialität des Gottesdienstes war mit der Hoffnung verbunden, etwaige neue Aspekte von Gemeindlichkeit am Beispiel besonderer Gottesdienste zu identifizieren und dabei der Frage nachzugehen, *in welchem Sinn* „besondere" Gottesdienste als Kristallisationspunkte einer „Gemeinde auf Zeit" verstanden werden können. Die Forschungsergebnisse sprechen für die Wahrnehmung von Religion als „kollektive" Praxis. Zudem legen die Ergebnisse der empirischen Untersuchung einen „weicheren", nicht primär strukturell oder normativ geprägten Gemeindebegriff nahe. Die Darstellung der vielfältigen sozialen Ausformung von „Gemeinde auf Zeit" am Beispiel besonderer Gottesdienste und der dabei herausgearbeiteten Sozialitätsaspekte sind zum einen ein Beitrag zur Frage nach der Kirchengestalt, zum anderen ein Nachweis von „Gemeinde auf Zeit" als angemessene Gestaltungsweise des spätvolkskirchlichen Christentums.

[146] Hermelink, Jan & Weyel, Birgit 2015, 31.

Anhang

1. Instrumente der Datenerhebung

Die folgenden Befragungsinstrumente wurden exemplarisch aus drei verschiedenen Feldern ausgewählt.

1.1. Standardisierte Fragebogen-Umfrage am Beispiel von Feld B

Umfrage zum Motorradgottesdienst in Niedergründau

Lieber Besucher, liebe Besucherin des Motorradgottesdienstes,

im Rahmen einer Doktorarbeit im Fach ev. Theologie führe ich – Tanja Martin, Doktorandin an der Johannes Gutenberg-Universität in Mainz – eine wissenschaftliche Untersuchung zu besonderen Gottesdienstformen durch. Dabei soll auch die Sicht der Gottesdienstteilnehmer/innen berücksichtigt werden.

Das Projekt wird von der EKD (Evangelischen Kirche in Deutschland) unterstützt und es sollen damit wichtige Erkenntnisse für die Gestaltung der Kirche im 21. Jahrhundert gewonnen werden. Durch Eure/Ihre freiwillige Teilnahme an der folgenden Befragung könnt Ihr/können Sie hierzu beitragen. Es gibt hierbei keine richtigen oder falschen Antworten, sondern wichtig ist allein Eure/Ihre Meinung. Die Antworten werden ***anonymisiert*** ausgewertet. ***Vielen Dank für Eure/Ihre Mithilfe***! **Und los geht es ....**

1 Zur Teilnahme am Motorradgottesdienst (MoGo): (Zutreffendes bitte ankreuzen)

1.1 Wie oft im Jahr nimmst Du/nehmen Sie ungefähr an irgendwelchen MoGos teil?
☐ heute zum ersten Mal; ☐ 1-2 mal; ☐ 3-4 mal; ☐ häufiger
Wenn heute nicht zum ersten Mal, bei welchen? ______________________

1.2 Wann hast Du/haben Sie zum ersten Mal beim MoGo in Niedergründau teilgenommen?
☐ heute zum ersten Mal
☐ im Jahr ________. Seit dieser Zeit ☐recht regelmäßig: ☐immer mal wieder;
☐heute das zweite Mal.

1.3 Wie hast Du/haben Sie von diesem MoGo erfahren?
☐Plakate; ☐Flyer; ☐Internet; ☐Freunde/Bekannte;☐Presse; ☐Sonstiges:________

1.4 Warum bist Du/sind Sie zum MoGo gekommen? (Mehrfachnennung möglich)
☐ Ich möchte einen Gottesdienst besuchen und dieser Gottesdienst spricht mich mehr an als der reguläre Gottesdienste in der Ortsgemeinde.
☐ Ich möchte den Gottesdienstbesuch in der Ortsgemeinde damit ergänzen.
☐ Ich möchte anderen Menschen begegnen, mit denen mich etwas verbindet.
☐ Ich möchte eine schöne Zeit verbringen.
☐ Ich bin am Thema/dem Motto interessiert.
☐ Ich möchte unverbindlich an einer kirchlichen Veranstaltung teilnehmen.
☐ Ich gehe hin, weil Menschen aus meinem Umfeld mich eingeladen haben.
☐ Ich bin zufällig vorbeigekommen und spontan geblieben.
☐ Ich möchte den kirchlichen Segen für die Motorradsaison erhalten.
☐ Ich möchte am Korso nach Gelnhausen teilnehmen.
☐ Ich mag die Atmosphäre.
☐ Aus Tradition.
☐ Ich finde hier etwas, das mir sonst fehlt, nämlich:______________________
☐ Sonstiges:____

1.5 Um wieviel Uhr bist Du/sind Sie heute morgen zum MoGo aufgebrochen? ________
Von wo (PLZ/oder Ort)?________; seit wann bist Du/sind Sie ungefähr da?________

1.6 Besuchst Du/Besuchen Sie den MoGo alleine oder mit anderen zusammen?
☐Alleine; ☐Mit Freunden; ☐Mit Ehe-/Lebenspartner/in; ☐Mit Nachbarn
☐Mit jemandem aus meiner Kirchengemeinde; Sonstigen:________________

1.7 Nimmst Du/nehmen Sie an diesem Gottesdienst
☐in der Kirche oder ☐draußen über Lautsprecher teil?
Wenn draußen, wärst Du/wären Sie lieber in der Kirche? ☐ja; ☐nein; ☐egal

1.8 Hast Du/haben Sie schon einmal an einer Gedenkfahrt teilgenommen?
☐ ja; ☐nein; Wenn ja, wo? ________________

1.9 Hast Du schon einmal am Stammtisch des VCM in FfM. teilgenommen? ☐ja; ☐nein

1.10 Nimmst Du/nehmen Sie am Anschlussprogramm teil:
Korso nach Gelnhausen ☐ja ☐vielleicht ☐nein
Fest in Gelnhausen ☐ja ☐vielleicht ☐nein

1.11 Würdest Du/würden Sie für diesen Gottesdienst auch an einen anderen Ort im Rhein-Main-Gebiet fahren? ☐ja ☐nein

2 Zur Teilnahme an *anderen* Gottesdiensten und Gemeindeangeboten:

2.1 Wie häufig besuchst Du/besuchen Sie Gottesdienste?
☐1x im Jahr od. seltener; ☐mehrmals im Jahr;
☐1-2x im Monat; ☐jede/fast jede Woche

2.2 Wo? In Deiner/ihrer Ortsgemeinde? ☐ja; ☐nein
in (einer) anderen Kirchengemeinden? ☐ja; ☐nein

2.3 Welche Art von Gottesdiensten besuchst Du/besuchen Sie? (ggf. Mehrfachnennung)
☐‚Normale' Sonntagmorgengottesdienste
☐ Anlässlich hoher kirchlicher Feiertage wie z.B. Weihnachten.
☐ Zu besonderen Anlässe wie z.B. Taufe, Konfirmation, Hochzeit, Beerdigung
☐ Gottesdienste am Urlaubsort
☐ Sonstige ‚besondere' Gottesdienste (außer MoGo): wenn ja, welche? z.B:__________

2.4 Nehmen Sie an anderen Gemeindeangeboten der evangelischen Kirche in -
ihrer Ortsgemeinde teil? ☐ja; ☐nein; oder:
einer anderen Kirchengemeinde teil? ☐ja; ☐nein; wenn ja, an welchen?__________

2.5 Hältst Du/halten Sie bei Ausfahrten einmal bei Kirchen oder bestimmten Orten an, um z.B. eine Kerze anzuzünden oder eine Zeit der Stille zu halten? ☐ja; ☐nein

3 Zum Angebot des MoGos in Niedergründau/Frankfurt a.M.

3.1 Wie wichtig ist es Dir/Ihnen, dass der MoGo ein evangelischer Gottesdienst ist?
☐ sehr wichtig ☐ wichtig ☐ nicht so wichtig ☐ nicht wichtig

3.2 Findest Du/finden Sie das Angebot von 2 x MoGos (Anlassen/Gedenkfahrt) im Jahr ausreichend? ☐ ja ☐ eher ja ☐ eher nicht ☐ nein

3.3 Würdest Du/würden Sie sich noch ein Zusatzangebot unterm Jahr zum MoGo wünschen?
☐ ja ☐ eher ja ☐ eher nicht ☐ nein

Wenn ja/eher ja, welcher Art?________________

zu 4-5: ggf. nach dem Ende des_Gottesdienstes ausfüllen

4 Am MoGo in Niedergründau gefällt mir (pro Zeile 1 Kreuz)	trifft zu	trifft eher zu	trifft eher nicht zu	trifft nicht zu
4.1 die Themen	☐	☐	☐	☐
4.2 die Motorräder und anderes Zubehör im Altarraum	☐	☐	☐	☐
4.3 die musikalische Gestaltung	☐	☐	☐	☐
4.4 das Gesamtkonzept des Gottesdienstes	☐	☐	☐	☐
4.5 die Atmosphäre	☐	☐	☐	☐
4.6 der Korso nach dem Gottesdienst	☐	☐	☐	☐
4.7 einen Gottesdienst zu feiern	☐	☐	☐	☐
4.8 der Unterhaltungswert	☐	☐	☐	☐
4.9 die Verständlichkeit des Gottesdienstes	☐	☐	☐	☐
4.10 die Predigt	☐	☐	☐	☐
4.11 Gleichgesinnte treffen	☐	☐	☐	☐
4.12 meine Freunde und Bekannte treffen	☐	☐	☐	☐
4.13 der Zeitpunkt (Tag und Uhrzeit)	☐	☐	☐	☐
4.14 die Beschäftigung mit Glaubensthemen-/fragen	☐	☐	☐	☐
4.15 der Austausch mit anderen	☐	☐	☐	☐
4.16 die Gemeinschaft mit anderen	☐	☐	☐	☐
4.17 das Klatschen (beim Singen; Beifall etc.)	☐	☐	☐	☐
4.18 das gemeinsames Singen	☐	☐	☐	☐
4.19 die Möglichkeit für Dank und Bitte (Gebete)	☐	☐	☐	☐
4.20 das farbige Band für das Motorrad	☐	☐	☐	☐
4.21 der Ort	☐	☐	☐	☐
4.22 dass er in einer Kirche stattfindet	☐	☐	☐	☐
4.23 Ablauf und Elemente des Gottesdienstes	☐	☐	☐	☐
4.24 der Segen	☐	☐	☐	☐
4.25 die Themen haben etwas mit meinem Leben zu tun	☐	☐	☐	☐
4.26 dass ein Biker-Pfarrer den Gottesdienst hält	☐	☐	☐	☐
4.27 dass es manchmal individuelle Segenshandlungen gibt	☐	☐	☐	☐
4.28 den Psalm für die Motorradfahrer	☐	☐	☐	☐
4.29 Lesung aus der Bibel	☐	☐	☐	☐
4.30 das Anspiel	☐	☐	☐	☐
4.31 das Vater Unser	☐	☐	☐	☐
4.32 das Liedblatt	☐	☐	☐	☐
4.33 Sonstiges:				

5 In welcher Art und Weise sollte das Thema „Motorrad" im MoGo eine Rolle spielen?
☐ Es sollte *inhaltlich* präsent sein;
☐ Es sollte im Gottesdienst als *Gegenstand* präsent sein –
in Form von: ☐Motorrad in der Kirche ☐ Helme in der Kirche;
☐der Pfarrer sollte mit dem Motorrad in die Kirche einfahren

6 Was haben für Dich/Sie Motorradfahren und Religion miteinander zu tun?
(*Stichworte, Gedanken...*)

____

7 Zur Wirkung des MoGo in Niedergründau

7.1 Hat sich durch den MoGo Dein/Ihr	verstärkt	abgeschwächt	ist einfach anders	nein
▪ Kontakt zur *Kirche* verändert?	☐	☐	☐	☐
▪ Kontakt zu Deiner/Ihrer *Ortsgemeinde* verändert?	☐	☐	☐	☐
▪ Zugehörigkeitsgefühl zur *Kirche* verändert?	☐	☐	☐	☐
▪ Zugehörigkeitsgefühl zu Deiner/Ihrer *Ortsgemeinde* verändert?	☐	☐	☐	☐

7.2 Hat sich durch den MoGo Dein/Ihr Bild von Kirche verändert?
☐ja, positiv ☐ja, negativ ☐es ist einfach anders ☐nein

	ja	eher ja	eher nicht	nein
7.3 Können sich Menschen im MoGo willkommen fühlen, so wie sie sind?	☐	☐	☐	☐
7.4 Empfindest Du/empfinden Sie die Menschen im MoGo als *Gemeinde?*	☐	☐	☐	☐

*Was macht für Dich/Sie Gemeinde aus?*______________________________

7.5 Redest Du/reden Sie mit anderen Menschen über den MoGo in Niedergründau?
☐nein; ☐ ja, mit anderen BesucherInnen; ☐ ja, mit Menschen, die nicht im MoGo waren.

7.6 Hast Du/haben Sie durch den MoGo in Niedergründau neue Bekanntschaften geschlossen?
☐ja; ☐nein; - wenn ja, besteht auch außerhalb des MoGos Kontakt? ☐ja; ☐nein

7.7 Hast Du/haben Sie vor wiederzukommen? ☐ja ☐nein ☐vielleicht

8 **Angaben zu Ihrer Person:**

8.1 *Geschlecht:* ☐weiblich; ☐männlich 8.2 *Geburtsjahr:*______________

8.3 *Postleitzahl:* ______________ 8.4 *Familienstand:* ______________

8.5 *Konfession/Religion* : ☐ ev./ ☐rk. /☐keine Kirchenmitgliedschaft/☐Sonstiges:________

8.6 Nimmst Du/ Nehmen Sie an diesem Gottesdienst *als* ☐Besucher/in od. ☐Mitarbeiter/in teil? Sofern als Mitarbeiter/in – in welcher Funktion? ______________

8.7 *Wie bist Du /sind Sie angereist?* Mit dem ☐Motorrad; ☐PkW; ☐Sonstiges:__________

9 Ein wichtiges Anliegen zum Schluss:
Könntest Du/könnten Sie sich vorstellen, in einem wissenschaftlichen Einzelinterview vertiefend über Ihre Erfahrungen mit dem MoGo zu berichten? **☐ ja ☐nein**
Wenn ja, dann wäre ich dankbar, wenn Du/Sie mir folgende Kontaktdaten nennen würdest/würden (Daten werden geschützt). Ich setze mich dann nach Auswertung der Umfrage mit Dir/Ihnen in Verbindung. Name:______________________________
Tel./Email:______________________________

Herzlichen Dank für Deine/Ihre Unterstützung und ein gesegnetes Anlassen!!
Deine/Ihre Tanja Martin !!

! Den ausgefüllten Fragebogen bitte am Ausgang in die dafür vorgesehene Box werfen.
Oder an: Tanja Martin – persönlich -, Johannes Gutenberg-Universität, FB 01, Seminar für Praktische Theologie, 55099 Mainz.

1.2. Leitfaden für das teilnarrative Einzelinterview am Beispiel von Feld A

- Begrüßung und Dank für die Bereitschaft, ein Interview zu geben.
- Kurze Wiederholung in Sachen Ablauf (vorab in Telefonat erläutert). Informationen über:
  - Bandaufnahme und zeitlicher Rahmen.
  - Übergabe der Verschwiegenheitserklärung; Hinweis auf Einverständniserklärung (nach dem Interview zu unterschrieben).
  - Ggf. grobe Information über das Thema (nicht zu viel!!!): z. B.: „Nachdem Sie ja im Rahmen der Gottesdienstumfrage schon viele Fragen beantwortet haben, geht es mir heute mehr darum, ein umfassenderes Bild zu bekommen."
  - Hinweis: Es gibt kein richtig oder falsch.
  - Frage: „Sind Sie so weit?"

Themenbereich: „Besondere" Gottesdienste		
Narrative Impulsfrage: Erzählen Sie doch mal von einem „Nachtschicht"-Besuch.		
Notizen		**Nachfragen**
		– Wie kam es zu Ihrem ersten „Nachtschicht"-Besuch? – Wann war Ihr erster „Nachtschicht"-Besuch? – Was sind die Gründe für Sie, in die „Nachtschicht" zu gehen? – Was gefällt Ihnen an der „Nachtschicht"? Was tut Ihnen gut? – Fehlt Ihnen etwas bzw. was stört sie? – Welche Rolle spielt dort der Bezug zum christlichen Glauben für Sie? – Welche Bedeutung hat die „Nachtschicht" für Ihren Alltag? – Tauschen Sie sich mit anderen über die „Nachtschicht" oder deren Themen aus und inwiefern? – Was ist für Sie der Unterschied zwischen einem herkömmlichen Gottesdienst und der „Nachtschicht"? – Gehen Sie derzeit zur „Nachtschicht"? Warum? Warum nicht?

Themenbereich: Zeit		
Wie geht es Ihnen damit, wenn die „Nachtschicht" Pause macht?		
Nachfragen		
		– Passt das zeitliche Angebot der „Nachtschicht" zu Ihrem Leben? Inwiefern? – Haben Sie in der „Nachtschicht"-Pause andere kirchliche Kontakte? Und wenn ja, welche?

Themenbereich: Netzwerk 1		
Inwiefern könnten Sie sich vorstellen, Menschen, die die „Nachtschicht“ bislang nicht kennen, auf sie aufmerksam zu machen. Wenn ja, welche Eigenschaften dieser Person würde das nahelegen?		
Nachfragen		
		– Können Sie eine solche Person beschreiben? – Evtl. fiktiv.

Themenbereich Gemeinde		
Welche Bedeutung hatten kirchliche Gemeinden so in den letzten Jahren in Ihrem Leben?		
Nachfragen		
		– Bei welchen Anlässen hatten Sie Kontakt zu Ihrer Kirchengemeinde? – Mit welchen Menschen haben Sie dann so zu tun? – Hat sich durch die „Nachtschicht“ etwas an Ihrem Verhältnis zur kirchlichen Gemeinde geändert? – Und zur Kirche insgesamt? – Welches Bild kommt Ihnen in den Sinn, wenn Sie an eine kirchliche Gemeinde denken? – Hat sich das durch die „Nachtschicht“ verändert?

Themenbereich: Gemeinde – „Besondere“ Gottesdienste		
Inwiefern erleben Sie die „Nachtschicht“ als Gemeinde – oder auch nicht?		
Nachfragen		
		– Können Sie sich an eine Situation in Ihrem Leben erinnern, wo Sie das Gefühl hatten, Teil einer Gemeinde zu sein? Was hat das ausgemacht? Was ist damals passiert? – Was sollte Ihrer Meinung nach Gemeinde ausmachen? – Welche Rolle spielt für Sie die Gemeinschaft dabei?

Themenbereich: Gemeinde auf Zeit		
In einem Text über die „Nachtschicht“ wurde diese als „Gemeinde auf Zeit“ beschrieben – wie erleben Sie das?		
Nachfragen		
		– Sie kommen aus XY – welche Rolle spielt es für Sie, dass die „Nachtschicht“ in Obertürkheim stattfindet? – Würden Sie auch woanders hinfahren? – Was wäre Ihnen dabei wichtig? – Was wäre für Sie eine „Gemeinde auf Zeit?“

Themenbereich: Netzwerk 2		
Kennen Sie eine(n) andere(n) Pfarrer/Pfarrerin persönlich? Welcher Gemeinde gehört dieser/diese an?		
Nachfragen		
		– Aus welchem Anlass hatten Sie im letzten Jahr Kontakt zu diesem Pfarrer/der Pfarrerin.

Hypothetische Frage		
Stellen Sie sich vor, Sie hätten drei Wünsche frei, wie würde Ihre Wunschgemeinde aussehen?		
Nachfragen		
		– Was müsste das für ein Ort für Sie sein? – Welche zeitliche Angebotsstruktur wäre dabei wichtig für Sie? – Was wäre da für Sie unverzichtbar?

Offene Ausstiegsfrage
„Jetzt haben wir einiges besprochen, gibt es von Ihnen etwas, das bisher im Interview nicht zur Sprache gekommen ist, was Ihnen aber wichtig ist?

Formalia
Zum Abschluss habe ich noch einige ergänzende Fragen, die ich gerne mit Ihnen anhand dieses Bogens durchgehen würde. Ergänzender Fragebogen (siehe Anlage). – Vor- und Zuname: – Darf ich Sie nach Ihrem Geburtsdatum fragen? – Geschlecht: – Familienstand: – Kinder: – Welche berufliche Tätigkeit üben Sie aus? – Welches ist Ihr höchster Bildungsabschluss? – Konfession/Religion: – Sind Sie Kirchenmitglied? ja/nein – Wenn ja, zu welcher Gemeinde gehören Sie? – Wenn nein, sind Sie getauft? – Wenn verheiratet: Haben Sie kirchlich geheiratet? – Erster („Nachtschicht"-Besuch) im Jahre: – Seit dem regelmäßig? – Wie oft so ungefähr im Jahr? – Kontakt zur Nachtschicht über: o (z. B. Freund/in; Pfarrer; Konfiunterricht etc.) – In welcher Funktion Kontakt mit der „Nachtschicht":

	o Besucher/in
	o Mitarbeiter/in
	o Sonstiges
–	Nehmen Sie an anderen kirchlichen Angeboten teil?
–	Bevorzugte Gottesdienste:
–	Postleitzahl des aktuellen Wohnortes:
–	Kontaktdaten (Telefon oder E-Mail-Adresse):

Datenschutz
– Einverständniserklärung unterschreiben lassen.

Dank
– Herzlichen Dank!

1.3. Leitfaden für das Experteninterview am Beispiel von Feld C

Themenbereich: Entwicklung des Gottesdienstes		
Erzählen Sie doch mal: Wie kam es zu Ihrer ersten Mittwochmorgen-Gottesdienstteilnahme?		
Notizen		**Nachfragen**
		– Wie hat sich dieser GD entwickelt? – Was war die Initialzündung? – Wie war die Reaktion darauf? – Wie würden Sie die Entwicklung seit Beginn beschreiben? – Wie waren und sind denn so die Beziehungen zu den Ortsgemeinden, in denen die MiMoGDs stattfanden und -finden.

Themenbereich: Netzwerk		
Welche Bedeutung hat die Peterskirche für den MiMoGD – aus Ihrer Sicht?		
Nachfragen		
		– Seit wann findet er dort statt? – Wie ist aus Ihrer Sicht das Verhältnis zwischen MiMoGD und den anderen Veranstaltungen in der Peterskirche? – Wie ist das Verhältnis von der Peterskirche zu den umliegenden Parochialgemeinden? – Wie groß ist die Peterskirchengemeinde?

Themenbereich: Netzwerk		
Wann kamen Sie das erste Mal mit Gottesdiensten im universitären Kontext und diesem im Speziellen in Kontakt?		
Nachfragen		
		– Seit wann sind Sie in Heidelberg tätig? – Seit wann sind Sie Universitätsprediger? – Welche Aufgaben umfasst dieser Dienstauftrag? – Übernehmen Sie auch Ämter im MiMoGD? – Welche Rolle spielt das innerhalb Ihres Dienstlebens? (Verhältnis zu Pfr.) – Welche Rolle spielt aus Ihrer Sicht für diesen GD, dass Sie Universitätsprofessor sind? – Wie ist aus Ihrer Sicht das Verhältnis zwischen MiMoGD und Sonntagmorgen-Gemeinde. Gibt es Bezüge? – Wie würden Sie anfangen, wenn Sie jetzt an einen anderen Ort kommen, wo noch kein MiMoGD etabliert ist? – Gibt es Kontakt oder sogar Zusammenarbeit mit anderen Gemeinden im Zusammenhang mit dem MiMoGD, wenn ja, inwiefern? – Welche Formen von Gemeindearbeit haben Sie in Ihrem Leben schon gemacht?

Themenbereich: Netzwerk		
Beim MiMoGD wirken viele Menschen mit, welche Funktionen sind das so?		
Nachfragen		
		– Gibt es bestimmte Gruppen? – Welche Aufgabe haben sie? – Können Sie diese Gruppen beschreiben? – Wie kommen Sie zu den Mitarbeitenden? – Gibt es auch Förderer, Mitarbeiter, die eher im Hintergrund wirken? – Gibt es ein Treffen aller Beteiligter? – Was ist es, das den MiMoGD schon so lange am Laufen hält? – Wie würden Sie Ihre Rolle hinsichtlich des MiMoGd beschreiben? – Was braucht es alles, damit ein MiMoGD läuft? – Gibt es auch außerhalb der MiMoGD Kontakt?

Themenbereich: Verantwortung		
Wer trägt die rechtliche Verantwortung für den MiMoGD?		
Nachfragen		
		– Wie ist Ihr Auftrag formuliert? – Wie lange? – Hat sich seit Ihrem Dienstantritt hieran etwas verändert? – Faktisch? – Gibt es eine Vertretungsregelung? – Sind Visitationen vorgesehen? – Ist es vorgesehen, dass Sie sich mit Kolleginnen/Dienstvorgesetzten abstimmen? – Gibt es so etwas wie ein KV für den MiMoGD? – Welche Rolle spielt für Sie die Beteiligung von Hauptamtlichen, deren Stellen zeitlich befristet sind?

Themenbereich: Konzeption 1		
Können Sie mal beschreiben, was alles dazugehört, um einen MiMoGD zu feiern, von der ersten Idee bis zur Nacharbeit – gerne auch an einem konkreten Beispiel.		
Nachfragen		
		– Welche Rolle spielt die Werbung? – Welche Rolle spielt die Zusammenarbeit mit anderen? – Was sind die besonderen Herausforderungen für Sie? – Welche Rolle spielt das Thema Geld dabei? – Haben Sie Mäzenen, Förderer? Sind diese selbst MiMoGD-Teilnehmende? – Was sind Highlights für Sie? – Welchen zeitlichen Raum umfasst ein solcher MiMoGD für Sie gefühlt? D. h., wann fängt er an und wann hört er auf?

Themenbereich: Netzwerk und Zielgruppe		
Wie würden Sie die Menschen beschreiben, die Sie in den MiMoGD einladen würden?		
Nachfragen		
		– Können Sie eine solche Person beschreiben? – Evtl. fiktiv? – Gibt es auch Dinge im MiMoGD, die Sie dazu bewegen würden, ggfs. eher zurückhaltend mit einer Einladung an einen bestimmten Personenkreis zu sein? – Die Umfrage hat ergeben, dass ...% der Teilnehmenden ev. sind, ... rk, ... keine Kirchenmitgliedschaft und ... Sonstiges (... keine Angabe) – wie sehen Sie das?

Themenbereich: Konzeption 2
Welche Bedeutung hat aus Ihrer Sicht die feste Form für diesen GD?

Themenbereich: Konzeption 3		
Wie würden Sie die Liturgie des MiMoGDs beschreiben, welches Konzept dahintersteht?		
Nachfragen		
		– Welche Partizipationsmöglichkeiten haben die Teilnehmenden/ die Besucher/innen? – Werden diese genutzt? – Gibt es Elemente, die sich immer wiederholen oder ähnlich sind? – Welche Anknüpfungspunkte haben die Besucher/innen? – Was ist das Ziel, das Sie mit dem MiMoGD verbinden. – Was motiviert Sie dazu? – Knapp …% der abgegebenen Stimmen bei der Umfrage geben an, dass ihnen nicht wichtig bzw. nicht so wichtig sei, dass es ein ev. Gottesdienst ist. …% ist es wichtig und …% sehr wichtig. Wie sehen Sie vor diesem Hintergrund die ev. Ausrichtung des GD?

Themenbereich: Angebot		
Wie ist es, wenn der MiMoGD „Pause“ hat?		
Nachfragen		
		– Wie geht es Ihnen dabei? – Haben Sie in der MiMoGD-Pause Kontakt zu Menschen aus dem MiMoGD-kontext? – Gibt es Pausen von der Pause – d. h. Rahmenprogramm? – Bekommen Sie mit, ob Leute in Kontakt sind?

Themenbereich: Zeit		
Welche Rolle spielt die universitäre Rückbindung für die zeitliche Partizipationsstruktur des Gottesdienstes?		
Nachfragen		
		– Für die Teilnehmenden? – Für die Verbundenheit mit dieser Veranstaltung? – Für Ihren Arbeitsalltag? – Semesterferien/Studienende etc.

Themenbereich: Medien		
Welche Rolle spielen die Medien für den MiMoGD?		
Nachfragen		
		– In welchen Medien tritt der MiMoGD in Erscheinung?

Themenbereich: Social Media/Internet		
Welche Rolle spielt das Internet für den MiMoGD?		
Nachfragen		
		– Social Media – Facebook – Homepage – E-Mail – Gibt es so etwas wie Gästebücher in Papierform? – Haben Sie einen Einblick, welche Altersgruppen Sie dabei antreffen, sich dort beteiligen?

Themenbereich: Gemeinde auf Zeit		
Gibt es für Sie einen Unterschied zwischen der Versammlung der Menschen in Ihrer Ortsgemeinde zu denen im MiMoGD? – Wie sieht dieser aus?		
Nachfragen		
		– Wenn Sie an den Begriff Gemeinde denken, welches Bild kommt Ihnen dabei in den Sinn? – Der Begriff Gemeinde ist ja stark traditionell aufgeladen – welchen Unterschied sehen Sie zwischen der MiMoGD- und einer Parochialgemeinde? – Welche Rolle spielt es in diesem Zusammenhang, dass im MiMoGD normalerweise keine Sakramente gefeiert werden? – Wissen Sie von Umgemeindungen, die mit dem MiMoGD zusammenhängen, oder dass Menschen ihr Mitgliederverhältnis dadurch verändert hätten? – Was würden Sie sich für eine kirchliche Organisationsstruktur im Hinblick auf Gottesdienste und Projekte wie den MiMoGD wünschen?

Hypothetische Frage		
Stellen Sie sich vor, Sie hätten drei Wünsche frei, wie würde Ihre Wunschgemeinde aussehen?		
Nachfragen		
		– Was müsste das für ein Ort für Sie sein? – Welche zeitliche Angebotsstruktur wäre dabei wichtig für Sie? – Was wäre da für Sie unverzichtbar? – Wo fühlen Sie sich als Teil einer „Gemeinde“ – können Sie das beschreiben? Was ist für Sie persönlich „Gemeinde“?

Hypothetische Frage		
Stellen Sie sich vor, Sie hätten drei Wünsche frei, was würden Sie sich für den MiMoGD wünschen?		
Nachfragen		
		– Ort – Stelle – Gäste

Offene Ausstiegsfrage
„Jetzt haben wir einiges besprochen, gibt es von Ihnen etwas, das bisher im Interview nicht zur Sprache gekommen ist, was Ihnen aber wichtig ist?

Datenschutz
– Einverständniserklärung unterschreiben lassen.

Dank
– Herzlichen Dank!

2. Theoretisches Sampling am Beispiel von Feld B

Items/Umfragebogen	B141	B274	B267	B36	B21	B88	B244	B192
1.2. Erste Teilnahme im Jahr	2012	2011	2013	2010	1982 (seit Beginn)	1999	2001	2014 – zum 1.x
1.6. Begleitung zum MoGo	8-j. Tochter	Tochter (Konfi.)	Partner	alleine	Freunde	Kollegen	Lebensgefährte & 7-j. Sohn	Freunde & Partner
2.1. Partizipationshäufigkeit an Gottesdiensten (exklusive Feld B)	mehrmals im Jahr	1–2 x mtl.	1 x im Jahr oder seltener	mehrmals im Jahr	Notiz: „NIE“	mehrmals im Jahr	1 x im Jahr oder seltener	1 x im Jahr oder seltener
2.3. Art der Gottesdienste[1]	K/FT	N/K/FT	K	K/B	./.	K/FT/U	K/FT	K/FT
7.1. Wirkung: Bez. zur Kirche/ Bez. zur Gemeinde	+ 0	+ ?	0 ?	0 0	0 0	+ +	- -	0 0
7.5. Kommunikation über den GD[2]	Ja, ex.	Ja, ex./int.	Ja, ex./int.	Ja, ex.	Ja, int.	Ja, int.	Ja, ex./int.	Ja, ex.
7.6. Neue Kontakte[3]	-	++	++	++	+	+	++	-
8.1. Geschlecht	m	m	w	m	m	m	w	w
8.2. Alter	54	54	50	44	52	49	37	31
8.4. Familienstand/ Kinder	verheiratet/ 3 Kind	verheiratet/ Kind	ledig/ in Beziehung	verheiratet	verwitwet	verheiratet	ledig	ledig/ 1 Kind
8.5. Konfession/Rel.	ev.	ev.	rk	ev.	./.	rk	ev.	ev.
8.6. Teilnehmer/ innenform[4]	B	B	M Ordner	M	B	M Polizei	B	B
8.7. Anreiseart[5]	Pkw	M	M	M	Pkw	M	M	?
Sonstiges: Auffälligkeiten, Besonderheiten	3.2.: nein 3.3.: ja	Urlaub mit Freund vom 1. MoGo.	1.7.: draußen	VCM	Anlassen ≠ Gemeinde	Polizeikradstaffel	Unfall auf dem Weg zum MoGo.	

[1] N = „normale“ Sonntagmorgengottesdienste, K = Kasualien, F = an Festtagen, U = im Urlaub, B = andere besondere Gottesdienste.

[2] ex. = mit Externen, int. = mit anderen Teilnehmer/innen am Motorradfahrer/innengottesdienst.

[3] = nein, + = Kontakte geschlossen, aber außerhalb keinen Kontakt, ++ = Kontakte geschlossen und auch außerhalb von diesem Gottesdienst Kontakt.

[4] B = Besucher/in, M = Mitarbeiter/in.

[5] M = Motorrad.

Verzeichnisse

1. Verzeichnis des empirischen Datenmaterials

Aufgrund der Datenmenge und aus datenschutzrechtlichen Gründen wurde das folgende empirische Datenmaterial zum Zwecke der Begutachtung der Dissertation den Gutachtern in elektronischer Form auf einer CD-Rom zur Verfügung gestellt.

1.1. Feld A – „Nachtschicht"-Gottesdienst

Material:	A-M1-Themenreihen und Programme 2000–2015 A-M2-Gästebuch, Stand 10.03.2014 A-M3-Einladung „Nachtschicht"-Pfarramt vom 29.09.2012 A-M4-Videotranskript 2012 A-M5-Videotranskript 2013 A-M6-Facebook Bildschirmfoto 2014-03-13 um 15.52.26 A-M7-Vogel, Ralf, Nachtschicht. Aufbruch zu Gott[1] A-M8-Newsletter vom 26.10.2015 A-M9-„Nachtschicht"-Programmseite Homo Ecco 2000/01 A-M10-„Nachtschicht"-Plakat Homo Ecco 2000/01 A-M11-Facebook Bildschirmfoto 2014-03-13 um 15.54.52 A-M12-Plakat „Manche lernen's nie", „Nachtschicht" zum Thema: Menschenrecht auf Bildung am 08.05.2016 A-M13-„Nachtschicht"-Jahresprogramm 2013 A-M14-„Nachtschicht"-Jahresprogramm 2014 A-M15-Erinnerungsnotiz vom 13.05.2014 A-M16-Gästebuch, Stand 21.04.2016
Teilnehmende Beobachtung:	A-TB1 vom 20.01.2013 A-TB1 vom 20.01.2013 Anlage A-TB2 vom 03.02.2013 A-TB2 vom 03.02.2013 Anlage A-TB3 vom 17.03.2013 A-TB4 vom 02.05.2013 A-TB5 vom 19.01.2014 A-TB6 vom 09.02.2014

[1] Zitiert als VOGEL, RALF 2009 unveröffentlicht.

	A-TB7 vom 17.03.2014 A-TB8 vom 11.05.2014
Interviews:	A-Exp vom 27.02.2014 A-Exp-Ergänzung vom 14.05.2016 Beate A24-I, Januar 2014 Hannelore A15-I, Januar 2014 Ilse A8-I, Februar 2014 Marie A13-I, A13-P Februar 2014 Rahel A3-I, Februar 2014 Simon A278-I, Januar 2014
Gruppendiskussion:	A-GD vom 29.06.2013
Umfrage:	A-Fragebogen Endfassung Druckformat vom 12.03.2013 A-SPSS Datenanalyse zur Umfrage vom 12.03.2013, A1-A287

1.2. Feld B – „Anlassen“ Motorradfahrer/innengottesdienst

Material:	B-M1-Flyer Bergkirche 10, online: 18.06.2015 B-M2-Videotranskript EKHN Kirchenfernsehen 2013 B-M3-Videotranskript Hessenschau 2012 B-M4-Programmhefte 1982–2013 B-M5-Liedheft 33. „Anlassen“, 2014 B-M6-Pressespiegel 2015 ADAC Hessen/Thü. B-M7-Programmheft Gedenkfahrt 2014 B-M8-Presse-Echo zum 31. Anlassen, hr 1, Hartmut Hoefer, 15.04.2012
Teilnehmende Beobachtung:	B-TB1-Lothar vom 27.04.2014 B-TB2-Paula vom 27.04.2014 B-TB3-Birte vom 27.04.2014 B-TB4-Tanja vom 27.04.2014 B-TB5-Tanja vom 23.10.2014 B-TB6-Tanja vom 12.04.2015
Interviews:	B-Exp vom 02.06.2014 Elke B267-I, September 2014 Jörn B21-I, August 2014 Kay B36-I, September 2014

	Lara/Jan B244-I, Oktober 2014 Lutz B88-I, September 2014 Peter B141-I, September 2014 Sven B274-I, September 2014
Gruppendiskussion:	B-GD vom 02.06.2014
Umfrage:	B-Fragebogen Endfassung Druckformat vom 27.04.2014 B-SPSS Datenanalyse zur Umfrage vom 27.04.2014, B1-B274

1.3. Feld C – Mittwochmorgen-Gottesdienst

Material:	C-M1-Abendmahlsliturgie für den Mittwochmorgen-Gottesdienst C-M2-Mittwochmorgen-Gottesdinest-Plakat Sommersemester 2014 C-M3-Mittwochmorgen-Gottesdienst-Plakat Wintersemester 2016/2017
Teilnehmende Beobachtung:	C-TB1 vom 18.06.2014 C-TB2 vom 25.06.2014 C-TB3 vom 16.07.2014 C-TB4 vom 03.09.2014
Interviews:	C-Exp vom 16.07.2014 C-Exp-Ergänzung vom 13.07.2017 Frieder C19-I, Oktober 2014 Helga C5-I, August 2014 Johanna C16-I, September 2014 Karl C31-I, August 2014 Paul C43-I, August 2014 Petra C47-I, Oktober 2014 Sonja C15-I, August 2014 Uwe C26-I, September 2014 Vera C2-I, August 2014
Gruppendiskussion:	C-GD vom 16.07.2014
Umfrage:	C-Fragebogen Endfassung Druckformat vom 09.07.2014 C-SPSS Datenanalyse zur Umfrage vom 09.07.2014, C1-C47

2. Literaturverzeichnis

2.1. *Abkürzungen*

EKD	=	Evangelische Kirche Deutschland
ELKB	=	Evangelisch-Lutherische Kirche in Bayern
GaZ	=	Gemeinde auf Zeit
GD	=	Gottesdienste(e)
I	=	Interviewerin
KMU	=	Kirchenmitgliedschaftsuntersuchung der EKD
MoGo	=	Motorradfahrer/innengottesdienst in Niedergründau
MiMoGD	=	Mittwochmorgen-Gottesdienst
VCM	=	Verband Christlicher Motorradfahrer in Frankfurt am Main

Soweit keine Abweichungen angegeben sind, folgen die Abkürzungen von Reihen, Zeitschriften und Lexika:

SCHWERTNER SIEGFRIED M.: IATG3 – Internationales Abkürzungsverzeichnis für Theologie und Grenzgebiete: Zeitschriften, Serien, Lexika, Quellenwerke mit bibliographischen Angaben = International glossary of abbreviations for theology and related subjects = Index international des abréviations pour la théologie et domaines apparentés, 3. Aufl. Berlin 2014.

Kurztitel in den Fußnoten ergeben sich aus dem Namen des Autors/der Autoren bzw. des Herausgebers/den Herausgebern, dem Erscheinungsjahr und ggf. der Seitenzahl.

2.2. *Printliteratur*

(1996). Evangelisches Gesangbuch: Ausgabe für die Evangelische Landeskirche in Württemberg. Stuttgart.

(2001). Evangelisches Gottesdienstbuch: Agende für die Evangelische Kirche der Union und für die Vereinigte Evangelisch-Lutherische Kirche Deutschlands. 2. Auflage. Berlin.

(2004). Evangelisches Gesangbuch: Ausgabe für die Evangelische Kirche in Hessen und Nassau. Leipzig.

ABRAHAM, MARTIN (2007). Evangelium und Kirchengestalt: Reformatorisches Kirchenverständnis heute. Berlin / New York.

ALBRECHT, CHRISTIAN (2013). Historische Perspektiven auf Themen und Probleme des Universitätsgottesdienstes: Eine praktisch-theologishe Lektüre von Konrad Hammanns Monographie zur Geschichte des Universitätsgottesdienstes. In: LK Zeitschrift der Liturgischen Konferenz für Gottesdienst, Musik und Kunst 4, Heft 2, 5–17.

ALBRECHT, STEFFEN (2010). 3.5 Knoten im Netzwerk. In: CHRISTIAN STEGBAUER (Hg.). Handbuch Netzwerkforschung. Wiesbaden, 125–134.

AMANN, KLAUS / HIRSCHAUER, STEFAN (1997). Die Befremdung der eigenen Kultur: Ein Programm. In: IID. (Hg.). Die Befremdung der eigenen Kultur: Zur ethnographischen Herausforderung soziologischer Empirie. Frankfurt am Main, 7–52.

ARNOLD, JOCHEN (Hg.) (2009). Kleiner Gottesdienst – weiter Raum. Hannover.

AVENARIUS, CHRISTINE B. (2010). 3.3 Starke und Schwache Beziehungen. In: CHRISTIAN STEGBAUER (Hg.). Handbuch Netzwerkforschung. Wiesbaden, 99–111.

BECKER, DIETER (2007). Pfarrberufe zwischen Praxis und Theorie: Personalplanung in theologisch-kirchlicher und organisationsstrategischer Sicht. Frankfurt am Main.

BEDFORD-STROHM, HEINRICH (Hg.) (2015). Vernetzte Vielfalt: Kirche angesichts von Individualisierung und Säkularisierung; die fünfte EKD-Erhebung über Kirchenmitgliedschaft. Gütersloh.

BENTHAUS-APEL, FRIEDERIKE (2006). Lebensspezifische Zugänge zur Kirchenmitgliedschaft. In: WOLFGANG HUBER (Hg.). Kirche in der Vielfalt der Lebensbezüge. Gütersloh, 205–236.

BESCH, WERNER (1996). Duzen, Siezen, Titulieren [Elektronische Ressource]: Zur Anrede im Deutschen heute und gestern. Göttingen.

BIERITZ, KARL-HEINRICH (2005). Das Kirchenjahr: Feste, Gedenk- und Feiertage in Geschichte und Gegenwart. 7. Auflage. München.

BIERMANN, HEINRICH (Hg.) (1999). Texte, Themen und Strukturen: Deutschbuch für die Oberstufe. Berlin.

BRECHT, BERTOLT / HAUPTMAN, ELISABETH (1967). Gesammelte Werke: Über den Beruf des Schauspielers (15). Frankfurt am Main.

BREIDENSTEIN, GEORG / HIRSCHAUER, STEFAN / KALTHOFF, HERBERT / NIESWAND, BORIS (2015). Ethnografie: Die Praxis der Feldforschung. 2. Auflage. Konstanz / München.

BUB, WOLFGANG (Hg.) (1988). Lebenswort: Erlanger Universitätspredigten; Manfred Seitz zum 60. Geburtstag. Erlangen.

BUBMANN, PETER (1999). Pfingst-Wallfahrt und Konfirmationsritual: Der Kirchentag als Zeitansage in der Erlebnisgesellschaft. In: WOLFGANG RATZMANN (Hg.). Der Kirchentag und seine Liturgien: Auf der Suche nach dem Gottesdienst von morgen. Leipzig, 33–55.

BUBMANN, PETER (2003). V. Musik und Gottesdienst. In: Liturgisches Kompendium. Göttingen, 120–133.

BUBMANN, PETER (2012a). Die Zeit der Gemeinde: Kirchliche Bildungsorte zwischen Kirche auf Dauer und Kirche bei Gelegenheit. In: ID. (Hg.). Gemeindepädagogik. Berlin, 85–105.

BUBMANN, PETER (Hg.) (2012b). Gemeindepädagogik. Berlin.

BUBMANN, PETER (2013). Ausgang ungewiss: Ein Forschungsprojekt untersucht die Chancen von Gemeinden auf Zeit. In: Zeitzeichen 14, Heft 10, 30–32.

BUBMANN, PETER / FECHTNER, KRISTIAN / WEYEL, BIRGIT (2014). Gemeinde auf Zeit: Empirische Wahrnehmung punktuell-situativer Formen evangelischer Kirche und ihre sozialitätstheoretischen Reflexionen. In: BIRGIT WEYEL & PETER BUBMANN (Hg.). Kirchentheorie: Praktisch-theologische Perspektiven auf die Kirche. Leipzig, 132–144.

BÜHL, ACHIM (2012). SPSS 20: Einführung in die moderne Datenanalyse. 13. Auflage. München u. a.

CORSTEN, MICHAEL (2010). Karl Mannheims Kultursoziologie: Eine Einführung. Frankfurt am Main.

DAIBER, KARL F. (1980). Der Gottesdienst als Mitte der Gemeindearbeit. In: Wissenschaft und Praxis in Kirche und Gesellschaft 69, Heft 3, 74–90.

DAIBER, KARL-FRITZ (1993). Gottesdienst als Mitte – Ende eines Mythos? In: ZPG, Zeitschrift für Gottesdienst und Predigt 11, Heft 2, 18–20.

DENZIN, NORMAN K. (1989). The research act: A theoretical introduction to sociological methods. 3. Auflage. Englewood Cliffs, NJ.

DIEKMANN, ANDREAS (2010). Empirische Sozialforschung: Grundlagen, Methoden, Anwendungen. 21. Auflage. Reinbek bei Hamburg.

DINGEL, IRENE (Hg.) (2014). Die Bekenntnisschriften der Evangelisch-Lutherischen Kirche. Göttingen.

DITTMAR, NORBERT (2004). Transkription: Ein Leitfaden mit Aufgaben für Studenten, Forscher und Laien. 2. Auflage. Wiesbaden.

DOMSGEN, MICHAEL (2014). Kirche in Ostdeutschland: Ein Plädoyer nicht nur für die Regionalisierung der Kirchentheorie. In: BIRGIT WEYEL & PETER BUBMANN (Hg.). Kirchentheorie: Praktisch-theologische Perspektiven auf die Kirche. Leipzig, 63–79.

ECKSTEIN, HANS-JOACHIM / HECKEL, ULRICH / WEYEL, BIRGIT (2011). Vorwort des Herausgebers. In: HANS-JOACHIM ECKSTEIN (Hg.). Kompendium Gottesdienst: Der evangelische Gottesdienst in Geschichte und Gegenwart. Tübingen, IX–XII.

EGER, KARL. Art. Universitätsgottesdienst (Akademischer Gottesdienst). In: ALFRED BERTHOLET & HERMANN GUNKEL (Hg.). In: RGG[2] 5, 1393–1395.

ENDREẞ, MARTIN (2006). Alfred Schütz. Konstanz.

ENGEMANN, WILFRIED (2002). Einführung in die Homiletik. Tübingen.

EVANGELISCHE KIRCHE IN DEUTSCHLAND (2012). Evangelische Kirche in Deutschland: Zahlen und Fakten zum kirchlichen Leben. Hannover.

EVANGELISCHE KIRCHE IN DEUTSCHLAND (Hg.) (2014). Engagement und Indifferenz. Kirchenmitgliedschaft als soziale Praxis: V. EKD-Erhebung über Kirchenmitgliedschaft. Hannover.

EVANGELISCHE KIRCHE IN DEUTSCHLAND. KIRCHENAMT (2003). Kirche – Horizont und Lebensrahmen: Weltsichten, Kirchenbindung, Lebensstile; vierte EKD-Erhebung über Kirchenmitgliedschaft. Hannover.

FAEHLING, ERICH / FISCHER, MICHAEL (2008). Himmel über'm Asphalt: Motorrad Gottesdienst Hamburg. Neumünster.

FECHTNER, KRISTIAN (1997). Gemeinde leben spätmodern: Überlegungen zu einem protestantischen Mythos und zu einer Sozialgestalt des Christentums. In: ALBRECHT GRÖZINGER & JÜRGEN LOTT (Hg.). Gelebte Religion: Im Brennpunkt praktisch-theologischen Denkens und Handelns. Rheinbach, 207–224.

FECHTNER, KRISTIAN (2001). Schwellenzeit: Erkundungen zur kulturellen und gottesdienstlichen Praxis des Jahreswechsels. Gütersloh.

FECHTNER, KRISTIAN (2008). Art. Rituale. In: FRIEDRICH WILHELM HORN & FRIEDERIKE NÜSSEL (Hg.). TRT[5]. Göttingen, 1029–1033.

FECHTNER, KRISTIAN (2010). Späte Zeit der Volkskirche: Praktisch-theologische Erkundungen. Stuttgart.

FECHTNER, KRISTIAN (2011). Kirche von Fall zu Fall: Kasualien wahrnehmen und gestalten. 2. überarbeitete und erweiterte Auflage. Gütersloh.

FECHTNER, KRISTIAN (2012a). Sehhilfen: Zur Bedeutung soziologischer Einsichten für die neuere praktisch-theologische Kasualtheorie. In: GERHARD WEGNER (Hg.). Gott oder die Gesellschaft? Das Spannungsfeld von Theologie und Soziologie. Würzburg (Religion in der Gesellschaft; 32), 199–214.

FECHTNER, KRISTIAN (2012b). Trauerkulturen im Umbruch. In: IZPP, 1/2012, 1–9.

FECHTNER, KRISTIAN (2014a). Kirchliche Mitwirkung an der Bestattung von aus der Kirche Ausgetretenen. In: KARL-HEINZ FIX & URSULA ROTH (Hg.). Lebensvergewisserungen: Erkundungsgänge zur gegenwärtigen Bestattungs- und Trauerkultur in Kirche und Gesellschaft. Gütersloh, 110–126.

FECHTNER, KRISTIAN (2014b). Volkskirche. In: RALPH KUNZ (Hg.). Handbuch für Kirchen- und Gemeindeentwicklung. Neukirchen-Vluyn, 161–168.

FECHTNER, KRISTIAN (2015). Diskretes Christentum: Religion und Scham. Gütersloh.

FECHTNER, KRISTIAN (2017). Liturgik. In: FECHTNER, KRISTIAN / HERMELINK, JAN / KUMLEHN, MARTINA / WAGNER-RAU, ULRIKE (2017). Praktische Theologie: Ein Lehrbuch. Stuttgart, 128–151.

FECHTNER, KRISTIAN / FRIEDRICHS, LUTZ (Hg.) (2008). Normalfall Sonntagsgottesdienst? Gottesdienst und Sonntagskultur im Umbruch. Stuttgart.

FECHTNER, KRISTIAN / MULIA, CHRISTIAN (2009). Goldene Konfirmation zwischen Jubiläumsfeier und Alterskasualie. In: PrTh 44, 184–192.

FECHTNER, KRISTIAN / MULIA, CHRISTIAN (2013). Kasualwirklichkeiten: Zur Bedeutung empirischer Forschung für das Verständnis heutiger Taufpraxis. In: BIRGIT WEYEL, HANS-GÜNTER HEIMBROCK & WILHELM GRÄB (Hg.). Praktische Theologie und empirische Religionsforschung. Leipzig, 170–182.

FECHTNER, KRISTIAN / SCHWIER, HELMUT / GOLDSCHMIDT, STEPHAN (2013). Editorial. In: LK Zeitschrift der Liturgischen Konferenz für Gottesdienst, Musik und Kunst 4, Heft 2, 4.

FECHTNER, KRISTIAN / HERMELINK, JAN / KUMLEHN, MARTINA / WAGNER-RAU, ULRIKE (2017). Praktische Theologie: Ein Lehrbuch. Stuttgart.

FEIGE, JOACHIM (Hg.) (1972). Dienste der Kirche in der Freizeitgesellschaft: Thesen. Gladbeck.

FIEDLER, KRISTINA (2013). „Wie immer sind alle ganz herzlich zum Frühstück eingeladen. Wer kann leider nicht bleiben?“. In: TOBIAS HABICHT, STEFAN KARCHER & HANNA REICHEL (Hg.). „… zu schauen die schönen Gottesdienste des Herrn“: Eine homiletische Festschrift zu Adolf Martin Ritters 80. Geburtstag. Heidelberg, 165–166.

FLICK, UWE (2009). Sozialforschung. Reinbek bei Hamburg.

FLICK, UWE (2011a). Qualitative Sozialforschung. Reinbek bei Hamburg.

FLICK, UWE (2011b). Triangulation [Elektronische Ressource]: Eine Einführung. 3. Auflage. Wiesbaden.

FLICK, UWE (Hg.) (2012a). Qualitative Forschung: Ein Handbuch. Reinbek bei Hamburg.

FLICK, UWE (2012b). Triangulation in der qualitativen Forschung. In: ID. (Hg.). Qualitative Forschung: Ein Handbuch. 9. Auflage. Reinbek bei Hamburg, 319–331.

FOITZIK, KARL (2006). Beteiligungsgemeinde? Partizipation auf evangelisch. In: IRENE MILDENBERGER (Hg.). Beteiligung? Leipzig, 27–49.

FOITZIK, KARL / GOSSMANN, ELSBE (1995). Gemeinde 2000 – wenn Vielfalt Gestalt gewinnt: Prozesse, Provokationen, Prioritäten. Gütersloh.

FRIEDRICHS, LUTZ (Hg.) (2007a). Alternative Gottesdienste.

FRIEDRICHS, LUTZ (2007b). Praktisch-theologische Einleitung. In: ID. (Hg.). Alternative Gottesdienste, 9–32.

FUHSE, JAN (2006). Gruppe und Netzwerk –: eine begriffsgeschichtliche Rekonstruktion. In: Berliner Journal für Soziologie 16, 245–263.

GARHAMMER, ERICH / SCHÖTTLER, HEINZ-GÜNTHER (1998). Predigt als offenes Kunstwerk: Homiletik und Rezeptionsästhetik. München.

GEBAUER, GUNTER / WULF, CHRISTOPH (1998). SPIEL – RITUAL – GESTE: MIMETISCHES HANDELN IN DER SOZIALEN WELT. REINBEK BEI HAMBURG.

GEBHARDT, WINFRIED (2009). Gemeinschaften ohne Gemeinschaft: Über situative Event-Vergemeinschaftungen. In: RONALD HITZLER, ANNE HONER & MICHAELA PFADENHAUER (Hg.). Posttraditionale Gemeinschaften [Elektronische Ressource]: Theoretische und ethnografische Erkundungen. Wiesbaden, 202–213.

GEERTZ, CLIFFORD (1983). Dichte Beschreibung: Beiträge zum Verstehen kultureller Systeme. Frankfurt am Main.

GEHRKE, GERD (Hg.) (1991). Gemeinden auf Zeit: Überlegungen zur Ergänzung des parochialen Prinzips. Stuttgart.

GERTENBACH, LARS (2010). Theorien der Gemeinschaft zur Einführung. Hamburg.

GIRTLER, ROLAND (2001). Methoden der Feldforschung. 4. Auflage. Köln.

GOFFMAN, ERVING (1971). Verhalten in sozialen Situationen: Strukturen und Regeln der Interaktion im öffentlichen Raum. Gütersloh.

GRÄB, WILHELM (1999). Von der Religionskritik zur Religionshermeneutik. In: ID. (Hg.). Religion als Thema der Theologie: Geschichte, Standpunkt und Perspektiven theologischer Religionskritik und Religionsbegründung. Gütersloh, 118–143.

GRÄB, WILHELM (2001). Kirche in der urbanen Welt der Moderne. In: Magazin für Theologie und Ästhetik 13.

GRÄB, WILHELM (2006). Religion als Deutung des Lebens: Perspektiven einer Praktischen Theologie gelebter Religion. Gütersloh.

GRETHLEIN, CHRISTIAN (2001). Grundfragen der Liturgik. Ein Studienbuch zur zeitgemäßen Gottesdienstgestaltung. Gütersloh.

GRETHLEIN, CHRISTIAN (2011). Gottesdienst und Gemeindebildung. In: HANS-JOACHIM ECKSTEIN (Hg.). Kompendium Gottesdienst: Der evangelische Gottesdienst in Geschichte und Gegenwart. Tübingen, 265–284.

GRETHLEIN, CHRISTIAN (2012). Praktische Theologie. Berlin / Boston.

GROSSMANN, MANUELA / KÜHNI, SUSANNE / SURI, OLIVIA / WALTI, CHRIATIAN (2013). Visuelles Auftreten von Pfarrerinnen im Gottesdienst: Eine explorative Studie aus der Deutschschweiz. In: Pastoraltheologie 102, 239–257.

GUNDLACH, THIES (2008). Zum Mentalitätswechsel in der Kirche. In: Pth 97, Heft 1, 14.

HAASEN, JENS (2004). Gemeinde als Herberge: Eine Vision aus den Niederlanden. In: UTA POHL-PATALONG (Hg.). Kirchliche Strukturen im Plural. Schenefeld, 113–124.

HABICHT, TOBIAS / KARCHER, STEFAN / REICHEL, HANNA (Hg.) (2013). „... zu schauen die schönen Gottesdienste des Herrn“: Eine homiletische Festschrift zu Adolf Martin Ritters 80. Geburtstag. Heidelberg.

HAMANN, BERND-JÜRGEN (1980). Im frischen Fahrtwind will ich Dich loben: Ein Rockerpfarrer berichtet. München.

HAMMANN, KONRAD (1993). Rudolf Bultmann und der Universitätsgottesdienst in Marburg. In: ZThK 90, Heft 1, 87.

HAMMANN, KONRAD (1994). Der Giessener Universitätsgottesdienst 1917–1936. In: Hessische Kirchengeschichtliche Vereinigung 45 (1994), 99–123.

HAMMANN, KONRAD (2000). Universitätsgottesdienst und Aufklärungspredigt. Tübingen (Beiträge zur historischen Theologie).

HAMMANN, KONRAD (2006). Kirche und Universität: Studien zur Kirchengeschichte Göttingens. Berlin [u.a.].

HAMMERSLEY, MARTYN / ATKINSON, PAUL (1983). Ethnography: Principles in practice. London [u.a.].

HÄRLE, WILFRIED (2008). Wachsen gegen den Trend: Analysen von Gemeinden, mit denen es aufwärts geht. Leipzig.

HAUSCHILD, EBERHARD (1996). Die vier Typen liturgischer Erfahrung: Versuch einer Kartographierung der liturgischen Landschaft. In: Pth 85, 334–343.

HAUSCHILD, EBERHARD (1998). Milieus in der Kirche: Erste Ansätze zu einer neuen Perspektive und ein Plädoyer für vertiefende Studien. In: Pth 87, 392–404.

HAUSCHILDT, EBERHARD (1997). Individualisierung und Standardisierung der Religion. In: ALBRECHT GRÖZINGER & JÜRGEN LOTT (Hg.). Gelebte Religion: Im Brennpunkt praktisch-theologischen Denkens und Handelns. Rheinbach, 15–29.

HAUSCHILDT, EBERHARD / POHL-PATALONG, UTA (2013). Kirche. Gütersloh.

HÄUSER, FRANZ (2010). Grußwort des Rektors der Universität Leipzig. In: RÜDIGER LUX (Hg.). Ich muss rumoren: 600 Jahre Universität Leipzig; Predigten und Ansprachen. Berlin, 38–41.

HÄUßLING, ROGER (2010). 3.1 Relationale Soziologie. In: CHRISTIAN STEGBAUER (Hg.). Handbuch Netzwerkforschung. Wiesbaden, 63–87.

HEIN, JENNIFER (09.01.2012). Vollgas für den Glauben: Hofheim Hessens neuer Bikerpfarrer Thorsten Heinrich steht vor großen Aufgaben. In: Frankfurter Rundschau, 9. Januar 2012.

HELFFERICH, CORNELIA (2011). Die Qualität qualitativer Daten: Manual für die Durchführung qualitativer Interviews. 4. Auflage. Wiesbaden.

HEPP, ANDREAS / KRÖNERT, VERONIKA (2009a). Medien – Event – Religion [Elektronische Ressource]: Die Mediatisierung des Religiösen. Wiesbaden.

HERBST, MICHAEL (2000). Neue Gottesdienste braucht das Land. In: Berliner theologische Zeitschrift 17, Heft 2, 155–176.

HERMELINK, JAN (2004). Doppelsinnigkeiten von „Gemeinde“: Potenzen eines Begriffs. In: UTA POHL-PATALONG (Hg.). Kirchliche Strukturen im Plural. Schenefeld, 55–68.

HERMELINK, JAN (2011). Kirchliche Organisation und das Jenseits des Glaubens. Gütersloh.

HERMELINK, JAN (2014). Pfarrberuf und Pfarramt. In: RALPH KUNZ (Hg.). Handbuch für Kirchen- und Gemeindeentwicklung. Neukirchen-Vluyn, 132–139.

HERMELINK, JAN / KOLL, JULIA / HALLWAß, ANNE ELISE (2015). Liturgische Praxis zwischen Teilhabe und Teilnahme. In: HEINRICH BEDFORD-STROHM (Hg.). Vernetzte Vielfalt: Kirche angesichts von Individualisierung und Säkularisierung; die fünfte EKD-Erhebung über Kirchenmitgliedschaft. Gütersloh, 90–111.

HERMELINK, JAN / WEYEL, BIRGIT (2014). Kirchenmitgliedschaft als soziale Praxis: Religions- und kirchentheoretische Akzente in der Konzeption der 5. Kirchenmitgliedschaftsuntersuchung. In: BIRGIT WEYEL & PETER BUBMANN (Hg.). Kirchentheorie: Praktisch-theologische Perspektiven auf die Kirche. Leipzig, 115–131.

HERMELINK, JAN / WEYEL, BIRGIT (2015). Vernetzte Vielfalt: Eine Einführung in den theoretischen Ansatz, die methodischen Grundentscheidungen und zentrale Ergebnisse der V. KMU. In: HEINRICH BEDFORD-STROHM (Hg.). Vernetzte Vielfalt: Kirche angesichts von Individualisierung und Säkularisierung; die fünfte EKD-Erhebung über Kirchenmitgliedschaft. Gütersloh, 16–32.

HITZLER, ROLAND / HONER, ANNE / PFADENHAUER, MICHAELA (2009). Zur Einleitung: „Ärgerliche" Gesellungsgebilde. In: RONALD HITZLER, ANNE HONER & MICHAELA PFADENHAUER (Hg.). Posttraditionale Gemeinschaften [Elektronische Ressource]: Theoretische und ethnografische Erkundungen. Wiesbaden, 9–31.

HITZLER, RONALD (2011). Eventisierung: Drei Fallstudien zum marketingstrategischen Massenspaß. Wiesbaden.

HITZLER, RONALD / EBERLE, THOMAS S. (2012). Phänomenologische Lebensweltanalyse. In: UWE FLICK (Hg.). Qualitative Forschung: Ein Handbuch. 9. Auflage. Reinbek bei Hamburg, 109–118.

HITZLER, RONALD / NIEDERBACHER, ARNE (2008). Leben in Szenen: Formen jugendlicher Vergemeinschaftung heute. 3. Auflage. Wiesbaden.

HOFHANSL, ERNST W. (2008). Art. Stundengebet: II. Liturgisch-praktisch. In: RGG[4] 7, 1799f.

HOLLSTEIN, BETINA (2010). Strukturen, Akteure, Wechselwirkungen. Georg Simmels Beiträge zur Netzwerkforschung. In: CHRISTIAN STEGBAUER (Hg.). Netzwerkanalyse und Netzwerktheorie: Ein neues Paradigma in den Sozialwissenschaften. 2. Auflage. Wiesbaden, 91–103.

HOLZER, BORIS (2009). Netzwerktheorie. In: GEORG KNEER & MARKUS SCHROER (Hg.). Handbuch soziologische Theorien. Wiesbaden, 253–275.

HONER, ANNE (2011). Kleine Leiblichkeiten [Elektronische Ressource]: Erkundungen in Lebenswelten. Wiesbaden.

HUBER, WOLFGANG (Hg.) (2006). Kirche in der Vielfalt der Lebensbezüge. Die vierte EKD-Erhebung über Kirchenmitgliedschaft. Gütersloh.

JACOBS, UWE KAI (2012). Gemeindeformen und Seelsorgefelder in der evangelischen Kirche: Rechtliche Strukturen und innere Zusammenhänge. In: KuR 2/2012, 224–244.

JANNASCH, W. (1962). Art. Universitätsgottesdienst. In: KURT GALLING (Hg.). RGG[3] 6, 1172–1174.

JORGENSEN, DANNY L. (1989). Participant observation: A methodology for human studies. Newbury Park, Calif.

JOSUTTIS, MANFRED (1997). Vom Umgang mit heiligen Räumen. In: ALBRECHT GRÖZINGER & JÜRGEN LOTT (Hg.). Gelebte Religion: Im Brennpunkt praktisch-theologischen Denkens und Handelns. Rheinbach, 241–251.

JULY, FRANK OTFRIED (2011). Geleitwort. In: HANS-JOACHIM ECKSTEIN (Hg.). Kompendium Gottesdienst: Der evangelische Gottesdienst in Geschichte und Gegenwart. Tübingen, V–VII.

JUNG, THOMAS (2007). Die Seinsgebundenheit des Denkens: Karl Mannheim und die Grundlegung einer Denksoziologie. Bielefeld.

JUNGE, MATTHIAS (2009). Die kollektive Erregung des public viewing: – oder: die Tragödie der Identifikation und der Sozialität. In: RONALD HITZLER, ANNE HONER & MICHAELA PFADENHAUER (Hg.). Posttraditionale Gemeinschaften [Elektronische Ressource]: Theoretische und ethnografische Erkundungen. Wiesbaden, 187–201.

KABEL, THOMAS (2011). Übungsbuch Liturgische Präsenz. Gütersloh.

KAISER, JOCHEN (2012). Religiöses Erleben durch gottesdienstliche Musik: Eine empirisch-rekonstruktive Studie. Göttingen.

KALTHOFF, HERBERT (2008). Einleitung: Zur Dialektik von qualitativer Forschung und soziologischer Theoriebildung. In: HERBERT KALTHOFF, STEFAN HIRSCHAUER & GESA LINDEMANN (Hg.). Theoretische Empirie: Zur Relevanz qualitativer Forschung. Frankfurt am Main, 8–34.

KARLE, ISOLDE (2015). Der Pfarrer die Pfarrerin als Schlüsselfigur Kontinuitäten und Diskontinuitäten. In: EvTh 75, Heft 3, 227–238.

KARLE, ISOLDE (2015). Kommentar: Auf was es ankommt – Kirche in der Wahrnehmung ihrer Mitglieder. In: HEINRICH BEDFORD-STROHM (Hg.). Vernetzte Vielfalt: Kirche angesichts von Individualisierung und Säkularisierung; die fünfte EKD-Erhebung über Kirchenmitgliedschaft. Gütersloh, 119–127.

KECK, CHRISTINE (13.02.2009). Ein Pfarrer mit Talent zum Talkmaster: In der Obertürkheimer Kirche spricht Ralf Vogel am Sonntagabend mit Prominenten. In: Stuttgarter Zeitung, 13. Februar 2009.

KELLE, UDO (2007). Die Integration qualitativer und quantitativer Methoden in der empirischen Sozialforschung: Theoretische Grundlagen und methodologische Konzepte. Wiesbaden.

KERNER, HANNS / MÜLLER, KONRAD (2015). Gottesdienst im Wandel. Leipzig.

KIRCHENAMT DER EV. KIRCHE (Hg.) (2006). Kirche der Freiheit – Perspektiven für die evangelische Kirche im 21. Jahrhundert: Ein „Impulspapier" des Rates der Evangelischen Kirche in Deutschland. Bad Münder.

KIS. (17.11.2015). Besonderer Gottesdienst. In: Allgemeine Zeitung Bad Kreuznach, 17. November 2015, 19.

KLEIN, REBEKKA A. (2010). Sozialität als Conditio Humana: Eine interdisziplinäre Untersuchung zur Sozialanthropologie in der experimentellen Ökonomik, Sozialphilosophie und Theologie. Göttingen.

KLESSMANN, MICHAEL (2012). Das Pfarramt: Einführung in Grundfragen der Pastoraltheologie. Neukirchen-Vluyn.

KLIE, THOMAS (2003). Gottesdienst im Raum. In: CHRISTIAN GRETHLEIN (Hg.). Liturgisches Kompendium. Göttingen, 260–281.

KLIE, THOMAS (2010). Fremde Heimat Liturgie: Ästhetik gottesdienstlicher Liturgie. Stuttgart.

KLIE, THOMAS (2014). Kasualgemeinde. In: RALPH KUNZ (Hg.). Handbuch für Kirchen- und Gemeindeentwicklung. Neukirchen-Vluyn, 281–287.

KNECHT, ACHIM (2011). Erlebnis Gottesdienst: Zur Rehabilitierung der Kategorie „Erlebnis" für Theorie und Praxis des Gottesdienstes. Leipzig.

KNOBLAUCH, HUBERT (2003). Qualitative Religionsforschung: Religionsethnographie in der eigenen Gesellschaft. Paderborn.

KOEPPING, KLAUS-PETER (1987). Authentizität als Selbstfindung durch den anderen: Ethnologie zwischen Engagement und Reflexion, zwischen Leben und Wissenschaft. In: HANS PETER DUERR (Hg.). Authentizität und Betrug in der Ethnologie. Frankfurt am Main, 7–37.

KOLL, JULIA (2016). Posaunenchor: Kirchenmusik als sozioreligiöse Praxis: Studien zu Religion, Musik und Gruppe am Beispiel des Posaunenchors. Leipzig.

KRETZSCHMAR, GERALD (2007). Kirche und Gemeinde: Milieu / Typologien der Kirchenmitgliedschaft / Theologie und Empirie. In: WILHELM GRÄB & BIRGIT WEYEL (Hg.). Handbuch Praktische Theologie. Gütersloh, 77–88.

KRETZSCHMAR, GERALD (2012). Mitgliederorientierung und Kirchenreform: Die Empirie der Kirchenbindung als Orientierungsgröße für kirchliche Strukturreform. In: Pth 101, 152–168.

KRETZSCHMAR, GERALD (2015). Kirchenbindung: Konturen aus der Sicht der Mitglieder. In: HEINRICH BEDFORD-STROHM (Hg.). Vernetzte Vielfalt: Kirche angesichts von Individualisierung und Säkularisierung; die fünfte EKD-Erhebung über Kirchenmitgliedschaft. Gütersloh, 208–218.

KRUSE, JAN (2014). Qualitative Interviewforschung: Ein integrativer Ansatz. Weinheim.

KÜHN, ULRICH (2006). Amt, Ämter und Gemeinde als Träger der Eucharistiefeier: Systematisch-theologische Überlegungen. In: IRENE MILDENBERGER (Hg.). Beteiligung? Leipzig, 9–25.

KUNZ, RALPH / POHL-PATALONG, UTA (2013a). Aufbruch zu einem neuen Verständnis von Gemeinde: Ein Beitrag zur Verständigung. In: PrTh 48, Heft 2, 28–36.

KUNZ, RALPH / POHL-PATALONG, UTA (2013b). Editorial. In: PrTh 48, Heft 2, 3–4.

KUNZ, RALPH / SCHLAG, THOMAS (2009). „Des Pfarrers neue Kleider ...": Erkundungen und Erwägungen zur Talarfrage in den reformierten Schweizer Landeskirchen. In: Pth 98, 212–232.

LAMNEK, SIEGFRIED (2005). Gruppendiskussion: Theorie und Praxis. 2. Auflage. Weinheim.

LANDMESSER, CHRISTOF. Hermeneutik: Schriftsinn / Leben / Verstehen / Interpretation. In: PETER C. BLOTH (Hg.). Handbuch der praktischen Theologie. Gütersloh, 748–759.

LANG, BERNHARD (2008). Art. „Prozession": I. Religionswissenschaftlich. In: HANS DIETER BETZ (Hg.). RGG[4] 6, 1754ff.

LANGE, ERNST (1981). 1. Kirche für andere. In: ID. Kirche für die Welt: Aufsätze zur Theorie kirchlichen Handelns. RÜDIGER SCHLOZ (Hg.). München, 19–62.

LATTKA, HEIKE (05.02.2012). Bikerpfarrer Thorsten Heinrich: Guter Hirte in Motorradkluft. In: Rhein-Main-Zeitung, 5. Februar 2012.

LINDNER, HERBERT (2000). Kirche am Ort: Ein Entwicklungsprogramm für Ortsgemeinden. Stuttgart.

LITURGISCHE KONFERENZ (2012). Andere Gottesdienste. JOCHEN ARNOLD (Hg.). Gütersloh.

LUCKMANN, THOMAS (1991). Die unsichtbare Religion. Frankfurt am Main.

LÜDERS, CHRISTIAN (2012). Beobachten im Feld und Ethnographie. In: UWE FLICK (Hg.). Qualitative Forschung: Ein Handbuch. 9. Auflage. Reinbek bei Hamburg, 384–401.
LUKATIS, INGRID (2003). Der ganz normale Gottesdienst in empirischer Sicht. In: PrTh 38, Heft 4, 255–267.
LUTHER, MARTIN (1523). Das eyn Christliche versammlung odder gemeyne recht und macht habe, alle lere zu urteylen udn lerer zu beruffen, eyn und abzusetzen, Grund und ursach aus der Schrift. In: D. Martin Luthers Werke: Kritische Gesamtausgabe. Weimar 1900 (WA; 11).
LUX, RÜDIGER (Hg.) (2008). Vernichtet, vertrieben – aber nicht ausgelöscht: Gedenken an die Sprengung der Universitätskirche St. Pauli zu Leipzig nach 40 Jahren. Leipzig / Berlin.
LUX, RÜDIGER (Hg.) (2010). Ich muss rumoren: 600 Jahre Universität Leipzig; Predigten und Ansprachen. Berlin.

MARSCHALL, SUSANNE / LIPTAY, FABIENNE (2008). Die Unterbrechung: Sonntage im Film. In: KRISTIAN FECHTNER & LUTZ FRIEDRICHS (Hg.). Normalfall Sonntagsgottesdienst? Gottesdienst und Sonntagskultur im Umbruch. Stuttgart, 25–31.
MARTIN, GERHARD MARCEL (1984). Predigt als „offenes Kunstwerk“? Zum offenen Dialog zwischen Homiletik und Rezeptionsästhetik. In: EvTh 44, 46–58.
MARTIN, TANJA (2013). Der Universitätsgottesdienst in Deutschland? Gottesdienstliche Vielfalt im kontextuellen Spannungsfeld von „Hörsaal – Kirche – Stadt & Kultur“ (Tagungsbericht). In: LK Zeitschrift der Liturgischen Konferenz für Gottesdienst, Musik und Kunst 4, Heft 2, 21–29.
MEAD, GEORGE HERBERT (1978). Geist, Identität und Gesellschaft aus der Sicht des Sozialbehaviorismus. 3. Auflage. Frankfurt a.M.
MEISE, BIANCA (2015). Im Spiegel des Sozialen [Elektronische Ressource]: Zur Konstruktion von Sozialität in Social Network Sites. Wiesbaden.
MERZYN, KONRAD (2010). Die Rezeption der kirchlichen Trauung: Eine empirisch-theologische Untersuchung. Leipzig.
MEYER-BLANCK, MICHAEL (1997). Inszenierung und Präsenz: Zwei Kategorien des Studiums Praktischer Theologie. In: WzM 49, 2–16.
MEYER-BLANCK, MICHAEL (2007). Gottesdienst: Gottesdienstverständnis / Gottesdienstbesuch / Evangelisches Gottesdienstbuch / liturgische Kompetenz. In: WILHELM GRÄB & BIRGIT WEYEL (Hg.). Handbuch Praktische Theologie. Gütersloh, 519–530.
MEYER-BLANCK, MICHAEL (2008). Der Sonntagsgottesdienst: Elemente einer praktisch-theologischen Theorie des „Normalfalles“. In: KRISTIAN FECHTNER & LUTZ FRIEDRICHS (Hg.). Normalfall Sonntagsgottesdienst? Gottesdienst und Sonntagskultur im Umbruch. Stuttgart, 72–81.
MEYER-BLANCK, MICHAEL (2011). Gottesdienstlehre. Tübingen.
MOELLER, BERND (2011). Geschichte des Christentums in Grundzügen. 10. Auflage. Göttingen.
MULIA, CHRISTIAN (2011). Kirchliche Altenbildung: Herausforderungen – Perspektiven – Konsequenzen. Stuttgart.
MÜLLER-SCHIEMANN, RUPRECHT (1989). Anlassen oder in der Kirche riecht's nach Leder; Motorradfahrer suchen nach Menschlichkeit. Hammersbach.
MÜLLER, CHRISTOPH DIETRICH (2010). Taufe als Lebensperspektive: Empirisch-theologische Erkundungen eines Schlüsselrituals. Stuttgart.

MUNSONIUS, HENDRIK (2008). Das undeutliche Wort „Gemeinde". In: ZEvKR 53, Heft 1, 61–67.

MUNSONIUS, HENDRIK (2011). Gemeinde zwischen Lebenspraxis und Rechtsform. In: PrTh 46, Heft 2, 100–109.

MUNSONIUS, HENDRIK (2013). Die Erklärung von Kirchengemeinschaft und das Kirchenrecht. In: ZEvKR 58, Heft 1, 78–84.

NEIJENHUIS, JÖRG (2012). Liturgik: Gottesdienstelemente im Kontext. Göttingen / Ruprecht.

NIEBERGALL, FRIEDRICH (1918). Praktische Theologie: Lehre von der kirchlichen Gemeindeerziehung auf religionswissenschaftlicher Grundlage. Tübingen (1).

NOLLERT, MICHAEL (2010). Kreuzung sozialer Kreise: Auswirkungen und Wirkungsgeschichte. In: CHRISTIAN STEGBAUER (Hg.). Handbuch Netzwerkforschung. Wiesbaden, 157–165.

NÜCHTERN, MICHAEL (1991). Kirche bei Gelegenheit: Kasualien, Akademiearbeit, Erwachsenenbildung. Stuttgart u.a.

NÜCHTERN, MICHAEL (2008). Kirche evangelisch gestalten. Berlin / Münster.

PERLITT, LOTHAR (Hg.) (1973). Universitätsgottesdienst: Heidelberger Predigten IV, 1968–1973. Göttingen.

PETZOLDT, MARTIN (2007). Der Universitätsgottesdienst und seine Bedeutung für die Universität Leipzig. In: JOHANNES BLOCK (Hg.). Herausforderung: missionarischer Gottesdienst. Leipzig, 341–360.

PETZOLDT, MARTIN (2010). Musik im Universitätsgottesdienst zu Leipzig. In: 600 Jahre Musik an der Universität Leipzig, 173–189.

PFADENHAUER, MICHAELA (2010). Marketingstrategie „Eventisierung des Glaubens": Der Katholische Weltjugendtag als innovative Antwort auf religiöse Pluralisierung. In: CORNELIA ZANGER (Hg.). Stand und Perspektiven der Eventforschung. Wiesbaden, 59–72.

PFISTER, STEFANIE (2008). Messianische Juden in Deutschland: Eine historische und religionssoziologische Untersuchung. Berlin / Münster.

PHILIPPI, PAUL (1973). Einführung. In: LOTHAR PERLITT (Hg.). Universitätsgottesdienst: Heidelberger Predigten IV, 1968–1973. Göttingen, 7–9.

PICKEL, GERT (2014). Konfessionslose: Rückgewinnbare Kirchendistanzierte oder überzeugte Religionslose? In: EVANGELISCHE KIRCHE IN DEUTSCHLAND (Hg.). Engagement und Indifferenz. Kirchenmitgliedschaft als soziale Praxis: V. EKD-Erhebung über Kirchenmitgliedschaft. Hannover, 80–83.

PICKEL, GERT / SPIEß, TABEA (2015). Religiöse Indifferenz–Konfessionslosigkeit als Religionslosigkeit? In: HEINRICH BEDFORD-STROHM (Hg.). Vernetzte Vielfalt: Kirche angesichts von Individualisierung und Säkularisierung; die fünfte EKD-Erhebung über Kirchenmitgliedschaft. Gütersloh, 248–267.

PLESSNER, HELMUTH (1965). Die Stufen des Organischen und der Mensch: Einleitung in die philosophische Anthropologie. 2. Auflage. Berlin.

PLÜSS, DAVID (2014). Gottesdienst und Liturgie. In: RALPH KUNZ (Hg.). Handbuch für Kirchen- und Gemeindeentwicklung. Neukirchen-Vluyn, 236–243.

POFERL, ANGELIKA (2010). Sozialität und Globalität: Zum existenzialen Verstehen einer kosmopolitisierten Kultur. In: ANNE HONER, MICHAEL MEUSER & MICHAELA PFADENHAUER (Hg.). Fragile Sozialität [Elektronische Ressource]: Inszenierungen, Sinnwelten, Existenzbastler. Wiesbaden, 143–156.

POHL-PATALONG, UTA (2004). Von der Ortskirche zu kirchlichen Orten: Ein Zukunftsmodell. Göttingen.

POHL-PATALONG, UTA (2008). Gemeindegottesdienst? Überlegungen zum Gottesdienst im kirchlichen Strukturwandel. In: Normalfall Sonntagsgottesdienst? Gottesdienst und Sonntagskultur im Umbruch. Stuttgart, 110–118.

POHL-PATALONG, UTA (2011). Gottesdienst erleben. Stuttgart.

PÖNNINGHAUS, MIRIAM / PHILIPPI, PAUL / GERLACH, ANNETT / SUNDERMEIER, THEO / THOMAS, KAROLINE / (KEINE ANGABE) (2013). „So vielstimmig wie möglich" – Der Mittwochmorgen-Gottesdienst im Wandel der Zeit. In: TOBIAS HABICHT, STEFAN KARCHER & HANNA REICHEL (Hg.). „... zu schauen die schönen Gottesdienste des Herrn": Eine homiletische Festschrift zu Adolf Martin Ritters 80. Geburtstag. Heidelberg, 19–31.

PORTMANN, ADRIAN (2003). Kochen und Essen als implizite Religion: Lebenswelt, Sinnstiftung und alimentäre Praxis. Münster.

PRIMAVESI, PATRICK (2010). Fest und Theater: Theoretische Perspektiven, aktuelle Tendenzen. In: IRENE MILDENBERGER (Hg.). Gottesdienst und Dramaturgie: Liturgiewissenschaft und Theaterwissenschaft im Gespräch. Leipzig, 111–133.

PRISCHING, MANFRED (2009). Paradoxien der Vergemeinschaftung. In: RONALD HITZLER, ANNE HONER & MICHAELA PFADENHAUER. Posttraditionale Gemeinschaften [Elektronische Ressource]: Theoretische und ethnografische Erkundungen. Wiesbaden, 35–54.

PRZYBORSKI, AGLAJA / WOHLRAB-SAHR, MONIKA (2008). Qualitative Sozialforschung: Ein Arbeitsbuch. München.

PRZYBORSKI, AGLAJA / WOHLRAB-SAHR, MONIKA (2014). Qualitative Sozialforschung: Ein Arbeitsbuch. 4. Auflage. München.

RAAB-STEINER, ELISABETH / BENESCH, MICHAEL (2012). Der Fragebogen: Von der Forschungsidee zur SPSS-Auswertung. 3. Auflage. Wien.

RASCHZOK, KLAUS (2005). Ein zukunftsoffener Raum (Wilhelm Lohe): Zur Leistung des Kirchengebäudes für die christliche Lebenskunst. In: MATTHIAS LUDWIG (Hg.). Kunst – Raum – Kirche: Eine Festschrift für Horst Schwebel – zum 65. Geburtstag. Lautertal, 67–77.

RASCHZOK, KLAUS (2006). Die Gemeinde im evangelischen Gottesdienst. In: IRENE MILDENBERGER (Hg.). Beteiligung? Leipzig, 51–57.

RASCHZOK, KLAUS (2007). Kirchenbau. In: WILHELM GRÄB & BIRGIT WEYEL (Hg.). Handbuch Praktische Theologie. Gütersloh, 566–577.

RATZMANN, WOLFGANG (2007). Gottesdienst: Gottesdienstverständnis / Gottesdienstbesuch / Evangelisches Gottesdienstbuch / liturgische Kompetenz. In: WILHELM GRÄB & BIRGIT WEYEL (Hg.). Handbuch Praktische Theologie. Gütersloh, 519–530.

RATZMANN, WOLFGANG / PICKEL, GERT (2010). Empirische Studie zur Perikopenordnung: Gottesdienstordnung. Frankfurt am Main.

REICHERTZ, JO (1989). Hermeneutische Auslegung von Feldprotokollen? Verdrießliches über ein beliebtes Forschungsmittel. In: REINER ASTER, HANS MERKENS & MICHAEL

Repp (Hg.). Teilnehmende Beobachtung: Werkstattberichte und methodologische Reflexionen. Frankfurt am Main / New York.

Reichertz, Jo (2012). Abduktion, Deduktion und Induktion in der qualitativen Forschung. In: Uwe Flick (Hg.). Qualitative Forschung: Ein Handbuch. 9. Auflage. Reinbek bei Hamburg, 276–286.

Renner, Julia (29.01.2012). Ein Biker im Namen des Herrn: Geistlicher aus Hofheim ist neuer hessischer Bikerpfarrer. In: Rhein-Main EXTRA TIPP, 29. Januar 2012, 10.

Reuter, Hans-Richard (2009). Botschaft und Ordnung. Beiträge zur Kirchentheorie. Leipzig.

Richter, Olaf (2005). Anamnesis – Mimesis – Epiklesis: Der Gottesdienst als Ort religiöser Bildung. Leipzig.

Ritter, Adolf Martin (2003). Vom Glauben der Christen und seiner Bewährung in Denken und Handeln: Gesammelte Aufsätze zur Kirchengeschichte. Mandelbachtal.

Roosen, Rudolf (1997). Die Kirchengemeinde – Sozialsystem im Wandel. Berlin u.a.

Rosa, Hartmut (14./15.6.2012). Resonanz statt Entfremdung: Zehn Thesen wider die Steigerungslogik der Moderne. Jena.

Rosa, Hartmut (2016). Resonanz: Eine Soziologie der Weltbeziehung. 2. Auflage. Berlin / Berlin.

Roth, Ursula (2006). Die Theatralität des Gottesdienstes. Gütersloh.

Roth, Ursula (2010). Der Gottesdienst und das Modell des Theaters: Theaterwissenschaftliche Denkanstöße für zeitgenössische Gottesdiensttheorien. In: Irene Mildenberger (Hg.). Gottesdienst und Dramaturgie: Liturgiewissenschaft und Theaterwissenschaft im Gespräch. Leipzig, 89–110.

Rothfuß, Frank (16.01.2009). „Die Kirche hat auch heute noch etwas zu sagen“: Pfarrer Ralf Vogel lädt zur Nachtschicht in die Andreaskirche in Obertürkheim. In: Stuttgarter Nachrichten, 16. Januar 2009.

Rupp, Hartmut (2006). Wahrnehmen, erklären, deuten, erschließen: Kirchenpädagogik heute. In: Helmut Schwier (Hg.). Geöffnet: Raum und Wort in der Heidelberger Universitätskirche. Frankfurt am Main, 225–235.

Scheidegger, Nicoline (2010a). Strukturelle Löcher. In: Christian Stegbauer (Hg.). Handbuch Netzwerkforschung. Wiesbaden, 145–155.

Scheidegger, Nicoline (2010b). Die Wirkung struktureller Löcher auf den Karriereerfolg im Management: eine kontingente Betrachtung. In: Christian Stegbauer (Hg.). Netzwerkanalyse und Netzwerktheorie: Ein neues Paradigma in den Sozialwissenschaften. 2. Auflage. Wiesbaden, 505–516.

Schleiermacher, Friedrich / Meckenstock, Günter (2001). Über die Religion: Reden an die Gebildeten unter ihren Verächtern (1799). Berlin.

Schmidt-Rost, Reinhard (2013). Die Predigt in den Universitätsgottesdiensten: Der Auftrag der Universitätsprediger und seine wissenschaftliche Ausgestaltung – eine Hinführung. In: LK Zeitschrift der Liturgischen Konferenz für Gottesdienst, Musik und Kunst 4, Heft 2, 18–20.

Schnell, Martin W. / Schneider, Werner / Kolbe, Harald (2014). Sterbewelten: Eine Ethnographie. Wiesbaden.

Schröer, Henning (1983). Kirchentag als evangelische Wallfahrt. In: Der Evangelische Erzieher 35, Heft 2, 88–90.

SCHRÖER, HENNING (2000). Wie musikalisch kann Theologie werden? Ein Plädoyer für die Wahrnehmung von Theophonie. In: ANKE MARTINY, GOTTHARD FERMOR, HANS-MARTIN GUTMANN & HARALD SCHROETER (Hg.). Theophonie: Grenzgänge zwischen Musik und Theologie. Rheinbach, 299–312.

SCHROETER-WITTKE, HARALD (2003). Gottesdienst in der Zeit. In: Liturgisches Kompendium. Göttingen, 235–259.

SCHULZ, CLAUDIA (2007). Wie hätten Sie's denn gern? Erkenntnisse und offene Fragen zum Gottesdienst für Menschen in verschiedenen Milieus. In: Arbeitsstelle Gottesdienst 21, Heft 3, 15–24.

SCHULZ, CLAUDIA / HAUSCHILDT, EBERHARD / KOHLER, EIKE (2008). Milieus praktisch. Göttingen.

SCHULZE, GERHARD (1995). Die Erlebnis-Gesellschaft: Kultursoziologie der Gegenwart. 5. Auflage. Frankfurt am Main.

SCHWEITZER, FRIEDRICH (2011). Gottesdienst auf dem Prüfstand: Empirische Befunde – offene Fragen – Herausforderungen für die Zukunft. In: HANS-JOACHIM ECKSTEIN (Hg.). Kompendium Gottesdienst: Der evangelische Gottesdienst in Geschichte und Gegenwart. Tübingen, 285–306.

SCHWIER, HELMUT (Hg.) (2006a). Geöffnet: Raum und Wort in der Heidelberger Universitätskirche. Frankfurt am Main.

SCHWIER, HELMUT (2006b). Raum und Wort geöffnet. In: ID. (Hg.). Geöffnet: Raum und Wort in der Heidelberger Universitätskirche. Frankfurt am Main, 9–13.

SCHWIER, HELMUT (2012). Die Universitätsgottesdienste in der Peterskirche. In: HELMUT SCHWIER & FÖRDERVEREIN DER THEOLOGISCHEN FAKULTÄT DER RUPRECHT-KARLS-UNIVERSITÄT HEIDELBERG E.V. (Hg.). Gottesdienstformen in der Peterskirche und ihrem Umfeld. Heidelberg, 5–9.

SCHWIER, HELMUT / DRECHSEL, WOLFGANG / SCHOBERTH, INGRID / SCHMIDT, HEINZ (2006). Raum geben: Bedeutung des Raumes für Gottesdienst, Seelsorge, Bildung und Diakonie. In: HELMUT SCHWIER (Hg.). Geöffnet: Raum und Wort in der Heidelberger Universitätskirche. Frankfurt am Main, 195–223.

SCHWIER, HELMUT / FÖRDERVEREIN DER THEOLOGISCHEN FAKULTÄT DER RUPRECHT-KARLS-UNIVERSITÄT HEIDELBERG E.V. (Hg.) (2012). Gottesdienstformen in der Peterskirche und ihrem Umfeld.

SOMMER, REGINA (2009). Kindertaufe – Elternverständnis und theologische Deutung. Stuttgart.

SOOSTEN, JOACHIM VON (1992). Die Sozialität der Kirche: Theologie und Theorie der Kirche in Dietrich Bonhoeffers „Sanctorum communio". München.

SPRADLEY, JAMES P. (1980). Participant observation. New York.

STEFFENSKY, FULBERT (2006). Kirche als Orte der Besinnung und Ermutigung. In: MARTIN BENN (Hg.). Heilige Räume: Gotteshäuser zwischen Verkündigungspotential und Abriss. Frankfurt am Main, 12–37.

STEGBAUER, CHRISTIAN (2010). Weak und Strong Ties: Freundschaft aus netzwerktheoretischer Perspektive. In: ID. (Hg.). Netzwerkanalyse und Netzwerktheorie: Ein neues Paradigma in den Sozialwissenschaften. 2. Auflage. Wiesbaden, 105–119.

STEGBAUER, CHRISTIAN (Hg.) (2010). Netzwerkanalyse und Netzwerktheorie: Ein neues Paradigma in den Sozialwissenschaften. Wiesbaden.

STEGBAUER, CHRISTIAN / GRUBAUER, FRANZ / WEYEL, BIRGIT (2015). Gemeinde in netzwerkanalytischer Perspektive: Drei Beispielauswertungen. In: HEINRICH BEDFORD-STROHM (Hg.). Vernetzte Vielfalt: Kirche angesichts von Individualisierung und Säkularisierung; die fünfte EKD-Erhebung über Kirchenmitgliedschaft. Gütersloh, 400–434.

STORK-DENKER, KATHARINA (2008). Beteiligung der Gemeinde am Gottesdienst. Leipzig.

STRAUSS, ANSELM L. / CORBIN, JULIET (1996). Grounded Theory: Grundlagen qualitativer Sozialforschung. Weinheim.

STURM, HEIDI (22. April 2015). Ein Brummen erfüllt den Ort: Bikergottesdienst MC Winzenheim-Heddesheim erwartet am Sonntag rund 1000 Teilnehmer. In: Allgemeine Zeitung Bad Kreuznach. Rhein Main Presse, 22. April 2015, 12.

SULZE, EMIL (1891). Die evangelische Gemeinde. Gotha.

TILLING, PETER V. (2000). Art. Gemeinde. VIII. Kirchenrechtlich. 1. Evangelisch. In: HANS DIETER BETZ (Hg.). RGG[4] 3, 615–618.

TÖNNIES, FERDINAND (2005). Gemeinschaft und Gesellschaft. Grundbegriffe der reinen Soziologie. Darmstadt.

TURNER, VICTOR (1989). Das Ritual: Struktur und Anti-Struktur. Frankfurt am Main.

TURNER, VICTOR (2003). Liminalität und Communitas. In: ANDRÉA BELLIGER & DAVID J. KRIEGER (Hg.). Ritualtheorien: Ein einführendes Handbuch. 2. Auflage. Wiesbaden, 251–262.

HUBER, STEFAN (2014). Anzeichen einer Trendwende? Längsschnittanalysen zum Religionsmonitor 2008 und 2013. In: BIRGIT WEYEL & PETER BUBMANN (Hg.). Kirchentheorie: Praktisch-theologische Perspektiven auf die Kirche. Leipzig

VETTE, JOACHIM (2012). Der Mittwochmorgengottesdienst. In: HELMUT SCHWIER & FÖRDERVEREIN DER THEOLOGISCHEN FAKULTÄT DER RUPRECHT-KARLS-UNIVERSITÄT HEIDELBERG E.V. (Hg.). Gottesdienstformen in der Peterskirche und ihrem Umfeld, 13–23.

VOGEL, INGRID (2003). Das Stundengebet. In: HANS-CHRISTOPH SCHMIDT-LAUBER, MICHAEL MEYER-BLANCK & KARL-HEINRICH BIERITZ (Hg.). Handbuch der Liturgik. Göttingen, 268–284.

VOGEL, RALF (2016). NACHTSCHICHT: Inspirierende Momente aus Gesprächen über Gott und die Welt. Stuttgart.

VOGT, FABIAN (2003). GoSpecial, der „etwas andere“ Gottesdienst: Ein offenes Angebot als Brücke in die Gemeinde. In: Jenseits der Agende, 103–112.

VOGT, FABIAN (2007). GoSpecial. In: LUTZ FRIEDRICHS (Hg.). Alternative Gottesdienste, 82–96.

WAGNER-RAU, ULRIKE (2008). Segensraum: Kasualpraxis in der modernen Gesellschaft. 2. Auflage. Stuttgart.

WAGNER-RAU, ULRIKE (2012). Auf der Schwelle: Das Pfarramt im Prozess kirchlichen Wandels. 2. Auflage. Stuttgart.

WEYEL, BIRGIT (2007). Pfarrberuf: Amt / Amtsverständnis / Profession / pastoraltheologisches Leitbild. In: WILHELM GRÄB & BIRGIT WEYEL (Hg.). Handbuch Praktische Theologie. Gütersloh, 639–649.

WEYEL, BIRGIT (2013). Netzwerkanalyse – ein empirisches Paradigma zur Konzeptionalisierung von religiöser Sozialität? Überlegungen zur wechselseitigen Erhellung von empirischen Methoden und praktisch-theologischen Konzepten. In: BIRGIT WEYEL, HANS-GÜNTER HEIMBROCK & WILHELM GRÄB (Hg.). Praktische Theologie und empirische Religionsforschung. Leipzig, 157–169.

WEYER-MENKHOFF, STEPHAN (2004). Lichtzwang: Vom Licht in Kirchen. In: Domblätter 6, 23–30.

WEYER-MENKHOFF, STEPHAN (2006a). Der Raum des Gottesdienstes. In: MARTIN BENN (Hg.). Heilige Räume: Gotteshäuser zwischen Verkündigungspotential und Abriss. Frankfurt am Main, 72–79.

WEYER-MENKHOFF, STEPHAN (2006b). Die Theologie des Raumes. In: Kirchengebäude und Theologie, Zentrum Bildung EKHN (Hg.), 9–14.

WILLEMS, HERBERT / EICHHOLZ, DANIELA (2008). Die Räumlichkeit des Sozialen und die Sozialität des Raumes: Schule zum Beispiel. In: Lehr(er)buch Soziologie, 865–907.

WINTER, FRANZ (2008). Art. „Wallfahrt/Wallfahrtsorte“: I. Religionsgeschichtlich. In: HANS DIETER BETZ (Hg.). RGG[4] 8, 1279–1281.

WOLFF, STEPHAN (2012). Dokumenten- und Aktenanalyse. In: UWE FLICK (Hg.). Qualitative Forschung: Ein Handbuch. 9. Auflage. Reinbek bei Hamburg, 502–513.

ZULEHNER, PAUL M. / VOLZ, RAINER (1999). Männer im Aufbruch: Wie Deutschlands Männer sich selbst und wie Frauen sie sehen: ein Forschungsbericht. 2. Auflage. Ostfildern.

2.3. *Unveröffentlichte Vorträge und Aufsätze*

FECHTNER, KRISTIAN (2013 unveröffentlicht). Rituale und ihre Gesellungskraft: Impulsgedanken zur Klausurtagung „Gemeinde auf Zeit“ vom 28.02.–01.03.2013. Frankfurt am Main.

VOGEL, RALF (2009 unveröffentlicht). Nachtschicht: Aufbruch zu Gott.

WEYER-MENKHOFF, STEPHAN (unveröffentlicht). Vom Bau der Kirche – Rudolf Schwarz' Typen des Kirchbaus als praktisch-theologisches Raumschema.

2.4. *Internetseiten*

Die Internetseiten werden alphabetisch und ggf. unter Angabe der Autoren aufgeführt.

EPD (12.04.2015). 10.000 Motorradfahrer lassen Maschinen an [Quellen URL: http://www.evangelisch.de/inhalte/120993/12-04-2015/motorradfahrer-maschinen, online.: 5. Mai 2015].

http://nachtschicht-online.de/index.php?location=1 [online: 21.04.2016].

http://vcm-ffm.de/pages/veranstaltungen.php [online: 24.08.2015].

http://www.bikershelpline.de [online: 24.08.2015].

http://www.bildungsportal-kirche.de/bildungsanbieter/nachtschicht.html [online: 21.04. 2016].

http://www.geistreich.de/experience_reports/79 [online: u.a. 07.06.2016].

http://www.kirche-aufdemberg.de/gottesdienst/index.html [online: 03.06.2015].

http://www.kirchenrecht-ekhn.de/document/18785/search/besondere Gottesdienste-s10 000138 [online: 13.12.2016].

http://www.zeit.de/2014/34/hartmut-rosa-ich-gefuehl [online: 10.08.2015].

https://de.wikipedia.org/w/index.php?title=Paulinum_(Universität_Leipzig)&oldid=[online: 16.08.2016, Artikel zuletzt bearbeitet am 11.03.2016].

https://wirtschaftslexikon.gabler.de/Archiv/13543/zielgruppe-v7.html [online: 19.11.2015]

https://www.facebook.com/Nachtschicht.Stuttgart/ [online: 20.04.2016].

https://www.genios.de:443/document/ZEIT__PMG9285387-ZEI20130620-ZEI-2013-26-Meldungen-26%7CZEIA__PMG9285387-ZEI20130 [online: 11.06.2015].

MOGO Hamburg – in der Nordkirche e.V. MOGO Hamburg in der Nordkirche e.V., www.mogo.de [online: 26. August 2015].

Redaktion Kirchenfernsehen.de. https://kirchenfernsehen.de/video/nachtschicht-trai ler-2012/ [veröffentlicht am 10. Februar 2012].

Schmid Noerr, Gunzelin. Philosophische Anthropologie: Selbstdeutungen des Menschen, www.salaschek.de/anthrop/brockhaus.html [online: 16. Juli 2017].

Stegbauer, Christian (2010/11). Proposal zur Tagung „Netzwerke zwischen Gesellschaft und sozialen Situationen“: Thema des Vortragsvorschlags: „Das Verhältnis von Situation und Netzwerk – Einige Überlegungen zu Grundlagen der Netzwerkforschung.“ www.soziologie.rwth-aachen.de/global/show_document.asp?id=aaaaaaaaaacg dvt [online: 17. August 2017].

vcm-ffm. Motorradgottesdienst auf dem Feldberg/Ts. am 06.06.2015. vcm-ffm.de/pages/veranstaltungen/gottesdienste/06.06.2015-motorradgottesdienst-feldberg.php [online: 26. August 2015].